hänssler

Ludwig Hofacker

Ein Schrei für Jesus

---

365 Andachten

CIP-Titelaufnahme der Deutschen Bibliothek
Hofacker, Ludwig:
Ein Schrei für Jesus : 365 Andachten / Ludwig Hofacker.-
Neuhausen-Stuttgart : Hänssler, 1989
ISBN 3-7751-1446-7

Best-Nr. 58.851

Umschlaggestaltung: Daniel Dolmetsch
Satz: Typo Schröder,Dernbach
Druck und buchbinderische Verarbeitung:
Ueberreuter, Korneuburg

Hofackers lauter Schrei

Der schwäbische Pfarrer Ludwig Hofacker gehörte nicht in die Reihe jener brillanten Kanzelredner, die ihre Zuhörer im bunten Spiel der Worte über Gott und die Welt begeistern. Er gehörte auch nicht zu den großen Menschen. Schon in seiner Studentenzeit hatte nach einem Unfall eine tückische Krankheit seine Jugendkraft zerbrochen. Da war auf der Kanzel nichts Imponierendes mehr.

Aber auch sonst war das Leben Hofackers klein und unbedeutend. Schon mit 30 Jahren starb er. Die einzige Pfarrstelle, die ihm die württembergische Kirchenleitung übertrug, war das abseits gelegene Dorf Rielingshausen. Selbst eine in wenigen Tagen von 1 600 Bürgern unterzeichnete Petition konnte Hofacker nicht auf eine Stuttgarter Pfarrstelle bringen.

Dennoch hatte er ein unglaubliches Echo. Sein Predigtband erschien in 51 Auflagen und wurde in verschiedene Sprachen übersetzt. Worin bestand die Ausstrahlung dieses Mannes? Warum steht sein Name heute für das Programm der Ludwig-Hofacker-Vereinigung, einer starken Gruppe evangelischer Christen in Württemberg zur Erneuerung der Kirche? Ludwig Hofackers Wirkung und Ausstrahlung liegt ganz in seinem gepredigten Wort. Er wollte einen lauten Schrei tun für Jesus. Dahinter trat seine Persönlichkeit völlig zurück. »Ich predige, was ich selbst brauche«, urteilte er selbst. Wie wohl wenige andere Prediger ging er den letzten Lebensfragen nach. Tag für Tag kaum zu den einfachsten Dingen fähig, ständig am Rand des Todes lebend, von heftigen Schmerzen zermürbt, hielt er sich fest an Gottes Wort. Ihm war Gnade kein abgedroschener Begriff. Jede Stunde seines Lebens begriff er als Wunder göttlichen Erbarmens.

Aber Hofacker unterschied sich auch von anderen Predigern durch seine lehrmäßige Dichte. Er trat gegen ein billiges Christentum an, das sich mit dem Motto »Tu mal eine gute Tat!« begnügte. Er wollte abgebrühte und stumpf gewordene Zeitgenossen herumreißen zu einem neuen Ergreifen des Glaubens an Christus. Er hatte erkannt, wie Jesus Christus für ihn, den Schwachen, bürgte. Darum sprach er vom Kreuzestod Jesu und der Sühne für seine Schuld. Alle Worte auf der Kanzel, die nicht auf den Gekreuzigten zielten, waren ihm verlorene Worte. In einer Zeit rationalistischer Theologie jammerte ihn der Menschen, die in den Kirchen oft genug nur »Stroh« und kein »Futter« bekamen. Darum stellte er in den Mittelpunkt jeder Predigt das reformatorische Kernstück, die Rechtfertigung des Gottlosen. Er litt darunter, wie der Zeitgeist vor lauter »Firlefanzereien« die Majestätsrechte Gottes verdeckte. Er konnte in seinen Predigten »keine Brühe um die Wahrheit herum« machen, die Wahrheit mußte ganz trokken heraus. Ohne Glanz, ohne jede eigene Aufmachung wollte Hofacker Gottes Wort verkündigen. »Ich werde je länger, desto einfacher«, sagte er am Ende seines Lebens.

Er hat selbst seine ganze Botschaft zusammengefaßt: »Lieber wollte ich ein Pferd sein, das man in seinem Karren zu Tode schindet, lieber ein Stier, den man auf den Schlachttag mästet, als ein Mensch, der im Tod keinen Heiland hat.« Er nannte dies die »dringend notwendige Einsichtigkeit, ganz auf die Seite Jesu zu treten.«

Winrich Scheffbuch
Pfarrer der Ludwig-Hofacker-Gemeinde Stuttgart

1. Januar (Neujahr): Offenbarung 1,8

Ich bin das A und das O, spricht der Herr, der da ist und der da war und der da kommt, der Allmächtige.

Wir leben jetzt noch in der Gnadenzeit, der Brunn des Heils ist uns noch geöffnet, der in das ewige Leben hinüberquillt, uns allen ruft noch die Stimme der göttlichen Liebe zu: Kommet und trinket das Wasser des Lebens umsonst. Aber wie bald kann sich das ändern, oder ist der Mensch nicht wie Gras und alle Herrlichkeit des Menschen wie des Grases Blume? Wie mancher unter uns, der noch jung und stark und frisch aussieht, könnte das nächste Neujahr nicht mehr erleben! Ach daß man dann, wenn man ihn nicht mehr sieht, sagen könnte: Er ist eingegangen zu seines Herrn Freude. Wie können wir uns aber besser auf dieses Eingehen in die Ruhe des Herrn vorbereiten, als wenn wir uns mit dem Herrn Jesu recht bekannt und vertraut machen? So wollen wir uns also ihn zu Anfang dieses neuen Jahres recht vergegenwärtigen, ihn in seiner unbeschreiblichen Größe und in seiner liebevollen Sanftmut recht vor das Herz stellen. Wer ist denn Jesus? Ein König ist er und ein König, dem kein König gleicht, ein König aller Könige und ein Herr aller Herren. Die irdischen Könige und die Großen dieser Welt müssen mit der Zeit vergehen, Krone und Zepter fallen von ihrem Haupt und aus ihren Händen alle irdische Herrlichkeit; aller Reichtum ist Staub, den die Motten und der Rost verzehren, denn die Welt muß vergehen mit all' ihrer Lust. Aber die Tochter Zion hat einen König, der nicht vergeht, des Stuhl währet von Ewigkeit zu Ewigkeit. Was Menschenhände gebaut und gegründet haben, ist niemals so fest, daß es nicht durch die Zeit zerstört würde, ja selbst die Berge und Felsen, die doch so fest zu stehen scheinen, werden einmal fallen, aber der König, der auf Zion thront, bleibt derselbige und seine Jahre nehmen kein Ende. Er hat uns geschaffen, er hat in Gethsemane und auf Golgatha durch seinen heißen Kampf die alte Schlange unter seine Füße getreten und Sünde, Tod, Teufel und Hölle auf ewig zuschanden gemacht; nun ist er wieder hingegangen und hat seinen Thron wieder eingenommen und wird einst kommen zu richten und zu streiten mit Gerechtigkeit. Sehet, das ist Jesus Christus. Er ist unser König.

Jesus Christus herrscht als König, alles wird ihm untertänig, alles legt ihm Gott zu Fuß; aller Zunge soll bekennen, Jesus sei der Herr zu nennen, dem man Ehre geben muß.

Ich auch auf der tiefsten Stufen, ich will glauben, reden, rufen, ob ich schon noch Pilgrim bin: Jesus Christus herrscht als König, alles sei ihm untertänig; ehret, liebet, lobet ihn!

2. Januar: Johannes 15,5

...; denn ohne mich könnt ihr nichts tun.

Ach! Es ist so gar nichts um ein Menschenleben, wenn es nicht mit dem Heiland geführt wird. Da wird's Winter und Sommer, Tag und Nacht, man arbeitet auf seiner Hantierung, im Weinberge, auf dem Acker, man will etwas erwerben, man kann nicht; man will wenigstens sich schuldenfrei machen, es geht wieder nicht; dazwischen hinein kommt viel Kummer und Elend, viele Sorgen und Sünden; es ist nichts elender und jämmerlicher als ein solches Leben, man ist nichts als ein Lasttier. Wer aber Jesum kennt, der geht durch diese Zeit hindurch und weiß auch, warum er auf der Erde ist. Und am Ende wirft man die ausgetretenen Schuhe der modernden Lebenszeit hinweg und fährt zu Jesus, den die Seele liebt, an dem das ganze Herz hängt. O daß wir weiser würden zur Seligkeit!

Herr, verkläre in uns deinen Namen, bekehre uns ganz zu dir, so sind wir bekehret! Wir wissen nicht, was du über uns beschlossen hast, wissen nicht, was dieses Jahr mit sich bringen wird nach deinem allweisen Ratschlusse; nur deinen Namen verkläre in uns, auf daß wir uns allezeit gerüstet und bereit halten, vor dir zu stehen! Dein, du seliger und allein gewaltiger König aller Könige und Herr aller Herren, der allein Unsterblichkeit hat, der da wohnet in einem Lichte, wo niemand zukommen kann, müsse unsere Seele sein als dein teuer erkauftes Gut; dein müsse sie sein im Leben und im Tode, in der Zeit und in der Ewigkeit, hienieden im Lande der Prüfung und dort in deiner neuen Stadt, wohin du uns, um deiner Gnade willen, nach wohl durchlaufener Kampfesbahn führen wollest, o Herr, unser Gott!

Nicht nach Welt, nach Himmel nicht meine Seel sich wünscht und sehnet; Jesum wünscht sie und sein Licht, der mich hat mit Gott versöhnet, mich befreit vom Gericht: meinen Jesum laß ich nicht.

Jesum laß ich nicht von mir, geh ihm ewig an der Seiten; Christus läßt mich für und für zu dem Lebensbächlein leiten. Selig, wer mit mir so spricht: Meinen Jesum laß ich nicht!

3. Januar: Jesaja 57,21

Die Gottlosen haben keinen Frieden, spricht mein Gott.

Ein jeder unbegnadigter Mensch hat ein böses Geschwür in der Tiefe seines Herzens, einen faulen Fleck, den er auch nur zu berühren sich scheut, und dieses Geschwür ist eben der Fluch des Gesetzes. Daher kommt's, daß keine wahre Freudigkeit zu dem Vater in einem solchen Herzen ist; daher kommt es, von diesem Geschwür kommt es her, ihr unbekehrten Leute, daß ihr zu Zeiten so mißvergnügt, so unruhig seid in eurem Inwendigen in Absicht auf euch selbst. Daher kommt es, daß sich bisweilen ein Seufzer nach etwas Besserem, nach höherer Freiheit aus eurem Herzen hervorarbeitet, ihr seid eben gedrückt, gefangen in eurem innersten Geist, es liegt ein Bann auf euch, es zehrt etwas an euch. Daher kommt es, daß die meisten Menschen sich so gern in ihre Geschäfte und in allerhand andere Dinge hineinzerstreuen und so ungern allein sind. Sie sagen, sie bekommen Langeweile, wenn sie allein seien. Aber es ist noch eine Ursache. Wenn sie allein sind, so kommt einer zu ihnen, und dieser zweite ist ihnen sehr unangenehm, weil er ihnen Dinge sagt, die sie nicht hören mögen; mit andern Worten: Wenn sie allein sind, so richten sich unwillkürlich die Gedanken rückwärts auf ihren eigenen Zustand, und da kommt man dann eben an dieses Geschwür, welches nur zu berühren sie sich so sehr scheuen. Von diesem Geschwür kommt es her, daß die meisten Menschen Knechte der Furcht des Todes sind ihr Leben lang. Daher kommt der entschiedene Ekel vor dem Wort Gottes, wenn es in den Häusern oder in ihren Gesellschaften oder sonstwo ihnen begegnet; denn in den Kirchen, da können sie es zur Not noch leiden, weil hier ins allgemeine gesprochen wird, und sie sich immer, es mag gesagt werden, was da will, zur Not hinter den übrigen Haufen der Kirchgänger hinumflüchten können. Aber das Wort Gottes hat eben eine Kraft, jenes Geschwür aufzureißen, und darum scheuen sie dasselbige, wenn es mit ihnen insbesondere sprechen will.

Wie klagt mich mein Gewissen an! Es tut mich grausam in den Bann, ich muß mich selbst verjagen und seinen Mord an allem Ort in meinem Busen tragen.

Wer hilft in diesen Nöten mir? Herr, mein Verlangen steht nach dir. Ich stell' auf dich Vertraun und Hoffnung, Gott! Laß keinen Spott bei deiner Furcht mich scheuen. Amen!

4. Januar: Jesaja 33,24

Und kein Bewohner wird sagen: »Ich bin schwach«; denn das Volk, das darin wohnt, wird Vergebung der Sünde haben.

O wie elend wären wir, wenn es keine Vergebung der Sünden gäbe! Wie beneidenswert wäre das Schicksal eines Hundes in Vergleichung mit dem Schicksal eines Menschen! Ein Hund ist zufrieden, wenn seine körperlichen Bedürfnisse und Triebe befriedigt werden. Aber der Mensch hat höhere Bedürfnisse in sich; Gott hat ihm die Ewigkeit in das Herz gelegt, und er sehnt sich mit seinen innersten Trieben nach dem unvergänglichen Gut, nach Gott, nach dem lebendigen Gott. Aber ohne Vergebung der Sünden könnte dieses Bedürfnis nimmermehr befriedigt werden; denn die Sünde zieht eine für den Menschen unauflösliche Scheidewand zwischen uns und Gott. Da stünden wir, versunken in uns selbst, hineingebannt in unser eigenes Elend, als Verlorne und Verdammte müßten wir durch dieses Leben gehen, um so unglücklicher, je nüchterner wir wären. Es bliebe nichts übrig, als mit den Narren zu sagen: »Lasset uns essen und trinken, morgen sind wir tot.« Aber dies wäre nichts als ein Wort der Verzweiflung. Es ist wahr, was im Lied steht:

All Sünd hast du getragen, sonst müßten wir verzagen. Aber gottlob! All Sünd hat er getragen. Das ist wahr; das ist begründet; das ist eine felsenfeste Wahrheit, ein Felsen, den kein Teufel und kein Zweifel jemals umwerfen wird. Jesus Christus hat alle Sünden getragen, die Sünden aller Sünder getragen, abgebüßt, abgetan an seinem eigenen Fleisch; er hat allen Bann aufgehoben, allen Fluch hinweggetan; er hat eine ewige Erlösung erfunden.

Ja, hab Dank, o Jesu, Gottes Sohn, du Friedenswiederbringer! Daß du herab von deinem Thron bist kommen als Bezwinger all dessen, was den Frieden stört: Ach laß mein Herz doch werden zum Tempel, da der Fried' einkehrt; sei selbst mein Fried' auf Erden.

5. Januar: Lukas 14,1

..., und sie belauerten ihn.

Warum denn so? Was hat denn der Heiland ihnen getan? Warum wollen sie ihn fällen? Warum würden sie sich so hoch freuen, wenn sie ihm etwas anhaben könnten? Er ist doch ein heiliger Mensch gewesen, sie konnten es nicht leugnen, ein Prophet, den sie aus Achtung vor Gott hätten achten sollen, weil ihm Gott Zeugnis gab durch solche Wunder und Werke. Warum können sie diesen Heiland nicht leiden? Sie waren doch fromm; sie wußten ihre ganze Bibel auswendig. Antwort: Sie standen in der alten Geburt. Sie waren geblieben, wie sie geboren waren, und in seinem natürlichen Zustand hat der Mensch eine solche Verhärtung in seinen vorgefaßten Meinungen, eine solche Verhärtung in das hinein, was ihm gefällt, was ihm beliebt, was seine Ansicht ist, eine solche Verhärtung, seine Leidenschaft auszuführen, sein Ich Meister sein zu lassen, daß er alles, was demselben entgegen ist, als feindlich ansieht. So sahen sie in dem Heiland ihren Feind und suchten ihn wider alles bessere Wissen und Gewissen zu fällen. – Ach es muß eben mit den Grundgedanken unseres Herzens eine Veränderung und Umschmelzung vorgehen, sonst haben wir immer einen Widerspruch, einen heimlichen Widerwillen gegen den Heiland in uns. Unter diesen Grundgedanken verstehe die Gedanken, Ansichten und Begriffe, welche unserem Denken, Wollen, Empfinden zu Grunde liegen, die vorgefaßten Meinungen, aus welchen heraus der Mensch, ohne daß er sich selbst es bewußt ist, handelt und denkt und will. Es sei nur ein Beispiel angeführt. Im Herzen des Menschen herrscht der Grundgedanke, daß es etwas sei um das Irdische, das doch nichts ist, daß der Besitz des Irdischen Wert an sich selber habe. Wie tut es uns heimlich so wohl, wenn wir sagen können: mein Haus, mein Weinberg. Und fühlen wir nicht einen größeren Respekt vor einem Reichen als vor einem Armen? Diese Grundgedanken aber, dieses Gewebe, aus welchem unser inwendiges Treiben und Tun entsteht, ist von Natur ein Schlangengewebe, eine Mischung von unbewußten Gefühlen, die die Mutter sind von Mord, Ehebruch etc., sie machen ein Ganzes aus, und es geht nichts vor im Herzen, das nicht in diesem Schlangengewebe seinen Grund hätte, denn es sind nicht etwa Gedanken, die so hin- und herflattern, sondern es sind kräftige Irrtümer, die ihren letzten Grund in der Hölle haben. Diese falschen Grundgedanken reißt darum der Heiland zuerst um.

Du mußt erst Geist aus Geist geboren werden,
Dann wandelst du des Geistes schmale Bahn;
Sonst ist es schwer und gehet doch nicht an.
Weg, schnöder Sinn, du Schlamm der Erden,
Ich muß erst Geist aus Geist geboren werden.

6. Januar: Hebräer 1,3

Er ist der Abglanz seiner Herrlichkeit und das Ebenbild seines Wesens und trägt alle Dinge mit seinem kräftigen Wort und hat vollbracht die Reinigung von den Sünden ...

Weil Jesus Christus der Schöpfer aller Kreaturen ist, weil alle Kreatur aus seinem Willen ihr Dasein erhielt, weil jede Kreatur ein Gedanke seiner Gottesweisheit, eine Geburt seines Willens ist, weil die ganze Schöpfung wesentlich in ihm lag, ehe er sie ins Dasein rief: So konnte auch er allein für die gefallene Schöpfung einstehen, so konnte an ihm das hinausgeführt werden, was an der gefallenen Schöpfung sollte hinausgeführt werden; er konnte die Schuld und Strafe der Menschheit an sich erdulden; er konnte unser wesentlicher Bürge, unser wesentlicher Repräsentant, unser Lamm werden, das unsere Sünden büßte; denn er ist unser Schöpfer, und durch seine Menschwerdung unser Bruder und Blutsfreund. Ein Engel hätte das nicht gekonnt, denn was haben wir für Teil an ihm? Und ein Mensch hätte es auch nicht gekonnt, denn es kann kein Bruder den andern erlösen. Aber Jesus Christus konnte es, denn die Menschheit liegt in ihm; er ist ihr Schöpfer und auch ihr Bruder. Was er gelebt hat, das ist gerade, wie wenn es die Menschheit und ein jeder insbesondere gelebt hätte; was er getan hat, das gilt gerade, wie wenn es die Menschheit getan hätte; was er gelitten hat, das gilt gerade, wie wenn es die Menschheit gelitten hätte; seine Kämpfe, seine Arbeit, seine Geduld, seine Wunden, seine Beulen, sein Tod, alles gilt für die Menschheit; denn der Schöpfer ist für die gefallene Schöpfung eingetreten. »So halten wir nun« – sagt der Apostel – »daß, so einer gestorben ist, so sind sie alle gestorben«; sein Tod ist der Tod aller. So müssen wir den Lauf des Heilands ansehen; es ist alles, was er tat und litt, verdienstlich für uns.

Herr Jesu!

Laß uns in deiner Liebe und Kenntnis nehmen zu. Daß wir im Glauben bleiben und dienen im Geist so, daß wir hie mögen schmecken die Süßigkeit im Herzen und dürsten stets nach dir. Amen!

7. Januar: Römer 5,18

Wie nun durch die Sünde des Einen die Verdammnis über alle Menschen gekommen ist, so ist auch durch die Gerechtigkeit des Einen für alle Menschen die Rechtfertigung gekommen, die zum Leben führt.

Die Gerechtigkeit hat der Herr Christus erworben dadurch, daß er trotz der Schwachheit des Fleisches, trotz der härtesten Versuchungen des Teufels und der Welt doch den Gehorsam gegen den Vater durchbehauptet und als ein reiner Mensch ohne Sünde seinen dreiunddreißigjährigen Lauf durch diese Welt vollendet hat. Nun ist seine Gerechtigkeit durch den Glauben an ihn unsere Gerechtigkeit vor Gott; nun ist's gerade, wie wenn an uns die Sünde abgestraft worden wäre, wie wenn wir diesen heiligen, fleckenlosen Wandel durch die Welt gemacht hätten. Er ist ganz für uns eingestanden. O sieh ihn recht an, mein Herz, betrachte ihn und beuge dich anbetend in den Staub, daß du einen solchen vollkommenen Versöhner und Bürgen hast! Seine heilige Geburt macht gut meine unheilige Geburt; seine heilige Kindheit und Jugend macht gut meine unheilige Kindheit und Jugend; sein Gehorsam macht gut meinen Ungehorsam; seine Liebe macht gut meine Lieblosigkeit; seine Geduld macht gut meine Ungeduld; seine Arbeitstreue meine Untreue und Faulheit; seine Demut meinen Hochmut; es kommt alles mir zugut; seine Schmach ist meine Schmach; seine Verspottung und Verspeiung ist meine Verspottung und Verspeiung; seine Dornenkrone ist meine Dornenkrone; seine Schläge sind meine Schläge; sein Kreuz ist mein Kreuz; seine Wunden sind meine Wunden; sein Tod ist mein Tod. In ihm bin ich freigemacht von den Strafen der Sünde; in ihm bin ich dargestellt als ein vollkommener Mensch Gottes; die Handschrift, die wider uns war, ist zerrissen, die Schuld entrichtet, das Lösegeld bezahlt; das Blut der Versöhnung ist geflossen; der Hohepriester ist eingegangen in das Heiligtum, die ewige Gerechtigkeit ist wiedergebracht. Schon vor achtzehnhundert Jahren ist dies geschehen, und es gilt noch heute und hat die nämliche Kraft, wie wenn es jetzt geschähe; denn er hat sich selbst Gott geopfert durch den ewigen Geist.

Ach, was soll ich mehr verlangen? Mich beschwemmt die Gnadenflut; er ist einmal eingegangen in das Heilge durch sein Blut. Die höchste Gerechtigkeit ist mir erworben, da er ist am Stamme des Kreuzes gestorben; die Kleider des Heils ich da habe erlangt, worinnen mein Glaube in Ewigkeit prangt.

8. Januar: Jakobus 4,7.8

Widersteht dem Teufel, so flieht er von euch. Nahet euch zu Gott, so naht er sich zu euch.

Der Teufel reizet nicht allemal zu groben Sünden, Schanden und Lastern, wiewohl man auch diesfalls nicht sicher sein darf. Der Heiland nennt Joh 16,9 den Unglauben die hauptsächlichste Sünde, denn er zählt dort als das erste, um das der heilige Geist die Welt strafen wird, das auf: daß sie nicht glauben an mich. Das ist also die größte Sünde, die Quelle und Wurzel aller übrigen Sünden. Darum sucht aber auch der Teufel, wenn eine Seele ihm entrinnen will oder schon entronnen ist, besonders den Unglauben in dem Herzen zu pflanzen und die einzige Stütze, die wir arme Menschen haben, unsern Glauben, uns zu entreißen. Er kann uns dabei den äußeren Glauben an die Wahrheit der Bibel lassen, wiewohl er auch diesen, wenn es möglich ist, hinwegreißt, aber den innern Glauben, den Glauben, daß wir in Gott einen gnädigen Vater, in Jesu Christo einen Herrn und Erlöser und Heiland und in seinem Tode Leben und volle Gerechtigkeit haben, diesen Glauben nimmt er gar zu gerne hinweg, weil, wer in solchem Glauben stehet, von ihm nicht angetastet werden kann. Da kostet es denn, wo nicht bei allen, so doch bei manchen einen wackern Streit, bis eine Seele, die sich zu Gott bekehren will, durch Gottes Gnade zum Glauben, zum wahrhaftigen Glauben an Gott hindurchdringen kann. Der Teufel will solchen Glauben nicht zulassen und macht der Seele alles mögliche vor die Augen, bis man ein Herz faßt durch Gottes Gnade und sich entschließt zu glauben, mag nun der Teufel sagen, was er will, oder bis der Heiland mit seiner lieblichen Nähe alle Zweifel hinwegräumt, daß man mit Thomas sagen muß: mein Herr und mein Gott!

Nun bitten wir den Heiligen Geist um den rechten Glauben allermeist, daß er uns behüte an unserm Ende, wenn wir heimfahrn aus diesem Elende. Kyrieleis.

Du wertes Licht, gib uns deinen Schein, lehr uns Jesum Christ kennen allein, daß wir an ihm bleiben, dem treuen Heiland, der uns bracht hat zum rechten Vaterland. Kyrieleis.

9. Januar: Hebräer 10,15–18

Denn nachdem der Herr gesagt hat (Jeremia 31,33. 34): »Das ist der Bund, den ich mit ihnen schließen will nach diesen Tagen«, spricht er: »Ich will mein Gesetz in ihr Herz geben und in ihren Sinn will ich es schreiben, und ihrer Sünden und ihrer Ungerechtigkeit will ich nicht mehr gedenken.« Wo aber Vergebung der Sünden ist, da geschieht kein Opfer mehr für die Sünde.

Ja, ihr Knechte der Sünde, alle losen Worte und Werke, alle Werke des Fleisches, alles, alles, was jemals Böses geredet, gedacht, getan worden ist, alles ist bezahlt, ist abgebüßt, ist weggetan, ist in den Abgrund des Meeres hineingeworfen, und ihr könnet an dieser Gnade Teil bekommen; ihr könnet frei werden und los von eurem bösen Gewissen, wenn ihr wollet! Ja, ihr verzagten Herzen, die ihr den Fluch des Gesetzes in eurem Inwendigen fühlet: Es gibt nichts mehr abzumachen; es gibt nichts mehr gutzumachen; Jesus Christus hat alles gut gemacht; es ist nimmer Zeit zum Bezahlen, seitdem der Bürge gekommen ist; Freiheit, Freiheit im Blut des Lammes!

Dies ist die große Gnade des Neuen Testaments, welche die Väter des alten Bundes nicht hatten. Im alten Bund gab es keine eigentliche Vergebung der Sünden; es gab einen Vorschmack davon, und dieser Vorschmack wurde den suchenden Seelen zuteil: aber eine Vergebung im neutestamentlichen Sinn fand nicht statt. Die Sünde wurde nur bedeckt und gleichsam vergessen; sie blieb und lief dahin unter göttlicher Geduld; sie wurde aufgespart auf das große Opfer, das auf Golgatha sollte geopfert, und in welchem sollten alle vollendet werden, die da geheiligt werden. Auch die Opfer des Alten Testaments konnten die

Sünde nicht wegnehmen; denn es ist unmöglich, daß Ochsen- oder Bocksblut Sünden wegnehme. Dies alles war nur ein Schatten der zukünftigen Güter. Aber seit das Blut der Versöhnung auf Golgatha auf die unter den Fluch geratene Erde troff, seitdem soll gepredigt werden in der ganzen Welt, daß ein Lamm ist, das aller Schuldner Schulden trug, daß eine Vergebung und Versöhnung sei im Blut dieses Lammes.

Halleluja! Kommt ihr Armen, lobt mit mir des Höchsten Güt'; laßt uns preisen sein Erbarmen: eitel Gnade uns jetzt blüht. Leben er dem Toten schenket, und mit seiner Lieb' uns tränket. Jesu, laß uns für und für Halleluja singen dir! Amen.

10. Januar: Matthäus 9,2

Als nun Jesus ihren Glauben sah, sprach er zu dem Gelähmten: Sei getrost, mein Sohn, deine Sünden sind dir vergeben.

Es hat schon viele gegeben, die sich lange und ängstlich bemüht haben, ein solches Trostwort in ihrem Herzen zu vernehmen, wie der Heiland eines zum Gichtbrüchigen sprach; sie haben sich abgekümmert und die Vergebung ihrer Sünden nicht glauben wollen, weil sie eigensinnig darauf bestanden haben, es müsse ihnen in ihrem Innern vom Heiland zugerufen werden: »Sei getrost, mein Sohn, meine Tochter, deine Sünden sind dir vergeben!« – oder ein anderes ähnliches Wort, und sie haben sich mit diesem Eigensinn manchen Monat, vielleicht manches Jahr unnötiger Weise verkümmert, die sie hätten können in der Freiheit der Kinder Gottes und los vom bösen Gewissen zubringen. Aber darauf sind wir nicht angewiesen. »Und wie

Mose in der Wüste die Schlange erhöht hat, so muß der Menschensohn erhöht werden, damit alle, die an ihn glauben, das ewige Leben haben.«

So sagt das Wort Gottes. Wir sollen hinaufblicken auf den am Kreuz erhöhten Jesus, und sollen so lang hinaufblicken, bis es uns gegeben wird, zu glauben, daß unsere und aller Welt Sünde dort abgetan sei. Dies ist der Weg, den uns Gott vorgeschrieben hat zu unserer Rechtfertigung vor ihm und zu dem Genuß der neutestamentlichen Gnade, wie es auch in einem alten Lied heißt:

Laß uns in deiner Nägel Mal erblicken unsre Gnadenwahl. Hier liegt die Vergebung der Sünden.

O wie wohl wird es einem Herzen, wenn ihm gegeben wird, seinen Versöhner im Glauben zu erblicken! Wie brünstig liebend sieht es hinauf an dem treuen Heiland, wie zerflossen setzt es sich hin an den Marterleichnam Christi, und findet in den Wunden des Sohnes Gottes, in seinem blutigen, bleichen Antlitz alle seine Sünden, aber auch die Versöhnung für alle seine Sünden, Gnade und Freiheit! Da wird der Gekreuzigte recht groß und unentbehrlich; man erfaßt ihn mit seinen Glaubenshänden immer inniger; man drückt ihn immer liebender an das Herz; man sieht immer deutlicher in seinem Tod den ganzen Reichtum seiner Erbarmungen; man schickt sich immer mehr an, in die Gemeinschaft seines Leidens und Todes einzugehen; man findet alles in ihm. Das ist die Übung des Glaubens in dieser Welt. So wird die Sünde getötet; so kommt man zur Freiheit der Kinder Gottes; so lebt man in der Versöhnung, in der täglichen Vergebung der Sünden, weil man in Christo lebt, und Christus ist die Vergebung der Sünden.

Weg, mein Herz, mit dem Gedanken, als ob du verstoßen wärst! Bleib in Gottes Wort und Schranken, da du anders reden hörst. Bist du bös und ungerecht, ei, so ist Gott fromm und schlecht. Hast du Zorn und Tod verdient: Sinke nicht, Gott ist versühnt.

11. Januar: Epheser 6,18

Betet allezeit mit Bitten und Flehen im Geist und wacht dazu mit aller Beharrlichkeit im Gebet für alle Heiligen.

Ja, Brüder, betet, betet! Denn Satan hat einen großen Grimm und will das Evangelium unterdrücken. Zwar, der über Cherubim sitzt, wird es ihm schon wehren; aber wir? Ach, daß wir in der lauen, schläfrigen Zeit, – wo man die Augen kaum aufgetan hat, so fallen sie einem schon wieder zu, wie den Jüngern in Gethesemane, – doch nicht untergehen! Laßt uns namentlich um eröffnete Augen bitten, daß wir unsern innern Greuel des Sündenfalls recht entdecken und uns also Christus je länger je unentbehrlicher werde. Es ist gerade dies der faule Fleck unserer Zeit. *Man kennt sich nicht mehr, noch seine vollkommene Abhängigkeit von Gott, und hat keinen Schrecken vor ihm;* man fürchtet ihn nicht mehr, sondern die Weisheit dieser Welt mit ihren elenden Firlefanzereien hat uns die Augen so verklebt, daß die Majestätsrechte des lebendigen Gottes von diesem elenden Geschlechte nicht mehr anerkannt werden. Man weiß es nimmer und leugnet es, und es fällt gar nicht mehr in den Bereich der Gedanken der jetzigen Welt, daß der Herr, unser Gott, ein *verzehrend Feuer* ist, ein Gott, welcher Leib und Seele verderben kann und, so wir nicht zur geoffenbarten Liebe fliehen, verderben wird in die Hölle, wo Heulen ist und Zähneknirschen. Sind dieses doch die Worte der ewigen Wahrheit selber, die aber unser empörtes und doch so entnervtes Geschlecht in den Sumpf der Gleichgültigkeit und Lauheit dieser Zeit herabzieht. O, es hat mich schon so innig gerührt, was ich von Dr. Luther las, welchen Schrecken er gehabt habe vor dem jüngsten Gericht und hätte doch mögen selig werden. Ist's denn jetzt anders geworden? Ist denn Gott von seinen ewigen Majestätsrechten gewichen? Sind denn seine Gerichte zu Kinderspielen geworden, wozu der leichtsinnige freche Geist dieser Zeitmenschen sie gerne machen möchte? Ach, lasset uns um Augensalbe bitten. Der Herr verlanget ein rechtschaffenes Herz gegen ihn von uns, sonst wird er uns ja, wenn er seine Tenne fegen wird, auch verderben und verbrennen mit ewigem Feuer.

Weck uns auf! Jesu, weck uns auf zum Streit! Laß uns doch viel ernster werden! Dämpf die träge Zärtlichkeit, hilf durch alle Kampfbeschwerden; und so fördre stündlich unsern Lauf! Weck uns auf!

12. Januar: Johannes 6,29

Jesus antwortete und sprach zu ihnen: Das ist Gottes Werk, daß ihr an den glaubt, den er gesandt hat.

Es ist auf den Glauben ausgesetzt. Wer es glaubt, daß Jesus Christus, der eingeborne Sohn Gottes von Ewigkeit, als ein armer Mensch gelebt habe und daß er für die Sünden der Welt am Kreuz gestorben sei; wer dies glaubt, nicht wie man eine Zeitungsnachricht glaubt, wobei das Herz meistens unberührt bleibt, – wer dies glaubt, nicht weil er es auswendig weiß von seiner Jugend an, sondern weil ihm dies die allerwichtigste, die allerunentbehrlichste Geschichte ist; wer es mit völliger Zustimmung seines Herzens ergreifen und in den Grund seines Gemüts kann sinken lassen, daß dies eine wahre Geschichte sei; mit andern

Worten: Wem diese Geschichte offenbar wird durch den heiligen Geist, daß er nicht mehr so gleichgültig darüber hinwegsehen kann, sondern sie in der Tiefe seines Herzens bewegt und Nahrung daraus zieht, – der hat in solchem Glauben Vergebung seiner Sünden. Im *Herzen* muß es sich offenbaren, daß Jesus Christus, Gottes Lamm wahrhaftig starb am Kreuzesstamm; wem dies klar ist im Herzen, der glaubt an den Sohn Gottes und hat in solchem Glauben Vergebung der Sünden.

Aber eben dieser Glaube wächst nicht auf unserm Grund und Boden; er will erbeten sein; er ist eine Gabe des Vaters, von dem alle gute und vollkommene Gabe kommt, ein Geschenk und eine Wirkung des Geistes, der Jesum verklärt. Wir können diese große Geschichte wissen; wir können die Wahrheiten, die darin liegen, in eine schlußmäßige Form bringen; wir können darüber vernünfteln und daran uns ärgern, wir können darüber stutzen und fluchen, – dies alles kann die Natur: aber wahrhaftig glauben an das Kreuz des Sohnes Gottes, das können wir nicht aus uns *selbst;* das ist eine Schöpfung des neugebärenden Geistes Jesu Christi selber. Und weil wir hierin so gar unmächtig und schwach sind, so tut es not, sich aufs Bitten zu legen und sich um nichts so sehr zu bekümmern, als daß in unser en armen Herzen der Glaube möchte gewirkt werden, weil wir ohne ihn arm, elend, blind, gnadenlos bleiben in Zeit und Ewigkeit.

Heilger Geist im Himmelsthrone, gleicher Gott von Ewigkeit, mit dem Vater und dem Sohne, der Betrübten Trost und Freud! Der du in mir angezündt, so viel ich von Glauben find: Über mir in Gnaden walte, ferner deine Gab erhalte! Amen.

13. Januar: Matthäus 22,2.3

Das Himmelreich gleicht einem König, der seinem Sohn die Hochzeit ausrichtete. Und er sandte seine Knechte aus, die Gäste zur Hochzeit zu laden; doch sie wollten nicht kommen.

Wenn der König nicht nur seinen Sohn dahingibt für uns aus unbeschreiblicher Liebe, sondern auch noch einmal über das andere uns rufen, bitten, inständig bitten läßt, daß wir doch möchten nicht unser eigenes Verderben, sondern das Leben wählen – was wäre unsere Pflicht? Offenbar das, daß wir diesem Ruf, den der König durch seine Knechte, aber nicht nur durch seine Knechte, sondern noch viel öfter durch seinen Geist in unserm Innern, durch allerhand Schickungen, durch die Stimme der Weisheit auf der Gasse an uns kommen läßt, Folge leisten, daß wir uns wirklich aufmachen und uns anschicken, zum Hochzeitsmahl zu gehen; dies wäre unsere Pflicht. Wie betrübend muß es für den Heiland sein, wenn seine Gnadengüter, die er so sauer verdient hat, und die er nun der Welt, der armen Welt einmal um das andere antragen läßt, geringgeschätzt werden, wenn die Stimme seiner Boten in den Wind geschlagen und seiner Gnade das Nichtige weit vorgezogen wird von den Seelen, die er so gern selig hätte! Der Apostel Jakobus sagt: »Siehe, der Lohn der Arbeiter, die euer Land abgeerntet haben, den ihr ihnen vorenthalten habt, der schreit, und das Rufen der Schnitter ist gekommen vor die Ohren des Herrn Zebaoth« (Jak 5,4).

Dies meint er von irdischen Arbeitern, von einem irdischen Lohn. Aber welch eines viel größern Gerichts wird der schuldig sein, welcher dem König aller Könige den Lohn seiner Schmerzen, den Lohn seiner Todesarbeit entzieht, nämlich sich selber, und diejenigen, welche diesen

Lohn einfordern sollen, schnöde von sich weist! Das wäre also unsere heiligste Pflicht, das unsere Schuldigkeit, daß wir schon oft und viel und auch heute Geladenen alle sprächen: Ja, wir wollen kommen, wir wollen uns bekehren, wir wollen den Herrn suchen, und daß man es dann nicht bloß sagte, sondern daß man auch anfinge, daß man sich auf seine Knie niederwürfe vor dem Heiland, daß man auch umkehrte von seinen verkehrten Wegen, vom Geiz, von der Liederlichkeit, von den faulen Geschwätzen, daß man sich auch herzlich nach dem Reich Gottes und nach seiner Gerechtigkeit ausstreckte.

Ach Gott, vom Himmel sieh darein und laß dich des erbarmen: Wie wenig sind der Heilgen dein, verlassen sind wir Armen! Dein Wort man läßt nicht haben wahr, der Glaub ist auch verloschen gar bei allen Menschenkindern.

14. Januar: Matthäus 22,11

Da ging der König hinein, sich die Gäste anzusehen, und sah da einen Menschen, der hatte kein hochzeitliches Gewand an, …

Errettet werden wollen ist, was wir sollen. Gott zwingt uns nicht. Wir müssen unsern Willen dazu hergeben und seinem Ruf und Zug folgen; wir müssen den Weg zur Seligkeit antreten, sonst kommen wir nie zum Ziel. Aber mit solch einem ersten Anfang ist es eben noch nicht ausgerichtet. Im Vorzimmer des Königs geht etwas vor, das man sich auch muß gefallen lassen, wenn man als ein würdiger Gast zu Tische sitzen will. Der König hat die Art an sich, daß er seine Gäste nur in seinen, des Königs Kleidern sehen will. Zu dem Ende hat er die Einrichtung getroffen, daß im Vorzimmer des Hochzeitsaals herrliche königliche

Kleider bereit liegen, die von den Gästen angezogen werden müssen, nachdem sie ihre eigenen mitgebrachten Kleider ausgezogen haben. Wenn dann der König hineingeht, die Gäste zu besehen, so schaut er mit seinen feuerflammenden, alles durchdringenden Augen vorzüglich in der Absicht auf die Gäste umher, um zu sehen, ob sie auch alle in seinen königlichen Schmuck gekleidet seien. Wenn wir nun dies alles ohne Bild und Gleichnis sagen sollen, so heißt es ungefähr so viel: Es ist nicht genug, daß man anfänglich eine Willigkeit zeigt, dem Ruf der Knechte zu folgen; es muß auch eine Willigkeit da sein, sich allem dem zu unterwerfen, was zur Zubereitung auf die selige Ewigkeit gehört. Es ist wahr, der Heiland hat uns die Seligkeit erworben; aber er hat uns nicht nur diese erworben, sondern auch die unaussprechliche Gnade, daß wir können durch den Glauben an ihn gereinigt und vorbereitet und würdig gemacht werden zum Gastmahl des Königs. Was meinet ihr? Meinet ihr, der Heiland wolle Säue und Wölfe und Bären an seinem Tisch haben, welche Naturen doch an dem unbekehrten Menschen nicht selten sichtbar sind? Solche Naturen würden auch gar keine Freude am Tisch des Heilandes haben, sondern Langeweile. Wenn unser irdischer König heute einen verlaufenen Bettelknaben an Kindesstatt annähme, meinet ihr, man werde ihn in seinen zerlumpten Kleidern, in seinem Schmutz, mit seinen anerlernten Unarten an die königliche Tafel sitzen lassen? Nein, vorher wird er gereinigt, gewaschen, gekämmt; seine Kleider werden ihm ausgezogen; er wird mit königlichen Kleidern bekleidet; er wird in der Hofsitte unterrichtet; dann erst ist er tüchtig, sich seiner Kindesrechte zu gebrauchen.

Herzog unsrer Seligkeiten, zeuch uns in dein Heiligtum, da du uns die Statt bereiten und zu deines Namens Ruhm als deine Erlösten siegprächtig willst führen. Laß unsere

Bitte dein Herze jetzt rühren! Wir wollen dem Vater zum Opfer dastehn und mit dir durch Leiden zur Herrlichkeit gehn! Amen.

15. Januar: 2. Korinther 13,5

Erforscht euch selbst, ob ihr im Glauben steht; prüft euch selbst! Oder erkennt ihr euch selbst nicht, daß Jesus Christus in euch ist? Wenn nicht, dann wärt ihr ja untüchtig.

»Denn ihr seid gestorben,…« sagt der Apostel (Kol 3,3). Dies ist so eigentlich der hochzeitliche Schmuck der Gäste, daß man durch den Glauben der Rechte des Todes Jesu teilhaftig wird und erfährt, man sei mit Christo gestorben, von allen Ansprüchen und Folgen der Sünde losgekauft.

Christi Blut und Gerechtigkeit, das ist mein Schmuck und Ehrenkleid, damit will ich vor Gott bestehn, wenn ich zum Himmel werd eingehn.

So heißt es in jenem Lied, und damit ist eben das hochzeitliche Kleid beschrieben. Aber dieser herrliche und kostbare Schmuck darf doch nicht über den befleckten Rock des Fleisches hineingezogen werden. »So tötet nun« – heißt es im nämlichen Kapitel des Briefes an die Kolosser – »die Glieder, die auf Erden sind, Unzucht, Unreinheit« usw. Das gehört auch zum rechten Anziehen des Schmucks, der Christi Blut und Gerechtigkeit heißt, daß man beflissen ist, im Licht Gottes den alten Menschen je mehr und mehr zu erkennen und abzulegen, und in das Ebenbild des Sohnes Gottes erneuert, gereinigt zu werden, wie er rein ist, so zu werden auf dieser Welt, wie er war. Anders ist keine Gemeinschaft des Todes und der Auferstehung Jesu Christi denkbar. O, da hat man viel zu flehen um Licht und

Kraft von oben; da hat man sich oft in das Licht jenes Tages hineinzustellen und zu untersuchen, ob man auch dort werde bestehen können, ob der Grund, den man in sich trägt, auch werde die prüfenden, feuerflammenden Augen des Königs aushalten können; da kann man sich nicht zufrieden geben mit einem oberflächlichen Trost aus dem Evangelium, sondern man trägt es darauf an, aller von Christo den Sündern erworbenen Rechte, des ganzen Jesus teilhaft und ein ganzes Gefäß der Gnade zu werden. Dies geht durch manchen Seufzer, durch manche Entbehrung, Demütigung und Schmerz, aber auch durch manche wesentliche Erquickung, mit einem Wort: dies ist der schmale Weg, der zum Leben führt.

Liebe, laß mich dahin streben, meiner Wahl gewiß zu sein, richte selbst mein ganzes Leben so nach deinem Willen ein, daß des Glaubens Frucht und Kraft, den dein Geist in mir geschafft, mir zum Zeugnis dienen möge, daß ich auf dem Himmelswege! Amen.

16. Januar: Jeremia 11,3

Und sprich zu ihnen: so spricht der Herr, der Gott Israels: Verflucht sei, wer nicht gehorcht den Worten dieses Bundes.

Wer glaubt es aber, daß du so sehr zürnest, und wer fürchtet sich vor solchem deinem Grimm? Dies glauben wir nicht. Wenn wir es glaubten, so würden wir uns ja aufmachen und mit Tränen und großer Angst Gnade suchen; aber wir glauben es nicht. Wir sind zu stumpf dazu, zu ungeistlich, zu sehr ins Irdische vertieft und verloren, oder wir sind zu sehr angesteckt von der Pest, die gegenwärtig im Finstern schleicht, ja, die im Mittag verderbet. Denn das ist die Hauptsünde unserer Zeit; das ist die Hauptlüge, welche der Vater der Lügen ausgeboren hat, der Sauerteig, womit er alle Welt, den ganzen Zeitgeist durchsäuert hat, daß er alle ernstlichen und strengen Worte Gottes, alle Worte seiner ewigen Gerechtigkeit geschwächt, heruntergesetzt, in die Weichlichkeit der menschlichen Eigenliebe hineingedreht, und ihnen so alle Kraft an die Herzen der Menschen genommen hat. Sie erkennen ja keinen Ernst der Heiligkeit Gottes, keine Strafgerechtigkeit, die es genau mit der Sünde nimmt, keinen Zorn der beleidigten Majestät Gottes mehr an, der hinunterbrennt bis in die unterste Hölle; solche Vorstellungen mögen sich mit der aufgeklärten Vernunft nicht mehr reimen; daher der Leichtsinn, womit sie scharenweise der Hölle zulaufen. Aber es bleibt dabei, die armen, verblendeten Knechte des Verderbens mögen sagen, was sie wollen – die Ewigkeit, der künftige Gerichtstag, der Tag, wo das Lamm Gottes in seinem Löwengrimm sich offenbaren wird, wird das rechtfertigen, was ich sage; wer ein Sünder, ein Übertreter des göttlichen Gesetzes ist, der ist verflucht, und wenn er nicht auf dem von Gott vorgeschriebenen Weg Vergebung findet, so bleibt er auch verflucht, er wird verdammt.

Ach, ich fühle keine Reu und mein Sünderherz ist kalt; ich erkenne ohne Scheu viel Verfehlung mannigfalt, und doch ohne Traurigkeit lebe ich in Sicherheit. Jesu, mich doch so regiere, daß ich wahre Buße spüre. Amen.

17. Januar: Offenbarung 1,7

Siehe, er kommt mit den Wolken, ...

Der Apostel sagt nicht: er wird kommen, sondern er kommt. Seine ganze Zurückgezogenheit und seitherige

Unsichtbarkeit vor den Augen der Menschen (Kol 3,3) ist also nichts anderes als eine Zeit seines Kommens. Wir haben es uns so zu denken, wie wenn ein Herr verreist in ein fernes fremdes Land, und nachdem er nun dort angekommen ist, zieht er bald in längeren, bald in kürzeren Tagesreisen wieder heim, er ist nun beständig im Kommen begriffen, auch gelangen hin und wieder Kuriere und Boten von ihm in sein Land zu seinen Knechten, die daraus merken: der Herr kommt, er ist in völligem Anzug begriffen. So kommt auch der Heiland seit 1 800 Jahren, er kommt näher und immer näher, und von Zeit zu Zeit hat er Boten und Knechte erweckt, die mit großer Gewißheit unter die schlafende Menge hineinriefen: was schlafet ihr? Er kommt; er ist in völligem Anzug. Wie wird er aber kommen? Mit den Wolken. Dieses mit hat seine besondere Bedeutung. Wenn wir nämlich dies recht auffassen, so kann es nicht anders sein, als: er wird mit und in einem Gewitter kommen. Denn Wolken sind ja bei Gewittern in großer Menge beisammen, und wenn es dann recht schwarz, recht schrecklich aussehen wird am Himmel, so wird im Sturm eines Gewitters aus den Wolken heraus Jesus erscheinen, Jesus, der längst Ersehnte; Jesus, der Liebevolle und Sanftmütige, aber auch Schreckliche und Gewaltige, zum Fluch dem, der ihm flucht, zum Heil und süßen Lichte dem, der ihn liebt und sucht. Als das Gesetz gegeben wurde vom Sinai, da erschien der Heiland – denn der Jehova des Alten Testaments ist niemand anders als Christus – auch in einem Gewitter; das war schrecklich, aber viel schrecklicher wird seine zweite Erscheinung sein. Denket euch ein recht furchtbares Gewitter mit Blitz und Donner und Stimmen, ein Gewitter, wie vielleicht keines gewesen ist, so lange die Erde steht; alles was Mensch und Tier heißt, erzittert vor dem Gewitter, sie fühlen zugleich, daß etwas Unsichtbares darunter verborgen ist, daß das unsichtbare Geisterreich, daß Jesus in der Nähe ist, daher wird sie eine große Angst und Bangigkeit ankommen. Nun – und aus diesem schrecklichen Gewitter bricht Jesus hervor. O furchtbar großer Anblick! Werden wir dann wohl Freudigkeit haben?

Er kommt zum Weltgerichte, zum Fluch dem, der ihm flucht; mit Gnad und süßem Lichte, dem, der ihn liebt und sucht. Ach komm, ach komm, o Sonne, und hol uns allzumal zum ewgen Licht und Wonne in deinen Freudensaal.

18. Januar: Apostelgeschichte 28,27

Denn das Herz dieses Volkes ist verstockt, und ihre Ohren hören schwer, und ihre Augen sind geschlossen, damit sie nicht etwa mit den Augen sehen und mit den Ohren hören und mit den Herzen verstehen und sich bekehren, und ich ihnen helfe.

Bekehrung heißt, daß ich es kurz sage, diejenige Veränderung im Menschen, wodurch er seinen von Gott abgewendeten Willen dem Herrn wieder zuwendet und aus der Gewalt der Finsternis errettet wird, zu dienen dem lebendigen Gott. Das ist keine Bekehrung, wenn ein Mensch alt wird und seine Leidenschaften schweigen und die Sünde verläßt ihn und er beginnt ein geordnetes Leben. Das ist auch keine Bekehrung, wenn einer als Mann das unterläßt und sich dessen schämt, was er als Knabe und Jüngling getan hat. Das ist auch keine Bekehrung, wenn einer um des Amtes, um der Ehre, um des Ansehens willen, in welchem er bei Menschen steht, ernstere Sitte und Zucht beobachtet. Das ist auch keine Bekehrung, wenn einer aus der Verschwendung in den Geiz hineingerät oder aus der offenbaren Rachsucht und Feindschaft weltklug und listig in heimlichen Neid und heimliche Tücke umschlägt, also einen Teufel durch den andern austreibt. Endlich ist auch das keine Bekehrung, wenn einer, der vorher der Sünde und dem Wesen dieser Welt diente, selbstgenügsam sich in sich selbst zurückzieht und im Stolze eine eigene Tugend und Gerechtigkeit aufzurichten strebt, in welcher er sich, wie er vorher in den Dingen dieser Welt sich gefallen hatte, wieder gefallen und sein Eigenes suchen könnte. Das sind Veränderungen, aber keine Bekehrungen; es ist dies nur eine Vertauschung einer Sünde mit der andern. Es ist nicht genug, daß eine Sünde in ihren groben oder feinen Ausbrüchen aufhöre; das entgegengesetzte Gute muß dafür in das Herz gepflanzt werden, also statt der Zornsucht muß Sanftmut, statt des Stolzes muß Demut, statt der Habsucht muß tätige Liebe, statt der Trägheit muß Fleiß in guten Werken, statt der Wollust muß Keuschheit und Reinheit des Herzens in uns Platz gewinnen, aus einer Werkstätte des Satans muß das Herz ein Tempel Gottes werden, statt des Bildes Adams und des Schlangengebildes muß Christus eine Gestalt in uns gewinnen, statt ein Knecht der Sünde zu sein, muß der Mensch ein Knecht und ein Eigentum Gottes werden. Das heißt sich bekehren, das ist die Bekehrung, welche der Heiland im Evangelium fordert. Natürliche Gutmütigkeit, äußere Rechtschaffenheit und Ehrbarkeit tun nichts zur Sache, es muß etwas Neues, ein Geistesleben im Menschen aufgehen; eine neue Geburt muß mit ihm vorgehen, sonst bleibt der Zorn Gottes über ihm.

Komm, du lang verlangte Stund, komm, du Lebensgeist von oben! Ach, wie soll mein froher Mund, Jesu, deine Treue loben, wenn mich deine Liebesmacht, dir zu dienen, frei gemacht.

19. Januar: Lukas 13,6–9

Er sagte ihnen aber dies Gleichnis: Es hatte einer einen Feigenbaum, der war gepflanzt in seinem Weinberg, und er kam und suchte Frucht darauf und fand keine. Da sprach er zu dem Weingärtner: Siehe, ich bin nun drei Jahre lang gekommen und habe Frucht gesucht an diesem Feigenbaum, und finde keine. So hau ihn ab! Was nimmt er dem Boden die Kraft? Er aber antwortete und sprach zu ihm: Herr, laß ihn noch dies Jahr, bis ich um ihn grabe und ihn dünge, vielleicht bringt er doch noch Frucht; wenn aber nicht, so hau ihn ab.

Freilich, der Heiland weinte über Jerusalem; und auch im Gleichnis unseres heutigen Evangeliums offenbart er etwas von der unaussprechlichen Geduld und Langmut Gottes, der, wie der Herr auf die eingelegte Fürbitte des Weingärtners hört, so auch auf die hohepriesterliche Fürbitte des Heilands achtet, zuwartet und Gnadenfrist gibt. Das Herz des Heilands ist noch voll Zärtlichkeit und Geduld; so sucht er noch jetzt durch seine hohepriesterliche Fürbitte die strafende Gerechtigkeit Gottes aufzuhalten, um die Sünder womöglich zur Buße zu kehren. Dieser Fürbitte Jesu haben wir alle es zu danken, daß wir noch leben, noch in der Gnadenzeit stehen. Siehe, daher kommt es, daß du noch stehest, alter Sünder, obgleich reif für die Hölle; daher kommt es, daß du noch die unaussprechliche Gnade genießest, das Evangelium zu hören; daher kommt es, daß er dich mit manchen Leiden heimsucht; daher kommt es, daß es dir oft deutlicher als je wird: Ich muß anders werden; daher – weil der heilige Weingärtner die Axt, die schon an die Wurzel der Bäume gelegt ist, aufgehalten, dir Buß- und Gnadenfrist erbeten hat, und nun alles anwendet, um noch Früchte der Buße aus dir herauszulokken. »Ich will ihn umgraben und bedüngen«, spricht er im Evangelium. O welche Treue! Solch ein unfruchtbarer, fauler Baum sollte ja längst weggerafft sein.

Aber durch dieses Hohepriestertum Christi wird die Gerechtigkeit Gottes nicht zerstört. Denn der Hohepriester selbst gesteht nach dem Gleichnis zu, daß ein unfruchtbarer Baum des Abhauens würdig ist, und sagt selber, wenn er nach der Gnadenfrist keine Frucht trage, dann soll er umgehauen werden. Zuletzt offenbart sich doch Gottes rächender Arm; so hat er sich bewiesen an Jerusalem, so hat er sich schon an Tausenden bewiesen, und so wird er sich ferner noch beweisen. Am Tages des Zorns wird kaum der Gerechte bestehen; wo soll aber der Ungerechte bleiben? – Darum zu Christo hin, aus der Lauheit heraus, aus dem Leichtsinn heraus, aus dem Maulglauben heraus! Denn es wird wahrlich anders gehen, als wir nach unsern weichlichen und bequemen Gedanken glaubten!

Herr Jesu, führ mich durch die enge Pforte bei dem Licht von deinem Worte; laß mich ja nicht sicher leben, nicht der Weltlust mich ergeben, mich nicht bis zum Grab verschulden, was ich leide, gläubig dulden, und nach überstandnen Proben deine Macht im Himmel loben!

20. Januar: Jesaja 45,22

Wendet euch zu mir, so werdet ihr gerettet, aller Welt Enden; denn ich bin Gott und sonst keiner mehr.

Es ist freilich in unserer Zeit aufgekommen, von der Bekehrung zu reden und zu schreiben, aber ohne Christus, als ob es genug sei, sich einen Vorsatz, einen Gedanken in den Kopf zu machen: Ich will anders werden, ich will mich bessern, heute will ich dieses, morgen jenes ablegen usw., bis ich rein bin, alles ohne göttliche Kraft, alles ohne den, der von sich gesagt hat: »Ohne mich könnt ihr nichts tun.« Es ist aufgekommen, daß man viel geredet und geschrieben hat von der Kraft zum Guten, die der Mensch von Natur in sich habe, alles zum Schimpf und zur Schmach des verdienstlichen Leidens und Sterbens Christi, daß man den armen Seelen statt des kraftgebenden und beseligenden Evangeliums elende Sittenregister ohne Zahl vorgehalten, und, weil man die Schwäche der menschlichen Natur nicht kennt, den armen Menschen zugemutet hat, sie sollen Gebote halten, welche doch solche Dränger, die derlei Zumutungen machten, selbst mit keinem Finger noch angerührt haben. Man hat Sanftmut gefordert von der armen menschlichen Natur, und doch ist das Herz des Menschen voll Zorn und Bitterkeit; man hat Herzensreinheit gefordert, und doch ist das Gift der Sünde bis ins Innerste gedrungen; man hat Liebe gefordert, und doch haben wir keinen Funken wahrer göttlicher Liebe von Natur; man hat Barmherzigkeit und Verleugnung des Irdischen gefordert, und doch ist der Geiz, die Anhänglichkeit an das Irdische bei jedem Menschen mit der tiefsten Wurzel seines Herzens verwachsen. Ach, das Wort Gottes fordert ja diese Tugenden auch,: aber es kennt auch unsere Schwachheit, die böse arge Art unseres Herzens. Darum sagt es uns, wo wir Kraft zum Guten, wo wir Lust zum Überwinden des Bösen, wo wir die Quelle aller Tugenden finden können, wo das erstorbene und in Sünden tote Herz Leben, göttliches Leben erlangen kann. Von dieser Quelle aber sagen die blinden Leiter der Blinden nichts, weil sie selbst nichts davon wissen, weil sie gar nicht danach forschen, weil sie in ihrer Blindheit den Eckstein verworfen haben, und meinen, etwas Rechtes dagegen gefunden zu haben. Nach dieser Quelle haben schon vor Christo viele rechtschaffene Heiden gesucht und geforscht, gedürstet und geseufzt, und uns ist sie so nahe gelegt. Sie ist nämlich nichts anders als Jesus Christus selbst, der Lebendige, in welchem alles Heil ist; es sind die Lebensbrunnen, die in ihm eröffnet sind; es ist der Friede Gottes, welcher von seinem Kreuze her wehet. Das ist der Anfang, das Mittel und das Ende der Bekehrung; auf diesen Grund muß der Mensch kommen.

Der Grund, da ich mich gründe, ist Christus und sein Blut; das machet, daß ich finde das ewge, wahre Gut. An mir und meinem Leben ist nichts auf dieser Erd; was Christus mir gegeben, das ist der Liebe wert.

21. Januar: Lukas 18,9

Er sagte aber zu einigen, die sich anmaßten, fromm zu sein, und verachteten die andern, dies Gleichnis:

Es ist dies das Gleichnis vom Pharisäer und Zöllner. Dies Gleichnis hat zu mancherlei Mißverstand Anlaß gegeben. Aus diesem Gleichnis glaubt z.B. die Welt, ein Recht zu ihrem Spott auf die »Frommen« nehmen zu dürfen. Aber fromm sein – das ist kein Verbrechen, darauf legt es ja Gott bei den Menschen an; sie sollen sich ja von dem Gemeinen, Ungöttlichen absondern und Gott dienen, und wer das nicht tut, der geht verloren, oder wenn er sich noch Christi rühmt, so macht er Christum zu einem Sündendiener. Aber freilich, die Grundeigenschaft wahrer Frömmigkeit ist Demut, nicht verstellte Demut, daß man sich tiefer und schlechter stellt als man ist, sondern wahre Demut, da man gerade so von sich denkt, wie man ist, sich also, was man ist, für einen verdammungswürdigen Sünder hält und, los von allen hohen Gedanken, froh ist, wenn man so durchkommt, wenn man unter dem Schatten der Barmherzigkeit Gottes ein Ruheplätzlein findet für seine arme Seele, da man sich keines Dings rühmt von sich selber, sondern allein der Gnade Gottes. Das ist das Fundament aller Frömmigkeit, und an diesem Fundament magst du erkennen, ob deine Sache aus Gott ist. Ist sie aus Gott, so wird Erkenntnis der Sünde und wahre Demut das erste, das Mittel und das Ende bei dir sein; denn, soll uns Gott zu etwas machen, so muß er uns vorher recht klein, ja zu nichts gemacht haben, wir müssen einsehen, klar und so, daß es uns bitter wird, einsehen, daß wir im Tode gefangen und arm, blutarm sind an geistlichen Gütern. Da waren nun Leute, welchen diese Grundeigenschaft aller wahren Frömmigkeit fehlt, die sich selber vermaßen, daß sie fromm wären, nach dem Grundtext: die vertrauten auf sich selber, daß sie fromm und gerecht seien. Eine große Blindheit! Man sollte meinen, es müsse nicht schwer sein, zu jener Erkenntnis zu kommen, aber dem Teufel ist es einerlei, ob er uns Weltliebe, Laster oder einen Schein von Größe und eigener Heiligkeit vorhält, wenn er uns nur um unsere Seligkeit betrügt. – Gegen diese Blindheit nun geht das Gleichnis.

Gott, du kannst Menschen prüfen, und dich betrügt kein Schein; du siehst in alle Tiefen der Herzen klar hinein. Will sich vor deinem Licht ein Selbstgerechter schmeicheln, so straft dein Licht sein Heucheln; *sein Herz ja tauget nicht.*

Bin ich von Mord und Lügen, von Unzucht, Schwelgerei, von Diebstahl und Betrügen und andern Lastern frei: Was hab ich Danks dafür? Es kann vor deinen Augen mir doch zum Ruhm nicht taugen: *Mein Herz taugt nichts vor dir.*

22. Januar: Römer 5,10

Denn wenn wir mit Gott versöhnt worden sind durch den Tod seines Sohnes, als wir noch Feinde waren, um wieviel mehr werden wir selig werden durch sein Leben, nachdem wir nun versöhnt sind.

Wer sind die Feinde Jesu? Wir brauchen nicht weit um uns herumzusehen; es darf nur ein jeder in sein Herz blicken, da werden wir gewißlich alle finden, welch eine Feindschaft gegen die gekreuzigte Liebe in unserem eigenen Herzen ist, oder wenigstens gewesen ist. Wir dürfen es nicht so ansehen, als ob nur gewisse Arten von Menschen, Sadduzäer oder Pharisäer, oder deren Gott der Bauch oder etwas anderes ist, zu den Feinden des Kreuzes Christi gehören; ach nein, der sadduzäische Unglaube und Hochmut und die pharisäische Selbstgerechtigkeit sind nichts als Offenbarung dessen, was in jedes Menschen Herz von Natur liegt; unser Herz ist von Natur sadduzäisch und pharisäisch und irdisch gesinnt, wir sind geborene Jesusfeinde. Ja, lieber Mensch, der du vielleicht dieses oder jenes Gute an dir hast und findest, der du vielleicht schon manche gute und andächtige Rührung vom Heiland hattest und vielleicht deine Freude an dem Evangelium findest; das sei dir gesagt, das bilde dir festiglich ein: Du bist ein geborener Jesusfeind. Denn du bist von Natur unter der Obrigkeit der Finsternis, und die Finsternis hasset das Licht. Ja, man kann schon manche Züge des Vaters an seinem Herzen erfahren haben, und doch ist in dem Herzen, in dem tiefsten Herzensgrunde noch eine tiefverborgene Feindschaft gegen Jesum und sein Kreuz. O, wem das unglaublich vorkommen sollte, wer sich an diesen Worten stoßen sollte, den kann ich nichts als bedauern; zu dem kann ich nichts sagen als: Kaufe dir Augensalbe, auf daß du sehen mögest, denn du bist noch blind; wem das unglaublich vorkommen sollte, von dem weiß ich gewiß, daß er noch nicht in der wahren Gemeinschaft mit Jesu steht: Denn wenn es dazu kommen, wenn die Scheidewand fallen soll – ach, dann erhebt sich erst die satanische Art in unserem Herzen gegen das Kreuz Christi, dann wird es allererst offenbar, was in uns für eine Feindschaft gegen Jesum lebt und fortlebt, wenn nicht der Herr dazwischentritt. – Wir sind so lange geborene Feinde Jesu, bewußt oder unbewußt, bis wir durch die Kraft des Blutes und Todes Christi überwältigt werden, bis durch die Offenbarung seines süßen Namens und Kreuzes ein zerschlagenes und zermalmtes Herz zustande kommt, darin die Liebe Gottes ausgegossen wird.

Hüter, wird die Nacht der Sünden nicht verschwinden? Hüter, ist die Nacht schier hin? Wird die Finsternis der Sinnen bald zerrinnen, darein ich verhüllet bin?

Möcht ich wie das Rund der Erden Lichte werden! Seelensonne, geh mir auf! Ich bin finster, kalt und trübe; Jesu, Liebe, komm, befördre deinen Lauf!

Wir sind ja der Nacht entnommen, weil du kommen. Aber ich bin lauter Nacht; darum wollst du mir, dem Deinen, auch erscheinen, der nach Licht und Rechte tracht.

23. Januar: Apostelgeschichte 3,26

Für euch zuerst hat Gott seinen Knecht Jesus erweckt und hat ihn zu euch gesandt, euch zu segnen, daß ein jeder sich bekehre von seiner Bosheit.

Wie mag solches zugehen? Wenn ein Mensch von seinem Sündenschlaf durch die Kraft des heiligen Geistes aufsteht, wenn er das Klopfen des Heilands an seiner Herzenstür hört und sich aufmacht und den Entschluß faßt: Ich will zu meinem Vater gehen, oder mit andern Worten, ich will mich bekehren, da nahet der Herr Jesus herzu und erleuchtet eine solche arme Seele, und der heilige Geist zeigt ihr ihren alten Menschen. O wie erschrickt sie da vor der Schlangenbrut, die sie in ihrem Herzen wahrnimmt, wie erscheint ihr da ihr vergangenes Leben so verwerflich, wie viele Versäumnisse, wie viele Schulden gegen ihren Herrn und Gott, dem sie hätte zur Ehre leben sollen, türmen sich auf vor ihr! In solcher Not des Herzens weist sie der Geist der Wahrheit zu dem, der gesagt hat: »Kommet her zu mir, alle, die ihr mühselig und beladen seid; ich will euch erquicken.« Der Geist Gottes führt sie zum Kreuz, zum Lamm hin, auf die heilige Stätte von Golgatha. Von diesem Hügel her geht der königliche Glaube in ihrem Herzen auf; mir sind meine Sünden vergeben. Der blutige Jesus ist mein, und ich bin sein; sein ist meine Schuld, mein ist sein Verdienst. Da wird der neue Mensch im Herzen geboren; das wird das Bild des Gekreuzigten der Seele eingedrückt; da entsteht Glaube, Liebe, Hoffnung; da entspringt ein neues Leben, ein Trachten nach dem Unvergänglichen, ein Trachten, dem, der sich für uns dahin gab, auch allein zur Ehre zu leben und zu leiden; da flieht man die Sünde wie eine Schlange; da will man den Heiland nicht mehr betrüben; da will man ihm auch im Kleinen Treue beweisen; da verabscheut man den vorigen Wandel, die vorige Blindheit, die vorige Sünde, da spricht man mit Schmerz und Reue:

Ach, daß ich dich so spät erkennet, du hochgelobte Liebe du, und dich nicht eher mein genennet, du höchstes Gut und wahre Ruh. Es ist mir leid, ich bin betrübt, daß ich so spät geliebt.

24. Januar: Epheser 4,26

Zürnt ihr, so sündigt nicht; laßt die Sonne nicht über eurem Zorn untergehen, ...

Das heißt wohl mit andern Worten: Einen gerechten Eifer gegen das Böse will ich euch nicht verargen, aber davor müßt ihr euch hüten, daß solcher Eifer nicht sündlich werde, und auch dieser Eifer soll nicht zu lange dauern, die Sonne soll nicht darüber untergehen, er soll übergehen in das Erbarmen, in das Mitleiden, wie wir ja auch wünschen, daß der Eifer des Herrn über das Böse in Erbarmen über unsern elenden, jämmerlichen, mit Sünden befleckten Zustand übergehe. Aber saget selbst: Ist es etwas so Seltenes unter den sogenannten Christen, daß sie zürnen und sündigen? Über was zürnen sie? Über das Böse? Kann man auf sie anwenden, was vom Heiland gesagt wird: »Der Eifer um dein Haus hat mich gefressen?« Nein. Darüber zürnt man, wenn einem ein Strich durch die Rechnung gemacht wird, wenn nicht alles nach dem eigenen Kopfe geht, wenn man in seinen Lüsten beeinträchtigt wird, wenn man nicht nach seinem eigenen Willen dahingehen kann; das ist es, was Feindschaft und Zorn in der Christenheit anrichtet, daß die Christen oft nicht mehr aussehen wie Christen, ja nicht mehr wie Menschen, sondern wie Tiger und Löwen. Kaum hat man ein Wörtlein vernommen, von dem man glaubt, es werde dadurch der Ehre oder dem Ansehen oder der Eigenliebe oder einem anderen Götzen des Herzens zu nahe getreten, ach, wie arbeitet es da, wie siedet's in der kochenden Menschenbrust, wie regt sich da ein bitterer Grimm, der sogar hervorbricht aus dem Herzen und in Schimpfworte, in Verwünschungen, in Flüche und Geschrei, ja bisweilen in Tätlichkeiten ausartet; lauter Dinge, wodurch man beurkundet, daß man ein Kind des Teufels ist; denn der Teufel ist ein zorniger und feindseliger Geist, ein Mörder von Anfang. Und wie viele lassen nicht nur die Sonne untergehen über ihrem Zorn, wie viele tragen nicht nur Tage, nicht nur Wochen, nicht nur Monate, sondern sogar jahrelang diesen Grimm in sich herum, sind anhaltende Totschläger, gehen indes zum heiligen Abendmahl, zum Tisch des Herrn, der für ihre Sünden gestorben ist; sie beten: »Vergib uns unsere Schulden, wie wir unsern Schuldigern vergeben«, und doch ist es nicht wahr: Sie vergeben ihren Schuldigern nicht, kurz, sind ärger als die Heiden, und werden auch ein größeres Gericht als die Heiden empfangen, weil sie dies alles als Christen und unter dem Schein des Christentums und des Guten tun. Das heißt nicht, nach dem Sinne dessen handeln, der gesprochen hat: »Liebt eure Feinde; tut wohl denen, die euch hassen; segnet, die euch verfluchen; bittet für die, die euch beleidigen.« Das ist nicht nach dem Sinne dessen, der, als er erhöht wurde ans Kreuz, für seine Peiniger bat: »Vater, vergib ihnen, denn sie wissen nicht, was sie tun«; das ist nicht nach dem Sinne dessen, der gegenwärtig noch seinen Feinden nachgeht, sie mit Liebe zu erhaschen sucht, und sie mit Langmut und Barmherzigkeit überschüttet.

Herr Jesu, Gottes Sohn, schaue doch von deinem Thron, schaue die Zerstreuung an, die kein Mensch mehr bessern kann.

Sammle, großer Menschenhirt, alles, was sich hat verirrt! Laß in deinem Gnadenschein alles ganz vereinigt sein!

Bind zusammen Herz und Herz, laß uns trennen keinen Schmerz, knüpfe selbst durch deine Hand das geheilgte Bruderband!

25. Januar: Johannes 16,33

Das habe ich mit euch geredet, damit ihr in mir Frieden habt.

Wandelt uns nicht eine Art Heimweh an, wenn uns der Heiland verspricht, daß wir in ihm Frieden haben sollen? In einer Welt voll Unfrieden, voll Angst, voll Krieg, voll Zwietracht, in einer Welt, wo Satan seinen Thron aufgeschlagen hat, verspricht uns der Heiland, daß wir in ihm sollen Frieden haben. Ach, wie mancher muß sein ganzes Leben im Unfrieden zubringen! Wie mancher möchte mit dem Psalmisten sagen: Es wird meiner Seele lange, zu wohnen unter denen, die den Frieden hassen. Aber siehe da, was der Heiland sagt: *In mir habt ihr Frieden;* ihr braucht euch nicht so abzumühen und abzukümmern, *suchet nur mich,* ruhet nur nicht, bis ihr mich gefunden habt, so werdet ihr Frieden finden für eure Seelen. Und so ist es auch.

Gewiß, mein Freund hat solche edlen Gaben, die alle Welt mir nicht verschaffen kann. Schau an die Welt, schau ihren Reichtum an, er kann ja nicht die müden Seelen laben, mein Jesus tut's, er tut's im Überfluß, wenn alle Welt zurückestehen muß.

Lasset uns diese Gnade nicht versäumen, lasset uns hier nicht schlafen und träumen, sondern wacker sein, daß wir hierin nicht dahintenbleiben. Sollen wir denn allein das haben, unter dem die ganze Menschheit seufzt, die Angst (in der Welt habt ihr Angst)? Ach nein, wir wollen auch den Frieden, der der ganzen Welt angeboten ist in Jesu, unserem Herrn, den Frieden, durch welchen wir dann die kurze Angst dieser Tage überwinden können. Denn wer den Frieden findet und besitzt in dem Überwinder der Welt, der hat genug auf Zeit und Ewigkeit, der kann das ihm zugeschiedene Teil Plage wohl tragen, ja, er erkennt dann in dieser Plage eine heilsame Vorübung auf die Ewigkeit. Schließen wir uns also recht an an den Freund unserer Seelen; lassen wir die gekreuzigte Liebe nicht aus dem Gesicht; je öfter wir vor Jesu Gnadenthron treten, desto offener wird uns der Zugang zu ihm, desto lieblicher geht er uns auf als der helle Morgenstern, desto tiefer kommen wir in seinen Frieden hinein und können das, um was sich die Menschen so sehr plagen, das Sichtbare und Vergängliche, für nichts achten und auf das Unsichtbare sehen.

Liebe und übe, was Jesus dich lehret, und was er dich heißet, dasselbige tu! Hasse und lasse, was sein Wort verwehret, so findest du Frieden und ewige Ruh! Ja, selig, die also sich Jesu ergeben und gläubig und heilig nach seinem Wort leben!

Jesu, du Herzog der Friedensheerscharen, o König des Friedens, ach zeuch uns nach dir, daß wir den Friedensbund treulich bewahren, im Wege des Friedens dir folgen allhier! Ach, laß uns doch deinen Geist kräftig regieren und dir nach im Frieden zum Vater hinführen.

26. Januar: Epheser 4,22

Legt von euch ab den alten Menschen mit seinem früheren Wandel, der sich durch trügerische Begierden zugrunde richtet.

Wenn der alte Mensch nicht überwunden wird durch die Kraft Christi, wenn er nicht geschwächt und getötet und mit Christo gekreuzigt wird, so wächst er, er wird stärker und mächtiger, es gibt da keinen Stillstand, die Sünde wurzelt immer mehr ein, es gibt zuletzt eine wahre Fertigkeit im Sündigen, das Gewissen schweigt je mehr und mehr, und wird für das Wort Gottes immer unzugänglicher, für die Wahrheit immer abgestumpfter, so daß es endlich geht, wie der Apostel sagt: daß der alte Mensch sich durch trügerische Begierden zugrunde richtet. Es geht von Irrtum zu Irrtum, von Ungerechtigkeit zu Ungerechtigkeit; man hält das Wort Gottes nach und nach für eine Fabel, das wahre Christentum für eine Schwärmerei; man schneidet und künstelt und modelt am Wort der Wahrheit, das geistliche Gehör geht verloren, man gerät und verderbt sich je mehr und mehr in die Lüge hinein; man gibt seinen Sünden nun gute Namen: Die Lüge nennt man Weltklugheit, den Zorn gerechten Amtseifer, das faule Geschwätz die Kunst zu unterhalten, den feinen oder groben Diebstahl die Kunst zu leben. Sehet da, die ganze Gestalt eines unbekehrten Menschen; so wandelt er auf der breiten Straße bis in die Ewigkeit hinein; so taumelt er fort, blind und töricht, bis es heißt: Jetzt, Mensch, stehst du am Ziele. Daher kommt es denn auch, daß viele so gelassen und stumpf auf dem Todbett liegen und so gleichgültig an die Ewigkeit denken; warum zittern und beben sie nicht, da es doch dem Gericht Gottes zugeht? Ich habe Gutes getan, ist da die Antwort; ich weiß von keinen sonderlichen Sünden, die ich mir hätte zuschulden kommen lassen, womit ich die Hölle verdient hätte. Wer noch Ohren hat zu hören, der höre doch, ehe ihm die Posaune des Gerichts an jenem Tag in die Ohren gellt! Wer noch Augen hat zu sehen, der reibe sich doch den Schlaf von der Stirne, ehe die Blitze des Richters ihm in das Gesicht hineinleuchten. »Wach auf, der du schläfst, und steh auf von den Toten, so wird dich Christus erleuchten.«

Mein Heiland, fördre selbst dein Werk, laß mich bekräftigt werden; es ist Gerechtigkeit und Stärk mein bestes Teil auf Erden. Du machst gerecht uns, dein Geschlecht, und willst zugleich uns stärken, daß wir in dir des Glaubens Zier, die Macht der Gnade merken.

27. Januar: 1. Korinther 10,7

Werdet auch nicht Götzendiener, wie einige von ihnen es wurden, wie geschrieben steht (2. Mose 32,6): »Das Volk setzte sich nieder, um zu essen und zu trinken, und stand auf, um zu tanzen.«

Sehet an Israel ein ganzes wahres Bild des menschlichen Herzens. Eben hatte das Volk die Stimme des Herrn gehört, eben seinen Bund mit Jehova geschlossen, und nicht vierzig Tage lang sind sie treu. Ach, das ist eine traurige Wahrnehmung, und wir dürfen nicht glauben, als ob dieselbe so fern von uns wäre. Frage dich, liebes Herz, ob du nur vierzig Tage lang treu im Glauben bist. Heute hast du eine ausgezeichnete Durchhilfe des Herrn erfahren, heute willst du im Loben und in der Liebe Jesu zerfließen, morgen ist's vielleicht noch so, übermorgen wirst du kälter, einen Tag weiter wirst du noch kälter, du lässest einen Götzen in dein Herz einnisten und betest ihn an, und wirst des Elends nicht eher gewahr, bis du durch den Geist des Herrn gemahnt oder in neue Not hineingeführt wirst, wo du sehen mußt, daß dir die Götzen nichts helfen. – Wie hätten denn aber die Israeliten überwinden können? Sie hätten überwinden können, wenn sie auf das Herz ihres Gottes gesehen hätten. Dieser hatte ja sein liebevolles Herz ihnen doch klar und deutlich genug dargelegt. Sie waren alle unter der Wolke gewesen, waren alle durch's Meer gegangen, sind alle unter Mose getauft worden mit der Wolke und dem Meer, und haben alle einerlei geistliche Speise gegessen und haben alle einerlei geistlichen Trank getrunken (sie tranken aber von dem geistlichen Fels, der mitfolget, welcher war Christus). O, welche Summe von Wohltaten, und das alles aus freiem Erbarmen. Wenn nur ein Israelite durch Luft oder durch die Hitze der

Anfechtung zu irgendeiner Ungebühr verführt worden wäre, so hätte er gleich denken sollen: Nein, das tue ich meinem Gott nicht zuleid, er hat so viel an mir getan, wie sollte ich solch groß Übel tun und wider ihn, meinen Gott, sündigen? So mußt auch du denken, mein Christ, der du noch viel mehr hast, lautere Predigt des Wortes Gottes, Taufe, Abendmahl, unzählige sonstige Beweise der Liebe Gottes; du mußt denken wie Polykarpus, der, als man ihn aufforderte, seinem Christus zu fluchen, dann werde ihm das Leben geschenkt, antwortete: »86 Jahre habe ich ihm gedient, und er hat mir nur Gutes erwiesen, wie sollt' ich ihm fluchen, meinem Herrn und Heiland?« Dann wirst du überwinden. Aber freilich, so denken ihrer viele nicht, und darum hat Gott an ihnen kein Wohlgefallen.

Jesu, Gottes Sohn, du mein Schild und Lohn! Prüfe doch all meine Sinnen und erforsche mein Beginnen. Laß mich innig dein, dein auf ewig sein.

Kreuzige mich mir! Heilige mich dir! Nimm mich ganz in deine Pflege, führ mich von dem breiten Wege immerfort hinan auf der schmalen Bahn.

Treib aus meiner Brust alle schnöde Lust; nimm mich ein in deine Stille, denn aus deiner Gnadenfülle strömet, wie ein Meer, Licht und Wonne her!

28. Januar: Maleachi 1,6

Ein Sohn soll seinen Vater ehren und ein Knecht seinen Herrn. Bin ich nun Vater, wo ist meine Ehre? Bin ich Herr, wo fürchtet man mich?

Ein jeglicher Knecht wird von seinem Herrn gedingt; es wird ein Akkord abgeschlossen zwischen beiden; der Knecht verspricht seinem Herrn, dies oder das Geschäft zu besorgen, der Herr verspricht dem Knecht eine Belohnung für seine Dienste; es wird vielleicht auch eine Handschrift über ihre gegenseitige Übereinkunft ausgefertigt. Man könnte fragen: Ist ein solches auch geschehen zwischen Gott und uns, und wenn es geschehen ist, wo ist die Handschrift darüber? Wenn man in die Welt oberflächlich hineinsieht, so scheint es allerdings nicht, als ob es geschehen sei. Die Menschen werden geboren; sie wachsen auf; sie werden immer älter und älter; sie kommen in ihre Verhältnisse, sie wissen fast nicht wie; sie kommen zu ihren Meinungen und Ansichten, sie wissen fast nicht wie; sie werden Männer, Weiber, Gatten, Eltern, Handwerker, Bauern, Weingärtner, sie kommen zu Ämtern, zu Bekanntschaften, es wird ihnen ein Wirkungskreis angewiesen, sie wissen fast nicht, wie ihnen dabei geschieht! Es geht alles ganz natürlich zu ; es ist nirgends ein unmittelbares Eingreifen Gottes spürbar, daß man sagen könnte: Dies und das hat mir der Herr anvertraut, da oder dort hat er mich zu seinem Knecht gedingt. Auch läuft die Welt, wie es scheint, ab wie ein Uhrwerk, ein Geschlecht um das andere kommt und vergeht; die Menschen treiben sich eine Weile auf dieser Welt um; dann treten sie wieder vom Schauplatz ab; sie tun alles nach ihrem Willen, sie reden, was sie wollen, sie denken, was sie wollen, sie handeln, wie sie wollen; sie folgen allenthalben dem blinden Zug ihres Herzens; sie betragen sich in der Regel nicht, wie wenn sie Haushalter, sondern wie wenn sie die Herren wären; es scheint allerdings, oberflächlich betrachtet, nicht, als ob wir zu Knechten und Haushaltern des Königs aller Könige gedingt seien.

Ich bin getauft auf deinen Namen, Gott Vater, Sohn und Heilger Geist, ich bin gezählt zu deinem Samen, zum Volk, das dir geheiligt heißt; in bin in Christum eingesenkt, ich bin mit seinem Geist beschenkt.

Doch hab ich dir auch Furcht und Liebe, Treu und Gehorsam zugesagt; ich hab, o Herr, aus reinem Triebe dein Eigentum zu sein gewagt; hingegen sagt ich bis ins Grab des Satans schnöden Werken ab.

29. Januar: Matthäus 18,23

Darum gleicht das Himmelreich einem König, der mit seinen Knechten abrechnen wollte.

Er will immer rechnen und abrechnen; er zeigt den Menschen in ihrem Gewissen eine Schuld um die andere an; er bringt sie in größere oder geringere Verlegenheit darüber; er sucht sie dazu zu bewegen, daß sie sich zur ganzen Abrechnung über ihren Haushalt hergeben. Die Menschen aber weichen dieser Abrechnung aus, so lange sie können, sie ist ihnen unangenehm. Es geht ihnen, wie es allen geht, die viele Schulden haben. Solchen Leuten ist es wohl, wenn sie nicht an ihre Schulden gemahnt werden; es ist ihnen lieb, wenn sie lange nicht ins's Klare darüber kommen; sie rechnen deswegen ihre Schulden nicht gern zusammen; sie bekommen nicht gern einen Überblick; sie bereden sich gern, ihre Schuld sei nicht so groß, als sie doch wirklich ist. So geht es auch im Geistlichen: der Abrechnung weicht man gern aus. Gott mahnt zwar einmal um das andere; er meldet sich im Gewissen an: er spricht: Mensch! wollen wir nicht auch in's Reine kommen miteinander? Aber der Mensch hat seine Entschuldigungen: wenn ich gelegnere Zeit habe, ich habe nun anderes notwenig zu tun, wenn ich einmal keine Schuld mehr mache; auf meinem Todbett, zwei Tage, ehe ich sterbe, da wird es Zeit genug zu dieser Abrechnung sein. Er fürchtet sich davor; er ahnt, daß die vielen Schuldposten, die unzähligen kleinen Schuldposten, deren er sich heimlich bewußt ist, eine gar zu starke Summe ausmachen werden, eine unübersehbare, eine unbezahlbare, eine unnachlaßbare Summe, eine Summe, bei deren Anblick er sich allzusehr entsetzen müßte, wo ihm das leichtsinnige Leben, die Lust zum Schuldenmachen auf einmal verginge. Aber das hilft nichts; der Abrechnung können wir nicht ausweichen; gibt man sich nicht dazu her in *dieser* Welt, so wird man in *jener* Welt gewiß dazu genötigt; denn der König *will* eben einmal rechnen; es ist einmal festgesetzt im Rat seines heiligen Willens; es ist seiner heiligen Ordnung, den Rechten seiner Gerechtigkeit gemäß.

Herr, wenn ich dies bedenke, so bebt das Herz in mir, und wo ich es hinlenke, so steht es bloß vor dir; bei solchen Schuldensummen muß aller Mund verstummen, wo ist ein Bürge hier?

Du, Jesu, bist der *Eine!* Du machst uns wieder Mut; Du zahltest ganz alleine mit deinem heilgen Blut. Dein Tod, den du erduldet, macht das, was wir verschuldet, vor Gott vollkommen gut.

Ach Gott, sieh nicht mich Armen, sieh Jesum für mich an, und rechne aus Erbarmen mir zu, was er getan. So wirst du statt der Sünden in ihm gerecht mich finden, daß ich bestehen kann.

30. Januar: Römer 5,5

...; denn die Liebe Gottes ist ausgegossen in unsre Herzen durch den heiligen Geist, der uns gegeben ist.

Unser Herz weiß bei seiner Abweichung und in seiner Blindheit nicht mehr, was das wahre und höchste Gut sei.

Zwar der Begriff und die Begierde nach einem Gute, das die ganze Seele ausfülle und unser inwendiges Geistesbedürfnis befriedige, ist uns geblieben, aber wo dieses höchste Gut zu finden sei, was eigentlich den Durst uns stille und die Seele befriedige, das weiß der natürliche Mensch nicht mehr. Die Sünde hat eine Scheidewand gezogen zwischen Gott und dem Menschen, und dadurch ist ihm die Vortrefflichkeit Gottes und daß nur in Gott das Sehnen des Geistes befriedigt werde, daß wer nicht in ihm lebt und ihn nicht hat, eigentlich so gut aus seinem Element entrückt und so unglücklich ist seinem innersten Geistesleben nach, als der Fisch, der aus dem Wasser an das Land gesetzt wird, das alles ist dem natürlichen Menschen verdeckt; er weiß es nicht, die Augen sind ihm noch nicht aufgegangen durch den heiligen Geist. Sehet die Menschen an, sie suchen ein höchstes Gut, Augenlust, Geld, Ehre, alle aber machen *sich selbst* zum höchsten Gut, die Welt ist ihnen nur etwas, das sich um sie herumbewegt, von welchem sie der Mittelpunkt sind; sie sind so überzeugt von ihrer Vortrefflichkeit, von dieser oder jener Geschicklichkeit, von ihrem Verstand, daß sie zwar nicht mit Worten, aber doch ihren Gedanken nach sich selber für das höchste Gut achten, bis sie durch den Geist Gottes von ihrer Verwerflichkeit und Schnödigkeit überzeugt sind. Das ist der Zustand der Menschen, wie er von Natur ist. – Wer aber Jesum hat erkannt und die wahrhaftigen Himmelsgüter, wer Gott liebet, *der achtet nur Ihn für das höchste Gut,* der setzet nichts über ihn hinauf, dem geht Gott über alles, dem wird alles andere, es heiße wie es wolle, dem wird er selber vor Gott so klein, so nichts, so unbedeutend, daß er mit dem Apostel Paulus sagt: Ich achte alles für Schaden gegen der überschwenglichen Erkenntnis Christi Jesu, meines Herrn, ja selbst der Himmel wäre nichts ohne ihn. Stehest du in dieser Liebe Gottes? Achtest du Gott für das höchste Gut?

Höchstes Gut der Güter, Ruhe der Gemüter, Trost in aller Pein! Was Geschöpfe haben, kann den Geist nicht laben; Du vergnügst allein. Was ich mehr als dich begehr, kann mein Seligsein nur hindern und den Frieden mindern.

Komm, du selges Wesen, das ich mir erlesen, werd mir offenbar! Meinen Hunger stille, meinen Grund erfülle mit dir selber gar! Ich bin dein, sei du auch mein, bis du wirst in jenem Leben dich mir völlig geben.

31. Januar: Lukas 11,2

Er aber sprach zu ihnen: Wenn ihr betet, so sprecht: Vater! Dein Name werde geheiligt. Dein Reich komme.

Daran wird uns der Herr auch einmal erinnern bei seiner Abrechnung. Der König wird zu dem Knecht sagen: Ich habe dich das »Vaterunser« auswendig lernen lassen, du hast es unzählige Mal gebetet, aber immer geheuchelt und gelogen. Du hast gebetet: »Unser Vater in dem Himmel«, und hast damit bezeugt, daß du deine Brüder lieben solltest, weil sie deine Brüder sind, du hast aber allenthalben nur an dich gedacht und deiner Brüder vergessen oder sie gar untergetreten. Du hast gebetet: »Dein Name werde geheiligt«. Aber meinen Namen hast du verunheiligt, entweiht, entehrt; es war dir in allen Dingen nicht um die Heiligung meines Namens zu tun. Du hast gebetet: »Dein Reich komme!« Aber du hast mit Gedanken und Worten und Werken allezeit nur des Teufels Reich Vorschub getan. Du hast gebetet: »Dein Wille geschehe auf Erden wie im Himmel«. Und siehe, mein Wille galt nichts bei dir. Du hast gebetet: »Unser täglich Brot gib uns heute«. Aber du wolltest mehr, und strebtest nach weiterem als nach dem täglichen Brot. Du hast gebetet: »Vergib uns unsere Schulden, wie auch wir vergeben unsern Schuldigern«. Damit hast du ja meine Gerechtigkeit völlig über dich herausgefordert, denn du kannst und konntest ja kein ungerades Wörtlein von deinem Nächsten überhören und vergessen. Du hast gebetet: »Führe uns nicht in Versuchung«. Aber du bist den Versuchungen zum Bösen selbst nachgelaufen und hast mir solches zugemutet. Du hast gebetet: »Erlöse uns von dem Übel«. Aber du hast an dem größten Übel, an der Quelle aller Übel, an der Sünde, deine größte Freude gehabt. Du hast gebetet: »Dein ist das Reich und die Kraft und die Herrlichkeit«. So hast du mir wohl mit deinem Mund die Ehre gegeben, aber in deinem Herzen hieß es anders. Dem Teufel, dem Mammon, der Welt, der Sünde gebührt das Reich, die Kraft, die Herrlichkeit; siehe, dies war dein Sinn. So hast du nun mich angeheuchelt und angelogen viele Jahre her. Du Schalksknecht und Heuchler!

Jesu, laß dich nicht ermüden, suche mich noch wie bisher, rufe mich zu deinem Frieden, ziehe mich je mehr und mehr; ach bestraf auch durch den Geist, was du Sündlichs an mir weißt, daß ich stets bei diesem Werke deinen Gnadenzug vermerke.

1. Februar: Psalm 23,4

…, dein Stecken und Stab trösten mich.

Als Jakob aus Mespotamien heimzog und seine bei seinem Schwiegervater Laban sehr sauer verdienten Herden mit sich führte, sah er besonders auch darauf, daß ihm sein Vieh nicht möchte *übertrieben* werden, und schonte desselbigen, so viel er konnte (1. Mose 33,13). Jakob ist hierin das Bild eines guten Hirten, dem die Schafe eigen sind, und ein herrliches Vorbild des Heilandes. Denn das ist auch des Heilandes Art, daß er seine Schafe nicht übertreibt, sondern Geduld mit ihnen hat. Er kann warten, kann auswarten; mit der geduldigsten, schonendsten Zärtlichkeit nimmt er sich seiner kränkelnden Schafe an; er verachtet auch das geringste Fünkchen göttlichen Lebens nicht, das in einem Herzen liegt, sondern er sucht ihm aufzuhelfen, daß es in eine rechte Flamme ausbreche. Er ist kein harter Mann, dem man nicht genug bringen könnte, sondern er ist sanftmütig und siehet auf das Niedrige. Darum sagt schon Jesaja (61,1–3) von ihm: »Der Geist Gottes des Herrn ist auf mir, weil der Herr mich gesalbt hat. Er hat mich gesandt, den Elenden gute Botschaft zu bringen, die zerbrochenen Herzen zu verbinden, zu verkündigen den Gefangenen die Freiheit, den Gebundenen, daß sie frei und ledig sein sollen; zu verkündigen ein gnädiges Jahr des Herrn und einen Tag der Vergeltung unsres Gottes, zu trösten alle Trauernden, zu schaffen den Trauernden zu Zion, daß ihnen Schmuck statt Asche, Freudenöl statt Trauerkleid, Lobgesang statt eines betrübten Geistes gegeben werden, daß sie genannt werden ›Bäume der Gerechtigkeit‹, ›Pflanzung des Herrn‹, ihm zum Preise.«

Ja, wo auch nur ein Senfkörnlein Glaubens in einem Herzen sich findet, da darf man gewiß sein: der Heiland sieht es und pflegt es und wartet der Stunde, wo er dem Senfkorn das volle Gedeihen geben und es zu einem mächtigen und starken Glaubensbaum emporwachsen lassen kann. Er zerbricht das zerstoßene Rohr nicht; er löschet das glimmende Döchtlein nicht aus, bis daß er das Gericht hinausführe zum Siege (Math. 12,20), bis die Stunde gekommen ist, wo er mit seinem göttlichen Leben durchbrechen und seine Feinde, die in der Seele sich gegen ihn erheben, zum Schemel seiner Füße legen, bis er den Niedrigen aus dem Staube heben und in volle Klarheit und in die

Freude, die nicht mehr von einem genommen wird, einführen kann.

Barmherzig, gnädig, geduldig sein, uns täglich reichlich die Schuld verzeihn, heilen, stillen, trösten, erfreun und segnen und unsrer Seele als Freund begegnen ist seine Lust.

2. Februar: Matthäus 5,3

Selig sind, die da geistlich arm sind; denn ihrer ist das Himmelreich.

Mit acht Seligkeiten beginnt der Heiland seine gewaltige Bergpredigt. Es ist also nicht auf ein Jammerleben abgesehen im Christentum, sondern auf ein seliges Leben, und zwar schon hier. Die ersten, die er selig spricht, sind die geistlich Armen. Was heißt denn geistlich arm sein? Arm nennen wir denjenigen, der das, was er braucht, nicht hat, geistlich arm ist also der, welcher nicht hat, was er zum geistlichen Leben braucht und obendrein erkennt und fühlt, und mit Schmerzen erkennt und fühlt, daß es ihm an den notwendigen Bedürfnissen des geistlichen Lebens fehle. Ach – kann so ein geistlich Armer denken – es fehlt mir eben gar sehr an Liebe oder an Glauben oder an Sanftmut oder an Reinheit des Herzens, ich weiß wahrlich, wenn ich mich besinne, keine Vorzüge an mir, ich sehe nur Schlechtes an mir, an mir und meinem Leben ist nichts auf dieser Erd'. Das sind die geistlich Armen. Und zu solchen geistlich Armen möchte die Schrift uns alle machen, denn sie sagt Röm 3: Es ist hier kein Unterschied, sie sind allzumal Sünder und mangeln des Ruhms, den sie bei Gott haben sollen; sie sind alle abgewichen und allesamt untüchtig worden, da ist keiner, der Gutes tue, auch nicht einer.

Das sind freilich bittere Wahrheiten, und darum suchen manche das Gefühl ihres Elends von sich zu entfernen. Aber wir wollen nicht so feige sein, uns nicht auf den Grund zu blicken, nur dieses dient zu unserer Heilung. Und diese Erkenntnis ist nur für den Anfang bitter. Selig sind, sagt der Heiland, die geistlich Armen. Nur in der Wahrheit ist Frieden, du mußt herunter von deiner eigenen Höhe, erst dann wirst du Christum erkennen lernen und in dieser Erkenntnis selig sein. Und der Heiland sagt noch von einem größeren Nutzen: das Himmelreich ist ihr. Alle Schätze des Hauses Gottes, alles, was uns Christus durch sein bitteres Leiden und Sterben erworben, ist unser; wenn wir geistlich arm sind, man lebt dann von Erbarmen; die nichts haben und doch alles haben, denn wir haben Christum.

Wer ist der Braut des Lammes gleich? Wer ist so arm, wer ist so reich? Wer ist so häßlich und so schön? Wem kann's so wohl und übel gehn? Lamm Gottes, du und deine selge Schar sind Menschen und auch Engel wunderbar.

Aus Gnaden weiß ich auch davon. Ich bin ein Teil von deinem Lohn, so elend, als man's kaum erblickt, so herrlich, daß der Feind erschrickt, so gottlos, daß wohl alle besser sind, und so gerecht als du, des Vaters Kind.

O Sündenschuld, wie beugst du mich! O Glaube, wie erhebst du dich! Wer faßt hier den geheimen Rat? Nur wer den Geist des Glaubens hat, der durch das Blut des Lamms zusammenschreibt, was sonst wohl himmelweit geschieden bleibt.

3. Februar: Jesaja 61,1

Der Geist Gottes des Herrn ist auf mir, weil der Herr mich gesalbt hat. Er hat mich gesandt, den Elenden

gute Botschaft zu bringen, die zerbrochenen Herzen zu verbinden, ...

Warum läßt sich der Heiland so gerne zu dem Niedrigen herab? Wo kommt es her, warum geschieht's? Was ist der Grund, was ist die Quelle? Siehe, der Mensch, der doch nichts ist als Staub und Asche, tritt, so lange er nicht Sanftmut in der Schule Jesu gelernt hat, so gerne, wenn er es vermag, mit stolzem Fuß auf den Nacken seiner Brüder; er übersiehet so gerne das Kleine über dem Großen, das Einzelne über dem Ganzen; er ist so unbarmherzig, so zurückstoßend gegen diejenigen, welche nicht die gleichen Ansichten mit ihm teilen; er verachtet andere so gerne, ob er wohl selbst des Verachtens wert ist. Aber der, der über Cherubim thronet, der Ewigkeiten König, der, welcher heilig ist und ist keine Finsternis, kein Flecken in ihm – der verachtet nicht, der geht so sanft, so schonend und liebevoll mit dem Sündigsten und Elendesten um, das sich um seine durchgrabenen Füße schmiegt; er erbarmet sich aller seiner Werke, er zerbricht das zerstoßene Rohr nicht. Warum aber tut er also? Ich weiß keinen anderen Grund als seine Liebe, sein ewiges Erbarmen, das Erbarmen, das ihn in dieses Elend, in Fleisch und Blut hereingetrieben und gezogen hat; die Liebe, wonach er sich entäußerte, wonach er ein Knecht wurde auf dieser Welt, die ihn bewog, sich dahinzugeben für mich. Die Liebe, die ihn an den Kreuzesstamm und in das Meer von Schmerzen und Pein hineinzog, diese Liebe gibt ihm die zarten, die heiligen, die sanftmütigen Empfindungen gegen seine armen Brüder und Schwestern ein; diese Liebe, in welcher sein Herz nach dem Heil einer jeden Seele brennt, die Liebe, die mit unaustilgbarer Flammenschrift in das Kreuz eingegraben ist, – diese Liebe läßt ihn, den Getreuen und Heiligen, unsere Schwachheit und Sünde übersehen. Er sehnet sich eben nach eurer und meiner Seligkeit; er möchte uns zur Beute seines Todes und Blutes dahinnehmen. Darum ladet er so freundlich ein: Wer zu mir kommt, den will ich nicht hinausstoßen! Darum will er, wie eine Henne ihre Küchlein, also auch uns unter seine Flügel versammeln; darum erfährt es jeder, der sich in seinem Elende zu ihm wendet: Der Heiland hat das erbarmendste, das großmütigste, das demütigste Herz noch jetzt.

O Liebe, die den Himmel hat zerrissen, die sich zu mir ins Elend niederließ! Was für ein Trieb hat dich bewegen müssen, der dich zu mir ins Jammertal verwies? Die Liebe hat es selbst getan; sie schaut als Mutter mich in meinem Jammer an.

4. Februar: Johannes 4,46.47

Und es war ein Mann im Dienst des Königs; dessen Sohn lag krank in Kapernaum. Dieser hörte, daß Jesus aus Judäa nach Galiläa kam, und ging hin zu ihm ...

Ich halte es schon für viel Gnade, daß er nur zum Heilande kam; und wahrscheinlich, wenn ihn die Not nicht getrieben, er hätte es nimmermehr getan. Er war einer, der da weiche Kleider hatte, ein vornehmer, geachteter Mann; denket euch nur einmal in seine Lage hinein; welche Gedanken mußten in ihm aufsteigen: Was werden die Leute denken? Was wird Herodes und der Hof sagen, wenn ich mich so weit erniedrige und zu dem Zimmermann von Nazareth gehe? Reimt sich das auch mit der feinen Bildung, die ich genossen habe, daß ich einen Menschen, der nicht einmal studiert hat, dem die Schriftgelehrten gar so feind sind, den sie als einen Ketzer verschreien, um seine Hilfe ansprechen und ihm sogar mehrere Stunden Weges nach Kana nachlaufe? – Ach, der Glaube an den Heiland findet noch jetzt mächtige Hindernisse im Stand und Amt und Titel so mancher Menschen! Man ist ein vornehmer Mann oder eine vornehme Frau; man hat Leute um sich, die einem schmeicheln; man steht, ohne gerade zu den Vornehmen zu gehören, in Achtung als klug, als witzig, als rechtschaffen und ehrlich, als reich, als gelehrt und was dergleichen mehr ist, da ergeht die äußere oder innere Aufforderung an das Herz: Du solltest dich doch recht gründlich dem Heiland ergeben! Ei, heißt es da im Herzen, was werden die Leute, was wird der oder jener, der dich um dieser oder einer andern Eigenschaft willen achtet, – was wird dein Vorgesetzter, was wird deine bisherige Gesellschaft sagen, wenn du den Heiland suchest und, wie man so sagt, auch fromm wirst? – Und dergleichen Menschenfurcht, dergleichen Vorurteile, die im Herzen Raum gewonnen haben, sind schon manchen zum Strick und Fall geworden. Den Königlichen trieb die Not, die herbe Not, und diese Not lehrte ihn über alle Vorurteile und Bedenklichkeiten hinüberblicken; aber doch haben vielleicht dergleichen Vorurteile und Bedenklichkeiten seinen Geist nicht zum rechten Glauben, – wohl zu einigem Glauben, aber nicht zum rechten, hindurchdringen lassen.

O Gnade, daß mein Glaube dich recht herzhaft fassen könnt, so lang, bis meine Seele sich von meinem Leibe trennt.

Herr, deine Gnade mache mich in mir recht arm und klein, denn nur in dir allein kann ich erst groß und herrlich sein.

5. Februar: Matthäus 18,25

Da er's nun nicht bezahlen konnte, befahl der Herr, ihn und seine Frau und seine Kinder und alles, was er hatte, zu verkaufen und damit zu bezahlen.

Bezahlt soll es sein, bezahlt! Dies Gesetz geht durch die ganze Geisterwelt; dies ist die Ordnung Gottes, die heilige, unauflösbare Ordnung des Wiedervergeltungsrechts, der heilige Bann, in dessen Schranken sich alle vernünftigen Geister bewegen; es gibt hier keine Ausnahme. Sie leugnen dies zwar in unsern Zeiten; sie wollen mit ihren Weichlichkeiten und guten Meinungen die heiligen Gesetze Gottes entkräften und aufheben. Aber entschuldigt euch nur, meistert nur das Wort Gottes, dreht es nur nach eurem Gutdünken, treibt es, so lange ihr könnet: Es kommt eine Zeit, wo eure Sünden auf euch hinfallen werden wie Berge. Wehe euch, wenn diese Zeit erst nach dem Tod über euch kommt, denn alsdann werdet ihr zu denjenigen gehören, welche schreien: »... und sprachen zu den Bergen und Felsen: Fallt über uns und verbergt uns vor dem Angesicht dessen, der auf dem Thron sitzt, und vor dem Zorn des Lammes! Denn es ist gekommen der große Tag ihres Zorns, und wer kann bestehen?« (Offenbarung 6,16.17)

Was aber tun? Was vergangen ist, das können wir nicht mehr gutmachen. Wenn jemand heute anfinge, alle Gebote Gottes zu erfüllen; seine zwanzig, dreißig, vierzig, vielleicht siebenzig Jahre, die er in Sünden zugebracht, und seine Schulden, die er sich damit aufgeladen hat, kann er sich mit seinem nachherigen guten Leben nicht gutmachen; was vergangen ist, das ist ins Meer der vergangenen Dinge hineingefallen; wer kann ungeschehen machen, was geschehen ist? Was geschehen ist, das ist eingezeichnet in die Bücher Gottes. Was also tun? Was tut der Knecht im Evangelium?

Da fiel ihm der Knecht zu Füßen und flehte ihn an und sprach: Hab Geduld mit mir; ich will dir's alles bezahlen. Da hatte der Herr Erbarmen mit diesem Knecht und ließ ihn frei, und die Schuld erließ er ihm auch.

Dies ist also der Weg, den wir einschlagen müssen, wenn wir wollen der Strafe entrinnen. An das Erbarmen, an die Geduld Gottes müssen wir uns wenden, einen Fußfall müssen wir tun vor Gott, und nicht nur einen; als arme, zum Tod verschuldete Sünder müssen wir kommen, ohne Schminke, ohne uns aufzuputzen oder schön machen zu wollen; zugestehen müssen wir, daß wir die sind, die wir sind. Wenn eine Seele so kommt, so jammert es den Herrn derselbigen, und er erläßt ihr die Schuld, ob sie blutrot wäre, ob Todschulden, Blutschulden auf einer solchen Seele lägen.

Ob bei uns ist der Sünden viel, bei Gott ist viel mehr Gnade; seine Hand zu helfen hat kein Ziel, wie groß auch sei der Schade. Er ist allein der rechte Hirt, der Israel erlösen wird aus seinen Sünden allen.

6. Februar: Hebräer 5,9.10

Und als er vollendet war, ist er für alle, die ihm gehorsam sind, der Urheber des ewigen Heils geworden, genannt von Gott ein Hoherpriester nach der Ordnung Melchisedeks.

Wie gering ist oft der Anfang der Bekehrung! Da liegen etwa in einem Menschen von seiner frühen Kindheit an einige Eindrücke der Wahrheit als ein Samenkörnlein verborgen, die durch das Wort treuer Lehrer, oder durch Eltern, oder durch Bücher, oder durch allerhand Schickungen Gottes in ihn hineingepflanzt worden sind. Mancher Sturm geht über diese Saat Gottes; es wird viel Sünden- und Weltschutt darauf hingeworfen; sie würde sicherlich ersticken, wenn nicht der gute Hirte seine Hand darüber hielte. Endlich ersieht er seine Stunde, wo er dem armen verirrten Kinde beikommen kann. Die sich jagenden und umtreibenden Gedanken und Lüste werden durch irgend etwas, das vom Herrn kommt, durch das Wort oder durch eine Schickung Gottes zum Stillstehen gebracht; der Mensch besinnt sich über sich selbst; ein Strahl des ewigen Lichtes fällt in sein Herz; der alte Same der Wahrheit, der vielleicht Jahre lang geschlummert hatte, fängt an sich zu regen und zur Kraft zu kommen; der Mensch wird erweckt. Aber wie bald würde dieses schwache Lichtlein wieder ausgelöscht werden durch das äußerliche Treiben und Bewegen, durch die Sorgen und Wollüste des Lebens, wenn der Herr jetzt seine Hand abzöge! Aber das tut er nicht; er läßt nicht nach; er schickt immer wieder neue Antriebe; er bläst das erlöschende Fünkchen wieder an; er läßt der Seele keine Ruhe, bis sie sich völlig ihm zuwendet, bis sie sich ihm vertrauet in Gerechtigkeit und Gericht, bis sie sich von ihm Leben und Vergebung der Sünden schenken läßt. Und wie gefehlt wäre es nun, wenn es, nachdem der Herr so viel getan hat an einem solchen Menschen, nun nach dem Rechte, nicht nach der Gnade, nicht nach dem priesterlichen Herzen Jesu ginge, – wenn er den Menschen sich selbst überließe und nicht seiner Schwachheit aufhelfen würde! Alles, was in und um uns ist, wirkt seiner Anlage nach feindselig aufs göttliche Leben. Welt und Fleisch und Blut und die daraus entspringenden Gedankenbildungen, gute Meinungen, Phantasien, unser eigener verkehrter Wille, unsere angeborene Blindheit, der Teufel, – alles wirkt feindselig ein auf das Leben aus Gott und sucht dasselbe zu zerstören. Aber der Heiland hilft unserer Schwachheit auf; durch seine allmächtige Weisheit wird dieses Gift zu lauter Arznei bei seinen Kindern; er leitet die Elenden recht, er unterweiset die Sünder auf dem Wege. O gewiß, man braucht die herablassende, mitleidige, hohepriesterliche Gnade des großen Sünderfreundes bis ans Ende, Tag für Tag; man wird nie mündig im Gnadenreich, daß man sich zutrauen dürfte, allein zu gehen und zu stehen, sondern man läuft so dahin als ein armes Kind, mit dessen Schwachheit der Heiland unaussprechliche Geduld tragen muß, wie es bei Hiller heißt:

Auf dem so schmalen Pfade gelingt uns ja kein Tritt, es geh denn seine Gnade bis an das Ende mit.

7. Februar: Johannes 4,48

Und Jesus sprach zu ihm: Wenn ihr nicht Zeichen und Wunder seht, so glaubt ihr nicht.

Der Glaube des Königischen war klein und schwach, beschränkte sich bloß darauf, daß er eben Hilfe für das Leben seines Sohnes begehrte. Aber der Heiland stieß diesen kleinen Glauben nicht zurück, sondern er suchte ihn zu stärken. Das ist das Wichtige, das ist das Große bei dieser Erzählung. – Mit beiden Händen sollten wir's fassen, daß der Heiland so gnädig war, daß er sich zu der Schwachheit des Mannes so tief herabließ, daß sein treues Herz noch jetzt so gerne sich zu unserer Schwachheit herabläßt und Mitleiden hat, daß er das zerstoßene Rohr nicht zerbricht und den glimmenden Docht nicht auslöscht, bis daß er das Gericht hinausführe zum Siege! – Zwar schien es, als ob der Herr den aufkeimenden Glauben des Königischen zertreten wollte mit dem Wort: »Wenn ihr nicht Zeichen und

Wunder seht, so glaubt ihr nicht!« Ei, wie demütigend, wie beschämend war dies für den vornehmen Mann! Da mußte er sich in die Klasse der übrigen ungläubigen Juden hineinwerfen lassen, – eine harte Schule für einen solch vornehmen Mann, eine harte Rede, wie es scheint! Sie war's aber nicht; sie floß aus dem tiefsten Erbarmen des Heilandes gegen den kleingläubigen Königischen. Gleich einem weisen Arzte suchte er dem schwachgläubigen Manne nicht nur seinen Schaden, sondern auch die Ursache desselben zu zeigen: Du hast noch geringe Gedanken von mir in deinem Herzen! – dies ist etwa der Sinn dieser Worte – aber die Ursache liegt in deiner bisherigen Denkweise. Hättest du und deinesgleichen indessen mehr auf Moses und die Propheten geachtet, daß ihr der Stimme Gottes, die dort spricht, euer Herz und Gewissen geöffnet hättet, statt daß ihr nur immer nach äußeren Zeichen und Wundern gehascht habt, so würde dein Glaube jetzt wohl stärker sein! Wahrscheinlich sah der Herzenskündiger wohl, daß dadurch der Glaube des Königischen nicht niedergeschlagen, sondern erhöhet werde; darum redete er in solcher Weise zu ihm, er wollte eben den Glaubensfunken, der in ihm lag, noch mehr anfachen, damit er tiefer ins Bitten hineinkäme. »Und sie nötigten ihn«, heißt es vom Heiland (Lk. 24,29), und so war es oft; man mußte ihn gewissermaßen nötigen, nicht weil er nicht helfen wollte, sondern weil er dadurch dem Glauben eine Probe auflegte.

O Gottes Sohn, Herr Jesu Christ! Du meiner Seele Leben! Was meiner Seele nötig ist, kann ich mir selbst nicht geben. Drum hilf du mir von oben her, den rechten Glauben mir gewähr', und daß ich drin verharre!

8. Februar: Matthäus 6,21

Denn wo dein Schatz ist, da ist auch dein Herz.

Hat eine Seele erkannt, daß Gott das höchste Gut ist, ist ihr so viel Licht geworden, daß sie deutlich einsiehet, alles andere neben Gott ist für nichts zu schätzen, und wenn ich Millionen auf Millionen hätte, und wenn ich aller Welt Freude genösse und hätte alle Bequemlichkeiten des Lebens, ja wenn ich auch den Frieden Gottes hätte, so wäre es ohne ihn nichts, er allein ist das höchste Gut, – hat eine Seele dies erkannt, so wird sie auch *Ihm allein mit dem Herzen anhangen wollen.* Ach dieses arme Herz, es muß etwas haben, an dem es hängt, es ist ohne dieses so leer, so verlassen, so bloß, darum hängt sich der Mensch bald an dies, bald an jenes, hängt sich an diese oder jene Kreatur, selbst an das Leblose, an die Güter dieser Welt, daran manches Herz ja gebunden ist wie mit eisernen Ketten, es hängt sich, wenn es hoch kommt, an sich selber, will mit sich selber die Unendlichkeit, die in ihm ist, ausfüllen, wird hochmütig, aufgeblasen auf sich selber; andere hängen sich an anderes, oft an diesen oder jenen Menschen um seiner Schönheit, um seiner Rechtschaffenheit, um seines Christensinns willen. Ach, an was kann sich der Mensch nicht hängen! Hängt er sich doch, wie wir Beispiele vor Augen haben, oft an die elendesten Kleinigkeiten, an Kleider, an Titel, an Ehrenstellen; an Dinge, die nicht einmal vor den Augen vernünftiger Weltmenschen etwas gelten. Dies alles aber ist nichts als Abgötterei und Feindschaft gegen Gott, welcher will, daß wir ihm mit dem Herzen allein anhangen, ihn allein lieben sollen. Wie nun, lieber Mensch, ist Gott dein Schatz und bei ihm dein Herz? Hangst du ihm mit dem Herzen an? Hast du keinen Götzen, keinen Menschen, den du zu deinem Götzen machst? Ist nichts Lebloses dein Götze? Gehe doch zurück auf dein tägliches Leben, ob dein armes Herz ganz los ist von den tausend dich umgebenden und sich an dich hängenden Dingen! Manche meinen, es sei genug, wenn sie Gott mit dem Mund oder mit dem Kopf, mit den Gebärden anhangen, aber dein Herz will Gott haben. Und wer nach einem Götzen anhängt, er heiße wie er wolle, der ist nicht in der Liebe Gottes.

Von allen Dingen ab, die nicht mitgehn durchs Grab, soll sich die Seele wenden. Herr, gürte meine Lenden! Laß mich hinfort auf Erden ein wahrer Pilger werden.

Die Welt hat nichts an mir, und ich hab' nichts von ihr zu hoffen, zu genießen; ich will mein Herz verschließen, vor ihrem falschen Wesen, kein Traum macht mich genesen.

Ich bin ein Wandersmann. Was geht's den Fremdling an? Ich reise gern mit Frieden, frei, bloß und abgeschieden; Geld, Ehre, Weltvergnügen – bleibt auf der Seite liegen.

9. Februar: Matthäus 11,29

...; denn ich bin sanftmütig und von Herzen demütig; ...

Der Heiland ist der Anfänger und Vollender des Glaubens, das A und O; er ist das herablassendste, geduldigste, erbarmendste, demütigste Herz; kein Mensch ist so demütig wie er, kein Mensch siehet so auf das Niedrige wie er.

Wenn ich mit diesem Blick in die Welt hineinsehe, so wird es mir leichter zu hoffen für mich und für die ganze Welt. Sieht man ohne dies auf sich selber und auf die Welt, so muß man freilich in das Wort einstimmen, das der Heiland seinen Jüngern in Absicht aufs Seligwerden der Reichen sagte: »Bei den Menschen ist's unmöglich!« Der Leichtsinn des menschlichen Herzens ist unbeschreiblich groß; und wenn dieser aus dem Herzen weicht, so wollen finstere, trübsinnige Gedanken hereinbrechen; dieses arme Herz findet die Mittelstraße nicht; es ist ein trotzig und verzagt Ding. Was stecken für Hindernisse des Seligwerdens im Fleische; was für eine Menge falscher Ansichten, Vorurteile, guter Meinungen lassen dem Geiste Gottes im Inwendigen nicht Raum; wie viele Versuchungen und Gefahren liegen in unsern Umgebungen; was tut der Welt- und Zeitgeist nicht; was unternimmt und probiert nicht der Teufel! Und aus diesem allem soll sich das so geringe und schwache Glaubenssämlein herausarbeiten! Bei den Menschen ist's unmöglich, aber der Macht und Barmherzigkeit Jesu ist alles möglich; und das gibt mir einen heitern Blick in unsere Christenheit hinein. Wie viele, wie verschiedene Geister sind da! Aber bei aller Verschiedenheit möchte doch in den meisten ein Same für die Ewigkeit liegen. Im Blick auf den Heiland ist es zu hoffen, daß vielleicht das Evangelium noch bei vielen durchschlagen werde, wenn einmal ihre Stunde gekommen ist. Denn der Heiland verachtet auch ein schwaches Glaubensfünkchen nicht, sondern hilft demselbigen auf, und bereitet das Herz nach und nach also zu, daß das Gericht kann zum Siege hinausgeführt werden.

Liebe Seele, was sorgest du? Warum grämest du dich? Ergib dich, Den zu lieben, der heißt Immanuel! O ein treuer Gott! Fürchte dich nicht, du Würmlein Jakob, und ihr, armer Haufe Israel; ich helfe dir, spricht der Herr; ich habe dich bei deinem Namen gerufen, du bist mein; ich vertilge deine Missetat, wie eine Wolke, und deine Sünde, wie den Nebel; kehre dich zu mir, ich erlöse dich!

O Friedensfürst, dein freundliches Regieren stillt alles Weh, das meinen Geist beschwert. Wenn sich zu dir die blöde Seele kehrt, so läßt sich bald dein Friedensgeist verspüren; dein Gnadenblick zerschmelzet meinen Sinn, und nimmt die Furcht und Unruh von mir hin.

10. Februar: Epheser 4,29.30

Laßt kein faules Geschwätz aus eurem Mund gehen, sondern redet, was gut ist, was erbaut und was notwendig ist, damit es Segen bringe denen, die es hören. Und betrübt nicht den heiligen Geist Gottes, mit dem ihr versiegelt seid für den Tag der Erlösung.

Sehet in diese oder jene Gesellschaft hinein! Sie sitzen schon lange beisammen und befinden sich in der lebhaftesten Unterhaltung; es ist ein sogenannter guter Gesellschafter unter ihnen, der immer wieder etwas Neues vorzubringen, die Aufmerksamkeit auf dies und jenes zu lenken und die Langeweile auf das Niedlichste zu vertreiben weiß. Sie sind lange gesessen, endlich stehen sie auf und gehen auseinander. Sie haben viel gesprochen; sind sie besser geworden in ihrer Gesellschaft? *Nein.* Ist etwas zur Verherrlichung Gottes geschehen? *Nein.* Tragen sie einen Eindruck von der Größe und Liebe ihres Schöpfers hinweg? *Nein.* Haben sie etwas Heilsames gelernt? *Nein!* – Was haben sie denn getan? Gegessen und getrunken haben sie wie zu den Zeiten Noah, gelacht, gescherzt, gespielt, von Krieg und Frieden, von allerlei nutzlosen Dingen gesprochen, die sie vielleicht nicht einmal verstehen; die elenden Kleinigkeiten des täglichen Lebens haben sie ausgekramt; – sie sind über einen Abwesenden hergefallen, haben seine Untugenden durchgezogen; das Gespräch wurde lebhafter, als es auf diese Materie kam; da wußte immer einer noch mehr als der andere; und so haben sie ihre edlen Stunden verloren, ach, die edlen Gnadenstunden, die man auskaufen sollte, für die man Rechenschaft geben muß; doch nein, sie haben sie nicht verloren, sondern sich Schätze gesammelt, – aber nicht für den Himmel, sondern für die Hölle! – O, arme Mitbrüder und Mitschwestern, die ihr in solchen elenden, faulen Geschwätzen steckt, – weinet und seufzet über euer Elend, traget Leid! Euer Lachen verkehre sich in Weinen und eure Freude in Traurigkeit! Ist nicht euer armes Leben wie ein Dampf, der eine kleine Zeit währt, danach aber verschwindet er? Fährt es euch nicht buchstäblich dahin wie ein Geschwätz und unter lauter Geschwätz? Habt ihr ferner nicht gelesen: «Du aber, was richtest du deinen Bruder? Oder du, was verachtest du deinen Bruder? Richtet nicht, damit ihr nicht gerichtet werdet. Denn nach welchem Recht ihr richtet, werdet ihr gerichtet werden; und mit welchem Maß ihr meßt, wird euch zugemessen werden.«

Habt ihr nicht gelesen: »Laßt kein faules Geschwätz aus eurem Munde gehen«? Habt ihr nicht gelesen: »Auch schandbare und närrische oder lose Reden stehen euch nicht an, ...; denn um dieser Dinge willen kommt der Zorn Gottes über die Kinder des Ungehorsams.«

In den Zerstreuungsstunden, die nach der Weltart sind, holt man oft tiefe Wunden und wird am Geiste blind. Man fühlt erst in der Stille und durch der Gnade Zucht, daß da des Fleisches Wille die Weide nur gesucht.

Herr, zieh' mich gleich den Kindern, die man zu Haus behält, das Böse zu verhindern, worein der Leichtsinn fällt; und bin ich dann alleine, so lehre mich dein Geist zu aller Zeit das eine, das gut und selig heißt!

11. Februar: 1. Korinther 10,31

Ob ihr nun eßt oder trinkt oder was ihr auch tut, das tut alles zu Gottes Ehre.

Man kann freilich nicht immer beten und flehen; man muß auch arbeiten, hantieren, reden über dies und das; es gibt Freundschaften, Bekanntschaften, Verbindungen, worin man auch über gleichgültige Dinge zu sprechen hat. Aber kannst du nicht auch über gleichgültigere Dinge im Namen Gottes, deines Heilandes reden? Kannst du ihn nicht preisen, wenn du im Namen des Herrn Jesu deine Geschäfte treibst, deine Haushaltung führst, das Nötigste dabei redest und ordnest? Wenn du über die geringsten Dinge in der Salbung des heiligen Geistes mit sanftem ernstem Sinn in einer des Nachfolgers Jesu würdigen Gemütsfassung sprichst, wenn du unnütze, weitschweifige, weltliche Gespräche abbrichst oder verkürzest, so viel an dir ist, wenn du deine Rede mit Salz lässest gewürzt und lieblich Sein, dem Nächsten zur Belehrung und Erbauung in der Liebe? Du hast etwa zu kaufen oder zu verkaufen; kann das nicht zur Verherrlichung Gottes geschehen, wenn du dein Geschäft führst im Blick auf den, der da arm wurde um unsertwillen, damit wir durch seine Armut reich würden, im Blick auf ihn, der da gesagt hat: »... hütet euch vor aller Habgier, denn niemand lebt davon, daß er viel Güter hat.«, der gesagt hat: »Wie schwer kommen die Reichen in das Reich Gottes! Denn es ist leichter, daß ein Kamel durch ein Nadelöhr geht, als daß ein Reicher in das Reich Gottes komme«? Wie viele unnütze, sündliche Worte werden gewöhnlich beim Handel gemacht; wie viele falsche Höflichkeiten und Anpreisungen, hinter welchen meist nur ein elender Geiz steckt; wie viele betrügliche Gegenreden, Beteuerungen und Angebote, die alle aus einem finstern, selbstsüchtigen Herzen in Gottvergessenheit hervorgehen! O, was kannst du in solchen Fällen verhüten; wie kannst du da den Unterschied zwischen einem Christen und Weltmenschen zeigen, wenn du mit Einfalt und Wahrheit im Aufsehen auf deinen himmlischen Mittler redest und handelst! – Ferner, kannst du nicht den Namen Gottes verherrlichen, wenn du mit sanftmütigem Geist deinen Bruder zurechtweisest, der fallen will, ihn mit Geduld trägst und mit Liebe wieder aufrichtest? Oder wenn du den Herrn Jesum bekennest, wo es Not tut vor einem unschlachtigen Geschlecht; oder wenn du die Ermahnung des Apostels befolgst: »Ein jeder Mensch sei schnell zum Hören, langsam zum Reden, langsam zum Zorn« (Jak 1,19), und also zeigest, daß du einen Wandel vor Gott führest?

Ich bin dein, sprich du darauf ein Amen! Treuster Jesu, du bist mein! Drücke deinen süßen Jesusnamen brennend in mein Herz hinein! Mit dir alles tun und alles lassen, in dir leben und in dir erblassen, das sei bis zur letzten Stund unser Wandel, unser Bund!

12. Februar: Jakobus 3,9

Mit ihr [der Zunge] loben wir den Herrn und Vater ...

Das ist der Zweck der ganzen Schöpfung, daß es den Kreaturen wohlgehe und daß durch solches Wohlergehen der Name Gottes geheiligt und verherrlicht werde. Ist aber die ganze Natur dazu geschaffen, so ist es auch dein Leib, und ist es dein Leib, so ist auch deine Zunge, o Mensch, dir gegeben zum Preise des großen Gottes und Heilandes, damit du dich selbst zu seinem Lobe ermunterst, deinen Nächsten besserst und so den großen Namen des Herrn verherrlichst. Lieber Mensch, hast du auch schon daran gedacht, daß du deine Zunge vielleicht schon zwanzig, dreißig, vierzig, fünfzig, sechzig Jahre zu diesem Zweck im Munde trägst? Hast du auch schon bedacht, wie wahr es ist, was jenes Lied sagt:

Welcher Mund nicht Gott verehrt,
Der ist keiner Zunge wert!–?

Hast du auch schon ernstlich daran gedacht, daß du als eine Kreatur Gottes schuldig und verbunden bist, wie deine übrigen Gliedmaßen, so auch vornehmlich deine Zunge zur Ehre und zum Dienst Gottes zu gebrauchen? Ach, wie blind sind wir! Wie sehr lassen wir das außer Augen, was vor den Füßen liegt, und trachten nach Dingen, die wir nicht erreichen! Wie wenig verstehen wir die Wege Gottes!

Der Apostel sagt: »Mit ihr loben wir den Herrn und Vater«; und wahrlich, das sollte ein Hauptgeschäft unserer Zunge sein, Gott, den Vater der Barmherzigkeit, den heiligen, hocherhabenen und doch so gnädigen Gott zu loben. Das ist eine große, himmlische Beschäftigung. Wenn wir in die Offenbarung Johannes hineinblicken und sehen die ersten Geister, die vor dem Throne Gottes stehen, die vier Lebendigen (Offb. 4), die inwendig voll Augen sind, und hineinschauen in die Tiefen der Weisheit und Majestät Gottes, was tun sie? Sie loben Gott und rufen: »Heilig, heilig, heilig ist Gott, der Herr, der Allmächtige, der da war und der da ist, und der da kommt!« Und die vierundzwanzig Ältesten, die Repräsentanten der Menschheit, was tun sie? – Sie werfen ihre Kronen nieder und rufen: »Herr, unser Gott, du bist würdig, zu nehmen Preis und Ehre und Kraft; denn du hast alle Dinge geschaffen, und durch deinen Willen waren sie und wurden sie geschaffen.«

Das Lob Gottes ist eine himmlische Beschäftigung.

Nun lob, mein Seel, den Herren, was in mir ist, den Namen sein! Sein Wohltat tut er mehren, vergiß es nicht, o Herze mein! Hat dir dein Sünd vergeben und heilt dein Schwachheit groß, errett dein armes Leben, nimmt dich in seinen Schoß, mit reichem Trost beschüttet, verjüngt dem Adler gleich; der Herr schafft Recht, behütet, die leiden in seinem Reich.

13. Februar: Matthäus 5,20

Denn ich sage euch: Wenn eure Gerechtigkeit nicht besser ist als die der Schriftgelehrten und Pharisäer, so werdet ihr nicht in das Himmelreich kommen.

Man lese, was der Heiland zur Erläuterung dieses seines Ausspruchs selber V. 21 – 48 ausführt, und man wird sich überzeugen, daß es Gott genau nimmt mit unsern *Werken* und mit unsern *Worten* und mit unsern *Gedanken*. Wie not tut es also, daß wir wachen und beten, damit wir nicht an unserer Seele Schaden leiden und das Mißfallen und die Strafen Gottes auf uns laden! Wie not namentlich in dieser argen Zeit, wo die Versuchungen zum Argen gehäuft sind, zu beten: wache über mich, über mein Herz, über meine Worte, über meine Handlungen, über meine Augen, über meine Glieder, daß ich sie nicht zu Waffen der Ungerechtigkeit gebrauche, sondern zu Waffen der Gerechtigkeit; halte selbst dein schwaches Kind, das ja ohne dich keinen Schritt tun kann, halte meine Augen, holder Freund, in dieser Zeit, daß sie nichts zu sehen taugen, als den Tag der Ewigkeit! Denn ein rechter ganzer Ernst wird von uns gefordert, sonst nichts, alles Übrige tut der Heiland durch seine Liebe, die ihn in Not und Tod getrieben hat für uns. – Wer die Schärfe des Gesetzes Gottes erkennt und sich darunter demütigt, der hat aber noch einen ferneren Nutzen, es gereicht ihm zur Aufdeckung seiner Sünde, zu immer gründlicherer Selbsterkenntnis. Das ist ja eben der Grund, warum die Sekte der Pharisäer nicht ausgestorben ist, warum so viele Menschen im Tode liegen bleiben, in ihrem Werkruhm, in ihrer Selbstgerechtigkeit, warum sie sich bei aller Sünde, wenn oft ihre Nächsten gar viel über sie zu klagen hätten, doch für gut, für so gestaltet halten, daß sie des Himmelreichs wert seien, sie beurteilten sich nach ihrem *eigenen Gutdünken* und nicht nach den Geboten Gottes, oder sie legen die Gebote Gottes nach ihrem Gutdünken aus und nicht so, wie sie der Heiland ausgelegt hat und wie sie ausgelegt sein wollen. O sieh doch nur einmal in das Gesetz Gottes hinein, sieh einmal ab von deinen eigenen Gedanken und betrachte, wie dich Gott beurteilt nach der Bergpredigt, und du wirst dein Herz, das du noch für gut hältst, anders kennen lernen, du wirst nicht mehr nach Pharisäerart verächtliche Worte über deine Mitmenschen fallen lassen, die über gewissen Sünden öffentlich bestraft worden sind, du wirst sehen, daß du dasselbe in dir hast.

Herzenskündiger! Du mein Gott und Herr! Ach du weißt es, wie ich's meine, was ich bin und was ich scheine; meines Herzens Grund ist dir klar und kund.

Urquell alles Lichts! Dir verhüllt sich nichts. Wollt ich dir auch nichts bekennen, würdest du mich doch erkennen; ja du kennest mich besser noch als ich.

Und du siehst mich an. Heiliger, wer kann deiner Augen Blick ertragen, ohn an seine Brust zu schlagen: »Geh doch ins Gericht mit dem Sünder nicht.«

Gib das Hochzeitskleid der Gerechtigkeit, meine Blöße drein zu kleiden, daß ich deinen Anblick leiden und es tragen kann, siehest du mich an.

14. Februar:

Jakobus 3,6

Auch die Zunge ist ein Feuer, eine Welt voll Ungerechtigkeit. So ist die Zunge unter unseren Gliedern; sie befleckt den ganzen Leib und zündet die ganze Welt an und ist selbst von der Hölle entzündet.

Ich will es in einem Gleichnis darstellen: Denket euch einmal einen Topf, der über einer Flamme steht; er ist voll Unreinigkeit; nun wird er heißer und immer heißer, endlich kocht er; da steigt die Unreinigkeit immer weiter empor; endlich braust sie heraus und in das Feuer hinein. – Nun denket euch den Menschen mit seinem Herzen, daraus die argen Gedanken hervorgehen; der Zorngeist wütet in ihm und schwellt ihm das Herz auf; jetzt macht er demselben durch Reden Luft; seine Gebärde verstellt sich wie Kains, es blickt etwas Satanisches aus seinem Auge, und was strömt nun aus diesem Munde hervor? Lauter höllische Ausgeburten! Dadurch zieht er sich selbst immer tiefer in die höllische Art hinein; die Hölle macht ihn beredt, die Worte, die er ausstößt, bringen neues Feuer in das Rad seiner Natur, d.h. in sein Temperament, in seinen Geblütsumlauf, und so steigert er sich immer weiter, bis er ganz ein Werkzeug der Hölle und des Argen ist. Sehet, das tut die Zunge. Wäre er still gewesen, hätte er nur innerlich geseufzt: Ach Herr, hilf mir, ich bin schwach, der satanische Zorngeist plagt mich; wäre er geflohen vor der Gelegenheit, die ihm Anlaß zum Zorn gab, so hätte er überwunden und von der ganzen Sache nichts als Segen davongetragen; weil er aber redet, was die Leidenschaft ihm eingibt, so wird Satan Herr über ihn. Seine Sünde begann mit dem Reden. So entzündet die Zunge bei jeder Leidenschaft unsere Natur, unser Temperament, und führt den Menschen, der ihr nachgibt, immer tiefer in die Finsternis. Ach, wer ist weise und klug unter uns? Er erzeige mit gutem Wandel seine Werke, in Sanftmut und Weisheit!

Mein Gott, ich bitt durch Christi Blut, nimm mich auch diesen Tag in Hut, und laß die lieben Engel dein mein' Wächter und Gefährten sein.

Hilf, daß ich zu regieren wiss, mein' Augen, Ohren, Händ und Füß, mein' Lippen, Mund und ganzen Leib, all bös Begierden von mir treib.

Behüt mich heut und allezeit vor Schaden, Schand und Herzeleid; tritt zwischen mich und meine Feind, die sichtbar und unsichtbar sind!

15. Februar: Jakobus 3,5

So ist auch die Zunge ein kleines Glied und richtet große Dinge an. Siehe, ein kleines Feuer, welch einen Wald zündet's an!

Was kann ein Wort anstiften, ach, was kann ein einziges Wort schaden, das du im Leichtsinn, in der Gottesvergessenheit, im Zorn, im Rausch der Welt, betört von ihrem Zauberkelch, ausgesprochen hast! Du hast es etwa auf der Straße oder im Zimmer ausgesprochen; ein Vorübergehender hat es gehört, es ist in seine Seele als ein höllischer Feuerfunke gefahren, es hat in ihm Gedanken, Lüste und Begierden veranlaßt, die ihn der Hölle zuführen; es ist als ein Unkrautsame in einen Acker gefallen, der ist geworden wie du, und hat noch andere durch sein Wort und Beispiel verderbt; so hast du durch ein kleines Feuer einen großen Wald angezündet. – Wenn man einen Stein in's Wasser wirft, so entsteht ein Ring, der sich immer mehr erweitert und ausdehnt bis zum Ufer hin. So erstreckt sich oft die

Wirkung eines einzigen Worts, das im Unglauben, im Spott, in der Bosheit oder in der Lüge ausgesprochen wurde, auf viele Tausende, oft bis auf die späten Nachkommen, – und dafür ist der eine Mensch verantwortlich. Was willst du machen, wenn nicht nur eine Seele, sondern viele, die du durch deine Worte geärgert und verführt hast, Rache über dich schreien vor dem Stuhl des ewigen Gerichts? – Aber siehe, man bedenkt es nicht, man schwatzt fort wie man will und glaubt nicht, daß alles einen so wichtigen Bezug auf die Ewigkeit habe. Der Sohn Gottes aber spricht – merket es wohl –:»Ich sage euch aber, daß die Menschen Rechenschaft geben müssen am Tage des Gerichts von jedem nichtsnutzigen Wort, das sie geredet haben.«

Das ist ein furchtbares Wort! Ach, wie wird es sein an jenem Tag, wenn alle Lügen, alle argen Worte der Heuchelei, die schön lauteten ins Gesicht hinein, während das Herz voll Kälte und Gleichgültigkeit war, wenn alle satanischen Geburten der Zunge, alle Bitterkeit, alle Verleumdungen, alle Flüche, aller gottlose Spott und Hohn, alle Ärgernisse und alle die Millionen, die dadurch verderbt worden sind, – wenn das alles hervorkommt an das Licht, und offenbar wird vor dem Richterstuhl Gottes und Jesu Christi! – Wehe dir, wenn du nicht Buße getan hast!

O Herr!

Hilf, daß ich rede stets, womit ich kann bestehen, laß kein unnützes Wort aus meinem Munde gehen; und wenn in meinem Amt ich reden soll und muß, so gib den Worten Kraft und Nachdruck ohn Verdruß.

16. Februar:

2. Korinther 6,1

Als Mitarbeiter aber ermahnen wir euch, daß ihr die Gnade Gottes nicht vergeblich empfangt.

Gnadenzeit, was ist das? Dem Worte nach eine Zeit, die von der göttlichen Gnade gegeben ist, in welcher man Gnade erlangen kann. Unsere Lebenszeit ist also unsere Gnadenzeit, denn so lange einer hienieden lebt, so lange lebt er in der Gnadenzeit, so lange ein Atem in dir ist, so lange sind dir die Gnadenpforten offen, und obwohl manche Geister so gestellt sind, daß sie nicht hineinkommen können, so ist es doch wahr: Die Gnadenpforten sind offen für einen jeden, der im Fleische lebt, in dieser Hülle, die man Leib nennt, wohnet. Gott ist geoffenbart im Fleisch, das Wort ward Fleisch – dies geht ja alle an, die auch im Fleische leben. Greife an deinen Arm und siehe, ob er von Fleisch ist, und schließe daraus: Also gehet mich der im Fleisch geoffenbarte, in einem menschlichen Leib in der Gestalt des sündlichen Fleisches geoffenbarte Gott sehr nahe an. Im Fleisch ist Christus erschienen, im Fleisch hat er auf Erden gewandelt, im Fleisch gelitten, im Fleisch den Sieg ausgeführt über Sünde, Tod und Teufel, indem er sie zuschanden machte, im Fleisch eine ewige Erlösung erfunden, also gehet dieser Christus alle an, die mit ihm im Fleische leben, die ganze Menschheit, alle, die er sich nicht schämt, seine Brüder zu heißen, und wer auf dieser Erde lebt, lebt in der Gnadenzeit. Wie er ja auch selber zu seinem Vater sagt: Du hast mir Macht gegeben über alles Fleisch, auf daß ich das ewige Leben gebe allen, die du mir gegeben hast, (Joh 17,2). O großer tröstlicher Gedanke! Ein Gedanke, der vieles Bittere versüßt, manches Dunkel aufhellt, ein Gedanke, der wert wäre, daß wir ihn immer im Herzen behielten. Meine armen durch den Teufel verführten Brüder, die armen Menschen in ihren mancherlei Lasten, Elend, Trübsalen leben in der Gnadenzeit, es ist Gnade für sie vorhanden, die Pforten sind offen auch dem verlorensten, dem elendesten, dem grauesten Sünder, es ist doch noch möglich, daß Gott ihm Buße schenkt zum Leben, ich darf doch bei keinem verzagen, ich darf doch alles noch hoffen, alles noch glauben, es ist noch Gnadenzeit!

Jetzt ist die angenehme Zeit, jetzt ist der Tag des Heils! Die Gnade, die Gott anerbiet, gilt mir auch meinesteils.

Die Gnade ist annehmungswert und unbegreiflich groß; der Sohn bracht sie, eh wir's begehrt, aus seines Vaters Schoß.

Herr, schaff, daß deine Gnade nicht an mir vergeblich sei! Wer Gnade hat, ist vom Gericht an jenem Tage frei.

Gib, daß ich dich auf jeden Tag um deine Gnade fleh, und mich im Glauben trösten mag, daß ich in Gnaden steh.

17. Februar: Matthäus 22,3

...; doch sie wollten nicht kommen.

Es ist nicht weiter angegeben, warum sie nicht wollten; es heißt schlechtweg: *sie wollten* nicht. Es scheint, daß diese Leute selbst nicht recht wußten, warum sie nicht wollten; sie mochten eben nicht; es war also eine gedankenlose, stumpfe Widerspenstigkeit gegen das Evangelium; es war ihnen eben nicht nach ihrem Geschmack; sie waren nicht hungrig und durstig; darum mochten sie nichts von einer Mahlzeit hören. Vielleicht sind auch unter uns solche Leute, die, wenn man sie fragen würde, warum sie dem Gnadenruf Gottes bis jetzt kein Gehör gegeben haben, keinen weitern Grund anzugeben wüßten, als daß sie nicht gewollt haben. Dies ist der unterste Grad von Stumpfsinn und geistlichem Tod. Solche Menschen sind tote Klötze, tote Erdwürmer; man muß sie der Barmherzigkeit Gottes überlassen; man kann nichts für sie tun als beten. Sie sind oft, was man sagt, gute Christen. Sie lesen ihr Morgen- und Abendgebet, sagen vor und nach dem Essen ein Ge bet her, aber alles im Frondienst. Frondienst ist es, daß sie zur Kirche gehen; wenn ihre bestimmte Zeit herannaht, so schicken sie sich zum heiligen Abendmahl; sie werden durch die Predigt des Worts nicht geärgert und nicht gerührt; es fällt alles an ihnen hinunter, wie Wasser über einen Stein hinabfließt; sie schlafen gern unter der Verkündigung des Worts. Dabei verlassen sie sich auf das Verdienst Christi, können vielleicht manchen schönen Spruch auswendig, wollen aber nicht seliger werden als ihre Väter; der Herr Jesus ist nicht ihr Mann. Der Sohn Gottes allein kann solche Tote erwecken; aber ich frage: taugen solche Leute, solange sie solche Klötze bleiben, ins Reich Gottes, zum Hochzeitsmahl des Lammes? Urteilet selbst.

Gott hat das Evangelium gegeben, daß wir werden fromm. Die Welt acht't solchen Schatz nicht hoch; der mehrer Teil fragt nicht danach. Das ist ein Zeichen vor dem jüngsten Tag.

18. Februar: Matthäus 3,8

Seht zu, bringt rechtschaffene Frucht der Buße.

Was ist denn das Hindernis, das viele nicht über die ersten Rührungen hinauskommen läßt? Daß das Wort Gottes alle Sonntage einen Eindruck auf ihr Herz mache, das können sie schon leiden; aber daß es Wurzel in ihnen fasse, daß es seine durchsuchende, läuternde, scheidende und schneidende Kraft an ihren Herzen beweise: dazu lassen sie es nicht kommen; dazu haben sie keine Geduld; dazu sind ihre Gedanken zu ausschweifend; dazu haben sie das Eitle zu lieb; in einen Ernst zu Gott mögen sie nicht eingehen. Mit dem Christentum spielen, es zu einer Sache machen, an der man gewissermaßen seine Freude, aber freilich nur spielend und tändelnd eine zeitlang hat, das läßt sich die Natur schon noch gefallen; aber es zur Hauptangelegenheit des Herzens machen, mit Bitten und Flehen und Anhalten um die Gabe des heiligen Geistes vor Gott treten, sich seine Sünden und Schanden willig ins Licht stellen lassen, das ist wenigen bequem.

Weil aber doch durch das Wort der Wahrheit einige Unruhe in das Herz gekommen ist, so sucht man dieser Unruhe auf andern Wegen abzuhelfen. Man tröstet sich selber, daß es doch so schlimm nicht mit einem stehe; man habe doch seine Freude am Worte Gottes, und möge auch gerne davon reden hören, aber man sucht seine Ruhe in allerhand Werken. Man sucht sie im Lesen erbaulicher Bücher, welches viele in ihrem Unverstande beten heißen, oder man sucht sie darin, daß man zu andern Leuten geht, die vom Christentum reden, und mit ihnen redet; oder man sucht sie in allerhand Aufopferungen, die man sich um des Reiches Gottes willen gefallen läßt. Dabei übt man sich um die großen Werke des Fleisches nicht mehr aus, wie man es vorher getan hatte; man flucht nimmer; man sauft nimmer; man treibt nimmer Unzucht oder Ehebruch wie vorher, und so richtet man ein Gebäude auf, das man Christentum nennt, das aber nur, von weitem betrachtet, so aussieht. Auf diesen Schein hin fängt man an, sich unter die Frommen, unter die Bekehrten zu rechnen; man will, daß man von jedermann dafür angesehen werde, und wirft sich zuletzt gar zu einem Unterweiser und Leiter der Blinden, zu einem Lehrer anderer auf, ob man gleich tot in Sünden ist. Das ist schrecklich. Solche Leute sind auf dem Punkte, die grimmigsten Feinde des Heilandes zu werden, unter lauter Selbstbetrug und Schein des Christentums.

Herr, du wollst mich selbst bereiten, wie in Zeit und Ewigkeiten du dein armes Kind begehrst! Du kannst kräftgen, stärken, gründen, Mittel, Zeit und Wege finden, da du mir dein Heil gewährst.

Ich will nach der Stille streben, stets vor deinen Augen leben, gib ein festes Herz mir nur, daß ich stets aufrichtig handle, lauter in der Liebe wandle, als in göttlicher Natur.

Herr, bekehre auch die Meinen, schreib sie zu der Zahl der Deinen, führe sie zum wahren Licht; sei durch deinen Geist geschäftig, zeuch uns all von oben kräftig. Zeig uns dort dein Angesicht.

19. Februar: Psalm 73,26–28

Wenn mir gleich Leib und Seele verschmachtet, so bist du doch, Gott, allezeit meines Herzens Trost und mein Teil. Denn siehe, die von dir weichen, werden umkommen; du bringst um alle, die dir die Treue brechen. Aber das ist meine Freude, daß ich mich zu Gott halte und meine Zuversicht setze auf Gott den Herrn, daß ich verkündige all dein Tun.

Weil kein wahres Verlangen nach Gott ungesättigt bleibt, so folgt daraus, daß, wo ein solches Verlangen ist, man auch *das größte Wohlgefallen an Ihm hat.* Habe deine Lust an dem Herrn, sagt die Schrift, und das sagt sie nicht, als ob sie uns etwas Ungebührliches zumute, etwas, das gegen die Natur wäre. Ach, der Herr ist das, was allein wert ist, daß man Wohlgefallen daran hat, mit Beugung ist davon zu reden. O welche Vortrefflichkeit, welche Liebe ist in Christo, welche Heiligkeit; aller Glanz der Cherubim ist gegen ihn nur Dunkelheit; er ist der Schönste unter den Menschenkindern. Und darum hat, wer ihn einmal gefunden, das größte Wohlgefallen an ihm, an seiner Fülle, an seiner Liebe, an seiner Demut, an seiner Vortrefflichkeit, an seiner Größe, an seiner Martergestalt kann er sich nicht satt sehen, davon zu rühmen wird das Herz nicht müde, der Mund nicht matt, da heißt es: Ich freue mich in dem Herrn. Und nun *ergibt man sich ihm* gern *ganz und gar* mit allem Erfreulichen, mit allem Peinigenden, mit Leib und Seele, man will in keines andern Händen sein als in seinen, ja wenn er auch schlägt und züchtigt, so tut doch auch diese Züchtigung unaussprechlich mehr wohl als alle Freuden und Genüsse der Welt. Man scheut sich dann auch nicht, um seine Ehre zu eifern und der Welt und dem Satan zum Trotz ein Zeugnis von seiner Liebe abzulegen, man hat erkannt, daß er allein mächtig ist und allein helfen kann, und deshalb spricht ein Luther: Und ob die Welt voll Teufel wär, soll's ihr doch nicht gelingen. Und so geht man im Vertrauen auf den, den man kennt, den man liebt, durch das Jammertal und fährt am Ende zu ihm heim, dem man gedient und den man über alles geschätzt hat. Das heißt Gott lieben. Ist's bei uns so?

Tausend Jahr in Freuden leben, ist ein Glück, das bald zerfällt. Einen Tag in Jesu leben, ist viel besser als die Welt. Einen auserwählten Stand gibt's: zu Jesu rechter Hand.

Essen, Trinken, Spielen, Springen labet meine Seele nicht. Aber nach dem Himmel ringen, das gibt reges Freudenlicht. Jesus Christus, nur in dir hab ich schon den Himmel hier.

Ach, so gönne mir die Wonne, mit dir aus- und einzugehn! Dann sei droben meine Sonne, die mir nicht kann untergehn. Zeuch mich hier in dich hinein, droben laß mich um dich sein!

20. Februar: Matthäus 22,12

... und sprach zu ihm: Freund, wie bist du hier hereingekommen und hast doch kein hochzeitliches Gewand an? Er aber verstummte.

Unter allen denjenigen, die im Evangelium unter den Berufenen, aber nicht Auserwählten angeführt werden, ist gewiß der Mensch, welcher, weil ihm das hochzeitliche Kleid mangelte, aus dem Hochzeitsaale geworfen wurde, der bedauernswürdigste. Er war dem Ruf der Knechte nicht ungehorsam, er ist gekommen, er hat nicht verachtet, er hat seinen Acker und seine Hantierung gegen den himmlischen Beruf gering geachtet, er hat nicht gegriffen, nicht gehöhnt, nicht getötet, er ist hineingedrungen bis in den Hochzeitsaal, – und doch mußte er vor der Frage des Königs verstummen und gebunden hinaus in die äußerste Finsternis; das ist jämmerlich. Man kann also laufen, man kann kommen bis in den Hochzeitsaal, man kann in allem aussehen wie ein wahrer Christ und ist doch ein Mensch, dessen Erbteil ewige Finsternis ist. O lasset uns das wohl bedenken! Dieser Mensch war entweder zu träg dazu, sich der Verwandlung im Vorzimmer, dem Ausziehen des alten und dem Anziehen des neuen Menschen zu unterwerfen, oder er war zu hochmütig dazu, meinte, seine Kleider, seine mitgebrachten, selbsterworbenen Kleider seien schön genug für die königliche Mahlzeit, kurz, er verschmähte die königlichen Kleider. Ach daß der Herr in unsere Herzen einen Strahl seines Lichts sendete zur Durchforschung und Durchsuchung unsers Innern! Fraget euch doch, ihr, die ihr einigen Anfang im Christentum gemacht habt, fraget euch doch: Ist es uns denn auch ein wahrer Ernst zum Heiland? Sind wir auch willig, uns all dem zu unterwerfen, was zu unserer Reinigung und Vorbereitung auf den Tag der Ewigkeit gehört? Ist es uns auch das höchste Anliegen, nichts an uns zu dulden, was den Augen Jesu mißfällig ist? Suchen wir auch in die Gemeinschaft seines Todes und seiner Auferstehung einzudringen, mit ihm zu sterben, das alte Leben der Natur je mehr und mehr in seinen Tod zu ziehen und mit ihm im neuen Leben des Geistes zu wandeln? Wollen wir aus seinem Evangelium kein Kopfkissen für den alten Menschen machen? Wollen wir allein aus seinem Verdienst gerecht werden, nicht durch unsere Werke, Heiligkeit, Verleugnungen und dergleichen? »Erforsche mich, Gott, und erkenne mein Herz; prüfe mich und erkenne, wie ich's meine. Und sieh, ob ich auf bösem Wege bin, und leite mich auf ewigem Wege.«

Ja, ja, mein Herz will dich umfassen: Erwähl es, Herr, zu deinem Thron! Hast du aus Lieb ehmals verlassen des Himmels Pracht und deine Kron: So würdig auch mein Herz, o Leben, und laß es deinen Himmel sein, bis du, wann dieser Bau fällt ein, mich wirst in deinen Himmel heben! Amen.

21. Februar: Jeremia 20,7

Herr, du hast mich überredet, und ich habe mich überreden lassen. Du bist mir zu stark gewesen und hast gewonnen; ...

Es gibt kein größeres Werk Gottes auf dieser Welt, es gibt kein größeres Wunder, als wenn ein Mensch, ein in Sünden gezeugter, geborner, aufgewachsener Mensch, ein toter Sünder zum *Glauben* an den Sohn Gottes kommt. Ein Baum ist auch ein herrliches Werk Gottes; eine Traube ist auch ein herrliches Werk der Güte und Allmacht Gottes;

dieser ganze Bau der Welt ist ein großes, herrliches Meisterstück der allmächtigen Liebe Gottes; was der Heiland an dem Sohn des Königischen tat, dem er durch ein einziges Wort Leben und Kräfte und den freien Gebrauch seiner Kräfte wieder schenkte, war auch ein großes Wunder seiner allmächtigen Liebe: Aber alle diese Werke sind nicht zu vergleichen mit der Werk der Bekehrung eines Menschen. Denn alle diese Werke sind geschehen und geschehen noch täglich durch die Allmacht dessen, »der da spricht, so geschiehet es, der da gebietet, so stehet es da;« aber nicht so das Werk der Bekehrung eines Menschen. Nur daß die Bekehrung eines Sünders möglich wurde, war die Menschwerdung des Sohnes Gottes und sein ganzer Lauf von der Krippe bis zu seiner Himmelfahrt notwendig. Und nun, nachdem sich Gott durch die Menschheit Jesu uns wieder mitteilen, sich uns wieder genießbar machen kann; nachdem er uns wieder zu sich ziehen kann; nachdem der Weg von ihm zu uns und von uns zu ihm wieder gebahnt ist durch Jesum: Wie viel Geduld, wie viel Pflege, wie viel Langmut, wie viel Mühle, wenn ich so sagen darf, kostet es die ewige Liebe noch immerfort, bis der zum Göttlichen erstorbene, in die Finsternis gekehrte Wille des Menschen herumgelenkt, bis das steinerne Herz erkannt und ein fleischernes dafür angenommen, bis ein geborener Feind Jesu ein Freund und Liebhaber des Heilandes wird, mit einem Wort: bis ein Mensch hindurchbricht zum Glauben an den Sohn Gottes.

Ich bin in Wahrheit eins der schlechtsten Wesen, das sich der liebe Heiland auserlesen, und was er tut, das sind Barmherzigkeiten auf allen Seiten.

Hätt er sich nicht zuerst an mich gehangen, ich wär von selbst ihn wohl nicht suchen gangen; drum sucht er mich und nahm mich mit Erbarmen in seine Arme.

22. Februar: Apostelgeschichte 16,30

... und sprach: Liebe Herren, was muß ich tun, daß ich gerettet werde?

Der Anfang des Glaubens ist das, wenn ein Mensch über seinen Herzenszustand verlegen wird und sich in seiner Verlegenheit an den Heiland wendet. Sind wir denn von Natur in Verlegenheit über unsern Herzenszustand? Nein! Von Natur sind wir tote Klötze, welche nichts von Gott wissen und zufrieden sind, wenn sie ihren Bauch füllen oder ihre sonstigen Bedürfnisse, Lüste und Begierden befriedigen können. Dies ist der Zustand aller Heiden; ohne Hoffnung, ohne Trost, ohne einen rechten Begriff von Gott und unserem Verhältnisse zu ihm, in dumpfer Finsternis ihres Herzens gehen sie dahin, jämmerliche Knechte der Begierden und Gelüste ihres Herzens. Schon darin ist uns Jesus zu Hilfe gekommen, daß er uns hat in der christlichen Kirche geboren werden lassen, wo wir doch von Jugend auf etwas von Gott, vom Heiland, von unserer Bestimmung, von Himmel und Hölle und vom Willen Gottes an uns gehört haben. Aber damit ist es noch nicht ausgerichtet. Wenn nicht Jesus ferner Barmherzigkeit an uns tut, so können wir vielleicht die ganze Bibel in unserem Kopf haben und sind und bleiben doch geistlich tote Leute, sicher, faul und kalt. Es fällt uns wohl hin und wieder etwas ein von Gott, aber wir meinen, wir stehen gut zu ihm, oder wir wollen uns schon mit ihm zufrieden stellen; es fällt uns wohl etwas ein von der Ewigkeit, aber wir erschrecken nicht davor; es fällt uns wohl ein, daß wir Sünder sind, aber wir denken: Alle Menschen sind Sünder, und dafür ist ja das Verdienst Christi da; es fällt uns wohl hin und wieder ein Spruch ein, aber er hat keine Kraft an unsern Herzen; dabei gehen wir eben dahin nach unsers

Herzens Gutdünken oder nach den Gewohnheiten der Welt; kurz, wir sind und bleiben ohne Leben aus Gott, wenn nicht Jesus selbst eine Verlegenheit über unsern Zustand in uns erweckt.

Wie teuer, Gott, ist deine Güt, daß du erleuchtet mein Gemüt, und selbst zur Buße mich gebracht, als ich in Nacht mit jenen fortging unbedacht.

23. Februar: Apostelgeschichte 15,11

Vielmehr glauben wir, durch die Gnade des Herrn Jesus selig zu werden ...

Natürliche und weltlich gesinnte Leute, weil sie von nichts wissen als von einem historischen, auswendig gelernten Glauben an den Heiland, so meinen sie, es sei nichts leichter, als an den Sohn Gottes glauben. Weil sie imstande sind, in zeitlichen Dingen dies und das zu wollen, und mit ihrem Wollen durchzusetzen, weil sie mit ihren größeren Lüsten und Neigungen allezeit die geringeren überwinden können, weil sie sich mit ihrem Willen tief in die Sünde, in die Finsternis hineinmachen können: So deucht es ihnen, es liege auch bei der Bekehrung zu Gott und beim Wandel im Licht alles bloß am eigenen Wollen des Menschen. Sie muten darum allen denjenigen, welche sich zur Bekehrung anschicken, zu, daß sie sogleich vollendete Christen und Tugendbilder sein sollen. Wenn ich, denkt ein solcher unerfahrener Mensch, mich einmal zum Guten wenden würde, da sollte es wohl besser vorwärts gehen; sie trauen sich Wunderdinge zu und wissen nicht, daß der Mensch zwar wohl geschickt ist von Natur, die Finsternis zu lieben, aber zu nichts ungeschickter, unbehilflicher, in nichts blinder, als wenn es darauf ankommt, ein Mensch

Gottes zu werden. Hier muß uns Gott zu Hilfe kommen, ja, die Hauptsache muß er tun; aber wir würden diese Hauptsache nicht einmal an uns geschehen lassen, wir würden ewig widerstreben, denn dies können wir von Natur, wenn nicht der treue Heiland uns in unserem Elend aufhülfe.

Durch dich und Jesum, unsern Hort, erkennen wir das Wort der Wahrheit, und wachsen immer fort und fort im Lichte zur vollkommnen Klarheit: Du selbsten bist das wesentliche Licht, das durch den Sohn die Finsternis vernicht.

24. Februar: Psalm 33,13–15

Der Herr schaut vom Himmel und sieht alle Menschenkinder. Von seinem festen Thron sieht er auf alle, die auf Erden wohnen. Er lenkt ihnen allen das Herz, er gibt acht auf alle ihre Werke.

Wie macht es denn der treue Heiland, was tut er, um einen toten Sünder verlegen zu machen über sich selber? Er tut es durch seinen heiligen Geist: Aber wie und wo und wann er es tue, darin ist keine Regel; der gute Hirte ersieht eben die Stunde, wo er dem armen verirrten Schaf am geeignetsten beikommen kann. Es gibt Seelen, die in einer langen Bearbeitung des Heilandes stehen, bevor er es bei ihnen zu etwas Entscheidendem bringen kann. Sie werden jahrelang von einer gewissen innern Unruhe geplagt; sie können nicht so ruhig sündigen wie die andern; sie können sich dem Rausch der Lust nicht so vergnügt überlassen wie die andern; sie bekommen in ihrem Inwendigen zuweilen Vorwürfe, Angst und Beklemmung, und dies sind lauter Anmeldungen dessen, der vor der Tür steht und begehrt, eingelassen zu werden. Bei andern ist es ganz anders. Sie können ruhig sündigen; sie sind in ihrem irdischen Sinn, in ihren Sündenwegen, in der Eitelkeit ihres Herzens so ruhig, wie wenn das so sein müßte; sie treiben und wirbeln sich in den Gedanken ihres Herzens rastlos fort; da ist kein Aufhalten, kein Stillstand, kein Aufmerken, keine Nüchternheit. Da geht es von Tag zu Tag, von Nacht zu Nacht, vom Sommer in den Winter, und vom Winter in den Sommer unaufhaltsam fort. Man säet jetzt, heißt es, wenn ein solcher Mensch ein Bauer oder Weingärtner ist, und dann ist er mit seinem ganzen Gemüt im Säen begriffen; man erntet jetzt, man herbstet jetzt, man drischt jetzt, man versieht sich jetzt auf den Winter, und er ist mit seiner ganzen Seele in diesen Geschäften; dazwischen hinein kommen viele Sünden, man lügt, man verleumdet, man beneidet seinen Nächsten, man sucht seinen Vorteil auf unrechte Art, man lebt in Zwietracht mit seinem Nachbar, mit seinem Weib, man überläßt sich seinen fleischlichen Trieben, man frißt und sauft usw.; es geht in einem fort, das Leben ist wie eine Schnur, die von einem Haspel abgehaspelt wird; es kommt kein Knoten an dieser Schnur; es gibt keinen Stillstand, kein Aufmerken auf die Ewigkeit, kein Trachten nach dem Reich Gottes. Da liegt etwa in einem solchen Menschen von der Jugend her ein Sämlein der göttlichen Wahrheit; aber es kann sich nicht regen, es kann nicht gedeihen, der Schutt der Sünde und der Welt ist über dasselbige hergefallen, es kann nicht wachsen, es ist nahe am Ersticken. Treue Lehrer oder Eltern und Erzieher haben diesen lebendigen Samen der Wahrheit in das Herz gelegt; es hat einmal ein schönes Sprüchlein, oder ein Gesang, oder eine Erzählung vom Heiland, oder eine Beschreibung der himmlischen Seligkeit, oder eine Schilderung des Elends der Verdammten einen Eindruck auf das Herz des Kindes gemacht, und dieser Same hat angefangen, Früchte zu zeigen: Aber siehe, da kamen die Triebe und Lüste und Sünden der Jugend, da kam der rastlose irdische Umtrieb, das Traumleben, das Schattenleben, das Gewühl in dem Nichtigen, die Grundsätze, die angenommenen Gewohnheiten, die eingesogenen Vorurteile des Weltgeistes, der Weltart, und das göttliche Saatkorn wurde bedeckt mit diesem Schutt der Eitelkeit und Sünde.

Ach, wie viel und große Gnaden hast du mir schon zugedacht! Doch mir selbst zu Schand und Schaden nehm ich sie nicht treu in Acht. Deine Wahrheit halt ich auf, laß der Sünde ihren Lauf; ich erweck nicht meine Gaben und hab oft mein Pfund vergraben.

25. Februar: Jesaja 65,2

Ich streckte meine Hände aus den ganzen Tag nach einem ungehorsamen Volk, das nach seinen eigenen Gedanken wandelt auf einem Wege, der nicht gut ist.

Was ist denn gewöhnlich der erste Gedanke, wenn ein Mensch anfängt, sich über sich selbst zu besinnen und seinen elenden Zustand zu fühlen? Ist das der erste Gedanke: Ich will mit meinem ganzen Jammer zum Heiland gehen, ich will ihm meine Not klagen, ich will meine Sache vor seinem Gnadenthron kund werden lassen, er kann, er wird helfen, denn er heißt Jesus; – ist das der erste Gedanke und Entschluß? Nein! Das erste ist gewöhnlich: Wenn ein Mensch sieht, daß er nicht so gewesen ist bisher, wie er hätte sein sollen, so geht er hin und faßt einen Vorsatz: Ich will anders werden, ich will die und die Sünde ablegen, ich will ein anderes, ein frommes, ein christliches Leben anfangen; und so fängt er denn an auf eigene Faust, auf eigene Kraft, nach eigenem Willen, Vorsatz und Gutdünken. Ein anderer denkt: das wird das Beste sein, du hältst dich zu diesen oder jenen frommen Leuten, wo Gutes gesprochen wird, da sprichst du auch mit, da kommst du zum Guten und wirst ein anderer Mensch, du weißt nicht wie. Ein dritter fällt auf die Erkenntnis, und will damit den Schaden seiner Seele heilen und sein Herz stillen. Er setzt sich hinter die Bibel hinum und nimmt einen Ausleger dazu, der auch die Hauptsache in die Erkenntnis gesetzt hat; da kommt er denn auf dunkle Worte und Stellen; darüber fängt er an zu grübeln, oder er macht sich an die Erklärung der prophetischen Bücher, an die Offenbarung Johannis, er fängt an zu prophezeien und auf die Zukunft des Herrn zu warten und schreckliche Zeiten zu weissagen, und siehe, er hat sich doch noch nicht bekehrt, hat keine Vergebung der Sünden, keine Hoffnung des ewigen Lebens. Das Erbärmlichste aber ist, wenn ein Mensch, der zum Nachdenken über sich selbst gebracht ist, ein Erbauungsbuch nach neuerem Stil und Geschmack in die Hand nimmt, und daraus den Weg zum Leben, den Weg zur Beruhigung seines Herzens lernen will. Denn da liest er gerade das Gegenteil von dem, was ihm der Geist der Wahrheit in seinem Innern gesagt hatte. Er liest, daß Buße tun und seine Sünden erkennen und beweinen lautere Schwärmerei sei; er liest, daß das meiste, was das Wort Gottes als Sünde bezeichnet, keine Sünde sei, daß es z.B. hochnötig sei, sich der Welt, nämlich der ehrbaren und honetten, gleichzustellen; er liest prächtige Worte von einer paradiesischen Welt und von einem liebreichen Allvater, der seine Kinder in dieses Paradies hereingesetzt habe, damit sie desselbigen, soweit es nur immer die Ehrbarkeit erlaubt, genießen; er liest Worte von einem gewissen göttlichen Erlöser, der aber im Grunde nur ein Mensch sei und die Welt durch seine Lehre erlöset habe; er liest Lügen über Lügen. Wenn er nun solches gelesen, so denkt er: Ich habe melancholische Gedanken gehabt, könnte zuletzt ein Schwärmer werden, ich muß mich hüten und mir Zerstreuung machen.

Ach leit und führe mich, so lang ich leb auf Erden, laß mich nicht ohne dich durch mich geführet werden! Führ ich mich ohne dich, so werd ich bald verführt. Wenn du mich führest selbst, tu ich, was mir gebührt.

26. Februar: Johannes 4,46.47

Und es war ein Mann im Dienst des Königs; dessen Sohn lag krank in Kapernaum. Dieser hörte, daß Jesus aus Judäa nach Galiläa kam, und ging hin zu ihm und bat ihn, herabzukommen und seinem Sohn zu helfen; denn der war todkrank.

Wie macht es denn der Heiland, wie greift er es an, die Seelen zu bewegen, daß sie ihm zu Füßen fallen und keine andere Hilfe mehr begehren als die seinige? Dies können wir am besten am Königischen sehen. Sein Sohn wird krank. Was ist das erste, wenn ein Mensch krank wird, was tut man zuerst? Man wendet sich an den Arzt; man läßt eine Arznei bereiten; man nimmt den Kranken in sorgfältige Pflege; man hofft, man könne seine Gesundheit schon wieder erzwingen; man sieht die Arznei mit einer Art Respekt an; man denkt: In diesem Mixturglase steckt also die Kraft, die meinem Kranken wieder zu seiner Gesundheit helfen kann; man setzt seine Hoffnung auf die sorgfältige Verpflegung, auf den Arzt, auf die Arznei. So ist es vielleicht dem Königischen auch gegangen. Aber wie kam es? Der Arzt weiß nichts mehr, die Arznei hilft nichts mehr; es wird trotz dem Arzt und der Arznei immer schlimmer mit dem Kranken; er wird todkrank; die Not wächst; die Verlegenheit des Vaters wächst; er sieht, sein Kind ist unrettbar verloren; sein Sohn muß sterben. In dieser Not hört er von Jesu, daß er sei nach Kana in Galiläa gekommen; es ist mehrere Stunden Wegs dorthin; aber er besinnt sich nicht lange; er macht nur, daß er fortkommt; zu Jesus muß er; der muß kommen, »ich will ihn so lange bitten, bis er kommt.« Was hat den Königischen zum Heiland getrieben? Antwort: Die Not, und daß er in dieser Not hörte, daß Jesus in der Nähe sei. So ist es auch im Geistlichen. Wenn ein Mensch wirklich durch den Herrn Jesum zur Besinnung gebracht worden ist, wenn es nicht bloß eine oberflächliche, aus der Vernunft oder aus dem Fleisch oder aus guter Meinung entsprungene Rührung war, sondern wirklich die Kraft des Sohnes Gottes in einem Menschenherzen gewirkt und eine Verlegenheit hervorgebracht hat: Sehet, so kann ein solcher Mensch allerdings auf manche Auswege fallen, um sich aus seiner Verlegenheit zu helfen; er kann auf eigene Frömmigkeit und Tugend, auf ein rechtschaffenes Leben, das er anfangen wolle, er kann auf Almosengeben und sonst auf allerlei Dinge verfallen, womit er sich will bei Gott wohl daran machen, ein Verdienst, eine Gerechtigkeit herauszwingen und seine Sünden bedecken. Aber dies alles hilft ihm dann doch nichts. Es ist kein Trost in diesen Dingen; die Unruhe dauert fort; die Verlegenheit nimmt zu; die Not wird immer größer; und zu solcher Zeit läßt ihn der Heiland auf irgendeinem Wege daran mahnen, daß es einen Heiland gebe: da entschließt er sich endlich, fällt auf seine Knie vor seinem Erbarmer und spricht: O hilf du mir, es kann mir sonst niemand helfen. – So wirkt Jesus das Wollen und ist der Anfänger des Glaubens.

Wie preis ich dich, mein Jesu, daß du mich aus Gnaden kräftiglich zu dir gezogen! Ach hätte doch mit mehrer Treue noch sich deinem sanften Joch mein Herz gebogen.

27. Februar: Apostelgeschichte 2,37

Als sie aber das hörten, ging's ihnen durchs Herz, ...

Während nun ein Mensch so dahingeht in seinem irdischen Treiben, kommt er etwa einmal in eine Kirche, wo das Evangelium gepredigt wird, und er hört und hört, und muß nur horchen, denn es sind ihm lauter neue Sachen. Er hat vorher schon oft das nämliche gehört, aber es ist ihm nicht zu Herzen gegangen; nun auf einmal hört er und hört recht. Nun steht der Gedankenumtrieb still; er wird nüchtern aus seinem Traum, er fängt an, sich zu fragen: Wo bist du? Was hast du indessen getrieben? Hast du auch für die Ewigkeit gelebt? Ist arbeiten und schwitzen und sündigen und reichwerden und schwatzen deine einzige Bestimmung? So ist schon mancher nicht etwa nur in der Kirche, sondern zu Hause, bei seinem Handwerk, hinter seinem Schreibtisch, auf seinem Acker, in seinem Stall, auf einer Reise, hinter seinem Ofen, ja auf seinen Sündenwegen, wo er Unrecht saufen wollte wie Wasser, vom Heiland ergriffen und zum Nachdenken gebracht worden. Oft muß eine äußere Schickung dem Heiland erst Bahn machen; es muß häusliche Not einbrechen, ein Kind, oder der Mann, oder das Weib, oder wer einem solchen Menschen lieb ist, muß krank werden, jemand, der ihm lieb ist, muß sterben; es muß ihm ein sonstiges Unglück begegnen, es sei im häuslichen Wesen, wie z.B. beim Vieh, oder durch Feuer, oder dergleichen etwas am eigenen Leibe; er muß einen Arm, einen Fuß brechen, oder sonst einen Unfall leiden, oder er muß dem Tod in den Rachen blicken, sonst kann ihm der Heiland nicht bei, kann ihn nicht zum Nachdenken über seinen Zustand erwecken. Ist aber dies geschehen, dann kommt auch der alte Same der Wahrheit wieder zum Vorschein; die alten Sprüche, die alten Lieder, die

Worte eines Lehrers oder Vaters oder Großvaters, die man in der Jugend gehört hatte, kommen wieder, werden wieder lebendig; man versteht sie mehr; man bekommt Licht; es geht ein Licht um das andere auf; man sieht sein Elend je mehr und mehr; man gerät in Verlegenheit über sich selbst.

Fürwahr wenn alles mir fällt ein, was ich mein Tag begangen, so fällt mir auf das Herz ein Stein und hält mich Furcht umfangen; ja, ich weiß weder aus noch ein und müßte ganz verloren sein, wenn ich dein Wort nicht hätte.

28. Februar: Hebräer 13,14

Denn wir haben hier keine bleibende Stadt, sondern die zukünftige suchen wir.

Man redet so viel von den Freuden dieser Erde. Nun, Gott hat auf eines jeden Menschen Lebensgang auch Zeiten der Erquickung verordnet, aber wie kurz sind sie, wie unbeständig! Kaum will man sich niedersetzen und ausruhen, so wird man aufgejagt und aufgestört, es ist ein Kampfleben. In der Sprache der Himmlischen heißt diese Erde der Ort der großen Trübsal, und das ist sie auch. Armes Volk, was hast du, wenn du nur diese Erde hast? – Es haben auch schon manche Wollüstlinge der alten und der neuen Zeit diese Welt für ein Paradies ausgegeben. Das mag angehen, wenn man sich satt gegessen und getrunken hat, es mag angehen, wenn man sich um die Mitbrüder nichts bekümmert, die neben einem leiden, es mag angehen, wenn man den Bauch zum Gott hat und dahinlebt wie ein Vieh, ein gelehrtes oder aufgeklärtes Vieh, das keine Hoffnung hat, es mag angehen, wenn man irdisch gesinnt ist, wiewohl man auch dann zuweilen vielleicht den Fluch der Erde und der Menschheit fühlen muß. Aber wes ist alsdann das Bild und die Überschrift? Des Teufels. Und was ist das Ende? »Ihr Ende ist die Verdammnis«, man muß hinfahren als ein finsterer Geist; das ist der elende Traum, die elende Phantasie des Erdenparadieses. – Unser Bürgerrecht aber ist im Himmel. Es ist der Christen Vorrecht, daß sie ihr Vaterland im Himmel haben, daß sie dem Vergänglichen nicht dienen *müssen*, daß sie, wo andere verzagen, ihr Haupt emporheben dürfen, weil ihre Erlösung naht. In diesem Glauben sind denn auch alle Gläubigen durch das Jammertal gegangen; in einem himmlischen königlichen Sinn und Geist haben sie die notwendigen Lebenslasten übernommen und sind darunter hingegangen und haben ihr Vertrauen auf den Vater und das Vaterland gestellt. In diesem königlichen Geist haben die Hebräer den Raub ihrer Güter mit Freuden erduldet, haben die ersten Christen ihr Leben nicht lieb gehabt bis in den Tod, sondern auf das Erbe gesehen, das bereitet ist von Anbeginn der Welt, hat Dr. Luther gesungen: »Nehmen sie uns den Leib, Ehr, Kind, Gut und Weib, laß fahren dahin, sie haben's kein Gewinn, das Reich muß uns doch bleiben.« Aber was sind wir für Weichlinge. Wir wollen Christen sein und sind so voll irdischer Rücksichten, voll Geizes, Ehrsucht, Weltliebe! Reimt sich das auch zusammen? Sind wir nicht eher Leute, die der Apostel nennen würde Feinde des Kreuzes Christi?

O du Seelenbräutigam! Sollten Seelen, die dich nennen, die dich kennen, folgen einem andern Stern? Das sei fern! Das Geschöpf ist viel zu wenig, unser Geist begehrt den König und die Seelen sind des Herrn.

Menschen sind wohl in der Welt viel bemüht, sie anzuschauen und zu bauen nicht allein durch Müh und Fleiß, Angst und Schweiß, sondern auch bei guten Tagen, da man nichts von Not zu sagen sondern sich zu freuen weiß.

Christen aber sind nicht hier, daß sie mit der Welt sich freuen und gedeihen. Ihr Beruf heißt: Jesu nach durch die Schmach, durch's Gedräng von Auß und Innen, das Geraume zu gewinnen, dessen Pforten Jesus brach.

29. Februar: Kolosser 1,12–14

Mit Freuden sagt Dank dem Vater, der euch tüchtig gemacht hat zu dem Erbteil der Heiligen im Licht. Er hat uns errettet von der Macht der Finsternis und hat uns versetzt in das Reich seines lieben Sohnes, in dem wir die Erlösung haben, nämlich die Vergebung der Sünden.

Ja, es gibt eine Errettung aus den Ketten der Finsternis. Christus ist herabgekommen in diese Welt und hat den Prozeß für uns geführt, und man darf nun von Freiheit predigen, man darf in eine gebundene Sünderwelt hineinschreien: Der Fürst dieser Welt ist gerichtet, ihr seid quitt, los seiner Herrschaft, wenn ihr nur wollt. Seit Jesus Christus auf Golgatha gestorben und allen Grimm Satans an sich hat austoben lassen, seitdem darf man von Freiheit sagen. Der Strick ist entzwei. Durch den Tod des Heilands sind dem Satan alle Rechte, die er an die Menschenseelen hatte, vernichtet worden, Jesus ist nun wieder der rechte Oberherr der Seelen, und keine Seele geht verloren, weil sie verloren gehen *müßte,* sondern jeder muß gleichsam wieder aufs neue den alten Bund und Akkord mit dem Satan ausrichten, der durch den Tod des Heilands getrennt war, um verloren zu gehen, es ist nun nicht mehr bloß eigener Wille, sondern Mutwille, wenn eine Seele zu Schanden geht, denn wie es im nämlichen Brief an die Kolosser (2,14.15) so heißt: »Er hat den Schuldbrief getilgt, der mit seinen Forderungen gegen uns war, und hat ihn weggetan und an das Kreuz geheftet. Er hat die Mächte und Gewalten ihrer Macht entkleidet und sie öffentlich zur Schau gestellt und hat einen Triumph aus ihnen gemacht in Christus.« Darum konnte Luther singen: der Fürst dieser Welt, wie sauer er sich stellt, tut er uns doch nichts, das macht, er ist gericht, ein Wörtlein kann ihn fällen. O was hat das Blut Christi seit 1 800 Jahren schon für Wunder getan. Was für Menschen, wenn sie nur ihr Herz hergaben, sind schon durch dasselbe herausgezogen und errettet worden! Aus welchen Pfützen der Sünde hat der Heiland schon Leute herausgezogen, die ihn darum ansprachen, welche satanische Stricke hat er schon zerrissen! Was war Paulus vor seiner Bekehrung? Wer war die Sünderin? Wer war der Kerkermeister? Wer war der Schächer?

Ich habe nun den Grund gefunden, der meinen Anker ewig hält; wo anders als in Jesu Wunden? Da lag er vor der Zeit der Welt, der Grund, der unbeweglich steht, wenn Erd und Himmel untergeht.

O Abgrund, welcher alle Sünden durch Christi Tod verschlungen hat! Das heißt die Wunden recht verbinden, da findet kein Verdammen statt, weil Christi Blut beständig schreit: Barmherzigkeit, Barmherzigkeit!

Darein will ich mich gläubig senken, dem will ich mich getrost vertraun und, wenn mich meine Sünden kränken, nur bald nach Gottes Herzen schaun; da findet sich zu aller Zeit unendliche Barmherzigkeit.

1. März:

Jesaja 1,2.3

Höret, ihr Himmel, und Erde, nimm zu Ohren, denn der Herr redet! Ich habe Kinder großgezogen und hochgebracht, und sie sind von mir abgefallen!

Ein Ochse kennt seinen Herrn und ein Esel die Krippe seines Herrn; aber Israel kennt's nicht, und mein Volk versteht's nicht.

So muß der Herr über Israel klagen. O höret doch aus diesen Worten, welch ein Schmerz in seinem Herzen ist. Kinder hat er aufgezogen mit vieler Mühe, Sorgfalt, Pflege, Geduld; er hat sie in seinen Armen getragen, wie eine Mutter ihre Kleinen in ihren Armen trägt. Er hatte sie erhöhet und groß gebildet; was ein treues Vaterherz an seinen Kindern tun kann, das hatte er an ihnen getan, ja noch weit mehr: aber – sie sind von mir abgefallen; sie haben mir den Rücken zugekehrt; sie haben sich zu meinen Feinden geschlagen. Hat der Herr jetzt weniger Ursache bei uns zu dieser Klage als damals? Auferzogen hat er uns; mit großer Güte hat er uns gepflegt von Kindesbeinen an; durch wie viele Wunderwege hat er uns geführt! Wie hat er uns bewacht, beschützt, getragen! Aber wo ist der Dank? Liebe Brüder! Wo ist der Dank? Das ist der Dank: daß es auch an uns wahr ist: »Sie sind von mir abgefallen, sie halten es mit meinen Feinden« – der Sünde und dem Teufel laufen sie nach; sie stehen wenigstens im heimlichen Einverständnis mit meinen Feinden und wollen mich nicht lieben, mir nicht von Herzen dienen, und ob ich gleich so viele Wunder der Barmherzigkeit an sie gewendet habe, so ist es ihnen doch kein Ernst zu mir. Ein Ochse kennet seinen Herrn; ihr wisset ja alle aus eigener Erfahrung, wie ein Ochse seinen Herrn kennt, wie er ihm auf seine Worte achtet, wie er ihm auf seine Winke geht, ja, ich sage, wie er Zutrauen und Neigung zu seinem Herrn hat, wenn der Herr kein boshafter Tyrann gegen das arme Tier ist. Und ein Esel weiß, wenn er auch sonst nichts weiß, doch wenigstens die Krippe seines Eigners und merkt sich die Hand, die diese Krippe füllt. Aber wir nicht also; der größte Teil unter uns nicht also. Wir, ich sage es mit Schmerzen, kennen größtenteils unsern Herrn, den Heiland, nicht; wir gehen an unsere Krippe hin, die uns täglich wieder aufs neue gefüllt wird, und bedenken es nicht recht, von wem sie gefüllt wird, und beachten die gütige Hand unsers Wohltäters nicht und sind froh, wenn unser Gebet vor und nach dem Tisch hergesagt ist, welches wir deswegen tun, damit es doch auch aussehen solle, wie wenn wir Menschen oder gar Christen wären.

Wer ist so gnädig, Herr, wie du? Wer kann so viel erdulden? Wer sieht mit solcher Langmut zu so vielen schweren Schulden, die aus der ganzen weiten Welt ohn Unterlaß bis an das Zelt des hohen Himmels steigen?

Es muß ein treues Herze sein, das uns so hoch kann lieben, da wir doch alle, groß und klein, des Bösen viel verüben. Gott kann nicht anders sein als gut, daher fließt seiner Güte Flut auf alle seine Werke.

2. März: Johannes 3,6

Was vom Fleisch geboren ist, das ist Fleisch; ...

Die Blindheit und Entfremdung von Gott ist uns angeboren, eine traurige Erbschaft von Adam, und insofern ein natürliches Eigentum aller Menschen. Wir sind irdisch, fleischlich, tierisch von Natur. Der Geist unserer Zeit aber hat dieses von Gott entfremdete, irdische und tierische Wesen und Treiben zur höchsten Vernunft erhoben und dasselbige mit dem Namen Weisheit und Aufklärung gestempelt; daher kommt es, daß die Welt gegenwärtig voll ist von losen Verächtern, von Undankbaren, die sich ihrer Undankbarkeit so wenig schämen, daß sie ihr Verhalten noch für die echte Klugheit ausgeben. Weil man nämlich meint, unsere Zeit sei in manchen Naturkenntnissen weiter gekommen als die Zeit unserer Väter, so hat die fleischliche Aufgeblasenheit der Toren gar kein Maß und Ziel mehr. Es geht nun, wie sie meinen, alles natürlich zu. Natürlich geht es zu, daß, wenn man einen Samen in die Erde legt, derselbige zu einer Pflanze heranreift; es ist wahr, er hat Sonne, Licht, Wärme, Regen gebraucht, um zur Reife zu gelangen: aber dies alles ist erfolgt nach den bekannten Naturgesetzen; die Sonne ist auf- und untergegangen nach ihrer bekannten Weise und Gesetzmäßigkeit; der Wind hat von Abend geweht, und so hat es geregnet; daß er sich aber nach Abend gedreht hat, das hat wieder seine anderweitigen Gründe gehabt, und diese Gründe haben wieder ihre Gründe; kurz, die Welt ist eine wohleingerichtete Maschine, so sagen sie. Natürlich geht es zu – meinen die falschen Aufklärer – daß sie da sind, sie sind von ihren Eltern gezeugt worden; natürlich geht es zu, daß sie unter den Umständen aufgewachsen sind und die Erziehung gehabt haben, die ihnen zuteil geworden ist; natürlich geht es zu, daß ihnen Speise und Trank auf den Tisch gestellt wird, sie haben es bezahlt, erworben, sich angeschafft, weswegen auch in manchen Gesellschaften das Tischgebet für etwas sehr albernes gehalten wird; natürlich geht es zu, daß sie krank werden, natürlich, daß sie gesund werden: die Geschicklichkeit des Arztes, die Vortrefflichkeit der Arznei, die Witterung und andere Umstände sind Schuld daran, oder die Natur hat sich selbst geholfen, – kurz, sie haben eine Natur, aber keinen Gott mehr. Es wäre etwas leichtes, die Grundlosigkeit und Unvernünftigkeit dieser neuen Weisheit zu zeigen, es ist aber hier der Ort nicht dazu. Nur so viel ist leicht einzusehen, daß, da dieses elende, seichte Geschwätz alle Klassen des Volks durchdrungen und um sich gefressen hat wie der Krebs, unsere Zeit je mehr und mehr in Kälte und Fühllosigkeit gegen

Gott erstarren und der Dank je mehr und mehr erstickt werden muß.

Großer Jehova, du Ehrenkönig, glorwürdiger Gott, Monarch und Herr! Ach alle Worte sind viel zu wenig, du bist unendlich herrlicher. Wer ist, der dich recht loben kann? Doch hörst du gern das Lallen an. Halleluja! Halleluja!

Lasset die Toren im Herzen sagen: »Es ist kein Gott, wir sehn ihn nicht.« Die nur vernünftig nach Wahrheit fragen, erblicken dich im hellen Licht. Wir können Gott ganz deutlich sehn, weil wir und Erd und Himmel stehn. Halleluja! Halleluja! Halleluja!

3. März: Römer 9,16

So liegt es nun nicht an jemandes Wollen oder Laufen, sondern an Gottes Erbarmen.

Es geht dabei wie mit einem Vogel, der auf einem Baum sitzend vom Jäger angeschossen wurde. Er sucht zu entfliehen, aber er kann nicht mehr; er fängt an zu fallen, aber er wehrt sich dagegen; er flattert von einem Zweig zum andern, kommt aber immer weiter herunter; endlich fällt er kraftlos zu Boden, und der Jäger ergreift ihn. So sinkt zuletzt die Seele abgemattet nieder, weil sie von Jesus überwunden ist, und fällt, indem sie meint in einen Abgrund zu sinken, in die Hände ihres Freundes und Erbarmers. – Mit diesem Sprung in die freie Gnade ist der Glaube nach seinem innersten Kern vollendet. Denn sobald ein Mensch keine eigene Gerechtigkeit mehr aufweist, sobald er nichts mehr durch das Recht will, so ist er dem Gesetz gestorben, und die Gerechtigkeit Christi wird ihm zuteil.

Kaum läßt man die eigne Gerechtigkeit fahren,
so kann er der Seele sein Heil offenbaren.

Dies erfährt man auch in der Wahrheit. Von nun an steht einem solchen armen Sünder das Meer der Erbarmungen Gottes offen; er kann sich hineinglauben in alle Verdienste Christi; er kommt von Glauben in Glauben; er ist ein Kind Gottes, geboren für den Tag der Ewigkeit, ein Mensch Gottes, dem seine Beilage nicht mehr genommen wird, wenn er sie nicht selbst wieder vergeudet und verschleudert. Nun kann er Christum bekennen und schämt sich seiner nicht mehr, auch wenn er ein Königischer wäre; er spricht:

Es wisse, wer es wissen kann: Ich bin des Heilands Untertan!

Er geht willig mit dem Freund seiner Seele hinaus vor das Tor und trägt seine Schmach. Nun kann er die Sünde überwinden durch die Kraft des Lammes Gottes; nun kann er die Drangsale dieses Lebens überwinden, denn der uns den Sohn gegeben hat, sollte der uns mit dem Sohn nicht alles schenken?

Nicht daß ein Tag wäre wie der andere; es kommen auch noch Anfechtungen, Übungen, Proben des Glaubens. Es gibt auch noch manches zu lernen, wenn man schon ein Kind Gottes ist. Der Glaube muß unter der Übung immer lauterer, und das Herz immer mehr dahin gebracht werden, daß es auf Barmherzigkeit hofft, und auf nichts als auf Barmherzigkeit, daß es im Leben und Sterben, in Zeit und in der Ewigkeit, von Tag zu Tag nichts mehr will als Gnade, daß das Erbarmen, das freie Erbarmen Gottes sein einziges Element wird, darin es sich bewegt. Aber wenn nur einmal der Grund gelegt ist, das Übrige führt der Heiland auch aus. Lassen wir nur ihn machen! »Ich bin« – sagt der Apostel – »darin guter Zuversicht, daß der in euch angefangen hat das gute Werk, der wird's auch vollenden bis an den Tag Jesu Christi.« Jener Tag wird es erst ganz offenbaren, daß er der Vollender des Glaubens ist. Er helfe uns dazu, daß er es dann auch an uns offenbare! Amen.

Ja, Vater, ja du bist bereit, ja durch und um des Sohnes willen, den du gezeugt von Ewigkeit, uns mit dir selber zu erfüllen, auf daß wir nichts, er aber allerlei, ja alles gar in allen Dingen sei.

4. März: Johannes 16,14

Er wird mich verherrlichen; denn von dem Meinen wird er's nehmen und euch verkündigen.

Wir hören zwar viel von der Liebe Gottes; das ganze Evangelium predigt sie; die ganze Schöpfung predigt sie; wir meinen auch etwas davon zu wissen: aber von Natur weiß unser Herz doch nichts davon, ist trotz allem Wissen doch so verhärtet dagegen wie ein Stein; wenn die Sünden aufwachen im Gewissen, wenn der König anfängt zu rechnen, da erprobt es sich, daß das Herz Gottes uns wirklich unbekannt ist, daß uns wohl vieles von seiner Strafgerechtigkeit, aber nichts von seiner Erbarmung in unser Inneres geschrieben ist, bevor Gott es hineinschreibt durch seinen heiligen Geist. Ehe dieses geschehen ist, kann sich der Mensch gar nicht unter den ganzen Fluch des Gesetzes demütigen, und wenn er es, durch die Wahrheit überzeugt, doch tun müßte, so müßte er geradehin verzweifeln. Aber er wehrt sich dagegen, solange er kann; er sucht immer neue Feigenblätter, um seine Blöße zu decken; als ein armer, nackter Sünder ohne Gerechtigkeit, ohne rechtmäßige Ansprache an Gott, vor der strafenden Heiligkeit zu erscheinen, davor scheut er sich, davor erbebt er in seinen innersten Tiefen. Gott hat zwar das Evangelium gegeben; er läßt sich dem Sünder anbieten als vergebende, erbarmende Liebe, die den Tod des Sünders nicht wolle; er hat es mit unauslöschlicher Flammenschrift auf das Kreuz seines Sohnes eingegraben, daß seine Gedanken dahin gehen, die Sünder selig zu machen: aber solange der Geist der Wahrheit es nicht groß macht im Herzen, kann man doch daraus kein rechtes, kein ganzes Vertrauen fassen. Ja man kann sich daran halten in der größten Dunkelheit als an ein festes, unwandelbares Wort, das da scheint in einem dunklen Ort; aber aus der eigenen Gerechtigkeit sich heraus- und hineinwagen in den freien Liebeswillen Gottes – diesen Sprung kann man nicht machen, es sei denn, daß der Morgenstern angefangen habe, bereits im Herzen aufzugehen, und ein heller Schein von dem Tag des neuen Testaments in dasselbige zu dringen. Wo aber dies geschehen ist, wo die Liebe Gottes und das Hohepriestertum Christi offenbar wird im Herzen, da legt man willig den Rock der eigenen Gerechtigkeit ab, und überläßt sich willig und ganz der ewigen Liebe.

Wenn meine Schuld vor dir mich niederschlägt
Und deinen Geist der Kindschaft in mir dämpft;
Wenn das Gesetz mit meinem Glauben kämpft
Und lauter Angst und Furcht in mir erregt,
So laß mich doch dein treues Herz noch sehn
Und neue Kraft und Zuversicht entstehn.

5. März:

Jesaja 57,17.18

Ich war zornig über die Sünde ihrer Habgier und schlug sie, verbarg mich und zürnte. Aber sie gingen treulos die Wege ihres Herzens. Ihre Wege habe ich gesehen, aber ich will sie heilen und sie leiten und ihnen wieder Trost geben;...

Das eine Mal heißt es im Herzen: Es ist aus mit mir, du hast es zu arg gemacht, du hast den Reichtum seiner Gnade zu schändlich und zu lang verachtet, es ist schon so und so lange, daß du von ihm auf dein Seelenheil aufmerksam gemacht worden bist, und immer noch bist du der alte, untreue Mensch, der Heiland muß deiner müde sein. Das andere Mal fängt man an zu zweifeln, ob er auch noch zu helfen und einen solch toten Klotz in ein lebendiges Kind Gottes umzuschaffen imstand sein werde. Das eine Mal kommt man in Sorgen darüber, ob er es auch höre, wenn man zu ihm seufze und schreie, ob man nicht in den Wind hinein bete. Das andere Mal heuchelt man vor ihm und stellt sich besser oder schlechter vor ihm, als man ist oder sich gerade findet. Ein anderes Mal wieder will es dem Herzen nicht gefallen, an diese köstliche Perle des Reiches Gottes alles zu setzen; es fürchtet sich davor, in eine ganze Verleugnung um Jesu willen einzugehen und sich durch die Macht Jesu von allen, auch den subtileren Banden losmachen zu lassen; es bleibt deswegen gern auf halbem Weg stehen und tröstet sich mit einem eigenen Trost und will sich ein Evangelium und einen Heiland machen, bei welchem der Fleischesruhe gepflegt werden könne. – Es ist nicht leicht eine Art von Bosheit und Heuchelei, welche nicht vor dem Heiland zum Vorschein käme. Den größten Anstoß aber verursacht das bei allen Menschen, daß sie sich nicht in die *freie* Gnade schicken können. Sie wollen immer etwas bringen, das den Heiland bewegen soll, ihnen zu helfen, sich ihrer anzunehmen und zu erbarmen. Man baut einen Turm um den andern; man macht sich Vorsätze über Vorsätze; man will dem Herrn Jesu bringen Eifer im Gebet, Wachsamkeit, allerlei Verleugnungen; man will ihm bringen Ernst und Überwindung der Sünde; man will ihm bringen einen zerschlagenen Geist, einen Zöllnersinn, wenn schon das Herz nichts davon weiß; so wie man ist, will man nicht vor ihm erscheinen; auf Gnade und Ungnade, auf sein freies Erbarmen hin sich zu ergeben, das fürchtet man, und doch ist dies der einzige Weg zur Gnade.

Aus der eigenen Gerechtigkeit heraus in das freie Erbarmen Gottes sich hineinschwingen, ist ein solches entsetzliches Wagestück, daß kein Mensch dasselbige unternehmen würde, wenn nicht der Heiland ihm dazu verhülfe.

Schau her! Hier steh ich Armer, der Zorn verdient hat.
Gib mir, o mein Erbarmer, den Anblick deiner Gnad.

6. März: Römer 10,6–8

Aber die Gerechtigkeit aus dem Glauben spricht so (5. Mose 30,11–14): »Sprich nicht in deinem Herzen: Wer will hinauf gen Himmel fahren?« – nämlich um Christus herabzuholen – oder: »Wer will hinab in die Tiefe fahren?« – nämlich um Christus von den Toten heraufzuholen –, sondern was sagt sie? »Das Wort ist dir nahe, in deinem Munde und in deinem Herzen.« Dies ist das Wort vom Glauben, das wir predigen.

Der Heiland ist uns nahe in unserem Geist und Herzen; wenn heute eine Seele sich an ihn wendete in dieser Kirche, in ihrem Hause, auf dem Felde, einfältig, kindlich, so könnte sie ihn haben; denn er ist uns nahe und läßt sich gerne finden. Aber wir versuchen lieber alles andere, ehe wir diesen leichten, diesen sichern, diesen heiligen Weg einschlagen. »Ich bin die Tür zum Schafstall«, sagt der Heiland, »durch mich müßt ihr eingehen, ihr Seelen, wenn ihr wollt geborgen sein, zu mir müßt ihr kommen, geradezu zu mir, höret es, ihr Mühseligen und Beladenen, zu mir her!« Aber man macht lieber alle Umwege; man macht lieber die wunderlichsten Reisen: man steigt lieber über die

Mauer hinein; zur Türe will man eben nicht hineingehen. Warum das? Dies kommt her von unserer natürlichen Feindschaft gegen den Heiland; man mag ihn nicht; man hat eine Abneigung gegen ihn; man traut ihm auch nicht recht. Oft sind es auch von Jugend an eingesogene Vorurteile gegen ihn und seine Sache; oft ist es die schlechte Erkenntnis von ihm; oft ist es auch der Stand, in welchem man lebt, was einen ferneren Schlagbaum vorzieht, daß man nicht zum Heiland kommen mag; einem Armen wird solches manchmal leichter als einem Reichen, einem Geringen leichter als einem Vornehmen und Angesehenen. Aber der Hauptgrund liegt in der verborgenen Feindschaft des Herzens gegen ihn, im Unglauben; man kann und mag nicht glauben, daß Jesus so stark und liebreich sei, den Menschen helfen zu können und zu wollen, daß er so nahe sei, wie er doch ist. Manche bereden sich auch, dieser Weg sei zu leicht, er sei nicht gründlich genug, man müsse seinen Bekehrungsanker, seinen Hoffnungsanker tiefer legen als nur so auf den Heiland.

Daß ich nun bin bekehrt, hast du allein verrichtet: Du hast des Satans Reich und Werk in mir zernichtet. Herr, deine Güt und Treu, die an die Wolken reicht, hat auch mein steinern Herz zerbrochen und erweicht.

7. März: Johannes 4,49

Der Mann sprach zu ihm: Herr, komm herab, ehe mein Kind stirbt!

Sehet, wie schwach der Glaube des Königischen war, als er zum Heiland kam. Er hielt ihn für einen Mann Gottes; er glaubte, daß er helfen könne, aber nur wenn er beim Kranken stehe, ihm die Hand auflege und etwa ein Segenswort über ihn spreche. Er hatte nicht den Glauben des Hauptmanns von Kapernaum, der den Heiland auch um die Heilung seines kranken Knechts bat: »Herr, ich bin nicht wert, daß du unter mein Dach gehst, sondern sprich nur ein Wort, so wird mein Knecht gesund.« So glaubte der Königische nicht, sondern er bat ihn, daß er hinabkäme und helfe seinem Sohn, und sogleich darauf wieder: »Herr, komm herab, ehe mein Kind stirbt.« In der Beklemmung seines Herzens kann er keinen andern Gedanken erfassen: es liegt ihm nichts im Gemüt, kann auch sonst nichts hineindringen, als: der Prophet muß nach Kapernaum; er muß eilends hinab, ehe mein Sohn stirbt. Sehet da seine ängstliche, zagende, schwachgläubige Gemütsfassung!

Und so ist es auch, wenn man zum Herrn Jesu kommt und sucht Gnade und Hilfe bei ihm. O, wieviel Schwachheit im Glauben, wie viel Mangel in der Erkenntnis, wie viel falsche Vorurteile, wie viel gute, aber aus dem Fleisch kommende Meinungen, wie viel unkindliche, unehrliche, schiefe Richtungen des Gemüts hindern, und würden ewig hindern den freien Zugang zu der Gnade Gottes, wenn uns Jesus nicht zu Hilfe käme! Wir sind unaussprechlich blind in Absicht auf den Weg, den uns unser großer Hohepriester zu ihm selber gebahnt hat. Wir kennen die Rechte seines Hohepriestertums nicht; diese müssen wir erst lernen, und dabei geht es langsam her.

Herr Jesu, ewges Licht, das uns von Gott anbricht, pflanz doch in unsre Herzen recht helle Glaubenskerzen! Ja nimm uns gänzlich ein, du heilger Gnadenschein!

8. März: Jesaja 43,26

Erinnere mich, laß uns miteinander rechten! Zähle alles auf, damit du Recht bekommst!

Gott ist in sich selig; er bedarf unserer zu seiner Seligkeit nicht; es nimmt weder seiner Seligkeit noch seiner Macht etwas, wenn wir alle zur Hölle fahren, und aus seiner Gemeinschaft und aus seinem Reich ausgeschlossen bleiben. Auch ist er die höchste, die unumschränkteste Freiheit; er ist ganz souverän; er ist uns nichts schuldig; er konnte sich der Menschheit erbarmen, wenn er wollte; er konnte sich ihrer auch nicht erbarmen. Wer hätte ihm hierin etwas vorschreiben mögen? Es war eine freie Tat seiner Liebe, daß er sich der Menschen annahm, und ist es noch, wenn er sich eines Menschen erbarmt. Sehet, dies müssen wir anerkennen, daß seine Gnade gegen uns eine freie Tat seiner Liebe in Christo Jesu ist; er ist uns seine Gnade nicht schuldig. Dies erkennen wir aber nicht von Natur; dies glauben wir nicht, ob wir schon eine Ahnung davon haben in unserem Herzen. Daher kommt es, daß wir mit dem Heiland immer in einen Rechtszustand treten wollen. Wir wollen uns nichts von ihm schenken lassen; wir wollen ihm alles abkaufen; wir hoffen ihm seine Gnade abzunötigen, wenn wir die Kaufsbedingungen erfüllen; wir meinen, es *müsse* uns Gott gnädig sein, wenn wir uns gut halten; wir wollen ihn zwingen, uns unsere schlechte Ware abzukaufen und seine Güter uns dafür zu geben. O wie blind sind wir! Wie arm sind wir und wollen doch Gott mit unserer Armut reich machen! Daher kommt es, daß wir vor ihm heucheln und uns reicher stellen, als wir sind, reicher an Tugend und Wohlverhalten, oder wenn wir mehr christliche Erkenntnis haben, reicher an Gefühl der Sünde – es läuft auf eines hinaus; daher kommt es, daß wir den Rock unserer Gerechtigkeit allezeit zu flicken und herauszuputzen suchen; daher kommt Murren und Empörung gegen Gott und unverschämte Beurteilung der Wege des Allerhöchsten, wenn wir meinen, es geschehe uns oder anderen von ihm Unrecht; daher kam es bei Hiob, daß er den Tag seiner

Geburt verfluchte, weil er damals die Allgenugsamkeit und Majestätsrechte Gottes noch nicht anerkannte. »Fürchtet Gott und gebet ihm die Ehre! Denn wer hat des Herrn Sinn erkannt, oder wer ist sein Ratgeber gewesen? (Jesaja 40,13) Oder wer hat ihm etwas zuvor gegeben, daß Gott es ihm vergelten müßte? (Hiob 41,3) Denn von ihm und durch ihn und zu ihm sind alle Dinge.«

Es müsse doch mein Herz nur Christum schauen! Besuche mich, du Aufgang aus der Höh, daß ich das Licht in deinem Lichte seh, und könne schlechterdings der Gnade trauen. Kein Fehler sei so groß und schwer in mir, der mich von solchem Blick der Liebe führ.

9. März: Römer 9,15

Wem ich gnädig bin, dem bin ich gnädig; und wessen ich mich erbarme, dessen erbarme ich mich.

Ich habe einmal eine Geschichte von einem berühmten englischen Prediger gelesen, die er selbst von sich erzählt; ich will sie euch auch erzählen. Er war um des Evangeliums willen im Gefängnis und machte hier folgende Erfahrung. Er befürchtete, man würde ihn endlich aus dem Gefängnis zum Galgen führen. Darüber kam er in große Not, denn er befand sich in innerer Dürre; die göttlichen Dinge waren vor seinen Augen verborgen; er hatte keinen fühlbaren Glauben zu jener Zeit. Zwei Dinge plagten ihn dabei vorzüglich, erstlich die Furcht, er werde dem Evangelium Schande machen durch Todesangst, die er in diesem Gemütszustand nicht werde verbergen können, »denn ich schämte mich« – sagte er – »mit einer Totenfarbe und mit zitternden Knien in einer solchen Sache zu sterben, als diese war.« Das zweite, was ihm Schrecken einjagte, war der Zustand seiner Seele nach dem Tode; wo wirst du anlanden, wenn du stirbst? Wie wird es mit dir werden? Was hast du für Vergewisserung des Himmels, der Herrlichkeit und des Erbes der Heiligen? Oft sah er sich im Geist hinausführen, sah sich auf der Leiter stehen mit dem Strick um den Hals, und sein Herz erbebte jedesmal davor, daß er also, ohne wahren Trost, ohne lebendige Hoffnung, vielleicht mit einer Angst, die dem Evangelium zur Schmach gereiche, in die Ewigkeit gehen sollte. Nachdem er aber mehrere Wochen lang in dieser Anfechtung und Finsternis gewesen war, so warf er sich endlich in die freie Gnade. Er erkannte nämlich, daß es in Gottes Willen stünde, ob er ihm Trost geben wolle, jetzt oder in der Stunde des Todes: es stünde aber nicht in seinem, des Menschen Willen, ob er beim Evangelium bleiben wolle oder nicht, er sei gebunden, Gott aber sei frei. Darum faßte er nun ein Herz und sprach bei sich selber: »Weil denn die Sache also steht, so will ich fortgehen und es auf mein ewiges Heil in Christo wagen, ich mag Trost von ihm haben oder nicht. Will Gott nicht mit, so laufe ich blindlings von der Leiter in die Ewigkeit hinein, ich sinke oder schwimme, ich komme in den Himmel oder in die Hölle. Herr Jesu, willst du mich ergreifen, tue es, ich wage es in deinem Namen!« Mit diesem Gedanken wich die Anfechtung, und das Licht und der Trost des Evangeliums kehrte in seine Seele zurück.

Mein Herze schließt in Jesu Christ,
der aller Gnaden Urquell ist.

10. März: Hebräer 2,8

»... alles hast du unter seine Füße getan.« Wenn er ihm alles unter die Füße getan hat, so hat er nichts

ausgenommen, was ihm nicht untertan wäre. Jetzt aber sehen wir noch nicht, daß ihm alles untertan ist.

Wenn ein Sünder wäre, der verzagte, ob er auch könnte loskommen, ob er auch frei werden könnte von seinen langen Gewohnheitssünden, diesem dürfte man getrost sagen: Verzage nicht, denn Jesus ist die allmächtige Liebe. Wenn es freilich auf dich ankäme, auf deine eigene Kraft, dann müßtest du verzagen; aber er will es tun; ergib dich nur ihm; er will es ausführen. Siehe, in seiner großen Arbeit hat er auch für dich gearbeitet; in seinem Tode und in seiner Auferstehung liegt auch für dich Kraft genug, abzusterben dem alten Menschen, und aufzustehen, um in einem neuen Leben zu wandeln. Siehe an, wie viele hat er schon aus dem Sündenschlamm herausgegriffen, siehe was der Apostel zu den Korinthern sagt: »Und solche (Diebe, Geizige, Trunkenbolde, Lästerer oder Räuber) sind einige von euch gewesen. Aber ihr seid reingewaschen, ihr seid geheiligt, ihr seid gerecht geworden durch den Namen des Herrn Jesus Christus und durch den Geist unseres Gottes.« Und dies hat er schon an so viel tausend Seelen getan, die bereits vor seinem Thron stehen in weißen Gewändern: darum verzage nicht, seine allmächtige Liebe ist noch nicht verkürzt.

Und wenn eine Seele sich vor dem Tod und Zorn Gottes fürchtete und dächte: Wie wird dir's gehen, wenn du von hinnen mußt? – Dieser darf man auch sagen: Verzage nicht! Wenn du dich an ihn hältst, wenn du alle eigene Gerechtigkeit in dir töten und dich nur auf ihn gründen lässest, wenn du auf Jesu Wunden traust und an ihm bleibst, so kann dir der Tod nichts tun; Jesus, die allmächtige Liebe, hat die Todestüren gesprengt und den armen Sündern einen freien, offenen Durchgang zum ewigen Leben erworben.

Kann doch selbst kein Tod uns töten, sondern reißt unsern Geist aus viel tausend Nöten; schließt das Tor der bittern Leiden und macht Bahn, daß man kann gehn zu Himmelsfreuden.

Und wenn eine begnadigte Seele wäre, die etwa auf den blöden, verzagten Gedanken käme, ob sie sich auch vollends durchschlagen möchte durch diese Welt, bei allen Versuchungen und Reizungen zur Sünde, zum Unglauben, zum Abfall – auch ihr darf man sagen: Verzage nicht, durch Gottes Macht kannst und wirst du bewahrt werden zur Seligkeit. »Denn es sollen wohl Berge weichen und Hügel hinfallen; aber meine Gnade soll nicht von dir weichen, und der Bund meines Friedens soll nicht hinfallen, spricht der Herr, dein Erbarmer.« Jesus Christus ist die allmächtige Liebe, heute und gestern und dieselbe in alle Ewigkeit.

Wie haben, o Herr, wir in unseren Jahren dies vielfach – dem Zweifel zur ewigen Schmach – mit stiller Bewunderung kräftig erfahren, wenn Trost uns und äußere Hilfe gebrach! O gib deinen Armen, dein Königserbarmen mit voller Erhebung und seligen Weisen mit Worten und Werken lebendig zu preisen.

11. März: Matthäus 18,8

Wenn aber deine Hand oder dein Fuß dich zum Abfall verführt, so hau sie ab und wirf sie von dir. Es ist besser für dich, daß du lahm oder verkrüppelt zum Leben eingehst, als daß du zwei Hände oder zwei Füße hast und wirst in das ewige Feuer geworfen.

Hat uns der Herr so teuer und wert geachtet, so sollten wir uns auch teuer und wert achten; wir sollten uns selbst mit einer gewissen heiligen Scheue betrachten als solche Gegenstände der treuen Aufsicht und Pflege Gottes, unseres Heilandes; wir sollten ja unsere Seelen selber, wenn auch nicht wegen uns, doch wegen des Erbarmens Gottes, das auf uns ruht, bewahren, in acht nehmen und auf unsern Händen tragen, um sie nicht zu verunreinigen und zu beflecken oder gar zu verlieren; wir sollten alles anwenden, um uns rein zu erhalten von der Welt und von allen Befleckungen des Fleisches und des Geistes. Darauf bezieht sich die Ermahnung des Heilandes: »Wenn aber deine Hand oder dein Fuß dich zum Abfall verführt, so hau sie ab und wirf sie von dir. Es ist besser für dich, daß du lahm oder verkrüppelt zum Leben eingehst, als daß du zwei Hände oder zwei Füße hast und wirst in das ewige Feuer geworfen.« Nicht von unsern natürlichen Händen und Füßen ist hier die Rede, sondern von der Sünde, die in unsern Gliedern wohnt. Lassen wir diese in unsern Gliedern herrschen, so können wir, ungeachtet des hohen Wertes unserer Seelen, dem höllischen Feuer anheimfallen, und ach, was wäre das? – so viel Treue Gottes, so viel Gnade und Pflege und Barmherzigkeit – und doch zuletzt das ewige Feuer! Ja Lieber, das, daß deine Seele so teuer geachtet ist vor Gott, das wird dich dereinst, so du nicht mit ganzem Ernst umkehrst und deine geheimsten Neigungen, Triebe und Lieblingssünden, und was du haben magst, als einen Schaden, als unnütz, hinderlich, verunreinigend von dir wirfst, – das wird dich einst verdammen, empfindlicher, schwerer verdammen als alle deine übrigen Sünden. Lasset uns doch den Herrn um ein göttliches Gemüt, um einen königlichen Geist bitten, daß wir alles, was uns im Lauf hindern mag, für Kot, für Auskehricht achten, weil wir vor Gott so teuer geachtet sind, weil er solch eine besondere Aufsicht auf uns gerichtet hat!

O wie so glücklich wären wir, du unser Herzenskönig, wenn wir nichts wüßten außer dir, es sei viel oder wenig, und wenn wir jedes andre Ding um dich vergessen könnten, so wichtig oder so gering es andre Menschen nennten.

Insonderheit gib, daß wir gleich in dieser Gnadenstunde, was nicht gehört zum Gnadenreich, was uns nicht hilft zum Bunde, was deinem Vorsatz hinderlich, was uns nicht angemessen, was uns nicht fester schließt an dich, verlernen und vergessen.

12. März: Matthäus 18,6

Wer aber einen dieser Kleinen, die an mich glauben, zum Abfall verführt, für den wäre es besser, daß ein Mühlstein an seinen Hals gehängt und er ersäuft würde im Meer, wo es am tiefsten ist.

Aber haben wir denn die Seelen unserer Brüder und Schwestern auch immer so geachtet, wie wir sollten? Ach, ich komme hier auf Sünden zu reden, auf meist unerkannte, unbereute, schreckliche Sünden gegen die Seelen unserer Brüder, auf Sünden, die uns dem Satan, dem Verderber, ähnlich machen, auf Sünden, welche der Herr an jenem Tag besonders ans Licht bringen und mit besonderer Schärfe richten wird, – auf die Sünden des Ärgernisses! »Wehe der Welt der Ärgernis halben! Es muß ja Ärgernis kommen; doch wehe demselben Menschen, durch welchen Ärgernis kommt! Es wäre ihm besser, daß ein Mühlstein an seinen Hals gehängt und er ersäuft würde im Meer, da es am tiefsten ist!« Was für etwas erschreckliches muß es doch sein, wenn der Herr, der Erbarmende, solche Worte gebraucht und ein solch schauerliches Wehe ausruft! – Es ist wohl keine Seele, die, wenn sie diesen Ausspruch des Heilands in seinem göttlichen Licht auffaßt, nicht in ihren innersten Tiefen erbeben und zum Ruf: »Gott, sei mir Sünder gnädig! Tilge meine Missetat und führe mich nicht ins Gericht darob!« müßte gebracht werden. Unsere Kinderlehre hat in der Lehre vom fünften Gebot die Frage: »Kann man denn auch jemand an der Seele morden?« – und die Antwort ist: »Ja freilich, durch Ärgernis.« – Solche Mörder sind wir. Ich will nichts sagen von denjenigen, welche vorsätzlich darauf ausgehen, unschuldige Seelen zu verführen und in sie das Gift dieser oder jener Sünde, wie z.B. der Unzucht, des Lügens, Fluchens, der Untreue und des Diebstahls und des Leichtsinns hineinzulegen; solche Knechte des Teufels haben ihre Verdammnis in sich selber, und der große Offenbarungstag wird sie in ihrer teuflischen Bosheit darstellen, daß sie lieber hätten, die Berge fielen über sie und die Hügel bedeckten sie, wenn die von ihnen dem Herrn Jesu entrissenen, verderbten, vergifteten, gemordeten Seelen, die durch ihre Verführung der Hölle anheimfallen, ein Wehe um das andere über die Mörder herabrufen werden, die sie um ihre Seligkeit betrogen haben.

Wir brauchen aber diese Sünden des Ärgernisses nicht so weit zu suchen; wir alle, ach wir alle sind solche Seelenverderber durch ungöttlichen Wandel, durch faule Worte, durch schandbares Geschwätz, wodurch einer den andern zu argen Lüsten entzündet, durch falsche Blicke, durch zuchtlose, sündliche Gebärden; – der eine mehr, der andere weniger durch Verachtung oder nicht hinlängliche Hochschätzung des Wortes Gottes, dadurch, daß man nicht mit und in Jesu lebt und dem fleischlichen Sinn auf diese und jene Art Raum und Nahrung gibt; durch Hochmut, Eitelkeit, Augenlust, Fleischeslust und hoffärtiges Leben. Dadurch werden die jungen, unerfahrenen, unschuldigen Seelen verführt und geblendet und gewürgt, dem Herrn Jesu entrissen und dem Teufel zugeführt. Prüfe sich doch ein jeder selbst, namentlich solche, die in dergleichen Lüsten wandeln, wie ihnen ihr Gewissen wohl sagen wird.

Ach Gott und Herr, wie groß und schwer sind mein begangne Sünden! Da ist niemand, der helfen kann, auf dieser Welt zu finden.

Zu dir flieh ich; verstoß mich nicht, wie ich's wohl hab verdienet. Ach Gott, zürn nicht, geh nicht ins Gricht; dein Sohn hat mich versühnet.

Soll's ja so sein, daß Straf und Pein auf Sünde folgen müssen, so fahr hier fort; nur schone dort und laß mich hier wohl büßen.

13. März: Johannes 2,11

Das ist das erste Zeichen, das Jesus tat, geschehen in Kana in Galiläa, und offenbarte seine Herrlichkeit.

Bis in sein dreißigstes Jahr hatte er dieselbe vor der Welt verborgen; nur einmal, in seinem zwölften Jahr, schimmerte etwas davon durch. Da aber seine Stunde gekommen war, da machte er sie sichtbar, da stellte er sie heraus, und ließ bald dieses, bald jenes Stück davon sehen; da ließ er seine Jünger und die Welt bald in diesen, bald in jenen Abgrund seiner Herrlichkeit und Kräfte blicken, damit sie glauben und durch den Glauben das Leben haben möchten. Denn glaubet sicher, wenn es nicht notwendig gewesen wäre zum Heil der Menschheit, der Heiland hätte seine Herrlichkeit nicht geoffenbaret; es geschah aus keiner eigennützigen, ruhmsüchtigen Absicht; o! – er wäre wohl sein Leben lang dahingegangen in der Stille und Verborgenheit, unbekannt und unerkannt; denn er hatte ein gar demütiges Herz, welches von eigener Ehre nichts wußte und nichts wollte: aber die Menschen sollten an ihn glauben, und durch solchen Glauben das Leben haben, und um nun diesen Glauben zu erwecken und ihn lebendig zu machen, darum offenbarte er seine Herrlichkeit.

Aber welche Herrlichkeit hat er denn geoffenbart? Welche Gotteskräfte und Gottesherrlichkeiten sind denn an ihm sichtbar geworden? In den Reden, die wir von ihm haben, hat er sich oft als die vollkommenste Weisheit, Gerechtigkeit und Liebe dargestellt: aber wir fragen jetzt nach den Werken. Und da hat er sich allenthalten in seinem ganzen Wirken als der Lebendige gezeigt, als die Quelle des Lebens, mit andern Worten: er hat seine Schöpfermacht geoffenbart, seine Schöpfermacht, sage ich, gepaart mit seiner unendlichen Liebe und Erbarmung. Diese zwei Seiten sehen wir allenthalben in seinen Werken an ihm hervortreten, und so auch dort zu Kana.

Dir sei Lob, Preis und Ehre, erhabner König, Herr und Gott! Beschäme und bekehre die stolze und verwegne Rott, die deine Krone raubet und frech mit Füßen tritt, die deinem Wort nicht glaubet! Teil ihnen Gnade mit, dich gläubig zu erkennen, und die, so dich erkannt, laß dir in Liebe brennen! Dein Ruhm füll Meer und Land!

14. März: Jesaja 49,16

Siehe, in die Hände habe ich dich gezeichnet.

Man kommt auf dem Glaubensweg bisweilen in Lagen, wo man mit der Schrift ausrufen möchte: Hat denn der Herr meiner vergessen? Hat denn seine Barmherzigkeit ein Ende? Will er denn nicht auch das Fünklein Glaubens, das in meiner Seele am Erlöschen ist, wieder anfachen? – O, wie wohl tut in solchen schweren Stunden der Gedanke, daß wir teuer geachtet sind in seinen Augen, und daß dieser sein Sinn gegen uns sich nicht verändert! Welch ein Trost fließt ins bekümmerte Herz, wenn es glauben darf: der Herr, mein Gott, ist größer als ich; er hat mich lieber, als ich mich selbst habe; ich bin teurer von ihm gehalten, als ich mich selbst halten kann! Sein unaussprechliches Erbarmen geht über meine Gedanken hinaus und will nicht, daß ich verloren gehe. Wenn ich auch mich selbst aufgeben wollte, so will doch er mich nicht aufgeben, denn seine Schöpferliebe, sein teures Blut, das auch an mich gewendet, für mich geflossen ist, ruht auf mir; er kann es nicht vergessen, was ich ihm gekostet habe, wie teuer ich erkauft bin! – Ja fürwahr, solche Gedanken können ja wohl ein zerschlagenes Herz wieder stärken und aufrichten, und sind, je tiefer die Seele ihre Unwürdigkeit und Verdammlichkeit erkennt, desto mehr vermögend, sie mit unauflöslichen Banden der Liebe und Dankbarkeit an den Heiland zu ketten, in dessen Barmherzigkeit sie sich wie in ein Meer versenken darf, und um dessen willen sie mit all ihrem Elend doch angenehm gemacht ist in den Augen seines Vaters.

O, wie sind die Triebe deiner Jesusliebe so vollkommen rein! Tief in ihrem Wesen, ewig auserlesen, ohne falschen Schein; immer neu und immer treu, süßer als man kann empfinden, größer als die Sünden.

Laß in diesen Trieben, laß in deinem Lieben meine Seele ruhn! Du kannst uns nicht trügen; schenke dies Vergnügen mir, mein Jesu, nun! O, wie reich und engelgleich kann ein Mensch schon hier auf Erden durch dein Lieben werden.

15. März: Hebräer 13,8

Jesus Christus gestern und heute und derselbe auch in Ewigkeit.

Noch jetzt offenbart er sich als die allmächtige Liebe, Halleluja! Man sagt freilich gewöhnlich in unsern ungläubigen Tagen: Die Zeit der Wunder ist vorüber; Gott tut keine Wunder mehr; Jesus tut keine Wunder mehr; es gibt keine Offenbarung der Herrlichkeit des Sohnes Gottes mehr: wir müssen uns mit dem begnügen, was vor achtzehnhundert Jahren geschehen ist. Das heißt aber nichts anders als behaupten: Gott ist gestorben; Jesus ist gestorben; es gibt keinen lebendigen Gott, keinen lebendigen Heiland; er ist ein toter Götze, ein Gott, der nichts machen kann, dem die Hände durch die Natur, die er selbst geschaffen hat, gebunden sind. – Nein, nein, Jesus lebt, und die Zeit der Wunder ist nicht aus; er ist noch der nämliche wie vor achtzehnhundert Jahren; seine Liebe ist noch eben so unendlich brennend; seine Allmacht ist noch die nämliche; Jesus Christus, heute und gestern und derselbe in Ewigkeit. Es ist Wahrheit und bleibt Wahrheit, was er gesagt hat: »Mir ist gegeben alle Gewalt im Himmel und auf Erden«; – »Siehe, ich bin bei euch alle Tage bis an der Welt Ende.«

Freilich muß man sagen: Jesus offenbart seine Herrlichkeit nicht mehr so sichtbar und in die Augen fallend, wie in den Tagen seines Fleisches. In seinem kurzen dreijährigen Lebenslauf auf Erden waren unzählige Wunder, Erweisungen und Offenbarungen seiner Herrlichkeit zusammengedrängt, und so auch im Lauf der Apostel. Auch liest man in der Kirchengeschichte noch von Wundern, die in der Kraft des Namens Jesu verrichtet wurden, bis hinein in das vierte Jahrhundert. So ist es nun nicht mehr. Warum nicht? Erstlich wohl deswegen, weil diese Wunder hauptsächlich notwendig waren zur Gründung einer christlichen Kirche: nachdem diese gegründet war, hörten sie je mehr und mehr auf; sodann aber hauptsächlich um unseres Unglaubens willen. Als der Heiland einmal in Nazareth war, so heißt es von ihm: er habe keine Wunder verrichten können um ihres Unglaubens willen; und das ist der Charakter unserer Zeit. Um unseres Unglaubens willen geschehen so wenig Wunder unter uns. Es ist ein Vernunftsgeist, ein Grübelgeist ausgegangen in alle Welt, und von diesem Geist der Zeit sind wir alle mehr oder minder angesteckt; wir sind aus der Einfalt gewichen und in Vielwisserei hineingekommen; unsere Zeit ist schon längst über die Grenzen unserer eingeschränkten Vernunft hinausgeflogen, und hat das dem Urteil der Vernunft unterworfen, und Grund und Ursache da erforscht, wo man nur in Einfalt glauben und in Bescheidenheit und Demut die Hand auf den Mund legen sollte. Darum kann Jesus so selten Wunder unter uns tun: denn er betrübt sich über unsern stolzen Unglauben.

Das werden froh die Deinen dir bezeugen, Held Israels, daß du derselbe seist; mag deine Hand sie züchtigen und beugen: sie bleiben doch; Vorkämpfer ist dein Geist. Zu vielen Glanz gab deine Sonne schon; wir wollen nicht zurück zur alten Nacht! Wer einmal dich erkannt und deine Macht, vertraut dir tausendmal, o Menschensohn!

16. März: Lukas 7,13

Und als sie der Herr sah, jammerte sie ihn, ...

O,wie wichtig ist es, daß dies in der heiligen Schrift vom Menschensohn steht! Wie wohl tut es einem armen Sünder! So hat es ihn auch gejammert, als er das Volk Israel ansah, wie es so gar nicht bedachte, was zu seinem Frieden diente, als er weinte über Jerusalem. So hat es ihn auch gejammert, als Adam durch die Sünden sich selbst ins Elend gestoßen hatte; darum ward ihm die Verheißung von demjenigen zuteil, der der Schlange den Kopf zertreten solle. So hat es ihn gejammert des Volkes Israel, als es unter der Knechtschaft Ägyptens und unter den Schlägen seiner Dränger seufzte; darum sprach er zu Mose: »Ihr Schreien ist vor meine Ohren gekommen, und ich will ihnen helfen.« So hat es ihn gejammert, als er das Volk in der Wüste umherirren sah, denn er ließ ihm sagen: »Ich habe dein Reisen zu Herzen genommen.« So hat es ihn gejammert, wenn er den Abfall des Volkes von ihm, dem lebendigen Gott, sah; darum ließ er dem abtrünnigen Israel so viele tröstliche Worte sagen, wie wir in den Propheten lesen (Jes 40,1.2; 41,14; 44,22 usw.). Und was könnte nicht noch angeführt werden? Es ist dies alles aus diesem Jammer, aus diesem tiefen, unendlichen Abgrund seiner Barmherzigkeit, seines Mitleids hervorgegangen. Darum ist er Mensch geworden, und hat Knechtsgestalt angenommen, und ward an Gebärden als ein Mensch erfunden. Wer kann diesen Trieb der Barmherzigkeit fassen, wer kann erkennen die Länge, die Breite, die Höhe und die Tiefe der Liebe Christi, die doch alle Erkenntnis weit übersteigt? So jammert es ihn noch auf die heutige Stunde unser aller, wenn er sieht, wie seine Liebe so gar vergessen wird, wie wir unser eigenes Elend suchen, wie er so unbekannt ist. Es jammert ihn, wie es einen Hirten jammert, wenn seine Schafe sich verirrten; es jammert ihn, wie es eine Mutter jammert über dem Leiden ihres einzigen Sohnes. »Es jammerte ihn« – o ein wichtiges Wort! Das ist aber das Wichtige daran, daß er ein so liebendes Herz hat, ein Herz, das keinem menschlichen Gefühl fremd ist. Also hat Gott die Welt geliebt, daß er ihr einen Hohepriester geschenkt hat, wie sie in ihrem Elend gerade einen nötig hatte; einen Hohepriester, der Fleisch von unserem Fleisch und Blut von unserem Blut ist und sich nicht schämt, uns seine Brüder zu heißen; einen Hohepriester, der gefühlt hat wie wir und gedacht hat wie wir, doch ohne Sünde; einen Hohepriester, der ein Mensch war wie wir, ein menschliches, gar niedrig gesinntes Herz hatte, doch ohne Sünde. Was würde es uns helfen, wenn Jesus nicht menschlich gefühlt hätte, wenn er zwar den Leidenden geholfen, aber dies nur gleichsam nach seiner ewigen und notwendigen Willensbestimmung getan hätte? Ach wir hätten kein Zutrauen zu ihm; wir könnten kein Herz zu ihm fassen, ihm unsere Not nicht klagen, unser Elend ihm nicht offenbaren, unsere Sünde ihm nicht bekennen. Aber Gottlob! Der Vater hat uns Jesum geschenkt, einen Hohepriester mit einem menschlich fühlenden Herzen, einen Hohepriester, den es jammert, wenn er unser Elend sieht.

Wie die Väter sich erbarmen, wenn sie Kinder weinen sehn, also lässest du uns Armen dein Erbarmen offen stehn. Gib mir doch ein solch Gemüte, das in deiner Liebe steht, wacht und schlummert, liegt und geht und nur lebt von deiner Güte. Meine Seele flehet dich: Treue Liebe, liebe mich!

17. März: Lukas 7,14.15

Und er sprach: Jüngling, ich sage dir, steh auf! Und der Tote richtete sich auf und fing an zu reden, …

Jesus ist die Liebe, die liebenswürdigste Liebe, die Liebe, der wir uns ganz anvertrauen können; und nicht nur das, er ist nicht nur die Liebe, sondern die *allmächtige Liebe.* »Weine nicht!« sprach er zu der unglücklichen Witwe im

Evangelium. Das ist aber nicht nur so gesagt, wie wir etwa einander trösten, wo oft kein Nachdruck, wenigstens keine Hilfe sich daran knüpft. Nein, sein Wort: »Weine nicht!« war Tat und Leben; denn zum Jüngling, der im Sarge lag, sprach er: »Jüngling, ich sage dir, steh auf!« Das war ein Wort! Ein Wort des Schöpfers, ein Wort des allmächtigen Gebieters, ein Wort dessen, der Herr ist über Leben und Tod. Wo ist das erhöret von der Welt her, daß ein Mensch oder ein Engel mit einem einzigen Wort einem Toten das Leben wieder gegeben hätte? Zwar haben einige Propheten, Elias und Elisa, auch Toten das Leben wiedergegeben; aber so hat es keiner gemacht, daß er hingetreten wäre und gesagt hätte: »Ich sage dir, steh auf!« und der Tote dann sich aufgerichtet hätte. Man fühlt, daß derjenige, welcher hier spricht: »Ich sage dir« – nicht bloß ein Knecht, sondern der Herr selbst ist, derselbe, der da sprach: »Es werde Licht und es ward Licht.« – »Ja, wir haben einen Gott, der da hilft, und einen Herrn, der vom Tod errettet.« Unser Jesus ist die allmächtige Liebe, die alles in ihrer allmächtigen Hand hält, Glück und Unglück, Tod und Leben; alles ist in den Händen dessen, der die Liebe ist, und wird benützt zu seinen Liebesabsichten. Als allmächtige Liebe hat er sich in der Schrift bewiesen von vorne bis hinten, in der Schöpfung des Menschen und in seiner Wiederherstellung, in den Zeiten des Gesetzes und in der Gnadenzeit des Evangeliums, während seines Wandels auf Erden, und nun, da er sitzt zur Rechten der Kraft und ist ihm alles unterwürfig: überall ist er die nämliche, allmächtige, erbarmende Liebe gewesen. Wer diese Erweisungen seiner Herrlichkeit, seiner allmächtigen Liebe, im Licht des Geistes sieht, der kann nicht anders als niedersinken und anbeten.

König, dem kein König gleichet, dessen Ruhm kein Lob erreichet, dem als Gott das Reich gebühret, der als Mensch das Zepter führet, dem das Recht gehört zum Throne, als des Vaters eingem Sohne, den so viel Vollkommenheiten krönen, zieren und begleiten.

Herr, was ist in allen Reichen deiner Größe zu vergleichen? Was dem Reichtum deiner Schätze? Was der Ordnung der Gesetze? Was der Herrlichkeit der Gaben, welche deine Bürger haben? Was dem Segen deiner Freunde? Was der Ohnmacht deiner Feinde?

18. März: Lukas 17,17

Jesus aber antwortete und sprach: Sind nicht die zehn rein geworden? Wo sind aber die neun?

Der Heiland ist unser größter Wohltäter. Wem haben wir unser Leben, unser Dasein zu danken? Wem anders als ihm, unserem Schöpfer? Wir könnten auch *nicht* sein, so gut als wir sind; es ist eine freie Tat seiner Liebe, daß er gewollt hat, wir sollen sein, noch mehr, wir sollen Menschen sein. Ich will euch eine Geschichte erzählen. Auf der Kirchenversammlung in Konstanz vor vierhundert Jahren sahen einmal zwei Bischöfe, die zusammen ausgeritten waren, in der Ferne einen Hirten, der heftig weinte. Weil sie menschenfreundliche Männer waren, so ritten sie auf ihn zu und erkundigten sich nach der Ursache seiner Betrübnis. Der Hirte wies mit seiner Hand auf eine Kröte, die im Grase kroch, und sprach: »Ich sah diese Kröte, da fiel mir ein, daß mich Gott zu einem Menschen und nicht zu einem solchen Tier geschaffen habe, und ich habe ihm mein Leben lang noch nicht dafür gedankt. Das schmerzt mich, daß ich so undankbar bin.« Wie viel könnten wir von diesem Hirten lernen, wenn wir wollten! Gott hat uns allen Odem und Dasein gegeben; er hat uns Augen, Ohren,

Sinne, Gliedmaßen gegeben; er hat uns, was noch das größte ist, zu vernünftigen Wesen werden lassen, die den Reichtum seiner Güte empfinden können und zu einer ewigen Seligkeit bestimmt sind; aber wer dankt ihm dafür? Wem ist es leid, daß er so undankbar ist? Vor vierhundert Jahren ist es einem von Herzen leid darüber gewesen, und dies hat man so merkwürdig gefunden, daß man es, als eine unter der Menschheit unerhörte Sache, aufgeschrieben hat. Damit, daß man solche Geschichten als merkwürdig erzählt, gesteht man ein, daß die Dankbarkeit gegen den Heiland unter den Menschen zur Ausnahme von der Regel gehöre.

Huldreich Wesen, laß dir danken, preisen dich von Herzensgrund! Deine Huld ist ohne Schranken, unaussprechlich für den Mund, wunderherzlich für die Sünder, für uns Kleine viel zu groß, in der Größe grenzenlos, väterlich für alle Kinder. Meine Seele flehet dich: Große Liebe, liebe mich!

19. März: 1. Samuel 7,12

Da nahm Samuel einen Stein und stellte ihn auf zwischen Mizpa und Schen und nannte ihn »Eben-Eser« und sprach: Bis hierher hat uns der Herr geholfen.

Gott hat in jedes Menschenleben hinein besondere Denksteine seiner erbarmenden Güte gesetzt; es ist wohl keines unter uns, das nicht auch schon von der errettenden Treue Gottes etwas erfahren hätte; wenn wir die Lebensläufe aller, die hier sind, ehrlich erzählen hören sollten, so würden wir gewiß in jedem auf solche Marksteine stoßen, wo wir sagen müßten: Hier hat der Herr eingegriffen, das ist vom Herrn geschehen und ist ein Wunder vor unsern Augen. Ist's nicht so? Wie viele unter uns sind wohl schon in Krankheitsnot gesteckt wie die zehn aussätzigen Männer und haben zum Heiland geschrien: »Jesu, lieber Meister, erbarme dich meiner!« Und er hat sich ihrer erbarmt. Wir alle sind, so wie wir dastehen oder sitzen, lebendige Beweise, lebendige Briefe des lebendigen Gottes, Zeugnisse und Dokumente seiner helfenden, durchbringenden, errettenden, segnenden Barmherzigkeit; wer einen Menschen sieht, der sieht ein großes, herrliches Meisterwerk der Gnade und Geduld Gottes. Was ließe sich nun von uns erwarten, von uns Leuten, die wir aus der unmündigen Kindheit in das jugendliche Alter, von da zum Teil in das Mannesalter, von da zum Teil in das hohe Greisenalter heraus- und hineingehoben, heraus- und hineingesegnet, heraus- und hineingerettet worden sind; die mit lauter Güte (denn die Züchtigungen sind auch Güte) auf Adlerflügeln hindurchgetragen worden sind durch die Wüste dieser Welt bis hierher, zum Teil bis wir grau wurden; welchen die unergründliche Tiefe vor ihren Füßen weichen mußte, daß sie trockenen Fußes hindurch konnten; welchen oft in der dürren Wüste der Fels mußte Wasser geben, und der bittere Trank wurde durch die Allmacht Gottes verwandelt in einen süßen Trank, – was ließe sich von uns erwarten? Sollte denn nicht unser Herz zerfließen vor Dank, vor Anbetung? Sollte ein Tropfen Bluts in unseren Adern wallen, der nicht Dank wäre? Sollte nicht wenigstens ein Fünkchen Dank aus unserem eiskalten Herzen sich emporarbeiten, daß wir mit Jakob sprächen: »Herr! Ich bin zu gering aller Barmherzigkeit und Treue, die du an mir getan hast?« Aber wie viele sind, die diese schon bedacht und Gott dafür die Ehre gegeben haben?

Singet Gott, denn Gott ist Liebe, Liebe, die da ewig währt! Singt durch seines Geistes Triebe, wer es an sich selbst erfährt! Wenn Gott läßt den Eifer brennen, brennt er bis zur Hölle Grund; nun er sich läßt Liebe nennen, wird es allen Himmeln kund.

Liebe, die er in Erkenntnis seines Sohnes uns bezeugt, Liebe, welche das Verständnis aller Menschen übersteigt, du bist *weit*: ob allen Kindern; du währst *lang*: auf *alle Zeit*; du reichst *tief*: zu armen Sündern; du fährst *hoch*: zur Herrlichkeit.

20. März: Jesaja 53,6

Wir gingen alle in die Irre wie Schafe, ein jeder sah auf seinen Weg.

Eine Hauptursache unserer Undankbarkeit gegen Gott ist wohl die natürliche Blindheit und der Unglaube unseres Herzens, mit andern Worten, unsere Entfremdung von Gott. Über die größten Wunder Gottes tappen wir in unserer Blindheit hinüber und sehen sie nicht einmal. Da geht man durch diese Welt hindurch fast wie ein Tier; man wird geboren; man lebt, man ißt und trinkt, arbeitet und ruht, schläft und wacht; was einem in den Weg kommt, das betrachtet man; was Genießbares begegnet, das genießt man; hat man Leiden und Schmerzen, so klagt, murrt, weint man; kurz, der Blick bleibt an dem Sichtbaren, Fühlbaren, Hörbaren, Schmeckbaren hängen, und weiter hinaus denkt man selten; von wem das alles komme, was man sieht, genießt, worüber man klagt, von wem man in diese Umstände hineingesetzt sei, in welchen man lebt, was Gott für Absichten darunter habe usw., das wird kein Gegenstand des Nachdenkens, und so findet man in seinem täglichen Leben Gott nimmermehr und kann ihm natürlich auch nicht danken. Wenn bei einer solchen Gemütsverfassung auch hin und wieder ein Lichtblick durch die

Seele fährt und das Herz die Hand Gottes in dieser oder jener Sache deutlicher als sonst ahnet, so sind das vorübergehende Gedanken; die Richtung des Geistes aufs Sichtbare, der irdische Umtrieb, die Menge der irdischen Gedankenbilder, die die Seele rastlos durchjagen, – dies verschlingt wie ein Strudel alles höhere Gefühl sogleich, man verdeckt den Schöpfer, den Geber, den Urheber wieder vor den Augen des Geistes.

Wenig sind zu diesen Zeiten, welche dich von Herzensgrund lieben, suchen und begehren; drum nimmst du der Kinder Mund, dir ein Lob drin zu bereiten, deinen Namen auszubreiten.

Wie vergißt der große Haufe gegen dich die Liebespflicht! Und wie siehet man viel tausend fallen bei dem hellen Licht! Ach, wie sicher schläft der Sünder! Doch es machen deine Kinder.

Herr, mein ewig guter Herrscher! Ich will treulich lieben dich. Denn ich weiß, du treuer Vater, daß du herzlich liebest mich. Zieh mich kräftig von der Erden, daß mein Herz mög himmlisch werden!

21. März: Lukas 17,15.16

Einer aber unter ihnen, als er sah, daß er gesund geworden war, kehrte er um und pries Gott mit lauter Stimme und fiel nieder auf sein Angesicht zu Jesu Füßen und dankte ihm. Und das war ein Samariter.

Eine andere Hauptursache unserer Undankbarkeit gegen den Heiland liegt wohl darin, daß man die Wohltaten Gottes als eine gewisse Schuldigkeit dahinnimmt, ein gewisses Recht dazu, oft sich selber unbewußt, zu haben meint, was freilich wieder aus der Blindheit unserer Herzen herkommt. Es ist merkwürdig, daß der einzige aus den Zehn, der dankte, ein Samariter war. Der Heiland war ein Jude und zunächst zu den Juden gesandt; darum konnten die neun undankbaren Juden die Wohltat, die ihnen widerfahren war, als etwas hinnehmen, das zwar eine Gnade sei, aber eine Gnade, zu der sie als Landsleute des Heilandes wenigstens ebensogut ein Recht hätten als die übrigen Elenden aus den Juden, denen der jüdische Prophet geholfen habe. Es stellte sich die Wohltat des Heilandes ihrem Geist wenigstens nicht als ein solcher reiner Ausfluß des Erbarmens dar, wie dies beim Samariter der Fall war. Als Samariter, als ein von den Juden verabscheuter, gehaßter Mensch, konnte er in seiner Gesundmachung nichts sehen als lautere unverdiente Gnade und Liebe; dies bewegte sein Herz, dies trieb ihn vor die Füße des Heilandes auf sein Angesicht hin. Sehet da den tiefen Grund unserer Undankbarkeit. Ein Mensch muß vorher erkannt haben, daß er ein Samariter gegen den Heiland ist, d.h. daß er als ein geborener Feind Jesu, als Sünder durchaus kein Recht habe, sondern daß er nach den Rechten Gottes vor dem Angesicht des Herrn verworfen und in die Hölle verstoßen zu werden verdiente; er muß erkennen, daß von Seiten Gottes alles Gute, das er genießt, nur lauter Barmherzigkeit und Gnade sei, und dies muß ein stehender Gedanke, eine bleibende Überzeugung, ein Grundgedanke seines Herzens geworden sein; dann erst ist er fähig, auch für das geringste Gute, das ihm widerfährt, von Herzensgrund zu danken; dann erst wird er aufhören, ein loser, stolzer Verächter der Güte des Heilandes zu sein, vorher nicht.

O, wie wird ein alter Schüler des Heilandes zuletzt so klein, so dankbar für alles; wie ist ihm alles, was er empfängt, so wichtig; mit welcher Beugung nimmt er das Geringste aus der Hand seines Erbarmers an und ist dankbarer dafür als ein anderer für die größten Wunder der Gnade Gottes!

Gott, der du pflegst zu hassen den Stolz und Übermut, der alles will erlassen, fern von dem ewgen Gut: Gib du mir Gnad und Kräfte, daß ich in Demut frei und wider das Geschäfte des stolzen Fleisches sei.

Ich bin nur Staub und Erde, ja lauter nichts vor dir, drum gib, daß ich auch werde, gering und still vor dir! Drück nieder, tritt mit Füßen, was Selbsterhebung heißt, damit ich kann genießen, was aus der Höhe fleußt.

22. März: 2. Korinther 3,18

Nun aber schauen wir alle mit aufgedecktem Angesicht die Herrlichkeit des Herrn wie in einem Spiegel, und wir werden verklärt in sein Bild von einer Herrlichkeit zur andern von dem Herrn, der der Geist ist.

O, lasset uns nicht ruhen, bis der Geist Gottes Jesum uns ins Herz eindrückt und einschreibt mit seinem lebendigen Griffel! Er verklärt den Heiland bei denen, die in innigem Umgang mit ihm stehen, nach seiner ganzen Geschichte, wie sie im Wort beschrieben ist. Er bringt dem Gott suchenden Herzen die ganze Geschichte des Heilandes so nahe, wie wenn sie gegenwärtig vor den Augen unseres Geistes vorginge. Da sieht man den Heiland das einemal in der Krippe, das anderemal als Knaben, als Jüngling, als Mann; man sieht ihn in seinem ganz heiligen Lebenswandel auf Erden; man sieht ihn in seiner Angst, Marter und Pein, in seinen Wunden, in seinem Tod, in seinem Grab, nach seiner Auferstehung; bisweilen wird dem Herzen auch etwas weniges klar von seiner Herrlichkeit. O, was kann oft ein einziges Sprüchlein der heiligen Schrift für einen hellen, erfreuenden Schein auf den Schönsten unter den Menschenkindern werfen durch die Kraft des heiligen Geistes! Wie kann die Seele in Liebe zu ihm entzündet werden durch einen einzigen solchen Lichtblick! Wie wohl wird's dem Herzen bei dem Genusse solcher himmlischen Kräfte! Am liebsten freilich verklärt ihn der Geist der Wahrheit in dem großen Geschäft, da er als Versöhner und Bürge für uns litt und starb. Da kann man unter seinem Kreuz stehen; wie wenn er eben jetzt daran hinge; da kann man sein Blut fließen sehen, wie wenn es jetzt flösse zur Versöhnung für unsere Sünden; da sieht man ihm in seine Wunden hinein, wie wenn sie eben jetzt geschlagen wären; man sieht's, man trinkt Gnade und Erbarmung aus diesem Anblick für sein heilsbegieriges Herz. – O welche Erquickung! Wie wird man hingezogen zu seinem demütigen, zum erniedrigten, zum zerschlagenen, zum gemarterten, zum verschmachtenden, zum sterbenden Jesus und Mittler, zu seinem allerschönsten Heiland!

O, wie ist mir doch so wohl, wenn ich knien und liegen soll an dem Kreuze, da du stirbest und um meine Seele wirbest!

Dies ist die Hauptkraft der Streiter des neuen Bundes. In der Kraft dieses Blickes auf Jesum kann man die Sünde überwinden; man kann diese liebste Lust in dieser Kraft zerbrechen; man kann die Reize der Eigenliebe, der tiefsten Sünde, besiegen und ertöten in dieser Kraft; da müssen die Sündenbilder aus dem Herzen weichen, denn Jesus bekommt die Oberhand; ja, das Bild des eigenen Ichs wird neben diesem Bild sehr ärmlich, jämmerlich, schmutzig; ein neues Leben, ein neues Ich, eine neue Sonne, Jesus Christus, geht dem Herzen auf.

Jesu, wunderbarer König, dem die Völker untertänig! Alles ist vor dir zu wenig, du allein bist liebenswert.

Lieber Herr, bleib in der Nähe, daß dein Licht im Geist entstehe und die Finsternis vergehe und wir schmecken deine Kraft.

Wenn du uns trittst vors Gesichte, wird es in dem Herzen lichte, alles Eitle wird zunichte und die Liebe glühet auf.

23. März: Johannes 12,32

Und ich, wenn ich erhöht werde von der Erde, so will ich alle zu mir ziehen.

Das Kreuz Christi ist das große Anziehungsmittel, der große Magnet für die Geister. Es liegt eine göttliche Anziehungskraft in Christi Kreuz, das erfährt jeder Jünger Jesu, und wer das noch nicht erfahren, der muß es noch erfahren, wenn er zum ewigen Leben hindurchdringen will. Wer auf Golgatha im Geist ankommt, dem wird das Herz genommen, dem wird sein kaltes, totes, steinernes Herz herausgenommen, der kann nicht mehr für sich selbst leben, sondern nur dem, der für ihn gestorben und auferstanden ist, der ist von dem an, da er dieses erfahren hat, ein neuer Mensch nach Herz, Mut und Sinn, dem nichts so sehr am Herzen liegt, als wie er Nacht und Tag dem Seelenfreund gefallen mag. Ein solcher ist vom ewigen Tode freigemacht. Mit andern Worten: Wer den am Kreuz gesehen hat, nicht mit Fleischesaugen, sondern mit den Augen des Geistes, der ist wiedergeboren. – Ich weiß zwar wohl: Gott hat die verschiedensten Mittel und Wege, um die Menschen zur Buße zu bringen und zu sich zu ziehen. Den einen sucht er mit Lieben, den andern mit Leiden heim; den einen erschreckt er durch die Furcht vor dem Tode und vor dem Gericht, den andern durch etwas anderes. Das alles sind Züge des Vaters, der uns lockt, daß wir aus unserem Sünden- und Todesschlaf aufstehen, die vergängliche Lust der Welt verleugnen und nach seinem Reiche trachten sollen. Achtet doch auf solche Gnadenzüge des Vaters. – Aber wenn dem Geiste des Herrn nicht so viel Raum gelassen wird, daß er Jesum, daß er die Liebe, die für uns auf Golgatha starb, dem Herzen verklären kann, sehet, so ist alles umsonst, und wenn der Mensch noch so viele Rührungen hätte und hätte *diese* Rührung, *diesen* Lebenseindruck nicht, daß ihm das Leiden und Sterben des Heilandes zu Herzen geht, so ist alles umsonst. Es nützt außerdem alles nichts. Das Herz bleibt eben von Stein, ohne Gnade und ohne Geist, es ist keine Tüchtigkeit da zum Reiche Gottes. Das Lamm Gottes, das geschlachtet ist, muß ins Herz hinein; das macht Menschen Gottes; das schafft Liebe, Freude, Demut, Hoffnung, Geduld, wenn man mit jenem Liede sagen kann:

In meines Herzens Grunde dein Nam und Kreuz allein funkelt all Zeit und Stunde – drauf kann ich fröhlich sein. Erscheine mir im Bilde, wie du für meine Not, Herr Christe, dich so milde geblutet hast zu tot.

24. März: Matthäus 26,15.16.

Und sie boten ihm dreißig Silberlinge. Und von da an suchte er eine Gelegenheit, daß er ihn verriete.

So weit hatte es also der Feind mit ihm gebracht. Ei! – ruft da der Herr im Propheten aus – »eine treffliche Summe, deren ich wert geachtet bin von ihnen« (Sach 11,13). Dreißig Silberlinge! Man sollte es nicht glauben. Wie leicht müßte es dem Judas geworden sein, sich auf eine andere, ehrliche Weise diese Summe zu verschaffen, wenn er so große Lust zu diesem Geld gehabt hat. Aber der Teufel hatte seine Augen verblendet, daß er sonst nichts mehr dachte, nichts mehr sah. So geht es, wenn man einer einzigen Leidenschaft Raum gibt und auf die Stimme des Herrn nicht merkt. Da kann es geschehen, daß man nicht um Silberlinge, sondern um ein paar Kreuzer, um ein gutes oder schlechtes Wort Christum verrät und seine Liebe mit dem schändlichen Undank ihm vergilt. O, wie nötig ist es, daß wir uns an den Heiland anschließen, wie Johannes an seine Brust uns hinlegen, uns von ihm unseres Herzens Tiefen aufdecken und vor dem Argen bewahren lassen! Wie sehr haben wir zu wachen, wenn wir nicht durch die Macht der Finsternis gefällt werden wollen! Jeder Mensch hat seine Lieblingsneigung, seine Lieblingssünde. Bei Judas war es der Geiz, bei andern ist's eine andere Leidenschaft. An dieser Lieblingsleidenschaft greift uns der Teufel besonders gern an, durch diese sucht er uns am liebsten zu fällen, weil wir hier am schwächsten sind. Solange wir uns nun vom Herrn diese Schoßsünden nicht aufdecken lassen und ernstlich bemüht sind, dieselben abzulegen durch seine Kraft, so lange können wir zwar vielleicht den Herrn suchen, aber wir suchen ihn nicht recht, sondern mit Heuchelei, und es kann zu einem erschrecklich tiefen Fall bei uns kommen wie bei Judas. Und wenn es auch nicht zu solch einem offenbaren Fall kommt, so wird unser ganzes Leben den Heiland verraten und verleugnen, weil es vielleicht christlich aussieht, aber doch kein Leben in ihm ist, weil wir noch insgeheim der Sünde dienen.

Jesu, du kennst die Gefahren. Würdest du mich nicht bewahren, o, wo käm ich endlich hin! Denn der Feind hat tausend Tücke, daß ich alle Augenblicke nicht vor ihm gesichert bin.

O, man kann sich schnell verlieren. Doch du lässest dir entführen nichts, was dir gegeben ist. Hast du in der Welt gebeten, wirst du uns auch jetzt vertreten, der du in dem Himmel bist.

25. März: Johannes 13,1

...und wie er die Seinen geliebt hatte, die in der Welt waren, so liebte er sie bis ans Ende.

O, wo ist so ein treues, liebhabendes Herz wie das Herz des Herrn Jesu. Drei Jahre war er nun mit den Seinen umgegangen, sie hatten ihm in dieser Zeit viel Not und Kummer verursacht, aber doch war seine Liebe nicht geschwächt, sondern dieselbe geblieben. Warum erniedrigte er sich dazu, seinen Jüngern die Füße zu waschen, sogar dem Verräter? Warum gab er sich so willig hinunter? Aus Liebe. An seinem eigenen Beispiel wollte er ihnen zeigen, wie sie sich gegeneinander betragen sollten, es war ihm darum zu tun, daß sie gesinnt werden sollten, wie er gesinnt war, daß sie in das hineinkommen sollten, wovon Paulus in Philipper 2,6–8 schreibt; nur ihr Bestes suchte er damit. – Sehet in seine letzten Reden hinein, die er am Mittwoch und Donnerstag zu seinen Jüngern sprach, wie sie Johannes aufgezeichnet hat, ihr werdet nichts als die zärtlichste Liebe gegen die Seinen daraus hervorleuchten sehen. Wie warnt er sie! Wie tröstet er sie! Wie ermuntert er sie! Wie hebt er ihren Blick vom Gegenwärtigen hinaus in des Vaters Haus! Wie sucht er sie mit Liebe zu überwinden und ihre Herzen fest zu machen und zu verwahren auf die bevorstehende Trübsal, daß sie doch ja nicht möchten zu sehr irre werden, wenn das Wort erfüllt werde: Ich werde den Hirten schlagen und die Schafe der Herde werden sich zerstreuen. Man darf diese seine letzten Reden nur lesen, und ein jeder wird den Eindruck haben: Wie Jesus geliebet hatte die Seinen, so liebte er sie bis ans Ende. – Und wie ging's in seinem Leiden selber? Wie ging's in Gethsemane? Wie stellte er sich da in den Riß und suchte seine Jünger vor der Gewalt der Feinde zu retten. »Suchet ihr mich«, sprach er zu der Schar, »so lasset diese gehen«, auf daß das Wort erfüllt würde, welches er sagt: Ich habe der keinen verloren, die du mir gegeben hast. Und als Petrus ihn in des Hohepriesters Palast dreimal verleugnet hatte und der Hahn zum zweitenmal krähete, da sahe sich Jesus um nach Petro und sahe Petrum an. Man sollte meinen, der Heiland werde da nur mit seinem Elend beschäftigt gewesen sein, denn er befand sich ja jetzt gefangen unter der Schar Kriegsknechte, aber das Wohl seiner Jünger lag ihm noch tiefer im Herzen als sein eigenes. Darum dieser Liebesblick, der den Felsenmann zerbrach. Er hat die Seinen geliebet bis ans Ende.

Herr, laß deine Liebe decken meiner Sünden Meng und Flecken! Du hast das Gesetz erfüllet, des Gesetzes Fluch gestillet. Laß mich wider dessen Stürmen deiner Liebe Schild beschirmen; heilge meines Herzens Triebe, salbe sie mit deiner Liebe.

Deine Lieb hat dich getrieben, Sanftmut und Geduld zu üben, ohne schelten, drohen, klagen andrer Schmach und Last zu tragen, allen freundlich zu begegnen, für die Lästerung zu segnen, für der Feinde Schar zu beten und die Mörder zu vertreten.

Und wie hoch stieg sein Erbarmen, als du für die ärmsten Armen dein unschätzbar teures Leben in den ärgsten Tod gegeben. Da zur Marter du erlesen, aller Schmerzen Ziel gewesen, und den Segen zu erwerben als ein Fluch hast wollen sterben.

26. März: Römer 5,6–8

Denn Christus ist schon zu der Zeit, als wir noch schwach waren, für uns Gottlose gestorben. Nun stirbt kaum jemand um eines Gerechten willen; um des Guten willen wagt er vielleicht sein Leben. Gott

aber erweist seine Liebe zu uns darin, daß Christus für uns gestorben ist, als wir noch Sünder waren.

Wer waren denn wir, als der Heiland Tod und Marter für uns am Kreuz erduldete? Waren wir Freunde, Verehrer Gottes und Christi? Trachteten wir mit allen Kräften nach dem Reiche Gottes und nach seiner Gerechtigkeit? War es uns ein Anliegen, als Gott wohlgefällige Kinder unsern himmlischen Vater zu lieben und ihm gehorsam zu sein? Nein. Darum preiset Gott darin seine Liebe gegen uns. Uns, seine Feinde, hat er also geliebt; für boshafte Sünder hat er sein Leben gelassen, für sie unter tausend Schmerzen sein kostbares Blut vergossen. Das heißt Liebe. O große Lieb', o Lieb' ohn' alle Maße, die dich gebracht auf solche Marterstraße! Ich lebte mit der Welt in Lust und Freuden, und du mußt leiden! – Wer diese Liebe recht anerkennt, wenn es lebendig ins Herz geschrieben ist, was der Herr für ihn getan, daß er ihn, daß er dich und mich, daß er uns alle, die wir von Natur Feinde und Kinder des Zornes sind, so unaussprechlich liebte und uns mit solcher Liebe zuvorkommt, wer das recht anerkennt, der wird dann auch das Gebot des Heilandes: »So sollt auch ihr euch untereinander die Füße waschen« wohl verstehen und auch üben. Aber freilich, so lange man noch kalt, lau und gleichgültig nebendraußen steht, wenn von den ewigen Heilswahrheiten in Christo und von der großen Liebe und Barmherzigkeit Gottes gehandelt wird, und bloß denkt, es kann so sein, im übrigen aber sich dadurch nicht anfassen und angreifen läßt, solange noch kein göttlicher Funke der Dankbarkeit und Liebe gegen den Heiland ins Herz gefallen ist, so lange wird man auch nicht wissen und begreifen, was es heißt, den Bruder lieben als sich selbst und seinem Nächsten die Füße waschen, ja man wird ein elender, eigennütziger, nur auf seinen Vorteil und Gewinn und Bequemlichkeit bedachter Mensch sein und bleiben.

Nun, ich kann nicht viel geben in diesem armen Leben, eins aber will ich tun: Es soll dein Tod und Leiden, bis Leib und Seele scheiden, mir stets in meinem Herzen ruhn.

Ich will's vor Augen setzen, mich stets daran ergötzen, ich sei auch, wo ich sei. Es soll mir sein ein Spiegel, der Unschuld und ein Siegel der Lieb und unverfälschten Treu.

Ich will daran erblicken, wie ich mein Herz soll schmükken mit stillem, sanftem Mut; und wie ich die soll lieben, die mich so sehr betrüben, mit Werken, so die Bosheit tut.

27. März: Johannes 18,38

Was ist Wahrheit?

Warum will die Welt Jesum Christum nicht als König und Herrn anerkennen? Er ist doch ein König! Unser Jesus ist ein König aller Könige und ein Herr aller Herren, und er bleibt es; Gott, dein Stuhl währet von Ewigkeit zu Ewigkeit, das Zepter deines Reichs ist ein richtiges Zepter (Hebr 1,8). – Der Heiland nennt selber den Grund: Wer aus der Wahrheit ist, der höret meine Stimme. Es mochte freilich dem Römer wunderbar vorkommen, daß ein gebundener Jude, der die Spuren seiner erlittenen Mißhandlungen an sich herumtrug, ihm mit großem Ernst versicherte, er sei ein König; aber daß er gar nicht weiter nach der Wahrheit fragte, sondern stolz und wegwerfend, vielleicht auch aus Furcht, die Wahrheit möchte beschämend und demütigend für ihn sein, nur sagte: Was ist Wahrheit? Und dann wegging, damit hat er doch bezeugt, daß er nicht aus der Wahrheit sei, sondern die Finsternis lieber habe als das Licht. Und das ist auch der Grund, warum so viele noch immer Christum als ihren König, Gott und Herrn nicht anerkennen wollen. Sie sind nicht aus der Wahrheit. Sie lassen sich gern vom Schein des Sichtbaren täuschen, sie stoßen sich an der armen Gestalt, in welcher er auftrat, an der Gestalt seines Reichs, welches ein Kreuzreich ist, sie halten sich an der Schale auf und wollen den Kern nicht, sie wollen die innere Herrlichkeit Christi und seiner Kirche wegen ihres armen Gewandes nicht erkennen, sie lassen sich von ihrer Sinnlichkeit täuschen, ja sie sind stolz und wollen sich nicht unter den Sohn Gottes demütigen. Daß die Welt in ihm nicht sogleich ihren König und Gott findet, ist kein Wunder, die Schrift selbst bezeugt's, daß ihr die Dinge des Geistes unbekannt sind, aber sie fragen nicht einmal nach der Wahrheit, sie forschen gar nicht weiter, weil sie die Wahrheit zu besitzen meinen oder weil ihnen nichts an der Wahrheit gelegen ist oder weil sie fürchten, die Wahrheit möchte sie an ihrer Sündenliebe und Sinnengenuß stören, und sprechen darum mit Pilatus: was ist Wahrheit? Und das ist ihre Schuld.

Gott will den Menschen nicht gnädig sein, als nur in Christo Jesu allein, der für unsre Sünden am Kreuz gehangen und für die Sünder hat Gnad empfangen zur Seligkeit.

Betrachtet man Gottes eingen Sohn, so ist ja das der verdiente Lohn, daß man unterm Zorn muß liegen bleiben; denn denen nur, die an Jesum glauben, ist Heil bereit.

Jesu, wir bitten von Herzensgrund (du bist der Stifter vom neuen Bund) für die Gottesherden: ach laß uns finden Gnade, uns alle auf dich zu gründen, als einen Mann.

28. März:

Johannes 18,36

Mein Reich ist nicht von dieser Welt.

Ja, das konnte man dort vor und in dem Richthaus an der mißhandelten und zerschlagenen Gestalt des Heilands erkennen. Diese Welt haßte ihn und stieß ihn aus als einen, der nicht zu ihr gehöre, und das ist auch wahr, denn sein Reich war und ist nicht von dannen. Schon als Kind mußte er von einem Ort zum andern fliehen, weil diese Welt ihm den Untergang drohte; in folgenden Jahren mußte er sein Brot im Schweiß seines Angesichts essen, als Lehrer hatte er kein eigenes Plätzchen auf dieser Welt, und wo war der Glanz und die Pracht, die irdische Throne zu umgeben pflegen? Ach, er trat ja auf in Knechtsgestalt, er hatte keine Gestalt noch Schöne; wir sahen ihn, aber das war keine Gestalt, die uns gefallen hätte. Die Welt verstand ihn nicht; sie haßte ihn. Er kam in sein Eigentum, aber die Seinen nahmen ihn nicht auf. Er zeugte vom Licht, doch die Finsternisse haben's nicht begriffen. Er mußte sich für einen Übeltäter, für einen Schwärmer verschreien lassen, es ging bei ihm durch Ehre und Schande, durch gute und böse Gerüchte, durch Bande, durch Schläge, durch Spott und Hohn, durch Geißeln, durch Kreuz und Tod, sein Reich war nicht von dieser Welt. Ach, diese Welt folgt andern Gesetzen, sie hat einen andern Gott, sie wird durch andere Triebfedern bewegt. Er hat ein Reich der Wahrheit gestiftet, die Welt aber reibt sich selbst in der Lüge auf. Das Reich des Heilandes ist ein Reich der Liebe, aber in der Welt sucht jeder nur das Seine, nicht das, das des andern ist. Das Reich Jesu Christi ist aufs Unsichtbare gebaut, die Welt aber trachtet nach dem, das sichtbar ist; das Reich des Herrn ist für die Ewigkeit gegründet, die Welt aber vergeht mit ihrer Lust. Sein Reich ist nicht von dieser Welt. Wäre es von dieser Welt, seine Diener würden darob gekämpft haben, daß er den Juden nicht überantwortet würde. Aber es geziemete Gott, daß er den König des Himmelreichs, den Herzog unserer Seligkeit durch Leiden vollkommen machte.

Ich will hier bei dir stehen, verachte mich doch nicht! Ich will hier bei dir stehen, wenn dir dein Herze bricht. Wenn dein Haupt wird erblassen im letzten Todesstoß, alsdann will ich dich fassen in meinen Arm und Schoß.

Es dient zu meinen Freuden und kommt mir herzlich wohl, wenn ich in deinem Leiden mein Heil, mich finden soll. Ach möcht ich, o mein Leben, an deinem Kreuze hier mein Leben von mir geben! Wie wohl geschähe mir.

Ich danke dir von Herzen, o Jesu, liebster Freund, für deine Todesschmerzen, da du's so gut gemeint. Ach gib, daß ich mich halte zu dir und deiner Treu, und wenn ich einst erkalte, in dir mein Ende sei!

29. März: Johannes 18,31

Wir dürfen niemand töten.

Man weiß es nicht genau, ob die Juden damals wirklich das Recht, jemanden am Leben zu strafen, nicht hatten; den Stephanus wenigstens und eine Menge anderer Blutzeugen der Wahrheit töteten sie ungestraft, vielleicht meinten sie, nur in der Osterzeit dürfen sie niemanden töten, *oder wollten* sie die ganze Sache der römischen Obrigkeit übergeben, weil sie fürchteten, das Volk, das wenige Tage vorher den Heiland mit so großem Jubel zu den Toren von Jerusalem hereinbegleitet hatte, möchte sich gegen die Gewalttat setzen. Dem sei wie ihm wolle, dadurch wurde die Absicht Gottes und das Wort Jesu erfüllt, welches er sagte, da er deutete, welches Todes er sterben würde, nämlich daß er gekreuzigt würde. Zum Kreuze wollten sie ihn bringen, am Kreuze sollte Christus sterben, denn dies war die schmählichste Todesart, und diese Todesart war nur bei den Römern, nicht bei den Juden eingeführt. Daß er werde gekreuzigt werden, das hatte der Heiland aber auch vorausgesagt, das lag in dem Liebesplan Gottes, daß sein Eingeborner am Kreuzesholz verschmachte und, wie eine Schlange in der Wüste erhöht wurde, auch er erhöht werden sollte, damit er, der Gekreuzigte, der Welt das Leben geben möge. So mußte gerade durch die List und Grausamkeit der Wahrheitsfeinde das Wort vom Kreuz aufgerichtet werden, das zwar allen denen, die nicht wollen, ein Ärgernis und eine Torheit ist und bleibt, das aber schon vielen Millionen armer Sünder zur Gotteskraft, vielen Millionen bekümmerter und verzagter Seelen zur Stärkung, vielen Millionen müder Pilger zur Aufrichtung, vielen Millionen der verhärteten Bösewichter zur Aufweckung aus dem Sündenschlaf geworden ist, das Wort vom Kreuz, aus dem Ströme von lebendigem Wasser in die in Sünden verschmachtete Welt geflossen sind. Das wußte Satan mit all seinen Knechten nicht, sonst hätten sie den Heiland nicht den Heiden zur Kreuzigung überantwortet.

Sei mir tausendmal gegrüßet, der mich je und je geliebt, Jesu, der du selbst gebüßet das, womit ich dich betrübt! Ach, wie ist mir doch so wohl, wenn ich knien und liegen soll an dem Kreuze, da du stirbest und um meine Seele wirbest.

Ich umfange dich, Erbarmer, gehe deine Wunden an; reich geworden bin ich Armer, seit dein Blut am Kreuze rann. O, wer kann, du Lebensfürst, den so sehr nach uns gedürst, all dein Lieben völlig fassen und sich gnug ihm überlassen?

Dich, dich will ich ewig halten; gib mir, daß ich's ewig kann; schaue meiner Hände Falten und mich Armen freundlich an! Schau vom hohen Kreuzesstamm auf mich, o, du Gotteslamm! Sprich: Laß all dein Trauern schwinden, ich, ich tilge deine Sünden.

30. März: Matthäus 27,46

Und um die neunte Stunde schrie Jesus laut: Eli, Eli, lama asabtani? das heißt: Mein Gott, mein Gott, warum hast du mich verlassen?

Der Herr ist mein Licht und mein Heil, spricht David, vor wem sollte ich mich fürchten? Der Herr ist meines Lebens Kraft, vor wem sollte mir grauen? Solange ein Herz die Gnadengegenwart Gottes fühlt, solange sein Licht in unsere Seelen hineinscheint und uns zur Kraft wird, so lange innerer Trost, Trost aus der Höhe vorhanden ist, solange ist alles Leiden, auch das schwerste, wenigstens noch erträglich. Asaph sagt: Wenn mir gleich Leib und Seele verschmachtet, so bist du doch, Gott, allezeit meines Herzens Trost und mein Teil. Aber wenn die Kraft Gottes sich zurückzieht, wenn der innere Trost weicht, da geht erst das rechte Elend an, da entsteht ein Leiden, mit dem kein äußeres Leiden verglichen werden kann, da kann die Angst zu einer Höllenpein steigen, zu einer wahren Höllenpein, denn wo Gott nicht ist oder sich nicht zu fühlen gibt, da ist die Hölle. In diese Angst mußte auch unser Versühner hinein, und zwar in einem Grad, in eine Art von Angst, wovon wir Sünder gar keinen Begriff haben, denn wer kann die Höhe und die Tiefe des Liebesverhältnisses ermessen, das zwischen dem Vater und dem Sohn stattfindet, und dieses Liebesverhältnis ward auf einige Stunden unterbrochen. Das war die entsetzlichste Höllenpein für unsern Herrn. »Sei nicht ferne von mir, denn Angst ist nahe; den es ist hier kein Helfer. Ich aber bin ein Wurm und kein Mensch, du legst mich in des Todes Staub; sei nicht ferne; meine Stärke, eile, mir zu helfen!« so betete der Herr recht innerlich, wie wir aus dem 22sten Psalm sehen, aber endlich nach dreistündiger Höllenpein brach er in die Worte aus: Mein Gott, mein Gott, warum hast du mich verlassen?

Ach warum bin ich verlassen, o mein Gott! mein Gott! von dir? Jesu, wie ist dies zu fassen? Klagst du so, wie geht's dann mir? Ja, durch dieses scharfe Ringen wirst du deinen Flüchtling bringen, trotz der Sünden Scheidewand, zum geheimen Priesterstand.

31. März: Johannes 19,28

Danach, als Jesus wußte, daß schon alles vollbracht war, spricht er, damit die Schrift erfüllt würde: Mich dürstet.

Seit achtzehn Stunden hatte er nichts zu sich genommen und hatte in dieser Zeit den schrecklichen Kampf am Ölberg durchgemacht, wo es so weit mit ihm war, daß er Blut schwitzte. Er war indessen verhöhnt, geschlagen, gegeißelt, von einem Haus in das andere geschleppt, er war indessen gekreuzigt worden und hatte bereits sechs Stunden am Kreuz gehangen, darum plagte ihn nun ein brennender Durst, wie das gewöhnlich bei denjenigen der Fall war, die gekreuzigt worden, und er rief: Mich dürstet. Da stand ein Gefäß voll Essig und bald lief einer unter ihnen, nahm einen Schwamm und füllete ihn mit Essig und steckte ihn auf ein Rohr von Ysopen und tränkete ihn. Ehe der Heiland gekreuzigt wurde, bot man ihm einen bittern Trank an, der zur Betäubung der Sinne eingerichtet war, den schlug er aus, denn er wollte und sollte in völligem Bewußtsein leiden; jetzt aber in seinem quälenden Durst verlangte er ein Labsal, das man den Sterbenden selten verweigerte. Aber man gab ihm Essig in seinem großen Durst, kein Tropfen kühlenden Wassers sollte seinen verdorrten

Gaumen laben, ein elendes Getränk, wie es die römischen Soldaten mit sich zu führen pflegten, war alles, das unserem sterbenden Erlöser gereicht wurde. Auch der ärmste, der elendeste Mensch ist doch selten so ohne Hilfe, daß ihm nicht eine mitleidige Bruderhand in seiner letzten Not beistehen und ihm, wenn es ihn dürstete, einen Trunk kalten Wassers reichen sollte. Aber dem Heiland ward in seinem Tod ein Trank gereicht, der kaum für ein Labsal gelten kann. Lieber Bruder, tröste dich, wenn du in Krankheit und Schwäche Durst leiden mußt, wenn dich kein Labsal recht erquicken kann, wenn deine Zunge am Gaumen kleben will, tröste dich, daß deinen Heiland am Kreuzesstamm auch gedürstet hat, für dich gedürstet hat, denn ja auch dies und daß ihm Essig gereicht wurde, gehörte mit zu seinem versöhnenden Leiden und dazu, daß die Schrift erfüllt würde.

Jesu, Dank sei dir, dem Fürsten der Fürsten, daß dich nur Essig und Galle getränkt, weil nun bei deinem so kläglichen Dürsten meine heilsdurstige Seele gedenkt: Kann mich das Dürsten der Hölle noch schrecken? Wollte nicht Jesus das Bitterste schmecken?

1. April: Johannes 19,30

Als nun Jesus den Essig genommen hatte, sprach er: Es ist vollbracht!

Das ist das Wort, das eine jede über ihre Sünden bekümmerte Seele bis in den tiefsten Herzensgrund beruhigen und trösten soll. Es ist vollbracht! Halleluja, es ist vollbracht! Als Gott die Welt geschaffen hatte, sahe er an alles, was er gemacht hatte, und siehe es war alles sehr gut, und als der Heiland sein Leben zum Heil der Sünder durchlebt hatte, sah er zurück auf seinen Lauf und konnte ausrufen: es ist vollbracht! Vollbracht ist das ganze Werk der Erlösung, der Wiederherstellung des Menschengeschlechts, vollbracht ist der ganze Wille des Vaters, zur vollkommensten Befriedigung der göttlichen Gerechtigkeit vollbracht, vollbracht und vollendet sind alle die Leiden, alle die Schmerzen, all die sauren Tritte, all die Entbehrungen, all die Demütigungen in der Knechtsgestalt, die zum Heil der gefallenen Menschheit vollbracht werden sollten. Es ist vollbracht! Ach, an dieses Wort dürfen wir uns halten, das ist der feste Anker unseres Glaubens, unserer Hoffnung. Es ist vollbracht und zwar so vollbracht, daß weder Sünde noch Tod noch Hölle noch Teufel etwas von dem ganzen Werk umstoßen dürfen und können. Das einzige Wörtlein, das der Heiland am Kreuz ausrief: Es ist vollbracht! ist eine ewige, eine feste, eine sichere Festung gegen alle Anfechtungen der Sünde, des Gesetzes, des Teufels, des Todes und der Hölle. Gott sei ewig Dank! Nun darf keiner verzagen, wer nur immer Buße tun will, nun darf jeder mit voller Zuversicht zu Dem nahen, der alles vollbracht hat, was zu unserer Begnadigung und Errettung vollbracht werden sollte. Nun ist uns armen Sündern ein ewiger Trost, eine nie versiegende Quelle der Hoffnung, ein Glaubensgrund dargereicht, der nicht weichen wird, auch wenn Erde und Himmel untergehen. Halleluja!

Jesus Christus hat vollbracht, was uns Sünder selig macht, und weil nun sein Tod geschehn, muß sein Testament bestehn.

Alles hat er ausgesühnt, alles hat er uns verdient; alles, was uns Gott verhieß, ist auf ewighin gewiß.

Alle Sünde, aller Tod, alles, was die Hölle droht, alles, was uns schrecken kann, ist zunicht und abgetan.

Alle Schriften sind erfüllt, aller Zorn ist ganz gestillt; alle Gnade waltet hier, allen Frieden haben wir.

Sprach dies unsers Mittlers Mund, so hat unser Glaube Grund; so hat unsre Hoffnung Ruhm, wir sind Christi Eigentum.

Hier greift meine Seele zu, du vollkommner Heiland, du hast auch mir zu gut vollbracht, was mich Sünder selig macht.

Wenn mein Herz in Zügen liegt, mach mich durch dies Wort vergnügt; Jesus Christus hat's vollbracht, ihm sei Herrlichkeit und Macht!

2. April: Johannes 1,29

Siehe, das ist Gottes Lamm, das der Welt Sünde trägt!

O Lamm Gottes, unschuldig am Kreuzesstamm geschlachtet; allzeit funden geduldig, wiewohl du warest verachtet. All' Sünd' hast du getragen, sonst müßten wir verzagen. Erbarme dich unser, o Jesu!

Karfreitag feiern wir den *Todestag* unseres Herrn, den Todestag Dessen, der das Leben in sich selber hat, der die Auferstehung und das Leben ist, und der nun lebet von Ewigkeit zu Ewigkeit. Das ist der Tag, den Gott gemacht hat, den er dem verlornen, in Sünde, Elend und Tod versunkenen Menschengeschlecht gemacht hat, der Tag der Versöhnung, der Tag, an welchem das Blut des neuen Bundes auf Golgatha floß; das ist der Tag, welcher Größeres hervorgebracht hat, als die Schöpfung der Welt, denn an diesem Tag ist die Welt erlöset worden durch den Schöpfer; der Tag des großen Generalpardons für alle Sünder! Ach, seine große Lieb' und unsre große Not, das hat die Glut entflammt, die stärker als der Tod. Ja seine große Lieb' und unsre große Not, das hat ihn an das Holz des Fluches, das hat ihn in Not und Tod getrieben. Wer vermag das auszudenken? Wer vermag das auszureden? Dem Lamm, das geschlachtet ist, nur dem Lamm gebühret Kraft und Reichtum und Weisheit und Stärke und Ehre und Preis und Lob! Amen.

3. April: 2. Samuel 12,7

Da sprach Nathan zu David: Du bist der Mann!

Der Heiland ist in diese Welt gekommen für alle Menschen, für die ganze Welt. Gott hat in ihm die Welt geliebt; er sollte der Welt das Leben geben; seine Sendung ging die ganze gefallene Menschheit an. Wenn wir aber mit unserem Glauben nur so im Allgemeinen stehen bleiben und denken: »Er hat die Welt erlöset, also auch mich« – so kann dieses zwar in bangen Stunden der Anfechtung ein Trost sein und ein Halt für die Seele; aber der wahre, der lebendige, der durchgebrochene und in der Klarheit stehende Glaube begnügt sich nicht mit solch allgemeinem Dafürhalten; er ergreift das ganze Verdienst Christi *für sich;* ihm ist es, wie wenn der Sohn Gottes allein um seinetwillen in die Welt gekommen wäre, bloß um seinetwillen am Kreuzesstamm geblutet hätte; all sein Schmerz und seine Plage, alle Schmach, die auf ihn fiel, ist für die gläubige Seele ihre Schmach, ihr Schmerz, ihre Plage; sie ist mit ihm gekreuzigt, mit ihm auferstanden.

Ich bin dein, weil du dein Leben
und dein Blut mir zu gut in den Tod gegeben.

Hat er es denn aber nicht für der ganzen Welt Sünde dahingegeben? Ja, gewiß: aber jeder Christ hat in dem Weltheiland auch *seinen Heiland;* das Verdienst Christi ist für die ganze Menschheit, aber es gehört doch namentlich und ganz dem Glauben des einzelnen. Wie sie in Adam alle sterben, wie der Fall Adams alle Menschen angeht, – aber jeder einzelne ist doch in Adam ganz gefallen, – so werden sie in Christo alle lebendig gemacht; sie haben alle den gleichen, aber doch ein jeglicher Christum für sich selbst; es ist, wie wenn ein jeder in Christo gekreuzigt wäre, und wir halten dafür, daß, so einer für alle gestorben ist, so sind sie alle gestorben, und jeder insbesondere für sich selbst.

Das sind große, das sind erhebende und beugende, aber wahre Gedanken! Für *dich* also, für dich ist Christus erschienen, um dich Verlornen zu suchen und selig zu machen; dich hat er geliebt, für dich hat er sich dahingegeben, zu deiner Rechtfertigung ist er von den Toten auferstanden, – für dich sitzt er zur Rechten des Vaters und vertritt dich. Du bist ein Gegenstand seiner Liebe, seiner Aufsicht, seiner Pflege; an dich denkt er, dir geht er nach Tag und Nacht; dich trägt er auf seinem Herzen, für dich wartet er auf die rechte Stunde, wo er deiner Seele nahe kommen und dich in sein Erbarmen hineinziehen kann, er, der Ewigkeiten König, der König aller Könige, der Herr aller Herren.

Ewig soll er mir vor Augen stehen, wie er als ein stilles Lamm dort so blutig und so bleich zu sehen, hängend an des Kreuzes Stamm, wie er dürstend rang um meine Seele, daß sie ihm zu seinem Lohn nicht fehle, und dann auch an mich gedacht, als er rief: Es ist vollbracht!

4. April:

Lukas 24,34

Der Herr ist wahrhaftig auferstanden.

Ach, was hat doch ein Herz, das Wahrheit liebt und sucht, an dieser Wahrheit für einen Genuß! Christus ist auferstanden, und damit ist die Wahrheit aller seiner Worte versiegelt. Da hat er sich gezeiget als den Heiligen Gottes, den der Tod nicht halten konnte, da hat er sich geoffenbart als den Sohn Gottes, als den Lebendigen, in dessen Namen sich noch alle Knie beugen müssen, in dem allein das Heil ist, und ist kein anderer Name den Menschen gegeben, darinnen sie können selig werden. O wie manches Herz ist schon durch diese Geschichte in seinen bangen Zweifeln beruhigt worden! Wie manche Macht der Finsternis ist schon durch diesen Blitzstrahl der ewigen Wahrheit verscheucht und zu Boden geworfen und zermalmt worden, wie die Wächter am Grabe. Nun darf man hinstehen mit aller Freudigkeit und von ihm zeugen. – Christus ist auferstanden und damit ist dem Wort der Erlösung das Siegel aufgedrückt. Ist Christus nicht auferstanden, so ist unser Glaube eitel, so sind wir noch in unsern Sünden. Aber er ist auferstanden und darum sind, die da glauben, nicht mehr in ihren Sünden. Der Herr ist auferstanden, er hat sein Werk vollbracht, das Heil ist nun vorhanden und alles wohl gemacht; der Vater ist versühnet, ein ew'ger Friede grünet, es lebet Jesus Christ. O wie tief reichet der Grund unserer Hoffnung, der Anker unseres Glaubens hinein! Der Vater selber hat durch die Auferweckung Jesu Christi seinen väterlichen Willen zum Heil der Sünder dargelegt und über das einmal geschehene Opfer sein feierliches Amen ausgesprochen. Wer will die Auserwählten Gottes beschuldigen? Christus ist hie, der gestorben ist, ja vielmehr, der auch auferwecket ist und sitzet zur Rechten Gottes und vertritt uns. Wer will den Grund unserer Hoffnung, den Felsen, auf den wir uns stützen, umreißen? So wahr Christus auferstanden, so wahr hat es auch seine ewige Richtigkeit, daß eine Seele, die zu Christo kommt und in wahrem, lebendigem Glauben sein Verdienst ergreift, über ihre Sünden nicht mehr in Anspruch genommen, sondern frei, los und ledig ist. Nun predigt man aber auch keinen toten, keinen bloß historischen Christus, wie ihn die Welt gern hätte, sondern einen lebendigen und lebendig machenden, denn gleichwie Christus auferstanden ist von den Toten, so sollen auch wir auferstehen aus dem Todesschlaf unserer Sünden und in einem neuen Leben wandeln, in einem Leben, das seine Kraft nimmt aus dem lebendigen Heiland, wie er selbst sagt: wer mein Fleisch isset und trinket mein Blut, der bleibet in mir und ich in ihm, und ich gebe ihm das ewige Leben. Aber freilich »wer glaubt dem, was uns verkündet wurde, und wem ist der Arm des Herrn offenbar?«

Christ lag in Todesbanden, für unsre Sünd gegeben, der ist wieder erstanden und hat uns bracht das Leben. Des wir sollen fröhlich sein, Gott loben und dankbar sein und singen Halleluja! Halleluja!

Den Tod niemand zwingen konnt bei allen Menschenkindern; das macht alles unsre Sünd, kein Unschuld war zu finden. Davon kam der Tod so bald und nahm über uns Gewalt, hielt uns in seinem Reich gefangen. Halleluja.

Jesus Christus, Gottes Sohn, an unsrer Statt ist kommen und hat die Sünd abgetan, damit dem Tod genommen all sein Recht und sein Gewalt; da bleibt nichts denn Todsgestalt, den Stachel hat er verloren. Halleluja!

Es war ein wunderlich Krieg, da Tod und Leben rungen; das Leben behielt den Sieg, es hat den Tod verschlungen. Die Schrift hat verkündet das, wie ein Tod den andern fraß; ein Spott aus dem Tod ist worden. Halleluja!

5. April:

1. Kor. 15,56

Der Stachel des Todes aber ist die Sünde, ...

Die Sünde, ach die Sünde macht eben des Todes Bitterkeit aus. Wir alle tragen diesen Stachel in uns, und so lange er nicht hinweggenommen ist, sind wir die elendesten unter allen Menschen, denen es äußerlich gut gehen mag, die aber in ihrem Innern, in der Tiefe ihres Geistes nichts haben, als ein schreckliches Warten des Gerichts und des Feuereifers, der die Widerwärtigen verzehren wird. Ja die Menschen dieser Welt mögen sich gebärden wie sie wollen, sie mögen sich in Lustigkeit und Freuden hineinsteigern, so viel sie wollen, sie mögen Vergnügen suchen oder Götter oder Ehrenstellen, es ist doch alles um keiner andern Ursache willen, als um des Todes Bitterkeit zu vertreiben, um das Geschrei ihrer armen Seelen, die sich fürchten, zu betäuben, und der Knechtschaft, unter welcher sie seufzen, auf einige Zeit nicht zu gedenken. So hat der Tod eine furchtbare Macht über die arme Menschheit, er hat sie um der Sünde willen, in die sie versunken ist. Aber Christus hat ihm die Macht genommen. Die ganze Erde war voll von Totengebeinen, der Fürst des Todes und der Finsternis hatte sein Panier aufgepflanzt, da erschien Jesus, der Lebendige, das Leben in der Gestalt des sündlichen Fleisches, und Leben, herrliches, göttliches Leben ging von ihm aus, wie das die Auferweckung des Töchterleins des Jairus und so viel anderes beweisen. Aber damit wäre uns noch nicht geholfen gewesen. Obgleich der Heiland manchen Toten das Leben wieder gab, so hatte doch das keinen Bezug auf's Ganze; er gab es ihnen nur wieder auf kurze Zeit zur Offenbarung seiner Macht und der Herrlichkeit des Vaters. Der Stachel des Todes wäre geblieben. Da hat Gott eine Veranstaltung getroffen, und der Sohn hat diese Veranstaltung ausgeführt, wodurch der Stachel des Todes so zerbrochen wurde, daß der Tod für die lebendigen Glieder des Leibes Christi kein Tod mehr, sondern das Erwachen zum neuen Leben ist. Christus der Herr hat den Fluch der Sünde, den Stachel des Todes getragen und ihn getötet durch sich selbst; durch sein Ringen und Kämpfen, durch die Angst seiner Seele. Am Kreuz ist er der Überwinder des Todes geworden. Halleluja! Ihm sei Ehre darüber. Wer sich an ihn, den Todesüberwinder, hält, der wird im Glauben an ihn auch überwinden und darf vor dem Tod nicht erschrecken; was er stirbt, stirbt er ja in der Gemeinschaft des Sohnes Gottes.

Hier ist das recht Osterlamm, davon wir sollen leben, im Tod an des Kreuzes Stamm, aus heißer Lieb gegeben. Des Blut zeichnet unsre Tür, das hält der Glaub dem Tod für. Halleluja! Halleluja!

So feiern wir das hohe Fest mit Herzensfreud und Wonne, das der Herr uns erscheinen läßt; er selber ist die Sonne, der durch seiner Gnaden Glanz erleucht unsre Herzen ganz; der Sünden Nacht ist vergangen. Halleluja! Halleluja!

Wir essen und leben wohl zum süßen Brot geladen; der alt Sauerteig nicht soll sein bei dem Wort der Gnaden. Christus will selbst die Kost sein und speisen die Seel allein. Der Glaub will kein's andern leben. Halleluja! Halleluja!

6. April: Kolosser 1,13

Er hat uns errettet von der Macht der Finsternis …

Was versteht denn der Apostel unter der Macht der Finsternis? Er versteht darunter das Regiment und Kommando des Teufels. Dieser hat drei Stricke, an denen er die armen Menschen gängelt und leitet, die den Heiland nicht kennen: des Fleisches Lust und der Augen Lust und hoffärtiges Leben, oder mit andern Worten: Fleischeslust, Geiz und Hochmut. In diesen Ketten lagen die Kolosser gefangen, ehe sie in das Reich Christi versetzt wurden durch Gnade, denn die meisten unter ihnen waren vorher Heiden gewesen. Was die Heiden für Leute waren, sagt Petrus im 1. Brief 4,3 und Paulus Eph. 4,17.18 ff. So ging's das ganze Jahr bei ihnen, jeder suchte es zu treiben so gut er konnte; sie hatten aber noch besondere Festzeiten, wo dem Willen des Fleisches ganz Zaum und Zügel gelassen wurde, wo man glaubte ein Privilegium, einen Freibrief zu haben, daß man seine unsinnige Torheit und fleischliche Lust recht austoben und sich auswüten lasse. Dies alles nennt nun der Apostel des Teufels Werke, und vor diesen seid ihr errettet, schreibt er den Kolossern, ihr meinet nicht mehr, daß ihr's mitmachen müßt, die Ketten sind an euch hinabgefallen, ihr seid frei. – Wir nun sind zwar keine Heiden mehr, wir sind Christen, aber nicht vielleicht erst nur dem Namen nach? O, man darf nicht weit gehen in der Christenheit, um dieselben Greuel zu entdecken, man braucht nicht zu den Heiden hinauszugehen, man darf nur in seine nächste Umgebung, in seine Stadt, in sein Dorf hineinblicken, so findet man diese wüsten Dinge, und auch bei uns hat man nicht genug, wenn's das ganze Jahr hindurchgetrieben wird, nein der Teufel will auch seine Tage haben, wie der Herr seine Tage hat, wo er sich recht ungescheut mit seinen Werken offenbart. Ja bei uns ist's in dieser Hinsicht ärger als bei den Heiden. Die hatten's in der Unwissenheit getan, aber bei uns weiß man's, und gleichsam dem Herrn zum Trotz werden seine Festtage zu Satanstagen verkehrt. Was ist nur aus dem Feste der Kirchweihe, was aus dem Neujahr, was aus dem Osterfest und Ostermontag geworden? Tage, die zu Unreinigkeit und Bubenstücken angewandt werden! Man muß aber das Kind beim rechten Namen nennen; der Teufel ist's, der das anrichtet; er ist der Fürst der Welt, er führt das Kommando.

Herr, wann wirst du Zion bauen, Zion, die geliebte Stadt, die sich dir ergeben hat? Ach soll sie nicht einmal schauen ihre Mauer aufgericht? Ja der Herr verstößt sie nicht!

O wann wird die Stimm erschallen, da man rufet allzumal in der Auserwählten Zahl: Babel, Babel ist gefallen, die mit ihrer stolzen Pracht alle Welt zu Fall gebracht!

Höre, wie dein Zion klaget über Babels Dienstbarkeit jetzt in dieser finstern Zeit! Doch du wirst den, der sie plaget, stürzen bald durch deine Kraft und vertilgen Babels Macht.

7. April: Lukas 19,41

Und als er nahe hinzukam, sah er die Stadt und weinte über sie ...

Der Heiland hat geweint. Lasset uns mit unserer Betrachtung hier ein wenig stillstehen. – Unser Schöpfer, unser Herr und Gott, der, von welchem die künftige und letzte Entscheidung unseres Schicksals abhängt, unser Richter, der allmächtige Herr Himmels und der Erden, vor welchem die Engel Gottes anbeten, Der, zu dessen Füßen alle himmlischen Mächte, Gewalten und Majestäten ihre Kronen niederlegen – Jesus hat geweint, als er Jerusalem ansah, heiße und bittere Tränen vergossen. Erstaune, mein Geist, und bete an! O daß ich mich in diese große Sache hineinvertiefen, daß ich es ganz, genug und innig empfinden und erfassen könnte, was es heißt: Jesus Jehova hat geweint! Daß er *gezürnt* hat, daß er mit Gottesgewalt die Käufer und Verkäufer aus dem Tempel hinausgetrieben hat, darüber wunderte ich mich eben nicht. Daß seine flammende Gerechtigkeit ihm aus den Augen herausgeleuchtet hat; daß von seinem Angesicht Löwengrimm und ewiges Verderben ausgehen wird über diejenigen, welche dem Evangelium nicht gehorsam sind; daß Himmel und Erde vor seinem Angesicht fliehen und ihnen keine Stätte wird erfunden werden, darüber wundere ich mich nicht; denn er ist Jehova, ein heiliger, eifriger, ein starker Gott; vor ihm mag das Unreine nicht bleiben. Aber das ist zum Verwundern, daß er geweint hat. O wie offenbart sich in diesem tränenden Angesicht Jesu Christi die Freundlichkeit und Leutseligkeit des Vaters! Wie hat sich der Heiland hier vor den Augen der ganzen Sünderwelt als Jesus, als wahrhaftigen Menschensohn dargestellt! Wie gut schikken sich diese Tränen zu dem Titel, der ihm in seinem Wort gegeben wird, wo er »das Lamm Gottes« heißt! So hat er also ein menschliches Herz gehabt; er hat menschlich gefühlt; er hat, wie andere Menschen, Wehmut und Schmerz in seinem Herzen empfunden; diese Empfindung ist ihm an die Seele gedrungen und hat sich durch Seufzer und Tränen kund getan; er hat geweint und sich der Tränen nicht geschämt. Wir haben einen Gott, der weinen konnte; wir haben einen Hohepriester, der weinen konnte; nicht einen Gott, von dessen Unendlichkeit alle menschliche Empfindung abprallt wie von einem Steine; nicht einen Hohepriester, der in einer gezwungenen Mannhaftigkeit auftrat, wie dies bei so manchen Helden dieser Erde Gebrauch ist, die sich der Tränen zu schämen pflegen. Nein, er war ein Mensch; er hat Tränen gehabt wie ein anderer Mensch; er ist auch in diesem Stück Adams Söhnen gleich geworden, hat sich auch in diesem Stück nicht geschämt, sich als unsern Bruder darzustellen.

Du Glanz vom ewgen Lichte, von Gottes Angesichte, du Herr der Herrlichkeit, durch den Gott seine Milde im reinsten Ebenbilde und alle Gnaden anerbeut.

Komm Jesu, meine Liebe, entflamme meine Triebe, vom Himmel her für dich! Ach komm, mein ewig Leben, mir Geist und Kraft zu geben, komm, o mein Licht, erleuchte mich!

8. April: Lukas 19,41

Und als er nahe hinzukam, sah er die Stadt und weinte über sie ...

Über was hat er geweint? Wenn wir weinen, so fließen unsere Tränen meistens um uns selbst und um Dinge, die sich auf uns beziehen. Wenn uns etwas zuwiderläuft, wenn wohl ausgedachte Pläne durchstrichen werden, wenn wir meinen, es gehe uns hart, wenn wir im Leiden stehen oder in irgendeinem Druck: da fließen unsere Tränen. Der härteste Mensch kann zuletzt zum Weinen gebracht werden, wenn er von Gott an seinen empfindlichen Seiten angegriffen und in den Ofen der Trübsal hineingeworfen wird. Es gibt auch weiche Gemüter, welche durch Erzählungen oder andere Darstellungen oder durch den Anblick eines Leidenden sogleich können bis zu Tränen gerührt werden. Aber da geht es nicht tief; in kurzer Zeit können sie ebenso lachen, wie sie vorher geweint hatten; es sind diese Tränen oft nichts als das Ergebnis gereizter Nerven oder einer gesteigerten Einbildungskraft, Zeugen einer unordentlichen Gemütsverfassung. So hat der Heiland nicht geweint. Er weinte nicht um sich. Er hätte es wohl tun können, wer hätte es ihm verargen mögen? Da ritt er zu den Toren von Jerusalem hinein; hinter ihm lagen die dreiunddreißig Jahre seines mühseligen Kampflaufs; so vieles Demütigende, so manches Bittere war ihm widerfahren; so manchen sauren Tritt durch die armselige Welt hindurch hatte er getan; vor ihm lag eine entsetzliche Zukunft, sein letzter Kampf, sein schmachvolles Leiden und Sterben, dies alles lag vor dem Geistesauge des Heilands aufgedeckt da; er sah die Plätze, wo er seine tiefste Erniedrigung erfahren sollte; er sah die Marterstätte vor sich – wer hätte es ihm verargen mögen, wenn er weich geworden, wenn er in Tränen ausgebrochen wäre über sich, über seinen langen Leidenslauf, der so schrecklich endigen sollte, wenn der Gedanke in ihm aufgestiegen wäre: armes Schlachtschaf, hier sollst du für deine große Liebe den blutigen Lohn einernten! Dies wäre gewiß keine Weichlichkeit gewesen. Aber darüber weinte er nicht. »Er sah die *Stadt* an und weinte über sie.«

O mein Herz, verliere dich ganz in die Größe des Herzens Jesu! Empfinde es ganz, was du für einen Heiland, für einen Hohepriester hast! Jerusalem, die große Sünderstadt, lag vor seinen Blicken. Der Vater hatte den Sohn als Weingärtner in seinen Garten geschickt und ihm die besondere Sorge für seinen Feigenbaum aufgetragen (Lk 13,6–9). Drei Jahre lang hatte der Weingärtner diesen Baum mit großem Fleiß gepflegt, und dreimal hatte der Herr des Gartens nachgesehen, ob er auf diese sorgfältige Pflege hin Frucht bringe. Aber er hatte keine gebracht. Da hatte der Herr zum Weingärtner gesprochen: »So hau ihn ab! Was nimmt er dem Boden die Kraft?« Aber der Weingärtner hatte Fürbitte eingelegt für den Baum, es jammerte ihn desselbigen: »Herr! – hat er gesprochen – »laß ihn noch dies Jahr, bis ich um ihn grabe und ihn dünge; vielleicht bringt er doch noch Frucht; wenn aber nicht, so hau ihn ab.« Dieses vierte Jahr ging nun zu Ende, und es war noch keine Frucht zu sehen. Die Axt war dem Baum an die Wurzel gelegt; der mitleidige Weingärtner konnte nichts mehr gegen die Ausrottung des Baums einwenden; er mußte Ja und Amen dazu sagen. Er tat es, aber mit Tränen in den Augen.

Jesu, allertreuster Hirte! Laß auch mich dein Schäflein sein! Schilt mich nicht als das Verirrte, denn du liebst ja allgemein. Ich wünsche nicht Kronen und Güter der Erden, ich wünsche von dir nur geheiligt zu werden; du winkst mir, du ziehst mich, ich folge dem Zug vom Glauben zum Schauen; – dann hab ich genug.

9. April: Jeremia 6,16

So spricht der Herr: Tretet hin an die Wege und schauet und fragt nach den Wegen der Vorzeit, welches der gute Weg sei, und wandelt darin, so werdet ihr Ruhe finden für eure Seele!

Wer sich durch das Gesetz Gottes hat beugen lassen und die Gnade Jesu an seinem Herzen erfahren hat, der ist durch die enge Pforte hindurchgegangen und kann nun auch auf dem schmalen Weg wandeln. Vorher konnte er es nicht, er hatte keine Kraft dazu; er konnte in den Schranken der Bergpredigt nicht laufen, wenn er auch gewollt hätte, er war eben ein fauler Baum, und ein fauler Baum kann nicht gute Früchte bringen. Nun ist es aber anders geworden; nun hat die Seele den neuen Geist; sie glaubt und tut, was Jesus heißt; nun hat sie Lust zu den Geboten des Herrn nach dem inwendigen Menschen, sie sind ihr nun keine schwere Last, kein ärgerliches Gesetz mehr; sie *darf* nun den Willen des Heilandes erfüllen, – es ist ihr eine süße Erlaubnis. Nicht daß man des Kampfs oder Gefühls der Sünde überhoben wäre, sondern die alte Art regt sich immer wieder, und Satan ersieht seine Zeit; aber was vorher zum Schaden und ein Gift war, das wird nun zum Nutzen und zur heilsamsten Arznei. Wenn man nur an Christo bleibt, wenn man die tägliche Erneuerung im Geist, die tägliche Reinigung von den Sünden nicht vergißt, so hat es keine Not; alles Widerwärtige, selbst die Sünde, selbst die feurigen Pfeile des Bösewichts müssen nur mehr zu Christo und in die Übung der Bergpredigt hineintreiben; da tut man immer festere Tritte auf dem schmalen Weg; da wird man immer kleiner, aber auch immer reiner; da wird man immer mehr erbaut und gegründet auf den Felsen des Heils; da offenbart es sich, was der Heiland sagt: »Darum, wer diese meine Rede hört und tut sie, der gleicht einem klugen Mann, der sein Haus auf Fels baute. Als nun ein Platzregen fiel und die Wasser kamen und die Winde wehten und stießen an das Haus, fiel es doch nicht ein; denn es war auf Fels gegründet.«

O, ein herrlicher Weg, ein seliger Anfang, ein seligerer Fortgang, ein herrliches Ende!

Da kommt man von Kraft in Kraft, von Licht in Licht, von Glauben in Glauben, von Gnade in Gnade, von Beugung in Beugung, von Dank in Dank; man geht endlich hinüber ärmer in sich als der ärmste Bettler, aber reich in Christo, als ein Lohn seiner Schmerzen, als ein Triumph des Lammes, als ein neues Glied an der Kette der Millionen Zeugen von seiner ewigen Erbarmung.

Wenn irgend ein verlornes Kind, vom Tod (vom geistlichen) erwacht, sich krümmt und windt, und sieht das Bös als böse an, und denkt nur, daß es sonst nichts kann, verzagt an sich, es geht ihm aber nah; – kaum sieht sich's um, so steht der Heiland da.

10. April: Matthäus 7,13

Geht hinein durch die enge Pforte.

Unbekehrte Leute stellen sich die Pforte gern noch viel enger vor, als sie wirklich ist und halten den Weg noch für viel schmaler, als er wirklich ist. Es geht da wie im Natürlichen. Gegenstände, die man von fern anschaut, erscheinen dem Auge viel kleiner als sie sind, und so kann es denn einem unbekehrten Menschen, besonders wenn er recht weit vom Reich Gottes entfernt ist, beim Blick auf die enge Pforte ganz unmöglich scheinen, durchzukommen. Sie ist, wie er meint, viel zu eng, als daß er es wagen könnte, nur hinzuzutreten und einen Versuch zu machen. Da hat er etwa seine sündliche Lust an dieser oder jener Sache; sein Herz weidet sich darin, treibt sich darin um, wälzt sich darin: Ach, denkt er, wenn du dieses lassen müßtest, das würdest du nicht aushalten, da wäre dir deine Lebensfreude auf einmal genommen; nun, es ist noch Zeit, ich will erst diese Lust genießen; Gott wird ja eben gleich nicht heut' die offenen Gnadenpforten schließen. Wenn daher ein solcher Mensch von Buße, von Verleugnung etwas, oder ein dergleichen Wort hört, so schaudert ihm eigentlich die Haut; es wird ihm ein Geruch des Todes zum Tode; er sucht auszuweichen, so schnell und so weit er kann. Aber es ist nicht so, wie ihr meinet; sie ist jedenfalls so weit, daß ihr hindurchkommen könnet, wenn es auch nur kriechend geschieht; der Weg ist nicht so schmal, wie ihr meinet, – nein! er ist weit genug zum Leben. Tritt nur herzu, fange nur einmal an, besieh nur einmal die Pforte näher, o du wirst es gewiß bald ganz anders finden: das, was du jetzt meinst nicht lassen zu können, wird dir zum wahren Ekel werden; du wirst bald erfahren, wie selig es sich in den Wegen des Herrn geht.

Wie wohl ist mir, wenn ich an dich gedenke, und meine Seel in dein Erbarmen senke! O Jesu, nur bei dir bin ich vergnügt, so oft mein Geist durch dich die Welt besiegt.

Wie wohl ist mir, wenn ich nach dir mich sehne und meinen Geist an dich allein gewöhne, wenn ich mit dir genau vereinigt bin und nur auf dich mein Wollen richte hin!

11. April: Markus 7,37

Er hat alles wohlgemacht, ...

Unser ungläubiges Herz ist zu nichts weniger geneigt und aufgelegt, als dem Herrn die Ehre zu geben in seinem Tun. Ein mancher freilich führt eine Sprache, wie wenn er voll Danks gegen die Treue seines Herrn wäre, aber es ist oft leider nichts als auswendig gelernte Worte, man denkt nichts dabei, man fühlt nichts dabei; man weiß, daß man Gott die Ehre geben soll, darum spricht man, als ob man demütig wäre, es ist aber leider oft nichts als Hochmut. Und doch, wer ist, er sei nun bekehrt oder nicht, der, wenn er einen aufmerksamen Blick auf seinen Lebensgang wirft, nicht sehen sollte, daß da oder dort der Herr es über all sein Erwarten oder Verstehen wohl mit ihm gemacht, aus dieser und jener Not ihn errettet, ihm mehr als einmal, wenn er des Abends geweint, doch einen frohen Morgen hat aufgehen lassen? Wer aber vollends den Herrn Jesum kennt, wer ihn als seinen Versöhner und Heiland an seinem Herzen erfahren hat, der gibt ihm nicht bloß über einzelnen Lebenserfahrungen die Ehre, da heißt es: er hat alles, alles, alles wohlgemacht; er hat nicht nur sein teures Blut für mich Armen vergossen, er hat auch an mich gedacht, eh' ich geboren war; er hat sich mein erbarmt, ehe ich sein denken konnte, und als ich von ihm abwich, so hat er mich gesucht mit großer Geduld und Langmut und ist nicht müde geworden, bis er mich herausziehen und in seine liebenden Arme hineinziehen konnte. Und wie viele Fehler habe ich indessen gemacht, wie vieler Abweichungen bin ich schuldig? Aber er ist treu, er hat sie mir jedesmal vergeben und sich bis auf diese Stunde an mir als den rechten Meister bewiesen. Der Herr hat alles wohlgemacht. Freilich müssen seine Jünger dabei innerlich und äußerlich ihr

Kreuz auf sich nehmen und ihm nachfolgen, aber auch das ist wohl gemacht, denn sollen sie für ihn erzogen werden, so müssen allerhand böse Flecken und Gewohnheiten abgeschliffen werden, und das geschieht durch die Züchtigung, die er jedem Sohn angedeihen läßt. Und sie sind ihm ja in sein Herz geschrieben und in seine Hände gezeichnet: wie könnte er es böse mit ihnen meinen?

Ich weiß von keinen Plagen bis diesen Tagen zu sagen, die Jesus mir gemacht. Nein! Alle seine Wege, je mehr ich's überlege, sind gut gemeint und wohl bedacht.

Er hat noch nie vergessen, was er mir zugemessen, was mir zum Segen sei. Kommt auch ein trüber Morgen, so bleib' ich doch von Sorgen, von Furcht und Mißvergnügen frei.

Ja es wird Wahrheit bleiben, daß, die sich dir verschreiben, o Jesu, selig sein. Kann das die Welt nicht fassen, muß man sie fahren lassen und sich nur desto mehr erfreun.

Ach könnt' ich ohne Wanken, dir unaufhörlich danken, daß du so gnädig bist! O wie vergibst du reichlich! *Dein* Herz ist unvergleichlich; ach daß *mein* Herz so schläfrig ist!

12. April: Matthäus 7,21.22

Es werden nicht alle, die zu mir sagen: Herr, Herr!, in das Himmelreich kommen, sondern die den Willen tun meines Vaters im Himmel. Es werden viele zu mir sagen an jenem Tage: Herr, Herr, haben wir nicht in deinem Namen geweissagt? Haben wir nicht in deinem Namen böse Geister ausgetrieben? Haben wir nicht in deinem Namen viele Wunder getan?

O was ist das für eine ernste Rede des Heilandes! Die Menschen, die der Heiland hier beschreibt, sind nicht bloße

Scheinchristen. Nein, es sind Leute, die einige Gnade und Erfahrung haben. Es ist schon etwas, wenn man »Herr« zum Heiland sagen kann; die Natur kann dies nicht; man kann es nur durch den heiligen Geist. So weit haben es also diese Leute gebracht, daß sie zum Heiland sagen konnten: »Mein Herr! Mein Gott!« Sie sind wohl durch die enge Pforte hineingekommen. In der Kraft dieser ersten Erleuchtung haben sie dann auch Taten getan; sie haben Teufel ausgetrieben, sie haben geweissagt, d.h. mit hoher Begeisterung von göttlichen Dingen geredet, sie haben vom Heiland, von der Gerechtigkeit usw. recht gut und treffend zu sprechen gewußt. Und doch gehören sie nicht zu den Seinigen; er wird sie an jenem Tag nicht anerkennen. Warum das? Sie sind still gestanden; sie haben den schmalen Weg, der im Halten der Gebote Gottes besteht, nicht betreten; sie haben sich begnügt mit ihrer ersten Gnade. Warum haben sie sich aber begnügt? Antwort: es ging ihnen wie dem Bischof von Laodizea. Sie meinten, sie seien reich und haben gar satt, und wußten nicht, daß sie arm, elend, jämmerlich, blind und bloß waren. Das, daß sie Taten tun konnten, hat sie aufgeblasen, und so haben sie sich schon für ausgemachte Leute angesehen. Und dann ist es ja immer angenehmer für's Fleisch, vom Christentum zu schwatzen, als es zu üben und durch Gottes Kraft in Verleugnung einzugehen. O, das ist eine Klippe, an der schon manches Schiffchen gescheitert ist! Da macht man einen guten Anfang und nimmt ein schreckliches Ende und kommt so weit, daß man seinen großen Schaden gar nicht mehr sieht und sich noch am jüngsten Tag auf seine Taten beruft und dann noch, wann der Richter erscheint, meint, vor seinem flammenden Auge Verdienste aufweisen zu können. O entsetzliche Blindheit!

Wie teuer, Gott, ist deine Güt, daß du erleuchtet mein Gemüt, und selbst zur Buße mich gebracht, als ich in Nacht mit jenen fortging unbedacht.

Laß mich nun desto treulicher den Weg des Lebens gehn, o Herr! Und stehe mir allmächtig bei, daß täglich neu dein Werk bei mir im Fortgang sei!

13. April: 1. Korinther 1,8.9

Der wird euch auch fest erhalten bis ans Ende, daß ihr untadelig seid am Tag unseres Herrn Jesus Christus. Denn Gott ist treu, durch den ihr berufen seid zur Gemeinschaft seines Sohnes Jesus Christus, unseres Herrn.

Hat einmal, will der Apostel sagen, Gott die Predigt von Christo kräftig werden lassen unter euch, hat er einmal so viel getan, daß er euch aus der Finsternis errettet und in das wahre Licht des Evangeliums verpflanzt hat, so wird er auch fernerhin derselbe bleiben und die, so er berufen hat, auch festhalten bis an's Ende und euch nach seiner Treue befestigen, regieren, bewahren und beschützen, daß ihr seiner Zukunft mit Freudigkeit entgegensehen könnet, daß ihr, wenn ihn sehen werden alle Augen und die ihn gestochen haben und wehklagen werden alle Geschlechter der Erden, daß ihr dann in seine feuerflammenden Augen hineinsehen könnet, unsträflich, gewaschen und gereinigt durch sein Blut und den Geist eures Gottes. – Dasselbe schrieb der Apostel auch an die Philipper: »Ich bin darin guter Zuversicht, daß der in euch angefangen hat das gute Werk, der wird's auch vollenden bis an den Tag Christi Jesu.« O eine große Hoffnung, ein großer Blick! Die Menschen hoffen auf so vieles in dieser Welt; man hofft auf Vermehrung des Geldes und Gutes; man hofft auf bessere Tage; man hofft auf Erhöhung der Ehre, auf die glückliche Ausführung dieses oder jenes Planes; man hofft auf Dinge, die, wenn sie auch einträfen, das Herz doch nicht stillen und sättigen, den Menschen doch nicht glücklich machen würden. Der Mensch hofft immerdar: aber meistens gehen seine Hoffnungen auf das Sichtbare; gewöhnlich ist es eine Seifenblase, nach welcher er hastig greift wie ein Kind, die aber, wenn man sie fassen will, zerplatzt und verschwindet. O wie viele Schlösser sind schon von den klügsten Köpfen in die Luft gebaut worden! Fraget einen jeden Menschen, er wird euch gestehen müssen, daß er immerdar etwas hofft und mehr in der Zukunft lebt als in der Gegenwart. Aber was sind alle diese Hoffnungen gegen die große Hoffnung, welche der Apostel ausspricht, daß eine Seele, die berufen ist zur Gemeinschaft des Sohnes Gottes, in der die Predigt von Christo kräftig geworden ist, nicht durch die Verführungen der Welt, nicht durch das eigene Fleisch und Blut, nicht durch den Satan oder sonst etwas zum Abfall gebracht, sondern durch Gottes Macht bewahrt werde zum ewigen Leben. Das ist eine Hoffnung, von welcher zu reden wohl der Mühe wert ist.

Ewige Wahrheit, unendliche Güte! Vater, der Glauben in Ewigkeit hält, der uns sein Liebstes im Erdengebiete selber voll Gnade vor Augen gestellt! Höchster, wo Glauben und Hoffnung vorhanden, wurde bei dir noch nicht einer zuschanden!

Mach mich erfahren, versiegle mir Armen Deiner Verheißung wahrhaftiges Wort! Zeig mir den Abgrund von deinem Erbarmen, zeig mir die ewige Liebe, mein Hort! Laß mir dein gütig, doch wunderbar Walten meine gebrechliche Hoffnung erhalten.

14. April: Lukas 8,5

Es ging ein Sämann aus, zu säen seinen Samen. Und indem er säte, fiel einiges auf den Weg und wurde

zertreten, und die Vögel unter dem Himmel fraßen's auf.

Sollten wir nicht überall solche sein, bei welchen das große Wort von der Gnade Gottes in Christo, das Wort vom ewigen Leben und vom ewigen Tod, bloß auf die Oberfläche ihres Herzensbodens fiel, ohne von ihnen verstanden und begriffen zu werden, so daß der Teufel es wieder wegnahm und die Kraft desselben verloren ging, ehe sie sich es versahen? – Man ist etwa in der Kirche und hört ein Wort, man muß der Wahrheit Recht geben, aber man denkt nicht an sich, sondern an seinen Nachbar; man denkt: diesesmal hat der Prediger es den Leuten recht gesagt! Und dann geht man davon und bleibt, was man vorher war, d.h. ein blinder, unbegnadigter, in Sünden und Übertretungen toter Mensch. O wie vielen von uns ist es schon recht deutlich gesagt worden, wo der Weg hinausgehe nach dem ewigen Leben, nach dem neuen Jerusalem, so daß sie den Weg finden müssen, wenn sie ihn wandeln wollen, aber an vielen ist das Wort verloren; sie haben Augen und sehen nicht; sie haben Ohren und hören nicht; sie haben es noch nicht verstanden; sie haben es noch nicht auch nur oberflächlich gefaßt; warum haben sie das große Wort der Wahrheit, das Wort, worüber die arme Menschheit in Staub niedersinken sollte, dankend und anbetend, bisher nicht zu Herzen genommen? Warum hat es keine Kraft an ihnen bewiesen? Warum hat es sie nicht umgewandelt? Das hat Satan nicht zugelassen; denn so spricht der Heiland: » ... so kommt der Böse und reißt hinweg, was in sein Herz gesät ist; ...« So stehen sie in seiner Gewalt, daß er das Wort der Wahrheit in ihnen nicht kräftig werden lässet, daß ihre Ohren verstopft und ihre Augen verblendet sind, daß sie mit sehenden Augen nicht sehen und mit hörenden Ohren nicht hören. Ach, daß sie einmal ihre Teufelsstricke zerhauen ließen durch das Schwert des Geistes Christi! Ach, daß sie einmal zum Heiland gingen!

Ach Jesu, mach mein Herze weich, daß dein Wort seine Kraft erreich! Weh mir, wenn in verstocktem Sinn ich noch ein Raub des Teufels bin!

Räum die verborgnen Steine weg, daß dein Wort tiefe Wurzeln leg, und daß mich weder Lust noch Leid jemals von deiner Gnade scheid!

Was mir noch in der Welt gefällt an eitler Ehre, Lust und Geld, das laß mir schnöde Dornen sein und nimm mein Herze gänzlich ein!

15. April:

Lukas 8,6

Und einiges fiel auf den Fels, und als es aufging, verdorrte es, weil es keine Feuchtigkeit hatte.

Dies sind die, welche das Wort mit Freuden annehmen und nicht Wurzel haben, eine Zeitlang glauben und zur Zeit der Anfechtung abfallen. Es gibt Herzen, die einen Felsengrund in sich haben, über den aber eine weiche Empfänglichkeit und Reizbarkeit hergegossen ist; sie werden leicht gerührt und erschüttert; sie geben dem Wort alsobald Recht; sie nehmen es auf und bringen Frucht; der Same geht lustig auf; es ist eine Freude, zuzusehen, wie sie einen schönen Anfang machen und es scheint, als ob alles bei ihnen gewonnen wäre. Doch der schnelle Anlauf wird bald matt und immer matter; wenn Anfechtung kommt, wenn es etwas zu verleugnen gibt, wenn der alte Mensch soll daran gegeben werden, wenn man um Christi willen etwas leiden soll, wenn man eine Lust durch Christi Kraft zerbrechen soll, – ja dann sieht man, daß das Wort noch keine Wurzeln unter sich geschlagen hat; dann sieht man, daß solche Menschen in immer steigender Lauheit und Trägheit sich dahin schleppen; das innerliche Leben trocknet mehr und mehr aus; es hat keinen Zufluß aus der Kraft Christi und so kommt es, daß es endlich verdorrt und erstirbt. Ich muß bekennen, daß ich glaube, von dieser Art seien viele und mein Hauptwunsch ist, daß doch alle möchten ihren Grund tief legen lassen und diejenigen, die zu einigem Leben erwacht sind, möchten sich nicht mit ein paar guten Gefühlen und Rührungen begnügen und dies für ihr Christentum halten, sondern trachten, daß sie rechtschaffen werden vor dem Herrn. Ach ich fürchte für viele, es möchte von ihnen heißen: sie sind lustig aufgegangen; es war eine schöne Blüte da; aber sie sind verwelkt und verdorrt. Es ist zwar eine große Gnade, wenn einige Funken göttlichen Lebens in unsere Seelen fallen, aber begnüge sich doch keines damit: denn wir müssen ein ganzes Eigentum Christi, er muß unser ein und alles werden.

Gottes Wort ist dir vertraut und zum Heil gegeben; hat dich solches auch erbaut? Hast du Licht und Leben? Denn Gott sucht seine Frucht; er will treu beflissen es bewahret wissen.

Jesu, dein Wort sei mein Licht, lebe mir im Herzen! Laß mich deine Gabe nicht ungebraucht verscherzen! Kommst du an: gib alsdann, weil es doch dein Wille, Licht und Lebensfülle.

16. April: Lukas 8,7

Und einiges fiel mitten unter die Dornen; und die Dornen gingen mit auf und erstickten's.

Dies sind die Sorgen, der Reichtum und die Wollust dieses Lebens. Ach, wie viel gibt es dieser Dornen! Da sind die

Sorgen der Nahrung; da ist Betrug des Reichtums; da ist die anziehende Kraft der irdischen Dinge; da sind die Freuden und Vergnügungen dieser Welt, Augenlust und Fleischeslust; da ist Hochmut und Geiz. Mit diesen Dingen ist das Herz angefüllt und so hört man nun das Wort; es macht keinen Eindruck; es kommt nicht zur Kraft und es bleibt alles wie es war, ja es bleibt nicht einmal so, sondern es wird noch schlimmer, denn wenn der unsaubere Geist von dem Menschen ausfährt und eine Zeitlang zurückgedrängt wird, so durchstreift er dürre Stätten, sucht Ruhe und findet sie nicht. Dann spricht er: Ich will wieder zurückkehren in mein Haus, aus dem ich fortgegangen bin. Und wenn er kommt, so findet er's leer, gekehrt und geschmückt. Dann geht er hin und nimmt mit sich sieben andre Geister, die böser sind als er selbst; und wenn sie hineinkommen, wohnen sie darin; und es wird mit diesem Menschen hernach ärger, als es vorher war. Z.B. du bist jetzt in der Kirche, wo dir der Geist Gottes vielleicht sagt: »Eile und errette deine Seele!« Nun geht man aus der Kirche, sogleich fährt in die Seele dieser oder jener Plan hinein: dahin will ich heute gehen oder dorthin; man gerät in ein Geschwätz hinein, man zerstreut sich ins Nichtige und Eitle, man läßt seiner Zunge im Reden über Dinge dieser Welt freien Lauf; so verschwatzt man die beste Kraft des Eindrucks; die Dornen des Weltlebens ersticken den Samen und man wird nur stumpfer gegen fernere Eindrücke. So wird man dann wieder hineingezogen in den weltlichen Strudel und in den Schlendrian des täglichen Einerlei, so daß man seine edle Gnadenzeit elendiglich vergeudet, keinen Ernst anwendet im Ringen nach der Seligkeit, und zuletzt mit Schmerzen bedauert, in dieser Welt vergeblich gelebt zu haben. Das Herz bleibt voll Hochmut, voll Eigenliebe, voll Anhänglichkeit an das Irdische; und weil die Seele eine Behausung des Teufels ist, so ist kein

Plätzchen mehr da für Christum und sein Wort; wenn auch ein Sämlein desselben hineingefallen ist, so wird es alsbald wieder ausgerauft und erstickt. Frage dich doch einmal, was ist denn der Hauptgedanke, der dich begleitet Tag für Tag, was trägst du denn in deinem Sinn, was beschäftigt dich denn Tag und Nacht, was treibt dich um? Ist's Gott oder die Welt? Fleisch oder Geist? Vergängliches oder Ewiges? Christus oder Teufel? Ach, ist es Der nicht, der es allein wert ist, daß ihn jeder Blutstropf' ehre; ist's er nicht, so haben die Dornen noch die Oberhand in deinem Herzen!

O Kleinod, dem kein Kleinod gleicht, Sohn Gottes, den kein Lob erreicht, vom Vater uns gegeben. Mein Herz zerfließt in deinem Ruhm; dein süßes Evangelium ist lauter Geist und Leben. Dich, dich will ich ewig fassen, nimmer lassen; Brot des Lebens, dein begehr ich nicht vergebens! Amen.

17. April: Lukas 8,8.15

Und einiges fiel auf gutes Land; und es ging auf und trug hundertfach Frucht ...; die, die das Wort hören und behalten in einem feinen, guten Herzen ...

Das sind diejenigen, in welchen das Wort Gottes kräftig geworden ist. Das sind aber seltene Seelen, die das eine, was not tut, ihr Hauptbestreben sein lassen, die nicht eher nachlassen zu bitten und zu flehen, bis das Wort kräftig und alle andere fremdartige Kraft aus ihren Herzen ausgetrieben ist. Doch ich will dir eine Frage vorlegen, an deren Beantwortung du bald ein Kennzeichen haben sollst, ob das Wort in dir kräftig geworden ist oder nicht. Setzest du dein Christentum in allerhand Gefühle und Erkenntnisse vom Weg des Heils, oder ist ein Trieb in dir, im täglichen Leben Treue zu beweisen bei deinen Geschäften und Arbeiten, mögen sie auch noch so geringfügig sein, kurz in deinem ganzen Tun und Lassen den Namen des Herrn zu verherrlichen? Willst du dich dadurch als einen Christen beweisen, daß du in den Augen deiner Mitbrüder hoch stehst und dich vor ihnen auszeichnest, oder bist du auch da, wo dich niemand sieht und in deinem Herzen, in das niemand hineinschaut, ein wahres Kind Gottes, ein Nachfolger des Heilandes? Frage dich: stehst du auch in einem Kampf mit dir selbst, und bedarfst du dabei des Herrn als deines Helfers, und kennst du ihn als Rat, Kraft und Held? Frage dich: wirst du in deinen eigenen Augen kleiner oder größer? – Stößt dich die Predigt vom Kreuz Christi ab oder zieht sie dich an? Je nachdem du nun diese Fragen beantworten kannst, ist auch das Wort Gottes bei dir kräftig geworden oder nicht. Von solchen Seelen aber, bei denen das Wort Wurzel geschlagen hat, darf man gute Hoffnung haben. Denn es gibt einen Grund, der auf Christo, der auf den ewigen Friedensgedanken Gottes, auf dem Ratschluß seiner Liebe ruht. Wer aber auf diesem Grund ruht, von dem kann man gute Hoffnungen haben.

Ach Herr, laß mein Gemüte ein gutes Saatfeld sein! Du streust aus großer Güte den edlen Samen ein, und willst mit Ernst die Frucht. So laß dein Wort gelingen und solche Früchte bringen, wie du sie stets gesucht.

Mach mich aus dürrem Sande durch deines Wortes Kraft zu einem guten Lande auf meiner Pilgerschaft. Dein Geist mein Sonnenlicht, dein Blut mein Tau und Regen, dann fehlt mir Frucht und Segen bis hin zur Ernte nicht.

18. April: 2. Korinther 5,4

Denn solange wir in dieser Hütte sind, seufzen wir und sind beschwert, ...

Ein Christ genießt schon in dieser Welt unaussprechlich viel Gutes; er genießt, wovon andere nichts wissen; er genießt die Gemeinschaft des Heilandes; er hat durch Christi Blut ein leichtes, fröhliches Gewissen; er hat Frieden mit Gott; er weiß, daß sein Name im Buch des Lebens steht und daß er ein Bürger ist in der himmlischen Stadt Gottes; er empfängt das verborgene Manna, das niemand kennt, denn der es genießt, und obgleich er unter der Larve des Kreuzes hingeht, so hat er doch ein Leben auf dieser Welt, wobei er mit niemand tauschen, was er um keine Schätze der Welt geben würde. Er steht in Liebe mit Gottes Kindern; er ist frei von den Lüsten und Zwistigkeiten der Weltmenschen; er kennt ihre Langeweile nicht, von der sie oft geplagt werden; er muß nicht in den elenden Sitten und traurigen Heiterkeiten mit ihnen wandeln, sondern er genießt Freiheit von dem Geist, der sie beherrscht; er erfährt Tag für Tag die Gnade, die Langmut, die Barmherzigkeit und Treue Gottes, seines Heilandes, so daß er bekennen muß:

Ach ja, wenn ich überlege, mit was Lieb und Gütigkeit du durch so viel Wunderwege mich geführt die Lebenszeit: So weiß ich kein Ziel zu finden, noch die Tiefen zu ergründen. Tausend, tausendmal sei dir, großer König, Dank dafür!

Ein Christ genießt viel, viel Gutes unter dem Hirtenstab seines Heilandes und hat das beste Los, das ein Mensch haben kann: *aber* – es ist immer noch, wie man zu sagen pflegt, ein *Aber* dabei, – er lebt bei dem allem noch in der Welt; es ist nichts Vollkommenes auf Erden. Daher der

Apostel spricht: »Wir seufzen und sind beschwert.« Vorher sagte er: »Wir sind von allen Seiten bedrängt, aber wir ängstigen uns nicht. Uns ist bange, aber wir verzagen nicht. Wir leiden Verfolgung, aber wir werden nicht verlassen. Wir werden unterdrückt, aber wir kommen nicht um.« Damit erklärt er uns aufs Beste seinen Ausdruck: »Wir seufzen und sind beschwert.« – So viel Hohes und Herrliches ein Christ im Innern hat, so gibt es doch im Äußern viel Beugendes und Demütigendes, viel Elend und Prüfung für ihn. Bald stören ihn des Körpers Schmerzen, bald das Geräusch dieser Welt; bald die Anfechtungen Satans, bald der Jammer der Menschheit, die Blindheit und das Verderben seiner Brüder; bald das Seufzen der Kreatur, bald und hauptsächlich die Sünde, mit welcher er im Leibe des Todes noch immer zu kämpfen hat, die ihn als sein tägliches Kreuz übt und läutert; – das alles gebiert Sehnsucht nach dem Vollkommenen, das erweckt die Seufzer: »Komm, Herr Jesu!« das ist's, warum der Apostel Herz, Haupt und Hände zum Himmel aufhebt und ruft: »Unser Wandel ist im Himmel!« warum der Psalmist ruft: »Wann werde ich dahin kommen, daß ich Gottes Angesicht schaue?«

So bin ich nun kein Kind der Erden, kein Bürger dieser Eitelkeit! Mein Hiersein soll nicht ewig werden, ich walle eilends durch die Zeit. Mein Vaterland ist in der Höhe, wo mein geliebter Abba thront, und wo ich meinen Heiland sehe, der über Erd und Himmel wohnt!

19. April: Psalm 49,15

Sie liegen bei den Toten wie Schafe, der Tod weidet sie.

Wer keinen Gott, keinen Heiland im Herzen hat, der muß etwas anderes zu seinem Gott machen, der verfällt auf einen oder mehrere Götzen; denn wir sind einmal so, daß wir irgendeinem Gott dienen, irgendeinen Herrn haben müssen. Wer nun Christum nicht hat, der hat Götzen: entweder andere Menschen oder Geld oder seinen Leib in seinen Lüsten oder sich selbst in Hochmut und Ehrgeiz. Von diesen Abgöttern scheidet ihn der Tod, und dann kann man nicht von ihm sagen wie vom Christen, wenn dieser stirbt, er komme näher zu Gott, – sondern er muß von seinem Gott hinweg, hinweg von seinem Schatz, wo sein Herz war, hinweg von allem dem, was seine Seele liebte, – und hinein in eine grauenvolle Ewigkeit, um die er sich nichts bekümmert, die er im Gewühl dieser Welt vergessen, wo er sich nur Schätze des Zorns auf den Tag des Zorns gesammelt hat. Ach, sollte ihm das nicht sein Herz herausreißen? Er soll in die Ewigkeit, in das Unsichtbare, – und sein Herz ist doch in der Welt, im Sichtbaren! Sprich einmal, sorgloser Mensch, wie wäre dir's, wenn du von all deinen Kameraden davon müßtest, um sie nie wieder zu sehen? Oder von Weib und Kind, die du zu Götzen deiner Seele machst? Oder von deinem Geld und Gut, darin du so eifrig und unablässig wirkst, von deinen Kassen und Kästen und allem, was darin ist? Oder von den Vergnügungen und Lustbarkeiten, an welche du gewöhnt bist, von deiner eitlen, vergänglichen Pracht, von deinen schönen Kleidern, die dir so wichtig sind, oder von deinem Handel, von dem deine Seele lebt? Oder von deinen Feldern und Weinbergen, oder von deinem Leibe, den du so hoch hältst? – Ach, hinweg müssen von dem allem und nicht zurückkehren dürfen und nichts in der Ewigkeit haben, was nur den kleinsten Ersatz dafür leistete, ist das nicht schrecklich? Bei gesundem Leib könnte ein Weltmensch sich etwa noch durch einen schnellen Entschluß fassen und sprechen: »Nun denn, wenn ich von allem hinweg muß, so sei es!« – aber nach dem Tod ist das ganz anders; und wenn Jahrhunderte und Jahrtausende hinabgeströmt sind, wird eine solche Seele noch dürsten nach ihrem verlornen Gut, aber sie wird ihren Durst nicht mehr stillen können. Da bleibt nur unerträgliches Heimweh, durchschneidende Seelenpein! Ach, was muß es sein, wenn man keinen Gott mehr hat, kein Labsal, kein Gut, keine Erquickung, keinen Trost, keine Ruhe, keine Freude mehr – nichts als finstere Öde, Leere und Traurigkeit und nagende Sehnsucht nach dem, was man nicht hat und nicht mehr haben kann, von dem man in Ewigkeit geschieden bleibt! Von solchen redet der Psalmist: »Sie liegen bei den Toten wie Schafe; der Tod weidet sie.«

Wie elend müßt ich sterben, wie würde mein Verderben so unvermeidlich sein, wenn auf dem Sterbebette ich keinen Heiland hätte und wäre Jesus nicht auch mein!

Herr, laß mein Sterbebette mir meine Ruhestätte zu deinen Füßen sein! Dein blutiges Versühnen laß mir zum Trostgrund dienen, so geh ich zu dem Leben ein.

20. April: Maleachi 3,2

Wer wird aber den Tag seines Kommens ertragen können, und wer wird bestehen, wenn er erscheint? Denn er ist wie das Feuer eines Schmelzers und wie die Lauge der Wäscher.

Du sprichst: ich habe einen Heiland; ich bekenne, ich ehre, ich liebe ihn. Ist das Wahrheit, dann wohl dir! Allein prüfe dich, untersuche deinen Glauben, ob er göttlicher Art sei. Wehe, wie schlimm wäre es, wenn dein Friede erst noch am Todestag oder am Tag der Auferstehung zusammenbrechen und dich unter seinen Trümmern begraben würde! O wie viele, die den Heiland im Munde führen, betrügen sich auf diese Weise; wie viele läßt ihr selbstgemachtes Christentum zu der Zeit im Stich, wenn ihnen Hilfe nötig ist! Jesus selbst sagt es, daß sich viele betrügen bis an den Tod, ja bis an den jüngsten Tag, wenn er spricht: »Es werden nicht alle, die zu mir sagen: Herr, Herr, in das Himmelreich kommen, sondern die den Willen tun meines Vaters im Himmel. Es werden viele zu mir sagen an jenem Tag: Herr, Herr, haben wir nicht in deinem Namen geweissagt? Haben wir nicht in deinem Namen böse Geister ausgetrieben? Haben wir nicht in deinem Namen viele Wunder getan? Dann werde ich ihnen bekennen: Ich habe euch noch nie gekannt; weicht von mir, ihr Übeltäter!« – Darum untersuche dich, ob du auf dem rechten Grund stehst. Ich sage dies nicht den ängstlichen Seelen, welche an ihrem Glauben zweifeln und gern ganz des Heilands wären, aber noch in zweierlei Bußkämpfen stehen; sondern ich sage es solchen, die zu stehen meinen und doch nicht recht stehen: Mensch, siehe zu, daß nicht dein Glaube und ganzes Christentum am Tag des Todes und des Gerichts im Rauch aufgehe! Bedenke: wenn du dich betrögest, wie schrecklich ständest du dereinst vor dem Richterstuhl des Herrn! Du wähntest ein Urteil des Lebens zu empfangen und empfingest ein Los der Verdammung! Darum:

Wach auf, o Mensch, vom Sündenschlaf! Ermuntre dich, verirrtes Schaf, und bessre bald dein Leben! Wach auf! Es ist jetzt hohe Zeit, es rückt heran die Ewigkeit, dir deinen Lohn zu geben. Vielleicht ist heut der letzte Tag! Wer weiß, wie man noch sterben mag?

21. April: Matthäus 25,32

Und er wird sie voneinander scheiden, wie ein Hirt die Schafe von den Böcken scheidet.

Die zwei Klassen: Gottlose und Kinder Gottes, wandeln nun so untereinander in der Welt; man merkt's ihnen oft weiter nicht so an, wer sie sind; es ist oft äußerlich fast kein Unterschied zu spüren, und der Gottlose führt oft äußerlich das nämliche ehrbare Leben wie der Liebhaber Jesu Christi; der Unterschied ist oft nur innerlich, nur offenbar vor Dem, der die Herzen und Nieren prüft, von welchem es in einem alten Liede heißt:

Wen die Vernunft oft fromm und selig preiset,
den hast du längst aus deinem Buch getan!
Und wem sie dieses Zeugnis nicht erweiset,
den führst du in der Still doch himmelan.

Ja, in dieser Welt kann mancher dem Herzensgrund nach gottlose Mensch noch ehrbarer, werktätiger, im Natürlichen wirksamer und verdienstlicher dastehen als ein Kind Gottes, und unser Auge merkt es nicht, erkennt den Unterschied der Geister nicht.

Aber ein Unterschied wird sein im Tod, nach dem Tod und am Tag der Offenbarung, wenn bei dem einen das köstliche Gold offenbar wird, das er in sich ausschmelzen und ausprägen ließ durch die Hand des göttlichen Schmelzers, und bei dem andern seine Schande, die Schande seiner Blöße. Da wird ein Unterschied sein wie zwischen Licht und Finsternis, zwischen Tag und Nacht, zwischen Himmel und Hölle, zwischen Gott und Satan, – wenn man gleich mit menschlichen Augen hienieden nichts davon entdeckt hat. Da wird erfüllt werden, was der Heiland sagt: » ... werden zwei auf einem Bett liegen; der eine wird angenommen, der andre wird preisgegeben werden. Zwei

Frauen werden miteinander Korn mahlen; die eine wird angenommen, die andere wird preisgegeben werden.« Da wird erfüllt werden, was der Herr bei dem Propheten sagt: »Ihr werdet am Ende doch sehen, was für ein Unterschied ist zwischen dem Gerechten und dem Gottlosen, zwischen dem, der Gott dient, und dem, der ihm nicht dient. Denn siehe, es kommt ein Tag, der brennen soll wie ein Ofen. Da werden alle Verächter und Gottlosen Stroh sein, und der kommende Tag wird sie anzünden, spricht der Herr Zebaoth, und er wird ihnen weder Wurzel noch Zweig lassen. Euch aber, die ihr meinen Namen fürchtet, soll aufgehen die Sonne der Gerechtigkeit und Heil unter ihren Flügeln.« – Da wird ein großer Unterschied sein!

Hier steht der Acker, Unkrauts voll, die Frucht ist kaum zu sehen; allein die Ernt und Scheidung soll zu ihrer Zeit geschehen. Hier ist noch Gut und Bös vermengt; wann aber das Gericht anfängt, dann wird es anders werden.

Mein Heiland, ach bewahre mich samt allen frommen Herzen, daß wir nicht unvorsichtiglich die Gnadenzeit verscherzen! Laß uns zu deiner Rechten stehn und in des Himmels Freuden gehn, wann du wirst kommen. Amen!

22. April: Psalm 37,20

Denn die Gottlosen werden umkommen; und die Feinde des Herrn, wenn sie auch sind wie prächtige Auen, werden sie doch vergehen, wie der Rauch vergeht.

Ein *Gottloser* ist dem eigentlichen Wortsinn nach *los von Gott,* losgetrennt von dem Willen seines Schöpfers, wie z.B. jener verlorne Sohn im Evangelium (Lk 15), der sich von seinem Vater losriß und in ferne Gegenden zog, um nicht bei seinem Vater sein zu müssen, sondern tun zu dürfen, was ihm beliebte. Ein Gottloser ist, der nicht nach dem Willen Gottes, sondern nach seinem eigenen Willen und Gutdünken sein Leben einrichtet und seine eigenen Wege gehen will und die Bestrafungen seines Gewissens darüber vergißt, verachtet und unterdrückt. – Dem engern Sinn nach aber ist derjenige ein Gottloser, *der Jesum nicht kennt und liebt,* wie Johannes sagt: »Wer aber dem Sohn nicht gehorsam ist, der wird das Leben nicht sehen.« – Wer den Heiland nicht sucht und kennt, wer nicht mit ihm zu inniger Gemeinschaft verbunden ist, wie will diesem der Vater offenbar werden, wie will dieser nach dem Willen des himmlischen Vaters leben? – Da kann es nun freilich recht tugendhafte Leute geben, Leute, die sich wenigstens so vorkommen, die wenigstens dem Worte Gottes gehorchen wollen, soweit es ihnen bequem und anständig ist: daß sie aber ein Eigentum des Sohnes würden, das wollen sie nicht, und in diesem Nichtwollen sind sie gottlos. Ein Gottloser muß wohl auch manchmal die göttliche Stimme, die Regungen des Geistes empfinden, daß er denkt: es geht nicht auf diese Weise, sonst kommst du in die Hölle; du mußt anders werden, wenn du nicht verdammt werden willst; der Heiland muß dein Herz bekommen, denn er ist's wert, daß du dich ihm ganz ergibst. – Wenn er aber nicht folgt, sondern wieder im Leichtsinn und Unglauben fortlebt, so bleibt er ein Gottloser, dem Wesen nach ein Atheist, denn er hat den wahren, lebendigen Gott nicht.

Ein *Kind Gottes* ist dagegen derjenige, der den Heiland lebendig kennt, der durch den Glauben Gemeinschaft mit ihm hat und ihm, dem guten Hirten, nachfolgt; der es weiß und am Herzen erfahren hat, daß er mit dem Blut des Lammes erkauft ist; der da weiß und bekennt, was Paulus sagt: » ..., wenn einer für alle gestorben ist, so sind sie alle gestorben. Und er ist darum für alle gestorben, damit, die da leben, hinfort nicht sich selbst leben, sondern dem, der für sie gestorben und auferstanden ist.«

Wenn dieses tief und fest in den Herzensgrund eingedrückt ist, daß seine Seele am Heiland hängt und ihn über alles liebt und achtet, der ist kein Gottloser mehr, sondern ein Kind Gottes.

Nun, mein Erbarmer, du wirst wissen, wie viel mir noch hieran gebricht; mein Aug ist noch in Finsternissen, ich Armer kenne mich noch nicht. Doch ist ein inniges Verlangen in mir durch deinen Geist erweckt, o Herr, dir einzig anzuhangen, bis meinen Leib die Erde deckt.

23. April: 2. Korinther 5,10

Denn wir müssen alle offenbar werden vor dem Richterstuhl Christi, damit jeder seinen Lohn empfange für das, was er getan hat bei Lebzeiten, es sei gut oder böse.

Offenbar werden, offenbar vor dem Richter Jesus Christus, – o ein Donnerwort! Wer vermag ihn zu ergründen, den ganzen Schrecken dieses Worts? Sollte nicht einem jeglichen Sünder das Herz im Leibe zittern, wenn er das Wort hört: »Wir müssen offenbar werden!« Mit andern Worten: dein Innerstes, deine geheimste Finsternis, dein Verborgenstes, der ganze Rat deines Herzens muß an's Licht kommen; deine Gedanken und Phantasien, die kein Mensch weiß, müssen herausgestellt und kund werden vor aller Kreatur am Tag des Gerichts! Die Sünde aber hat etwas, das sich vor dem Offenbarwerden scheut; sie zieht sich gern in die Verborgenheit, in die dunkelsten Kammern des Herzens zurück; denn sie weiß wohl, sie hat sich zu schämen und zu fürchten. Darum sagt der Heiland auch: »Wer Böses tut, der haßt das Licht und kommt nicht zu dem Licht, damit seine Werke nicht aufgedeckt werden.« Aber er hat einen Tag gesetzt, wo er alle Sünde und Lüge an's Licht ziehen wird. Mein Gott! Welch ein Tag! Wenn ein Nebel, ein Schein, ein Hinterhalt, ein Bollwerk nach dem andern fallen, und das Sein, der Kern, das ganze Tun und Lassen, der eigentliche Wille, die innerste Seelengestalt – entweder nach dem Bild Christi oder nach dem Bild der Schlange wird offenbar werden! Ach was wird das sein! – Wer glaubt es aber, Herr, daß du so sehr zürnest, und wer fürchtet sich vor deinem Grimm? – Offenbar müssen wir werden. Fasset es doch, schreibet es tief in euer Herz, und fahret nicht mehr leichtfertig dahin, verberget euch vor dem Licht nicht mehr; denn *auch wir* müssen offenbar werden, und das nicht nur vor Gott und dem Lamm, nicht nur vor den Engeln, nein, sondern auch vor deinem nächsten Nachbar, der dich für einen ehrlichen Mann, für ein ehrliches Weib gehalten hat; – vor diesem und vor aller Menschen Augen wirst du offenbar werden. Wie bitter ist es, wenn man auf dieser Welt in einer Schande entdeckt und solche bekannt gemacht wird! Aber was wird alle irdische Schande gegen die ewige Schmach des Heuchlers sein! – Aufschließen wird sich der Kerker seines Herzens; der Herr Jesus wird vor ihm stehen mit seinen feuerflammenden Augen, und er wird auch vor ihm stehen, ganz wie er ist, um kein Haar besser; sein ganzes Innere muß heraus vor ihm, und wenn er sich krümmte wie ein Wurm, der sich in der Sonne krümmt.

Wo wird man sich verstecken? Was will die Blöße dekken? Wer schminkt sich da geschwind? Wie kann die Lüge schützen? Was wird ein Weltruhm nützen? Da sind wir alle, wie wir sind!

Herr, diese Offenbarung drück du mir zur Bewahrung beständig in den Sinn, daß ich auf das nur sehe, ich gehe oder stehe, wie ich vor *deinen Augen bin!*

24. April: Jeremia 31,31–33

Siehe, es kommt die Zeit, spricht der Herr, da will ich mit dem Hause Israel und mit dem Hause Juda einen neuen Bund schließen, nicht wie der Bund gewesen ist, den ich mit ihren Vätern schloß, als ich sie bei der Hand nahm, um sie aus Ägyptenland zu führen, ein Bund, den sie nicht gehalten haben, ob ich gleich ihr Herr war, spricht der Herr, sondern das soll der Bund sein, den ich mit dem Hause Israel schließen will nach dieser Zeit, spricht der Herr: Ich will mein Gesetz in ihr Herz geben und in ihren Sinn schreiben, und sie sollen mein Volk sein, und ich will ihr Gott sein.

Über fünfzehnhundert Jahre lang war Israel unter das Gesetz verschlossen. Da erschien die angenehme, heißersehnte Stunde, daß der Morgenstern aufging und Gott seinen Sohn sandte, geboren von einem Weibe und unter das Gesetz getan, auf daß er die, so unter dem Gesetz waren, erlösete und wir die Kindschaft empfingen. Nun kam die Haushaltung des Evangeliums, der Heiland, als der von Anfang verheißene Wiederbringer der Sünderwelt, die Haushaltung der Gnade; denn der Grund des Evangeliums ist Gnade, Wahrheit und Liebe, und Gnade, Wahrheit und Liebe hört nimmer auf. Diese Heilsanstalt, um welcher willen der erste Bund gemacht war, und in welche wir hereingeboren sind, die uns angeboten ist, bleibt stehen. Es ist uns vergönnt, unsere Tage im Glanz eines ewigen Tages zuzubringen.

Freilich wird sich an dieser Haushaltung noch manches ändern: sie wird herrlicher werden, sie wird schöner und klarer hervorbrechen. Wie ganz anders als jetzt wird es sein in dem tausendjährigen Sabbat, den der Herr seiner

Kirche noch vorbehalten hat! Wie ganz anders, wenn erscheinen wird, der da spricht: »Siehe, ich mache alles neu!« Wenn diese elementarische Erde wird vom Feuer verzehrt, und ein neuer Himmel, eine neue Erde, ein Neu-Jerusalem entstanden sein, von keiner Sünde mehr entweiht, wo kein Leid, kein Geschrei, keine Trübsal mehr ist, wo verstummt das Geschrei der Dränger meines Volks, wo nicht mehr gesehen werden die Tränen derer, so Unrecht leiden und keinen Tröster haben, weil die zu mächtig sind, die ihnen Unrecht tun; wo Gerechtigkeit und großer Friede wohnt wie Meereswellen. Wie ganz anders wird es sein, wenn Jesus Christus, den diese Welt nicht kennt noch achtet, weil sie ihn nicht sieht, nun wird offenbar sein in seinem Reich, und alle Kinder Gottes als Könige und Priester mit ihm! Ja, dann wird es ganz anders sein.

Aber wenn gleich sich manches an der Haushaltung des neuen Bundes ändern und herrlicher werden wird, so wird sich doch *der Grund* nicht ändern, sondern bleiben. Jesus Christus hat ein Reich gegründet, darin er König bleibt von Ewigkeit zu Ewigkeit. Der Vater hat ihn eingesetzt auf seinem heiligen Berg; er hat zu ihm gesprochen: »Bitte mich, so will ich dir Völker zum Erbe geben und der Welt Enden zum Eigentum.« Das spricht der Vater zu ihm, und diese Worte werden bleiben. Wer will ihm, dem Sohn Gottes, sein Erbteil nehmen? Wer will ihn stoßen vom Thron seiner Majestät? Er wird herrschen mitten unter seinen Feinden, und wenn alles vollendet und die gefallene Kreatur wiedergebracht ist, dann wird er noch, wie gestern und heute, so in Ewigkeit derselbe sein, das A und das O, der Anfang und das Ende, der Erste und der Letzte, der Allmächtige!

Einer bleibt König, wenn *alles* erlieget; *einer* wird leben, wenn alles erstirbt: Jesus der Starke, der alles besieget, der uns das Erbteil der Himmel erwirbt. Alles mag brechen, zerfallen, zerstäuben: Jesu Erbarmung wird ewig doch bleiben.

25. April: 1. Korinther 1,21

Denn weil die Welt, umgeben von der Weisheit Gottes, Gott durch ihre Weisheit nicht erkannte, gefiel es Gott wohl, durch die Torheit der Predigt selig zu machen, die daran glauben.

Blickt man hinein in die Weisheit und Wissenschaft der Welt und durchläuft, was die Weltweisen ohne das Licht der heiligen Schrift erfunden haben, ach wieviel trifft man da Dämmerlicht, wie viel Dunkelheit, ja oft dicke Finsternis; der eine behauptet das, der andere etwas anderes, und zuletzt behauptet jeder etwas Falsches. Am besten und am gründlichsten hat sich darüber ein alter heidnischer Weltweiser geäußert: das Ende seiner langen Forschungen sei das, daß er nun wisse, daß er nichts wisse. Dieser Heide ist weiter gekommen als manche, die sich klug dünken unter den Christen. Daß wir nichts wissen in göttlichen Dingen, das wird jedem klar werden, der sich dazu bequemt, die Wahrheit zu suchen und sich zu einer ernstlichen und ganzen Bekehrung anzuschicken; er wird Ja und Amen sagen zu dem Liedervers: »Was ist blinder als ein Sünder?« Ja, was ist blinder? Ich weiß nichts Blinderes. Und doch will er sehen; doch will er klug sein; doch will er wissen, was zu seinem Seelenheil dient, ehe er es gelernt hat von Dem, der das Licht der Welt ist; bald geht er zu weit rechts, bald zu weit links; bald ist er zu weit oben, bald zu weit unten; und wenn er seine Torheit in zehn Fällen eingesehen hat, so handelt er im elften Fall doch wieder nach seiner eigenen Weisheit, statt, da ihm Weisheit mangelt, sie sich zu erbitten von Dem, der selbst die Weisheit ist. Es ist eine erstaunlich tiefe, fast unzerstörbare Wurzel des Vernunftstolzes im Herzen; es kostet den Geist der Wahrheit erstaunlich viel Mühe und Geduld, bis ein Sünder nur das erkennt, daß er selber nichts weiß, was doch Wahrheit ist, und daß er sich den rechten Weg erst zeigen und sich führen lassen muß, wie ein Kind in Einfalt und Unschuld sich führen und gängeln läßt von seinem Vater.

Herr, habe acht auf mich, die Schlange mühet sich, mit ihren Tücken ein Herz, das du befreit, von der Einfältigkeit bald zu berücken.

26. April: 2. Korinther 3,6–8

Denn der Buchstabe tötet, aber der Geist macht lebendig. Wenn aber schon das Amt, das den Tod bringt und das mit Buchstaben in Stein gehauen war, Herrlichkeit hatte, so daß die Israeliten das Angesicht des Mose nicht ansehen konnten wegen der Herrlichkeit auf seinem Angesicht, die doch aufhörte, wie sollte nicht viel mehr das Amt, das den Geist gibt, Herrlichkeit haben?

Der Apostel deutet hier auf die Art, wie das Gesetz gegeben wurde. Gott der Herr schrieb das Gesetz, nämlich die zehn Gebote, auf zwei steinerne Tafeln, – ein wahres Bild von der Art und Weise, wie das Gesetz auf die Menschenherzen wirkt. Es ist etwas Göttliches, eine göttliche Beurkundung im Gesetz, wie dies die Schrift ausdrückt, daß es mit dem Finger Gottes geschrieben sei. Der Mensch, der es hört, muß ihm Beifall geben; denn daß da gesagt ist: du sollst Vater und Mutter ehren, du sollst nicht töten, nicht ehebrechen, nicht stehlen, nicht lügen usf., das ist so, daß kein Mensch widersprechen kann, daß auch der roheste Weltmensch Ja und Amen dazu sagen muß; – Gott hat es ihm in sein Herz und Gewissen geschrieben. – Wie geht es aber mit der Kraft des Gesetzes? Was wirkt es im Menschen? Kann es ihn umändern, kann es, wenn es in sein Herz gedrückt wird, eine Erneuerung und Verwandlung darin hervorbringen? Nimmermehr, dazu ist das Gesetz durchaus unvermögend, und das Herz bleibt nach wie vor steinern, auch wenn die Gebote hineingeschrieben sind. Ach, es haben's schon manche versucht, durch beständiges Vorhalten des Gesetzes, durch stetes Predigen, wie der Mensch sein müsse, sich selbst und andere zu ändern: aber sie sind mit Schanden abgezogen; die meisten blieben wie sie waren, – blind und tot, andere gerieten in Verzweiflung. So sagt Luther von sich und seinem Zustand, da ihm die Kraftlosigkeit des Gesetzes und die Gotteskraft des Evangeliums noch nicht offenbar war:

Die Angst mich zum Verzweifeln trieb, daß nichts denn sterben bei mir blieb, zur Hölle mußt ich sinken.

Könnte das Gesetz Kraft und Leben mitteilen, so wäre das Evangelium von der Liebe Gottes in Christo Jesu nicht nötig gewesen: aber es kann den Menschen nicht ändern und bekehren; nur aufschrecken kann es ihn durch Vorhaltung der unverbrüchlichen Heiligkeit Gotttes, in Not und Jammer bringen und in die äußerste Verzweiflung treiben; es hat keine belebende, sondern tötende, Leben nehmende Kraft.

Der Buchstabe, das ist: das Gesetz, gibt keine Kraft; der Geist aber, nämlich das Evangelium Christi, macht lebendig, kräftig und willig. Wenn man einem Heiden, der noch nie etwas von dem Heiland vernommen hat, predigt: siehe, lieber Mensch, dein Schöpfer, der alles, was du siehest, Himmel und Erde, Berge und Täler, Flüsse und Seen und dich selbst gemacht hat, – siehe, dieser ist um deinetwillen auf die Erde gekommen, hat in großer Armut gelebt, hat für dich und nur aus Liebe zu dir so viele Schmerzen erlitten bis zum Tod, ja bis zum Tod am Kreuz, damit er dich selig mache von deinen Sünden und von den Strafen des gerechten Gerichts Gottes: – sollte das ihn nicht durchdringen, ihm nicht den innersten Grund seiner Seele enthüllen? Muß es sich da nicht bald zeigen, wes Geistes Kind er ist, ob er ein Kind des Teufels sein und bleiben, und also die große Liebe seines Gottes verachten und mit Füßen von sich stoßen; oder aber, ob er ein Kind Gottes werden und sich durch die Liebe, die ihn zuerst geliebt hat, will beseligen lassen?

Was dem Gesetz unmöglich war zu geben, das bringt nun deine Gnade selbst herfür. Sie wirket Lust zur Heiligkeit in mir, und ändert nach und nach mein ganzes Leben, indem sie mich aus Kraft in Kräfte führt und mit Geduld und Langmut mich regiert.

27. April: Lukas 18,10

Es gingen zwei Menschen hinauf in den Tempel, um zu beten, der eine ein Pharisäer, der andere ein Zöllner.

Beten heißt mit Gott reden, mit Gott dem Allwissenden, der Herzen und Nieren kennt, der die innersten Gedanken meines Herzens kennt, vor dem ich bin wie ich bin, vor dem mich anders darstellen, als ich bin, als ich mich fühle, als mir mein Geist selber Zeugnis gibt, – mir nichts helfen, sondern nur meine Schuld vergrößern würde. Der Pharisäer und der Zöllner haben gebetet; haben sie sich auch so hingestellt vor Gott, wie sie waren? Der Zöllner – ja; der Pharisäer nicht ganz. Zwar wenn nur ein Teil unserer Christen so aufrichtig wäre wie er, es würde anders mit uns aussehen, unser böses Herz würde sich offenbaren, wir würden es dann mit Händen greifen können, daß wir nicht so sind, wie wir sein sollten. Man ist gewöhnlich nicht so aufrichtig gegen Gott. Das eine Mal will man nicht so schlecht sein, das andere Mal *nicht so brav, als man sich fühlt,* das letztere eben deswegen nicht, weil man das Gleichnis von dem Pharisäer und Zöllner kennt. – Auch das wäre noch nicht das Fehlerhafte an dem Gebet des Pharisäers gewesen, daß er Gott für das Gute dankte, das er an sich sah. Warum sollte denn ein Mensch, der die Kraft der Gnade an sich erfahren, den der Herr aus dem Tod der Sünde und der Eitelkeit herausgerissen, ihm nicht dafür innigst danken wollen und danken dürfen? Das ist ja höchste Pflicht. Nein, was das Gebet des Pharisäers zur Sünde machte, das war die Selbstgerechtigkeit und Verachtung anderer (V. 9), in der er gefangen war. Diese Selbstgerechtigkeit aber ist viel tiefer in unsern Herzen gewurzelt, als man gewöhnlich weiß. Man kann alles aufgegeben, um Christi willen alles verleugnet haben, man kann alle seine Habe den Armen geben um Christi willen, und doch ist im Hintergrund des Herzens noch ein Pharisäer, der sich in diesen Dingen spiegelt und wohlgefällt, und dieser Pharisäer verhindert die wahre Bekehrung, das wahre kindliche Zunahen zum Gnadenthron Gottes, dieser tritt zwischen Gott und dich hinein und läßt dich die Kraft des Todes Christi nicht schmecken, dich zu keiner Gewißheit der Vergebung deiner Sünden kommen. O lasset uns den Herrn bitten, daß er uns vom Pharisäertum losmache!

Wie bin ich dir so fremd! Wie bin ich dir so fern! Die Sünde trennet uns; mein Heiland, ach wie gern wär ich einst ganz erlöst von aller Eigenheit, um nur zu leben dir in Zeit und Ewigkeit!

Ich bin mir selbst zur Last, ich mag mich nicht ansehn; wann werd ich, Herr, in dich im Glauben übergehn? Du helles Lebenslicht, geh kräftig auf in mir, daß meine Finsternis verschlungen werd in dir!

Ach wann wird's doch geschehn, daß ich in reiner Liebe zu dir, Allwürdiger, durch deines Geistes Triebe, mich selbst und was ich kann und habe, ganz in dir, o meines Wesens Ziel, einst seliglich verlier.

28. April: Psalm 63,2

Gott, du bist mein Gott, den ich suche. Es dürstet meine Seele nach dir, ...

Mit was gehst du hauptsächlich in Gedanken um? Mit den Sorgen der Nahrung, mit der Eitelkeit des Lebens, mit dem Reichwerden oder mit dir selbst, wie du angesehen, tugendhaft oder gar fromm seiest? Was beschäftigt dich? Womit stehst du auf? Womit gehst du zu Bett? Nun, du wirst wohl Morgen- und Abendsegen lesen und könntest sagen: ich denke an Gott, aber was fällt dir unter dem Gebet ein? Was denkst du nachher? Was vorher? Wie verrichtest du deinen äußeren Beruf? Ist deine ganze Seele dabei, oder hast du vielleicht auch noch ein Plätzchen für Gott? Was ist der tiefste, der innerste, der immer wiederkehrende Gedanke der Seele? Ach glaube doch keines, es liebe Gott, wenn es nicht *immer in Gedanken mit ihm umgeht*, mit ihm arbeitet, mit ihm ißt. Denn wie ein Mensch in der Fremde sehnsüchtig an die Heimat denkt, so sollen wir in Gedanken mit unserem Schöpfer, Erlöser und Tröster umgehen. »Allenthalben geht der Sinn der Gläubigen auf Jesum hin.« Und je mehr eine Seele durch das beständige Seufzen des tiefsten Seelengrundes zu Gott dann aus Seiner Fülle nimmt, desto größer wird das *Verlangen nach ihm,* desto mehr hungert und dürstet sie nach ihm. O das ist ein Durst nach Gott, den kein zeitliches Gut ausfüllen kann; man biete einem Christen an, was man will, er will eben Gott, er will eben seinen Jesum, er ist so gewöhnt an ihn, daß er keine Stunde seiner Nähe, seines Umgangs entbehren kann. Und es ist eine große Seligkeit, wo nur einmal ein solches brünstiges Verlangen nach Gott in einer Seele angefacht ist. Man läßt die Menschen neben sich und um sich herum verlangen nach was sie wollen, eine Seele, die Jesum erkannt hat, die Gott erkannt hat, sagt: ich für meinen Teil muß Gott haben, meinen Jesum laß ich nicht, er ist meines Lebens Licht, ich will mich an ihn hängen, bis ich ihn ganz habe, bis er sich mir ganz zu genießen gibt, bis er mich ganz sättigt. Ist das bei dir, lieber Mensch, oder erfüllt noch ein anderes Verlangen dein Herz, als das Verlangen nach dem lebendigen Gott?

Jehova! Wann wirst du und nicht ich in mir leben? Nimm hin! Ich bin vor dir, ich will mich dir ergeben. Wann wird die Eigenheit einst ganz ertötet sein? Wann wird die Liebe sein in deiner Liebe rein!

Ach ja, mein Gott, in dir verlieren alles Eigen! Laß, was du selbst nicht bist, in mir vergehn und schweigen! Ach alles ist gar nichts, du bist es ganz allein! Wann wirst du auch in mir auf ewig alles sein?

O, daß ich möchte gar aus meinem Aug verschwinden, und dich allein in mir, du höchstes Wesen, finden! Ich hab schon allzuviel durch Sünd entehret dich; verklär dich wiederum in mir nun ewiglich!

29. April: Römer 12,2

Und stellt euch nicht dieser Welt gleich, ...

Wie mancher steht in dem elenden Wahn, er erfülle dies Gebot Gottes, weil er sich zu denen halte, von welchen er glaubt, daß sie wahre Glieder Christi seien, weil er mit dem törichten, unsinnigen Wesen dieser Welt nicht mehr fortlaufe, sondern mitsinge, mitbete. Aber das macht's noch nicht. Da könnte er lange dahin oder dorthin laufen und Christum da oder dort suchen. Wenn das sein ganzes Christentum ist, so wird's ihn nichts nützen. Auf die Grundgedanken kommt es an. Sehet, in jedem weltlich gesinnten Menschen steht sein Ich oben an; um dieses sein Ich drehet sich ihm alles herum, es ist gleichsam der Mittelpunkt der ganzen Welt, und daraus entspringt dann die Eigenliebe, der Eigensinn und anderes mehr. Und dergleichen Dinge können oft solche noch an sich haben und in sich tragen, die schon zu einigem Leben aus Gott gekommen sind. Darüber also untersuche dich, ob du nicht darin auch noch der Welt gleichstehst. Bist du nicht auch noch verliebt in dich selbst? In deine Sachen und Anschläge, und sehr schwer davon abzubringen? Ich will ein Beispiel anführen. Du bist ein Dienstbote, ein Untergebener. Ich weiß, wenn man dient, muß man häufig seinen Willen brechen, es gibt allerhand Übungen, nun sieh zu, wie du darin bestehst! Wie wenn du etwas getan hast und nach deiner Art und hast es nach bestem Wissen und Gewissen getan, und es ist denen, welchen du dienst, erst nicht recht, sie setzen dies und das daran aus, sie verwerfen es, was regt sich da in dir? Sieh, was sich da in dir regt, das ist nicht von Gott, sondern von der Welt. Oder du hast eine gläubige Herrschaft, nun bist du nachlässiger als gegen eine rohe, unchristliche Herrschaft, du meinst sogar, du dürfest der Herrschaft den Gehorsam, die Achtung nicht beweisen, weil sie ja mit dir denselben Weg gehen, weil der Herr oder die Frau ein Bruder oder eine Schwester ist, du willst also aus dem Umstand, daß dir der Herr einen christlichen Vorgesetzten geschenkt hat, Vorteil für den alten Menschen ziehen. Sieh, das heißt sich der Welt gleichstellen (1. Tim 6,1.2). Und wieviel Beispiele könnten noch von Dingen angeführt werden, in denen es Kinder Gottes wohl seiner, aber in Wahrheit nicht anders machen, als die Welt.

Herr, ich bin dein und will es ewig sein. Ach zeuch mich ganz hinein, daß ich nicht wanke! Wann kommt die Zeit, daß ich dir, ganz geweiht, zum heilgen Schmuck bereit, als Sieger danke?

Doch deine Gnad, die angefangen hat, wird auch nach deinem Rat das Werk vollenden. Ich traue dir; ach stärk den Glauben mir! Ich laß mich für und für nur deinen Händen.

Mein einzges Gut, in dem mein Sehnen ruht! Du machst mich wohlgemut in deiner Liebe; o hauche dann den Funken stärker an, daß ich dich lieben kann, mit mächtgem Triebe!

30. April: Hebräer 11,16

..., denn er [ihr Gott] hat ihnen eine Stadt gebaut.

Man braucht nicht in der Eitelkeit dieser Welt unterzugehen, es ist nicht nötig, sein armes Herz an diese Welt zu hängen und zu tun, wie wenn man hier zuhause wäre, es ist nicht nötig, sich mit Trebern zu sättigen, die die Säue fressen, nein es ist etwas Besseres aufgehoben für uns, es ist eine Freiheit bereitet, eine Ruhe vorhanden für das Volk Gottes, wir können Bürger seiner Stadt werden schon hienieden, und als Bürger jener Stadt hindurchschreiten durch das Jammertal. Dies ist der Zweck der Gnadenanstalt Gottes in Christo Jesu, darum ist der Heiland in diese

Welt gekommen und hat sein Pilgerleben auf Erden geführt, aller Mühseligkeit dieser armen Welt unterworfen, auf daß wir arme Leute einen Trost haben könnten, auf daß er uns ein Recht erwürbe an jene Stadt, auf daß er durch sein teures Blut ein Lösegeld bezahlte für unsere Seelen, und erlösete von der gegenwärtigen argen Welt und uns den Weg, den neuen lebendigen Weg eröffnete zum himmlischen Vaterland. Darum ist er hingegangen zum Vater, daß er uns eine Stätte bereitete, auf daß wir sein können, wo er ist. Vater, ich will – so sagt er in seinem hohepriesterlichen Gebet – daß, wo ich bin, auch die bei mir seien, die du mir gegeben hast, – d.h. ich will, daß, die du mir gegeben hast, ein Recht haben sollen zu der Freiheit jener Stadt, daß sie nicht Knechte des Todes bleiben, der uns allenthalben auf dieser Welt und in der Ewigkeit entgegentritt, sondern daß sie hindurchdringen zur ewigen Freiheit. Und dessen kann man ja auch gewiß werden. Was hülfe mir der ganze Gnadenrat Gottes, wenn ich nicht gewiß wüßte, daß er mich angeht? Aber man kann eine Gewißheit seines Rechts an jene Stadt erlangen. In uns selber liegt sie nicht, in uns selber liegt nur Ungewißheit und Verzweiflung; wenn wir, die wir Sünder sind, in uns selber die Gewißheit suchen müßten, so würden wir sie in Ewigkeit nicht finden, denn ein jeder Fehler, eine jede Verschuldung – und wie viele kommen deren jeden Tag vor – würde uns unsern ganzen Grund wieder umstoßen und uns auf's Neue der Verzweiflung preisgeben. Aber darum ist der Morgenstern aufgegangen, darum ist das unschuldige Blut des Lammes vom Kreuzesstamm auf die Erde geflossen, damit der große Widerspruch zwischen Sünde und Seligkeit könnte gehoben werden und ein Sünder, wie wir, hinstehen könnte und sagen: dem Recht nach gehöre ich in die unterste Hölle, aber ich habe durch Christum ein Recht an jene Stadt.

Herr, bin ich selig, so laß es mich wissen, schreib es lebendig mir tief in den Sinn! Lehre mich willig Eitelkeit missen! Glaubensgehorsam nur sei mein Gewinn, daß ich nach Klagen freudig kann sagen: Seht! Aus der Schar der verlorenen Sünder schafft der Allselige selige Kinder!

Gönne von ferne nur einige Blicke mir, der im Glauben mit dir sich vertraut, bis ich die Seele zum Himmel dir schicke, wo sie von Antlitz zu Antlitz dich schaut; wo mir dein Lieben nichts kann betrüben, wo mit versöhntem und reinem Gewissen ich deine Ruhe kann ewig genießen!

1. Mai: Matthäus 18,14

So ist's auch nicht der Wille bei eurem Vater im Himmel, daß auch nur eines von diesen Kleinen verloren werde.

Der Herr, der die Liebe ist, sieht auf's einzelne, auf jeden insbesondere; er hat sein ewiges Absehen auf dich und mich, auf uns alle, er habe uns nun in diesen oder jenen Stand, in diese oder jene äußeren Verhältnisse hereingesetzt. Es ist keine Seele unter uns, an welche er nicht schon von Ewigkeit gedacht, welche er nicht schon von Ewigkeit in den großen Weltplan hineingerechnet hätte, auf die er nicht mit Wohlgefallen oder wenigstens mit Mitleiden und Barmherzigkeit herabblickte, deren er sich nicht annähme; vor ihm ist keines seiner Geschöpfe vergessen; »Deine Augen sahen mich, als ich noch nicht bereitet war, und alle Tage waren in dein Buch geschrieben, die noch werden sollten und von denen keiner da war« (Psalm 139). Es ist keine Seele, welcher er nicht sein heiliges, göttliches Bild eingeprägt und eingesenkt hätte, und jegliche hat er zu einer unendlichen Seligkeit bestimmt.

Es hat ja dieses unsrer Seele der treue Schöpfer eingesenkt: Daß sie in dieser Leibeshöhle nach was Unendlichem sich lenkt; sie sucht und wünschet immerzu, und findet nirgends ihre Ruh.

Und so ist es mit jeder Seele wieder insbesondere.

Und als wir das Bild Gottes verloren hatten durch Adams und durch unsere eigene Schuld, als jede Seele für sich gefallen, für sich sündig geworden war, als jede Seele unter die Obrigkeit der Finsternis geriet: da hat er für alle und für jeden einzelnen den Sohn in die Welt gesandt. »Denn der Menschen Sohn« – sagt der Heiland im heutigen Evangelium – »ist gekommen, zu suchen und selig zu machen, was verloren ist,« und es ist vor eurem Vater im Himmel nicht der Wille, daß jemand von diesen Kleinen verlorengehe. – Wenn man die Welt oberflächlich ansieht, so könnte man denken, der Herr lasse die Menschen gehen wie Fische im Meer, er bekümmere sich fast nicht um sie, wenig um das Ganze, nichts um das einzelne; wer aber in die innere Welt, die in jedem Menschen ist, hineinsehen könnte, der würde sehen, mit welcher Treue der Herr dem einzelnen, dem verlornen, dem kleinen, um das sich kein Mensch bekümmert, nachgeht und nachgegangen ist; ja der große Tag der Offenbarung alles Fleisches wird einst auch das, was in diesen innern Welten, vor aller Menschen Augen verborgen, vorgegangen ist, an's Licht bringen, und insofern zum Preise der unendlichen Treue Gottes alle seine Heiligen erwecken; bis dahin müssen wir es *glauben,* was der Heiland gesagt hat, wie es der Wille des himmlischen Vaters ist, daß keines, auch nicht ein einziges von diesen Kleinen, von diesen Verirrten, von diesen Verlornen, von diesen Elenden und Verdorbenen, von diesen, um die kein Mensch sich bekümmert, verloren gehe, sondern daß des Menschen Sohn sich in diese Welt hereingegeben habe, um zu suchen und selig zu machen, was verloren ist.

O wie hast du meine Seel stets gesucht zu dir zu ziehn! Daß ich nicht das Heil verfehle, soll ich zu den Wunden fliehn, die mich ausgesühnet haben und mir Kraft zum Leben gaben. Tausend, tausendmal sei dir, großer König, Dank dafür.

2. Mai: Philipper 3,19

Ihr Ende ist die Verdammnis, ihr Gott ist der Bauch, und ihre Ehre ist in ihrer Schande; sie sind irdisch gesinnt.

Ich will dir die Leute beschreiben, über die der Apostel als über Feinde des Kreuzes Christi weint, du wirst finden, daß du vielleicht nicht einmal das bist, was sie sind. Das waren Juden, die sich zu Christo bekehrt hatten, die aber noch das Gesetz Mosis wollten beibehalten haben und wollten als Juden angesehen sein. Die Juden nämlich hatten Freiheiten von dem Kaiser, die Christen nicht; wenn's zu einer Verfolgung kam, so griff man nach den Christen, nicht nach den Juden; nun lehrten diese Juden, man könne ja das Gesetz noch beibehalten und es mit dem Christentum vereinigen, so werde man den Vorwürfen der Sektiererei und eben damit der Verfolgung entgehen. Der Apostel nach seiner Weisheit sah aber auf den Grund dieser Lehre und sagte mit Tränen: sie sind Feinde des Kreuzes Christi, sie wollen sich um Christi willen nichts gefallen lassen, der Bauch, das bequeme weltförmige Leben gefällt ihnen besser, als die Schmach Christi. Nun darnach prüfe dich, es kommt ja alles darauf an. Und hat es je eine Zeit gegeben, wo man dem Gott, der Bauch heißt, gefröhnt hat, so ist's unsere Zeit. Man hat's weit getrieben mit den Gesetzen der Artigkeit, der Höflichkeit, des Anstands, man hat erfunden, ein gutes Leben zu führen ohne Christum und ohne die Schmach Christi, man weiß sich recht artig durchzuschlagen, gilt überall für den honnettesten, ehrlichsten Menschen, ist in den Augen der Menschen ein Tugendbild, und in dem Herzen ein Götzendiener des Bauchs, und in den Augen Gottes ein Greuel. Denn bei all dem Betonen des äußern Anstands, der bessern Gesittung, der Kultur ist doch kein Zeitalter, das gröber in das fleischliche Wesen hinein versunken wäre, als dieses unser Zeitalter. Da soll man ja den Hurern und Ehebrechern, den Geizigen und Abgöttischen, den Verleumdern und Gottesverächtern nicht zu nahe treten, man soll ja ihre Sünden nicht beim rechten Namen nennen, noch seinen Namen für diese Laster gebrauchen, mit ihnen umgehen wie mit schallosen Eiern, und doch sind sie vorhanden, daß sie gen Himmel schreien und die Strafgerechtigkeit Gottes herausfordern. Und darum wenden sie ihr Ohr von der Wahrheit des Kreuzes Christi und kehren sich zu den Fabeln.

Der am Kreuz ist meine Liebe und sonst nichts in dieser Welt! O daß er's doch ewig bliebe, der mir jetzt so wohl gefällt! Nun, mein Herz soll immerfort fest bestehn auf diesem Wort, sei es heiter oder trübe: der am Kreuz ist meine Liebe!

Zwar ist es mir unverborgen, was die Lieb oft nach sich zieht: Schmach, Verfolgung, Not und Sorgen, Kreuz und Armut bringt sie mit; ja, wenn er, mein Heiland, will, ist kein bittrer Tod zuviel. Doch es komme noch so trübe: der am Kreuz ist meine Liebe!

Lieber wähl ich solche Plage und der Liebe arm Gewand, als ohn ihn die letzten Tage und der Ehre eitlen Tand. Heißt mich immer wunderlich, spotte man auch über mich, daß ich, was er haßt, nicht übe: der am Kreuz ist meine Liebe!

3. Mai: Matthäus 24,12

Und weil die Ungerechtigkeit überhand nehmen wird, wird die Liebe in vielen erkalten.

Jeder einzelne Mensch hat einen unbeschreiblich hohen Wert. In jedem Menschen sind göttliche Kräfte und Anlagen; jeder hat einen Funken des ewigen Lebens in sich; die Natur eines jeden weist auf eine ewige Bestimmung hin; in jedem Menschen ist eine kleine Welt, und was er in dieser Welt lebt, das hat seine Beziehung auf die Ewigkeit, eine ewige Bedeutung. Wenn ein Mensch aus diesem Leben hinausstirbt, so ist es, wie wenn die ganze Welt ihm stürbe; und wenn ein Mensch in diese Welt hereingeboren wird, so wird ihm, daß ich mich so ausdrücke, die Welt geboren; denn sie wäre für ihn nicht da, wenn er nicht geboren würde. Darum sage ich: eine jede einzelne Menschenseele hat, für sich betrachtet, einen unbeschreiblich hohen, göttlichen, ewigen Wert und Bedeutung. Es besteht jede Seele für sich; wenn die ganze Welt glücklich ist und du bist unglücklich, – was hast du davon? Ist dir dann nicht die ganze Welt unglücklich, weil du es bist? Wenn die ganze Welt selig wäre und ich würde in die Hölle geworfen: was hätte ich von der Seligkeit des andern? Ich, ich, d.h. mein alles, wäre eben unselig.

Diese tiefe Wahrheit aber, welche uns so stark zur Wertschätzung eines jeden unserer Mitmenschen auffordert, wird in der Welt oder von der Welt wenig oder nicht geachtet. In der Welt pflegt man alles so in's große und ganze zu nehmen; auf das einzelne, Unscheinbare nimmt man fast nicht Bedacht, das läßt man so in's Allgemeine verschwimmen und sich darin verlieren, als ob es keinen Wert hätte. Man führt Kriege, wo die Menschen zu Tausenden umkommen, und nur, wenn der Verlust an Toten sich auf viele Tausende erstreckt, hält man ihn für einen namhaften Verlust. Man ist, zur Schande dieses Zeitalters muß es gesagt werden, nicht zufrieden, wenn die öffentlichen Nachrichten nur von etlichen, oder gar nur von einem schreiben, der in diesem oder jenem Treffen geblieben sei; das, meint man, sei ja gar nicht der Mühe wert, daß man davon rede und schreibe, das verlohne sich ja nicht, gelesen zu werden. – Lieber, wenn ein Mensch stirbt, stirbt denn da nicht die ganze Welt für ihn? Ist der Verlust eines Lebens und einer Welt nicht ein unberechenbarer Verlust, – wenn auch nicht für dich, doch für ihn, für ihn, der sterben muß? – Aber dies ist's gerade, was der Heiland gesagt hat: »Die Liebe wird in vielen erkalten.« Wenn die einzelne Seele nicht mehr in Anschlag genommen wird, sondern wenn man nach Haufen, nach Hunderten und Tausenden zu rechnen anfängt, und gegen Hunderte und Tausende, die unglücklich werden, erst kein Mitleiden hat, weil man keines mit dem einzelnen hat: dann ist ja die Liebe kalt, dann sind die Herzen fühllos und erbarmungslos geworden! Man hört von einem bedeutenden Unglücksfall, der da oder dort sich ereignet habe. Der Vornehme fragt: »Was ist's für ein Mensch, dem dieses Unglück widerfahren ist?« Man antwortet: »Es ist der und der, von niedriger Herkunft, ein Taglöhner, ein Armer,« – nun heißt es: »Nur ein solcher?« und dann schlägt man sich's aus dem Sinn. So macht es der Reiche gegen den Armen, der Gelehrte gegen den Ungelehrten, der Gebildete gegen den Ungebildeten; nicht alle, Gottlob nicht alle, aber viele, die keine Liebe haben, und deren sind leider viele.

Liebe, du der Gottheit Spiegel! Liebe, der Erlösung Siegel! Liebe, schönstes Himmelskind! Liebe, Königin der Gaben, welche Gottes Kinder haben, selig ist, wer dich gewinnt.

Liebe, die im Gotteslamme uns aus Sünd und Höllenflamme mächtiglich herausgeliebt: Die uns Nahrung, die uns Fülle nun aus Jesu Gottesfülle reichlich zu genießen gibt:

Werde du in unserm Wallen unsers Herzens Wohlgefallen, unsrer Seele Sonnenstrahl! Zeuch uns hin in deine Schule, nimm vor Jesu Lehrerstuhle uns in seine Jüngerzahl.

4. Mai:

Jesaja 40,1.2

Tröstet, tröstet mein Volk! spricht euer Gott. Redet mit Jerusalem freundlich und prediget ihr, daß ihre Knechtschaft ein Ende hat, daß ihre Schuld vergeben ist; ...

Womit soll man trösten? Mit dem Wort, von welchem in der Gemeinde Jesu Tag und Nacht kein Schweigen sein soll, mit der großen Wahrheit: Gott ward Mensch und ist als Mensch für uns gestorben: – mit dem herrlichen Satze: »Denn was dem Gesetz unmöglich war, weil es durch das Fleisch geschwächt war, das tat Gott: er sandte seinen Sohn in der Gestalt des sündigen Fleisches und um der Sünde willen und verdammte die Sünde im Fleisch, ...« – mit dem göttlichen Evangelium: »Denn er hat den, der von keiner Sünde wußte, für uns zur Sünde gemacht, damit wir in ihm die Gerechtigkeit würden, die vor Gott gilt.« Mit der Hinweisung auf das große Opfer, das einmal geschehen ist, und wodurch wir alle vollendet und geheiligt sind; mit der Hindeutung auf das Lamm Gottes, welches der Welt Sünde trägt! Das ist die Predigt, welche die Gerechtigkeit verkündigt, die vor Gott gilt, nicht eine Gerechtigkeit von uns, sondern eine Gerechtigkeit Gottes, welche er dem Glauben zurechnet. – Es ist eine ganz freie Gnade Gottes, daß jeder, wer er auch sei, gerecht werden kann durch Christum und in seiner Gerechtigkeit hintreten darf vor des Vaters Thron.

Alle unsre Schuldigkeiten, die Gott von uns fordern kann, sind hinaus auf alle Zeiten schon auf einmal abgetan; einer hat sie übernommen, alles steht in Richtigkeit, und seitdem der Bürg gekommen, ist es nimmer Zahlungszeit.

Liebe Seelen, die ihr über eure Sünden betrübt seid, Christus ist für uns geschlachtet, sein Verdienst, das über all unsere Sünde und Gerechtigkeit weit hinausreicht, das ist's, was ihr bedürfet, das ergreifet im Glauben, und wenn ihr's nicht könnet, so bittet darum, daß ihr's ergreifen lernet, dann ist euch geholfen.

O ihr halb gewesnen Knechte und halb Kinder in dem Haus, macht's vor Gott in Christi Rechte nun auf allen Sünden aus! –

O süßes Evangelium! O herrliche Botschaft für mühselige, beladene Seelen, wie köstlich bist du, zu heilen alle müden, zerschlagenen Herzen, wie tröstlich für arme Sünder! Du bist süßer als Honig und Honigseim, du Freundlichkeit und Leutseligkeit unseres Gottes! Ach was ist es doch, daß wir in den Zeiten des Neuen Bundes leben!

Alles ist vollendet; Jesu Gnade wendet alle Straf und Schuld. Jesus ist gestorben, Jesus hat erworben alle Gnad und Huld. Auch ist dies fürwahr gewiß: Jesus lebt in Preis und Ehre! O erwünschte Lehre!

Kommt, zerknirschte Herzen, die in bittern Schmerzen das Gesetz zerschlug. Kommt zu dessen Gnaden, der für euch beladen alle Schmerzen trug. Jesu Blut stärkt euern Mut. Gott ist hier, der euch geliebet und die Schuld vergibet.

5. Mai: 2. Korinther 3,9

Denn wenn das Amt, das zur Verdammnis führt, Herrlichkeit hatte, wieviel mehr hat das Amt, das zur Gerechtigkeit führt, überschwengliche Herrlichkeit.

Hat denn Gott den alten Vätern ein Gesetz gegeben, das sie verdammt, während wir ein seligmachendes haben? – Das ist so zu verstehen: Gott hat sich im alten Bund zwar auch nach seiner Güte geoffenbart, hatte die Kinder Israel wie ein Vater geführt und auf Adlerflügeln getragen, hatte die Feinde vor ihnen her verstoßen und ihnen unzählige Wohltaten erzeigt, – lauter Liebe. Und als auf dem Berg Sinai der Herr in seiner Herrlichkeit vor Moses vorüberging, rief dieser: Herr, Herr Gott, barmherzig und gnädig, geduldig und von großer Gnade und Treue, der du beweisest Gnade bis ins tausendste Glied, und vergibst Missetat, Übertretung und Sünde! Es war also viel Evangelisches im alten Bunde, aber die Hauptsache desselben war doch das Gesetz, das drohende, strafende, zwingende Gesetz, da es hieß: *»du sollst nicht* töten; *du sollst nicht* ehebrechen; *du sollst nicht* stehlen,« – und so immer: *du sollst*, und: *du sollst nicht!* Alle Gebote waren aber in zwei Hauptgebote zusammengefaßt: »Du sollst den Herrn, deinen Gott, liebhaben von ganzem Herzen, von ganzer Seele und mit all deiner Kraft, und deinen Nächsten wie dich selbst.« Hinter dem ganzen Gesetz aber kam das furchtbare Wort: »Verflucht sei, wer nicht alle Worte dieses Gesetzes erfüllt, ...« Und alles Volk sprach: »Amen!« – Es hat sich also im alten Bund die unerläßliche Heiligkeit der Gesetze Gottes geoffenbart und der strafende Eifer Jehovas über allen und jeden Ungehorsam gegen sein göttliches Gesetz. Nun konnte niemand das Gesetz ganz halten, wie es auf die heutige

Stunde noch keiner vermag; so ruhte demnach auf dem ganzen Volk Israel der Fluch des Gesetzes, wie er noch auf jedem ruht, der, ohne die Versöhnung aus dem Verdienst Jesu Christi empfangen zu haben, in dieser Welt lebt und durch eigene Tugend und Heiligkeit selig werden will. Diesem Elend abzuhelfen, traf der Herr die Veranstaltung, daß jeder, der gesündigt hatte, ein Sündopfer vor den Herrn bringen durfte; und weil das Volk so viele Sünden beging, die nicht alle mit Opfern gesühnt werden konnten, so gab Gott dem Volk noch besonders ein großes jährliches Versöhnungsfest: lauter Anstalten und Vorbilder, welche ihre Kraft und Bedeutung hatten in dem großen künftigen Opfer des Leibes Jesu Christi; denn es ist an sich unmöglich, daß Kälber- oder Bocksblut die Sünden wegnehme. Aber diese herrliche Veranstaltung war doch nicht imstande, die Gewissen ganz zu reinigen; denn alle Jahre mußte geopfert werden, und wenn geopfert war, kamen jedesmal neue Verschuldungen hinzu, und so kam man bei allem Opfern doch zu keinem rechten Frieden, zu keiner gründlichen Zuversicht. Das Gesetz mahnte und forderte immerfort: du sollst, und: du sollst nicht; der Mensch konnte nie Genüge leisten, folglich dauerte unter der ganzen Opferanstalt der Fluch der Verdammung des Gesetzes immer fort. Das Amt des Gesetzes war ein Amt, das die Verdammnis predigt.

Ehe man dem Herrn zur Gabe Gottes Lämmlein dargebracht, ward aus aller unsrer Habe weniger als nichts gemacht. Dachte man bei dem Altare, die Versöhnung sei geschehn, so hieß Gott nach einem Jahre, immer wieder opfern gehn.

Was ist's Wunder? Blut der Rinder und die Asche von der Kuh setzet freilich bei dem Sünder das Gewissen nicht zur Ruh. Dein Versprechen, dein Verbitten, hätt es gleich noch größern Schein als das Opfer in der Hütten, wird doch wohl nicht besser sein.

6. Mai: Johannes 1,14

Das Wort ward Fleisch und wohnte unter uns, und wir sahen seine Herrlichkeit, eine Herrlichkeit als des eingeborenen Sohnes vom Vater, voller Gnade und Wahrheit.

Ja, Gnade und Wahrheit, das sind die eigentlichen Hauptzüge seines göttlichen Angesichts! Und bekennet es alle, die ihr diese Klarheit Jesu mit Geistesaugen geschaut habt: er hat nichts Abschreckendes, sondern nur Holdseliges und Göttlichmildes, so daß der Sünder sein Herz ganz vor ihm auftun und sich ihm anvertrauen darf mit Leib, Seele und Geist, ganz wie er uns gemacht ist zum Hohepriester, der Mitleid haben kann mit seinen armen Brüdern, und mit den Müden zu rechter Zeit zu reden weiß. Ach, wer noch scheu vor den Heiland tritt, und ihm seine Sünden und Anliegen nicht frei heraus zu sagen wagt, der kennt ihn auch nicht. Wenn wir auf seinen ganzen Erdenlauf blicken, so hatte er nichts Furchterregendes wie Moses, noch wie Elias, der wie eine feurige Fackel hervorbrach, noch wie Johannes, der mit dem Eifer Eliä die Sünder erschütterte; nein, er trat auf als Arzt der Sünder, nicht der Frommen, als ein Erbarmer, der das zerstoßene Rohr nicht zerbrach und den glimmenden Docht nicht auslöschte; als ein Heiland, der die mühseligen Herzen herbeizog, um sie zu erquicken und ihnen zu predigen das gnädige Jahr des Herrn. Sehet, darum hatten ihn auch die Sünder und Zöllner so lieb, und kamen so gern zu ihm, denn es war ihnen wohl in seiner erbarmungsvollen Nähe, in dem Licht seines sanften Antlitzes, in den erquickenden Reden seines Mundes. So wandelte er unter seinen armen, verlornen Brüdern umher, heilte, segnete, tröstete, tat ihnen lauter Gutes; denn er wußte wohl, daß er auf dieser Erde keine

Gerechten und Heiligen finde, sondern lauter Sünder, die eines Sünderfreundes bedurften; und als solcher hat er sich in seinem ganzen Leben und Lehramt bis zum Tode dargestellt.

Allein zu dir, Herr Jesu Christ, mein Hoffnung steht auf Erden. Ich weiß, daß du mein Tröster bist, kein Trost mag sonst mir werden. Von Anbeginn ist nichts erkorn, auf Erden ward kein Mensch geborn, der mir aus Nöten helfen kann; ich ruf dich an, zu dem ich mein Vertrauen han.

7. Mai: Psalm 45,3

Du bist der Schönste unter den Menschenkindern; voller Huld sind deine Lippen; wahrlich, Gott hat dich gesegnet für ewig.

Als Moses von dem Berg herabstieg und sein Antlitz von den Strahlen der göttlichen Herrlichkeit glänzte, da war es wohl auch schön; aber was war dies für eine Schönheit für die Kinder Israel? Die Sünder konnten ihm nicht in das Gesicht sehen; sie erschraken vor einer solchen göttlichen Klarheit, weswegen er eine Decke vor sein Antlitz hing, so oft er mit ihnen reden wollte. Das war ein Widerschein der Majestät des starken, eifrigen Gottes, ein Glanz der Ge rechtigkeit, wie er einst aus den feuerflammenden Au gen des Herrn Jesu hervorblitzen wird, wenn er nun erscheint, zu richten die Lebendigen und die Toten, und die Übeltäter sich verkriechen werden in den Klüften der Berge und rufen: »Fallt über uns und verbergt uns vor dem Angesicht dessen, der auf dem Thron sitzt, und vor dem Zorn des Lammes!« So ist es nicht bei dem Mittler des neuen Bundes. Wir schauen im neuen Bund des Herrn Klarheit mit aufgedecktem Angesicht; wir dürfen nicht erschrecken, nicht zurückbeben vor der Herrlichkeit des Angesichts Jesu Christi; denn es ist darin etwas, das den Sünder nicht abstößt, sondern anzieht, etwas, das ihm Mut und Freudigkeit gibt, noch ferner hineinzublicken in dieses holdselige, freundliche, leutselige Antlitz. Nicht die Strenge des Gesetzes, nicht der gegen die Sünder ausgesprochene Fluch tritt uns daraus entgegen; nein, er hat alles in sich, was den Sünder anlockt, sein Herz vor ihm auszuschütten, alle Sorgen auf ihn zu werfen; seine Sünden zu bekennen und von ihm zu nehmen Gnade um Gnade, Licht um Licht, Frieden um Frieden. – Wir dürfen uns mit unsern Sünden nicht vor ihm verbergen, wie sich die Israeliten vor dem Angesicht Mosis verbergen mußten; denn er kommt zu uns nicht in rächender Heiligkeit, um den Sünder zu verderben, nicht als ein verzehrendes Feuer, sondern als der gute Hirte, der gekommen ist, zu suchen und selig zu machen, was verloren ist, der sich nie geschämt hat, arme Sünder seine Brüder zu heißen, der da tröstet und heilt und Frieden bringt in die Gewissen, und alle, auch seine Feinde, zu gewinnen sucht, und am Kreuz für uns starb, und die Versöhnung geworden ist nicht allein für unsere, sondern für der ganzen Welt Sünde.

Wer ist wohl wie du, Jesu, süße Ruh? Unter tausend auserkoren, Leben derer, die verloren, und ihr Licht dazu, Jesu, süße Ruh!

Leben, das den Tod, mich aus aller Not zu erlösen hat geschmecket, meine Schulden zugedecket, und mich aus der Not hat geführt zu Gott.

Glanz der Herrlichkeit, du bist vor der Zeit; zum Erlöser uns geschenket und in unser Fleisch versenket; nach erfüllter Zeit Glanz der Herrlichkeit!

8. Mai: Psalm 39,6

Wie gar nichts sind alle Menschen, die doch so sicher leben!

Dies ist das gewöhnliche Leben und Treiben der Menschen. Sie essen, sie trinken, sie arbeiten, sie ruhen, sie schlafen und wachen, sie sind neidisch, geizig, hochmütig, sie verleumden, sie lügen und betrügen, sie treiben sich untereinander herum, sie üben ihre Lüste und Leidenschaften aus, alles in der größten Sicherheit, ohne ernsthafte Gedanken an die Ewigkeit, an die Hölle, der sie doch auf diesem Weg bestimmt entgegengehen.

Woher diese Sicherheit der Kinder des Verderbens? Antwort: Aus der verfluchten Eigenliebe, aus dem Hochmut heraus. Ein jeder meint, ihm für seinen Teil könne es nicht fehlen. Wenn das Wort Gottes gepredigt wird, wenn die Leute so herumsitzen und hören von der Liebe und vom Ernst Gottes, und daß ohne Heiligung niemand den Herrn sehen werde: so können sie das so anhören, und bleiben doch in dem Tod der Sünde und der Eitelkeit gefangen. Dies geschieht nur deswegen, weil ein jeder meint, ihm werde es nicht fehlen, ihn gehe das scharfe Wort nicht an, bei ihm werde eine Ausnahme von der Regel gemacht. Da denkt ein jeder an seinen Nachbar, an einen Dritten; man wünscht, wenn nur der oder jener, den man liebt, getroffen würde, daß er seine Untugenden aufgäbe: für sich selbst aber bleibt man in der größten Sicherheit. Ich will mich schon noch mit Gott verständigen; ich will schon noch ernstlich werden; bei mir hat's keine Not. Sehet da unser arges, eigenliebiges, hochmütiges Herz! Ist ein Mensch angesehen vor den Leuten, in einem Stand, wo sich die Menschen vor ihm bücken, so meint er, Gott und sein Wort müssen sich auch vor ihm bücken, sich beugen und ihm ausweichen. Ist ein Mensch nicht in äußerem Ansehen, so weiß er andere Gründe. Er hat ein gutes Herz; er meint es doch gut; er hat andere gute Eigenschaften, die viele hundert andere nicht haben; der Herr wird also, wie er meint, eine gerechte Ausnahme bei ihm machen. Und kann oder mag einer von dem allen nichts anführen, so glaubt er eine Ausnahme um seines Ichs willen; weil er der und der ist, wird der Herr nicht so streng mit ihm verfahren. Warum? Ich bin's ja. Mit der Weichlichkeit, mit welcher er selber sich liebt, meint er, werde ihn auch Gott lieben und behandeln. Aber dies ist weit gefehlt.

O ewges Licht, ich bitte dich: Erleuchte und belebe mich, noch hier durch deiner Gnade Schein ein wahres Kind des Lichts zu sein.

Sei du stets meinem Herzen nah, was finster ist, vertreib allda! Die Welt liebt nur die Finsternis. Mach meinen Gang im Licht gewiß!

9. Mai: 1. Johannes 3,1

Seht, welch eine Liebe hat uns der Vater erwiesen, daß wir Gottes Kinder heißen sollen – ...

Als einmal einem Menschen, der noch nichts von Christo und dem in Christo den Menschen widerfahrenen Heil wußte, der unter den Heiden aufgewachsen war, das Evangelium verkündet wurde und man ihm sagte, daß alle die, welche Christum als ihren Heiland und Herrn von Herzen annehmen, Gottes Kinder werden, so hielt er es für unmöglich und wollte es nicht glauben, weil Gott zu hoch und wir zu niedrig, Gott zu groß, wir zu klein, er zu heilig und wir zu sündig seien, als daß wir in das Verhältnis der Kinder zu ihrem Vater mit ihm treten könnten.

Wenn wir nun selbst nachdenken, so müssen wir eingestehen, daß diesen heidnischen Menschen sein Gefühl ganz richtig leitete. Denn für einen jeden, der Gott und sich selber kennt, wäre es etwas völlig Unglaubliches, daß wir Gottes Kinder sollen heißen, wenn es nicht so fest und bestimmt im Wort Gottes geschrieben stünde. Denn was sind wir und was ist Gott! Tief ist der Mensch gefallen von Gott, in seinem Dichten und Trachten ist er eitel geworden, sein unverständig Herz ist verfinstert. Wie häßlich müssen wir doch in Gottes Augen sein, der lauter Licht und lauter Liebe und in dem keine Finsternis ist! Hätte er nicht das Recht, so untreue, so abtrünnige Geschöpfe von seinem Angesicht auf immer zu entfernen? Und wenn er nur einen einzigen Blick der Gnade auf uns würfe, müßten wir nicht dadurch schon beschämt werden? Aber statt uns hinauszustoßen, statt uns bloß einen Gnadenblick zu gewähren, statt nur Geduld mit uns zu haben, was tut der Barmherzige, Gnädige? Seine Liebe ist mit all dem nicht zufrieden, er geht noch viel weiter. *Kinder*, Kinder Gottes sollen wir heißen, zur Kindschaft hat er uns erwählet vor Grundlegung der Welt. Das ist die Liebe, die kein Mensch zu fassen, kein Engel Gottes auszusprechen vermag. Das muß unser ganzes Herz in Anspruch nehmen, das gibt noch den vollendeten Stoff zu Lobgesängen, daß sündige Menschen sollen Gottes Kinder heißen.

Ach mein Gott, meines Lebens Grund! Wo soll ich Worte finden? Mit was für Loben soll mein Mund dein treues Herz ergründen? Wie ist dir immermehr geschehn? Was hast du an der Welt ersehn, daß, die so sehr dich höhnet, du so gar hoch gekrönet?

Das Herz im Leibe weinet mir vor großem Leid und Grämen, wenn ich bedenke, wie wir's hier so schlecht zu Herzen nehmen. Die meisten wollen deiner nicht, und was du ihnen zugericht durch deines Sohnes Büßen das treten sie mit Füßen.

10. Mai: Hebräer 3,1–3

Darum, ihr heiligen Brüder, die ihr teilhabt an der himmlischen Berufung, schaut auf den Apostel und Hohenpriester, den wir bekennen, Jesus, der da treu ist dem, der ihn gemacht hat, wie auch Mose in Gottes ganzem Hause.

Wir haben einen viel herrlicheren Mittler als die Väter des alten Bundes! Lasset uns desselbigen wahrnehmen! Sehet einmal an seine Macht, Größe und Majestät: Was ist mit ihm zu vergleichen? So wenig ein Mensch mit Gott, – so wenig kann Moses mit ihm verglichen werden. Er ist der Glanz der Herrlichkeit des unsichtbaren Gottes, das Ebenbild seines Wesens, der alle Dinge trägt mit seinem mächtigen Wort; der zwar eine Zeitlang erniedrigt war unter die Engel und seine Herrlichkeit verhüllte, nun aber sich gesetzt hat zur rechten Hand der Majestät in der Höhe, über alle Fürstentümer, Gewalt, Macht, Herrschaft und alles, was genannt mag werden, nicht allein in dieser Welt, sondern auch in der zukünftigen ; dem alle Dinge unter seine Füße getan sind. Nichts ist mit ihm zu vergleichen, mit ihm, der da ist, der da war und der da kommt, mit ihm, der von Anfang an die Erde gegründet hat und dessen Hände Werk die Himmel sind, der da war im Schoße des Vaters, ehe die Berge worden und die Welt geschaffen worden, von Ewigkeit zu Ewigkeit; der das Wort ist; durch welches alles gemacht ist, was da gemacht ist; der der Glanz der Herrlichkeit seines Vaters und das Ebenbild seines Wesens war, ehe er im Fleisch erschien, und nun er erschienen ist im Fleisch, alle Gewalt hat in dem Himmel und auf der Erde! – Wer kann vor ihm, vor dem Strahl seiner Gottesmajestät bleiben und seine Augen erheben, um mit ihm sich zu messen? – Siehe, das ist der Mittler des neuen Bundes!

Als der Herr in seinem Inwendigen den Ratschluß gefaßt hatte, für die gefallenen Sünder zu leiden und zu sterben, da kam er auf die Erde; jawohl, klein, in Knechtsgestalt wie ein anderer armer Mensch, und hatte nichts, da er sein Haupt hinlegte. Aber auch da leuchtete immer seine Herrlichkeit hervor aus seinen göttlichen Wundern und Reden, aus seiner gewaltigen Predigt, aus seinem Leidens-, Sterbens- und Auferstehungsgang, den niemand mit ihm gehen konnte unter den Völkern, und endlich aus seiner Auffahrt über alle Himmel, wo er nun herrscht und thront über alle Kreatur! – Das ist Christus, der Herr des Himmels und der Erde, der große Jehova! Wer ist ihm zu vergleichen? Moses oder einer der Propheten oder ein Engel? Nimmermehr! Sie sind Strahlen seines Lichts; aber er ist der Erste und der Letzte, der Anfang und das Ende, der Allmächtige!

Jesus Christus herrscht als König, alles wird ihm untertänig, alles legt ihm Gott zu Fuß; aller Zunge soll bekennen: Jesus sei der Herr zu nennen, dem man Ehre geben muß.

Fürstentümer und Gewalten, Mächte, die die Thronwacht halten, geben ihm die Herrlichkeit; alle Herrschaft dort im Himmel, hier im irdischen Getümmel ist zu seinem Dienst bereit.

11. Mai: Lukas 14,11

Denn wer sich selbst erhöht, der soll erniedrigt werden; und wer sich selbst erniedrigt, der soll erhöht werden.

Von Natur sind wir alle hochmütig. Dies glauben viele nicht von sich. Es gibt Leute, die ein stilles Gemüt haben von

Natur, die nicht gern Krieg oder ein großes Geschrei in der Welt anfangen, die sich um des lieben Friedens willen manches gefallen lassen, sich bücken und schmiegen: – Solche Leute glauben nicht, daß sie hochmütig seien, wenn der Geist der Wahrheit sie nicht eines andern überzeugen und ihnen nicht den zwar stillen, aber doch oft nur desto tieferen Stolz ihres Herzens vor die Augen stellen kann. Auch ist mancher in einer äußern Lage, wo er meint, er könne alles eher sein und werden als hochmütig: – Er ist arm, von niedrigem Stand; er muß sich sein Leben lang durch diese Welt kümmerlich durchschlagen, – die reichen Leute, meint er, die vornehmen, die angesehenen Leute, diese können etwa schon hochmütig sein, er aber nicht; er habe ja gar keine Ursache dazu. Allerdings hast du keine Ursache dazu, armer Mensch, so wenig ein Reicher Ursache zum Stolz hat: aber siehe, dies macht's noch nicht, daß du nicht solltest unter deinem groben oder zerrissenen Rock ein hochmütiges Herz haben. Sage doch, warum richtest du andere so gern, wenn du nicht hochmütig bist, oder gibst du nicht damit, daß du die Fehler anderer Menschen so scharf beurteilst, zu erkennen, daß du dich für viel besser hältst denn sie; und ist das nicht Hochmut? Oder tut es dir nicht wohl, wenn du von andern gelobt wirst? Und tut es dir nicht zuweilen wehe, wenn ein anderer neben dir, deiner Art, deines Standes, so herausgehoben wird, daß du dadurch könntest in den Schatten gestellt werden? Siehe, dieses Wehetun heißt man Neid, und dieser Neid entspringt aus dem Hochmut deines Herzens. Und wenn man auf nichts Äußerliches stolz sein kann, so zieht man sich in sich selber zurück, und setzt seinen Ruhm desto mehr in innere Eigenschaften und Vorzüge. Ich bin rechtschaffen; ich bin ehrlich; ich bin brauchbar; ich bin ein geschickter Bauer, Handwerksmann, Weingärtner, Taglöhner; wo ich noch gewesen bin, da hat man mich gern gehabt; man konnte mir auch niemals etwas Böses nachsagen, – siehe, das sind auch hochmütige Gedanken. Etwas will der Mensch haben, dessen er sich rühmen kann; und ist einer der allergrößeste Bösewicht, so setzt er zuletzt seine Ehre darein, daß er es in der Bosheit sehr weit gebracht habe. So hochmütig sind wir von Natur, wir alle, alle, wenn uns der Heiland nicht demütig macht.

O Herr Jesu, rette mich, rette mich vom Widersacher! Denn wie oftmals liege ich vor dir als ein Kranker, Schwacher! Hilf, ach hilf mir in dem Streit gegen meine Eigenheit!

Liebe, komm, durchblitze doch alle Tiefen meiner Seele! Zeig mir stets dein sanftes Joch, wie ich ohne das mich quäle, bis ich matt und müde bin, und nehm's auf die Probe hin.

12. Mai: Lukas 10,23

Und er wandte sich zu seinen Jüngern und sprach zu ihnen allein: Selig sind die Augen, die sehen, was ihr seht.

Vor achtzehnhundert Jahren konnte man in Palästina den Sohn Gottes mit leiblichen Augen sehen, mit leiblichen Ohren hören, mit leiblichen Händen betasten; denn er war im Fleisch erschienen und wandelte als ein wahrhaftiger Mensch unter den Menschen. So sahen ihn seine Jünger; aber über diesem leiblichen Sehen preist sie der Heiland nicht selig. Es lebten zur Zeit Christi noch viele Menschen in Palästina, die den Heiland sahen, aber von diesem Sehen nicht den geringsten Nutzen oder Genuß hatten. Da gab es Pharisäer und Sadduzäer, Hohepriester und Schriftgelehrte und eine große Menge Volks, die alle den Sohn Gottes sahen; aber ein großer Teil sah ihn mit gleichgültigen, ein anderer mit feindseligen Augen an, und so holten sie von diesem Anblick nicht das Leben, sondern größtenteils den Tod. Von diesen Augen konnte der Heiland nicht sagen: »Selig sind sie, denn sie sehen mich.« Wodurch unterschied sich denn nun der Blick der Apostel von dem Blick der andern? Antwort: Darin, daß die Jünger den Heiland zugleich mit Geistesaugen betrachteten. Der Anblick des Herrn Jesu, seine Worte, seine Werke, sein ganzes Betragen entzündete durch die Offenbarung des Vaters, die ihnen widerfahren war, ihr Gemüt gegen ihn, so daß sie ihn nur mit der tiefsten Ehrfurcht und mit Liebe anschauen konnten. So sahen und erkannten sie nun auch in Jesu einen ganz andern Mann als die andern. Wo sich die andern ärgerten, da erkannten sie die Allmacht des Vaters; wo die andern murrten, da lobten sie; wo die andern lästerten, da beteten sie an; was den andern unerträglich war, das war ihnen lieblich; wo die andern davonliefen, da blieben sie und bekannten: »Herr, wohin sollen wir gehen? Du hast Worte des ewigen Lebens;« kurz, sie erkannten in Jesu, den Heiland, den Sohn Gottes, während die andern in ihm nichts als einen gewöhnlichen Propheten, oft ihren Feind, oft einen Schwärmer, sogar einen Besessenen sahen. Und darum wendete sich der Heiland zu seinen Jüngern und pries sie selig, weil sie die unaussprechliche Gnade hatten, den Trost Israels, den Sohn Gottes, das Ebenbild des Vaters, den Schönsten unter den Menschenkindern zu sehen, und zwar nicht nur mit leiblichen Augen, sondern mit den Augen des Geistes, d.h. an ihn zu glauben.

O daß ich, wie diese waren, mich befänd auch in dem Stand! Vater, laß auch mich erfahren deine starke Gnadenhand! Jesu, mache mich lebendig! Gib, o Geist, daß ich beständig bis zum Tod durch deine Kraft übe gute Ritterschaft.

13. Mai: Matthäus 10,39

Wer sein Leben findet, der wird's verlieren, und wer sein Leben verliert um meinetwillen, der wird's finden.

Es sieht jeder Mensch in seinem Inwendigen sich selber. So lange nun der Mensch noch unter der Gewalt des Satans, des Lügners steht, sieht er sich durch den Spiegel der Eigenliebe; das Bild, das er von sich hat, ist viel schöner, herrlicher, vortrefflicher, als er selbst in der Wahrheit ist. Da sieht er sich als einen klugen, geschickten, treuen, rechtschaffenen, edelmütigen, frommen, menschenfreundlichen, mutigen Menschen, wenn schon von allen diesen Eigenschaften nicht ein Pünktchen in der Wahrheit bei ihm eintrifft. Äußere Verhältnisse tragen auch vieles zur Ausmalung dieses Bildes bei. Ist jemand reich, so pflegt er sich selber sich vorzustellen als einen gewaltigen Menschen, der sich aus anderer Leute Urteil nicht viel zu machen, sich um andere Menschen nicht viel zu bekümmern brauche; ist jemand eine obrigkeitliche Person, die zu befehlen hat, so wird das Bild, das er von sich selber sich macht, gewiß einen Zug von Gewalt, Macht und Ansehen bekommen; ist jemand arm, so hat er gewöhnlich ein Bild von sich in seinem Inwendigen, in welchem Züge von Drangsal, von, wie er oft meint, unverschuldetem und ungerechtem Druck und dergleichen eingegraben sind. Die Menschen sind selten, auf deren Bild äußerliche Glücksumstände keinen Einfluß hätten. Es ist unglaublich, was die Menschen durch die Kraft dieses Bildes ausrichten. Wie mancher hätte schon sein Herz und seine Habe vor seinem dürftigen Mitbruder verschlossen, wenn er nicht vorher auf sein eigenes Bild in seinem Inwendigen hingeblickt und darauf gelesen hätte mit großen Buchstaben geschrieben: »Menschenfreund!« Wie mancher Soldat hat schon sogenannte Heldentaten getan, zu welchen in ihm weder Neigung noch Mut gelegen wäre, aber auf seinem Bild war geschrieben: »braver Soldat, Held!« und dies spornte ihn an. Solche Lügner sind die Menschen, wenn sie nicht Gott durch seinen Geist zur Einfalt und Geradheit bringen kann. Aber sehet, wie wir ein Bild von uns selber in uns haben, das uns, so lange wir den Heiland nicht lieben, überall hin begleitet, wie wir uns selbst durch den freilich unwahren Spiegel unserer Eigenliebe sehen, so müssen wir auch den Heiland durch den Spiegel seines Worts in der Kraft des heiligen Geistes vor das innere Gesicht bekommen, und das ist die besondere Seligkeit der neutestamentlichen Zeit.

Wohin geht der Liebe Lauf? Nicht nach Schatten; sie sucht keine Blumen auf grünen Matten, noch beschauet sie sich gern in den Bächen, oder hört sich sprechen. Du, der seine Jüngerschar lieben lehrte, und dies Feuer immerdar segnend nährte – unsre Seelen öffnen sich. Schenk uns Triebe deiner Jesusliebe!

14. Mai: Matthäus 22,44

»Der Herr sprach zu meinem Herrn: Setze dich zu meiner Rechten, bis ich deine Feinde unter deine Füße lege«?

So sprach David, und wohlbedächtlich setzt der Heiland hinzu V. 43: er nennt ihn im Geist einen Herrn. Denn es kann niemand Jesum einen Herrn heißen, ohne durch den heiligen Geist. An die Gottheit Jesu Christi, an seine Schöpfersmacht und ewige Gottheit zu glauben, gehört mehr als ein guter Wille, gehört mehr als Kunst und Wissenschaft und Nachdenken und Gelehrsamkeit, dazu gehört wirkliche unmittelbare Erleuchtung durch den heiligen Geist und das Wort der Wahrheit. Ja! Vor 1800 Jahren lebte ein Mensch in Judäa, in Galiläa, in Nazareth als Zimmermann, als einer in sündlicher Gestalt, an Gebärden als ein gewöhnlicher Mensch erfunden, der lehrte und ward gekreuzigt, und siehe dieser Zimmermann, dieser Gekreuzigte ist dein Gott: dieser hat die Welt geschaffen, er, den sie einst gefragt haben und er antwortete, der mit den Sadduzäern sprach, den sie gebunden und in's Angesicht geschlagen haben, der ist Jehova, der Herr Zebaoth, und ist kein anderer Gott. Glaubest du das? Ach, man ist oft so bald fertig mit diesem großen, alle menschlichen Kräfte übersteigenden Glauben, der viel größer ist als jener, welcher Berge versetzt, man ist so bald mit dem Bekenntnis fertig: ich glaube an den dreieinigen Gott, und man weiß nicht, was man sagt, und versteckt hinter diese Worte weiter nichts, als seine Trägheit und seinen geistlichen Tod, in dem man gefangen liegt. Aber prüfe dich einmal: wenn du des abends hinaustrittst und siehest die Sterne, wenn du des morgens die Sonne schaust in ihrem Glanz hervorbrechen und denkst: das alles hat Der gemacht, der für mich am Kreuz erblaßte, kannst du das ohne Widerspruch deines Herzens glauben? Wohl dir, wenn du es kannst! Wohl denen, die ihn, ihren Heiland, kennen in der Tat und Wahrheit, die es glauben und bedenken, er, unser Blutsverwandter, welcher sich nicht schämt, uns seine Brüder zu heißen, der sein Blut für uns vergossen, ist Gott, er hat die höchste Macht, vor ihm ist kein Ding unmöglich, und wir sind ihm liebewert, wir sind sein Eigentum. Was brauchen sie mehr? Was kann ihnen fehlen?

Wir freuen uns, Herr Jesu Christ, daß du zur Rechten Gottes bist. O starker Gott, Immanuel, bewahr und stärk uns Lieb und Seel! Halleluja!

Hoch über Himmel, Erd und Meer geht deine Majestät daher; die Engel alle dienen dir, und deine Glieder, Herr, sind wir. Halleluja!

Mit Teufel, Hölle, Sünd und Tod hat es von nun an keine Not. Wer siegen will, kann's durch den Sohn, der siegreich waltet auf dem Thron. Halleluja!

Hilf uns, o Bruder Jesu Christ, durch den der Himmel unser ist, daß wir nur trauen fest auf dich und in dir leben ewiglich! Halleluja!

15. Mai: Römer 8,5.6

Denn die da fleischlich sind, die sind fleischlich gesinnt; die aber geistlich sind, die sind geistlich gesinnt. Aber fleischlich gesinnt sein ist der Tod, und geistlich gesinnt sein ist Leben und Friede.

Ein jedes unter uns hat seine Lieblingssünde, und nach diesen Lieblingssünden gestalten sich die Bilder und Phantasien, mit welchen wir am meisten umgehen, an welchen unser Herz am meisten Freude findet. Ein geiler Mensch hat geile, schändliche Bilder und Vorstellungen in seiner Seele, und kann auch durch sich selber immer wieder neue Bilder dieser Art in sich erwecken und zu seiner schändlichen Ergötzung schaffen; ein Geiziger hat Bilder vom Haben, Besitzen, Gewinnen, Erwerben, Erben, Reichwerden; eines jeden Einbildungskraft ist geschäftig nach seiner Hauptleidenschaft. In unbewachten Augenblicken kommt unser armes Herz gern in Träumereien hinein, die sich auf unsere Lieblingssünden beziehen; da kann man so dasitzen und sich in ganze Sündenfelder hineinträumen, und das Herz weidet sich darin und ist ihm wohl darin, wenn es nichts von etwas Besserem, vom Heiland, weiß und erfährt. Wie nun von Natur in uns sich Sündenbilder erzeugen, so muß das Bild Christi in uns lebendig werden: er muß eine Gestalt gewinnen in uns; er muß uns zum Hauptgegenstand der Sehnsucht unseres Herzens, zum einzigen Lieblingsbilde werden, das uns überall begleitet, außer welchem die Seele keine Ruhe, keinen Genuß hat, auf welche sie jedesmal wieder zurückkommt, wenn sie sich verirrt hat, wo sie alle Freude, alle Nahrung findet. Das heißt Christum sehen, und darin besteht eben die neutestamentliche Seligkeit, die wir hienieden im Lande des Glaubens genießen können.

Christus, das Lamm Gottes, muß in das Herz, vor die Augen des Geistes, sein Geist muß ihn verklären unserem Geist; sonst lieben wir ihn gewiß nicht; wer ihn aber nicht liebt, der ist auch sein Jünger nicht. Ist es so bei uns? Sehen wir ihn?

Ach du hast für uns gelitten, wolltest all dein Blut ausschütten, hast vom Tod uns losgestritten und zur Gottesschau gebracht.

Milder Jesu, laß mir's glücken! Laß mich deine Füll erquicken; laß mich dich im Geist erblicken, Herr, in deiner Glorie!

Wo ich lebe auf der Erde, such ich dich, du Hirt der Herde; fröhlich, wenn ich finden werde, selig, wenn ich dich erhalte.

16. Mai:

1. Mose 3,4.5

Da sprach die Schlange zum Weibe: Ihr werdet keineswegs des Todes sterben, sondern Gott weiß: an dem Tage, da ihr davon esset, werden eure Augen aufgetan, und ihr werdet sein wie Gott und wissen, was gut und böse ist.

Vor dem Fall war der Mensch nicht hochmütig. Kein Gedanke von Selbsterhebung stieg in seiner Seele auf; einfältig wandelte er vor den Augen Gottes wie ein Kind; er ging dahin in Unschuld, in Einfältigkeit seines Herzens, in der Abhängigkeit von Gott, in seligem Gehorsam und dachte nicht daran, daß es anders sein sollte. Da trat Satan, der erste und hochmütigste Sünder, zwischen Gott und die Menschen und log. Er suchte im Menschen die Lust nach einem andern als seinem gegenwärtigen Zustand zu erwecken, und log deswegen von einem bessern Zustand. »Ihr werdet keineswegs sterben, [...] ihr werdet sein wie Gott und wissen, was gut und böse ist.« Sehet da den Lügner! Gott hatte gesagt: » ... an dem Tage, da du von ihm issest, mußt du des Todes sterben.« Satan sprach: »Ihr werdet keineswegs sterben ...« Aber er hatte eben sich selbst zuerst angelogen und wollte nun auch den Menschen anlügen, daß der Tod der Finsternis, der an ihm und an allen gefallenen Geschöpfen nagt, kein Tod, sondern daß dies das wahre Leben, das Leben des Lichts sei. »Du wirst sein wie Gott!« Ja die Menschen wurden nach dem Fall in gewisser Beziehung wie Gott; sie wußten nun aus eigener trauriger Erfahrung den großen Unterschied zwischen Gutem und Bösem, wie Gott ihn weiß; sie waren nun in ihrem Innersten losgerissen von Gott, in ihren eigenen Willen hineingebunden, wie auch Gott keinem höheren Willen unterworfen ist; sie waren Götter geworden, wie Satan und seine Horden auf den heutigen Tag sich wohl noch einbilden, daß sie Götter seien: aber welch traurige, welch jämmerliche Götter sind die Menschen! Götter, dem Elend, dem Jammer, der Beschränkung aller Art, der Unseligkeit ihres Herzens, dem Tod unterworfen; Götter, die zur Erde werden, aus welcher sie genommen sind. So hat Satan gelogen, unter einer falschen Vorspiegelung von erhöhter Seligkeit durch Hoheit und Größe die Menschen gefangen. So ist der Hochmut in ihre Seele gekommen und so hineingedrungen, daß sie sich nicht einmal mehr demütigen könnten, wenn ihnen Gott nicht auf's Neue zu Hilfe kommt.

Denn nun ist statt des Ebenbildes Gottes, das vorher in dem Menschen aufgerichtet war, das Bild des Satans in ihnen kräftig geworden, und der Grundzug dieses Bildes ist der Hochmut. Auch unser adamisches Leben hat nun seine Grundwurzel im Hochmut. Zwar sind die Menschen nicht ganze Teufel geworden durch den Fall. Sie sind durch die Lügengebilde Satans nicht so in die Finsternis, in den höheren geistlichen Hochmut hineinverwirrt, daß sie jetzt ihre höchste Ehre in der rastlosen wütenden Empörung gegen Gott und in der Lästerung seines heiligen Namens suchten, wie Satan tut. Aber des ungeachtet ist das Bild des Teufels oder der Hochmut in uns.

Durch Adams Fall ist ganz verderbt menschlich Natur und Wesen; dasselb Gift ist auf uns geerbt, daß wir nicht konnten gnesen ohn Gottes Trost, der uns erlöst hat von dem großen Schaden, darein die Schlang Eva bezwang, Gotts Zorn auf sich zu laden.

17. Mai: Ps. 116,11

Alle Menschen sind Lügner.

Es ist eben ein entsetzliches Lügengewebe in uns, und sehr wahr, was die Schrift sagt: »Alle Menschen sind Lügner.« Namentlich lügen die Menschen in ihrem natürlichen Zustand immer sich selber an. Sie betrachten alle ihre Sachen durch den Spiegel der Eigenliebe, und darin wird ihr bißchen Gutes tausendfach vergrößert und verschönert und ihr Böses millionenfach verkleinert. Redet einer zuweilen die Wahrheit mit seinem Nächsten, so hält er sich sofort für einen sehr aufrichtigen Menschen, und steift sich darauf; hat er Glück, so schreibt er es hernach seiner Aufrichtigkeit zu, weil es den Aufrichtigen gelingen müsse; kommt ein Unglück über ihn, so weiß er sich nicht darein zu finden, daß ihm, einem solchen Menschen, Gott diese Plage zuschicke. Gerät einem andern eine Arbeit, die er vor sich hat, so meint er, er sei aller Weisheit und alles Witzes voll. Gibt ein dritter hin und wieder etwas von seinem Überflusse den Armen oder sonst zu wohltätigen Zwecken, so hält er sich bald für einen besondern Menschenfreund und Wohltäter der Menschheit. Liest einer hin und wieder in der Bibel, oder hat er einmal ein andächtiges Gefühl gehabt beim Anblick der Natur oder bei Betrachtung einer biblischen Wahrheit, sofort rechnet er sich unter die Leute, welche es in der Religion auf etwas Tieferes anlegen, als der nachbetende Pöbel. Den Fehlern aber, die der Mensch an sich bemerkt, gibt er lauter Namen von Tugenden. Ist ein Mensch geizig, so rühmt er vor sich und andern seine Sparsamkeit, seine Treue im Kleinen, seinen haushälterischen Sinn, seine Fürsorge für seine Familie; seinen Eigensinn nennt der Mensch festen Willen, männliche Beharrlichkeit, Charakterstärke; seinen Stolz nennt er Edelmut, Gefühl seiner Menschenwürde, gerechte Anerkennung seiner eigenen Vorzüge; ein Verschwender und Weichling sagt von sich, er habe eben ein gutes Herz! Ein grober Mensch, der andern gern weh tut, behauptet, er sei nur zu aufrichtig und gerade, die Welt könne es jetzt nicht mehr ertragen; und hat einer sogar grobe, in die Augen fallende Laster begangen, so gesteht er zuletzt, er habe zwar seine Fehler oder seine Fehlerchen, aber wenn er auch diese nicht hätte, so wäre er ein Engel. Und das alles tut der Mensch, damit er sein Nichts nicht erkennen müsse, weil er seine Seligkeit darin sucht, etwas zu sein, Gefallen an sich selber zu haben.

Herr, wie ist uns hier zu raten? Ist kein Retter bei der Hand? Müssen wir mit unsern Taten ewig gehn in Qual und Schand? Ach Herr Jesu, Sündentilger! Du hast uns verlorne Pilger kraft des neuen Bundes Macht aus der Hölle wiederbracht!

Sind wir tot, du bist das Leben; sind wir krank, du bist gesund! Du kannst Geist und Kräfte geben, heilst, was krank ist, lahm und wund. Sind wir durch und durch verdorben: Du hast uns das Heil erworben. Ach, drum schaff uns heute neu, laß uns spüren deine Treu!

18. Mai: Lukas 14,1

... und sie belauerten ihn.

Die Pharisäer hielten auf ihn, d.h. sie lauerten dem Heiland auf, ob sie ihn nicht fangen könnten in seinen Worten und Werken, um eine Ursache an ihm zu finden. Warum aber lauerten sie ihm also auf? Antwort: Sie haßten ihn. Warum aber war er ihnen so sehr zuwider, da er doch der Liebenswürdigste ist? Wenn man sie selbst gefragt hätte, und sie hätten ehrlich antworten sollen, so würden sie etwa gesagt haben: deswegen ist er uns so sehr zuwider, weil wir finden, daß er keine pharisäischen Religionsgrundsätze hat. Auch hat er sich schon herausgenommen, unsern weisesten Lehrern in's Angesicht zu widersprechen; er handelt ungerecht mit uns; er läßt unsere Frömmigkeit nicht als die echte gelten; er setzt so unser Ansehen bei dem Volk herunter; und was macht er aus sich selber? Er macht sich zum Messias, zum Sohn Gottes sogar; da würden wir ja gar nichts mehr gelten, wenn er der Sohn

Gottes wäre, also alles gelte; nein! einen solchen Messias können wir nicht brauchen; er ist ein böser, gefährlicher Schwärmer.

Sehet, was hier für eine Lüge aus dem Hochmut der Pharisäer geboren worden ist! Aus diesem Hochmut der Pharisäer ist geboren worden die große Lüge: Der Jesus von Nazareth ist ein verächtlicher, verwerflicher Mensch, ein Mensch, welchen zu hassen man das größte Recht hat.

Aus dem Hochmut des menschlichen Herzens entspringt die Feindschaft gegen den Heiland heute noch, und aus dieser Feindschaft Lüge. Jesus Christus ist die Wahrheit sein Wort predigt lauter Wahrheit und deckt dem Menschen die Sünde und Bosheit seines Herzens unverhohlen und ohne Schminke auf; das will dem Menschen nicht behagen; so schlecht will er nicht sein; dieser Spiegel der Wahrheit ist ihm unerträglich, weil er sich nicht demütigen mag; darum faßt er eine geheime Widrigkeit gegen den Heiland. Das Evangelium sagt: Jesus Christus ist die Gerechtigkeit, vor Gott gilt nichts als sein Verdienst, seine eigene Tugend, keine eigene Heiligkeit! Was nicht Christus ist, das ist verwerflich in den Augen des heiligen Gottes. O gewiß eine harte, eine unerträgliche Lehre für das eigenliebige Menschenherz! Das Evangelium sagt: Der Heiland allein ist die Kraft, ohne ihn hat man keine Kraft zu irgend einem Guten, auch nicht zu dem geringsten. Wie, denkt der hochmütige Sünder, mein redliches Bestreben, meine guten Vorsätze, mein Wille soll nichts sein? Hinweg mit dieser ekelhaften, alle edle Selbsttätigkeit schwächenden Lehre! Das Evangelium sagt: Der Heiland ist der Sohn Gottes, der König aller Könige, der Herr aller Herren; wir wollen nicht, heißt es im Herzen des hochmütigen Sünders, daß dieser über uns herrsche, wir sind selbst zum Herrschen geboren. So ist dem hochmütigen Sünder der Heiland zuwider, und er kann es ihm eben in nichts recht machen; das einemal ist er ihm zu hoch, das anderemal zu niedrig; das einemal zu klein, das anderemal zu groß; – ein unerträglicher Mann, und dies bloß darum, weil er sich nicht demütigen will.

Ich aber, dein geringster Knecht, ich sage frei und mein es recht: Ich liebe dich, doch nicht so viel, als ich dich gerne lieben will. Halleluja!

19. Mai: Lukas 17,20

Das Reich Gottes kommt nicht so, daß man's beobachten kann.

Wie der König unscheinbar und verachtet war in der Welt, so seine Jünger. Nicht durch äußern Glanz sollten sie sich geltend machen, das Reich Gottes sollte auch in ihnen in der Verborgenheit sein, unter dem gröbsten Rock, unter der unscheinbarsten Gestalt, unter der Bürde des Kreuzes, das sie ihm nachtrugen. Wer waren Jesu Jünger? Edle, Vornehme, Hofleute, Gelehrte? O, die Weisheit dieser Welt und ihr Glanz ist Torheit vor Gott, Ekel in seinen Augen. Nein, da waren Fischer, Handwerksleute, Zöllner, Sünder, Arme, Krüppel, Lahme, welche er gesund machte, dies waren seine Leute. Und was das Bedenkliche ist: Fraget seine rechtschaffenen Jünger, ob sie etwas von Verdienst, von besondern Taten, Kraft, Talent bei sich zu rühmen wissen, o sie bekennen alle, daß sie nichts sind, Kranke, die sich in ihres Königs Kur befinden, die nichts zu rühmen wissen, als eine Gnade, seine Treue. Und so geht also das Reich Gottes in den Tiefen der Herzen fort durch Demütigungen, durch mancherlei Elend. Das aber eben ist ein Hauptärgernis für den fleischlichen Sinn der Menschen, die immer lieber fliegen als kriechen möchten, obwohl das letztere unserer Natur viel angemessener ist. O, wären es edle, gewaltige, kluge Leute, wie man sie in der Welt haben muß, so würde man sich an den Reichsgenossen Christi nicht stoßen, aber so niedrig, oft so schwach, das ist dem hochmütigen Menschensinn zuwider. Und doch ist dies – recht betrachtet, eine Anzeige der Kraft des Reiches Christi. Dies bedenkt aber die Welt nicht. Wie – denkt der Vornehme – soll ich in ein Reich, in ein Bündnis und Brüderschaft mit dem gemeinen Pöbel treten? Wie, denkt der Gelehrte, soll ich mit meiner Wissenschaft ungebildete Leute als meine Brüder betrachten? Den Vornehmen sind sie zu gering, den Gelehrten zu ungelehrt, den Weltklugen zu einfältig, den Reichen zu arm, den guten Gesellschaftern zu melancholisch, kurz, wie der Apostel sagt, ein Ekel der Welt. Aber lasset uns hinausziehen, meine Brüder, und die Schmach des Heilandes tragen, so lange sie Schmach Christi ist. Ja ich will lieber, viel lieber Türhüter sein in meines Gottes Hause, als lange wohnen in der Gottlosen Hütten. Und wie werden die Stolzen einst erschrecken, wenn Christus der geringsten unter seinen Brüdern sich nicht schämen wird!

Held und Haupt, du wähltest dir auch die Hülle; herrschen, glänzen war ja hier nicht dein Wille. Unter Leiden sah man dich auf deiner Heldenbahn stumm und stille.

Wie der Held, so seine Schar hier auf Erden. Denn sie soll ihm ganz und gar ähnlich werden; als ein Rätsel jedermann folgen still auf seiner Bahn seine Herden.

Schwaches Volk, zum heilgen Streit auserlesen! Mutig, es ist nimmer weit zum Genesen. Deines Helden Ehrentag wird das Rätsel deiner Plag schnell auflösen.

20. Mai:

5. Mose 27,26

Verflucht sei, wer nicht alle Worte dieses Gesetzes erfüllt, daß er danach tue! Und alles Volk soll sagen: Amen.

Dies ist nun freilich alttestamentlich und bezieht sich auf das Gesetz, das durch Moses gegeben wurde. Aber es ist doch nicht ein Ausspruch Gottes, der nur auf die Gestalt des Gesetzes paßte und nun durch den Anbruch des neutestamentlichen Tages aufgehoben wäre, sondern dieses Wort Gottes ist aus der Heiligkeit Gottes unmittelbar herausgeflossen und bleibt unwandelbar. Verflucht ist jeder, der nicht das ganze Gesetz erfüllt; verflucht ist der Mensch, der in einem einzigen Gebote fehlt, wenn er auch alle übrigen erfüllt; verflucht ist der, welcher, wenn er auch sonst nichts Unrechtes verübt hätte, nur mit einem einzigen Gedanken sich verfehlen sollte (was eine Unmöglichkeit ist): aber diese einzige in unsern Augen gering geachtete Sünde würde ihn, so er nicht Vergebung darüber fände, der höllischen Verdammnis überliefern (Jak 2,10). Dies ist das Gesetz der Heiligkeit des Gottes, vor welchem jede Sünde ein Greuel ist. Er ist ein Licht, und ist gar keine Finsternis in ihm. Er ist die reinste, lauterste Heiligkeit; die vier heiligen Wesen, die vor seinem Thron stehen und in die ewigen Abgründe seiner Gottesvollkommenheiten hineinblicken können, indem sie von einem Abgrund in den andern sehen, nichts entdecken als lauter Heiligkeit; sie rufen daher unaufhörlich: »Heilig, heilig, heilig ist Gott!« Dieses allerreinste, allerlauterste Wesen kann sich aber mit dem Unreinen, mit der Finsternis nimmermehr vermengen, nur was ohne Flecken und Finsternis ist, kann in Gemeinschaft mit demselben treten; alles andere wird von ihm ausgestoßen, kann nicht bleiben vor dem Angesicht dieser Heiligkeit, ist ein Greuel vor ihm, ist verstoßen und ein Fluch vor ihm, der Zorn des Lebendigen bleibt auf ihm. Darum ist's heute noch wahr und wird wahr bleiben, so lange Gott Gott ist: »Verflucht sei, wer nicht gehorcht den Worten dieses Bundes, ...«

Doch mußt's Gesetz erfüllet sein, sonst wär'n wir all verdorben, drum schickt Gott seinen Sohn herein, der für uns ist gestorben. Das ganz Gesetz hat er erfüllt, damit des Vaters Zorn gestillt, der über uns ging alle.

Und weil es nun erfüllet ist durch den, den Gott erlesen, so lerne jetzt ein frommer Christ des Glauben rechtes Wesen, der spricht: Du lieber Herre mein, *dein Tod soll mir das Leben sein;* du hast für mich bezahlet.

Daran ich keinen Zweifel trag, dein Wort kann nicht betrügen, nun sagst du, daß kein Mensch verzag, des kannst du nimmer lügen: Wer glaubt an mich und wird getauft, dem ist der Himmel schon erkauft, daß er nicht werd verloren.

21. Mai: Offenbarung, 1,7

Siehe, er kommt mit den Wolken ...

Mit dem »siehe« will uns Johannes recht aufmerksam machen auf das, was er zu sagen habe. Merket auf, höret mir doch zu, präget es euch doch recht tief ein. Wir bemerken überhaupt, daß die heilige Schrift das Wörtlein »siehe« gebraucht, wenn sie auf etwas recht deutlich hinweisen will, namentlich wenn sie etwas, das im Sichtbaren geschehen soll, recht augenscheinlich darstellen will, so Sach 9,9: »Siehe, dein König kommt zu dir«, als wollte er sagen: mache deine Augen doch recht auf, ziehe sie zurück von allem, was dich zerstreuen und von diesem großen Anblick abbringen könnte. Und es ist sehr nötig, dieses Wörtlein »siehe« hier. Wenn es hieße: Es werden nächstens die Schweizerberge einfallen, oder es werden nächstens die Bäume im Wald Trauben tragen, so brauchte es kein »siehe«; ein solches Wort würde die Aufmerksamkeit der Menschen sogleich in Anspruch nehmen, daß sie sogleich entweder darüber lachten und sich darüber hinwegsetzten, oder in Furcht und Schrecken oder in Hoffnung gerieten. In Absicht auf sichtbare Dinge braucht's kein »siehe«; da ist alles Auge und Ohr, aber in Absicht auf den Herrn Jesum und sein Wiederkommen braucht's ein »Siehe«, denn das glauben die wenigsten Menschen, und wenn sie es glauben, so sind sie imstande und schlafen in ihrem Sündenschlafe, in ihrer Schlaffheit fort. »Jesus kommt«, sagt man zu ihnen, und »wen er nicht wachend antrifft, der wird verworfen«, so sagen sie: er kommt, aber er wird nicht so geschwind kommen, man wartet schon so lange auf ihn, und wenn er kommt, so will ich mich schon noch bereiten, mit einem Wort: man fühlt es ihnen an, es macht keinen Eindruck auf sie. Und so ist es selbst bei solchen, die von der Wahrheit angefaßt sind. Auch diese haben bei weitem von dem Kommen, von der Erscheinung des Herrn den Eindruck nicht, den sie haben sollten. Welch heiliger Ernst, welche Scheu vor allem, was Welt heißt, welche Achtsamkeit sollte sich ihrer bemächtigen, wenn sie gleich wären den Knechten, die auf ihren Herrn warten! Aber sie haben auch noch nicht hinlänglich gelernt von dem Sichtbaren hinweg auf das Unsichtbare zu sehen. Darum »siehe«.

Amen! Amen! Herr Jesu Christ, der du zur Rechten Gottes bist! Behalt uns fest bei deinem Wort und wehr des Teufels Trug und Mord! Halleluja!

Komm, lieber Herr, komm, wann es Zeit, zu dem Gericht in Herrlichkeit! Führ uns aus diesem Jammertal bald in den ewgen Freudensaal. Halleluja!

Amen singn wir noch einmal, und sehen uns in deinem Saal; da wird in deiner Engel Reihn das Amen ewig Amen sein. Halleluja!

22. Mai:

Johannes 6,51

Ich bin das lebendige Brot, das vom Himmel gekommen ist. Wer von diesem Brot ißt, der wird leben in Ewigkeit. Und dieses Brot ist mein Fleisch, das ich geben werde für das Leben der Welt.

»Ich glaube, daß Jesus Christus, wahrhaftiger Gott und wahrhaftiger Mensch, sei mein Herr, der mich verlornen und verdammten Menschen erlöset hat, erworben und gewonnen von allen Sünden, vom Tod und von der Gewalt des Teufels, nicht mit Gold oder Silber, sondern mit seinem heiligen teuren Blut und mit seinem unschuldigen Leiden und Sterben, auf daß ich sein eigen sei und in seinem Reich unter ihm lebe, und ihm diene in ewiger Gerechtigkeit, Unschuld und Seligkeit, gleichwie er ist auferstanden von den Toten, lebt und regiert in Ewigkeit« – in diesem Bekenntnisse liegt alles, was wir von Jesu Christo zu denken haben. Wer aus gründlicher Erfahrung also sprechen kann und auf dieses Bekenntnis hin lebt, der lebt wohl, und wer auf dieses Bekenntnis hin stirbt, der stirbt wohl; denn er denkt recht von Christo und hat auf den Fels gebaut.

Der Herr wolle uns alle diesen Grund finden lassen! Amen.

Du, unser auserwähltes Haupt, an welches unsre Seele glaubt, laß uns in deiner Nägelmal erblicken unsre Gnadenwahl, und durch der aufgespaltnen Seite Schrein führ unsre Seele aus und durch und ein.

Dies ist das wundervolle Ding: Erst dünkt's für Kinder zu gering, und dann zerglaubt ein Mann sich dran und stirbt wohl, eh er's glauben kann. Das ist die Losung hier vom kleinen Heer, das ist der Psalm dort am kristallnen Meer.

So lange eine Menschheit ist, so lange Jesus bleibt der Christ, so bleibet dies das A und O vom ganzen Evangelio, und daß es Gottes Kraft und Weisheit ist, das wißt ihr alle, die ihr Wahrheit wißt.

23. Mai: Matthäus 22,41.42

Als nun die Pharisäer beieinander waren, fragte sie Jesus: Was denkt ihr von dem Christus?

Das ist die allerwichtigste Frage, die man an einen Menschen stellen kann, von deren richtiger Beantwortung alles Heil, alles Leben, alle Seligkeit eines Menschen abhängt in der Zeit und in der Ewigkeit, eine Frage, deren Beantwortung den Himmel auf ewig verschließen oder auch öffnen kann; eine Frage, bei welcher wir uns nicht ruhig zum Schlaf niederlegen sollten, bis wir gewiß sind, wir können dieselbe herzmäßig, wahrhaft, gründlich, aus Erfahrung beantworten. Wenn einer vermittelst einer Kunst oder eines Handwerks sich in dieser Welt durchbringen, Weib und Kinder ernähren, und sich ehrlich und redlich durchschlagen will, so ist doch gewiß eine sehr vernünftige Frage, die er an sich selber machen kann, diese: Verstehe ich auch meine Kunst? Bin ich auch Meister darin? Werde ich mich und die Meinigen auch damit ernähren können? Wenn einer sich ein Bauerngut, Äcker und Wiesen und Weinberge kaufen, und auf diese Art sein Fortkommen in dieser Welt suchen will, was ist natürlicher, als daß er sich vorher untersucht, ob er auch diesem Geschäft gewachsen ist, dasselbe versteht, ob er auch im Stande ist, Äcker und Weinberge und Wiesen und was zur Landwirtschaft gehört, nach der Ordnung zu behandeln? Solcherlei Untersuchungen findet man sehr natürlich und notwendig; aber viel notwendiger ist die Untersuchung, die ein jeder mit seinem Herzen anstellen soll: was denke ich denn von Christo? Wir sind Menschen, zur Ewigkeit geboren; wir haben eine unsterbliche Seele, die ihre Bedürfnisse hat, ihre schreienden Bedürfnisse so gut als der Leib; mit jedem Tag, mit jeder Stunde rücken wir der Ewigkeit näher; dieser Leib ist in einem beständigen Verzehrungsprozeß begriffen; dazu sind wir Sünder, vor Gott verschuldet, und »wie den Menschen bestimmt ist, einmal zu sterben, danach aber das Gericht:« – Es ist also sehr wichtig, unter diesen Umständen zu wissen: *was für Gedanken wir von Christo haben,* wie wir mit ihm stehen, ob er uns der Mann geworden ist, zu welchem ihn der Vater allen Menschen machen will.

Nun bitten wir den Heiligen Geist um den rechten Glauben allermeist, daß er uns behüte an unserm Ende, wenn wir heimfahrn aus diesem Elende. Kyrieleis.

Du wertes Licht, gib uns deinen Schein, lehr uns Jesum Christ kennen allein, daß wir an ihm bleiben, dem treuen Heiland, der uns bracht hat zum rechten Vaterland. Kyrieleis.

24. Mai: Apostelgeschichte 2,1–4

Und als der Pfingsttag gekommen war, waren sie alle an einem Ort beieinander. Und es geschah plötzlich ein Brausen vom Himmel wie von einem gewaltigen Wind und erfüllte das ganze Haus, in dem sie saßen. Und es erschienen ihnen Zungen, zerteilt, wie von Feuer; und er setzte sich auf einen

jeden von ihnen, und sie wurden alle erfüllt von dem heiligen Geist und fingen an, zu predigen in andern Sprachen, wie der Geist ihnen gab auszusprechen.

Es sind nun fast achtzehnhundert Jahre, seitdem dieser erste Pfingsttag gefeiert wurde, als das Feuer Gottes zuerst zu brennen anfing auf dieser kalten Erde. Aber ist denn jetzt das Feuer erloschen, brennt es nimmer fort? Ja, ja, es brennt noch fort, denn »Ich bin gekommen«, spricht der Herr, »ein Feuer anzuzünden auf Erden«, und Petrus sagt: »Denn euch und euren Kindern gilt diese Verheißung, und allen, die fern sind, so viele der Herr, unser Gott, herzurufen wird.« O liebe Brüder, unter denen, die ferne sind, sind wir ja auch verstanden. Ach, dieses göttlich große Wort: »Alle, die fern sind«, – reicht ja auch auf uns herab, reicht hinaus auf unsere Kinder und Nachkommen, reicht hinein in die fernsten Zeiten, die noch etwa kommen möchten, auf die letzten Tage, wo der Herr ausgießen wird seinen Geist über alles Fleisch, und alle von Gott gelehrt sein werden. Zwar würden wir allerdings uns irren, wenn wir die nämlichen Wirkungen des Geistes erwarteten, wie am ersten Pfingstfeste; es waren dies außerordentliche Wirkungen, und notwendig zum Beruf der Apostel und für die erste Zeit. Solches also wird wohl der Geist schwerlich bei uns wirken, wiewohl – wer kann ihm wehren, wer kann ihm Maß und Ziel setzen? Er tut, was er will; er rüstet aus, und was er will, und was er schenkt, ist lauter Güte Gottes, lauter Lohn der sauren Arbeit Jesu Christi. Aber bis jetzt hat er seit der apostolischen und der gleich darauf folgenden Zeit nicht mehr durch solche außerordentliche Gaben gewirkt. Ach wenn es ihm nur gefiele, – das wäre etwas viel Größeres und Köstlicheres – uns, die wir heute das Pfingstfest feiern, den Geist der Gnade und des Gebets auf's Neue mitzuteilen und uns aus unsern eigenliebigen Verschanzungen heraus in das Licht der Wahrheit hinein zu versetzen; wenn es ihm nur gefiele, die Liebe Gottes auszugießen in unser armes, leeres Herz; wenn es ihm nur gefiele, uns aus unserer Blindheit und Verstocktheit, aus unserem Unglauben heraus und in die Fülle Christi hinein zu führen; wenn es ihm nur gefiele, das steinerne Herz aus unserer Brust hinwegzunehmen und ein fleischernes Herz uns zu schenken, das Christum liebt und Christo dient! Wisset ihr, was ich euch wünsche als Frucht des Pfingsttages? –

Ein von seinem Tod und Schmerz
gänzlich hingenommnes Herz.

Das wünsche ich euch; ein von Christi Tod und Leiden durchdrungenes Herz, das nichts anderes weiß, als Jesum Christum, den Gekreuzigten, das ihn über alles liebt, das sagen kann: ich habe nur eine Passion, nur eine Leidenschaft, nur ihn, nur ihn!

O daß doch bald dein Feuer brennte, du unaussprechlich Liebender und bald die ganze Welt erkennte, daß du bist König, Gott und Herr!

Erwecke, läutre und vereine des ganzen Christenvolkes Schar, und mach in deinem Gnadenscheine dein Heil noch jedem offenbar.

Du unerschöpfter Quell des Lebens, allmächtig starker Gotteshauch, dein Feuermeer ström nicht vergebens; ach zünd in unsern Herzen auch!

25. Mai:

Apostelgeschichte 2,1.2

Und als der Pfingsttag gekommen war, waren sie alle an einem Ort beieinander. Und es geschah plötzlich ein Brausen vom Himmel ...

O wie fein tut Gott alles zu seiner Zeit! Er hat alles in Zeit und Ordnung gefaßt. »Wer hat des Herrn Sinn erkannt, oder wer ist sein Ratgeber gewesen?« Den Aposteln hätte die Zeit von der Himmelfahrt bis zu Pfingsten lang werden können; sie hätten denken können: Der Herr hat es doch verheißen, nicht lange nach diesen Tagen werden wir mit dem heiligen Geiste getauft werden, und nun sind schon zehn Tage vorbei; – aber so dachten sie nicht: sie überließen sich kindlich der Führung ihres zur Rechten Gottes erhöhten Herrn; sie trauten seiner Weisheit, Macht, Wahrhaftigkeit, Liebe und Erbarmung und ließen sich das Warten nicht gereuen, und so kam denn endlich zu rechter Zeit die Verheißung des Vaters. Vielleicht ist auch eine solche Seele unter uns, die auf ihren Pfingsttag, auf die Gnadenheimsuchung des Herrn wartet, die vielleicht schon lange darum geschrien, geseufzt und gebetet hat. Aber nur getrost, nur unverzagt, lieber Mensch! Siehe, ein Pfingstfest sollst du nicht eher feiern, als an dem Tage, da der Herr es für gut findet. Laß nur nicht nach, zu bitten und auszuharren und die Zeit abzuwarten. Du wirst zuletzt sehen, wie sich der Herr an seinem großen Erntefest an dir verherrlicht. Am ersten Pfingstfeste hat er bereits einen Teil seiner blutigen Aussaat eingeheimst; da hat er ein Erntefest gefeiert von dem, was er mit blutigem Schweiß und schmachvollem Kreuzestode ausgesäet hatte. Das war ein großer Erntetag; ach, daß er auch unter uns eine rechte Ernte finden möchte!

Warten wird doch nie gereuen, sondern noch zuletzt erfreuen, wenn uns Gott sein Wort erfüllt, – wenn nach manchen Prüfungsstunden sich der Zeitpunkt eingefunden, der des Herzens Sehnsucht stillt.

Warten mußten alle Väter, bis der große Schlangentreter nach viertausendjährger Frist, da sie Christum nur im Schatten und in der Verheißung hatten, selbst im Fleisch erschienen ist.

Nun wohlan, ihr wahren Christen, die ihr jetzt noch in der Wüsten auf das Reich zu warten habt: Wartet ferner in der Stille und genießt aus Jesu Fülle, was mit Trost die Seelen labt.

Gottes Werk in euren Seelen reifet ohne eignes Quälen nach und nach zur schönsten Frucht, wenn ihr wartend und gelassen Gottes Strahlen aufzufassen und im Licht zu wandeln sucht.

26. Mai: Johannes 5,22.23

> **Denn der Vater richtet niemand, sondern hat alles Gericht dem Sohn übergeben, damit sie alle den Sohn ehren, wie sie den Vater ehren. Wer den Sohn nicht ehrt, der ehrt den Vater nicht, der ihn gesandt hat.**

Es ist nun einmal der Wille des Vaters, daß durch den Sohn alles gehe, daß derselbe, durch den er die Welt gemacht hat, auch der große Wiederhersteller der gefallenen Welt sein soll; es ist des Vaters Wille, daß der Sohn das Oberhaupt sein soll über alles, das genannt werden mag im Himmel und auf Erden, daß alle gefallenen Geister nur im Sohn sollen ihre Seligkeit suchen und finden, daß man den Sohn ehren soll, wie man den Vater ehrt, und daß, wer nicht glaubt an den Sohn Gottes, geoffenbart im Fleisch, über solchem der Zorn Gottes bleibe. Der Vater hat zum Sohn gesagt: »Setze dich zu meiner Rechten, bis ich deine Feinde zum Schemel deiner Füße mache«. Wer sich nun dieser Ordnung Gottes widersetzt, ihr sich nicht fügt, wer meint, er sei zu klug dazu, wer meint, er sei über das hinausgewacnsen mit seinem Verstand; wer also dem Heiland, dem Sohn, die Ehre nicht gibt, die ihm gebührt, und beugt sich nicht als ein armer Sünder unter den, der gekommen ist, Sünder selig zu machen; wer seine Seligkeit und alle Gnade und alles göttliche Leben und alle Vergebung der Sünden und alles, was seine unsterbliche Seele bedarf, nicht von dem Sohne holen will, sondern sucht andere Wege und Künste; wer in den Schafstall hineinkommen will, aber nicht durch die Türe, die da heißt Jesus Christus, – der ist ein Dieb und Mörder, und wird eines Diebes und Mörders Lohn empfangen. »Wer aber nicht glaubt« – sagt der Heiland – »der wird verdammt werden«, d.h. der hat keine Gnade, keine Barmherzigkeit zu hoffen; alles was er sich vorstellt von Barmherzigkeit Gottes, ist ein eitler Traum und Wahn, er hat nichts anderes zu erwarten, als daß er von dem Richter der ewigen Finsternis und Feuerqual wird zugewiesen werden. Schrecklich aber ist es, in die Hände des lebendigen Gottes zu fallen.

Hochgelobet seist du, Jesu Christ, Gottes Sohn; ein lieber Gast kommst du von dem himmlischen Thron zu uns herab auf Erden, für uns Mensch zu werden; des freun wir uns zumal, und empfangen dich all, o milder Heiland!

Dein Ausgang von oben hat besucht uns Sünder, willst aus Gnaden begaben deine lieben Kinder, mit himmlischem Reichtum zieren dein Eigentum, den Armen, Elenden all dein Gut zuwenden, o milder Heiland!

27. Mai: 1. Petrus 1,22

Habt ihr eure Seelen gereinigt im Gehorsam der Wahrheit …

Man kann das ganze Werk der Bekehrung eine Hineinführung des Menschen in die Wahrheit nennen. Wir sind von Natur so aufgebläht, daß wir unsere armseligen Heller für

Dukaten halten. Durch unzählige Erfahrungen und Demütigungen lernt der Mensch zuletzt, daß die vermeintlichen Dukaten nichts seien denn rote Heller. Und wenn er dieses einsieht, steht er in der Wahrheit und in der Demut. Es ist aber dies bei manchen eine Weisheit, zu der sie nur nach vielen Jahren gebracht werden. Wir stecken eben voll Eigenliebe, und in dieser Eigenliebe sind wir eher geneigt, die Offenbarungen des Geistes der Wahrheit für Spiegelfechtereien zu halten, bevor wir unsere hohen und guten Gedanken von uns selber aufgeben. Darum möchte sich ein mancher bereden, der Geist Gottes stelle ihm seine Schlechtigkeit und Verwerflichkeit nur deswegen so groß vor die Augen seines Gemüts, um ihn zu demütigen; er sei aber in der Wahrheit nicht so schlecht. Er sagt deswegen: ich *fühle* mich gegenwärtig so undankbar gegen Gott, so verwerflich, so träge zum Gebet, so lau und kalt in der Liebe gegen den Heiland usw.; aber lieber Mensch, du darfst kecklich sagen: ich bin's, nicht: ich fühle mich. Du bist es; denn der Geist Gottes, der dich züchtigt, ist ein Geist der Wahrheit.

O lasset uns nur aufmerken auf die Stimme des Worts und des Geistes Gottes, so werden wir gewiß zuletzt klein in uns selber und wahr werden, und was Satan in uns selber ausgerichtet hat, wird weichen müssen. Denn mit einem wahren Christen geht es immer, wie man sagt, hinter sich; er wächst und wurzelt unterwärts; er erkennt täglich deutlicher seine Schwachheit und Sünde, wird täglich ärmer am Geist. Dies ist nun freilich ein Weg, der dem hochmütigen Herzen nicht gefällt, eine bittere Arznei für das Fleisch, aber süß für den Geist; denn nur in der Wahrheit ist Seligkeit. Die Hungrigen füllt er mit Gütern und lässet die Reichen leer. Nur die *Armen* taugen in das Reich der Wahrheit und Demut, die andern gehören mehr oder weniger unter die losen Verächter!

Herzenskündiger, du mein Gott und Herr, ach du weiß es, wie ich's meine, was ich bin und was ich scheine; meines Herzens Grund ist dir klar und kund.

Urquell alles Lichts, dir verhüllt sich nichts. Wollt ich dir auch nichts bekennen, würdest du mich doch erkennen, ja du kennest mich besser noch als ich.

Und du siehst mich an. Heilger, wer kann deiner Augen Blick ertragen, ohn an seine Brust zu schlagen; geh doch in's Gericht mit dem Sünder nicht!

28. Mai: Johannes 6,53

Wenn ihr nicht das Fleisch des Menschensohnes eßt und sein Blut trinkt, so habt ihr kein Leben in euch.

Was ist dieses arme Leben ohne Christus? Was ist es, wenn man ihn nicht hat, ihn nicht liebt, an ihn nicht glaubt, wenn das Herz nicht in ihm seine Befriedigung und Nahrung sucht, wenn man also keinen Heiland hat, was ist dann dieses arme Leben? Man wird geboren; man wird geschult; man hat viele Mühe und Arbeit; man muß sich entsetzlich abmühen und zerarbeiten, bis man hinaussieht in seinem äußerlichen Fortkommen; man strebt nach Vergnügungen; man malt sich dieselben als Wunder wie vortrefflich vor, so lange man sie nicht hat, und hat man sie, so ist das arme Herz doch nicht befriedigt. Zu diesem kommt mancher Strich durch gute Rechnung, manche Plage, der man nicht ausweichen kann; man schleppt sich darunter; man murrt darunter; man begehrt und wünscht bessere Tage; inmittelst wird man alt und immer älter; die Kräfte nehmen ab, und der arme Geist soll in die Ewigkeit. Man wünscht; man sucht; man hofft; man ist überdrüssig; man wünscht wieder, sucht aufs Neue, treibt sich um, greift dies und das an, sucht Ruhe und findet sie nicht. Sehet, das ist das Leben ohne den Heiland in der Welt; es hat keinen Wert, keine Bedeutung, keinen Halt. Was ist es denn auch, wenn du ein paar hundert oder tausend Gulden zusammengespart hast, daß du deinen Kindern etwas hinterlassen kannst? Wenn sie vor dir liegen, diese paar tausend Gulden auf einem kleinen Klumpen, und der Heiland würde zu dir sagen: Das ist also der Zweck deines Lebens gewesen? Um dieses also hast du gearbeitet und gesorgt Tag und Nacht? Über diesem elenden Klumpen Silber oder Goldes hast du mich vergessen und nicht bedacht, daß ich dich erkauft habe, nicht mit Gold oder Silber, sondern mit meinem teuren Blut? Diesem Klumpen, den du mit deinen Füßen hinwegstoßen kannst, hast du geknechtet so viele Jahre her, und deiner Seele ewiges Heil vergessen, vergessen, daß es dem Menschen nichts hülfe, wenn er auch die ganze Welt gewönne, und nähme doch Schaden an seiner Seele – was könntest du da antworten? Wie würdest du da bestehen?

Du Jesusname, werd in mir durch Gottes Geist verkläret, weil, was verborgen liegt in dir, kein Herz von selbst erfähret! Denn die Vernunft begreift es nicht, und ohne Gottes Gnadenlicht bleibt es unaufgeschlossen.

Laß mich empfinden deine Kraft und deine Süßigkeiten! Laß, was dein Name Gutes schafft, sich hell in mir ausbreiten, so wird der Sündennot gewehrt, so wird die Nacht in Licht verkehrt, so bin ich selig. Amen!

29. Mai:

Matthäus 5,7

Selig sind die Barmherzigen, denn sie werden Barmherzigkeit erlangen.

Man ist mit nichts leichter in der Welt fertig, als mit dem wohltuenden und schmeichelhaften Zeugnis über sich selbst, daß man barmherzig sei. Man sieht, hört, liest etwas von einem Elenden, Hilflosen, der unter dieser oder jener Last des Lebens seufze, es regt sich Mitleiden im Herzen, man greift in seine Geldkasse hinein, in welcher, ich will sagen 1 000 Taler liegen, und nimmt einen halben Gulden oder noch mehr heraus, und gibt sich dann das löbliche Zeugnis: o wenn nur alle Menschen so ein gutes Herz hätten wie ich. – Andere haben von Natur ein weiches empfindsames Wesen, sie können kein Tier, geschweige denn einen Menschen leiden sehen, sie weichen dem ihr Gefühl angreifenden Anblick entweder aus oder suchen sich des unangenehmen Eindrucks durch eine schnelle Hilfe zu entledigen, und diese Empfindsamkeit, die nirgends anders als in ihrem Körper oder Temperament ihren Grund hat, nennen sie Barmherzigkeit. Wie aber, wenn du mit deinen zarten oder verzärtelten Empfindungen Hand ans Werk legen, wenn du wie der barmherzige Samariter den verwundeten, blutenden, halbtoten Menschen solltest auf dein Tier laden, deine zarten Hände mit Blut oder Eiter beflecken, würde deine Barmherzigkeit nicht vielleicht in Unbarmherzigkeit sich verkehren? Und welche empörende Sprache können die empfindsamen Leute führen, wenn ein Mensch sich selbst ins Unglück gebracht hat; ein solcher armer Mitbruder hat doppelten Anspruch auf deine Barmherzigkeit und Mitleiden, denn er trägt zu seinem Unglück noch die Schuld, aber da heißt es: er ist keiner Unterstützung wert, es ist ihm recht geschehen, er hat das Unglück verdient. – Wahre Barmherzigkeit ist eben nur, wo wahre Wiedergeburt ist, wo der Hauptgrundsatz des Herzens ist: mir ist Erbarmung widerfahren. Wer erkannt hat, daß das Blut Jesu Christi für alle Sünder um Barmherzigkeit schreit, wer weiß, was es heißt, aus einem verfluchten Sünder ein Kind Gottes werden, und das alles aus lauter purer Gnade und Barmherzigkeit, der kann sich zwar auch auf Augenblicke vergessen, aber im Grund seines Herzens bleibt eine tiefe Beugung, und diese Beugung spricht sich aus in herzlichem Erbarmen über die notleidenden und in herzlichem Mitleiden gegen die fehlenden Brüder.

Um eins, mein Jesu, bitt ich dich, um das laß dich erbitten: Dein Herz, dein Herz, das gib in mich, ein Herz von guten Sitten; ein Herz, das wie ein kleines Kind, keusch, niedrig, gütig, rein, gelind, einfältig und bedächtig; ein Herz, das heimlich Leide trägt, das sich in Staub und Asche legt, ein Herz in Liebe mächtig.

Ein Herz, das Gott in Lauterkeit und seine Kinder liebe; ein Herz, das sanfte Folgsamkeit und wahre Demut übe; ein Herz, das mäßig, wachsam, klug, das ohne Murren, ohn Betrug, mit dem wohl auszukommen; ein Herz, das allenthalben frei und gar von nichts gefangen sei, die Liebe ausgenommen.

30. Mai: Matthäus 5,6

Selig sind, die da hungert und dürstet nach der Gerechtigkeit, denn sie sollen satt werden.

So lange ein Mensch nicht arm am Geist ist, so lange man noch viel Gutes an sich entdeckt, so lange der Geist Gottes einem Menschen noch nicht die Greuel seines Herzens aufdecken und das stolze Herz mürbe machen konnte, so lange ist's umsonst, es wird sich kein Hunger und Durst nach der Gerechtigkeit regen, denn so lange glaubt man, man habe die Gerechtigkeit schon, und wenn es auch hie und da fehle, so meint man den Fehler auszubessern, einen neuen Lappen auf das alte Kleid setzen zu können. Aber wenn der Geist der Wahrheit anfängt, einer Seele den unseligen Herzenszustand aufzudecken, dann wird es anders, dann entsteht ein Verlangen nach der wahren Gerechtigkeit, und dieses Verlangen wächst, je tiefer man sein Verderben einsieht, bis es zu einem Hunger und Durst wird, so daß man mit David ausruft: Meine Seele dürstet nach Gott, nach dem lebendigen Gott; wie ein Hirsch schreiet nach frischem Wasser, so schreiet meine Seele, Gott, zu dir. Das ist der Hunger und Durst nach der Gerechtigkeit, nach einem neuen Leben, nach einer neuen Kreatur, da geht es an ein Bitten: Gib mir, Gott, ein reines Herz und einen neuen gewissen Geist. Und das ist ein seliger Zustand, wenn ein Mensch recht in dieses Hungern und Dürsten hineingerät. Die Welt weiß nichts davon, blind und stolz dient sie ihren Götzen, sie will auch selig sein, aber sucht ihre Seligkeit im Eitlen, im Vergänglichen, in der Lüge, in der Finsternis, in dem, das da nicht bleibet. Selig, die da hungert und dürstet nach Gerechtigkeit. In dem Hungern und Dürsten liegt schon das Angeld für die Befriedigung und Sättigung. Der, welcher den Hunger und den Durst gewirkt hat, der wird auch Sättigung geben, sie sollen satt werden, satt an dem lebendigen Wasser, das Christus darreicht, satt an dem Brot des Lebens, das er selber ist, wie er spricht: wer von dem Wasser trinken wird, das ich ihm geben werde, den wird ewiglich nicht dürsten.

Ich will von nun an nichts andres sein, als nur was am Kreuz für mich geschehn. Das ist meine Freude, mein Heil und Leben, denn meine Sünden sind mir vergeben durch Christi Blut.

Das beste Bild steht auf Golgatha! Herz und Augen bleibt immer noch da! Schaut den Mann der Schmerzen vom Haupt zum Fuße! Freut euch ewig der schweren Buße, die Jesus tat!

O Blut des Bundes, mach heilig mich! O Lebenswasser, ich trinke dich! Ja himmlisches Brot, dich muß ich essen! Gestillt, gesättigt werd ich vergessen, was mich noch drückt.

31. Mai: 1. Johannes 4,16

Gott ist die Liebe, und wer in der Liebe bleibt, der bleibt in Gott und Gott in ihm.

Wie soll man das Herz Gottes beschreiben, die ewigen, die zärtlichen Erbarmungen, die sich in dem Vaterherzen regten und regen gegen ein fluchwürdiges Sündergeschlecht? Dies ist nicht möglich. Paulus führt die Epheser (Kap. 3,18) ein wenig hin an die Länge und Breite und Höhe und Tiefe dieser Liebe, aber sie ist unermeßlich, sie ist unausschöpflich; wie Gott unendlich ist, so ist auch seine Liebe unendlich; sie ist nicht zu beschreiben. Luther sagte: »Wenn jemand Gott wollte malen und treffen, der müßte ein solch Bild treffen, das eitel Liebe wäre, als sei die göttliche Natur nichts anders denn ein Feuerofen und Brunst solcher Liebe, die Himmel und Erde erfüllet.« Ein anderer sagte einmal: »Wenn das ganze Firmament lauter Papier wäre, so wäre es nicht genug, um die Liebe Gottes darauf zu beschreiben.« Aber dieses alles, dieses Unnennbare, dieses Unausgesprochene, dieses nie Ausgesprochene ist vereinigt, ist beisammen in zwei Silben, im hochgebenedeiten Namen Jesus. Als ein gewisser, durch sehr viele Schriften berühmter Liebhaber des Heilandes auf dem Todbette lag, soll er befohlen haben, wenn er sonst nichts mehr werde fassen können, so solle man ihm nur den Namen seines Erlösers zurufen, dies werde ihm genug Kraft und Erquickung geben. Dieser Mann hat verstanden, was im Namen Jesus liegt.

Ich bete an die Macht der Liebe, die sich in Jesu offenbart; ich geb mich hin dem freien Triebe, wodurch ich Wurm geliebet ward; ich will, anstatt an mich zu denken, ins Meer der Liebe mich versenken.

O Jesu, daß dein Name bliebe im Grunde tief gedrücket ein! Möcht deine süße Jesusliebe in Herz und Sinn gepräget sein! Im Wort, im Werk und allem Wesen sei Jesus und sonst nichts zu lesen!

Deins Vaterherzens tiefste Triebe in diesem Namen öffnen sich; ein Brunn der Freude, Fried und Liebe quillt nun so nah, so mildiglich. Mein Gott, wenn's doch der Sünder wüßte! Sein Herz alsbald dich lieben müßte.

1. Juni:

Römer 12,1

Ich ermahne euch nun, liebe Brüder, durch die Barmherzigkeit Gottes, daß ihr eure Leiber hingebt als ein Opfer, das lebendig, heilig und Gott wohlgefällig ist. Das sei euer vernünftiger Gottesdienst.

Ein begnadigter Jünger des Heilands, der im vorigen Jahrhundert lebte, sagt einmal in einem Liede:
Herr, fließt ein Tropfen Bluts durch meiner Adern Bach,
der nicht dein eigen ist, den treffe deine Rach!

Das heißt keck, das heißt entschieden, das heißt ganz gesprochen. Freilich könnte man daran sich stoßen und denken: Ach, wenn das zum Seligwerden erforderlich ist, wenn eine solche Gesinnung die Gesinnung eines Jüngers Christi sein muß, wer kann da noch selig werden? Wer möchte es da wagen, dem Heiland nachzufolgen, wenn dies zur rechtschaffenen Nachfolge Jesu gehört? So möchten etwa schüchterne Seelen denken. Die Vernunftsgeister und Weltlinge aber möchten etwa dabei denken: diesem

Manne ist es mit jenem Worte nicht ernst gewesen; er hat es eben in einem Aufschwung der Phantasie oder in einem Anflug von geistlicher Hitze gesagt; es ist übertrieben und verstiegen, denn wenn man nüchternen Sinnes, wenn man nicht gerade in einem dichterischen Traume begriffen ist, kann man nicht so reden. Nun, was wollen denn wir zu diesem Ausspruch sagen? Ist es so, soll das die Gesinnung eines Jüngers Christi sein, oder ist es nicht so? Ich muß sagen: ich glaube, daß dieser Mann recht gesprochen und den Sinn des Heilandes getroffen hat. Er wollte nicht sagen, daß er ohne Sünde sei, daß er keinen alten Menschen mehr an sich habe, aber er war von brennender Liebe gegen den Heiland so durchdrungen und hingenommen, daß er nichts mehr für sich selbst zu sein wünschte, sondern allein in seinem Herrn und Meister, Jesu, sein und wirken wollte. Aus dieser brennenden Liebe gegen den Heiland nun floß es heraus, daß er jeden Tropfen Bluts in den Abgrund der Hölle verwünschte, der nicht für Christum in seinen Adern flösse. Das ist der echte Sinn gegen den Heiland. Denselben fordert auch der Apostel Paulus in unserem Spruch.

Herr, du hast mich gefunden, hier bin ich, nimm mich hin; weil ich durch deine Wunden vom Fluch erlöset bin. Was war? Was hatte ich? Ich hatte vor dir Scheue, du hattest für mich Treue, du liefst und sandtest mich.

2. Juni: Römer 7,21

So finde ich nun das Gesetz, daß mir, der ich das Gute tun will, das Böse anhängt.

Die Sünde ist kein Kleid, das man aus- und anziehen kann nach freiem Belieben; sie steckt viel tiefer; ihre Wurzeln sind mit unserem innersten Geistesleben verwoben; ja wenn einer sein ganzes Leben damit zubrächte, aus eigener Kraft von einer Sünde los zu werden, so würde es ihm nicht gelingen, und er müßte bekennen, daß er vergeblich gearbeitet und seine Zeit unnütz verschwendet habe. Ich will den Fall setzen, du wolltest die Eigenliebe aus deinem Herzen ausrotten, und es gelänge dir, Meister zu werden über die groben Ausbrüche derselben, und du brächtest es aus eigener Kraft, was aber unmöglich ist, so weit, daß du keinen Gefallen mehr an dir selber hättest, was würde die Folge davon sein? Antwort: Du würdest einen Gefallen daran haben, daß du keinen Gefallen mehr an dir hast, daß du es so weit gebracht hast in der Ertötung deiner Eigenliebe, und so würde das zweite Übel ärger denn das erste; denn vorher warst du ein hochmütiger Sünder, nun wärest du ein hochmütiger und eigenliebiger Heiliger; diese aber sind ein größerer Greuel vor Gott als jene. Aber versuch' es nur einmal, weihe dich der Tugend nur eine Woche lang in wahrhaftigem Ernst und mit Aufrichtigkeit gegen dich selbst. O, wenn die Leute, welche so viel von der Tugend reden, nur einmal ernstlich versuchten, das in's Werk zu setzen, was sie reden, so könnten sie noch zur Erkenntnis der Wahrheit, zur Erkenntnis ihrer Jämmerlichkeit und ihres Elends, und zur Erkenntnis der Unentbehrlichkeit Christi gelangen, und vielleicht auf diese Art zu einer wahren Bekehrung hindurchdringen.

Die Sünd wird durch's Gesetz erkannt, schlägt das Gewissen nieder; das Evangelium kommt zur Hand und stärkt den Sünder wieder; er spricht: »Eil nur zum Kreuz herzu, denn im Gesetz ist keine Ruh mit allen seinen Werken.«

3. Juni: Matthäus 8,34

Und als sie ihn sahen, baten sie ihn, daß er ihr Gebiet verlasse.

Der Heiland hatte in der Gegend der Gadarener zwei Besessene gesund gemacht und den Teufeln erlaubt, in die daselbst weidende Herde Schweine zu stürzen, und die ganze Herde hatte sich mit einem Sturm in's Meer gestürzt und war im Wasser ersoffen. Darüber erschreckt und entrüstet, ging die ganze Stadt heraus Jesu entgegen und bat ihn, da sie ihn sahen, daß er von ihren Grenzen weichen möge. Wo der Heiland sonst hinkam, war er ein willkommener Gast, überall ließ man ihn nicht nur mit Freuden ein, man ging ihm auch entgegen, und das Haus, in dem er einkehrte, war besonders beglückt, denn der Friede Gottes kehrte mit ihm ein und die Kraft des Höchsten. In seiner Nähe wurden alle Tränen getrocknet, alle Seufzer gestillt, die Not verschwand, und statt der bangen Sorgen brachen die Herzen in das Lob Gottes aus. Aber die Gadarener baten ihn, daß er von ihren Grenzen wiche; wenn sie ihn nicht gefürchtet hätten, hätten sie ihn wohl gar wie die Einwohner von Nazareth hinausgestoßen. Warum? Antwort: Aus dem einfachen Grunde, der Verlust ihrer Schweine hatte einen solchen nachteiligen Eindruck auf ihr Gemüt gemacht, daß ihnen der Anblick und die Anwesenheit dessen, der, wie sie glaubten, ihnen diesen Verlust zugefügt, ganz unerträglich war; ihr geringer zeitlicher Verlust ging ihnen über die Nähe des Herrn, sie liebten das Zeitliche mehr als Christum, sie waren anhänglich an das Irdische und wollten diese Anhänglichkeit, welche ihnen der Heiland gern zerstört hätte, nicht aufgeben. Ach in einem Herzen, wo die Liebe zur Welt und den Dingen dieser Welt herrscht, in einem Herzen, das an den Staub der Erde angefesselt ist, das durch die mancherlei Anhänglichkeiten der vergänglichen und eiteln Dinge dieses Lebens eingenommen und bezaubert ist, kann Jesus nicht einkehren. Fleischlich gesinnet sein ist eine Feindschaft gegen Gott. Merke es.

Du, o schönes Weltgebäude, magst gefallen, wem du willst: Deine leichtgewobne Freude ist mit lauter Angst umhüllt. Denen, die den Himmel hassen, will ich ihre Weltlust lassen; mich verlangt bei dir allein, Jesum, teures Heil, zu sein!

O möcht ich in deinen Armen Ruhe finden nach dem Streit! Für dein ewiges Erbarmen gäb ich alle Lust der Zeit! Gold und Ehr und andre Gaben wollt ich nimmer, nimmer haben: Du nur, Jesu, solltest mein, Du mein Schmuck und Reichtum sein!

Andre mögen durch die Wellen und durch Wind und Klippen gehn, ihren Handel zu bestellen, und da Sturm und Not bestehn: Ich will meine Glaubensflügel schwingen zu dem Sternenhügel; Jesu, du nur sollst allein meiner Wallfahrt Ende sein!

4. Juni: Hebräer 13,12.13

Darum hat auch Jesus, damit er das Volk heilige durch sein eigenes Blut, gelitten draußen vor dem Tor. So laßt uns nun zu ihm hinausgehen aus dem Lager und seine Schmach tragen.

Sehet Jesum an in seiner großen Liebe zu uns! Er ist ein Opfer geworden für mich, sollte es nicht auch der Wunsch meines Herzens sein, ein Opfer zu werden für ihn? Er hat sich *dahingegeben* für mich (dies ist ein tiefes, ein inhaltschweres Wort), er hat nichts für sich behalten, sich ganz und gar vergessen um meinetwillen, und ich sollte seiner vergessen, sollte nicht mich williglich ihm zum Lobopfer übergeben? Er ist für mich in den Todesstaub gelegt worden; er hat für mich Schmach und die tiefste Erniedrigung erduldet, und ich sollte noch meine Eigenliebe pflegen und groß und angesehen werden wollen in der Welt, in der er so verachtet war, ich sollte nicht alle ehrgeizigen, eitlen, ungöttlichen Gedanken in den Abgrund der Hölle verfluchen? Er hat sein Haupt dargereicht; sein Haupt war voll Blut und Wunden, voll Schmerz und voller Hohn, und ich sollte noch daherfahren mit hochmütigen Gedanken und meinen Kopf und meinen Nacken stolz und unbiegsam tragen in dieser Welt? Er hat so viele Marter und Pein an Leib und Seele erlitten, und ich sollte mich in Wollust weiden und bequeme Fleischestage suchen? Seine Hände wurden ihm durchgraben, und ich sollte die meinigen machen zu Waffen der Ungerechtigkeit? Seine Füße wurden ihm durchbohrt, und ich sollte mit den meinigen die Wege des Unfriedens und des Verderbens wandeln? Er ward nackt und bloß an's Kreuz erhöht, und ich sollte in Pracht und Eitelkeit prangen? Er hat eine ewige Gerechtigkeit erfunden mit so bittern Schmerzen, und ich sollte ihm noch seinen Ruhm rauben und eine eigene Gerechtigkeit aufrichten wollen? Ach nein, alles sei in den Staub getreten, verachtet und für Kot geachtet für seinetwillen!

Zeuch durch deines Todes Kräfte mich in deinen Tod hinein! Laß mein Fleisch und sein Geschäfte, Herr, mit dir gekreuzigt sein, daß mein Wille werde stille und die Liebe heiß und rein!

5. Juni:

Epheser 6,10

Zuletzt: Seid stark in dem Herrn und in der Macht seiner Stärke.

Das Wort Gottes, welches ist lebendig und kräftig und schärfer denn kein zweischneidig Schwert, und durchdringet, bis daß es scheidet Seele und Geist, auch Mark und Bein, und ist ein Richter der Gedanken und Gesinnungen des Herzens, – dieses Wort Gottes hat, seitdem es gepredigt wird, seine Feinde gehabt und wird sie auch behalten, bis der Her selbst kommen und die Widerwärtigen verzehren wird mit dem Geist seines Mundes. So haben sie gehaßt die Propheten, die vor Christo gewesen sind, und haben sie getötet; so haben sie den Sohn Gottes selbst umgebracht, weil seine Werke gut waren, und er ihre bösen Werke, ihre Werke der Finsternis strafte; so haben sie verfolgt die Apostel und alle jene treuen Blutzeugen des Herrn, die für sein Bekenntnis sich jeglicher Marter und jeglichem Tode unterzogen, die Spott und Geißeln, Bande und Gefängnis erlitten, die gesteinigt, zerhackt, zerstochen und durch's Feuer getötet wurden, deren die Welt nicht wert war. Und wissen wir, ob nicht diese Auftritte sich auch in unsern Tagen erneuern werden? Was läßt sich von unserer christusarmen Zeit, wo das Wort vom Kreuz zwar viele hungrige Seelen, aber ebenso viele offenbare oder heimliche Feinde, Spötter und Lästerer antrifft, was läßt sich von unserer christusarmen Zeit Gutes erwarten? Der Teufel hat einen großen Zorn. Zwar der Herr wird ihn unter seine Füße treten, wenn seine Zeit vollendet ist; aber bis jener Tag anbricht, dessen Morgenröte wir vielleicht jetzt schon sehen, da tut es not, recht fest zu stehen auf dem starken Felsen, auf welchen wir erbauet sind, auf Jesus Christus. Uns vorzüglich gilt das Wort des Heilandes: Lasset eure Lenden umgürtet sein und eure Lichter brennen, und seid gleich den Menschen, die auf ihren Herrn warten, wenn er aufbrechen wird von der Hochzeit, auf daß, wenn er kommt und anklopft, ihr ihm bald auftut! – Wie nötig ist es gerade jetzt, sich recht in die Waffenrüstung Gottes zu werfen, zu ergreifen den Harnisch Gottes, den Schild des Glaubens, den Helm des Heils und das Schwert des Geistes, welches ist das Wort Gottes, auf daß wir an dem bösen Tage Widerstand tun, die feurigen Pfeile des Teufels auslöschen, alles wohl ausrichten und das Feld behalten mögen!

Herr, habe acht auf mich und laß mich ritterlich den Kampf bestehen; wenn Satan, Sünd und Welt mich stürmend überfällt, nicht übergehn!

6. Juni:

Matthäus 18,24

Und als er anfing abzurechnen, wurde einer vor ihn gebracht, der war ihm zehntausend Zentner Silber schuldig.

Man kann sich über manche Unart vor dem Herrn beugen, man kann sich als Sünder erkennen und fühlen, daß man vor dem Angesichte Gottes nicht besteht, und es ist dies auch eine Rechnung, die Gott im Gewissen mit uns hält, aber wenn es anfängt, recht ernst zu werden, wenn das Licht Gottes in die innersten Kammern des Herzens dringt und unsere Verwerflichkeit in's Licht stellt, und man anfängt zu erkennen, daß man vor dem Angesichte Gottes ganz verschuldet ist, ja wenn die Sünden wie Berge werden, über die man nicht hinübersteigen und sich nicht hinüberglauben kann, kurz wenn der Herr anfängt zu rechnen, da kann es so werden, daß man sieht, man ist dem Herrn zehntausend Pfund schuldig, nach unserem Geld zwölf Millionen, eine ungeheure Summe. Wie mancher geht herum in dieser Welt, ist wohl gar reich und hat an allen Dingen Überfluß, und weiß es nicht, daß er so sehr verschuldet ist vor Gott, bis er dem Geiste Gottes Raum gibt und dieser ihm seine Schuld offenbart. Lieber, es sind in jedem Menschenherzen Abgründe, tiefe Abgründe, deren Dasein sich oft nur in einer bangen Unruhe, in einer Mißlaune und dergleichen offenbart, aber diese Abgründe des Gerichts und der Verdammung müssen einmal aufgehen über kurz oder lang, in diesem oder jenem Leben. Ach bitte doch den Herrn, daß sie dir nicht erst in der andern Welt oder in der Todesstunde aufgehen, diese alten Geschwüre da nicht erst aufbrechen, damit du nicht der Verzweiflung anheimfallest. Und komme und laß dich versöhnen mit Gott. Wenn deine Sünde auch blutrot wäre, wenn sie das im Geistlichen wäre, was zehntausend Pfund im Leiblichen, komme und sage dem himmlischen Vater dein Elend und bitte um Abwendung der Strafe, und er läßt dir um Deswillen, der dies Gleichnis geredet hat, um des Leidens und Sterbens Jesu willen gern das Ganze nach. Aber ernst muß es dir sein, ernst, das wieder gut zu machen, was du verdorben hast, ernst wie dem Knecht, der zwar nicht hatte zu bezahlen, aber doch den redlichen Willen hatte, es zu tun, und darum bat: habe Geduld mit mir.

Meine Rechnung ist vollendet, weil ein reicher Bürge kam, der sein teures Blut verwendet und die Zahlung auf sich nahm. Nicht ein Heller blieb mir stehen, Millionen sind gebüßt; o wie wäre mir geschehen, wenn ich selber büßen müßt!

O wie hat der Schulden Menge mich in tausend Not gebracht! Wie hat mir des Königs Strenge und mein Armsein bang gemacht! Aber Gott ließ sich erbitten, als ich ihm den Fußfall tat, weil mein Bürge in der Mitten selber für den Schuldner bat.

Nunmehr darf ich wieder leben, kein Gefängnis ficht mich an; alles hat Gott mir vergeben, alles Jesus abgetan. Darauf kann ich froh erblassen, meine Seele tröstet sich: Schuld und Strafe sind erlassen, Gott erbarmt sich über mich.

7. Juni: Römer 12,16

Haltet euch nicht selbst für klug.

Woher rührt das Vertrauen auf eigene Einsicht, diese Einbildung vom eigenen Wissen, diese eigengerechte Selbstklugheit, dieses etwas im Menschen, das sich erhebt und nur sich die rechte Einsicht, nur sich die rechte Weisheit zuschreibt? Das ist nicht von Gott, sondern vom Teufel, der zu Eva sprach: »Wenn ihr von den Früchten des Baumes esset, so werdet ihr sein wie Gott,« ihr werdet eine Erkenntnis haben wie die göttliche ist. Sehet, das war der Fallstrick; so weise wie Gott, ja noch weiser will das menschliche Herz sein; daher kommt das Murren über die Wege Gottes, daher das Meistern seiner Veranstaltungen; daher kommt es, daß die Scherbe, der Ton zu seinem Töpfer spricht: Warum machest du mich also? Das ist der Vernunftstolz, von dem in der heiligen Schrift sich manche Beispiele finden, wie wir z.B. in der Geschichte der Kinder Israel lesen. Als sie an der Grenze von Kanaan standen, wollten sie Kundschafter in das Land schicken. Der Herr sprach: Schicket keine Kundschafter hinein. Nein, hieß es bei ihnen, wir schicken hinein, und sie taten es auch. Sie wußten's viel besser als der Herr; sie waren viel klüger, viel weiser als er. Als nun aber die Kundschafter schlimme Nachrichten aus dem Lande Kanaan mitbrachten, da murrte das Volk und weinte und sprach: »Ach, wären wir nur in Ägypten geblieben!« So wußten sie es wieder viel besser als der Herr; er hätte sie sollen in Ägypten lassen, seine Weisheit mußte sich meistern lassen von ihnen. Nachher wollten sie hinaufziehen auf das Gebirge gegen die Amalekiter. Moses sprach: »Ziehet nicht hinauf, denn der Herr ist nicht unter euch.« Nein, hieß es, wir ziehen hinauf; sie zogen in der Tat hinauf, und wurden geschlagen. Alles wollten sie besser wissen als der Herr. Es war die Frucht ihres Vernunftstolzes, den sie freilich hart büßen mußten.

Befördre dein Erkenntnis in mir, mein Seelenhort, und öffne mein Verständnis durch dein lebendig Wort, damit ich an dich glaube und in der Wahrheit bleibe und wachse fort und fort.

8. Juni: Hebräer 10,25

...und nicht verlassen unsre Versammlungen, wie einige zu tun pflegen, sondern einander ermahnen, und das um so mehr, als ihr seht, daß sich der Tag naht.

Ein Haupterfordernis, um der Gnade Gottes in Christo recht froh zu werden, ist, *daß wir keine Gelegenheit versäumen, wo wir uns in ihm erbauen können*. Wäre Thomas gleich am Abend des Auferstehungstages, als die Apostel versammelt waren, in ihrer Mitte gewesen, so hätte er gleich anfangs den Herrn gesehen, und hätte sich mit seinen Brüdern über die Auferstehung des Herrn gleich anfangs freuen können. So aber, er mochte nun einen Grund haben, welchen er wollte, blieb er weg, und das war, soweit wir es beurteilen können, nicht recht. Denn er wußte doch, daß die Jünger zu jener Stunde zusammenkamen, um sich über das, was ihrem Herzen so wichtig war, zu beraten und wahrscheinlich auch miteinander zu beten; aber er blieb doch weg. Darum aber, weil er diese Gelegenheit ungenützt vorüber ließ, mußte er auch eine ganze Woche lang auf den Herrn warten, mußte sich eine ganze Woche lang mit Unglauben und Zweifel herumschlagen, was keine Kleinigkeit ist. Wer es schon erfahren hat, was es heißt, glauben wollen und nichts mehr wünschen, als daß man glauben könne, und doch nicht glauben können, der wird mit mir übereinstimmen, wenn ich sage, daß sich Thomas eine ganze Woche lang in einem höchst unglückseligen Zustande befand. Dieses alles hätte er nun vermieden, wenn er am ersten Abend zu den Jüngern gegangen wäre. Davon können wir ein Beispiel nehmen und lernen, daß wir keine Gelegenheit versäumen sollen, wo der Heiland an unser Herz treten kann. Freilich ist es nicht unsere Sache, ihm Zeit und Stunde zu bestimmen, wo er uns erquicken soll vor seinem Angesicht, und wer die Erquikkungen von ihm zu dieser oder jener Zeit erzwingen will, der tut Unrecht, baut auf sein eigenes Können und Vermögen, und kommt so lange zu keiner Ruhe, bis er sich ihm gänzlich überläßt und nur wacht, daß er die Türe auftut, so er anklopft und begehrt eingelassen zu werden. Aber trotzdem ist es doch fehlerhaft, die Gelegenheiten, die sich anbieten, uns in ihm zu erbauen, ungenützt vorbeistreichen zu lassen. Wer daher des Heils in Christo recht froh werden will, der soll sich nicht zu den Gottlosen halten, soll nicht sitzen, da die Spötter sitzen, auch nicht eigensinnigerweise allein bleiben, wie Thomas tat, sondern er soll den Umgang und die Gemeinschaft derjenigen suchen, die den Herrn liebhaben.

Ach du holder Freund, vereine deine dir geweihte Schar, daß sie sich so herzlich meine, wie's dein letzter Wille war! Ja verbinde in der Wahrheit, die du selbst im Wesen bist, alles, was von deiner Klarheit in der Tat erleuchtet ist!

9. Juni:

Matthäus 11,29

... lernt von mir; denn ich bin sanftmütig und von Herzen demütig; ...

Wenn ein Sünder mit zerschlagenem Herzen zu den Füßen Jesu um Gnade schreit, so ist er doch nicht so demütig, als der, den er anbetet, als unser Heiland selbst, denn dieser ist von Herzen demütig, es ist seine Natur so, er ist, daß ich mich so ausdrücke, das Urbild aller Demut, bei uns aber ist die Demut nichts Angeborenes, nichts in unserer Natur Gegründetes, sondern etwas vom heiligen Geist erst Gelerntes, das uns eben darum in jedem Augenblick wieder entrissen werden kann, wenn wir es nicht treu bewahren. Unter allen vom Weibe Gebornen ist Jesus Christus der demütigste Mensch. Und wie könnte das auch anders sein? Ein Hauptzweck, warum der Heiland in die Welt gekommen ist, bestand ja auch darin, daß er uns ein göttliches Muster und Vorbild würde. Und gibt es wohl eine Tugend, für welche uns hochmütigen Söhnen Adams ein Vorbild so nötig gewesen wäre, wie für die Demut? Durch Hochmut war ja Adam gefallen, in Hochmut hatte sich das ganze Sündergeschlecht verloren, man wußte gar nicht mehr, was wahre Demut sei, da war es ja wohl nötig, daß uns ein Muster göttlicher Demut vom Himmel gegeben werde, damit wir daran die Demut lernen könnten. Diese Demut hat nun auch der Heiland in seinem ganzen Leben in unzähligen Proben auf's herrlichste gezeigt. Nur eins jetzt: er wußte schon in seinem zwölften Jahre, woher er kam und wer er war; er sah von da an achtzehn Jahre lang das Elend seines Volks, fühlt Gotteskräfte in sich und doch – schweigt er, doch verhält er sich ruhig und still und arbeitet auf seinem Handwerk, wie wenn er nur dazu geboren wäre, und ist seinen Eltern gehorsam, ob er sie gleich unendlich weit übersieht. Es ist erstaunlich. Diese Demut, dieser Gehorsam geht über alles menschliche Denken weit, weit hinaus. Was sind wir dagegen? Wie müssen wir uns scheuen vor ihm! Kaum glauben wir etwas besser zu wissen, als unsere Mitmenschen, so will uns das Herz oder der Kopf schon zerspringen, bis unsere Weisheit ausposaunt, bis sie der Welt vor Augen gelegt ist. Und er, der Weiseste unter allen, schweigt achtzehn Jahre!

Immer stiller, immer stiller laß, o stilles Lamm, mich sein! In den Leiden, in den Freuden tiefer in die Still hinein! Wenig Wort und viele Kraft und ein stilles, sanftes Wesen mehr im Wandel, als im Wort, sei zu meinem Schmuck erlesen!

10. Juni:

Johannes 20,26.27

Und nach acht Tagen waren seine Jünger abermals drinnen versammelt, und Thomas war bei ihnen. Kommt Jesus, als die Türen verschlossen waren, und tritt mitten unter sie und spricht: Friede sei mit euch! Danach spricht er zu Thomas: Reiche deine Finger her und sieh meine Hände und reiche deine Hand her und lege sie in meine Seite, und sei nicht ungläubig, sondern gläubig!

Thomas hatte bei allem Unglauben doch eine wahrhaftige Liebe zum Herrn, er wünschte nichts sehnlicher, als seinen getöteten Meister wieder zu sehen, und wollte eben darum, weil ihm das Glück zu groß schien, nicht glauben, daß es ihm noch widerfahren könne. Diese Sehnsucht nach dem Heiland war auch ohne Zweifel der Grund, warum sich ihm der Heiland trotz seines Unglaubens nachher doch offenbarte. Wie mag er die acht Tage hindurch geseufzt haben, den Herrn zu sehen; wie mag er gebetet haben: Herr, wenn es wahr ist, daß du auferstanden bist, so zeig dich doch mir, damit ich lebe! Sehet, so muß auch in den Herzen derjenigen, die etwas Wahrhaftiges von der Gegenwart des Heilandes erfahren wollen, Sehnsucht nach ihm, recht innige Sehnsucht wohnen. Es muß heißen:

Jesu, Jesu, komm zu mir, ach wie sehn ich mich nach dir!

Wo diese Sehnsucht stattfindet, da wird sie auch gestillt; denn der Herr kann nach seiner Barmherzigkeit der Elenden Verlangen nicht ungestillt lassen. Es ist merkwürdig, daß sich der Herr nach seiner Auferstehung nur seinen Jüngern gezeigt hat und nur denen, die ihn lieb hatten, die ihn zu sehen wünschten, nicht aber seinen Feinden. Man hätte denken können, er werde diesen seinen Feinden in seiner Macht und Herrlichkeit erscheinen, um ihnen zu zeigen, wie eitel ihre Bemühungen waren, ihn hinwegzureißen aus dem Lande der Lebendigen, und um vielleicht den einen oder andern zu sich selbst zu bringen; aber er zeigte sich keinem einzigen. Geliebte, wir können seine tiefen und weisen Ursachen, die er dabei hatte, nicht ausdenken, aber gewiß war eine dieser Ursachen auch die, daß keiner seiner Feinde ein herzliches Verlangen nach ihm hatte, daß sie ihn haßten. Der Heiland kommt nur zu denjenigen, die ihn suchen und sich nach ihm sehnen. Das ist also ein Haupterfordernis, daß wir uns nach ihm von ganzem Herzen sehnen, daß unser ganzer Sinn darauf gerichtet ist, ihn zu umfangen, bei ihm und in ihm zu sein. Und wo er in einem Herzen solche Sehnsucht siehet, da kann er zwar eine zeitlang verziehen zur Probe der Geduld und damit sich die Begierde nach ihm verstärke, aber er kommt doch zuletzt gewiß:

Er kommt, er kommt mit Willen, ist voller Lieb und Lust,
all Angst und Not zu stillen, die ihm an uns bewußt.

11. Juni: 1. Korinther 9,24

Wißt ihr nicht, daß die, die in der Kampfbahn laufen, die laufen alle, aber einer empfängt den Siegespreis? Lauft so, daß ihr ihn erlangt.

Wir können schon aus diesem merken, daß man laufen, ja vielleicht lange laufen kann, und erlangt den Siegespreis doch nicht, und kommt zuletzt doch um den Gnadenlohn. Dasselbe sagt auch der Heiland zu seinen Jüngern, als sie ihn einmal fragten: »Herr, meinst du, daß nur wenige selig werden?« Da antwortete er ihnen und sprach: »Ringt darum, daß ihr durch die enge Pforte hineingeht; denn viele, das sage ich euch, werden danach trachten, wie sie hineinkommen, und werden's nicht können.« Wie ging's dem Volke Israel? Sie zogen alle aus aus dem Lande der Knechtschaft: aber wie viele kamen von den sechsmalhunderttausend Mann in das Land der Verheißung? O nur zwei, die andern sind alle in der Wüste geblieben und liegen dort begraben um ihres Unglaubens willen und haben die Verheißung nicht gesehen. Sie sind gelaufen, aber nicht recht, und haben darum den Siegespreis nicht davongetragen. Wie ging's den fünf törichten Jungfrauen? Sie wollten doch gewiß alle in das Hochzeithaus; sie hatten sich aufgemacht, dem Bräutigam entgegen; als ihnen nun aber das Öl mangelte und sie an das Hochzeithaus kamen, da mußten sie dahinter bleiben und die Antwort hören: »Wahrlich, ich sage euch: Ich kenne euch nicht.« So kann man laufen und läuft doch nicht recht. Ich sage nicht von denen, die schon zur Erkenntnis der Wahrheit gekommen waren und wieder ganz abgefallen sind, wie der Apostel von Demas sagt: »Denn Demas hat mich verlassen und diese Welt liebgewonnen ...« – nein, von solchen, die den Sohn Gottes auf's neue kreuzigen, rede ich hier nicht, sondern von solchen, die, nachdem sie einmal zum Heiland gekommen sind, nicht geradewegs wieder von ihm sich entfernen, aber nach und nach matt und träge werden, und den Eifer nicht beweisen in seiner Nachfolge, den sie beweisen sollten. O ihr alle, die ihr laufet nach dem himmlischen Siegespreis, bedenket es doch, lasset es euch doch tief in's Herz geschrieben sein, daß man laufen kann und erreicht das Ziel doch nicht, daß man beginnen kann und wird doch am Ende seines Laufes als eine törichte Jungfrau abgewiesen.

Als berufen zu den Stufen vor des Lammes Thron, will ich eilen, das Verweilen bringt oft schlechten Lohn. Wer auch läuft und läuft zu schlecht, der versäumt sein Kronenrecht.

12. Juni: Römer 15,3

Denn Christus hatte nicht an sich selbst Gefallen, ...

Wenn eine Seele wacker läuft, so sucht Satan sie wo möglich aufzuhalten, und kann er ihr keine groben Hindernisse in den Weg legen, worüber sie fällt, so greift er sie bei der verwundbarsten Seite an; er spiegelt ihr große Dinge von ihrem Christentum vor, und wenn sie nicht anhält mit Gebet und Wachen, so kann es kommen, daß er sie in eine falsche Ruhe einschläfert, in einen falschen Trost der Vergebung der Sünden, in einen falschen Trost vom Frieden Gottes einwiegt. Nun bemächtigt sich der Seele der törichte Wahn: Ja freilich, ich bin eine bekehrte, wiedergeborene Seele, die schon manche Erfahrung gemacht hat, und so gut vom Christentum und von Erfahrungen reden kann als je einer. Mit diesen Gedanken legt sie sich auf ihre Lorbeeren und bringt sich um das Erbteil der Heiligen im

Licht. So ging es dem Bischof zu Laodizea. Er hatte ernstlich und wacker begonnen: aber er geriet in die elenden Lügengedanken hinein, daß er wähnte, er sei ein bewährter, erfahrener Christ, er sei reich und habe gar satt und bedürfe nichts, so daß der Heiland, als er ihm Licht über seinen Zustand geben wollte, ihm geradezu sagen mußte: Arm bist du, elend bist du, jämmerlich, blind und bloß bist du. Und eben diese Vorspiegelungen und Einbildungen, diese Phantasien, diese Spinnengewebe der Eigenliebe sind eine große Krankheit unserer Zeit, eine Seuche, die im Mittag verderbt. Es ist recht traurig, daß so viele von ihrem Christentum hoch denken, daß sie elende Lügengedanken von ihrer Weltüberwindung, von ihrer Verleugnung im Kopfe haben, so viele Lügengedanken von ihrer christlichen Erfahrung, von ihrer Kenntnis des Wortes Gottes, Gedanken, die alle wahre Kraft des Geistes lähmen, und entweder die träge Ruhe des Fleisches befördern, oder den Wandel in der Demut und Liebe, im Geist und in der Wahrheit verhindern.

Würdigster Jesu! Ehrenkönig! Du suchtest deiner Ehre wenig und wurdest niedrig und gering; du wandeltest vertieft auf Erden, in Demut und in Knechtsgebärden, erhubst dich selbst in keinem Ding. Herr, solche Demut lehr auch mich je mehr und mehr stetig üben; Jesu, hilf du, hilf mir dazu, daß ich demütig sei, wie du.

13. Juni: Lukas 17,14

Und als er sie sah, sprach er zu ihnen: Geht hin und zeigt euch den Priestern! Und es geschah, als sie hingingen, da wurden sie rein.

Jesus hörte die Aussätzigen nicht, so sehr sie ihre Stimme erhoben, denn sie war heiser, aber wenn sie auch nur geseufzt hätten, ernstlich geseufzt, sein Auge würde sie bald erkannt haben, denn er ist der Allwissende, er, der das Schreien der jungen Raben hört, er vernimmt auch das Seufzen unseres Geistes; ehe sie rufen, will ich hören. – Da er sie sah, sprach er. O welch ein erbarmendes Herz ist das Herz Jesu. Sie taten ihm nicht die volle Ehre an, aber sie brauchten ihn, sie waren eben hilfsbedürftige Leute, sie nahmen eben seine grundlose Barmherzigkeit in Anspruch. Alles Elend, alles menschliche Elend ging ihm zu Herzen; wo ein Seufzen nach Erlösung war, da half er. Er wußte sogar, daß unter diesen Kranken nicht ganz redliche seien, aber sie nahmen eben seine Barmherzigkeit in Anspruch; wo es »erbarme dich« hieß, da konnte er nicht mehr widerstehen, er mußte helfen. – Das lasset uns behalten. Wenn wir Millionen Jahre und abermal Millionen Jahre mit dem Heiland vereinigt wären und aus dem unausforschlichen Reichtum seiner Erkenntnis nähmen Gnade um Gnade, Licht um Licht, wir würden seine Fülle nie ausschöpfen, wir würden ihm doch niemals *den* Namen geben, niemals *die* volle Ehre geben, die ihm gebühren, und wenn wir uns zerarbeiteten an Leib und Seele, niemals würden wir mit Worten oder Gedanken seine Größe und Herrlichkeit erreichen, so reich ist er, so groß ist er; aber wenn wir auch mit blödem Herzen und schwacher Erkenntnis, da wir seinen Namen, der über alle Namen ist, kaum lallen können, ihn bei seinen Verheißungen nehmen in unserer Not, wenn wir auf seine Barmherzigkeit, auf seine Liebe uns berufen und so dastehen und sagen: Jesu, du großer Herr, dessen Namen ich nicht nennen, dessen Größe ich nicht aussprechen kann, *erbarme dich meiner*, wenn wir es so machen, so gehet es uns wie Jakob, wir überwinden den Herrn, er kann nicht anders, er muß uns helfen.

Wir haben, o Herr, wir in unsern Jahren dies vielfach, dem Zweifel zur ewigen Schmach, mit stiller Bewunderung kräftig erfahren, wenn Trost uns und äußere Hilfe gebrach! O gib deinen Armen, dein Königserbarmen mit voller Erhebung und seligen Weisen, mit Worten und Werken lebendig zu preisen.

Ja laß dir das schwache, das dürftige Lallen, das hier dir das Häuflein der Gläubigen bringt, so lange hier unten in Gnaden gefallen, bis einst es dort oben vollkommen erklingt! Gib selbst uns die Kräfte zu diesem Geschäfte, und laß dir, dreieiniger Gott, uns auf Erden ein völliges Opfer der Dankbarkeit werden!

14. Juni: 1. Korinther 9,26.27

Ich aber laufe nicht wie aufs Ungewisse; ich kämpfe mit der Faust, nicht wie einer, der in die Luft schlägt, sondern ich bezwinge meinen Leib und zähme ihn, damit ich nicht andern predige und selbst verwerflich werde.

Wenn wir Augensalbe hätten, wenn unser Geistesblick so geschärft wäre, daß wir durch alle Verdüsterungen und Verdunkelungen, welche die Eigenliebe herbeiführt, hindurchblicken könnten, so würden wir ja mit Furcht und Zittern schaffen, daß wir selig werden. Aber man weiß nicht, wer man ist, und bedenkt es nicht, und will es auch nicht wissen. Eingewiegt in das Modechristentum, umgeben von lauter Leuten, die in der spreuerleichten Tugend und Religion unserer Zeit blind und verstockt einhergehen, da ist es etwas Leichtes, als ein Tugendbild und als ein ausgemachter Christ zu erscheinen. Aber sich unter das Wort der Wahrheit beugen mit allen seinen Einbildungen und eigenliebigen Gedanken, mit seiner Heuchelei, mit seinen Herzenstücken unter das Kreuz Christi als ein armer fluchwürdiger Sünder sich demütigen und um Gnade schreien, bis man Gnade hat, das will wenigen gefallen; dazu ist man in unsern Tagen zu träg, zu vornehm, zu stolz, zu bequem; man mag nicht durchbrechen; man mag nicht anhalten; man bleibt lieber in der Sünde liegen und träumt von seinem guten Zustande; vielleicht kommt dann wohl auch noch Satan selbst und flüstert der Seele zu: bleibe fein in deiner Ruhe; es ist nicht nötig, daß du dem Himmelreich Gewalt antust und es mit aller Macht an dich reißest; so bleibt man dann in aller Ruhe, aber nicht in der Ruhe des harrenden Geistes und Glaubens, sondern in der Ruhe des Fleisches und des Todes. O ihr Kinder des lebendigen Gottes, stärket die lässigen Hände, richtet auf die strauchelnden Knie, bittet um gesunde Augen, um Augensalbe, damit ihr wacker werdet und das Kleinod nicht verscherzet!

O ihr auserwählten Kinder, ihr Jungfrauen allzumal! O ihr trägen Überwinder! Wer ist unter eurer Zahl, der da säumet, schläft und träumet? Wißt ihr nicht, was euch gebühret, und was euren Wandel zieret?

15. Juni: 1. Korinther 9,25

Jeder aber, der kämpft, enthält sich aller Dinge; jene nun, damit sie einen vergänglichen Kranz empfangen, wir aber einen unvergänglichen.

Wie ernstlich waren jene griechischen Kämpfer; viele Monate lang bereiteten sie sich oft auf den Tag des Kampfes vor; sie nahmen keine Speise zu sich, durch die sie in ihrer Kraft geschwächt werden konnten; sie hielten sich sehr nüchtern und mäßig. Und wie ging es auf dem Kampfplatz selber zu? Wie geschwind, wie behende, wie hurtig vermochte einer immer besser zu laufen und zu ringen, als der andere, und sie kämpften um eine vergängliche Krone: Uns aber ist eine unvergängliche vorgesteckt. Wenn die Nachricht käme, du habest in einem entfernten Weltteil eine bedeutende Erbschaft zu erheben, das würde dich hoch erfreuen; das würde dich munter und regsam machen; da würdest du gar emsig zu den Leuten laufen, die dir zum Besitze jenes Gutes verhelfen könnten; da würdest du gar begierig sein nach gutem Rat und ihn willig befolgen, und wenn etwa die Erbschaft nicht flüssig werden wollte, so würdest du es gewiß nicht für eine zu große Aufopferung halten, dich selbst auf den Weg zu machen; du bestiegest im Notfall ein Schiff und steuertest durch entlegene Meere, und zwar nur, um deinen Mammon in Empfang zu nehmen. Sehet, solche Mühe gibt man sich, solche Aufopferungen läßt man sich gefallen um irdischer Schätze und Güter willen. Uns aber ist die Erbschaft Gottes und die Miterbschaft Christi angeboten: ewige, unveräußerliche, bleibende Güter, welche nicht von dem Rost und den Motten gefressen werden, und die uns niemand entwenden kann, und doch lassen es sich die wenigsten einen Ernst sein, sich darnach zu strecken und darnach zu trachten. Sind wir nicht die Torheit selber? Der Heiland streckt den Kämpfern die unvergängliche Lebenskrone entgegen und spricht: »Sei getreu bis in den Tod, so will ich dir die Krone des Lebens geben!« Darauf achten aber die wenigsten, und diejenigen, die darauf achten, schleppen sich so träge und matt herbei, wie wenn es sich um die allergeringfügigste Sache von der Welt handelte. Zum Lauf nach dem himmlischen Kleinod gehört also ein ganzer Ernst; dieser belohnt sich schon auf dem Wege, wievielmehr aber am Ende! Denn der ernstliche Kämpfer erlangt schon hier das große Glück, daß er mehr und mehr lernt, gewisse Schritte zu tun, daß er mehr und mehr versiegelt wird mit dem heiligen Geist, daß er mehr und mehr schmeckt den Trost der Vergebung der Sünden und den Frieden, der von Christo stammt; die Lahmen und die Trägen aber kommen zu keiner Ruhe, zu keinem Frieden, zu keiner Stärkung, und was das Ärgste ist, sie verscherzen ihren Anteil am Erbteil der Heiligen im Licht.

Auf, auf, mein Geist, ermüde nicht, dich durch die Macht der Finsternis zu reißen! Was sorgest du, daß dir's an Kraft gebricht? Bedenke, was für Kraft uns Gott verheißen! Wie gut wird sich's doch nach der Arbeit ruhn! Wie wohl wird's tun!

16. Juni: 1. Petrus 1,13

Darum umgürtet die Lenden eures Gemüts, seid nüchtern und setzt eure Hoffnung ganz auf die Gnade, die euch angeboten wird in der Offenbarung Jesu Christi.

Es gibt vorher keine Ruhe, keinen Frieden, keine Freudigkeit für den ruhelosen Geist, keinen Halt für das umgetriebene Herz, als bis wir auf dem Grund der lauteren und freien Gnade niedersinken. Das ist es, was frohe Zuversicht verleiht, was getrosten Mut einflößt in Not und Angst, ja selbst im Tode und vor dem Gericht uns mit Freudigkeit erfüllt. Wer auf dem Felsen dieser Gnade steht, der darf sich nimmer fürchten vor der verdammenden Stimme seines eigenen Gewissens; er weicht auch dem Gericht desselbigen nicht mehr aus; er läßt sich einführen in die vollkommene Wahrheit, wenn diese auch ihm seine eigene Gestalt in ihrer ganzen Häßlichkeit und

Schnödigkeit offenbaren sollte. Er kennt ja die Gnade, die über alles Bitten und Verstehen geht, und im Blut des Lammes alle Sünde getilgt und alle Missetat hinweggetan hat. Und schleicht der Verkläger der Seelen heran, um an den Grundmauern seines Gnadenstandes zu rütteln, um seine ewige Erwählung und Berufung ihm verdächtig zu machen, so weist er ihn nicht auf dieses oder jenes gute Werk, sondern auf das, was einmal geschehen ist und ewiglich gilt, auf das große Opfer, durch das vollendet sind alle, die da geheiligt werden. Und naht der Tod heran in seiner Schreckensgestalt, und wird er gewogen auf der Waagschale des ewigen Gerichts, so hat er einen ewigen Trost; er lebt auf Gnade und stirbt auf Gnade, und will nur Gnade in Zeit und Ewigkeit. Wird endlich die Hütte abgelegt, so geht er hinüber im Frieden und spricht:

Meine Arbeit geht zu Ende, und der Sabbat bricht mir an; die durchgrabnen Füß und Hände haben alls für mich getan.

17. Juni:

Matthäus 7,13

Denn die Pforte ist weit, und der Weg ist breit, der zur Verdammnis führt,...

Das heißt so viel: die Pforte ist leicht zu finden, man braucht sie nicht erst zu suchen, man kommt von ihm selber hinein. Hier haben wir also schon ein Merkzeichen, ob wir auf dem breiten oder schmalen Weg sind. Wenn sich alles so natürlich gibt, wenn man in dem Strom fortschwimmt, in welchem man durch sein Temperament, durch seine Erziehung, durch das Beispiel anderer Menschen, durch die eingesogenen Begriffe von den Dingen dieser und der andern Welt hineingeleitet worden ist, wenn man es ebenso annimmt, man sei auf dem rechten Weg, nicht sucht, mit einem Wort: wenn man noch nicht bei sich selbst oder nicht zu sich gekommen ist, dann ist man schon durch die weite Pforte eingegangen, und dabei braucht man nicht eben ein lasterhafter Mensch zu sein, man kann dabei das sein, was man einen rechtschaffenen Menschen heißt, aber es ist eben kein Aufstehen vom Schlaf, es ist keine Buße, es ist keine Wiedergeburt. Da prüfe dich also, lieber Mensch, ob du auch *schon gesucht hast, ob du schon gebeten und gebettelt hast um die Seligkeit.* – Die Pforte ist weit, das heißt auch: man kann mit allem hinein, es könnte ein geladener Heuwagen hindurchkommen, ja was sage ich? Alles kannst du da mit hineinnehmen, woran deine Seele Lust hat, deine Güter, dein Haus, dein Geld, deine Lieblingssünden, deinen Eigensinn, Wollust, Augenlust, Hoffart, und hinter dir drein kannst du noch führen lassen einen ganzen Wagen voll Bravheit und Gerechtigkeit und Selbstlob, einen ganzen Wagen voll guter Werke. Da prüfe dich nun wieder. Wer noch eine Lieblingssünde in sich nährt und ihr nicht absagt in der Kraft Christi und wer etwas anderes vor Gott zu bringen wagt, als die Gerechtigkeit Christi, der hat die enge Pforte noch nicht gefunden. Wie sind aber die Urteile der Menschen hierin so konfus, blind, verstockt! Man sieht's, wenn sie von Verstorbenen reden. Da heißt es gar bald: er ist ein Christ gewesen, also durch die enge Pforte eingegangen, warum? – Er hatte die und die Tugenden, die und die guten Eigenschaften; an den Heiland und wie er zu dem stand, denkt man nicht. Ach daß die ewige Wahrheit unser Inneres durchläuterte! Die Eigenliebe weiß sich gar schön zu entschuldigen! Viele gehen in der Selbsttäuschung hin!

O daß doch die faulen Christen, die so ohne Sorgen gehen, einmal fragten, ob sie wüßten, daß sie recht in Gnaden stehn! Euer Denken wird euch kränken; eure Hoffnung wird verschwinden und sich ganz betrogen finden.

Was hilft ungewisses Denken? Das Vermuten gibt nicht Mut. Laßt euch was Gewisses schenken, das da not im Sterben tut! Totes Hoffen – schlecht getroffen! Die nicht mit Gewißheit harren, werden ganz gewiß zu Narren.

Im Besitz der Erdengüter sucht ihr so gewiß zu sein. O ihr törichten Gemüter, fällt euch denn kein Kummer ein? Wie wird's werden, wann die Herden alle vor den Richter gehn? Werd ich da gewiß bestehn?

18. Juni: Römer 8,16

Der Geist selbst gibt Zeugnis unserm Geist, daß wir Gottes Kinder sind.

Aber, möchte vielleicht einer oder der andere unter euch antworten: Solches alles weiß ich wohl, ich kämpfe auch schon lange um diese selige Gewißheit, aber noch ist es mir nicht gelungen, zu ihr hindurchzudringen; ich wünschte zwar, mich ganz und ungezweifelt dem Herrn Jesu Christo in die Arme zu werfen, aber ich vermag es noch nicht; es scheint eben alles an mir verloren zu sein, ich bin leer vom Gefühl der Gnade Gottes, leer von der Gewißheit seines ewigen Erbarmens, leer von Liebe zu ihm, entblättert von den Früchten der Gerechtigkeit und wert, als eine unnütze, dürre Rebe in's Feuer geworfen zu werden. Liebe Seele, für dich, die du also sprichst, habe ich ein Evangelium, ein Wort, das dich erquicken soll. Den zerschlagenen und demütigen Geistern ist Heil bereitet; gerade denen, die da arm sind und elend und in sich verzagen und alle Hoffnung aufgeben, daß noch etwas werden könne aus ihnen zum Lobe der herrlichen Gnade Gottes, gerade denen gilt das Wort der ewigen Liebe: »Laß dir an meiner Gnade genügen;« Du sprichst in deinem Herzen: Dieses Wort gilt freilich, aber es gilt einem Apostel *Paulus*, aber nicht mir, einer so elenden, jämmerlichen und unwürdigen Kreatur. Nein, sage ich, dir, *dir* elenden Kreatur gilt das Wort: »Laß dir an seiner Gnade genügen;« denn wenn sie nicht für Unwürdige und Unwerte, wenn sie nicht für Leute bestimmt wäre, in deren Zahl du hineingehörst, so würde Gnade nicht mehr Gnade sein. Blicke weg von Würdigkeit oder Unwürdigkeit und schaue an die freie Gnade, die sich an den Unwürdigsten und Elendesten, an den Ärmsten und Sündigsten offenbaren und verherrlichen will. Dies laß dir einen starken Trost sein; dies halte dem Satan entgegen, wenn er dich plagt und mit Fäusten schlägt.

Spricht dein Herz gleich lauter Nein,
sein Wort laß gewisser sein.

19. Juni: Lukas 18,14

Dieser ging gerechtfertigt hinab in sein Haus, nicht jener.

Der Zöllner war Zöllner, d.h. ein schlechter Mensch, aber er erlangte Barmherzigkeit. Wie machte er's? Er stand von fern, er wagte es nicht nahe zu treten, er dachte: Ach dieser Pharisäer da kann sich schon dem Heiligtum nähern, denn er ist ein rechtschaffener Mensch, aber ich, ich habe den Zorn Gottes verdient, Gott würde mich verzehren in seinem Eifer, wenn ich ihm nahe träte, er wollte deswegen seine Augen nicht aufheben gen Himmel, er dachte: Ich bin's nicht wert, ich hab's zu arg gemacht, ich habe meinen gütigen Gott zu grob beleidigt, meine Sünden stehen zwischen mir und meinem Schöpfer. Er schämte sich und schlug an seine Brust zum Zeichen seiner tiefen Betrübnis und daß er sich selbst verdamme, er konnte deswegen auch nicht viele Worte machen, sondern er sprach nur: Gott sei mir Sünder gnädig. Nun gibt es aber auf der ganzen weiten Welt nichts Respektableres, als einen Sünder, der Buße tut. Wenn eine Seele anfängt, der Treber satt zu werden, und sieht sich nach etwas Besserem um und denkt: Ich will zu meinem Vater gehen, vielleicht nimmt er mich an, wenn ich auch nur Taglöhner bei ihm werde, so ist dies eins der schönsten und größten Werke, das der Geist, der neuschaffende Geist des Herrn an einem Menschen vollführen konnte. Mag da auch die Sünde noch so groß und noch so mächtig in den Gliedern gewesen sein, mag der Satan noch so sehr über eine solche Seele geherrscht haben, wenn der Mensch nur einen demütigen und zerschlagenen Geist vor den Gnadenthron Jesu Christi bringt, wenn er so dasteht: Schau her, hie steh ich Armer, der Zorn verdienet hat, gib mir, o mein Erbarmer, den Anblick deiner Gnad, da bricht dem Herrn sein Herz gegen eine solche Seele, die ewige Liebe bewegt sich in ewigen Liebestrieben gegen das verlorne Kind, die Gerechtigkeit Gottes tritt zurück, die Liebe behauptet nun ihre vollen Rechte, der Mensch geht gerechtfertigt in sein Haus, mit losgesprochenem Gewissen, mit der Vergebung der Sünden in seinem Herzen, er weiß, daß ihn nun nichts mehr verklagen dürfe vor Gott, daß seine Sünden in die Tiefen des Meeres versenkt seien und ihrer ewiglich nicht mehr gedacht werden soll. Große Gnade!

Nun so sei vor Gott gebeten, Sünder, der du dieses hörst: Eile, vor den Thron zu treten, dem du noch den Rükken kehrst! Was dir fehlet, was dich quälet, will der Herr mit Freuden hören, ja dich segnen und bekehren.

O wie wartet dein Erbarmer, Mensch, auf deine Seligkeit! Komm doch, ruft er, komm du Armer und verlaß die

Sicherheit! Die da träumen und versäumen, ihre Seelen zu erretten, bleiben ewig in den Ketten.

20. Juni: 2. Korinther 5,9

Darum setzen wir auch unsre Ehre darein, ob wir daheim sind oder in der Fremde, daß wir ihm wohlgefallen.

Es kommt nicht sowohl darauf an, was wir gewesen, was wir geworden sind, sondern hauptsächlich darauf, was wir gegenwärtig sind. Denn dem Apostel Paulus, der sich der Gnade Gottes getröstete, lag hauptsächlich das von nun an am Herzen, mehr und mehr ein rechtschaffenes, gereinigtes und fruchtbares Glied am Leibe Christi zu sein. Darum suchte er, wie er selbst sagt, die Sünde zu dämpfen in seinem sterblichen Leibe; darum überließ er sich willig der Bearbeitung des Geistes Gottes und wünschte geheiligt zu werden an Leib, Seele und Geist; es war sein höchstes Anliegen, daß die Sünde in ihm ersterben und er selbst etwas werden möchte zur Ehre und zum Wohlgefallen seines großen Gottes und Heilandes. Ist es bei uns auch also? Ist es auch unser höchstes Anliegen, daß Christus in uns wohne und eine Gestalt in uns gewinne, daß alle Finsternis und alle satanischen Kräfte in uns ausgetilgt und wir in das Element des Lichts getaucht werden? Bestreben wir uns auch, dem Heiland von innen und außen mit unserem Reden und Handeln zu gefallen, und unverrückt in seiner Gemeinschaft erfunden zu werden? Wenn wir also Reben sind an Christo, dem Weinstock, dann sind wir dem Vater angenehm in dem Geliebten; dann strahlt seine vollkommene Gnade auf uns hernieder, und ob alle Stürme der Trübsal von außen und innen über uns tobten und alle

Wogen der Anfechtung über unserem Haupt zusammenschlügen, so bleibt doch die Gnade Gottes unverrückt und unser Vertrauen auf sie soll nicht zuschanden werden. Ja, so wir an ihm bleiben, dem treuen Heiland, so wird er die Krone der Gerechtigkeit auf unser Haupt und die Palme der Überwinder einst in unsere Hände geben; denn die Glieder der streitenden Kirche sollen zur Gemeinschaft der triumphierenden versammelt werden.

Wie muß, o Jesu, doch bei falschen Christenherden dein heiliges Verdienst der Sünde Schutzbrief werden! Man treibet alle Schand und Laster ohne Scheu, und meint, daß alles schon durch dich gebüßet sei.

21. Juni:

Johannes 1,4.5

In ihm war das Leben, und das Leben war das Licht der Menschen. Und das Licht scheint in der Finsternis, und die Finsternis hat's nicht ergriffen.

Es ist ein furchtbarer Widerspruch im Menschenherzen; man ist so neugierig, dies oder jenes zu wissen, wenn es unsern Eigennutz angeht oder einen zeitlichen Vorteil oder eine zeitliche Ehre betrifft; da ist uns keine Zeit zu teuer, kein Tritt zu sauer, keine Verleugnung zu schwer, keine Reise zu weit; man will eben wissen, wie es steht. Es hat ein Mensch, der in Ansehen, in hohen Würden steht, ein günstiges Wort über dich ausgesprochen, wie ist dir doch daran gelegen, zu erfahren, was er von dir denkt! Ja und gesetzt, du stellst dich auch, als ob es dir ganz gleichgültig wäre, gestehe nur, es ist dir nicht so gleichgültig; es regt dich an, es erweckt und spannt deine Neugierde auf's Äußerste; deine Eigenliebe ist im Spiel oder dein Eigennutz; du bist voll Begierde, den rechten Grund der Sache zu erfahren, und wenn du nicht in der Schule und Bearbeitung des Geistes Gottes stehst, so wird dir so etwas ganz wichtig und interessant bleiben. Oder ist es nicht bei manchen das unaufhörliche Haschen nach Neuigkeiten dieser oder jener Art, bisweilen von bloß elenden Stadt- und Dorfneuigkeiten und Klatschereien, was ihre ganze Seele beschäftigt, auf was sie achten, als ob ihr ganzes Heil davon abhänge? Auf alle möglichen Dinge achtet der Mensch, so geringfügig und so unscheinbar sie auch sein mögen;

> Die Welt will alles wissen, und forschet ohne Ruh,
> und drückt doch so geflissen das Aug vor Jesu zu.

Bald nach diesem, bald nach jenem blickt das neugierige Schalkauge, nach dem, was zeitlich, was vergänglich, was nichtig ist. Nur die einzig wichtige Frage, die wichtigste unter allen, ob man bei Gott in Gnaden stehe, die Frage, welche für das ganze Leben, für Zeit und Ewigkeit entscheidend ist, läßt man meistens außer acht; darum bekümmern sich gar wenige und gehen mit einem toten Wahn und traumartigen Gedanken von der Barmherzigkeit Gottes, deren sie sich blindlings getrösten, dahin, in Gedanken, die sie sich selbst gemacht und wodurch sie sich in den Schlaf der Eigenliebe gewiegt haben. Wie verkehrt ist doch der Mensch, wie blind geht er seinem Verderben entgegen, wie unbekümmert und sorglos verträumt er seine Gnadenzeit!

Herr Gott! So oft ich dies in meinem Geist bedenke, so dringt mir Furcht und Angst durch Adern und Gelenke; so preis ich deine Treu, die mich noch heut erhält; doch fleh ich desto mehr für mich und alle Welt:

Senk deine wahre Buß in aller Menschen Herzen; laß niemand mit der Buß und wahrem Glauben scherzen! Mutwillen schaffe weg, Trägheit, Vermessenheit, Verstokkung, Heuchelei, Bosheit, Unheiligkeit!

22. Juni: Matthäus 22,21

... und Gott, was Gottes ist!

Das heißt: Gebet ihm das, was sein Bild und seine Überschrift trägt, wie die Zinsmünze das Bild und die Überschrift des Kaisers trug, gebet ihm euch selbst, nicht euern Leib allein, nicht eure Seele allein, daß ist nicht genug, euch selbst wie ihr geht und steht, der ganze Mensch ohne den geringsten Vorbehalt muß Gott übergeben werden, denn es gehört alles, was an uns ist, wir selber gehören ganz und völlig ihm; sein durch die Schöpfung, sein durch die Erlösung. Im neuen Bund zumal will der Herr Leute haben, die sein völliges Eigentum sind mit Seele, Geist und Leib, die nicht ihnen selbst leben, sondern Dem, der für sie gestorben und auferstanden ist, denn es steht ein Wörtlein in der Bibel, das alle Halbheit ausschließt, es heißt: Der Heiland habe *sich für uns* gegeben, nicht dies oder jenes, sondern sich, und darum sollen wir uns ihm auch hingeben wie wir sind. Aber du sprichst: Ich möchte wohl, aber ich kann nicht ganz, es fehlt mir am vollkommenen, am ganzen Wollen; lieber Mensch, übergib dich ihm mit deinem halben Wollen, Er läßt dir sagen: Wollen und Vollbringen wirke ich. Du sprichst: Ich bin voller Sünde und Elend, er würde wenig Lobenswürdiges an mir finden, wie kann ich mich ihm übergeben; lieber Mensch, übergib dich ihm mit deinen Sünden, mit deinem Elend, denn er hat die Sünden getragen und läßt die Elenden zu sich ein. Du sprichst: Die Nahrungssorgen oder andere Sorgen lassen mich nicht zur Kraft des Glaubens durchdringen, zu einer völligen Übergabe; ei, lieber Mensch, so übergib ihm deine Sorgen und dich dazu, er läßt dir ja sagen, alle eure Sorgen werfet auf den Herrn. Du sprichst: Mein geschäftsvoller Beruf hindert mich, ich kann ihm nicht dienen und angehören, wie ich wollte, es kommt bald dies, bald jenes, das mich stört; ei so übergib ihm deinen Beruf und laß ihn machen, Jesus wartet seiner Sachen, daß du dich verwundern wirst. Und sprichst du: Ich habe keine rechte Neigung zu ihm, mein Herz ist oft noch so abgewandt von ihm; Lieber, so übergib ihm deine Feindschaft gegen ihn, glaube sicherlich, er weiß sie zu heben, ja er hat sie schon längst getilgt. Röm 5,10

Du Menschenfreund ich weiß es wohl, daß ich dein eigen werden soll; so komm denn meinem Herzen nah, bereit es selbst und wohne da!

Nichts heiligt mich, nicht Menschengunst, nicht Menschenwort, noch Kraft, noch Kunst; komm du in's Herz und schleuß es zu, so find ich in dir Gnad und Ruh!

Wenn du in mir wirst offenbar, bald wird mein Herz befriedigt gar; es weiß die Finsternis und Sünd, ich werd ein selges Gotteskind.

23. Juni: Römer 11,32

Denn Gott hat alle eingeschlossen in den Ungehorsam, damit er sich aller erbarme.

Da kommt es nicht auf größere oder geringere Würdigkeit an, denn es sind alle, alle der Gnade völlig unwürdig; es waltet über allen ein freies Erbarmen, das sie nicht erwerben, nicht erkaufen, wozu sie nichts durch Rennen und Laufen, durch Arbeiten und Anstrengung ihrer Kräfte beitragen, das sie nur dankbar und kindlich annehmen können. Denn vor dem Herrn ist alle Welt gleich; vor ihm liegen alle Menschen im Argen und im Verderben, aus welchem sie sich nicht durch eigene Kraft heraushelfen können; an ihn hat kein Mensch von Natur den geringsten Anspruch: denn wir haben unsere Geschöpfesrechte durch die Sünde eingebüßt; es ist von Natur alle rechtmäßige Verbindung zwischen ihm, dem Heiligen, und uns, den Unheiligen, aufgehoben und abgeschnitten durch die Sünde. Was könnten wir machen, wenn er es nicht für gut fände, den zwischen ihm und uns abgerissenen Faden wieder anzuknüpfen, wenn er es nicht für gut fände, die Scheidewand zwischen Gott und den Menschen niederzureißen, und die Kluft, die durch die Sünde zwischen ihm und uns befestigt ist, auszufüllen? Was könnten wir machen, wenn er uns in unserem losgetrennten Zustand dahingehen ließe? Wir könnten nichts machen; wir selbst könnten dieses Verhältnis nicht wieder herstellen. Denn ein Band zwischen dem Schöpfer und dem Geschöpfe, welches das Geschöpf durch seinen Willen zerrissen hat, das kann nicht mehr durch das Geschöpf, das kann nur durch den Schöpfer wieder angeknüpft werden; so würden wir eben blind und tot, als Feinde Gottes, in unserem verkehrten Zustand bleiben und den schuldigen Lohn derer empfangen müssen, die sich von Gott, der Quelle des Lebens und der Seligkeit, der Liebe und des Friedens, geschieden haben. Darum ist es ein freies, ein ganz freies Erbarmen, das durch Christum über allen Sündern waltet; es ist eine freie Gnade.

Was du, mein Herr, für mich getan im Leben und im Sterben, da hat Gott Wohlgefallen dran, das läßt mich nicht verderben; das ist mein Licht, mein Trost und Ruhm, durch Glauben wird's mein Eigentum und heiligt meine Seele.

24. Juni: 1. Korinther 15,19

Hoffen wir allein in diesem Leben auf Christus, so sind wir die elendesten unter allen Menschen.

Es ist noch nicht erschienen, was wir sein werden, aber es wird erscheinen. Die Erde, auf welcher wir wohnen, wird durch Christus umgestaltet werden zu einem schöneren Wohnplatz der Seinigen. Denn auf dieser jetzigen Erde liegt der Fluch Gottes, darum harret die ganze Natur auf die Offenbarung der Kinder Gottes; sie ängstet sich und sehnet sich mit uns, weil sie der Eitelkeit unterworfen ist. Aber Christus, der Herr der Natur, wird sie umgestalten, daß ein neuer Himmel werde und eine neue Erde und eine neue Stadt und ein neues Jerusalem. Auf sein allmächtiges Wort wird das Alte verschwinden und das Neue sich in seiner ganzen Herrlichkeit zeigen. Sehet, das tut Christus; das tut Der, welcher gelitten hat und gestorben ist für das Leben der Welt; das tut Der, welcher nach Ps 22 ein Wurm war und kein Mensch; das tut Der, welcher gelegt war in des Todes Staub und viel häßlicher, viel elender ward als andere Menschenkinder. Nun herrschet er mit allmächtigem Arm; wer will nun die Grenzen seiner Macht bestimmen? Wer will seines Lebens Länge ausreden? Wer will ausziehen, mit ihm zu streiten? Er wird alles Widerwärtige, das sich setzet wider ihn und seine Erkenntnis, überwinden; er wird einst kommen in den Wolken des Himmels, Gericht zu halten; er ist Gott; er ist Jehova, der Ewige, der da ist, der da war und der da kommt, der Allmächtige. Das ist Der, welchen wir predigen, Christus.

Was wird's da sein, wenn ich dich seh und dort vor deinem Throne steh! Du unterdessen lehre mich, daß stetig ich mit klugem Herzen suche dich.

25. Juni: 2. Korinther 3,11

Denn wenn das Herrlichkeit hatte, was aufhört, wieviel mehr wird das Herrlichkeit haben, was bleibt.

Das Evangelium wird bleiben. Er, der da ist, der da war und der da kommt, weiß es wohl zu erhalten durch alle Anfechtungen, Stürme und Versuchungen hindurch; er hat es bis jetzt getan durch alle Zeiten des Aberglaubens und des Unglaubens; der Satan, die Welt und die Kinder dieser Welt, die Feinde der Wahrheit, mögen treiben und tun, was sie wollen, sie mögen die höchste Kraft, die grimmigste Wut aufbieten: Es wird bleiben, wie es bisher geblieben ist, auch bei den Stürmen, welche der Kirche noch bevorstehen; und wenn es wird auf's Höchste gekommen sein, wenn sie meinen werden, es sei nun unterdrückt, so wird Der, der es gegeben hat, der König des Reiches Gottes, sich darstellen und beweisen als Der, der nicht lügt, als der göttliche Beschützer seiner Kirche, der gesagt hat: »...will ich meine Gemeinde bauen, und die Pforten der Hölle sollen sie nicht überwältigen.« Diese Gemeinde, die einem Senfkorn gleich entstanden ist, muß unter allen Stürmen wachsen und siegen, und aller Streit ihrer Feinde muß nur dazu dienen, um ihren ewigen Triumph zu erhöhen und ihre unerschütterlichen Grundsäulen offenbar zu machen vor aller Kreatur.

Das Evangelium wird bleiben. Es wird sich, wie gesagt, an der Haushaltung Gottes noch manches ändern; es wird aus dem Kreuzreiche, aus der streitenden Kirche eine triumphierende werden; es wird ein neues Jerusalem vom Himmel herabfahren, zubereitet wie eine geschmückte Braut ihrem Mann. Aber der Grund der triumphierenden Kirche wird der nämliche sein, wie der der leidenden und des Kreuzreiches; was *jetzt* die Hauptsache und das Fundament unseres Glaubens ist, das wird auch dann die Hauptsache und das Fundament des ganzen, freilich noch viel herrlicheren Heilsgebäudes sein. Gehet hinauf in das neue Jerusalem, auf welchen Grund es gebauet ist! In seinen zwölf Gründen glänzen die Namen der zwölf Apostel des Lammes, und seine Leuchte ist das Lamm, der gekreuzigte und verherrlichte Jesus. Die Hauptsache des Evangeliums und der Grund unseres Glaubens ist die Liebe Gottes und Jesu Christi, das Lamm der Versöhnung, das auf Golgatha geschlachtet wurde, der Sohn Gottes, in welchem Gott die Welt also geliebet hat, daß er ihn, sein Liebstes, dahingab in Marter und Tod, damit alle, die an ihn glauben, nicht verloren werden, sondern das ewige Leben haben, der Geliebte des Vaters, der gestorben, begraben, auferstanden, gen Himmel gefahren und unser Priester und König geworden ist in Ewigkeit nach der Weise Melchisedeks. Das ist der Grund der ganzen Heilsanstalt, und dieser Grund wird bleiben.

Ach bleib bei uns, Herr Jesu Christ, weil es nun Abend worden ist; dein göttlich Wort, das helle Licht, laß ja bei uns auslöschen nicht.

In dieser schwern, betrübten Zeit verleih uns, Herr, Beständigkeit, daß wir dein Wort und Sakrament behalten rein bis an das End.

26. Juni:

2. Timotheus 4,3.4

Denn es wird eine Zeit kommen, da sie die heilsame Lehre nicht ertragen werden; sondern nach ihren eigenen Gelüsten werden sie sich selbst Lehrer aufladen, nach denen ihnen die Ohren jucken, und werden die Ohren von der Wahrheit abwenden und sich den Fabeln zukehren.

Dies ist gerade der faule Fleck unseres Zeitalters, daß das Wort der Wahrheit unter Hohen und Niedern, unter Vornehmen und Geringen nicht mehr geachtet, sondern verachtet wird, daß man in schnödem Vernunftstolz sich über dasselbe erhebt und es nach seinem eignen Gutdünken meistert und modelt und dreht und wendet. Das war nicht die Sitte unserer Väter; sie haben das Wort des lebendigen Gottes einfältig hingenommen und geglaubt, haben sich darnach gerichtet und unter dasselbe gebeugt, und sind als arme Sünder in der Welt herumgegangen und auch als arme Sünder im Herrn entschlafen. Dafür hat aber auch unter ihnen Zucht und Ehrbarkeit und ein eingezogenes, stilles, ruhiges Leben geherrscht, und sie haben Gott durch ihre Versündigung am Wort des Lebens nicht genötigt, die Zuchtrute zu schwingen und so schreckliche Gerichte hereinbrechen zu lassen, wie sie über unsere Zeit gegangen sind. Aber bei uns ist es gar anders geworden; wir wollen uns den Geist Gottes nicht mehr strafen lassen, darum vergreift sich jeder ungescheut am Worte Gottes, das freilich den, der es hört, nicht in seiner Fleischesruhe dahingehen lassen will, wie er es gerne wünscht, sondern ihn aufjagt und aufrüttelt und das ewige Verderben vor Augen stellt, dem man sorglos entgegentaumelt. Man gehe nur einmal unter das Volk hinein und rede etwa davon: Wie alle Menschen, so lange sie nicht errettet sind und losgemacht durch den Sohn Gottes in der Wiedergeburt, unter der Oberherrschaft des Teufels stehen; und es ist dies kein abergläubisches Menschenmärchen, sondern es ist ja eine Wahrheit, die wohl zwanzig- bis dreißigmal in dem Worte Gottes steht und durch die ganze Bibel hindurchgeht. Was bekommt man aber zur Antwort? Was Teufel?, heißt es, es gibt keinen Teufel. Gott ist zu gütig, als daß er einem Teufel so viele Macht lassen sollte; das glaub ich nimmermehr! Oder man redet zu dem Volke von dem heiligen Ernst und dem Zorne Gottes, von der Hölle, und wie über allen, die nicht an den Namen des eingeborenen Sohnes Gottes glauben, der Zorn Gottes bleibe, der Zorn, der vom Richterstuhl Gottes hinabbrennt bis in den

Schwefelpfuhl – was bekommt man aber darüber für Antworten zu Ohren? Das sind übertriebene Märchen, sagen sie, womit man sie nicht erschrecken könne; man werde doch Gott keinen Zorn zuschreiben wollen, da er die Liebe sei; zürnen sei menschlich. Kurz: Es mag in der heiligen Schrift stehen was da will, so hat man etwas daran auszusetzen und daran zu tadeln und nach seinem eigenen Gutdünken auszulegen und zu verändern.

Erhalt uns, Herr, dein Erbe, dein wertes Heiligtum! Zerbrich, zerreiß, verderbe, was wider deinen Ruhm! Laß dein Gesetz uns führen, gönn uns dein Himmelbrot! Laß Heiligkeit uns zieren und treu sein bis zum Tod!

Erhalt und laß uns hören dein Wort, das selig macht, das Zeugnis deiner Ehren, das Licht in finstrer Nacht; laß diesen Born uns tränken im dürren Tal der Welt; laß diese Stimm uns lenken hinauf zum ewgen Zelt!

Erhalt in Sturm und Wellen der Kirche heilig Schiff, und laß es nicht zerschellen am Strand und Felsenriff; daß wir nach deinen Regeln durchschiffen diese Zeit, und einst mit frohen Segeln einziehn zur Ewigkeit!

27. Juni: Hebräer 1,3

Er ist der Abglanz seiner Herrlichkeit und das Ebenbild seines Wesens und trägt alle Dinge mit seinem kräftigen Wort und hat vollbracht die Reinigung von den Sünden und hat sich gesetzt zur Rechten der Majestät in der Höhe.

Ist ein Mensch Christi Bruder worden nach dem Geiste, so liegt für ihn ein erstaunlicher Trost darin, daß Christus ein Herr ist der ganzen Natur. Denn wovor sollte einem solchen Menschen dann noch grauen? Was können ihm Menschen schaden? Auch ihre Kraft hält sein Herr in der Hand, warum sollte er sich fürchten, so die Gründe der Erde bebten, so sich die Kräfte des Himmels bewegten, so alles Sichtbare verschwände? Christus, der ihn liebet, ist ja der Herr, und Christus ist gestern und heute und derselbe in alle Ewigkeit. O großer Trost, daß Christus der Herr ist! Dieser Trost hat schon manchen von der Verzweiflung errettet, hat schon manches Schifflein, das mitten im Sturme sich befand, über das die Wogen der Trübsal gingen, errettet und zum sichern Ruheort gebracht. Wenn dich Mangel und Armut darniederdrücken und du weißt nicht, wovon du leben sollest, siehe Christus ist der Herr der Natur, ein reicher, ein überaus reicher Herr; er errettet die Seinigen herrlich. Wenn du oder die Deinigen krank sind und kein menschlicher Arzt mehr helfen kann, siehe Christus ist der Herr auch über die Krankheiten; er kann heilen, wenn er will; er kann alle Krankheiten heilen und kann vom Tode erretten, wenn es seinen weisen Liebesabsichten gemäß ist. Man kommt oft in große innere und äußere Nöte, in wahre Lebensstürme hinein, wo alle Hilfe verloren zu sein scheint, aber der Hüter Israels schläft und schlummert nicht; wenn es nur bei uns heißt:

Der Grund, auf den ich gründe, ist Christus und sein Blut, das machet, daß ich finde das ewig wahre Gut.

Wer auf ihn hofft und ihm vertraut, der wird nimmermehr zuschanden:

Denn wer auf diesen Felsen baut, ob ihm gleich geht zu Handen viel Unfalls hin, hab ich doch nie den Menschen sehen fallen, der sich verläßt auf Gottes Trost: Er hilft sein Gläubigen allen.

28. Juni: Lukas 2,34

Siehe, dieser ist gesetzt zum Fall und zum Aufstehen für viele ...

Gott ist die Liebe, und aus Liebe hat er den Heiland gesandt, *nicht daß man über ihn fallen solle*, das sei ferne, aber eben weil das *Herz* Gottes, sein Erbarmen in Christo offenbar worden ist, eben darum muß es sich auch an Christo offenbaren, welche Gedanken ein Mensch hat, es muß sich entscheiden, was in seinem tiefsten Herzensgrunde lebt, ob er aus Gott ist oder gegen Gott; im letztern Fall gereicht ihm Christus zum Fall; Christus, der Liebevolle, der Erbarmende, der Getreue, Der, welcher so schonend und zart mit den Menschen umgeht, Christus, dem sein Herz bricht gegen seine Feinde, der so sehr Jammernde des Elends und der Not der Menschen, daß er sein Leben nicht lieb hatte bis in den Tod, Christus, zu unserer Erlösung vom Himmel gekommen, wird uns dann ein Fels des Ärgernisses, an welchem wir anlaufen und zuschanden werden. Ein mancher ist dann der beste, der ehrbarste Mann gewesen, aber durch das Evangelium hat sich seine Feindschaft geoffenbart. Das Evangelium, wenn es einer Seele durch den Geist der Wahrheit nahe gebracht wird, schneidet nämlich durch, es geht in die Tiefe, es faßt die geheimsten Herzensgedanken an, und es zeigt sich sogleich, wes Geistes Kind ein Mensch ist oder sein will, er darf und kann nicht mehr gleichgültig bleiben, sondern er muß sich entscheiden und sagen: Ich will oder ich will nicht. Wenn dir gepredigt und gesagt wird, daß der Schöpfer aller Dinge um deinetwillen sei ein armer Mensch worden und zuletzt wie ein verzweifelter Missetäter gestorben, und der Geist Gottes macht dir diese Predigt eindrücklich, so mußt du dies entweder glauben oder du glaubst es nicht; glaubst du es, so wirst du von der Stunde an ein dankbarer Liebhaber des für dich in den Tod Gegebenen, glaubst du es nicht, so wird sich in dir eine Feindschaft gegen diese Predigt und gegen den Heiland selbst und gegen diejenigen offenbaren, die ihn bekennen; eine Feindschaft, die du nicht los wirst, wenn du nicht bittest, daß das Erbarmen Gottes deiner Blindheit zu Hilfe kommt und dir deine Augen auftut, Christus wird dir zum Fall gesetzt sein.

Nur Jesus ist der Kern der Schrift, auf den ihr ganzer Ursprung trifft. Die Schrift, bis er der Welt erschien und bis er kommt, zielt ganz auf ihn.

Was aller Grimm der Hölle schäumt, was aller Witz der Menschen träumt, ist schwache Macht und leerer Wahn, weil nichts sein Werk ihm tilgen kann.

Er bleibet doch der Kirche Haupt, er macht doch selig, wer ihm glaubt; er ist doch Richter aller Welt, die nichts auf seine Worte hält.

Ihr Feinde, widerstrebt dem Wort! Es steht und siegt und wirkt noch fort; ihr Gläubigen hängt fest daran, weil dies euch selig machen kann.

29. Juni: Matthäus 13,12

Denn wer da hat, dem wird gegeben, daß er die Fülle habe; wer aber nicht hat, dem wird auch das genommen, was er hat.

Wenn ein Mensch alles, was Jesus für uns getan und gelitten, hört und nicht zu Herzen nimmt, wenn er in seinem verkehrten Sinn in der Sünde beharrt, die doch dem Heiland auf's Äußerste zuwider ist, und aus der er könnte erlöset werden durch die Kraft Jesu: Siehe, so sinkt er tiefer und immer tiefer in die Gewalt der Sünde; er wird verstockt. Glaube nicht, als ob es so gleichgültig sei, ob man die Gnadenanträge Gottes, die Anstalten seiner Liebe zur Erlösung des gefallenen Geschlechts, verkündigen höre oder nicht. Die Predigt von der Liebe Gottes zu den Menschen läßt einen Menschen nicht bleiben, was er vorher war. Entweder er glaubt dieser Predigt und nimmt sie in sein Herz auf, und dann geht die große Scheidung in ihm vor zwischen Geist und Fleisch, und der Mensch wird wiedergeboren und ein Kind Gottes; oder er glaubt dieser Predigt nicht und verschließt sein Herz feindselig davor, und dann steht er auch den übrigen Einflüssen Gottes nicht mehr offen; er verhärtet sich nach und nach und je mehr und mehr in seinem eigenen Willen, und sinkt in das Gericht der Verstockung und eben darum von Sünde in Sünde. Sehet, so ist es den Juden gegangen. Im ersten Jahr seines Lehramts, da der Heiland den Tempel säuberte, da sprach er: » ... macht nicht meines Vaters Haus zum Kaufhaus!« (Joh 2,16), drei Jahre nachher aber mußte er mit Schmerzen sagen: »... ihr aber macht eine Räuberhöhle daraus.« (Mt 21,13) Und es war der Tempel auch eine Räuberhöhle geworden; denn er war angefüllt mit Leuten, die darnach trachteten, wie sie den Heiland umbringen könnten. So tief war Jerusalem in drei Jahren heruntergesunken. So schnell ging es. Vor drei Jahren Krämer, nun Mörder! Und dies in der Zeit der herrlichsten Heimsuchung Gottes, in der Zeit, da sie den Sohn Gottes, das Ebenbild des Vaters, unter sich hatten. O lasset uns wohl auf dieses Beispiel achten!

Ach Vater Christi, unsers Herrn, halt deine Hand von mir nicht fern! Ich bin so schwach, wie Kinder sind. Ach halt dein Aug ob deinem Kind.
Mich stärke deine Macht und Huld! Fehl ich, so trag mich mit Geduld, und wenn ich strauchle, greife du mit starker Hand als Vater zu.

Du fingst den Glauben an in mir; bewahr ihn auch hin bis zu dir, und führ mich aus der Wallfahrtszeit durch Jesum Christ zur Seligkeit.

30. Juni:

2. Petrus 3,13.14

Wir warten aber auf einen neuen Himmel und eine neue Erde nach seiner Verheißung, in denen Gerechtigkeit wohnt. Darum, meine Lieben, während ihr darauf wartet, seid bemüht, daß ihr vor ihm unbefleckt und untadelig im Frieden befunden werdet.

Wer auf Christum traut, der kann gute Hoffnung haben. Es wird der Herr durch seine Macht die Zeit kommen lassen, wo es heißt: siehe, ich mache alles neu. Er wird das Sehnen der Kreatur erhören und wird sie erlösen von der Eitelkeit, von dem Dienste des vergänglichen Wesens zu der herrlichen Freiheit der Kinder Gottes. Er kann ihm alles untertänig machen, alle Elemente, alle Kräfte und Gesetze des Himmels sind in seiner Hand; darum wenn uns die Eitelkeit anfängt lästig zu werden, und wir sehnen uns nach einer unvergänglichen Behausung und wünschen heimzukommen aus dieser Fremde in das wahre Vaterland, aus dieser Wüste in das verheißene Kanaan, dann lasset uns auf ihn sehen, den Anfänger und Vollender, der alles hinausführen wird nach seiner herrlichen Macht; lasset uns hinsehen auf die neue Stadt, in die wir, so wir hier aushalten im Glauben, gewiß eingehen werden, und die Jesus Christus, der Herr der Natur, nach seiner Macht und Herrlichkeit erbauen wird! Nur immer treuer, nur immer liebevoller, nur immer einfältiger gegen ihn, dann werden wir gewiß eingehen durch die Tore der Stadt und werden zu essen bekommen von dem Holz des Lebens, und sein Name wird auf unserer Stirne sein.

Soll ich aber länger bleiben auf dem ungestümen Meer, da mich Wind und Wellen treiben durch so manches Leidbeschwer: Ach so laß in Kreuz und Pein Hoffnung meinen Anker sein! Sodann werd ich nicht ertrinken, ich behalt den Glaubensschild; Christi Schifflein kann nicht sinken, wär das Meer auch noch so wild; obgleich Mast und Segel bricht, läßt doch Gott die Seinen nicht. Amen.

1. Juli: Jakobus 1,2

Meine lieben Brüder, erachtet es für lauter Freude, wenn ihr in mancherlei Anfechtung fallt.

Nur Christen, die andern werden nicht versucht und angefochten; die andern geben sich den Eindrücken hin, die Sünde ist Herr über sie, sie *können* ihr nicht widerstehn, wo sollten sie die Kraft hernehmen? Und sie *wollen* sie nicht überwinden, denn ihr Wille ist ja der Finsternis untertan, gefesselt und gefangen von der Sünde und von der Liebe zu ihr, daß also der Zauber der vergänglichen und zerbrechlichen Dinge ungestört auf sie einwirkt und sie sich mit Lust und Liebe davon hinnehmen und zu den erbärmlichsten Sklaven der Lüge und des Vaters der Lügen machen lassen, ohne daß sie selbst es wissen. Und solch ein armer gefangener Mensch weiß es selbst nicht, in welchen Stricken er gefangen ist, denn das Licht, das in ihm sein sollte und könnte, die göttliche Leuchte, ist erloschen, der ganze Mensch ist finster, und so geht er dahin, berauscht von dem Wein des satanischen Weltglaubens, den er begierig in sich hineinschluckt und für das beste Getränk hält, voll alles Ungerechten, und meint noch, er tue recht, er sei fromm, ehrlich, rechtschaffen, tugendhaft, hält sich noch für glücklich. Sobald aber ein Mensch anfängt, sich ernstlich zu bemühen, daß er den Willen Gottes treffe, sobald er aus seinem Sündenschlaf aufstehen will und spricht mit dem verlorenen Sohn: ich will umkehren und zu meinem Vater gehen, namentlich sobald er durch den Heiland erlöst ist von der Obrigkeit der Finsternis und durch das Blut des Kreuzes zum Bürger des Reiches Gottes eingeschrieben, und nun sich bestrebt, seinem himmlischen Beruf gemäß zu wandeln, seinen Wandel im Himmel zu führen, sobald merkt er die Versuchungen und Anfechtungen der Welt und tritt mit ihnen in einen Kampf, und er merkt sie, je mehr er fortschreitet auf seiner neuen Bahn, und hat immer mehr zu kämpfen, je größer das Licht in ihm wird und die Kraft des Lichts, es ist ein Kampf, der nicht aufhört, bis man die Füße übereinander legen und zu der Ruhe eingehen darf, die Gott seinem Volk verheißen hat. Noch alle Lichtesmenschen haben diesen Kampf gekämpft.

Denn wie Gott aufwärts führt zum Leben, so führt der Feind zum Untergang. Er sucht mit Grimm zu widerstreben und macht dem armen Menschen bang; er will den Mut darniederschlagen, drum wagt er alles, was er kann, und läßt nicht ab, ihn hart zu plagen, zu fällen ihn auf rechter Bahn.

O Jesu, der du mir erworben Heil, Kraft und Leben durch den Tod, der du am Kreuzesstamm gestorben nach ausgestandner höchster Not: Komm mir zu Hilf und schaffe Leben in mir und stürze meinen Feind, der über mich sich will erheben, wenn mir dein Licht nicht helle scheint.

2. Juli: Offenbarung 2,9

Ich kenne deine Bedrängnis und deine Armut – du bist aber reich – und die Lästerung von denen, die

sagen, sie seien Juden, und sind's nicht, sondern sind die Synagoge des Satans.

Der Bischof von Smyrna sollte einen Gang durch diese Welt haben, gerade wie sein Herr und Meister ihn auch gehabt hatte; Trübsal, Armut, Lästerung, Verfolgung und endlich ein gewaltsamer, martervoller Tod sollten sein Los auf dieser Welt sein; er mußte das Bittere des Kreuzreiches auf eine ausgezeichnete Art und Weise schmecken, und es scheint auch, er sei unter der Gestalt des Kreuzes, unter der Trübsal ausgeboren, geläutert, bewährt und vollbereitet worden zu der Aufnahme in das ewige Königreich Jesu Christi, wo ihm die Krone der Gerechtigkeit zuerkannt wurde, welche der Herr allen verheißen hat, welche seine Erscheinung lieb haben. Wir dürfen uns unter dem Bischof keinen Mann denken, der mit einer guten Besoldung versehen, seines Bischofsamts nach Bequemlichkeit wartete und sich etwa gute Tage machte oder dessen Leben wenigstens in Ruhe dahinfloß, so daß man, wenn er über die Straße ging, mit Fingern auf ihn gedeutet und gedacht hätte: Das ist der fromme, gelehrte, gottselige Mann, der berühmte Bischof der Christen, wobei dann jedermann eine innere Hochachtung vor dem heiligen Mann gehegt hätte; – o nein! Der Bischof ging dahin unter der Gestalt des Kreuzes, es ging ihm wie seinem Herrn, der geweissagt hatte: »Der Jünger steht nicht über dem Meister und der Knecht nicht über seinem Herrn. Haben sie den Hausherrn Beelzebul genannt, wieviel mehr werden sie seine Hausgenossen so nennen!« Oder wie der Apostel Paulus von sich und seinen Streitgenossen sagt: »Denn ich denke, Gott hat uns Apostel als die Allergeringsten hingestellt, wie zum Tode Verurteilte. Denn wir sind ein Schauspiel geworden der Welt und den Engeln und den Menschen. Wir sind Narren um Christi willen, ihr aber seid klug in

Christus; wir schwach, ihr aber stark; ihr herrlich, wir aber verachtet. Bis auf diese Stunde leiden wir Hunger und Durst und Blöße und werden geschlagen und haben keine feste Bleibe und mühen uns ab mit unserer Hände Arbeit. Man schmäht uns, so segnen wir; man verfolgt uns, so dulden wirs,man verlästert uns, so reden wir freundlich. Wir sind geworden wie der Abschaum der Menschheit, jedermanns Kehricht, bis heute.« So war das Los beschaffen, das auch den Bischof zu Smyrna traf.

O daß ich, wie diese waren, mich befänd auch in dem Stand! Vater, laß auch mich erfahren deine starke Gnadenhand! Jesu, mache mich lebendig! Gib, o Geist, daß ich beständig bis zum Tod durch deine Kraft übe gute Ritterschaft!

3. Juli: Offenbarung 2,8

Und dem Engel der Gemeinde in Smyrna schreibe: Das sagt der Erste und der Letzte.

Er ist »der Letzte« – dies ist nicht so zu verstehen, als ob einmal alles aufhören und nur er allein bleiben werde. Vieles wird freilich vergehen; diese Erde, der Schauplatz von Satans Zorn, diese Erde, welche verderbt ist durch den Frevel der Menschen, wo so viel unschuldiges Blut geflossen, wo so viel Böses geschehen ist, so viele Greuel im Finstern und Offenbaren, wird freilich einst vergehen; das Sichtbare hat keinen Bestand, das Unsichtbare muß an seine Stelle treten, ja die Erde wird einst fliehen, gescheucht von dem Strahl des Mundes Jehovas, und auch der Himmel wird sich verwandeln; die ganze sichtbare Welt wird in's Unsichtbare und Unverwesliche verändert werden. Ja, »Wir warten aber auf einen neuen Himmel und eine neue Erde ..., in denen Gerechtigkeit wohnt.« Es wird manches vergehen, wenn die Stimme erschallen wird, welche gewiß und wahrhaftig einst erschallt: »Siehe ich mache alles neu! Das Alte ist vergangen, siehe, Neues ist geworden.« Aber dennoch wird auch manches bleiben; die Seelen der Menschen werden bleiben und ihr Lohn mit ihnen. Die Gerechten werden eingehen in die ewige Freude und die Gottlosen in die ewige Pein. »Ich bin der Letzte« – heißt also so viel: Ich bin über alle Zeiten erhaben, der Ewige, Der, von dem alles ausfließt und auf den alles zurückfließt, der ewige Gegenstand der Sehnsucht, des Lobes und der Anbetung aller Kreatur. Wäre er nicht ewig, so hätten die Seinigen keine Hoffnung, daß auch sie berufen sind zu seiner ewigen Herrlichkeit: Nun aber ist er das A und das O, der Anfang und das Ende, der Erste und der Letzte, mit einem Worte: Jehova, und darum werden auch sie leben von Ewigkeit zu Ewigkeit.

Wie bin ich doch so herzlich froh, daß mein Schatz ist das A und O, der Anfang und das Ende! Er wird mich noch zu seinem Preis aufnehmen in das Paradeis, des klopf ich in die Hände. Amen, Amen! Komm, o Sonne, meine Wonne, bleib nicht lange, daß ich ewig dich umfange!

4. Juli:

Offenbarung 2,8

Und dem Engel der Gemeinde in Smyrna schreibe: Das sagt der Erste und der Letzte.

Himmel und Erde werden vergehen, sie werden sich verwandeln wie ein Kleid, die Sterne werden vom Himmel fallen wie die Blätter vom Baume, ja selbst der Himmel, die Sonne und der Mond und die Sterne werden entfliehen, und für sie wird keine Stätte mehr gefunden werden: Der

Heiland aber bleibt, er ist der Letzte. O, was sind die Menschen? Von gestern her, die in der Zeit vergehen, Werke des Augenblicks, Gebilde des Staubs, die wieder in Staub zerfallen, wie des Grases Blume, die da schnell blühet und bald welk wird. Wo sind die Feinde Christi, die sich gegen ihn empört, gegen sein Evangelium gestritten und gegen seine Gemeinde gewütet haben? Wo sind die Herodes, die dem Heiland nach dem Leben getrachtet, ihn verspottet und verhöhnt haben? Siehe, der Engel des Herrn hat sie geschlagen. Wo ist Pilatus? Wo sind die Pharisäer und Schriftgelehrten, die als grimmige Wölfe den Heiland umgaben und ihren Rachen aufsperrten gegen ihn? Wo ist das Volk, das so laut seine Stimme erschallen ließ: »Kreuzige, kreuzige ihn?« Wo sind die Kaiser und die Leute, die eine Verfolgung nach der andern ausgeschrieben haben, denen ein Christenleben so viel galt als das Leben einer Mücke? Wo sind die Kriegsleute und die Starken, die zu Helfershelfern der Ungerechtigkeit sich brauchen ließen, welche die Mordwerkzeuge gehandhabt und die Scheiterhaufen zu prasselnden Flammen angeschürt haben, weil sie den Menschen mehr gehorchten als Gott? Wo sind die Wüteriche alle, wo sind die Päpste, die sich mit Christenblut befleckt haben? Wo sind die aufgeblasenen Menschen alle, die sich gegen Christum gesetzt haben? Ihre Stätte findet man nicht; ihre Gebeine modern längst der Vergessenheit entgegen; ihre blutigen Hände sind längst verfault und ihre Seelen sind hingegangen an den Ort, wo sie hingehörten und werden aufbehalten bis auf den Tag des Gerichts, wo aller Zorn Satans und alle Weisheit der Menschen und alle ihre Wut gegen den Herrn und seinen Gesalbten und all ihr Trotz und all ihr Vertrauen auf Fleisch und ihren Arm seinen gerechten Lohn finden, wo das Wort des Apostels in Erfüllung gehen wird: »... wenn der Herr Jesus sich offenbaren wird vom Himmel her mit den Engeln seiner

Macht in Feuerflammen, Vergeltung zu üben an denen, die Gott nicht kennen und die nicht gehorsam sind dem Evangelium unseres Herrn Jesus.« Sie alle sind dahin; unser Herr und einiger Heiland aber ist geblieben, und mit ihm sind alle geblieben, die seinem Worte geglaubt haben; sein Wort ist geblieben und wird auch bleiben in Ewigkeit. Jesus Christus, gestern und heute und derselbe in alle Ewigkeit.

Ich auch auf den tiefsten Stufen, ich will glauben, reden, rufen, ob ich schon noch Pilgrim bin: Jesus Christus herrscht als König, alles sei ihm untertänig; ehret, liebet, lobet ihn!

5. Juli: Jesaja 42,2

Er wird nicht schreien noch rufen, und seine Stimme wird man nicht hören auf den Gassen.

Unscheinbar und niedrig und dem Hochmut der Menschen durchaus nicht schmeichelnd war schon die Art, wie es den Menschen angetragen wurde und angetragen wird. Die Menschen, so lange sie nicht wiedergeboren sind, halten erstaunlich viel darauf, daß ihnen die Wahrheit, die ihnen vorgelegt wird, recht tief und philosophisch bewiesen, oder mit hohen Worten ihnen angepriesen oder mit süßen Tönen und Reden nahe gebracht wird; sie halten viel auf eine geschmückte, blühende Redeweise, die Ohren jucken ihnen darnach, und je mehr sich ein Mensch oder eine Zeit von der Wahrheit entfernt, je tiefer eine Zeit oder ein Mensch in die Lüge sich vertieft, desto weniger haben sie Gefallen an der einfachen Wahrheit und ihrer einfachen Darlegung, desto mehr wollen sie, daß auch das, was sie als wahr erkannten, ihnen mit allerlei

Schmuck aus dem Reich der Lüge umhängt nahe gebracht werde. Weswegen auch Paulus von der letzten Zeit weissagt, sie werden ihnen Lehrer aufladen, nachdem ihnen die Ohren jucken. Solchem Gelüste hat der Heiland niemals entsprochen. Er hat nicht den Reichen, nicht denen, die das Evangelium bei ihrer Überfüllung und Überfluß nur gleichsam als einen Nachtisch behandeln und zu sich nehmen wollten, er hat den geistlich und leiblich Armen die Wahrheit gepredigt, und darum sprach sich auch in seinen Worten allen die einfachste, ungeschminkteste Wahrheit aus; nicht mit hohen übertriebenen Reden, die keinen Sinn haben, fuhr er daher, sondern prunklos stellt er die Wahrheit dar, so daß in seinen unscheinbaren Wörtlein dem, der sich durch den Geist der Wahrheit leiten läßt, ein immer größerer und tieferer Sinn entgegenkommt, je öfter und je länger er damit umgeht. Das Reich Gottes stehet nicht in Worten, sondern in der Kraft. So hat's der Heiland gepredigt, so haben's seine Apostel getan. Und es stehet übel um eine Seele, die eine solche einfache Darlegung der Wahrheit nicht hören will, welcher es zu alt, zu fad, zu einfältig ist! Wer soll einer solchen Seele helfen, wenn die einfache Wahrheit von ihr mit Ekel verworfen wird?

Prediger der süßen Lehre, die ich mit Erstaunen höre! Großer Arzt der Menschenkinder, du Evangelist der Sünder, du Prophet des neuen Bundes – laß die Worte deines Mundes, deine Stimme an die Herden mir zu Kraft und Leben werden.

Deiner Weisheit Offenbarung mache mir zur Herzensnahrung! Sende deines Geistes Treiben, mir dein Wort in's Herz zu schreiben. Dies nur kann mich trösten, lehren, Heil und Kräfte mir gewähren; dies nur kann vom ewgen Leben mir gewisse Nachricht geben.

6. Juli: Offenbarung 2,7

Wer überwindet, dem will ich zu essen geben von dem Baum des Lebens, der im Paradies Gottes ist.

Wo Überwindung ist, da muß auch Kampf sein; niemand kann überwinden ohne Kampf. Was haben wir nun zu überwinden? Jeder Christ hat seine eigene Sünde, seine Lieblings- und Schoßsünde, die er überwinden muß. Der eine hat den Geiz, ein anderer die Wollust, ein dritter die Eitelkeit, ein vierter die Trägheit, wieder ein anderer die falschen Meinungen und Vorurteile von sich und von der Welt zu überwinden, und zwar durch das Wort der Wahrheit. Aber auch ein jedes Zeitalter hat seine eigenen Sünden, die uns am meisten gefangen halten, zu überwinden, und was ist dies in unserer Zeit vornehmlich? Ich sage: Der Leichtsinn, weil man sich durch den Geist Gottes nicht mehr strafen lassen will, weil man nicht mit Ernst und Kampf, sondern mit Lachen und Scherzen, mit leichtem Wesen und losen Gedanken in den Himmel will, in den doch keiner eingehen darf, dem es nicht ein völliger Ernst ist, der nicht um Wiedergeburt ringt und kämpft. Aber nicht bloß der Leichtsinn dieser Zeit, sondern auch der Unglaube, der sich so sehr eindrängt, überhaupt der ganze Geist unserer Zeit ist zu überwinden. Ein jeder Christ, der noch nicht wiedergeboren ist, hat zu kämpfen, zu ringen, zu beten, zu flehen, bis er dieses hohen Gutes teilhaftig wird, und wer wiedergeboren ist, hat zu wachen und zu kämpfen, daß er seinen Schatz bewahre, daß er in Demut und Niedrigkeit bleibe. O gehe nur in deine Haushaltung: Wie vieles ist da zu überwinden, wenn du das, was du vielleicht gern tätest, unterlassen, und was du gern unterließest, tun sollst; es gibt zu überwinden im täglichen Leben überall, in deinem Aufstehen und Niedergehen, in deinem Essen und Trinken, in deinem Umgang mit den Menschen und in der Einsamkeit, wenn wir den Willen Gottes tun und die Grundgesetze des Reiches Gottes in Ausübung bringen wollen: daß Gehorsam besser sei denn Opfer, und unsere Pflicht es fordere, Treue zu beweisen im Kleinen, ja im Allergeringsten; nicht uns selber zu leben, sondern Gott und Christo, und los zu werden von unserem eigenen Willen. Es gibt sehr vieles zu überwinden.

Schenke, Herr, auf meine Bitte mir ein göttliches Gemüte, einen königlichen Geist, mich als dir verlobt zu tragen, allem freudig abzusagen, was nur Welt und irdisch heißt.

So will ich mich selbst nicht achten; sollte gleich der Leib verschmachten, bleib ich Jesu doch getreu; Sollt ich keinen Trost erblicken, will ich mich damit erquicken, daß ich meines Jesu sei.

7. Juli: Offenbarung 2,10

Sei getreu bis an den Tod, so will ich dir die Krone des Lebens geben.

Der Bischof zu Smyrna sollte in die Fußstapfen der Apostel, in die Fußstapfen des ersten Blutzeugen Stephanus und so vieler anderer Bekenner treten, die ihr Leben nicht lieb gehabt haben bis in den Tod, die überwunden haben durch des Lammes Blut und durch das Wort ihres Zeugnisses. Dies war eine große Ehre für den Bischof. Oder gibt es eine größere Ehre für einen Menschen, für einen armen Sünder, als wenn er Dem, von dem und zu dem alles ist, Dem, der uns erkauft hat nicht mit Silber oder Gold, sondern mit seinem heiligen, teuren Blute, wenn er dem Herrn, den zwar die törichte und vom Teufel verblendete Welt nicht kennt, den sie verachtet, den sie schmäht, den sie lästert, den sie verfolgt, den sie gekreuzigt hat und noch kreuzigt, der aber doch der Herr der Herrlichkeit, der Herr des Himmels und der Erde, der wahrhaftige Gott und das ewige Leben ist, hochgelobt in Ewigkeit, der allein wert ist, daß ihn jeder Blutstropf' ehre, jeder Pulsschlag sein begehre und das Herz stets nach ihm glühe, – gibt es eine größere Ehre, als wenn ein armer Mensch dem Lamme, das geschlachtet ist, seinem Gott und Heiland, das Beste und Edelste, was er von ihm empfangen hat, sein irdisches Leben, als Gabe und Opfer dahingeben darf? Es haben schon manche ihr Leben an eine geringfügige, ungerechte, ja sogar verwerfliche Sache gesetzt; man hat es ihnen nachgerühmt und nachgepriesen: »Sie seien auf dem Bette der Ehren gestorben.« Ihre Ehre ist aber eine Ehre bei Menschen und nicht die Ehre bei Gott. Mit dem Zeugentode für Christi Namen ist es eine andere Sache. Ihn haben mit Recht jeher alle Menschen Gottes für die größte Ehre gehalten; ja eine jede Schmach, eine jede Beschimpfung, die sie um des Heilandes willen haben, haben sie für Freude, und wenn der alte Mensch darunter seufzte und schmachtete, dennoch für ein seliges Dürfen, nicht für ein leidiges Müssen geachtet. Als die Apostel vor den hohen Rat geführt, dort geschmäht und ausgepeitscht wurden, da gingen sie fröhlich von des Rats Angesicht, *daß sie würdig gewesen waren,* um des Namens des Herrn Jesu willen Schmach zu leiden.

Jesu, großer Weltbezwinger, dessen Arm die Schwachen hob, daß die wehrlos armen Jünger einst errangen Sieg und Lob: Laß dein Heil auch uns erscheinen, daß wir kämpfen als die Deinen; mach dein Volk an Glauben reich und das End dem Anfang gleich.

8. Juli: Offenbarung 2,8

Und dem Engel der Gemeinde in Smyrna schreibe: Das sagt der Erste und der Letzte, der tot war und ist lebendig geworden.

Darin liegt ein großer Trost; o wie fein weiß er seine Knechte zu trösten! Denn warum war er tot? Warum hat sich sein Haupt voll Blut und Wunden im Tode geneigt? Ach, aus purer lauterer Liebe! Und warum ist er wieder lebendig geworden? Darum, weil er der Lebensfürst war, weil ihn die Bande des Todes nicht halten konnten. Er hat dem Tode die Macht genommen und Leben und unvergängliches Wesen an's Licht gebracht, und durch seine Auferstehung werden auch alle, die an ihn glauben, in das unvergängliche, unverwesliche und unverwelkliche Leben versetzt werden. So wollte der Heiland durch jenen Beisatz dem Bischof seine unaussprechliche Liebe, aber auch seine herrliche Gottesmacht in's Gedächtnis zurückrufen. Er wollte ihm zurufen: Siehe, du wirst sterben um meines Namens willen; fürchte dich nicht, ich war auch tot, darum achte es eitel Freude, denselben Kelch mit mir zu trinken und dich taufen zu lassen mit der Taufe, damit ich getauft wurde; leide mit mir, so wirst du auch mit mir herrschen; stirb mit mir, so wirst du auch mit mir leben; kämpfe mit mir, so wirst du auch mit mir triumphieren. Ich war tot und bin wieder lebendig geworden; darum werde ich, das Haupt, dich, das Glied, nicht im Tode lassen, sondern mit mir in die Unvergänglichkeit versetzen. Denn »... wo ich bin, da soll mein Diener auch sein; ... ich lebe und ihr sollt auch leben.« O meine Lieben! Gehören wir zu denen, zu welchen der Bischof gehörte, nämlich zu den Knechten Christi, zu den Kindern des lebendigen Gottes, die ihm zulieb auch ihr Leben in den Tod opfern können?

Wenn uns unser Gewissen ein gutes Zeugnis auf diese Frage gibt, so können wir unserem Ende, mag es ein natürliches oder gewaltsames sein, mit Freuden entgegengehen. Denn der Heiland spricht: »Ich bin die Auferstehung und das Leben. Wer an mich glaubt, der wird leben, auch wenn er stirbt, und wer da lebt und glaubt an mich, der wird nimmermehr sterben.« Glaubst du das? Ja wer an ihn glaubt, der wird nimmermehr sterben!

Weil du vom Tod erstanden bist, werd ich im Grab nicht bleiben; mein höchster Trost dein Auffahrt ist, kann Todesnot vertreiben; denn wo du bist, da komm ich hin, daß ich stets bei dir leb und bin; drum fahr ich hin mit Freuden.

9. Juli: Philipper 3,18

Denn viele leben so, daß ich euch oft von ihnen gesagt habe, nun aber sage ich's auch unter Tränen: sie sind die Feinde des Kreuzes Christi.

Man sollte es nicht glauben, daß unter den Söhnen und Töchtern Adams irgendeines sich so weit vergreifen könnte, daß es ein Feind des Kreuzes Christi ist! Denn was ist das Kreuz Christi? Ist es nicht das höchste Denkmal der Liebe Gottes, das wir haben? Ist es nicht ein Zeichen der Erbarmung Gottes, wie sonst keines? Wer kann sich das gekreuzigte Lamm Gottes im Geist vergegenwärtigen? Wer kann den hohen Gedanken fassen, den uns der Geist Gottes so gern einprägt, so wir anders nicht widerstreben, den Gedanken: mein Schöpfer und Herr ist für mich gestorben, wer kann das, ohne daß er sich mit ewigen göttlichen Trieben zu Dem hingezogen fühlte, der sich also für ihn hingab, ohne daß es ihm würde, wie es in jenem Liede heißt: Von dir will ich nicht gehen! Ja wem einmal der Geist nur einen einzigen Blick auf das Kreuz des Sohnes Gottes gestattet hat, der findet das Wort erfüllt: wenn ich erhöhet sein werde von der Erde, so will ich sie alle zu mir ziehen, Joh 12,32. Es ist etwas Anziehendes, etwas Magnetisches mit erstaunlicher Liebeskraft Hinreißendes im Kreuze Christi, das Auge sieht sich nimmer satt, die Gedanken werden nicht müde, es wird die Liebe, die am Kreuz erblaßt ist, nimmermehr alt und alltäglich, »Ach ich möchte die Gestalten immerdar im Aug behalten.« Und dieses Kreuz sollte nun dennoch Feinde haben unter den Söhnen und Töchtern Adams? Ja es wird in der heiligen Schrift oft von solchen geredet. Der Apostel Paulus schreibt, die Juden seien Christo und seinem Kreuze feind, weil sie ein Ärgernis daran nehmen, daß der Gehenkte solle der Gesalbte Gottes sein; er schreibt, die Griechen, die Gelehrten seien Feinde, weil es ihnen Torheit sei, weil sie Kinder und einfältig in der Tat und Wahrheit werden müßten, wenn sie es erkennen wollten. Und noch andere Gründe der Feindschaft gibt es; wenn wir aber nach dem Hauptgrund forschen, so hat ihn der Apostel in dem auf unsern Text folgenden angegeben: Denen der Bauch ihr Gott ist, was er dann wieder so erklärt: Derer, die irdisch gesinnt sind. Das ist die Hauptursache der Feindschaft gegen das Kreuz Christi.

Für mich starb Jesus; meine Sünden sind's, die ihn in den Tod versenkt; darum läßt er Gnade mir verkünden, die mich mit Lebenswasser tränkt. O Strom der Liebe, klar und helle, mein Herz soll offen stehn für dich; o unerschöpfte Friedensquelle, ergieß ohn Ende dich in mich.

Herr Jesu! Nimm für deine Schmerzen mich Armen an so wie ich bin! Ich setze dir in meinem Herzen ein Denkmal deiner Liebe hin, die dich für mich in Tod getrieben, die mich aus meinem Jammer riß; ich will dich zärtlich wieder lieben, du nimmst es an, ich bin's gewiß.

10. Juli: Offenbarung 2,4

Aber ich habe gegen dich, daß du die erste Liebe verläßt.

So fährt der Heiland im Brief an den Bischof zu Ephesus fort. Damit tritt uns sogleich die Treue, die Vorsorge und die Geduld des Herrn entgegen; er will seine Knechte nicht niederschlagen und mutlos machen; er will ihnen das frohe Vertrauen zu seiner Gnade nicht rauben, sondern sie vielmehr kräftigen und aufrichten. Darum fängt er in diesem Sendschreiben nicht sogleich mit dem Tadel an, sondern setzt denselben in die Mitte des Briefs, nachdem er dem Bischof zuvor ein Lob erteilt und seine Zufriedenheit ihm bezeugt hatte. Ich bin kein harter Mann, will er ihm sagen, daß ich deine unermüdete Arbeit und Geduld nicht wüßte und in Anschlag brächte. Ich bin kein Herr, dem man nicht genug tun kann; der kleinste Dienst der Liebe ist bei mir nicht vergessen: aber ob ich gleich das Kleinste achte und das Gute an dir, meinem Knechte, zu schätzen weiß, so habe ich doch etwas wider dich, es fehlt dir an etwas, und dieses Etwas legt er ihm nun getreu und gerade an das Herz als Freund, Berater, Heiland und Richter. »Du verläßt« – spricht er – »deine erste Liebe«, die Liebe, die dich anfangs beseelte. Was wird doch wohl den Mann mehr gedemütigt haben, das Lob oder der Tadel seines Herrn? Nach seinem Herzenszustande zu urteilen, wird ihm das Lob mehr oder wenigstens ebenso demütigend gewesen sein als der Tadel. Denn je getreuer ein Knecht ist, desto mehr erkennt er seine Untreue, desto mehr ist ihm das Lob befremdend; wenn er die Liebe des Herrn anschaut, mit der er ihn geliebet bis zum Tod, ja bis zum Tod am Kreuze, und er hält dagegen seine Liebe zu dem Herrn, so beugt und demütigt er sich, und wenn der Heiland einem solchen Menschen sagt: »Ich kenne deine Mühsal und deine Geduld«, und erteilt ihm Lob und versichert ihn seines Wohlgefallens, so fragt er dann: »Herr, wie und wo und wann habe ich dies Lob verdient?« So wird ja auch am jüngsten Tage einst geantwortet werden, wenn der Herr zu denen, die zu seiner Rechten stehen, spricht: »... ihr habt mir zu essen gegeben ... ihr habt mir zu trinken gegeben ... ihr habt mich aufgenommen ... ihr habt mich gekleidet.« So sprechen sie: »Herr, wann haben wir das getan? Uns ist dergleichen nichts bekannt.«

Dies ist mein Schmerz, dies kränket mich, daß ich nicht gnug kann lieben dich, wie ich dich lieben wollte; je mehr mich deine Liebe zieht, je mehr erkennt mein Herz und sieht, daß ich dich lieben sollte. Von dir laß mir deine Güte in's Gemüte lieblich fließen, so wird sich die Lieb ergießen.

11. Juli: Offenbarung 2,3

Und hast Geduld und hast um meines Namens willen die Last getragen ...

Wo viele Arbeit ist, da hat man viele Geduld nötig; darum erteilt nun auch der Heiland dem Bischof zu Ephesus noch dieses Lob: *»Du hast Geduld.«* Er wollte nicht sogleich ernten, wo er eben erst gesäet hatte; er konnte die Schwachen tragen; er war ein rechter Unterhirte, der die Schafe nicht übertrieb, sondern Jesu nachfolgte, dessen Sache es war, Geduld zu haben mit der Schwachheit, die Elenden zu verpflegen, das zerbrochene Rohr zu stützen, den glimmenden Docht zur Glaubenskraft anzufachen. Geduld zu tragen, das ist ja die Sache des Heilandes; wie wäre es aber auch so traurig, wenn dies nicht der Fall wäre! Ich will nur ein Beispiel seiner Geduld anführen: wenn er nach unserer ungeduldigen Art einer Seele, die in seine Schule treten will, auf einmal ihr Verderben und ihre Sünde ins Licht stellen würde, so würde sie keine Freudigkeit und kein Vertrauen zu ihm fassen können, sie würde zur Verzweiflung kommen; aber seine Geduld ist groß; er entdeckt ihr nach und nach ihre Schlechtigkeit; sie wird immer kleiner, wiewohl auch immer reiner; die alte Unart reißt er nicht mit einem Male aus, läßt ihr noch eine gute Weile ihr Spielwerk und erst, wenn sie erstarkter ist am inwendigen Menschen, da zeigt er ihr dann, daß die kindische Unart nicht mehr für sie taugt. So macht er es wie die weisesten Erzieher, die nur nach und nach die Zöglinge zu etwas Ganzem bilden und nicht mit einem Schlag sie fertig haben wollen. Diese Geduld ist eine Frucht seiner Barmherzigkeit; wer daher über die Schwachheit seines Bruders sogleich herfällt und nichts tragen und dulden kann, der kennt die Barmherzigkeit und Geduld, die doch täglich über uns neu wird, noch nicht; dem ist die eigene Unart seines Herzens noch tief verborgen. O selig der Mann, der wie der Bischof von Ephesus ein solches Zeugnis vom Herrn empfängt!

Der erste Odem, den ich ziehe, wenn ich vom Schlaf erwache, ist dein Erbarmen; groß die Mühe, die ich dir täglich mache, und die du schon an mich gewandt, da deine Lieb am Kreuz entbrannt.

12. Juli:

Offenbarung 2,3

… und hast um meines Namens willen die Last getragen und bist nicht müde geworden.

Unermüdeter Eifer für das Reich Gottes war also ein Hauptzug in dem Charakter des Bischofs. Was ist größer und lieblicher, als wenn ein Mensch seinen ganzen Eifer und seine ganze Begierde darauf gerichtet hat, daß er möchte von seinem Herrn als ein rechtschaffener Arbeiter erfunden werden, wenn ein göttlicher, ein lauterer Trieb in ihm ist, nur dem Heiland zur Ehre zu leben; wenn er sagen kann: Alles was ich tue, tue ich um des Namens Jesu Christi willen, zur Verherrlichung des großen Namens des Hochgelobten. Dieses selige Vorrecht aber haben wir alle, Eltern und Kinder, Junge und Alte, Herren und Knechte, Jünglinge und Jungfrauen. Wer da arbeitet, nicht als vor den Augen der Menschen, sondern vor dem allwissenden Gott, dem wird der Heiland das Lob nicht verweigern: »Du hast um meines Namens willen die Last getragen.« Aber wie viele unter uns werden es sein, denen er dies große Zeugnis geben kann? Wie viele Verleugnung der Eigenliebe, des Eigensinns, der Verkehrtheit gehört dazu? Wie muß der alte Mensch in den Tod gegeben werden, auf daß der neue lebe?

Übrigens dürfen wir diese Arbeit nicht mit der Vielgeschäftigkeit mancher Menschen verwechseln. Es gibt manche Christen, welche auch arbeiten und nicht müde werden, welche auch wirken für das Reich Gottes; aber im eigenen Namen, in eigener Kraft, nach eigenem Willen, nicht zur Ehre des Heilandes, sondern zur eigenen Ehre. So gibt es manche Eltern, die weder Kosten noch Mühe scheuen, ihren Kindern eine christliche Erziehung zu geben; sie predigen ihnen oft tagelang vor, daß man fromm sein müsse; sie geben ihnen die besten Lehren und Ermahnungen; die Kinder sollen mit Gewalt Christen werden, und sie selber sind es nicht; die Kinder sollen selig werden, sie selber trachten nicht darnach. Dies sind die unberufenen Arbeiter im Weinberge Gottes.

Schweigt Jesus in der Seele still, so nimm dir auch nichts vor; wenn er dich aber brauchen will, so tritt mit Kraft hervor.

13. Juli: Psalm 110,3

Deine Söhne werden dir geboren, wie der Tau aus der Morgenröte.

Es ist natürlich, daß hier nicht von leiblichen , sondern von geistlichen Söhnen die Rede ist, von solchen Söhnen, die aus dem Geist des Herrn gezeugt sind, Joh 3. Und daß nun solche dem Heiland geboren werden wie der Tau aus der Morgenröte, darunter ist der größte Segen seines Siegs begriffen, die herrlichste Frucht seiner Leiden. Wäre es ja doch auch nach dem Sinn des Geistes der Weissagung, welcher den 110ten Psalm diktiert hat, die größte Schmach, wenn der Heiland nach seinem Sieg, dem auf Gabbata und Golgatha teuer erworbenen, keine Kinder erlangte. Und so ist es auch, wenn wir das neue Testament zu Rate ziehen. Wofür ist er gestorben? Wofür hat er den Kampf mit der Hölle bestanden, wofür das Gericht der Sünde an sich ausführen lassen und das Gesetz der Sünde für uns in seinen Gliedern töten lassen, wofür hat er den Tod geschmeckt und dem Tode die Macht genommen? Ists nicht deshalb, um sich eine Gemeinde zu erwerben, eine Menge geistlicher Kinder, die sein Eigentum sind und mit welchen, als mit der Frucht seiner Leiden, dem Gewinn seines Todes, er an jenem Tage vor allen heiligen Engeln und vor der ganzen Geisterwelt prangen und sprechen könne: Siehe, diese habe ich erkauft, diese hat mein Blut gereinigt, sie wären ohne mich verloren gegangen, aber die Kraft meines Verdienstes hat's getan, ich habe für sie gesiegt, nicht umsonst bin ich in diese Marter und Pein eingegangen, diese unzählbare Schar ist nun dafür mein. Und seine Gemeinde wird ihm die Ehre geben: »Eins hat uns durchgebracht, König, daß du bist geschlacht.« – Sind wir – denke doch ein jedes an sich selber – sind wir ihm auch schon als Beute, als Lohn seiner Schmerzen anheimgefallen? Oder sind wir etwa daran, daß wir ihm auf diese oder jene Weise, grob oder fein diesen Lohn zurückhalten? Es ist in der heiligen Schrift die strengste Strafe gedroht, wenn man einem Arbeiter seinen Lohn vorenthalte, vgl. Jak 5,4, wie viel größere Strafe wird der empfahen, der dem Herrn Zebaoth, Dem, der sich erniedrigt hat, seinen Lohn vorenthält, nämlich sich selber!

Die wir uns allhier beisammen finden, schlagen unsre Hände ein, uns auf deine Marter zu verbinden, dir auf ewig treu zu sein, und zum Zeichen, daß dies Lobgetöne deinem Herzen angenehm und schöne, sage: Amen und zugleich: Friede, Friede sei mit euch!

14. Juli:

Offenbarung 2,1.2

Dem Engel der Gemeinde in Ephesus schreibe: Das sagt, der da hält die sieben Sterne in seiner Rechten, der da wandelt mitten unter den sieben goldenen Leuchtern: Ich kenne deine Werke ...

Gewöhnlich glauben wir dieses Wort nicht so fest, weil wir zu sehr in dieses zeitliche, zerbrechliche Leben vertieft, von den Einflüssen der armen eiteln Welt bezaubert sind; und wenn es auch in unsere Seele hineinfällt, so entwischt es doch den Menschenkindern immer wieder gar leicht, so daß sie es zu keiner ganzen Klarheit ihres Bewußtseins kommen lassen. Ich weiß deine Werke, spricht der Herr, deine Pulsschläge, deines Herzens Klopfen, aber auch deiner Augen Tropfen: Und dies läßt der Herr uns allen sagen mit göttlicher Machtvollkommenheit, nicht bloß dem Gemeindevorsteher zu Ephesus, sondern zu uns allen spricht er: Mensch, ich weiß deine Werke. Er, der in der Höhe und im Heiligtum wohnet, aus dessen Grenzen wir nicht weichen können, er läßt dir sagen, daß er dich von innen und von außen kennt, und daß es wahr ist, was David gebetet hat: »Ich sitze oder stehe auf, so weißt du es; du verstehst meine Gedanken von ferne. Ich gehe oder liege, so bist du um mich und siehst alle meine Wege.« Der Herr kennt deine Berufstreue oder Berufsuntreue, deine Gefühle, deine Gedanken und Empfindungen, deine Anschläge und Entwürfe; seinem durchdringenden, allgegenwärtigen Auge kannst du dich in keinem Stücke entziehen: Er kennt dich und prüft dich in seinem göttlichen Lichte; er weiß, mit welchen Gedanken und Plänen du dich gegenwärtig beschäftigst; er kennt dich mit seinem feuerflammenden Auge, ob du dem innersten Grunde nach verwerflich bist vor seinen Augen oder nicht, ob du zu denen gehörst, die sich selber leben und den Tod erben für ihre Ehre bei den Menschen, für ihr weltliches Vergnügen, für die guten Meinungen und Ansichten von sich selber oder zu denen, die ihm leben und zu seiner Ehre, und weil sie in der Zucht seines heiligen Geistes stehen, sich doch nichts darauf zu gut tun, sondern ihr Elend erkennen und ihm treu und offen bekennen.

An mir und meinem Leben ist nichts auf dieser Erd, was Christus mir gegeben, das ist der Liebe wert.

15. Juli: Offenbarung 2,1

Dem Engel der Gemeinde in Ephesus schreibe: Das sagt, der da hält die sieben Sterne in seiner Rechten

»Das sagt!« Es liegt etwas sehr Großartiges, Göttliches, Gewaltiges in dem Ausdruck: »Das sagt;« man fühlt es diesem Ausspruche an, daß er nicht in den Wind hineingere-

det sein soll, sondern daß der Redende die Machtvollkommenheit hat, alles was er sagt, auch auszuführen, daß alle seine Worte Ja in ihm sind und Amen in Ihm; weswegen man sie auch mit heiliger Scheu und tiefer Ehrerbietung hören und beachten soll. Auf dieselbe Weise steht auch oftmals im alten Testament geschrieben: *»So spricht der Herr,«* und dem Volke Israel wird damit zu verstehen gegeben, wer Der ist, der also redet, und was es Dem schuldig sei, der also redet. »Das sagt!« O wie vieles Geschwätz, wie viele Urteile, Ansichten, Meinungen, Lob und Tadel werden durch dieses einzige Wort: »Das sagt« zu Boden geschlagen. Es wird wohl auch in der Gemeinde zu Ephesus Lästerer gegeben haben, die den Bischof schalten oder auch solche, die ihr Lob für den Bischof ausspendeten, so daß er, wenn er nicht wachte und seine Seele in den Händen trug, von ihren guten oder bösen Gesinnungen und Reden umnebelt oder umräuchert werden konnte. Diese Reden und Gegenreden schlägt das einzige Wörtlein: »Das sagt« darnieder; denn das ist ja die Hauptsache, nicht welche Gedanken die Menschen, sondern welche Gedanken unser Herr und König über uns hat. Vielleicht möchte einer hierbei denken: Ich möchte doch auch ein solches Wort vom Herrn an mich vernehmen, sollte es auch ausfallen wie es wollte, sollte es mich auch niederschmettern, sollte es mich auch in den Staub niederbeugen; ich käme doch zur Gewißheit, wie ich mit meinem Herrn daran wäre, welche Gedanken er über mich hätte. Allein wer also denkt, der merke nur auf die Regungen des Geistes Gottes in seinem Innern, der sei und werde nur still und abgeschrieben von dem Gewirre der äußern Welt, und er wird bald mit der Hilfe des Wortes Gottes über das Urteil sich klar werden, das der Heiland über ihn ausspricht. Vielleicht findet er sich wieder abgespiegelt in der Seelengestalt des Bischofs von Ephesus, oder von Smyrna, stalt des Bischofs von Ephesus, oder von Smyrna, oder von Pergamon; er lese nur einmal z.B. diese Briefe und seufze um Licht von oben; unter dem Lesen wird ihm manches offenbar werden, und manchmal jenes Wort: »Das sagt« ans Herz dringen, wie wenn es für ihn allein in der Bibel stünde.

Wir sehn dein freundliches Angesicht voll Huld und Gnade wohl leiblich nicht; aber unsre Seele kann's schon gewahren, du kannst dich fühlbar gnug offenbaren auch ungesehn.

16. Juli:

1. Johannes 3,1

Sehet, welch eine Liebe hat uns der Vater erwiesen, daß wir Gottes Kinder heißen sollen.

Kinder Gottes sollen wir werden, gibt es eine größere Ehre? Sehet an die Kinder der Fürsten und Gewaltigen, wie hoch sind sie gehalten, wie fürstlich werden sie behandelt! Aber ein Kind Gottes, ein Kind des Allerhöchsten zu sein, das übertrifft weit alle menschliche und weltliche Ehre, und dieser Würde können auch solche teilhaft werden, welche einhergehen in Lumpen und in der tiefsten Verachtung, welche die hochmütige Welt ausweist aus ihrer Mitte.

Alle Ehre ist zu wenig, wenn man das dagegen stellt, daß der Ewigkeiten König uns für seine Kinder hält.

Kinder Gottes – gibt es ein lieblicheres Verhältnis als das zwischen einem Kinde und einem wohlwollenden Vater? Sind wir denn Kinder, so ist er der Vater, der himmlische Vater und Erbarmer, so darf das Herz ihn als Vater und Erbarmer anrufen und zutrauensvoll und keck alle seine Sorgen, alle seine Anliegen in das Herz des Vaters senken; so geht es, wie in einem alten Liede steht:

Wir schauen hinauf, der Vater herab, an Lieb und Treu geht uns nichts ab, bis wir zusammen kommen.

O, was muß es doch um ein Herz sein, in welchem diese Kindschaft vollkommen offenbar ist, wo keine knechtische Furcht mehr herrscht, sondern ein völliges ungezweifeltes Zutrauen, eine Freudigkeit, die alle Not und alle Angst verschlingt, ja auch eine Freudigkeit auf den Tag des Gerichts! Wie, mein lieber Mitbruder, möchtest du nicht auch dieses Glückes teilhaftig werden, gelüstet es dich nicht auch, aus deinen finstern ungläubigen Herzensgedanken in das heitere, freundliche Licht der Kindschaft versetzt und von ihrem milden Strahle erwärmt und erhellt zu werden?

Nun, du kannst es noch werden, wenn du dich einfältig machen läßt durch das Wort der Wahrheit; du kannst noch mit ganzem Herzen das Abba rufen lernen, du kannst noch dahin kommen, daß du mit jenem Liede singst:

Was freut mich noch, wenn du's nicht bist? Mein Herr, Erlöser Jesu Christ, mein Friede und mein Leben! Heilst du mich nicht, wo find ich Heil? Bist du nicht mein, wo ist mein Teil? Gibst du nicht, wer wird geben? Meine eine wahre Freude, wahre Weide, wahre Gabe hab ich, wenn ich Jesum habe.

17. Juli: Römer 7,25

Dank sei Gott durch Jesus Christus, unsern Herrn!

O, was ist es doch für eine große Gnade, ein Kind Gottes zu sein, in der Huld des treuesten Vaters zu stehen! Wie erhält unter dieser Gewißheit das ganze Leben eine ganz andere höhere Bedeutung! Wie nimmt man das Erfreuliche so gern aus der Hand des Vaters an und ist in allen Dingen kindlich dankbar! So lange man unter dem Gesetze seufzt, kann man nicht danken, das Herz ist verschlossen, der Mund ist verstummt, man kann nicht mit David sprechen: »Das ist ein köstlich Ding, dem Herrn danken, und lobsingen deinem Namen, du Höchster.« Nur wenn man den kindlichen Geist empfangen hat, wenn das Abba ertönt im Herzen, dann kann man dem Vater der Barmherzigkeit für das Kleine und Geringe ebenso kindlich, ebenso inbrünstig danken wie für das Große. Aber auch die Leiden, wie ganz anders sieht man auch sie an! Gleich nach unsern Textesworten ruft der Apostel Paulus mit großer Glaubensfreudigkeit aus: »Denn ich bin überzeugt, daß dieser Zeit Leiden nicht ins Gewicht fallen gegenüber der Herrlichkeit, die an uns offenbart werden soll.«

Ein Kind Gottes darf es freudig sich zurufen: Derjenige, der mir den Sohn geschenkt hat, Derjenige, der der rechte Vater ist über alles, was da Kinder heißt im Himmel und auf Erden, Derjenige, der mich in Christo geliebt hat vor Grundlegung der Welt, er sollte es böse mit mir meinen? Er sollte mir etwas zuschicken, was nicht zur Beförderung meines wahren Heils dient? Er sollte mich verlassen, wenn die Not am größten, seine Hilfe also am notwendigsten ist? Nein, nein, das tut er nicht, ich weiß, daß meine Haare auf meinem Haupte gezählet sind; er ist mein Vater in Christo; zwar bin ich's nicht wert, aber er hat sich doch meiner angenommen aus freiem unergründlichem Erbarmen; er hat, da ich in meiner Sündennot zu ihm schrie, mir die Sonne seiner Gnade und Gerechtigkeit aufgehen lassen und das Verdienst seines Sohnes meinem Glauben zugeeignet; jetzt wird er mich zwar in schwerer, aber doch geringerer Not nicht verlassen noch versäumen; er hat es mir ja beschworen: »Denn es sollen wohl Berge weichen und Hügel hinfallen, aber meine Gnade soll nicht von dir weichen, und der Bund meines Friedens soll nicht hinfallen.«

Ist Gott für mich, so trete gleich alles wider mich; sooft ich ruf und bete, weicht alles hinter sich; hab ich das Haupt zum Freunde und bin geliebt bei Gott, was kann mir tun der Feinde und Widersacher Rott?

Nun weiß und glaub ich feste, ich rühm's auch ohne Scheu, daß Gott, der Höchst und Beste, mir gänzlich gnädig sei, und daß in allen Fällen er mir zur Rechten steh, und dämpfe Sturm und Wellen, und was mir bringet Weh.

18. Juli: Offenbarung 2,8

Und dem Engel der Gemeinde in Smyrna schreibe: Das sagt der Erste und der Letzte, ...

Dieses Wort ist besonders wichtig zur Ausrüstung auf die letzte Zeit. Die Schrift weissagt ja deutlich, daß in der letzten Zeit eine große Not über die Kirche Christi hereinbrechen und die wahren Gläubigen in schwere Verfolgung hineingeraten werden. Denn es wird der Abfall kommen und der Mensch der Sünde, das Kind des Verderbens wird offenbar werden, der da ist ein Widerwärtiger und sich erhebt über alles, das Gott oder Gottesdienst heißt, also daß er sich setzt in den Tempel Gottes als ein Gott, und gibt vor, er sei Gott, und er wird herrschen und regieren und die Menschen zum Unglauben und zum Abfall verführen und zwingen. Da gilt es denn daran zu denken, *daß der Heiland der Erste ist*. Das ist im Ganzen dasselbe, was der Apostel Johannes sagt im Anfang seines Evangeliums: »Am Anfang war das Wort, und das Wort war bei Gott, und Gott war das Wort. Alle Dinge sind durch dasselbe gemacht, und ohne dasselbe ist nichts gemacht, was gemacht ist.« Ehe noch irgend etwas war, ehe noch die Welt geschaffen war, vor allem bin ich, ich, der ich allein mit völligem Recht Ich heiße, denn ich bin, der ich bin, Jesus Jehova. Daran wird es gelten, in der letzten Zeit zu gedenken und sich des Posaunenrufs zu erinnern: »Fürchte Gott und halte seine Gebote; ... denn Gott wird alle Werke vor Gericht bringen.« Ja wer da die Menschen mehr fürchten wird als Gott, wer sich vom Herrn nicht einen Heldenmut wird schenken lassen, nicht einen festen Blick auf das Unsichtbare und auf das ewige Königreich Gottes, wem es nicht recht klar und lebendig im Herzen stehen wird, daß er der Erste ist, der wird die Versuchung nicht aushalten, sondern abfallen und ewige Schande und Pein einernten. Dazu wolle er uns selber ausrüsten, denn:

Mit unsrer Macht ist nichts getan, wir sind gar bald verloren; es streit für uns der rechte Mann, den Gott hat selbst erkoren; fragst du, wer der ist? Er heißt Jesus Christ, der Herr Zebaot, und ist kein andrer Gott: Das Feld muß er behalten. Amen!

19. Juli: 5. Mose 4,2

Ihr sollt nichts dazutun zu dem, was ich euch gebiete, und sollt auch nichts davontun, auf daß ihr bewahrt die Gebote des Herrn, eures Gottes, die ich euch gebiete.

Der Herr sieht darauf, daß wir an der Reinigkeit der Lehre halten und uns die evangelische Wahrheit nicht durch Menschensatzungen und Einfälle des Fleisches verdunkeln und nehmen lassen; denn es ist ein Zeichen eines echten Jüngers Christi, daß er an dem Wort seines Herrn festhält und es sich nicht entreißen läßt, sei es durch Gewalt oder durch die Scheingründe der falschberühmten Kunst. Zwei Hauptpunkte der Wahrheit aber sind es, zwei Grundbegriffe des Reiches Gottes sind es, bei denen es sein Verbleiben haben wird in Ewigkeit, der erste: die *Barmherzigkeit*, und der zweite: die *Gerechtigkeit*. Gegen diese zwei Punkte sind von den ältesten bis auf die neuesten Zeiten immerdar Einwendungen gemacht worden; man hat mit ihnen gemarktet und sie nicht gelten lassen wollen nach ihrem vollen Sinn und ihrer vollen Wahrheit. Das Erbarmen Gottes in Christo Jesu ist der alleinige Grund unsers Heils; wer aber nicht durch jenes selig zu werden meint, sondern zu seiner Seligkeit auch nur das Geringste beitragen zu können glaubt, der setzt den Heiland herunter und raubt ihm die Ehre, die ihm gebührt. Solcher aber hat es von Anfang bis auf diese Stunde gar manche gegeben. Auf der andern Seite aber stößt man sich an seiner Gerechtigkeit, indem man seine Gnade zur Fleischesfreiheit mißbraucht und sich einbildet, er werde es mit der Heiligung nicht so genau nehmen. »Aber der feste Grund Gottes besteht und hat dieses Siegel: Der Herr kennt die Seinen; und: Es lasse ab von Ungerechtigkeit, wer den Namen des Herrn nennt.« Und abermals spricht der Apostel Johannes: »... ein jeder, der solche Hoffnung auf ihn hat, der reinigt sich, wie auch jener rein ist.« Denn Christus ist uns ja gemacht zur Gerechtigkeit, aber auch zur Heiligung. Der Herr sagt am Ende der Offenbarung etwas, was sich auf die ganze Bibel bezieht: »Ich bezeuge allen, die da hören die Worte der Weissagung in diesem Buch: Wenn jemand etwas hinzufügt, so wird Gott ihm die Plagen zufügen, die in diesem Buch geschrieben stehen. Und wenn jemand etwas wegnimmt von den Worten des Buchs dieser Weissagung, so wird Gott ihm seinen Anteil wegnehmen am Baum des Lebens und an der heiligen Stadt, von denen in diesem Buch geschrieben steht.« Was der Heiland hier sagt, gilt von der ganzen Bibel und von allen, welche die Bibel entweder verdrehen oder zu einem halbierten Christentum mißbrauchen. So sagt auch der Apostel Paulus: »Wenn jemand euch ein Evangelium predigt, anders als ihr es empfangen habt, der sei verflucht.«

Dieser Grund bestehet; wenn die Welt vergehet, fällt er doch nicht ein. Darauf will ich bauen, so soll mein Vertrauen evangelisch sein. Auch will ich nun würdiglich in der Kraft, die mir gegeben, evangelisch leben.

20. Juli: Hesekiel 34,11.12

So spricht Gott der Herr: Siehe, ich will mich meiner Herde selbst annehmen und sie suchen. Wie ein Hirte seine Schafe sucht, wenn sie von seiner Herde verirrt sind, so will ich meine Schafe suchen.

Sehet doch, welch eine Liebe! Das ganze Geschäft seines irdischen Lebens ging dahin, die Sünder und die Sünde auseinander zu bringen. Dahin zielten alle seine Worte, alle seine Taten und Zeichen, wo er die Folgen der Sünde, die Leiden des Körpers und der Seele, von den Elenden wegnahm. Dahin zielte sein Eifer, den er in seines Vaters Haus bewies; dahin zielten seine Tränen, die er über Jerusalem geweint hat. Ein Löwe wehrt sich für seine Jungen gegen den stärksten Feind; er wehrt sich, bis ihm die Seele ausfährt. Dies ist an dem Heiland erfüllt worden. Satan, der wohl sah, daß der Heiland ihm seine Werke, seine wohlangelegten Festungen zerstören wolle, sammelte seine Scharen über ihn und siegte, wie es schien, über ihn, und als er, der große Hirte der Schafe, sein Leben am Holz des Fluches gelassen hatte, da schien der Triumph des Teufels und der Sünde vollendet. Aber es schien nur so, denn solches alles geschah aus wohlbedachtem Rat Gottes. So mußte das Gericht der Sünde an dem Leib Christi hinausgeführt werden; so wurde er, der von keiner Sünde wußte, für uns zur Sünde gemacht, auf daß wir würden in ihm die Gerechtigkeit Gottes; so mußte Satan selbst durch seine Bosheit dazu helfen, daß ihm der Kopf zertreten wurde. Denn nun ist der gemarterte Leichnam Christi zwischen uns und die Sünde getreten; dieser Leichnam, in welchem wir das festeste Zeugnis dafür haben: Wie unendlich Jesus die Sünder liebe, aber wie unendlich er auch die Sünde hasse; der Leichnam, durch dessen Kraft alle, auch die feinsten Verbindungsfäden zwischen uns und der Sünde können aufgelöst werden. Wie nun Jesus der Sünde gestorben ist, so können auch wir der Sünde absterben durch den Glauben in der Kraft seines Todes; wie er auferstanden ist von den Toten, so können nun auch wir in einem neuen Leben wandeln durch den Glauben in der Kraft seiner Auferstehung. Der Strick ist entzwei, und wir sind frei! O großes Geheimnis! O seliges Geheimnis! Verborgen zwar vor der Welt und den Weisen dieser Welt, aber geoffenbart den Einfältigen, den Unmündigen, den Elenden! Der Tag der Auferstehung wird dich ganz klar machen, wird dich offenbar machen auch vor den Augen der Welt. Da wird man mit Augen sehen, wie herrlich, wie völlig durch diesen Weg Jesu Christi die ewige Liebe die gläubigen Sünder von der Sünde erlöset und in die ursprüngliche Herrlichkeit des Bildes Gottes wieder hineingehoben habe; da wird es sich erst recht klar darstellen, daß an diesem großen Werk nicht ein Pünktlein fehlt; da wird sich erst wesentlich durch die neuen Werke Gottes offenbaren, wie sehr Jesus die Sünder liebt, wie sehr er aber eben deswegen gegen die Sünde gekämpft und daß er sie überwunden hat. Sehet, welche Liebe hat uns Jesus erzeigt!

O Liebe, die du mich versöhnt, laß dein Verdienst mich decken, wenn den, der Gott durch Haß verhöhnt, die Zornesfluten schrecken. Entzünde meinen kalten Sinn und nimm mich dir zum Opfer hin.

21. Juli: Offenbarung 2,6

Aber das hast du für dich, daß du die Werke der Nikolaiten hassest, die ich auch hasse.

Wahrscheinlich wußte der Gemeindevorsteher von Ephesus nicht einmal, daß ihm der Umstand, daß er die Werke der Nikolaiten haßte, vom Heiland so hoch angerechnet werde; es war ihm nichts Besonderes, er sah es als etwas ganz Natürliches an, es floß von selbst aus seinem innern Gemütszustande; und doch sagte der Herr: »Das haßt du! Das gefällt mir, daß du der Nikolaiten Werke hassest.« Woher kommt das? Auch am Jüngsten Tage, wenn alle Menschen vor dem Herrn versammelt und ihre Gedanken, Worte und Werke ans Licht gebracht werden, da wird manches ganz anders ausfallen, als wir zuvor glaubten; da wird manches getadelt werden, das wir für lobenswürdig hielten; und das, woran man nicht gedacht hat, wird vergolten werden, und zwar öffentlich, wie es der Heiland verheißen hat. Wie geht das zu? Dies kommt daher, weil wir im Beurteilen unserer Handlungen nur auf das Große und Auffallende sehen; der Heiland aber sieht auf das Kleine, Geringfügige, Gewöhnliche, Alltägliche: Wir sehen auf das, was uns sauer geworden ist, dies hat sich unserer Seele tief eingeprägt, dies vergessen wir nicht so leicht; der Heiland aber sieht auf das, was ganz natürlich aus unserem Seelenzustand herausgeflossen ist. Wie viele alltägliche Dinge, die man nicht beachtet hat, werden an jenem Tage als gute Werke vergolten werden: Aber an das, was so vieles Aufsehen gemacht, wird nicht gedacht werden, es wird vielleicht in die Reihe der Dinge kommen, die im Buche des Todes stehen. Gottes Gerichte sind anders als der Menschen Gerichte. Es ist aber eine große Weisheit des Herrn, daß er das Gute, welches die Feuerprobe aushält, vor seinen Kindern verbirgt; er zeigt es ihnen nicht, weil die Eigenliebe sich darin spiegeln und der göttliche Schatz so verdorben würde. Deswegen ist es auch nicht die Art eines Kindes, zu fragen, ob es lobenswürdig sei. Zu fragen: Wo sind die Dinge, die dem Herrn an mir gefallen? Damit wird nur die Zeit verdorben. Nein! Unter der täglichen Zucht der Gnade wird ihm der Zustand seines Elends und seiner Verdorbenheit aufgedeckt, und bei diesem steten Gefühl seiner Niedrigkeit gibt ihm der himmlische Vater seinen Geist, so daß es sich nicht irre machen läßt durch alle möglichen hohen Gedanken, die durch die List des Satans in ihm aufsteigen könnten, und so geht es der Ewigkeit entgegen, bewahrt wie mit einem Schilde, darunter läuft es hin bis ins Vaterland, indem es lernt auf Gnade trauen und in Versuchung fest stehen. Das ist die wahre Weisheit eines Kindes Gottes, die ein Jünger des Herrn so richtig beschreibt:

Und würde man auch irgendwo der eignen Gnadenarbeit froh, so kommt die heilge Scham herbei, die zeiget uns so mancherlei, daß man Gott dankt, wenn man sich selbst vergißt, und denkt an nichts, als daß ein Heiland ist.

22. Juli: Offenbarung 2,4–6

Aber ich habe gegen dich, daß du die erste Liebe verläßt. So denke nun daran, wovon du abgefallen bist, und tue Buße und tue die ersten Werke! Wenn aber nicht, werde ich über dich kommen und deinen Leuchter wegstoßen von seiner Stätte – wenn du

nicht Buße tust. Aber das hast du für dich, daß du die Werke der Nikolaiten hassest, die ich auch hasse.

Der Bischof zu Ephesus war in einem gemischten Zustande, und daher war des Heilands Brief gerade recht für ihn, denn er paßt nur auf einen gemischten Zustand des inwendigen Lebens. In einer Seele, die nicht ganz lauter ist vor dem Herrn, ist das Böse vom Guten nicht so geschieden, daß beides gleichsam an seinem besondern Orte wäre, wie man von einer Farbe auch nicht immer sagen kann: Sie ist schwarz oder weiß, sondern sagen muß: sie ist gemischt oder meliert. Der Mensch kann oft selber das Gute und das Böse in seinem eigenen Herzen nicht so deutlich auseinanderlesen: Der Herr aber kann es und tut es, und darum weiß er Lob und Tadel an seinen Ort zu stellen. So tritt uns also hier recht augenscheinlich entgegen auf der einen Seite das barmherzige, mitleidige Herz unseres Hohenpriesters, der nur unser Seelenheil beabsichtigt und mit schonender Geduld den Gefallenen behandelt und zurechtweist, auf der andern Seite aber seine alles durchdringende Allwissenheit und Heiligkeit, welche Herzen und Nieren erforscht, wie Johannes beides lieblich zusammenstellt, wenn er spricht: »...wir sahen seine Herrlichkeit, eine Herrlichkeit als des eingebornen Sohnes vom Vater, voller Gnade und Wahrheit.«

Heiland, der du uns bewogen, nur allein auf dich zu sehn, und bisher dir nachgezogen: Laß es unverrückt geschehn! Gib Begriffe, Grund und Schluß, richte du allein den Fuß! Ohne dich sei ja nichts rege, halt uns fest auf deinem Wege.

23. Juli: Offenbarung 2,5

So denke nun daran, wovon du abgefallen bist, und tue Buße und tue die ersten Werke! Wenn aber nicht, werde ich über dich kommen und deinen Leuchter wegstoßen von seiner Stätte – wenn du nicht Buße tust.

Als der gewaltige Richter, der da tun kann was er will, spricht er hier, der Herr der Herrlichkeit, der Augen hat wie Feuerflammen. Den Leuchter will er wegstoßen von seiner Stätte, die Gemeine will er zerstreuen und die Beilage des Evangeliums will er von ihr nehmen. Dies ist zu Lebzeiten des Bischofs nicht eingetroffen; er muß Buße getan haben; aber nach einigen Jahrhunderten ist es doch eingetroffen. Der Leuchter der evangelischen Wahrheit ist daselbst umgestoßen, und Ephesus ist ein Schutthaufen geworden. Auch uns gilt das Wort: »Tut Buße, tut Buße!« »Wenn doch auch du erkenntest zu dieser Zeit, was zum Frieden dient! Aber nun ist's vor deinen Augen verborgen.« So sprach einst der Herr über die Stadt Jerusalem, und dabei gingen ihm die Augen über. Jerusalem aber hat seine Stimme nicht vernommen, darum ließ Gott seinen Zorn entbrennen und die Tage der Rache hereinbrechen. Es fällt mir hier ein, was Luther schreibt: »Hütet euch, ihr Deutschen, daß euch das Evangelium nicht genommen wird; die Juden haben's gehabt, nun ist es ihnen genommen; die Griechen haben's gehabt, jetzt haben sie den Türken; die Römer haben's gehabt, und jetzt haben sie den Papst; meinet ihr denn, ihr werdet's behalten, wenn ihr nicht Buße tut? Das sei ferne.« Ja, höret es, wer es hören kann, wer Buße tun will, der tue es bald, ehe der Leuchter der Wahrheit von seiner Stätte gestoßen, ehe die Türe verschlossen wird!

Herr Jesu, hilf dein Kirch erhalt, wir sind arg, sicher, träg und kalt; gib Glück und Heil zu deinem Wort, schaff, daß es schall an manchem Ort!

Erhalt uns nur bei deinem Wort, und wehr des Teufels Trug und Mord. Gib deiner Kirche Gnad und Huld, Fried, Einigkeit, Mut und Geduld.

24. Juli:

Offenbarung 2,6

Aber das hast du für dich, daß du die Werke der Nikolaiten hassest.

Damit will der Heiland dem Bischof etwas zum Lobe sagen: Ob ich gleich an dir auszusetzen habe, daß du die erste Liebe verlässest, so gefällt mir doch das an dir, daß du die Werke der Nikolaiten hassest. Hierbei drängt sich die Bemerkung auf, daß der Heiland zwischen das Lob einen Tadel hineingesetzt, Lob und Tadel durch eine liebliche Mischung gemildert hat, auf daß eine desto größere Wirkung bei dem Bischof hervorgebracht werde. Wir hätten wohl nach unserer Art das Lob sogleich zum Lobe und den Tadel sogleich zum Tadel gesetzt; aber dies war dem Sinne des Heilands, seiner Weisheit, Liebe und Barmherzigkeit nicht angemessen; er will in der Erziehung der Seinigen durch das Lob nicht erheben, durch den Tadel nicht niederschlagen; er will nicht überstürmen, aber auch nicht niederdrücken; es soll alles zu einer aus der Wahrheit kommenden Beugung und Buße, zu wahrhafter Besserung führen. O wenn wir in diese Art des Heilands hineinblikken, nach welcher er auch da, wo er tadeln, strafen und sein heiliges Mißfallen bezeugen muß, dieses nicht auf eine solche Art tut, wie oft Menschen, welche froh sind, wenn sie eine Gelegenheit finden, ihren Unmut herausbrechen zu lassen und wie man im Sprichwort sagt: »Das Kind mit dem Bade ausschütten«, sondern so, daß er nur die Sünde von den Seinigen entfernen will, auf daß sie selber nicht Schaden nehmen an ihrem eigenen Seelenheil; wenn wir diese Art des Heilandes bedenken, so dürfen wir uns ja wohl freuen, daß wir einen solchen Herrn haben: O wie gut und selig dient sich's nicht diesem liebevollen Monarchen, der Mitleiden hat mit unserer Schwachheit. Er gehört nicht unter diejenigen Ärzte, welche mit rauher Hand die Geschwüre ihrer Kranken aufreißen und aufätzen, welche, ohne die Folgen zu bedenken, mache es Schmerzen, wie es wolle, bringe es den Tod oder was es wolle, in unvernünftiger Leidenschaftlichkeit zufahren; nein, der Heiland hat acht bei der Pflege seiner Kranken auf die Natur ihres Schadens, und wenn er auch eine bittere Arznei gebrauchen muß, so weiß er sie doch mit etwas Süßem zu vermengen, so daß ihr viel von ihrer Bitterkeit genommen wird.

Du hast mich je und je geliebt und mich zu dir gezogen; eh ich noch etwas Guts geübt, warst du mir schon gewogen. Ach, laß doch ferner, edler Hort, mich diese Liebe leiten und begleiten, daß sie mir immerfort beisteh auf allen Seiten.

25. Juli: Offenbarung 2,4

Aber ich habe gegen dich …

Wenn einem Kinde Gottes und einem Liebhaber des Heilandes offenbar wird, daß der Heiland etwas wider ihn habe, so verursacht dies oft die tiefsten Schmerzen, wahre Geburtsschmerzen. Und eine große Gnade für ein solches Herz ist es, wenn ihm nur sogleich gezeigt wird, was denn das eigentlich ist, was dem Herrn an uns nicht gefallen kann und was den freien Erguß seines liebenden Herzens hemmt. Immer ist dies noch eine leichtere Erfahrung, weil es bei einem Kinde Gottes eins und dasselbe ist, sich eine Sünde gegen den Herrn aufdecken und offenbaren lassen, und diese Sünde selbst, sollte sie auch die liebste Lust sein, töten in der Kraft Christi. Aber oft weiß man nicht einmal, woher das innere Mißverhältnis rührt; man fühlt es: Der Herr hat etwas wider mich; er ist nicht zufrieden mit mir; es ist etwas zwischen mich und ihn hineingetreten. Man kann diesem dunkeln Etwas noch keinen Namen geben; aber daß es da ist und auf der Seele lastet, das weiß man, und das erregt Schmerzen, das treibt zum Seufzen und Schreien. Ach, wo fehlt es denn? möchte man da oft rufen, daß es nicht vorwärts will, daß ich so lange nicht näher zum Heil komme, ob ich gleich so oft und so lange darnach seufze: Wo fehlt es denn, was hat er denn wider mich? Wer da aushält unter der Gnadenzucht des heiligen Geistes, wer sich in die Stille einführen läßt, dem wird der Herr zu erkennen geben, was er wider ihn hat.

Heiland, wenn wir's hier verfehlen, wenn wir was nicht recht gefaßt – wenn wir einen Grund erwählen, den du nicht geleget hast, wenn die Seele Schlüsse macht, woran du nicht hast gedacht: Ist es nur Naturgemächte – o dann hilf uns bald zurechte.

26. Juli: Offenbarung 2,4

Aber ich habe gegen dich, daß du die erste Liebe verläßt.

Man hat schon vieles über die »erste Liebe« geschrieben, und ihr werdet wahrscheinlich schon wissen, was der

Apostel darunter versteht. Wenn nämlich ein Mensch zu der Erkenntnis Gottes und des Heilandes gelangt, wenn er es glauben kann und der Geist Gottes in seinem Herzen es versiegelt hat, daß alle Sünde ihm verziehen, die Missetat vergeben und die Schuld von ihm genommen ist, da entsteht die erste Liebe. So war es bei der großen Sünderin, von welcher Lukas erzählt, ihre Seele habe sich in solcher Liebe zum Heiland ergossen, daß sie mit ihren Tränen seine Füße benetzt und mit den Haaren ihres Hauptes getrocknet, und der Herr selber ihr das Zeugnis erteilt habe: »Du hast viel geliebet, gehe hin im Frieden.« Das war ihre erste Liebe. Es hat schon manche Seelen gegeben, welche in einem guten und dem Worte Gottes gemäßen Gange sich befanden, aber gerade über diesen Gegenstand in ein ängstliches, gesetzliches Treiben hineingeführt wurden. Es konnte so weit kommen, daß sie, weil sie sich ein besonderes Bild von einer solchen ersten Liebe machten und dies Bild nicht mehr bei sich selber fanden, an ihrer Bekehrung verzweifeln wollten. Es ist aber wohl zu merken, daß das Wort Gottes niemals regelrechte Bekehrungsmethoden aufstellt, wie sie Menschen etwa ausdenken und ausbilden. Sehet in die ganze Bibel hinein, ihr werdet nirgends finden, daß der große Erzieher der Geister alle Seelen auf gleiche Weise geführt hat oder daß es nur eine Form und ein Modell gibt, nach dem er sie bildet. Auch wird uns der Gang der innern Zustände nicht so ausführlich auseinandergelegt, wie es in unsern Lebensbeschreibungen manchmal der Fall ist, sondern gerade in der heiligen Schrift ist uns die Freiheit des Geistes, der da wirket in allen, wie und was er will, auf die schönste Weise dargelegt. Denn Gott hat sich die Freiheit vorbehalten, der alleinige Führer und Regierer der Seele, der alleinige Erzieher der Geister zu sein, und jeden Menschen, wie er will, zu führen, nicht wie der Mensch sich einbildet, daß er geführt werden müsse. O tiefe Weisheit des unerforschlichen Gottes!

Du kennst, o Vater, wohl das schwache Wesen, die Unmacht und der Sinnen Unverstand. Man kann uns fast an unsrer Stirne lesen, wie es um schwache Kinder sei bewandt. Drum greifst du zu und hältst und trägest sie, brauchst Vaterernst und zeigest Muttertreu; wo niemand meint, daß etwas deine sei, da hegst du deine Schaf und läßt sie nie.

27. Juli: Offenbarung 2,4

Aber ich habe gegen dich, daß du die erste Liebe verläßt.

Wenn an einem Orte das Evangelium lauter und rein gepredigt wird und durch Gottes Gnade manche aus dem Schlafe aufwachen und vom Tode zum Leben kommen, wenn dem Heiland Kinder geboren werden wie der Tau aus der Morgenröte, so pflegt gewöhnlich ein großer Drang, eine gewaltige Bewegung der Gemüter zu entstehen; denn das Evangelium rumort, wie Luther sagt, und obwohl die Sache aus Gott ist, so läuft doch dabei viel Fleischliches und Unlauteres, manches ungeistliche Naturwerk mitunter, was mit der Zeit immer mehr weggeschmolzen werden muß, damit die Seelen tiefer gegründet und durch Stille und Lauterkeit fester gewurzelt werden in Christo. Der gärende Most wird ja nur zu einem trinkbaren Weine, wenn er mehr und mehr von seinem herben, rauhen Charakter verliert und eine gewisse Milde erlangt. Es heißt darum nicht die erste Liebe verlassen, wenn dieser fleischlich-geistliche Drang nachläßt; sondern du hast nur von deiner natürlichen Unlauterkeit etwas verloren. Das

Verlassen der ersten Liebe ist nicht ein eingebildeter, sondern ein wahrhaftiger Verlust, ein Verlust am reinen, lautern Golde des Glaubens und der Liebe, das der Herr dir geschenkt hatte; du bist nicht mehr in deinem vorherigen Seelenzustande; du hast Schaden erlitten an der Seele, und zwar an der Hauptsache, an der Liebe. O wie traurig ist es, wenn es von einem Menschen heißt: Er hat verloren, was er hatte, er ist statt vorwärts rückwärts gekommen; wenn man von einer Seele sagen muß, was der Apostel von den Galatern sagte: »Ihr habt Christum verloren.« Und wahrscheinlich wußte dies der Bischof nicht einmal; denn so sehr kann sich ein Kind Gottes selbst betrügen, so weit in Träumerei und Selbstverblendung hineingeraten, daß es viele Vorzüge, Geduld und Ausdauer besitzt, ein treuer, eifriger Arbeiter im Weinberge des Herrn und kein Mietling ist, auch um die Ehre Gottes eifert und die Feinde Christi nicht ertragen kann, gerade wie der Bischof; aber dabei das verliert, was allen diesen Tugenden erst die wahre Weihe, den wahren Wert verleiht, nämlich die Liebe. Denn »wenn ich mit Menschen- und mit Engelzungen redete und hätte die Liebe nicht, so wäre ich ein tönendes Erz oder eine klingende Schelle. Und wenn ich alle meine Habe den Armen gäbe und ließe meinen Leib verbrennen und hätte die Liebe nicht, so wäre mir's nichts nütze.«

Ob uns die Welt an einem Halme, ob sie uns an der Kette hält, ist alles eins in seinen Augen, da nur ein ganz befreiter Geist, der alles andre Schaden heißt, und nur die reine Liebe taugen.

28. Juli: Epheser 2,14.15

Denn Er ist unser Friede, der aus beiden eines gemacht hat und den Zaun abgebrochen hat, der da-

zwischen war, nämlich die Feindschaft. Durch das Opfer seines Leibes hat er abgetan das Gesetz mit seinen Geboten und Satzungen, damit er in sich selber aus den zweien einen neuen Menschen schaffe und Frieden mache.

Das Kreuz Christi hat dem langen Unterschied zwischen Juden und Heiden ein Ende gemacht. Als Jesus am Kreuze hing und ein Fluch für uns wurde, hat er den ganzen Fluch des Gesetzes aufgehoben. Als das allein und ewig gültige Blut der Versöhnung auf Golgatha floß, ist die ganze Voranstalt des Gesetzes erfüllt und der alte Bund, der nur für die leiblichen Nachkommen Abrahams bestand, aufgehoben worden. Aus der Haushaltung des Gesetzes ward eine Haushaltung der Gnade, denn das gesamte Gesetz war nur ein Schatten der zukünftigen Güter, ein Schatten von Christus. Als nun Christus gekommen war und den Ratschluß Gottes hatte an sich durchführen lassen, bedurfte es des Schattens nicht mehr, denn der Körper war ja vorhanden. Wenn die Sonne aufgegangen ist, muß die Morgendämmerung verschwinden. Darum konnte der Heiland nach seiner Auferstehung zu den Jüngern sagen: Gehet hin in alle Welt zu aller Kreatur. Er sagte nicht mehr: Meidet der Samariter Städte und die heidnischen Flecken, sondern: Gehet hin in alle Welt und prediget das Evangelium aller Kreatur. O was haben wir nur in *dieser* Hinsicht dem Kreuz Christi zu danken! Daß wir das Evangelium besitzen, daß uns verkündigt ist die Gnade des Heilands und die Liebe des Vaters, daß das Wort »von der großen Freude« auch in unsere Gegenden gedrungen ist, daß auch uns der Glaube an den Herrn Jesum angeboten wird, daß auch wir nicht mehr Gäste und Fremdlinge bleiben müssen, sondern Bürger mit den Heiligen sein dürfen und Gottes Hausgenossen, erbaut auf den Grund der Apostel und Propheten, daran Jesus Christus der Eckstein ist, auf welchem der ganze Bau ineinandergefügt wächst zu einem heiligen Tempel in dem Herrn, das haben wir dem Umstand zu danken, daß Jesus Christus für uns am Kreuz gestorben ist. Darum hat der Heiland vorhersagen können: Es werden Leute kommen von Morgen, Abend, Mittag und Mitternacht und bei ihm mit Abraham, Isaak und Jakob zu Tische sitzen in seines Vaters Reich. Darum hat der Apostel Johannes im Geist jene große Schar aus allen Völkern, Heiden und Sprachen gesehen, mit weißen Kleidern angetan, denn sie hatten alle ihre Kleider gewaschen und helle gemacht im Blut des Lammes Gottes, das geschlachtet ist für die Sünden der Welt.

Gottes Lamm ruft Gnade! Allen Sündern Gnade! Alle, die da kommen, werden angenommen. Auf ihn aus Gnaden die Schuld geladen. Gottes Lamm ruft Gnade! Allen Sündern Gnade.

29. Juli: Offenbarung, 3,15.16

Ich kenne deine Werke, daß du weder kalt noch warm bist. Ach, daß du kalt oder warm wärest! Weil du aber lau bist und weder warm noch kalt, werde ich dich ausspeien aus meinem Munde.

Was heißt Lauigkeit im Christentum? Lau nennen wir das, was zwischen warm und kalt mitten inne steht, und wenn nicht neue Erwärmung dazukommt, leicht in völlige Kälte übergeht. Lau können also nur die Seelen sein, die schon einen Grad der Erwärmung erlangt haben oder noch haben; sie sind aber lau, wenn sie träge werden, wenn es ihnen nicht um das Wachsen und Weiterkommen in der Gnade zu tun ist, wenn sie nicht ernsthaft darnach ringen, völlig zu werden im Glauben, in der Liebe, in der Hoffnung. Denn ein wahrer Christ setzt in seiner heißen Begierde, seinem Heiland zu Gefallen und Ehren in der Welt zu sein, alles daran, daß er nicht unvollendet, nicht als ein unausgebautes Haus erfunden werde, sondern er sucht auf dem einmal gelegten Grund zu bauen und immer mehr ganz und völlig zu werden für die Ewigkeit. Er ist einem Reisenden gleich, der unverweilt fortgeht. Da sucht er immer abgeschiedener zu werden von den Dingen, die ihn hindern, immer inniger hingerichtet auf das unvergängliche Kleinod, immer brünstiger im Geiste, immer tüchtiger für die Zwecke seines Heilands, ihm, der ihn erkauft hat, zur Ehre und zum Wohlgefallen in dieser Welt zu sein. Prüfe dich also wohl, lieber Mensch, ob solch ernstliches, solch alle Schwierigkeiten durchbrechendes Verlangen in dir ist, oder ob dich einige Trägheit in deinem Lauf beschlichen hat, daß du dich da oder dort aufhältst, ob du den Lauf unverrückt zu Dem fortzusetzen bestrebest, der dich aus Gnaden berufen hat. Siehe, in der innern Welt gibt's kein Stillestehen. Und doch ist unser Herz so gar träge zum unermüdeten Fortschreiten, wir begnügen uns so gern mit einem kleinen Lichtlein, das wir haben, und wollen dabei fröhlich sein und dabei des Fleisches pflegen, wo der Herr fordert einen unermüdeten Ernst. Jenes träge Verweilen aber, jenes Stehenbleiben, jene innere Selbstzufriedenheit heißt Lauigkeit, denn da ist die Liebe, wenn sie da war, schon erkaltet.

Weg, Leichtsinn! Weg, Betrug! Gott, du bist genug! Du nur hast Heil allein, so wesentlich, so rein, so ruhig, so inwendig; wer dein ist, hat's beständig.

Nur hin zur Ewigkeit, durchs fremde Land der Zeit! Halt fest, mein treuer Leiter, und hilf mir täglich weiter! Mit dir will ich es wagen: Du wirst mich heimwärts tragen!

30. Juli: Jeremia 31,18

Bekehre du mich, so will ich mich bekehren; denn du, Herr, bist mein Gott!

Es ist nichts Trauriges um das Leben eines bekehrten Christen; wäre dem also, die ganze Schrift müßte lügen, der Heiland müßte die Unwahrheit gesagt haben, wenn er behauptet, daß seine Jünger in der Welt Angst und nur bei ihm Frieden und vollkommene Freude besitzen. Ein wahrer Christ hat also Freude, nicht Traurigkeit, aber er muß auch ein wahrer Christ, d.h. gründlich zu dem lebendigen Gott bekehrt sein. Ich sage: Zu dem lebendigen Gott, nicht bloß zu einem äußern, stillen, ruhigen Leben, nicht bloß zu der bürgerlichen Ordnung. Ein mancher nichtswürdiger Mensch hat sich geändert und ist ein ruhiger Bürger geworden; ein mancher hat schon aufgehört, Verschwender zu sein, und sich seiner Haushaltung angenommen; schon viele schlechte böse Menschen haben sich umgewendet und sind ehrbare Leute geworden. Aber das sind noch lange keine Bekehrungen zu dem lebendigen Gott. Zeit, Jahre, Vorteile, äußere Umstände, Klugheit sind nicht selten die Triebfedern, aus welchen diese sonst löblichen Veränderungen hervorgehen, aber dabei können solche Menschen tote Schein- und Maulchristen sein und bleiben. Es bleibt aber der Zorn Gottes über den besten Menschen, über den rechtlichsten Leuten, so es nicht ein anderes mit ihnen wird, so nicht eine Veränderung in ihrem Innern mit ihnen vorgeht, so sie nicht wiedergeboren werden aus dem Geist, so sie sich nicht bekehren zu dem lebendigen Gott. Wer ist der lebendige Gott? Es ist niemand anders als Jesus Christus, in dessen Angesicht sich die Klarheit des Vaters vollkommen spiegelt. Er ist der Anfang und das Ende jeder gründlichen Bekehrung. In der Bekehrung zu ihm liegt der Unterschied zwischen einem rechtschaffenen Heiden und einem wahren Christen. Er ist der Fels, von Gott gesetzt zum Fall und Aufstehen für viele. Das ist der Stein des Anstoßes, an welchem so viele anlaufen und zuschanden gehen. Und das ist für jeden natürlichen Menschen das Ärgernis, daß es Christus gerade ist, ohne den es nicht möglich ist, zu Gott zu kommen, daß er soll sein der Anfänger und Vollender des Glaubens.

Herr, ohne deine Gnade bleib ich stets auf der Sünde Pfade, vor dir stets strafbar, o mein Gott! Wirst du mir nicht das Leben, Geist, Seligkeit und Kräfte geben, so bleib ich bös, in Sünden tot. Drum ruf ich, Herr, zu dir: Gib deine Gnade mir, Gott der Gnaden! Denn deine Kur verbessert nur die so verdorbene Natur.

31. Juli: Hesekiel 18,23

Meinst du, daß ich Gefallen habe am Tode des Gottlosen, spricht Gott der Herr, und nicht vielmehr daran, daß er sich bekehrt von seinen Wegen und am Leben bleibt?

Obgleich selbst die Verdammten einst werden die Gerechtigkeit Gottes preisen müssen, so hat doch Gott kein Wohlgefallen an ihrer Verdammnis. Oder sollte er, der die Liebe selbst ist, der barmherzige Vater, Lust haben an der Unseligkeit seiner Geschöpfe, Lust an den Qualen der Verdammten? Sollte er mit Freuden den Richterspruch über die Elenden tun, die nicht bedacht haben zur Zeit der Gnade und Barmherzigkeit, wie sie Barmherzigkeit erlangen mögen? Nein, das sei ferne. Bewegt sich doch das menschliche Herz von Mitleiden gegen einen Missetäter, hat doch der Mensch keinen Gefallen am Tode des Gottlosen, wünschen doch wir, daß alle Menschen eingehen mögen zur ewigen Seligkeit. Und Der, welcher ein Vater ist aller Barmherzigkeit, Jesus Christus, der arm geworden ist und alle Leiden und Mühseligkeiten auf sich genommen hat aus Liebe zu den gefallenen Menschen und damit er ein rechter Hohepriester sein möchte – dieser Gott sollte sich von uns an Barmherzigkeit und Liebe übertreffen lassen? Nein, unser ganzes Wesen, unsere ganze Natur empört sich dagegen, also von unserem Gott zu denken. Gott ist reich an Barmherzigkeit und an Gnade und an Geduld und an Langmut, Gott straft nicht gerne, und wenn er strafen muß, so ist ihm dies nicht angenehm, er möchte lieber vergeben, vergessen, gut machen können, wenn es möglich wäre. Dies hat er gezeigt durch die ganze Geschichte seiner Führungen mit einzelnen Menschen und ganzen Völkern, wie sie uns in seinem Wort aufgezeichnet sind. Er hat es gezeigt, als unsere ersten Eltern im Paradiese abgefallen waren, denn er hätte sogleich alle Spur von ihnen vertilgen können, aber er hatte Mitleiden, inniges Mitleiden mit ihnen, wie sich das in den über sie verhängten Strafen und in seiner Verheißung aussprach. Er hat es gezeigt an dem Geschlecht vor der Sintflut, dem er 120 Jahre Bedenkzeit gab, in der seine Warnungsstimme durch den Mund seiner Knechte ertönte. Er hat es gezeigt an Sodom und Gomorra, er hat es gezeigt an Jerusalem. Und noch heller und deutlicher als durch dieses alles erscheint diese Wahrheit in der Sendung seines Sohnes.

Wir sollen nicht verloren werden, Gott will, uns soll geholfen sein; deswegen kam der Sohn auf Erden und nahm hernach den Himmel ein; deswegen klopft er für und für so stark an unsers Herzens Tür.

1. August: Markus 14,61.62

Er aber schwieg still und antwortete nichts. Da fragte ihn der Hohepriester abermals und sprach zu ihm: Bist du der Christus, der Sohn des Hochgelobten? Jesus aber sprach: Ich bin's; und ihr werdet sehen den Menschensohn sitzen zur Rechten der Kraft und kommen mit den Wolken des Himmels.

Wie ganz anders wird es dann sein, als es vor achtzehnhundert Jahren war und als es jetzt noch ist! Vor achtzehnhundert Jahren kam Jesus als ein armer Mensch; als er zu den Toren von Jerusalem einritt, konnte ein Weltauge von seiner Herrlichkeit wenig oder nichts sehen. Bald darauf übergab er sich in die Hände seiner Feinde, die den Mutwillen und die Bosheit ihres finstern Herzens an ihm verüben durften; er starb am Kreuze, wie ein Missetäter stirbt – nackend, in der alleräußersten Verachtung hing er da am Kreuz, zum Spott und Hohn seiner Feinde, und starb. Aber auch jetzt noch siehet ein Weltauge nichts oder wenig von seiner Herrlichkeit; er hat sich verborgen in Gott; sein Reich ist ein Kreuzreich; sein Leben ist allenthalben unter der Schwachheit des Fleisches versteckt; durch die Niedrigkeiten des Kreuzes verächtlich gemacht vor den Augen der stolzen Welt. – Die Welt mit ihrer Lust, mit ihrer vergänglichen Pracht und Hoheit, ja das glänzt in die Augen, das brüstet sich: – aber die Herrlichkeit des Reiches Jesu zu sehen, dazu gehören schon andere Augen, als die Vernunft hat; es muß geoffenbaret sein vom Vater; denn diese Herrlichkeit ist verborgen, ist inwendig, ist eine Herrlichkeit des Glaubens; und was man glaubet, das siehet man nicht.

Aber es wird anders werden an jenem Tage. Des Menschen Sohn wird kommen in seiner Herrlichkeit. In der

Herrlichkeit, die er hatte, ehe die Welt war; die er nun wieder angenommen hat, seit er sich gesetzt hat zur Rechten der Kraft; mit dieser Herrlichkeit wird er aus seiner Verborgenheit herausbrechen, und es wird ihn sehen alles Auge. Der Mann, welcher in Bethlehem geboren wurde, der schon in seiner Kindheit vor Herodes fliehen mußte; der Mann, welcher in Nazareth mit seinem Pflegvater auf dem Handwerk arbeitete; der Mann, welchen sein Volk von sich stieß; der Mann, den sie in's Angesicht schlagen durften mit den Worten: »Weissage, wer ist's, der dich schlug?« – der sich unter allen diesen Mißhandlungen und Bosheiten als das sanftmütigste Lamm bewies; der unbekannte Mann, der allen weltlich gesinnten Menschen unbekannt ist und bleibt, und mit dem Hereindringen des Geistes dieser Zeit es immer mehr wird: – Dieser Jesus von Nazareth wird wiederkommen in seiner Herrlichkeit.

Herr, wo ich bin und was ich tu, da rede durch dein Wort mir zu, daß du, erhöhter Jesus Christ, mein Heiland und mein Richter bist.

2. August: Römer 2,5.6

... auf den Tag des Zorns und der Offenbarung des gerechten Gerichtes Gottes, der einem jeden geben wird nach seinen Werken.

Wer ist denn tüchtig, solche Werke zu tun, die am Tage der Offenbarung bestehen mögen? Antwort: Nur die, welche durch lebendigen Glauben Christo einverleibt sind. Wenn ein Mensch Jesum Christum wahrhaftig im Glauben ergriffen hat, so hängt er auch mit ganzem Herzen an Jesu; alle seine Gedanken fließen auf Jesum zusammen, auf den treuen Heiland, der ihn vom ewigen Tode freigemacht und unverdient zur Seligkeit gebracht. In dieser herzlichen Liebe tut der Mensch alles um Jesu willen; er liebt Jesum in seinen, wenn auch geringen und vor der Welt unansehnlichen Brüdern; er schämt sich dieser Glieder seines Heilandes mitten unter einem unschlachtigen und verkehrten Geschlechte nicht; er überwindet und zerbricht seine liebste Lust, um dem Heilande zu gefallen; er überwindet um Jesu willen Geiz, Bequemlichkeitsliebe, Menschenfurcht, Menschengefälligkeit und alle die tiefen und verborgenen, oft vom Weltgeiste als Weisheit gerühmten Stricke, die der Liebe gegen die Brüder und dem Bekenntnisse zu der oft so unscheinbaren Sache des Heilandes im Wege stehen. So wird um Jesu willen der Hungrige gespeist, der Nackende gekleidet, der Durstige getränkt, der Kranke und Gefangene besucht; so werden noch viele andere Werke getan; man tut es um des Heilandes willen, meint nicht, daß man etwas Sonderliches getan habe, und vergißt es bald wieder.

Sehet, das ist der Sinn, den wir haben müssen, wenn wir wollen vom Richter unter die Gesegneten seines Vaters gezählt werden. Seine Reichssache muß unsere Herzenssache sein. Das Geschwätz vom Christentum macht's nicht aus; auch das macht's nicht aus, daß man aus Gewohnheit oder aus stinkender Eigenliebe dies und jenes Gute tue; – ein Gewächs der Gerechtigkeit, ein Gewächs des Glaubens, der in Liebe tätig ist, ein Gewächs der Wiedergeburt muß in unsern Herzen sein, das die Prüfung Dessen, der Augen hat wie Feuerflammen, aushalten kann. Wenn dieses nicht in uns erfunden wird an jenem Tage, so werden wir dem Feuer anheimfallen.

Verklär in mir mein Herz, das fromm ist und vollkommen, und mach mich ähnlich dir mit allen deinen Frommen; ja so gestalt in mir dein Bildnis, das dir gleich, so wie du selber bist in deinem Freudenreich.

3. August: Römer 3,25

Den hat Gott für den Glauben hingestellt als Sühne in seinem Blut zum Erweis seiner Gerechtigkeit, indem er die Sünden vergibt.

Der Heiland ist für die Sünder gestorben, das bist du und ich. Daß wir beide in diesen Gnadenrat eingeschlossen sind, bekräftiget sein Wort, das nicht lügen kann und das diejenigen, welche sich ernstlich nach ihm sehnen oder welche es mit Schmerzen erkennen, daß sie Sünder sind, die sich nach einem Heiland umsehen, als solche preist, die Ansprüche auf ihn und auf sein Lösegeld zu machen haben. Was hindert nun einen Sünder, zu glauben, daß auch für ihn der Heiland gestorben ist? Es dünkt mich: Niemand als er selber. Aber könnte man sagen: Wo hat er denn das Angeld dafür, daß es auch auf ihn abgesehen war? Antwort: Das Angeld liegt eben darin, daß er *ein Sünder ist, weil Christus für alle Sünder gestorben ist*. Aber was hat er denn vor den Gottlosen voraus, die doch verloren gehen? Antwort: *Das* hat er voraus, daß seine Seele ein wahres und herzliches Verlangen nach dem Heiland hat, was bei den Gottlosen nicht ist. Denn in dem Augenblick, wo sie sich mit Hintansetzung alles eigenen Könnens und Wollens nach dem Heiland umsieht, kann sie auch, wenn sie will, glauben, daß der Heiland ihre Sünde gebüßt hat. *Es braucht unsers Wirkens nimmermehr, wenn sich's um unsere Rechtfertigung vor Gott handelt. Der Ratschluß der Erbarmung Gottes über alle armen, verlornen Sünder ist von Ewigkeit gefaßt und in der Zeit ausgeführt und versiegelt.* Wer will nun Sünder, die sich dem Heiland ergeben, beschuldigen? – Selbst der mächtigste Kläger, der Teufel, muß hier weichen, weil hier ein Blut ist, das besser redet als Abels Blut. – Auch muß man zwischen der Rechtfertigung und Versieglung des Sünders einen Unterschied machen. Die Rechtfertigung muß der Ordnung und der Zeit nach vorangehen und geschieht in dem Herzen Gottes, welchem der ewige Hohepriester Jesus Christus jegliche Seele, die an sich selbst verzagt und ihm sich völlig ergeben will, als seine Todesbeute anzeigt. Die Versieglung kommt hintennach, sie soll freilich nicht zu lange ausbleiben, wird aber oft durch die Ungeschicklichkeit redlicher Gemüter sehr aufgehalten. Drum, Herr Jesu:

Bleib du mein Element, du selbst und dein Erbarmen, und wie mein Glaube dich erkennt, so kenne du mich Armen! Ich leb in deiner Gnad allein, ich will in dir erfunden sein.

4. August: Offenbarung 3,20

Siehe, ich stehe vor der Tür und klopfe an. Wenn jemand meine Stimme hören wird und die Tür auftun, zu dem werde ich hineingehen.

O, wer ein offenes Herz für ihn hätte und ihn einließe, wie selig wäre ein solcher Mensch! Wieviel Ursache zur Freude hätte ein solches Herz, nicht nur an seinen Festtagen, nicht nur in der Kirche, sondern zu Hause, in seiner Kammer, in seinen Geschäften, in seinen täglichen Umständen; denn allenthalben begegnet er den Seinigen. Er kommt immer; er kommt seit achtzehnhundert Jahren zu der Tochter Zion; er kommt in seinem Worte; er kommt in seinem Geiste; er kommt in seinem Abendmahl; er kommt zu den verschiedensten Zeiten, bei den verschiedensten Gelegenheiten; er kommt in guten und bösen Tagen, durch Leiden und durch Freuden; seine Gnadenstimme ist überall hörbar, auf der Gasse, auf dem Felde, wenn du im

Schweiß deines Angesichts dein Brot issest so gut, als wenn du auf deinem Lager ausruhest; er begegnet uns oft in den geringsten Umständen; er *kommt* immer: Aber er kann nicht immer *bei*kommen. Die Türen sind ihm oft verschlossen, weil sein Feind in dem Herzen haust; sein Anklopfen, der Fußtritt des Kommenden wird überhört; das inwendige Geräusch ist zu groß, das Geschrei ist zu groß, der Markt, der Sündenmarkt, der Markt mit Dingen dieser Erde ist zu groß im Herzen; der Sündenschlaf ist zu schwer, man kann ihn nicht hören; das Herz ist zu irdisch, zu stolz; es will den demütigen Menschensohn, der als Friedenskönig in der Niedrigkeit einziehen will, nicht anerkennen. Jerusalem hatte einen herrlichen Tempel und schöne Gottesdienste darin und vornehme Priester und Hohepriester und einen großen Stolz; darum verachtete es den Jesus von Nazareth, der nicht mit Heereskraft und Herrlichkeit, sondern in Niedrigkeit kam; einen solchen König und ein solches Messiasreich wollten sie nicht. Und so geht es jetzt noch den armen Menschenherzen. Aber werde nur still; laß dich nur klein machen und dein Herz in den Staub beugen; verabscheue nur alles in dir, was sich aufblähen will und dem Sinne Jesu entgegen ist, so wirst du den Ruf des Geistes »Dein König kommt zu dir!« vernehmen und ihm mit Freuden dein Herz öffnen, und dein König wird zu dir kommen und herrschen in deinem Herzen.

Komm, o mein Heiland Jesu Christ, meins Herzens Tür dir offen ist. Ach zieh mit deiner Gnade ein; dein Freundlichkeit auch uns erschein. Dein Heilger Geist uns führ und leit den Weg zur ewgen Seligkeit. Dem Namen dein, o Herr, sei ewig Preis und Ehr.

5. August: Lukas 19,10

Denn der Menschensohn ist gekommen, zu suchen und selig zu machen, was verloren ist.

Es müssen wichtige Ursachen vorhanden sein, daß er zu uns gekommen ist und noch zu uns kommen will. Diese Erde ist ein sehr unbedeutender Punkt in seiner großen Schöpfung, und was sind wir auf dieser Erde, wir armen Staubmenschen? – Was ist der Mensch, die Made, und das Menschenkind, der Wurm (Hiob 25,6)? Wenn er von dem Throne seiner Herrlichkeit herab auf uns geblickt hätte, so müßten wir wichtige Ursachen vermuten; wieviel mehr nun, da er seinen Thron verlassen hat und ist zu uns gekommen, und bietet sich uns als unser Herzenskönig an! Wenn ein irdischer König seine Residenz verlassen, in ein armes Dörflein kommen und eine bestimmte Familie daselbst heimsuchen würde: Wir würden ja wichtige Ursachen vermuten, die ihn zu diesem Schritte bewogen hätten; aber sehet, diese Vergleichung ist noch viel zu schwach; denn was ist der größte irdische Monarch gegen den Gott aller Götter? Warum ist er denn zu uns gekommen? Und warum kommt er noch zu uns? Hat er von uns lernen wollen? Haben wir ihm Heimlichkeiten zu offenbaren gehabt? Hat er einen besondern Nutzen von uns erwarten können? Sind wir seine Freunde gewesen, und sind wir es noch? Nein, von dem allem nichts, gar nicht das Mindeste. Er ist die selbständige, die allgenugsame Weisheit, und wir sind seine Feinde; so verhält es sich. Welches waren und sind denn die Gründe, die er hatte zu diesem unbegreiflichen Schritt? Ich will es euch sagen. Die Elendesten waren und sind wir in seinem ganzen Reiche, die Allerbedauernswürdigsten, die Allerkränksten, die Allerhilfsbedürftigsten. – Dies hat seine Blicke vorzüglich auf uns gerichtet; dies hat sein Herz aufgeregt und gegen uns besonders entzündet; dies hat den Reichtum seiner ewigen Gotteserbarmungen geöffnet und gegen uns ausbrechen lassen.

Nichts, nichts hat dich getrieben zu mir vom Himmelszelt als das geliebte Lieben, damit du alle Welt in ihren tausend Plagen und großer Jammerlast, die kein Mund kann aussagen, so fest umfangen hast.

6. August: Philipper 4,7

Und der Friede Gottes, der höher ist als alle Vernunft, bewahre eure Herzen und Sinne in Christus Jesus.

Damit man sich nicht irre und meine, der Friede Gottes bestehe in leeren Einbildungen, die zu nichts führen, in müßigen Gefühlen, die den Menschen unverändert lassen, so haben wir ein herrliches Kennzeichen, woran man den wahren Frieden Gottes zuverlässig erkennen kann. *Der wahre Friede Gottes bewahrt die Seinigen in Christo Jesu,* ist gleichsam ein schützendes Obdach, welches Gott über die Seinen ausbreitet, damit unser Herz und unsre Sinne, die Seele mit ihren Kräften und ihrer ganzen Tätigkeit in dem Menschensohn, unserm Heiland und Versöhner, in dem Genuß seines kostbaren Verdienstes, in seiner Liebe und Freundschaft, im lebendigen Glauben an ihn, in seiner Nachfolge, im fröhlichen Halten seiner Gebote, in der Treue gegen ihn und in der stillen Freude an ihm ungestört bleiben. Wenn das ist, so genießt man auch unablässig die göttliche Zufriedenheit, Gewogenheit, Gnade und Liebe unseres über allen Ausdruck zärtlichen Vaters im Himmel und die seligen Tröstungen des heiligen Geistes, folglich ein göttlich sanftes Wohlergehen. – Dabei hat man aber freilich auch wieder treulich zu wachen, daß man den Frieden Gottes nicht verliere. Zwar die größte Geschäftigkeit, die härteste Arbeit in unserem Beruf stört dieses Gefühl nicht. Auch Trübsale, Versuchungen, schwere Umstände vermögen nicht, uns dieses Gefühl, das uns dann am nötigsten ist, zu entreißen. Wenn aber die Seele nur im mindesten vom rechten Wege, vom aufrichtigen treuen Halten des Wortes Christi wesentlich abweicht, sich mit schädlichen, unnützen Dingen abgibt, der Zerstreuung Raum gibt, ein Versehen nicht genau nimmt und nicht sogleich bei dem Heiland abbittet, oder sonst etwas sich erlaubt, das vor dem Herrn ein böses Gewissen macht, so verliert sich sogleich das Gefühl des Friedens Gottes. Er weicht vom Herzen, es ist, als ob eine dichte Wolke über die Sonne zöge. Geschieht dieses auch nicht in hohem Grade, so ist es doch sehr peinlich und bringt Unsegen. Der beste Weg ist alsdann, ohne Aufschub sich schuldig zu geben, sich vor Jesu Füßen so zu demütigen und anzusehen, wie er es wünscht, und nicht zu ruhen, bis man seine Vergebung und seinen Trost erhalten hat. Dann ist das Gefühl des Friedens Gottes bald wieder da. Aber besser ist es, wenn solche selbstgemachte Störungen gar nicht vorkommen. Ich wüßte mir und allen, die unsern Herrn Jesum Christum liebhaben, zu unserer Wallfahrt durch das Tal des Glaubens nichts Angenehmeres zu wünschen, als daß der edle, heilige, sanfte Friede Gottes uns immerfort und überall wie die Luft unsern Leib umgebe und in unsern Herzen ungestört regiere. Wer das begehrt, der spreche Amen!

Ach, wem er einen Blick gegeben und Frieden Gottes in das Herz, der kann nicht ohne ihn mehr leben; der liebt und sucht ihn allerwärts. Man hat und fühlt den Seelenfreund, wo man's bedarf und um ihn weint.

Ach, wüßten das doch alle Leute, die er mit seinem Blut erkauft, wie schad es ist, daß nicht noch heute ihm alles in die Arme lauft, und wie so gut es jedermann bei dir mein Heiland haben kann.

7. August: Jakobus 4,7

So seid nun Gott untertan. Widersteht dem Teufel, so flieht er von euch.

Einen jeden Menschen begleitet von Geburt aus etwas, wodurch Satan besonders Zugang in ihn hat. Der eine ist leichtsinniger, der andere schwermütiger Art; einer hat eine überwiegende Einbildungskraft, der andere zu viel berechnenden Verstand, ein anderer wieder eine zu große Weichheit und Lenksamkeit des Gemüts. Solche schwachen Seiten sind dem Einfluß und bei Kindern Gottes den Versuchungen des Teufels hauptsächlich ausgesetzt.

Es gibt nun viele, auch ernstere Seelen, die geschwinde bereit sind, alles, was bei ihnen nicht vor die Augen Gottes taugt, nur schnell auf des Teufels Rechnung zu schreiben. Aber mit einem solchen leichten Sinn, der weder die Sünde noch die Schuld nach dem Worte Gottes beurteilen mag, kann man, auch wenn man schon von der Herrschaft des Teufels los geworden war, in den traurigen Zustand geraten, von welchem der Heiland im Evangelium redet, daß es mit einem weit ärger wird denn zuvor. Nein! Wenn auch Satan uns versucht, so bleibt die Sünde und die Schuld doch unser, und wir werden Rechenschaft darüber geben müssen. »Widersteht dem Teufel, so flieht er von euch.« O wieviel Böses würde nicht ausgeübt werden; wie sehr würde der Einfluß des Argen entkräftet, und, wenn es auch im Innern noch so sehr tobt und kocht, doch der äußere Ausbruch der Sünde verhütet werden, wenn man sich mehr an die zwei alten bewährten Waffen, Gebet und Wort Gottes, hielte!

Es wähne darum keiner, der die Kraft des Verdienstes Christi zur Freiheit geschmeckt hat, daß nun der Kampf aus – und es Zeit sei, die Hände in den Schoß zu legen. »Wachet und betet«, leget jeden Trieb zur Sünde, wenn er im Herzen aufsteigt, ungeschminkt zu des Heilands Füßen; decket ihm, so weh es auch eurer Lust tun mag, alles im Herzen auf und lasset euch durch die Kraft seines heiligen Blutes und Geistes stärken, reinigen, frei machen! Diese Übung geht fort bis ans Ende und ist eine selige Übung.

O Gottes Sohn, der stets getreu geblieben, den Lieb und Huld in Tod und Grab getrieben: Gib uns die Kraft, in aller Not und Pein trotz Lust und Furcht dir ewig treu zu sein!

Will uns die Kraft, will uns der Mut entsinken, so laß im Geist uns jene Krone winken, die deine Hand den Siegern vorgelegt! So wird des Ernstes Flamme neu erregt.

8. August: Philipper 3,18.19

Denn viele leben so, daß ich euch oft von ihnen gesagt habe, nun aber sage ich's auch unter Tränen: sie sind die Feinde des Kreuzes Christi ... ihr Gott ist der Bauch ... sie sind irdisch gesinnt.

Irdischgesinnte, denen der Bauch ihr Gott ist und von welchen der Apostel geradezu sagt, daß sie Feinde des Kreuzes Christi seien, solche Leute taugen nicht zum Heiland, und der Heiland taugt nicht zu ihnen. Warum? Darum, weil der Heiland nicht der Gott des Reichtums, nicht der Gott der Bequemlichkeit, nicht der Gott der Äkker und des Geldes, auch nicht der Gott des Wohllebens ist, weil er kein Götze ist, weil er kein Koch ist, der dir dein Essen zurichtet, und kein Unterhändler und Makler, der dir Vorteil im Handel zuwendet, und kein ungerechter Richter, der dir Recht spricht, wenn du Unrecht hast, und kein Knecht, der dir für zehn arbeitet, und kein Handwerksgeselle, der dir das Brot in das Haus schafft, damit du indessen der Faulheit pflegen kannst. Dies alles ist der Heiland nicht. Weil er aber das nicht ist, so sind alle Irdischgesinnten seine Feinde. Daher kommt es bei den meisten unter uns, daß sie sich nicht bekehren können oder wollen, ob ihnen gleich das Reich Gottes immer wieder aufs neue angeboten wird, weil sie einen anderen Gott haben als den Heiland, nämlich den Bauch, und diesem soll alles dienen. Was meinet ihr? So lange man seinen Schatz und sein Herz noch auf Erden hat, wenn nichts als Geld und Güter und Äcker und Schulden und Zinsen und Steuern und Vieh und Futter und Frucht und Milch und Butter und Säen und Ernten und Herbsten und Dreschen, und wie die Sachen alle heißen, im Herzen sitzen und durch das Herz und den Kopf fahren und Unruhe und Sorge und Hoffnung und Furcht und Freude erregen und Leib und Seele bewegen und lebendig machen – meinet ihr auch, der Heiland finde da noch ein Plätzchen? Nein! Denn man kann nicht zwei Herren dienen. Kann man auch ein Kind des Lichts und des Reiches Jesu sein, solange man spricht: Lasset uns am ersten nach dem Irdischen trachten, so wird uns das Himmlische schon zufallen? Nein, gewiß nicht. Solange man so denkt, muß man bleiben ein armer Erdenwurm, ein armer Knecht seines Magens. O das ist jämmerlich!

Herr Jesu, öffne du uns unsere finstern Tiefen und lehre uns vor dir mit heilgem Ernst uns prüfen! Die Toten wecke auf, die Lauen feure an, gib Wahrheit jeglichem für seinen falschen Wahn.

9. August: Johannes 2,1.2

Und am dritten Tage war eine Hochzeit zu Kana in Galiläa, und die Mutter Jesu war da. Jesus aber und seine Jünger waren auch zur Hochzeit geladen.

Da sehen wir den Heiland auf einer Hochzeit. Es gibt Leute, welche sich fast daran ärgern und denken: Was tut doch der Heiland auf einer Hochzeit? Schickte sich das auch für ihn? Es gibt aber wieder andere, die sich darüber freuen und sprechen: Da sieht man deutlich, daß die finstern Köpfe Unrecht haben, die sich ein Gewissen daraus machen, an allerhand Lustbarkeiten teilzunehmen; ein heiteres Christentum, sagen sie, das ist dem Heiland angenehm, keine Kopfhängerei. Antwort: Wenn der Heiland auf die Hochzeit zu Kana gegangen wäre, um sich dort zu belustigen, so hätten diejenigen recht, die sich an ihm ärgern; und die leichtsinnigen Weltlinge, die sich heitere Christen nennen, hätten auch recht, wenn sie sich auf ihn berufen. Aber hatte der Heiland diese Absicht? Das Evangelium belehrt uns eines ganz andern. Hier offenbarte er das erste Mal seine Herrlichkeit, eine Herrlichkeit voller Gnade und Wahrheit. Dies war seine Hauptabsicht.

Es gibt Leute, welche meinen, auf eine Hochzeit tauge das Christentum nicht; wenn man sich auch allenthalben als Christ, als Nachfolger Jesu beweise, so sei es doch billig, bei einer Hochzeit, oder einer andern dergleichen Gelegenheit eine Ausnahme zu machen. Wenn sie deshalb etwas Unanständiges, Unchristliches, Sündliches an sich und andern bei solchen Gelegenheiten bemerken, so sind sie viel nachlässiger in ihrem Urteil als sonst. Da heißt es, man muß dies zur Hochzeit rechnen, das geht in die Kirchweih, das geht in den Herbst usw. Sie meinen, es gebe Zeiten und Umstände, wo es eher erlaubt sei, ein Narr oder ein Heide zu sein als zu andern Zeiten. Manche ziehen das Christentum noch enger zusammen und verlegen es bloß in die Kirche oder in eine andere christliche Versammlung; im Hause, beim Handwerke, hinter dem Pfluge, da brauche man das Christentum nicht: da sei man ein Hausvater oder eine Hausmutter, ein Handwerksmann, ein Bauer, aber kein Christ. Wer aber kein Christ ist hinter dem Pfluge, der ist auch keiner in der Kirche; denn das Christentum ist nicht ein Rock, den man nach Belieben aus- und anziehen kann.

Du willst ja mit dem Sohn uns alles, alles schenken. Hast ihn am blutgen Kreuz zum Tode lassen kränken, damit wir nun an ihm als Reben allezeit fortwachsen kräftiglich bis zur Vollkommenheit.

So laß uns Herr in dir von Neuem sein geboren, daß wir zum ewgen Bild der Gottheit sein erkoren und sündigen nicht mehr! In Jesu Blute rein zeuch uns ihm stündlich nach, dann nimm uns selig ein.

10. August: Psalm 32,2–4

Wohl dem Menschen, dem der Herr die Schuld nicht zurechnet, in dessen Geist kein Trug ist! Denn als ich es wollte verschweigen, verschmachteten meine Gebeine ... Denn deine Hand lag Tag und Nacht schwer auf mir ...

Was ist denn die Ursache, daß viele Erweckte so lange nicht zum Bewußtsein und Genuß des Friedens mit Gott hindurchdringen?

Einige, die wohl erweckt sind, sind nicht gründlich erweckt. Wenn ein Mensch des Herrn Jesu teilhaftig werden will, so muß er mit seinem innersten Willen von der Gemeinschaft mit der Sünde austreten; er muß mit seiner Finsternis in das Licht des Heilandes kommen; es muß ihm darum zu tun sein, im Lichte Gottes je mehr und mehr die Finsternis und die verborgensten Fäden der Finsternis in seinem Herzen zu entdecken und nichts vor dem Herrn zu verhehlen. Diesem Offenbarwerden weichen viele lange Zeit aus; vielleicht weil sie sich fürchten, ihre eigene Gerechtigkeit einzubüßen, vielleicht weil sie die Sünde noch heimlich nähren und pflegen, neben dem Leben aus Gott auch noch ein Leben des eigenen Ichs führen, mit andern Worten: Zwei Herren dienen, und kein ganzes Eigentum des Herrn Jesu werden mögen. So muten sie dem Heiland zu, er solle über ihren verborgenen Fleischessinn den Mantel seiner Gerechtigkeit hereinziehen und ihnen seinen Frieden schenken, ob sie gleich die Finsternis noch lieb haben, und sich die feinere und verborgenere Gemeinschaft mit ihr nicht mögen ins Licht stellen lassen. Aber dies geschieht nimmermehr. Auf diese Art entstehen geistliche Zuckungen und Krämpfe. Der Geist Gottes offenbart der Seele diese oder jene Unart; die Seele aber will diese Unart nicht für so bedeutend ansehen, als sie in den Augen des Herrn ist; sie will sich nicht schuldig darunter geben, will nicht anerkennen, daß die Gemeinschaft mit dieser vielleicht sehr gering scheinenden Sünde ihr den Zugang zu der Gnade verschließe, sucht lieber die Ursache anderswo und bleibt so in ihrem trüben Herzenszustande. Eure Untugenden, unter welche ihr euch nicht schuldig geben wollt, scheiden euch und euren Gott voneinander. Wer aber seine Sünde bekennet, dem wird sie vergeben; der kann, eben unter solchem sich Schuldiggeben, seinen Versöhner und Bürgen und eben dadurch die Kraft finden, die Sünde zu überwinden.

Was sich in mir reget, was mein Herz beweget, was mein Geist bedenkt; was mein Hoffen nähret, was mein Wunsch begehret, was mir Friede schenkt, soll allein mein Jesus sein! Er das Ziel all meiner Triebe, Jesu meine Liebe.

Du, mein Licht, erscheine! Du, mein Trost alleine, komm, erquicke mich! Komm, daß meine Seele sich nicht länger quäle, komm und zeige dich! Nimm mich mir und gib mich dir! Du, der sich für mich gegeben, werde ganz mein Leben!

11. August: Johannes 17,20.21

Ich bitte aber nicht allein für sie, sondern auch für die, die durch ihr Wort an mich glauben werden, damit sie alle eins seien. Wie du, Vater, in mir bist und ich in dir, so sollen auch sie in uns sein, damit die Welt glaube, daß du mich gesandt hast.

Dieses Gebet des Heilandes ist schon an seiner ersten Gemeinde erfüllt worden. Die Schrift gibt ihr das große Zeugnis: »Die Menge der Gläubigen aber war ein Herz und eine Seele.« Aber was sollen wir sagen, wir, die wir in dieser letzten, betrübten Zeit, in diesen geringen Tagen, in dieser Zeit des großen Zorns des Fürsten der Finsternis leben? Die Liebe, ja die Liebe ist rar geworden auf Erden, nicht unter den Menschen dieser Welt meine ich; denn die Welt hat ohnehin kein anderes Leben als das Leben der Selbstsucht; sondern rar ist die Liebe geworden unter denen, die sich zu den Jüngern Christi zählen. Von Sekten und allerlei Gesinntheiten, wie man es nennt, ist die Gemeinde Christi zerrissen, von Parteien, die sich oft untereinander recht herzlich gram sind. Und wo ist denn unter uns jener Sinn, der sein selbst vergißt, jenes herzliche Aneinanderhangen, jene aufopfernde Liebe, die, ich will nicht sagen, das Leben füreinander läßt, sondern nur etwas Unbedeutendes für die Brüder verleugnet! Wie viele sind unter uns, die groß genug sind, um die Schwachheit des Bruders mit Geduld zu ertragen und die Meisterschaft und Herrschaft über andere zu verleugnen? Stehen wir so, daß die Welt aus der Liebe, die wir zueinander haben, uns für Jünger Christi erkennen kann? Ich sage dies nur von uns, von *denen unter uns*, die an den Heiland glauben, nicht aber von den übrigen Gläubigen, die auf Erden zerstreut sind. Der Heiland hat ja noch seine Leute und seine Gemeinschaften, die in der Liebe stehen, obgleich unsere Zeit besonders ungünstig ist für die Liebe. Der Geist der Welt, der Geist der Selbstsucht dringt je mehr und mehr durch alles hindurch, steckt alles an; man hat in unsern Tagen doppelt nötig, zu wachen und zu beten. Unter uns ist die Liebe rar. Ich weiß aber wohl, wo das herkommt. Es fehlt an der gründlichen und ganzen Bekehrung des Herzens von den Götzen zu dem lebendigen Gott. Man kann den Bruder, den man siehet, nicht lieben, wenn man nicht zuvor Gott, den man nicht siehet, lieben gelernt hat. Erst aus der Liebesgemeinschaft mit dem Vater und dem Sohne wird die brüderliche Liebe geboren. O wie hätten wir uns zu demütigen; wie sollten wir Buße tun, wenn wir nicht zu hart und eigengerecht dazu wären!

Ach zünde, o Jesu, die Herzen und Seelen mit deinen Liebesflammen an! Hilf, daß wir, o Liebe, dein Lieben erwählen, weil du so viel an uns getan! Ja laß uns mit treuem und tätigem Willen die Liebe an Freunden und Feinden erfüllen.

12. August: Jakobus 1,13

Niemand sage, wenn er versucht wird, daß er von Gott versucht werde. Denn Gott kann nicht versucht werden zum Bösen, und er selbst versucht niemand.

Jeder unbekehrte, mutwillige Sünder macht Gott zum Urheber seiner Sünde; denn ein jeder hat eine Entschuldigung für seine Sünde, und wenn er auch so weit gesunken wäre, daß er sich vor den Menschen gar nicht mehr entschuldigte über seiner Sünde, daß er sich gleichsam dazu für privilegiert ansähe, so entschuldigt er sich in seinem Gewissen vor sich selber und indem er in seiner Selbstrechtfertigung die Schuld von sich abwälzt, so schiebt er sie zuletzt auf Gott und will den Vater der Lichter als den anklagen, der ihn zum Sündigen verleite, weswegen er nicht ganz so handeln und wandeln könne, wie es sein Gewissen von ihm fordere. Sehet, dies hat schon im Paradies angefangen. Als Adam gefallen war, da ward er von Gott zur Rede gestellt, der zu ihm sprach: »Hast du nicht gegessen von dem Baum, von dem ich dir gebot, du solltest nicht davon essen?« Da sprach Adam: »Das Weib, das du mir zugestellt hast, gab mir von dem Baum, und ich aß.« Warum sagte denn Adam: »Das Weib, das du mir zugesellt hast«? Es ist offenbar, daß er etwas von der Schuld auf Gott zurückwälzen wollte; es hieß ja so viel als: Hättest du sie mir nicht gegeben, so wäre ich nicht gefallen. Und so ist es jetzt noch. Der eine sagt: Mein Stand, mein Beruf, mein Amt, mein Verkehr mit den Menschen, meine Umgebung erlauben es nicht, daß ich mich bekehre; ein anderer sagt: Ich bin jähzornig, so ist mein Temperament, meine Art, ich kann mich deswegen nicht in die Sanftmut Christi schikken; ein Wollüstling sagt: So ist nun eben meine Art. Weißt du auch, was du mit diesen Entschuldigungen tust? Gott machst du zum Sünder, zu einem Verführer; denn sage: Wer hat dich in diesen Stand gesetzt, dieses Temperament dir gegeben? Das tat Gott; warum? Dazu daß du sündigen sollst? Nein! Sondern daß es für dich eine Übung und eine Schule für die Ewigkeit sein soll. O, es sollte jeden ein Schauer ankommen, wenn eine solche Entschuldigung im

Herzen aufsteigt. Dies ist ja ganz die satanische Art, wo Gott der Sünder sein soll und der Mensch rein sein will – nur damit er sich nicht schuldig geben darf.

Hier werf ich alle meine Not, Erbarmer, dir zu Fuße. Verleihe mir durch deinen Tod die Gnade wahrer Buße! Nimm aus dem Sinn die Tücken hin; laß mich gebeugt zur Erden und innig gläubig werden.

13. August: 2. Timotheus 2,8

Halt im Gedächtnis Jesus Christus, der auferstanden ist von den Toten.

Was das zerstreute Wesen betrifft, über das man so viele bei sich selbst klagen hört, so liegt die Ursache davon allerdings oft in einem gesetzlichen Wesen, oft aber auch im Mangel an Ernst. Was aber alles dies aufheben kann, das ist nur eines, nämlich, wenn es uns also wird, wie jener Vers sagt: In meines Herzens Grunde dein Nam' und Kreuz allein funkelt all' Zeit und Stunde. Darum sollten wir immer bitten um Verklärung und Offenbarung der Wunden Jesu in unserem Herzen durch den heiligen Geist. Nicht daß ich es schon ergriffen hätte, ich jage ihm aber nach, ob ich's ergreifen möchte, nachdem ich von Christo ergriffen bin. Wo Liebe zum Heilande ist, Liebe *aus dem Grunde*, daß er uns zuerst geliebt hat, da schafft man sich weder in einen solchen Zauberkreis hinein, noch tritt man heraus, sondern man liebt eben den ungesehenen Freund. Ich möchte keinem raten, wenn er zu diesem Ziele gelangen will, daß er seine Sünden ängstlich aufsucht und dieselben größer sich vormale, als sie ihm scheinen, um der Vergebung teilhaftig zu werden. Der Geist der Wahrheit läßt gewiß nichts dahinten und unentdeckt, auch ohne unser vergebliches Geschäft. Aber das möchte ich jedem raten: Weine, wenn du kannst, so lange um Offenbarung des Jesusnamens in deinem Herzen, der eine ausgeschüttete Narde ist, um Verklärung seiner Versöhnung, bis du etwas spürst, so wirst du ein armer, bußfertiger, begnadigter Liebhaber Jesu werden, ehe du selbst dich dessen versiehst; du wirst dich wundern des, was der Geist der Wahrheit in deinem Herzen ergründen wird.

Eines wünsch ich mir vor allem andern, eine Speise früh und spät; selig läßt's im Tränental sich wandern, wenn dies eine mit uns geht: Unverrückt auf einen Mann zu schauen, der mit blutgem Schweiß und Todesgrauen auf sein Antlitz niedersank und den Kelch des Vaters trank.

14. August: Johannes 17,24

Vater, ich will, daß wo ich bin, auch die bei mir seien, die du mir gegeben hast, damit sie meine Herrlichkeit sehen, die du mir gegeben hast.

Höret doch diese mächtigen Worte! Ich *will*, sagt der Heiland; nicht: Ich *bitte*, sondern: Ich *will*. Das war der Ratschluß, der zwischen dem Vater und dem Sohne in den tiefen Ewigkeiten gefaßt wurde; dies war der hohe Zweck der Menschwerdung und des Todes des großen Bürgen, daß Sünder sollen selig und Kinder der Verdammnis zu ihrer ursprünglichen Herrlichkeit zurückgeführt werden. Darum spricht der Heiland: Ich will es so; denn du hast mich geliebet, ehe die Welt war. In den tiefen Gründen der Ewigkeit, in dem Liebesverhältnis, das zwischen dir und mir stattfindet, in dem innersten Wesen der Gottheit liegt nun die Beseligung der Sünder als ein Recht; darum will ich es. So sieht also der Heiland mit seinem Gebet rückwärts und vorwärts in die tiefen Ewigkeiten; so reicht seine hohepriesterliche Fürbitte hinein in die Zeit, wo er als der Hirte seine Schafe auf die himmlische Weide und zu den ewigen Lebensbrunnen leiten wird. Seine Herrlichkeit sollen sie sehen. Wer wird wissen, wie ihm da geschieht! Aber die Welt hat freilich keinen Teil daran; wer zu der Welt gehört, den geht diese Bitte des Herrn Jesu nichts an. Zur Welt gehören aber alle diejenigen, die nicht in der Liebe stehen oder nicht darnach herzlich verlangend sind. Wem sein eigener Wille sein Gesetz ist, der gehört zur Welt, und wenn er der Frömmste und Tugendhafteste wäre. Denn der Unterschied zwischen Welt und Kindern Gottes ist nicht ein äußerlicher, sondern innerlich; die Liebe macht den Unterschied, die Liebe, welche niemand kennet, als wer sie vom Heiland empfangen hat.

Kann Menschensinn in deine Tiefe dringen, du König, der zu Gottes Rechten sitzt? Wir sehen dich dein Volk zusammenbringen und wie dein Arm die kleine Herde schützt. Wo ist ein Werk wie deines, wunderbar? Ein Werk voll Demut und voll Majestät, das still verborgen auf der Erde geht, und steht doch vor den Deinen himmlisch wahr!

15. August: Jesaja 10,12.13

Ich will heimsuchen die Frucht des Hochmuts des Königs von Assyrien und den Stolz seiner hoffärtigen Augen, weil er spricht: »Ich hab's durch meiner Hände Kraft ausgerichtet und durch meine Weisheit, denn ich bin klug«.

Der Teufel hat den Menschen angelogen, daß er selbst etwas, selbst Gott sei, auf eigenen Füßen stehen könne ohne

Gott und daß er in solchem von Gott losgerissenem Zustand viel seliger sein würde als in seinem kindlichen Gehorsam. Dies hat der Mensch geglaubt und gewollt und glaubt und will es noch jetzt in seinem natürlichen Zustand. Es ist zwar die größte Torheit, dies zu glauben und zu wollen; denn wie können die, so das Leben nicht in ihnen selber haben, bestehen ohne die Quelle des Lebens? Und wie kann es einer Kreatur wohl sein außer ihrem Element; wo sollte eine wahre Seligkeit liegen für einen vernünftigen Geist, außer in seinem Ursprung und Schöpfer? Aber es ist doch so; wir wollen und glauben es doch von Natur. Die Kraft des Menschen lag vor dem Fall in Gott: Nach dem Fall will der Mensch selbst und in sich selbst kräftig sein; – die Weisheit des Menschen lag vor dem Fall in Gott; er wußte keine andere Quelle derselben als Gott; von dieser höchsten Weisheit ließ er sich belehren wie ein Kind: Nach dem Fall aber will er selbst weise sein, klug und verständig; – die Freiheit des Menschen lag vor dem Fall in Gott und in der Übereinstimmung seines innersten Willens mit dem Willen Gottes: Nach dem Fall sucht der Mensch seine Freiheit in sich selber, in seiner Wahl, darin, daß er keinen Höheren über sich anerkennt, kurz – er hat sich mit seinem Ich Gott gegenübergestellt. Daher kommt es, daß die Menschen wollen angesehen werden in der Welt; daher das Rennen und Jagen nach dem vergänglichen Reichtum; daher kommt Kleiderpracht und Eitelkeit, die mit allerhand Flitter getrieben wird; daher kommt das tiefe Wohlgefallen des Herzens am Lobe; daher kommt Herrschsucht und Unterdrückung anderer; daher kommt Neid, Feindschaft; daher kommt es, daß man alles niedertritt, was den ehrsüchtigen Absichten entgegensteht; daher kommt es, daß man oft kein beleidigendes Wörtchen überhören kann; daher kommt alles Böse, ausgenommen die Fleischessünden, weil der Mensch in seinem innersten

Grund, gegenüber von Gott meistens unbewußt, und gegenüber von den Menschen meistens bewußt, selbst etwas sein, sich in sich selbst als groß, als klug, als mächtig, als schön, als liebenswürdig, mit einem Wort, weil er sich als einen Gott fühlen will.

O allgemeine Not! O allgemeiner Tod! Nach Adams Sündenfalle sind seine Kinder alle in Adams Schuld geboren und von Natur verloren.

Hier ist kein Unterschied. Gott, der vom Himmel sieht auf aller Menschen Wandeln, sieht, daß wir töricht handeln. Die Sinne sind verblendet, der Wille abgewendet.

So bin ich Menschenkind, wie alle Menschen sind, zu allem Guten träge und suche böse Wege. Die Wurzel aller Sünden ist in mir selbst zu finden.

16. August: Apostelgeschichte 3,19

So tut nun Buße und bekehrt euch, daß eure Sünden getilgt werden.

Die Bekehrung ist unter allen Dingen für den Menschen das Notwendigste. Zwar hat von Anfang an der Teufel und seine Werkzeuge gegen nichts so wütend gearbeitet, als diese Wahrheit zu entkräften oder noch lieber zu vernichten. Aber es bleibt bei dem, was die Schrift sagt: Sünder, wenn du dich nicht bekehrst, so gehst du verloren. Was ist Bekehrung? Wenn man gute Eindrücke von der Wahrheit fühlt, manchmal bis zu Tränen gerührt wird, gerne etwas Gutes hört, die groben Sünden meidet, vor den Menschen ehrbar wandelt, Almosen gibt, Gefälligkeiten erweist, sich leutselig und friedsam zu betragen weiß, sein Amt untadelhaft verwaltet, so ist man deswegen doch noch nicht bekehrt. Was ist aber Bekehrung? Es ist die von

Gott selbst geforderte gänzliche Veränderung des bösen Herzens, die ernstlichste Umkehrung vom Bösen zum Guten, vom Sündendienst zum Gehorsam der Wahrheit, von der Gottlosigkeit zur Gottseligkeit, vom Krieg zum Frieden, von der Unruhe des Herzens zur Ruhe, von der Trostlosigkeit zur Fülle des Trostes, vom Tod zum Leben, vom Satan zu Gott und Jesu Christo. Daß nun Millionen Menschen, die sich Christen nennen, dieses vernachlässigen, kommt nur daher, weil sie blind sind, weil sie die gefahrvolle Schrecklichkeit ihres Zustandes nicht einsehen. Die meisten nehmen sich eher Zeit, an alles zu denken, als an dies eine, das not tut. Wer aber dem heiligen Geist stille hält, daß er ihm die Augen der Seele auftun kann, wer sich dann so erblickt, wie er von Natur ist, der fühlt nichts dringender als die Notwendigkeit der Bekehrung. Und dann kommt alles darauf an, ob er sein zur Selbsterkenntnis gebrachtes Herz dieser Veränderung unterwerfen will. Will er ernstlich, ohne Aufschub und Ausflüchte, so ist die Sache bald getan, das arme, aus seinem gefährlichen Schlafe erweckte Herz wendet sich dann mit seinem ganzen Jammer, mit all seiner Traurigkeit, mit dem Gefühl seiner Strafwürdigkeit gerade zu dem Sohne Gottes, Jesu Christo. Und dieser ist der Mann, bei dem das Leben zu finden ist. Er hilft.

Seele, hast du Seelenfrieden? Kannst du Trotz dem Teufel bieten? Bist du deines Heils gewiß? Hast du Ruh vor deinen Sünden? Darfst du keine Angst empfinden? Stirbst du ohne Kümmernis?

Hilf, Herr Jesu, allen Seelen, die den Weg des Heils verfehlen und gefährlich stille stehn. Suche, was verirrt, verloren, laß sie werden neu geboren, laß sie Friedenswege gehn!

17. August: Epheser 3,16

Daß er euch Kraft gebe nach dem Reichtum seiner Herrlichkeit, stark zu werden durch seinen Geist an dem inwendigen Menschen.

Hier bittet der Apostel, daß die Epheser wachsen und hinanreifen möchten zu der vollkommenen Mannheit in Christo. Wie geht aber solches zu? Wodurch kann denn der inwendige Mensch wachsen? Der Apostel antwortet uns: »*Durch seinen Geist*.« Wenn ein Mensch von oben geboren werden soll, so kann dies nicht anders geschehen denn durch den Geist Gottes, und wenn der neugeborne Mensch wachsen und zunehmen soll, so kann dies wieder nur durch den Geist Gottes, durch allmählich vermehrte Mitteilung dieses Geistes geschehen. Denn unser inwendiger Mensch ist geistiger, göttlicher Natur, und Geist kann nur durch Geist gestärkt und vermehrt werden. So sind denn auch alle äußeren Gnadenmittel, die Sakramente, das Wort Gottes, das Gebet usw. nur Kanäle, wodurch sich uns der Geist Gottes mitteilt, wodurch wir je mehr und mehr der göttlichen Natur teilhaftig werden. O wieviele Herablassung Gottes, wieviele Geduld und Langmut, wieviele erneuerte Anfassung, wieviele Treue und Pflege von oben gehört dazu, wenn ein neugeborenes Kind in Christo wachsen und gedeihen soll. Die Welt, der Satan, die Lüste des Fleisches, der Hochmut, die Eigenliebe, alle möglichen Hindernisse sind da, die jenes Wachstum untergraben und auf die Zerstörung desselben hinarbeiten; nur durch Gottes Macht kann der inwendige Mensch stark werden! Menschenmacht reicht nicht zu. Bekennet es alle, die ihr es erfahren habt, wie unbeschreiblich große Geduld und Treue, welche unbegreifliche Macht und Kraft Gottes dazu erforderlich ist, daß ein blindes, eigenliebiges, eigenwilliges Menschenherz unter das Joch Christi gebeugt und in der Nachfolge des Heilandes erhalten und gefördert wird. Ja, dieselbe überschwengliche Größe und Kraft Gottes, welche gewirkt hat in Christo, da er ihn von den Toten auferweckt hat, ist notwendig, wenn ein neuer Mensch auferstehen und zu voller Kraft und Mannesstärke heranreifen soll.

Mein treuer Gott, dein gutes Werk, das in mir angefangen, muß ganz allein durch deine Stärk zu seinem Ziel gelangen. Soll ich bis in den Tod getreu mich dir zum Dienst verschreiben und fest bleiben, so stehe du mir bei, im Glauben Frucht zu treiben.

18. August: 1. Petrus 2,12

Und führt ein rechtschaffenes Leben unter den Heiden, damit die, die euch verleumden als Übeltäter, eure guten Werke sehen und Gott preisen am Tag der Heimsuchung.

Warum stehlen so viele nicht? Warum betrügen sie nicht? Warum morden sie nicht? Warum brechen sie nicht die Ehe? Warum fluchen und schelten sie nicht? Was hindert sie daran? Die bürgerliche Ordnung. O, wenn die lieben Gesetze nicht wären, die Welt würde eine wahre Mördergrube und Hölle werden! Es ist wahr, es gibt auch andere Menschen, welche durch einen besseren Sinn von diesen Sünden abgehalten werden; sie denken edler, sie genossen eine bessere Erziehung, sie würden sich solcher Sünden schämen; die Rücksicht auf ihre Ehre, auf ihr Vermögen, auf ihr Ansehen, auf ihr Amt, auf ihre Reputation, oder ihr von Natur stillerer und sanfterer Charakter hält sie von groben und schändlichen Handlungen ab. Solche Beweggründe, ob sie gleich in der Stunde der Versuchung, wenn es darauf ankommt, nicht Stand und Stich halten, sind allerdings edler als die ersten; aber das ist doch noch nicht die rechte Triebfeder, warum wir einen guten Wandel führen sollen unter den Menschen. Ein wiedergeborener Mensch hat in sich ganz andere Grundgedanken von dem äußeren frommen Wandel. Ein Christ hat einen anderen Bewegungsgrund; der Apostel nennt ihn: »... damit die, die euch verleumden als Übeltäter, eure guten Werke sehen und Gott preisen am Tag der Heimsuchung.« Ein Christ will und tut alles zur Ehre Gottes, zur Verherrlichung des großen Namens Jesu, der ihn erkauft und geliebt hat mit ewiger Liebe. Und ob er auch durch die Schwachheit des Fleisches aus dieser Übung fiele, so rafft er sich doch immer wieder auf und sucht den Heiland aufs neue und legt sich ihm mit allen seinen Übertretungen immer wieder zu Füßen und sucht ein ganz neues Herz zu erhalten durch die Kraft des teuren Jesunamens, durch sein Verdienst und Leiden. So überwindet er auch die äußeren Reizungen zur Sünde in der Liebe Christi, daß diesem keine Schande, sondern vielmehr Ehre gemacht werde in einer argen Welt, die ihn verachtet, die ohnedies geschäftig genug ist, alle Fehler, die sie an den Jüngern des Heilands bemerkt, aufzuzählen.

Mein Friedefürst, vermähle dich mit meinen innern Sinnen; beherrsche mehr als königlich mein sämtliches Beginnen! So bin ich dir je mehr vereint, je mehr dein Licht ins Herze scheint.

Indessen soll auf deinen Ruf mein Herz dir willig dienen, und dir, der mich für sich erschuf, soll auch die Hütte grünen. Es wisse, wer es wissen kann, ich bin des Heilands Untertan.

19. August: Römer 12,12

Seid ... beharrlich im Gebet.

Wie dem Menschen das Aus- und Einatmen der Luft zum leiblichen Leben unentbehrlich ist, so ist es das Gebet für sein geistliches Leben. Nur durch das Gebet kommt er in Gemeinschaft mit dem lebendigen Gott; nur durchs Gebet lernt er ihn kennen und schöpft aus seiner Gnadenfülle Licht, Leben und Frieden. Wer nicht betet oder das Gebet nur als einen leeren Lippendienst behandelt, wer gegen eine ernstliche, aufrichtige Erhebung seiner Seele zu Gott einen Widerwillen hat, der zeigt eben dadurch, daß er ganz blind und tot in seinen Sünden ist. Wer soll dann einen solchen Menschen vor den Ausbrüchen seiner bösen Lüste und Begierden verwahren? Was ihn vor den unzähligen Verführungen dieser Welt schützen? Was ihm Antrieb zum Guten, Wachstum in der Wahrheit, Trost im Unglück und Kraft zum Sterben geben? Er ist wie ein wehrloser Mensch, welchen die Sünde mit ihrer mörderischen Tyrannei auf allen Seiten anfallen, verwunden, überwältigen und von Torheit zu Torheit, von Bosheit zu Bosheit wie einen Sklaven schleppen kann. Daher, weil so viele Menschen den Wert und die Kraft des wahren Gebets nicht erkennen, weil sie *nicht* oder weil sie *übel* beten, daher kommt es, daß sie dahinfahren in ihrem verkehrten Sinn und ihr eigenes Seelenheil mit Füßen treten; daher kommt der Unfriede in ihren Herzen, ihr Zorn, ihr Grimm, ihr Klagen und Murren gegen Gott, kurz ihre ganze Gottlosigkeit, wie Gott selbst von solchen Menschen sagt: Mich, die lebendige Quelle, verlassen sie (Jer 2,13), oder wie Jesus sagt: Und ihr wollt nicht zu mir kommen, daß ihr das Leben haben möchtet (Joh 5,40). Auf der andern Seite aber wird man finden, daß die wahren Christen, diese frohen, seligen und heiligen Menschen alles Gute, das sie von Gott genießen, durchs Gebet erlangt haben. Ehe sie beteten, waren sie auch leer, blind und tot wie die andern; aber da sie ihr Sündenelend, ihre Armut einmal mit Schmerzen fühlten, was taten sie? Suchten sie etwa Trost bei Menschen? Oder zerstreuten sie sich mit eiteln Dingen? Nein, sie beteten, sie suchten den lebendigen Gott, warfen sich vor ihm nieder und baten um Hilfe, um Vergebung ihrer Sünden und um Kraft, sich zu erneuern im Geist ihres Gemüts. Da geschah ihnen, wie sie baten; weil sie zu Gott naheten, nahete er sich zu ihnen; weil sie baten, so empfingen sie; weil sie suchten, so fanden sie; weil sie anklopften, so ward ihnen aufgetan.

Sieh hier bin ich, Ehrenkönig, lege mich vor deinen Thron; schwache Tränen, kindlich Sehnen bring ich dir, du Menschensohn. Laß dich finden, laß dich finden von mir, der ich Asch und Ton.

20. August: Lukas 21,25

... und auf Erden wird den Völkern bange sein.

Zum Zittern hat ein Mensch, der nicht in Gemeinschaft mit seinem Schöpfer steht, immer vielfache Gelegenheit. Wir leben in einer Welt, wo alles in eine solche Stellung gegen uns treten kann, daß wir dadurch aus der Fassung gebracht und geängstet werden; man denke nur an eine Feuersbrunst, an ein Erdbeben usf. Und auch abgesehen von den Elementen und ihrem Einfluß trägt ja jeder den Keim des Todes in sich, und vor dem Tod hat jeder Mensch einen Schrecken, der durch die geheime Ahnung eines zukünftigen Gerichts noch vermehrt wird. Aber der Heiland spricht im obigen Text von einer andern Zeit, von der Zeit, wo auch diejenigen, die sich gegen die Schrecken des gewöhnlichen Weltlaufs abgestumpft und gewaffnet haben, auch alle Starken, alle Gewaltigen, alle Mutigen, alle Männlichen, alle Knechte und Freie und Könige heulen werden; das ist die Zeit seiner Zukunft. Schon was dieser Zukunft vorangeht, wird den Leuten bange machen auf Erden, denn es werden Zeichen geschehen an Sonne und Mond und Sternen, das Meer und die Wasserwogen werden brausen und auch der Himmel Kräfte sich bewegen, d.h. die bisherige Ordnungsmäßigkeit und Gesetzmäßigkeit des Ganges dieser Welt wird sich aufheben, es wird nichts mehr zutreffen, was man vorher ausrechnen konnte, wovon man sonst gewiß wußte, daß es kommen müsse, wie man es z.B. jetzt in unserer Gegend als natürlich annimmt, daß die Sonne des Winters um acht Uhr auf- und um vier Uhr untergeht und daß sie des Sommers neun Stunden länger scheint und dergleichen Denke dich einmal in die Zeit hinein, wenn die Sonne nicht aufginge, wenn es Nacht bliebe, wenn es morgens neun Uhr wäre oder elf Uhr und immer noch Nacht. O wie übel wird es dann denen zumute sein, die von nichts gewußt haben als vom Irdischen, von Sommer und Winter und Wetter und Säen und Pflanzen und Geraten. Da wird dann den Leuten bange sein. Die Gelehrten werden sagen: Es muß ein Komet in der Nähe sein; die Ungelehrten: Es muß irgend etwas geben. Man wird einander zu trösten suchen, sie werden's auf das Papier hinrechnen, daß es so habe kommen müssen, viele werden sich ihre Angst zu vertreiben suchen, indem sie sprechen: Lasset uns essen und trinken; daß der Herr Jesus im Anzug ist, wird niemand denken. Aber gerade alsdann werden sie etwas ganz Unerwartetes noch sehen, das sie sich nicht hatten einfallen lassen, sie werden auf einmal Jesum sehen (V. 27), den schon längst vergessenen, unerkannten, verachteten Jesus – auf einer Wolke, nicht in Schwachheit, in Kraft, nicht in Verachtung, sondern in Herrlichkeit. O wie wird es ihnen dann zumute sein, die nicht zu den Seinigen gehören. Das ist die Zeit, wo sie sagen werden: Ach wenn nur die Berge uns bedeckten (Lk 23,30).

Der Herr bricht ein um Mitternacht; jetzt hält er sich noch still. O Elend, daß fast niemand wacht und ihm begegnen will!

21. August: Epheser 3,20

Dem aber, der überschwenglich tun kann über alles hinaus, was wir bitten oder verstehen …

Wenn heute ein Mensch etwas Herrliches, etwas Großes und Köstliches an seinem inwendigen Menschen erfährt, so darf er nicht denken und glauben: Das ist der Gipfel von allem, was mir der Herr schenken kann; weiter kann er mir nicht geben, nicht größere Seligkeit, nicht mehr Kraft, nicht mehr Glauben, nicht mehr Liebe. O nein! Seine Schätze sind unerschöpflich. Allezeit kann er etwas noch Herrlicheres, etwas noch Edleres, etwas noch Anbetungswürdigeres schenken; die ewige Weisheit kann sich in ihren Kindern immer noch mehr verherrlichen, und es ist auch ihr Wille, den Reichtum ihrer Schätze immer mehr und mehr an den schnöden Sündern, an denen, die doch so arg sind, zu offenbaren, daß sie verklärt werden von einer Klarheit in die andere, von einer Herrlichkeit in die andere. Dieser Reichtum ist in Christo aufgetan! Er ist der Pfleger der herrlichen himmlischen Güter, er ist der Herr der Schätze Gottes, und wer da will, der kann von ihm nehmen, was er auf allen seinen Wegen bedarf.

Hier wird kein Gutes je vermißt,
dieweil der Hirt ein Herr der Schätze Gottes ist.

Wie viele sind, die von diesem Reichtum seiner Herrlichkeit noch gar nichts wissen, noch gar nichts geschmeckt haben! Und welchen Ersatz für den Reichtum *jener* Herrlichkeit gibt denn der Reichtum und die Güter und die Dinge *dieser* Welt? Sehet an die Geldquellen – können sie nicht versiegen? Sehet an die Wollustquellen, können sie nicht vertrocknen? Sehet an die Freudenquellen, können sie nicht ausbleiben? Wenn man den Weg allen Fleisches gehen muß, so versiegen alle jene Quellen. Ja es sind erst noch trübe Wasserquellen: Ekel, Überdruß, Langeweile, Schmerz, Reue, das ist die Erquickung, die man aus ihnen schöpfen kann; den Tod, den ewigen Tod kann man aus ihnen in sich hineintrinken. O Sünder! Lüstet es dich nicht, aus der Quelle der göttlichen Gnade zu schöpfen; – aus dem Reichtum Dessen dich zu erquicken, der gesprochen hat: »Ich bin gekommen, daß sie das Leben und volles Genüge haben sollen«?

Zeuch uns hin, erhöhter Freund! Zeuch uns an dein Herz der Liebe! Deine Triebe führen mich, du Siegesheld durch die Welt, daß ich deine Seele bleibe und so lange an dich glaube, bis ich lieb im innern Zelt.

22. August: Römer 2,4

Oder verachtest du den Reichtum seiner Güte, Geduld und Langmut? Weißt du nicht, daß dich Gottes Güte zur Buße leitet?

Es liegt in allen Begegnungen und Offenbarungen Gottes etwas, das auf Buße hinleitet. Wenn etwas von der Größe und Kraft Gottes offenbar wird im Herzen, so liegt sehr nahe dabei das Gefühl unserer Kleinheit und Nichtigkeit, und die Güte Gottes führt natürlich und geschwinde auf unsere Unwürdigkeit; wenn er aber seine Heiligkeit im Gewissen offenbart, so wird ja eben dadurch unsere Schuld und Strafwürdigkeit entdeckt. Gehet hinaus auf das Feld, ist nicht jeder Baum und jede Pflanze ein beschämender und verdammender Zeuge gegen uns? Ein Baum ist das, wozu ihn Gott bestimmt hat, ein unverfälschtes Meisterstück Gottes: Wer bin aber ich? Zu einem heiligen und seligen Gottesmenschen bin ich bestimmt, Früchte soll ich tragen, die da bleiben ins ewige Leben, und nun, wo sind die Früchte und wo ist der heilige Gottesmensch? Ja, eine verkrüppelte, vergiftete, faule Sündenpflanze ist er geworden. Und wenn Gott unsere Felder und Weinberge segnet, muß uns das nicht auf das Tiefste demütigen?

Jeder Tropfen, jeder Bissen, den mir deine Hand beschert, rufet mir in mein Gewissen: Bist du auch des Einen wert?

So liegt in allen Begegnungen und Offenbarungen Gottes an unserem Herzen etwas, das zur Buße treibt; ja daran magst du eben unterscheiden, ob ein Zug, der an dein Herz kommt, göttlich ist, oder ob er etwas Selbstgemachtes, durch die Kräfte deiner Natur Bewirktes ist. Wenn du die herrlichsten Empfindungen von Gott und göttlichen Dingen in deinem Herzen hast und deine eigene Richtigkeit, deine Jämmerlichkeit wird dir dabei nicht klar und offenbar, so sind jene Empfindungen gewiß nicht göttlicher Natur. Denn zu Anerkennung unseres Elendes, unserer Sünde, d.h. zur Wahrheit will uns Gott allenthalben leiten. Dies sehen wir an der ganzen Bibel; sie predigt von vorne bis hinten die Sünde, das Elend der Menschen, d.h. sie predigt Buße. Buße predigt das Gesetz; Buße predigt das Evangelium; es ist kein Blatt in der Bibel, das nicht auf irgendeine Weise Buße predigte, d.h. die Sünde, die Strafwürdigkeit, die Vergänglichkeit, Kleinheit und Hilflosigkeit des Menschen vor Augen stellte. Alle Züge Gottes an den Herzen der Menschen zielen auf ihre Demütigung.

Wer sich nun dieses gefallen läßt, wer dem Zuge Gottes folgt und läßt sich seine Sünde und Hilflosigkeit, die ihm Gott allenthalben offenbaren will, in das Licht stellen, ein solcher Mensch wird Christum, den Heiland der Sünder, den Bürgen, der genug getan hat für uns, den Arzt, der alle Gebrechen heilen kann, suchen, und wenn er ihn ernstlich sucht, so wird er ihn auch finden.

Gottes liebste Kinder gehn als arme Sünder in den Himmel ein; und die blinde Menge kann im Weltgedränge doch so sorglos sein! Ach, die Welt! Welch Totenfeld! Wieviel trägt, Herr, dein Erbarmen! Trag auch mich, den Armen!

23. August: Epheser 3,14.16

Deshalb beuge ich meine Knie vor dem Vater ... daß er euch Kraft gebe ...

In diesen Worten tritt uns mit großer Klarheit ein Hauptcharakter eines Gottesmenschen entgegen; ein Charakter, von welchem freilich die selbstsüchtige und eigenliebige Natur nichts weiß, der nur einem Herzen eingedrückt wird, in welches die Liebe Gottes ausgegossen ist durch den heiligen Geist, aber ein Charakter, der so unzertrennlich ist von dem Wesen eines wahren Kindes Gottes, daß er noch denjenigen Knechten und Kindern Gottes, die schon in das obere Reich des Lichtes und der Wahrheit aufgenommen sind, bleibt, ja als etwas wahrhaft Göttliches je mehr und mehr wächst und aus der ewigen Fülle Gottes selber heraus zunimmt: – Ich meine den Charakter des *Priesters*. Er hat uns zu Königen und Priestern gemacht vor

Gott und seinem Vater (Offb 5,10; 1,6); – dies rühmen zur Ehre des Heilandes die seligen Geister, die vor dem Throne Gottes stehen; und daß auch er, der Apostel, von dem Herrn zu einem solchen Priester geweiht worden sei, das hat er hier sehr deutlich dargelegt. Denn was ist ein Priester? Ein Priester ist derjenige, der für andere vor den Herrn tritt,den die Liebe (diese ist ja das Element des Priestersinnes) treibt, zu erscheinen vor dem Angesichte Gottes für andere, für Bekannte und Unbekannte, für Bekehrte und Unbekehrte, ja für die ganze Welt.

Betgemeinde, heilge dich mit dem heilgen Öle; Jesu Geist ergieße sich dir in Herz und Seele! Laß den Mund alle Stund von Gebet und Flehen heilig übergehen.

Das Gebet der frommen Schar, was sie fleht und bittet, das wird auf dem Rauchaltar vor Gott ausgeschüttet, und da ist Jesu Christ Priester und Versühner aller seiner Diener.

Kann ein einziges Gebet einer gläubgen Seelen, wenn's zum Herzen Gottes geht, seines Zwecks nicht fehlen: was wird's tun, wenn sie nun alle vor ihn treten und vereinigt beten!

O so betet alle drauf, betet immer wieder; heilge Hände hebet auf, heilget eure Glieder; heiliget das Gebet, das zu Gott sich schwinget, betet, daß es dringet.

24. August: Lukas 2,42

Und als er zwölf Jahre alt war, gingen sie hinauf nach dem Brauch des Festes.

Der Gott aller Götter, der Abglanz der Herrlichkeit des Vaters, das Ebenbild seines Wesens, der Jehova, der bei dem Vater Herrlichkeit hatte, ehe der Welt Grund geleget war

(Joh 17,5), und dem nun alles unter seine Füße getan ist, alle Herrschaft, alle Gewalt, alle Macht, alle Fürstentümer und alles, was genannt mag werden, nicht allein in dieser Welt, sondern auch in der zukünftigen (Eph 1,21.22), mein Gott und mein Herr – war also einst ein Knabe von zwölf Jahren. Eine erstaunliche Wahrheit! Wir sind der Sache zu gewohnt; wir haben sie zu oft gehört; wir sind in diesen Begriffen aufgewachsen; man hat sie uns in der Schule und in der Kirche unzählige Mal beizubringen gesucht; wir fühlen die Kraft und Schwere dieser Wahrheiten nimmer recht. Es geht uns damit wie mit den Werken Gottes in der Schöpfung; man wächst so darin auf; durch die Gewohnheit, durch die Zeit verlieren diese großen Offenbarungen Gottes nach und nach den Reiz der Neuheit und eben damit ihre Kraft an unsern Herzen. Wer unter uns wundert sich darüber, daß die Sonne täglich aufgeht, daß sie alles erleuchtet und erwärmt? Wer wundert sich darüber, daß wenn man ein Samenkorn in die Erde legt, ein Halm oder ein Baum daraus entsteht, ob es gleich kein Weiser dieser Erde bis jetzt so weit gebracht hat, diesen großen Prozeß der Natur zu erklären? Es ist eine eigene Kraft Gottes dazu erforderlich; ein jeder Fruchthalm, der aus der Erde herauskommt, ist ein Wort des allmächtigen Gottes an uns, und wahrlich, wir säen und ernten großenteils gedankenlos, weil wir es zu gewohnt sind. Wer wundert sich darüber, daß Gott die Erde mit Schnee bedeckt wie mit Wolle? Wir schreiten gedankenlos auch über diese Offenbarung Gottes hinweg, weil wir es gewohnt sind. Und so geht es auch mit dem Evangelium, mit den großen Wahrheiten der Bibel.

Ach ich bin viel zu wenig, zu preisen deine Ehr. Er ist der ewge König, ich bin von gestern her. Jedoch, weil ich gehöre gen Zion in sein Zelt, gebührt mir's, daß ich mehre sein Lob vor aller Welt.

25. August: Lukas 2,46

Und es begab sich nach drei Tagen, da fanden sie ihn im Tempel sitzen, mitten unter den Lehrern, wie er ihnen zuhörte und sie fragte.

Schon hier, wie in Jesu ganzem Leben, leuchtet seine Hoheit aus seiner Niedrigkeit heraus. Er ist ein kleines einfältiges Zimmermannsknäblein, und darin zeigt sich seine Niedrigkeit, aber doch bedarf dieses Knäblein mitten unter der Menschenmenge, von welcher um die Osterzeit alles in Jerusalem angefüllt war, keiner besondern Aufsicht; aus weisen Ursachen und nicht im Leichtsinn entzieht es sich seinen Eltern, geht in den Tempel, weil es weiß, daß es sein muß in dem, das seines Vaters ist und macht sich da mitten unter die Lehrer des Volks hinein, um sich mit ihnen über göttliche Dinge zu besprechen. Ja er geht nicht, wie etwa ein anderes vorwitziges Kind, nur auf einen Augenblick in den Tempel, um da etwas Neues zu sehen oder zu hören, sondern er bleibt da, bleibt drei ganze Tage da und läßt sich in die gründlichsten Gespräche über göttliche Dinge ein, so daß sich jedermann, auch die ältesten Lehrer über seine Weisheit und seinen Verstand, mit welchem er Fragen aufwarf und aufgeworfene Fragen beantwortete, verwundern mußte. Ja selbst seine Eltern, als sie ihn so da sitzen sahen mitten unter den Lehrern, entsetzten sich, denn so etwas hätten sie doch von ihrem Knäblein nicht vermutet. Aus diesem allem leuchtet nun etwas Außerordentliches, nichts Kindisches, eine Hoheit, eine Würde hervor, die diesen Knaben vor allen andern Katechismusschülern auszeichnete. Da offenbarte sich schon in dem Knaben Jesus die Herrlichkeit, die er vom Vatter hatte, voller Gnade und Wahrheit.

Wer war in seiner Jugend ganz kindlich, fromm und mild, ein Spiegel aller Tugend und Gottes Ebenbild?

Du Jesu warst's alleine, du, der im Tempel saß und sich und all das Seine um Gottes Wort vergaß.

Auch wolltest du bewahren das herrliche Gebot, das du in spätern Jahren uns gabest: Eins ist not.

Herr, der du Sünderscharen dein Bild noch offenbarst, bild uns nach deinen Jahren, wie du hienieden warst.

Die Alten mach zu Kindern und deine Kinderschar gleich dir zu Überwindern! Amen. Das werde wahr.

26. August: Matthäus 9,24

... das Mädgdlein ist nicht tot, sondern es schläft.

So sagte der Heiland und das ist merkwürdig, weil das Mägdlein nach allen Umständen wirklich gestorben gewesen sein muß. Denn Jairus hatte selbst gesagt, seine Tochter sei jetzt gestorben oder nach dem Markusevangelium, wo die ganze Geschichte ausführlicher erzählt wird, sie liege in den letzten Zügen, und in dem Haus wurden, als der Heiland eintrat, bereits alle Anstalten zu einem feierlichen Begräbnisse getroffen, und die Anwesenden waren so fest von dem Tod des Kindes überzeugt, daß sie den Heiland, als er behauptete: Das Mägdlein ist nicht tot, sondern schläft, ins Gesicht hinein auslachten. Der Heiland sagte aber auch so von Lazarus, und die Schrift sagt von allen verstorbenen Christen, daß sie schlafen. So heißt es von Stephanus, dem ersten Märtyrer, daß er entschlafen sei, und der Apostel schreibt in 1. Thess. 4,13: Wir wollen euch aber, liebe Brüder, nicht im Ungewissen lassen über die, die entschlafen sind. Der Heiland sprach deswegen so von jenen beiden, weil er schon im Sinne hatte, sie wieder ins Leben zu rufen, und aus dem nämlichen Grund spricht auch die Schrift so von allen verstorbenen Christen, weil sie durch die Auferstehungskraft dessen, der selbst auferstanden ist, am dritten Tage aufgeweckt und zu einem neuen Leben geführt werden. Ja die, welche in dem Herrn sterben, schlafen in ihren Kammern und ruhen aus von ihrer Arbeit, und der Herr wird sie als ein edles Saatkorn wieder hervorgehen lassen zum ewigen Leben, er wird ihren nichtigen Leib, dieses Gefäß der Schwachheit verklären, daß er ähnlich werde seinem verklärten Leib, denn er sagt selbst: Wer mein Wort wird halten, der wird den Tod nicht sehen ewiglich. Daran wollen wir uns denn anklammern, wenn das Stündlein kommt, daß wir sollen von hinnen fahren und es gehet an den Kampf, wo das Leben ringt mit dem Tod und die Angst unserer Seele ist groß und kein Mensch kann helfen. Da wollen wir uns getrost an Den halten, der dem Tod die Macht genommen und Leben und unvergängliches Wesen hat an das Licht gebracht. Alles Kreatürliche fällt in jenen schweren Stunden zusammen, aber als ein starker Fels erweist sich da dem, der glaubt, sein Herr und Heiland. Zu ihm, dem Gekreuzigten, also wollen wir uns flüchten.

Mit Fried und Freud ich fahr dahin in Gotts Wille; getrost ist mir mein Herz und Sinn, sanft und stille. Wie Gott mir verheißen hat: der Tod ist mein Schlaf worden.

Das macht Christus wahr, Gottes Sohn, der treu Heiland, den du mich, Herr, hast sehen lan und gmacht bekannt, daß er sei das Leben und Heil in Not und auch im Sterben.

27. August:

Markus 6,2.3

Und viele, die zuhörten, verwunderten sich und sprachen: Woher hat er das? ... Ist er nicht der Zimmermann, Marias Sohn

Herz! Staune, bete an, beuge dich zu den Füßen des Demütigsten unter allen Menschenkindern. O was sieht aus diesem Betragen des Heilandes heraus! Welch ein Gehorsam gegen seinen Vater im Himmel, welch eine Demut, welch eine Liebe zu den Menschen! Er wußte schon in seinem zwölften Jahre, woher er kam und wer er war; er sah achtzehn Jahre lang das Elend seines Volks; er mußte Gotteskräfte in sich fühlen, und doch schweigt er; doch verhält er sich still und ruhig und arbeitet auf seinem Handwerke, wie wenn er nur dazu geboren wäre, und ist seinen Eltern gehorsam, ob er sie gleich unendlich weit übersieht. Es ist erstaunlich. Dieser Gehorsam, diese Demut geht über alles menschliche Denken weit, weit hinaus. Was sind wir dagegen? Wie müssen wir uns schämen vor ihm! Kaum glauben wir etwas besser zu wissen als unsere Umgebungen oder Mitmenschen, so können wir unsere Weisheit schon nicht mehr zurückhalten; sie muß heraus; sie muß der Welt vor Augen gelegt sein; das Herz oder der Kopf will uns zerspringen, bis unsere Weisheit ausposaunt ist. Er aber, der Weiseste unter allen, schweigt achtzehn Jahre, wie wenn er nichts wüßte, weil der Wille des Vaters so ist.

Da sieht man, daß er nicht seine Ehre gesucht hat, sondern die Ehre des Vaters, der ihn gesandt hatte. Denn hätte er das getan, so hätte er wohl anders gehandelt. O wie hat er dadurch unsern Hochmut gebüßt! Welch Beispiel der reinsten Demut hat er uns gegeben! Wie hat er uns zur Treue im Kleinen angewiesen! Welche wahre, unschwärmerische Liebe zu den Seelen der Menschen hat er hier an den Tag gelegt, indem er eben auf dem ihm vom Vater vorgeschriebenen Wege das Werk der Erlösung seiner gefallenen Brüder vollenden wollte!

Nun, wer du auch auf Erden bist: Begehrest du zu sein ein Christ, so folge Christi Weise, daß er, der dir ein Vorbild ist, an dir auch Demut preise.

Dann wird des Höchsten treue Hand dich schon dereinst aus niedrem Stand zur Herrlichkeit erhöhn, dann darfst du, frei von Lügentand, zu seiner Rechten stehn.

O Jesu! Gib mir Licht und Gnad, auf daß auch ich der Demut Pfad mit stillem Herzen gehe, daß man einst deinen Liebesrat an mir vollendet sehe.

28. August: Lukas 13,5

Sondern wenn ihr nicht Buße tut, werdet ihr alle auch so umkommen.

Gewöhnlich stellt man sich vor, als ob einer, der sich bekehre, in ein trauriges, trübseliges Wesen eingehen müsse, wo er keine wahre Freude mehr und nichts zu tun habe, als in beständiger Traurigkeit seine vorigen Sünden abzubüßen. Von dieser Vorstellung mag es auch zum Teil herkommen, daß sich viele so lange sträuben gegen ihre Bekehrung, daß sie trotz der häufigen Mahnungen des Gewissens, trotz der ernsten Stimme des göttlichen Worts die Umkehr zu Gott von einem Tage, von einer Woche, von einem Jahre zum andern verschieben und sich so in einem elenden kümmerlichen Leben hinhalten lassen, wo sie des im Evangelio angebotenen Heils nicht froh werden und zuletzt sich selbst den Eingang in das Reich Gottes versperren. Aber das sind grundfalsche Gedanken und Vorstellungen, und darin hat der Teufel gerade seine Hauptlist und seinen Hauptvorteil, daß er den Seelen solche falsche Vorspiegelungen, solchen falschen Dunst vor den Augen her macht, um sie hinzuhalten und sie womöglich ganz um ihre Seligkeit zu betrügen. Freilich den eiteln Freuden dieser Welt und ihren Wollüsten und ihren elenden Künsten wird der entsagen müssen, der sich ernstlich zu bekehren gedenkt, er muß entsagen allen Werken des Fleisches, er muß sich befleißigen eines stillen ruhigen Lebens, denn der feste Grund Gottes besteht und hat dieses Siegel: Der Herr kennet die Seinen, und es trete ab von der Ungerechtigkeit, wer den Namen Christi nennet. Allein ein Christ, der sich von Herzen zu dem lebendigen Gott bekehrt, hat ja andere Freuden, als die Weltfreuden sind, und es kostet ihn keine Mühe und keine Überwindung, jener Freuden des Fleisches, welche in zeitliches und ewiges Unglück stürzen, zu entbehren – so wenig als es den verlornen, aber wiedergefundenen Sohn Mühe kostete, sich nicht zurückzusehnen nach der Treberkost, die er vorhin mit den Schweinen teilen mußte.

Gewiß, mein Freund gibt solche edle Gaben, die alle Welt mir nicht gewähren kann. Schau an die Welt, schau ihren Reichtum an: Sie kann ja nicht die müden Seelen laben! Mein Jesus kann's; er tut's im Überfluß, wenn alle Welt zurücke stehen muß!

29. August:

Johannes 1,14

Und das Wort ward Fleisch und wohnte unter uns.

O welche harte Rede für die unerleuchtete Vernunft! Darüber stutzt (und flucht) die Natur; es ist ihr unerträglich; es ist ihr ein Geruch des Todes zum Tode, ein tödlicher Totengeruch, vor dem ihr ekelt, darüber sie sich entsetzt, den sie nicht in ihrer Nase leiden mag. Man darf sich gar nicht wundern, wenn in unsern, wie sie sagen, erleuchteten Tagen dies große Wort von der Menschwerdung Gottes, daß Gott ein Mensch und uns in allem gleich geworden sei, als Unsinn, als törichter Unsinn, als die strafbarste Verletzung des gesunden Menschenverstandes ausgeschrien und ausposaunt wird, mündlich und schriftlich.

Aber was ist denn der Grund dieser Feindschaft, dieses Widerwillens gegen das Wort von der Menschwerdung Gottes? Antwort: »Der natürliche Mensch aber vernimmt nichts vom Geist Gottes; es ist ihm eine Torheit, und er kann es nicht erkennen, denn es muß geistlich beurteilt werden.« (1. Kor 2,14). Aber warum vernimmt er nichts davon? Antwort: »Weil er den Geist Gottes nicht hat.« Aber warum hat er den Geist Gottes nicht? Gott will ja, »daß allen Menschen geholfen werde und sie zur Erkenntnis der Wahrheit kommen.« Antwort: Weil er widerstrebt. Aber warum widerstrebt er? Antwort: Weil der Geist Gottes ein Geist der Wahrheit ist, der in alle Wahrheit leiten will, der allen Trug, alle Lügen, alle Einbildungen des eigenen Herzens in ihrer Torheit aufdeckt, dessen Arbeit darauf hingeht, dem Menschen zu zeigen, was er ist, daß er nämlich ein fluch-, ein höllenwürdiger Sünder ist, das heißt, dem Menschen die Wahrheit zu zeigen. Sehet, dies will man nicht gelten lassen; diese Wahrheit liegt, wie das Herz wohl fühlt, auch in der Lehre von der Menschwerdung Gottes, und daher diese Empörung.

Ohne Licht seh ich kein Licht; ohne deine Gnade wird mein Gang durchs Leben nicht sicher und gerade. Ohne dich benetzt kein Tau meine dürre Seele! Drum Herr Jesu, auf mich schau, der ich dich erwähle!

Sende mir von deinem Thron helle Gnadenblicke, daß ich mich, o Gottes Sohn, ganz in dir erquicke; daß mir sonst nichts sei bewußt, außer deiner Liebe; diese weck in meiner Brust alle Geistestriebe!

30. August:

Hebräer 4,7
(vgl. dazu Apg Kap. 24 u. 25)

Heute, wenn ihr seine Stimme hören werdet, so verstockt eure Herzen nicht.

Es gibt noch jetzt eine dreifache Klasse von Leuten, die alle verloren gehen, nur auf verschiedenen Wegen. 1) Solche, die von der Wahrheit getroffen und erschreckt werden, aber vor Weltlust sie nicht hören mögen, sondern die Bekehrung immer hinausschieben. So einst der Landpfleger Felix. 2) Solche, die zwar auch im Gewissen gerührt werden, aber in frechem Übermut das Göttliche verspotten und sich leichtfertig darüber wegsetzen, als ob es eine Fabel oder ein Märlein wäre. So der Landpfleger Festus. 3) Solche, die weichherziger sind und der Wahrheit ein wenig näher stehen, auch beinahe sich dazu hergeben, wenn nicht ihr falscher Ehrgeiz und ihre Menschengefälligkeit sie immer wieder davon wegzöge. Solche Leute scheinen oft äußerlich gut, aber weil sie nicht für Christum sich ganz entscheiden, sind sie wider ihn, und weil sie nur *beinahe* fromm sind, gehen sie am Ende ganz verloren. So der König Agrippa. Wie heißt es aber von Paulus, dem Mann Gottes, der so viele Tausende mit der Kraft des Evangeliums selig machte und so ganz ein Eigentum seines Herrn war? Was tat er? Das gerade Gegenteil von jenen. Da es Gott wohl gefiel (schreibt er), mir seinen Sohn zu offenbaren, daß ich ihn verkündigen sollte durchs Evangelium unter den Heiden, alsobald fuhr ich zu und besprach mich nicht darüber mit Fleisch und Blut (Gal 1,15). Wenn daher eine Seele von Gott gerührt, von den Worten der Schrift bewegt wird, so besinne sie sich ja nicht und zärtle nicht mit sich selbst, sondern fliehe allein zu Jesu hin, um des Segens teilhaftig zu werden, den er ihr beschieden hat.

Und wenn dich auch die Wahrheit anfänglich demütigt oder verwundet, wenn du darüber unruhig und geschlagen wirst, o so ärgere dich nicht, wirf das Buch nicht weg, verstopfe dein Ohr nicht, spotte nicht, entschuldige und zerstreue dich nicht, sondern glaube, daß dein treuer Heiland mit solchen Erweckungen dich sucht, daß er dein Herz angerührt hat, um dich zu sich zu locken. Wohl dir, wenn du's ernstlich nimmst! Wohl dir, wenn du die Gemeinschaft mit deinem Erlöser für wichtiger achtest als die eiteln Dinge dieser Welt!

Vielen fehlet oft nicht viel, dennoch werden sie nicht Christen, denn der Satan treibt sein Spiel, mit Vernunft und eiteln Lüsten. So fährt ihr betäubter Sinn elend ohne Jesum hin.

Jesu, wenn es noch geschicht, daß mein Herz im Schwanken stehet: Soll ich folgen oder nicht, weil die Welt auf Glauben schmähet? O so ruf mir mächtig zu: Ich bin Jesus, folge du.

31. August: Psalm 90,12

Lehre uns bedenken, daß wir sterben müssen, auf daß wir klug werden.

Wenn Menschen von einem Land in das andere auswandern, vielleicht weil sie im fernen Land ihr Auskommen besser finden, da besinnen sie sich vorher, stellen Rechnungen an, erkundigen sich nach den Sitten und Gewohnheiten jenes Landes, wie man dort am besten sein Brot verdienen könne, ja wer recht vorsichtig zu Werke gehen will, der siehet sich vorher um nach einem gewissen Platze, auf welchem ihm seine Nahrung gesichert ist. So macht man es, wenn man von einer Gegend in die andere ziehen will.

Warum ist aber der Mensch meistens so sorglos in Absicht auf seinen letzten Zug, welcher ungleich wichtiger ist als irgendeine noch so große Reise auf Erden, welcher ihn ganz losreißt von dem irdischen Tun und Treiben, welcher entscheidet zwischen ewigem Leben und ewigem Tod. Man besinnt sich nicht, geht dahin, läßt einen Tag, eine Woche, ein Jahr um das andere herumgehen, und so geht es fort in der Blindheit, bis der wankende Fuß am Grabe steht und die Erdschollen über die Totenbahre hinunterrollen. Und gibt dem einen oder dem andern der Herr noch Gnadenzeit, sich zu besinnen, ehe er seine letzte Fahrt antritt, da ist Sorge, Jammer, Angst vor dem letzten Gericht, man ist nicht mit dem Heiland bekannt, kann sich nicht freudig zu seiner Freundlichkeit hinwenden, man muß verzagen. Ein erleuchteter Mann hat gesagt, das sei etwas Fürchterliches, wenn der Bußkampf und der Glaubenskampf und der Todeskampf zusammenkommen auf eine Zeit. O davor bewahre uns doch der barmherzige Gott nach seiner großen Barmherzigkeit! Davor wollen wir uns recht hüten, wollen Fleiß tun einzukommen zu seiner Ruhe. Sehet den alten Simeon an. »Herr, nun läßt du deinen Diener in Frieden fahren«, sagt er, »denn meine Augen haben deinen Heiland gesehen.« Welche Freudigkeit, welcher Friede, welche göttliche Ruhe bei diesen Worten in dem Herzen Simeons gewaltet haben muß, das läßt sich nur schwach nachempfinden. Meine Seele müsse sterben den Tod dieses Gerechten, und mein Ende sei wie sein Ende. Und so wir an Christum glauben, so wird auch unser Ende sein wie sein Ende.

Bereite mich, und wann dies Leben ist vorbei, du Herr mein bleibend Gut, mein wahres Leben sei! Verlaß mich dann auch nicht im letzten Augenblick! Laß mich auf Jesum sehn und nicht auf mich zurück!

Ich zeuge, daß du bist das ewig selge Gut, darin der Geist allein lebt und im Frieden ruht. Dich ehren nur ist Ehr, dein Dienst ist Seligkeit, und dazu wünsch ich mir die ganze Ewigkeit.

1. September: Johannes 14,6

Ich bin der Weg und die Wahrheit und das Leben; niemand kommt zum Vater denn durch mich.

Wir könnten nicht zu Gott kommen, wenn er nicht zu uns käme. Dies glauben viele Menschen nicht, hauptsächlich zweierlei Menschen. Dies glauben nicht die toten Sünder, die aber ehrbar sind und einen guten Namen vor der Welt haben, die hingehen und machen sich einen Vorsatz, dies und das zu lassen oder zu tun, und führen diesen Vorsatz auch aus. Solchen Leuten dünkt es, daß sie durch sich selbst einen offenen Weg zu Gott haben, daß unser Herr Gott eher vor ihrer Rechtschaffenheit und Tugend erschrecken und sich entsetzen müsse, als sie sich vor seiner Heiligkeit. Die Türen des Himmels müssen einmal sich weit und geschwinde öffnen, wenn ein solcher Ehrenmann kommen wird. So träumen sie. Und da sind viele neuere Lehrer dazugekommen und haben aus diesem Wahne der menschlichen Torheit und Eigenliebe eine Lehre gemacht. Sie haben den Willen des Menschen unmäßig herausgestrichen und erhoben und dem Menschen eine natürliche Kraft und Anlage zu allem Guten zugesprochen, ja auf gute Werke, auf Werke der stinkenden Eigenliebe, auf natürliche Tugenden den Himmel gesetzt. Aber wir haben nichts mit ihnen zu schaffen; wir lassen sie fahren; sie sind blinde Leiter der Blinden. Es gibt aber noch eine andere Art Menschen, die das, was ich oben gesagt habe, nicht glauben. Das sind erweckte Seelen, die im Anfange der Bekehrung stehen. Wenn ein Mensch die große Entdeckung an seinem Herzen macht, daß eine Scheidewand zwischen ihm und seinem Gott liege durch die Sünde: – Wie greift er es gewöhnlich an, um diesen Übelstand zu heben? Er will die Scheidewand niederreißen, er zerarbeitet sich elendiglich daran, er will durch sein Wollen und Wirken in den Himmel und in die Gemeinschaft Gottes hineinsteigen. Aber das hilft nichts. Mit *unserem* Tun können wir es nicht erlangen. Ich wüßte nicht, wozu der Heiland geboren wäre; ich wüßte nicht, wozu er seinen Lauf, seinen Leidenslauf bis Golgatha, und von da ins Grab, und von da in die Herrlichkeit des Vaters gemacht hätte; ich wüßte nicht, warum wir eine solche erbarmungsvolle Anstalt hätten, die man das Reich Gottes nennt; ich wüßte überhaupt nicht, was ich aus der ganzen Bibel machen sollte, wenn *wir* es tun könnten, wenn es an *unserem* Rennen und Laufen läge! *Nein!* Er muß es anfangen, fortsetzen und vollenden; und wir haben uns nur dazu herzugeben und es uns gefallen zu lassen. Das ist unsere ganze Sache.

O ihr Gottesheere! Stimmt zu Christi Ehre allenthalben ein! Unsre Siegesweisen sollen täglich preisen Gottes Lamm allein, das uns all vom Sündenfall durch sein blutiges Versühnen sauer wollt verdienen.

2. September: Matthäus 5,29 (18,9)

Wenn dich aber dein rechtes Auge zum Abfall verführt, so reiß es aus und wirf's von dir.

Die Welt mit ihrem Wesen hat vorzüglich eine zweifache Weise, wie sie einen Christen anzugreifen und zu fällen sucht: Sie kommt an unser Herz mit Lust und mit Furcht.

»Denn alles, was in der Welt ist,« – sagt der Apostel, »des Fleisches Lust und der Augen Lust und hoffärtiges Leben, ist nicht vom Vater, sondern von der Welt.«

Augenlust nennt er hier als das erste, womit die Welt lockt und an das Herz der Kinder Gottes zu kommen sucht; und o, wer weiß es nicht, was in diesem Worte liegt? Wer hat nicht schon die Erfahrung gemacht, wie die Dinge dieser Welt, die irdischen, elenden, in der Zeit erscheinenden und mit der Zeit vergehenden Dinge durch die Augen mit einer gewissen Zauberkraft auf die Seele wirken? Wer weiß es nicht, wie der Satan durch die Dinge dieser Welt, die er unsern Augen vorführt, sein Gift in unsere Seelen hineinhaucht, ein Gift, das oft nur unter großen Geburtsschmerzen wieder ausgetilgt werden kann durch die Kraft des Blutes Christi! Wer weiß es nicht, wenn er jemals auf sich und sein Seelenheil Bedacht genommen hat, wie nötig ein Christ hat, täglich zu bitten: Halte, halte meine Augen, holder Freund, in dieser Zeit, daß sie nichts zu sehen taugen, als den Tag der Ewigkeit.

So geschwind, so unversehens ist dieses Auge gefesselt und in Dinge hinein zerstreut, die nicht für den Tag der Offenbarung taugen. Denn aus der Augenlust ziehen der Geiz und die Wollust und die meisten Sünden ihre Hauptkraft. Nun, habt ihr die Augenlust überwunden? – Nicht so, daß ihr nicht mehr davon angefochten würdet; denn so weit bringt es kein Mensch in dieser sündigen Hütte: Aber steht ihr in täglicher Überwindung, im täglichen Siege darüber? Ist es euch darum zu tun, daß eure Seele nicht mehr durch diese Dinge angesteckt, befleckt und verunreinigt werde? Oder wie? Lässest du deinen Augen noch mehr oder minder freien Lauf, lässest du sie umher gleiten, wohin die Lust sie lockt und reizt?

Herr Jesu! Ich schließe mich aufs neue in deine Heilandstreue, in dein Erbarmen ein. Die sündlichen Geschäfte und alle finsten Kräfte vertreibe durch dein Nahesein!

3. September: Epheser 2,3

Unter ihnen haben auch wir alle einst unser Leben geführt in den Begierden unsres Fleisches und taten den Willen des Fleisches und der Sinne ...

Fleischeslust, ach, das ist es ja, wonach die Welt vorzüglich hascht; das sucht sie ja mit all den Anstalten, die sie trifft, das sucht sie ja mit allem Rennen und Jagen, mit ihren Lustgelagen, mit ihren Partien, mit all ihren Eitelkeiten, das sucht sie jahraus jahrein, Tag und Nacht, und wird nimmer satt, und kann zu keinem Genüge kommen; denn das elende Fleisch und sein Gelüste soll seine Nahrung finden; dem Fleische muß auf feine oder grobe Weise geschmeichelt werden. Doch ihr wisset alle, was darunter verstanden ist, ihr wisset, daß darunter alles begriffen ist, was die Gelüste oder Gelüstlein des Fleisches kitzelt, habe es nun Namen, welche es wolle; und wahrlich, unsere sinnliche Zeit hat es weit darin gebracht, immer wieder neue Arten der Fleischeslust zu schaffen, immer schönere Namen ihr zu geben. Es fragt sich nur darum, ob wir davon los sind, ob wir nicht in feinerer oder gröberer Knechtschaft des Fleisches gefangen liegen, ob wir Überwinder sind? Ach, mein Gott! Wie manche Seele möchte hier gegenwärtig sein, die eine gebundene der Welt ist, wie mancher, dem sein Bauch mehr oder weniger sein Gott ist. O ihr armen Geister, die ihr der Fleischeslust dienet, feiner oder gröber, sehet Jesum an, sehet, was eure Sünde angerichtet hat, wie ihm sein Fleisch gegeißelt und gezüchtigt, sein heiliger Leib zerrissen und verwundet, das ganze Gericht der Sünde an ihm hinausgeführt wurde. Ihr lebet mit der Welt in Lust und Freude, und er mußte in Todesqual sich verzehren. Ach, welche Schuld ladet ihr auf euch, wenn ihr Jesum mit euren Wollüsten täglich noch kreuziget! Welche schreckliche Saat wird aufgehen in der Ewigkeit, wenn es an euch wahr wird, daß »wer auf sein Fleisch sät, der wird vom Fleisch das Verderben ernten!«

Ein Tag der sagt's dem andern, mein Leben sei ein Wandern zur großen Ewigkeit. O Ewigkeit, du schöne! Mein Herz an dich gewöhne, mein Heim ist nicht in dieser Zeit.

4. September: Jakobus 4,2.3

... und habt nichts, weil ihr nicht bittet; ihr bittet und empfangt nichts, weil ihr in übler Absicht bittet

Wie soll ich beten? Wohl dem, der also fragt. Merke dir aber diese einfachen Punkte. 1) *Gott will uns nur im Namen seines Sohnes Jesu Christi erhören.* Wer beten will, der muß also zuvor an Christum glauben *oder wenigstens an ihn glauben wollen* und in diesem Vertrauen auf Christi Gottheit, auf sein Wort und Verdienst zum himmlischen Vater beten, damit der Vater geehret werde in dem Sohne. Auch darfst du geradezu dich an den Heiland selbst wenden und ihm dein ganzes Anliegen vortragen. Denn wer den Sohn ehret, der ehret auch den Vater, weil der Vater im Sohne und der Sohn im Vater ist. 2) Zu einem erhörlichen Gebet gehört ferner, daß uns *wirkliche Not, wahres Bedürfnis* und nicht bloß eingebildete Not treibe, das Herz vor Gott auszuschütten. Denn wer nicht hungert und dürstet, der wird auch nicht gesättigt. Es muß *unser ganzer Ernst sein*, das erlangen zu wollen, worum wir bitten; nicht so, wie bei einem Menschen, der zwar an die rechte Türe klopft, aber nur leise, und der heimlich wünscht, daß man ihn inwendig nicht hören und ihm nicht auftun möchte. 3) Ebenso muß unser Gebet *demütig* sein. Wir haben ja von Rechts wegen nichts anzusprechen und müssen es uns selbst eingestehen, daß wenn der Herr unser Flehen nur anhört und annimmt, solches unverdiente Gnade und ein Beweis seiner Barmherzigkeit ist. Da siehet man, wie blind solche sind, die sich auf ihre Gebete so viel zugut tun und meinen, es müsse Gott eine Ehre sein, wenn sie nur beten. Muß es dem Reichen eine Ehre sein, wenn der Arme ihn anbettelt? Muß nicht der Arme froh sein, wenn ihn der Reiche nur anhört? Je demütiger das Gebet ist, desto erhörlicher ist es. 4) Endlich gehört zu einem wahren Gebet auch *der Glaube und das Vertrauen zu Gott*, daß er uns geben werde, was wir von ihm erbitten. Mit Zweifel, wozu uns der immer wachsame und lauernde Feind dabei zu verleiten sucht, muß man sich nicht einlassen. »Alles, was ihr bittet in eurem Gebet, glaubt nur, daß ihr's empfangt, so wird's euch zuteilwerden« (Mk 11,24). So spricht der Herr selbst. Ebendahin gehört das stille Harren auf Gott, denn er gibt uns das Gute zu seiner Zeit, wenn es die rechte Stunde ist. – Wer auf diese Weise betet und im Gebet anhält, der betet gewiß erhörlich und wird erfahren, daß denen, die Gott suchen, das Herz leben soll.

Zeuch mich, o Vater, zu dem Sohne, damit dein Sohn mich wieder zieh zu dir! Dein Geist in meinem Herzen wohne und leuchte mir in allen Dingen für, so hebt er auch mein Herz zu dir empor, daß ich dir Psalmen sing in höherm Chor.

5. September: Matthäus 19,17

Er aber sprach zu ihm: Willst du aber zum Leben eingehen, so halte die Gebote.

Wenn du aber auch finden solltest, daß du dies alles gehalten habest, so hättest du erstens damit doch noch nicht die

Gerechtigkeit, die vor Gott gilt, zu dieser würde zweitens noch überdies erfordert, daß solches alles bei dir geflossen wäre und flösse aus einem freiwilligen Geiste, daß diese Gesetzeserfüllungen aus deiner Natur sich so natürlich hervorgetrieben hätten, wie sich bei sonst günstigen Umständen aus einem Traubenstock Trauben hervortreiben. Man darf es ja dem Traubenstock nicht befehlen, daß er Trauben und keine Holzäpfel tragen soll; er tut es von selbst; es ist seine Natur, Trauben zu tragen; siehe, so müßte es auch deine Natur, deine Lust, ein Ergebnis deiner innersten Lebenstriebe gewesen sein, Gott und den Nächsten völlig und ganz zu lieben, wenn du dadurch solltest eine Gerechtigkeit vor Gott zuwege bringen. Ja, noch mehr, zu einer Gerechtigkeit, die vor Gott gilt, würde auch das erfordert, daß du in deinem ganzen Leben, von dem Augenblicke an, wo du angefangen hast zu denken, bis in deinen letzten Atemzug hinein, niemals, auch mit keinem Gedanken, dich gegen das Gesetz der Liebe Gottes und des Nächsten verfehlt hättest. Nur unter diesen Bedingungen hättest du das Gesetz erfüllt, und nur dann hättest du eine Gerechtigkeit, die vor Gott gilt; nur dann könntest du durch dein Tun selig werden. Eine solche Gerechtigkeit aber hat kein Mensch; nur Christus hat sie, sonst niemand; darum kann niemand sein eigener Heiland und Seligmacher sein.

Süßes Heil, laß dich umfangen, laß mich dir meine Zier unverrückt anhangen! Du bist meines Lebens Leben; nun kann ich mich durch dich wohl zufrieden geben.

Meine Schuld kann mich nicht drücken, denn du hast meine Last all auf deinem Rücken. Kein Fleck ist an mir zu finden, ich bin gar rein und klar aller meiner Sünden.

Ich bin rein um deinetwillen; du gibst gnug Ehr und Schmuck, mich darein zu hüllen. Ich will dich ins Herze schließen. O mein Heil! Edles Teil! Laß dich recht genießen.

6. September: Epheser 3,17

Daß Christus durch den Glauben in euren Herzen wohne ...

O großes Wunder, das ein echter Glaube hervorzubringen vermag! O große Gabe, welcher der wahre Glaube gewürdigt wird! Christus, der Herr der Herrlichkeit, will in uns armen Menschen wohnen. Hier müssen wir nur uns beugen und tief demütigen; – ein armes Menschenherz soll ein Wohnhaus Christi sein! Müssen wir nicht mit dem Hauptmann zu Kapernaum sprechen: »Ich bin nicht wert, daß du unter mein Dach gehst«? Ist es denn auch möglich, ist es denn auch wahr: In uns, in mir will der Heiland seinen Wohnplatz haben, in mir, der ich doch arg, der ich ein Sünder bin? Der Reine, der Heilige will in mir wohnen, so daß es heißen soll: »Siehe da, die Hütte Gottes ... und er wird bei ihnen wohnen.« Wer kann das fassen? Und das einfache Mittel dazu soll sein der Glaube an ihn. Aber wieviele unter uns werden wohl sagen können: »Christus wohnt in mir durch den Glauben«? Ja, wenn man den Geiz, den Neid, die wollüstigen, die eigenliebigen, die fleischlichen Gedanken, Begierden und Lüste zugleich im Herzen behalten könnte, dann würden wohl viele gern ein Tempel des lebendigen Gottes werden. Aber Christus und Teufel taugen nicht zusammen. Wo der Heiland einkehrt, da wirft er alle diese Gäste hinaus und legt sie zum Schemel seiner Füße. Das ist seine Art. Jedoch dürfen wir nicht denken, ein solcher Mensch, in dem der Heiland wohne, habe gar keine Anfechtung der Sünde mehr zu erdulden. Nein, Christus muß, solange er in dieser Zeit in einem Menschen wohnt, immer im Kampfe liegen gegen seine Feinde; aber wenn ein Mensch die Sünde als ein Kreuz trägt, wenn es ihm leid ist, daß er durch dieselbe den Heiland betrübt, wenn sie ihm Schmerzen, Leid und bittere Reue verursacht, daran kann man erkennen, ob Christus die Wohnung im Herzen aufgeschlagen und in demselben eine Gestalt gewonnen hat; da führt er sein Regiment in der Seele.

Komm denn Jesu, deine Klarheit, die den Sündendunst durchbricht, zeige mir den Weg zur Wahrheit und dein helles Angesicht! Treib aus meinem Herzen aus alle Schatten, laß dein Haus, drin du dich willst ewig spiegeln, nicht vom Satan dir verriegeln!

7. September: Matthäus 7,7.8

Bittet, so wird euch gegeben; suchet, so werdet ihr finden; klopfet an, so wird euch aufgetan. Denn wer da bittet, der empfängt und wer da sucht, der findet; und wer da anklopft, dem wird aufgetan.

Weil das Gebet der einzige Weg ist, mit dem lebendigen Gott und mit Jesu Christo in Gemeinschaft zu kommen, wird es auch allen Menschen in der heiligen Schrift so dringend empfohlen. Betet allezeit, sagte der Heiland, und werdet nicht müde (Lk 18,1). Betet ohne Unterlaß, schreibt Paulus in 1. Thess 5,17. Und das ist uns lediglich zu unserem eigenen Besten geboten. Denn Gott weiß freilich zum voraus, was wir bedürfen; er bedarf also von seiner Seite unseres Gebets eigentlich nicht; auch geht seine Liebe zu uns so weit, daß er nicht nötig hat, durch unser Gebet erst erweicht und bewogen zu werden, uns zu helfen, uns zu trösten und zu segnen. Aber es ist sein Wille und ein Gesetz in seinem Reich, daß nur diejenigen, die zu ihm kommen und sein Antlitz suchen, ihn finden und sein Heil genießen sollen. Und die Natur der Sache bringt dies selbst mit sich. Denn wie ich einen Menschen nicht kennenlerne, wie ich von seinen Tugenden, von seiner Liebe und Freundlichkeit keine Erkenntnis, keinen Genuß erlangen kann, wenn ich nicht selbst zu ihm gehe und mit ihm rede von Angesicht zu Angesicht – oder wie mich ein Feuer nicht wärmet, wenn ich nicht zu demselben hintrete, so offenbart Gott meiner Seele nur dann seine Liebe und Barmherzigkeit, wenn ich zu ihm selbst komme und mein Herz in seine Gegenwart versetze. Das Beten ist also nichts anderes als ein Kommen zu Gott, zu Jesus Christus, ein Sprechen der Seele und des Mundes mit ihm, dem Allgegenwärtigen. Und weil er überall ist, so kann der Mensch auch überall zu ihm beten. Im Zimmer, in der Kirche, in der Einsamkeit und unter Menschen, in Feld und Wald oder wo du sonst bist, kannst und darfst du mit deinem Gott und Erlöser reden, und je öfter, je anhaltender du dies tust, desto besser ist es. Und die seligste Verheißung, die Gott dem betenden Menschen gibt, ist diese, daß er das Gebet *erhören* will. Bittet, so wird euch gegeben, sagt der Heiland; bittet, auf daß ihr nehmet und eure Freude vollkommen sei (Joh 16,24). Sollte das einen betenden Menschen, der so vieles nach Leib und Seele nötig hat, nicht Mut und Freudigkeit geben, wenn er hört: der große Gott und Heiland will mir geben, was ich von ihm bitte?

Darf ich dir, dem Friedefürsten, innig sagen all mein Dürsten, was für meine Pilgertage ich im tiefsten Herzen trage, Herr so fleh ich: Mach es kindlich, sanft, einfältig, still, empfindlich, daß es dir sich überlasse und dein Heil in Demut fasse.

Gib mir, hohe Wunderliebe, stetig neue Lebenstriebe, deine Friedensspur zu finden und mit dir mich zu verbinden, tiefer stets dich zu erkennen, flammender für dich zu brennen, der sein Blut für mich gespendet und des Opfer mich vollendet.

8. September: Epheser 4,15

Laßt uns aber wahrhaftig sein in der Liebe und wachsen in allen Stücken zu dem hin, der das Haupt ist, Christus.

Bei einem Kinde ist es ein schlimmes Zeichen, wenn es in seinem Wachstum einen Stillstand gibt, wenn Essen und Trinken nichts fruchten will zum Starkwerden; – dieser Stillstand ist ein Beweis, daß es siecht und kränkelt und an diesem oder jenem Übel leidet. So ist es auch mit dem inwendigen Menschen. Ein neugebornes Kind in Christo darf nicht immer ein Kind bleiben; es muß heranwachsen, es muß ein Jüngling, es muß ein Mann werden; sonst hat es seine Bestimmung nicht erfüllt. Aber da geht es oft gerade umgekehrt; bei vielen geht es den Krebsgang. – Man hat einen guten Anfang gemacht; der neue Mensch ist durch Gottes Hilfe geboren worden; aber nun kommt dies und das; man wird träg und schläfrig; man läßt dem Fleische Raum; man entfernt sich von der Gemeinschaft des Kreuzes Christi; man will es nicht mehr so streng mit der Sünde nehmen; man weiß es ja, daß man ein Kind Gottes ist; man hauset auf diese Ehre hinein; man erlaubt sich manches, was man sich vor einem Jahr noch nicht erlaubt hätte; man geht leichtsinnig mit der Gnade um, und so gibt es im Wachstum einen Stillstand. Ja, man bleibt nicht nur stehen, sondern man kommt zurück; man wird schwach, matt, krank; das innere Leben bekommt einen Stoß nach dem andern, und endlich stirbt ein solcher neuer Mensch ab wie ein verdorrter Baum, und mit demselben Menschen wird es dann ärger, denn es zuvor gewesen ist. Das ist aber noch das Traurigste; *ein solcher Mensch weiß dies oft nicht einmal; er redet von seinem Christentume fort, spricht von seinen Erfahrungen, die er gemacht, wie wenn der innere Mensch noch lebendig wäre, betrügt sich selbst*, und geht als ein Betrogener der Ewigkeit entgegen. Ein trauriger Zustand!

Ich will lieben und mich üben, meinem König wert zu sein; ihm vor allen zu gefallen, der mein Herz nicht ließ allein; der sein Leben hingegeben für mich in des Todes Pein.

Ich will lieben und mich üben, daß ich heilig werd und neu, also strebe, leb und webe, daß es Gott zur Ehre sei; daß man sehe, Jesu Nähe mache mich durch Liebe treu.

9. September: Epheser 3,14.15

Deshalb beuge ich meine Knie vor dem Vater, der der rechte Vater ist über alles, was da Kinder heißt im Himmel und auf Erden.

Darin liegt es eben, daß wir nicht allein, daß wir nicht bloß und nackt vor Gott erscheinen dürfen, sondern wir erscheinen vor ihm im Namen Jesu Christi, vor ihm als dem Vater unseres Herrn Jesu Christi. Christus ist unser Bruder geworden; nun können und dürfen wir Gott als seinen Vater anrufen, als den Vater dessen, der sich nicht schämt, uns seine Brüder zu heißen. Nun ist den Sündern ein neuer Weg des Lebens geöffnet, auf welchem sie wieder dem Gnadenthrone nahen und Gnade und Barmherzigkeit nehmen dürfen um Jesu Christi willen. In Christo können nun Sünder wieder Kinder werden; in Christo ist der Reichtum der Erbarmungen Gottes wieder aufgetan; in Christo dürfen sie mit großer Zuversicht zu seinem Throne nahen, dürfen hineinschauen in die Klarheit des Vaters mit aufgedecktem Angesicht, dürfen priesterlich für sich und andere vor ihn treten; in Christo ist er ein Vater, und zwar ein rechter Vater über alles, was da Kinder heißet im

Himmel und auf Erden; über die ganze Familie Gottes geht nun seine väterliche Huld und Gnade; über seine Kinder ist seine Güte alle Morgen neu.

Wir sehen hinauf, er siehet herab; an Lieb und Treue geht uns nichts ab, bis wir zusammenkommen.

Oh! Was muß das Herz des Apostels empfunden haben, als er jene Worte niederschrieb! Von welch einer heiligen Freude und Wonne muß er durchdrungen gewesen sein, als er schrieb, daß der majestätische Gott, vor dessen Herrlichkeit der schnöde Sünder vergehen müßte, nun der rechte Vater ist über alles, was da Kinder heißt im Himmel und auf Erden! Dies ist ja das ganze Evangelium; das ist der Triumph der ewigen Liebe; das sind die seligen Früchte des sauren Verdienstes Jesu Christi, die Früchte seiner Erniedrigung, die Früchte seines Lebens, Leidens und Sterbens, die Früchte seiner Auferstehung und der treuen Ausrichtung seines ganzen Hohepriesteramtes, daß Gott der rechte Vater ist über alles, was da Kinder heißt im Himmel und auf Erden.

O ewiger Abgrund der seligsten Liebe, in Jesu Christo aufgetan! Wie brennen, wie flammen die feurigen Triebe, die kein Verstand begreifen kann! Was liebest du? Sünder, die schnöde Zucht; wen segnest du? Kinder, die dir geflucht; o großes, o gutes, o freundliches Wesen; du hast dir was Schlechtes zum Lustspiel erlesen.

10. September: Jesaja 3,10/Psalm 16,4

Heil den Gerechten, sie haben es gut!

Aber jene, die einem andern nachlaufen, werden viel Herzeleid haben.

Es könnte mancher denken: Wenn ich in die Welt hineinblicke, so sehe ich doch, daß Augenlust, Fleischeslust und hoffärtiges Wesen die Menschen froh und vergnügt macht, daß die, welche in solchen Dingen sich umtreiben, Augen voll Freude und einen Mund voll Lachens haben, und wenn auch hin und wieder ihnen etwas Widerwärtiges begegnet, das sie bekümmern könnte, siehe, sie lassen sich dies doch nicht sehr kümmern; es macht wenig Eindruck auf sie. Aber irret euch nicht, liebe Brüder; unter einem leichtsinnigen Gesicht ist oft ein Wurm verborgen, der am innersten Lebensmark nagt, und über den unruhigen Abgrund ihres gequälten Herzens legen sie oft künstlich täuschende Bretter und sprechen: Lasset uns essen und trinken und lustig sein; ihr innerster Herzensgrund ist doch durchwühlt von Unruhe und einem schrecklichen Warten des Gerichts und des Feuereifers, der die Widerwärtigen verzehren wird. »Aber die Gottlosen haben keinen Frieden«, spricht mein Gott, ja nicht bloß keinen Frieden, sondern viele und große Plage; denn der Gottlose hat viele Plage, spricht die Schrift, bis er seine Lust befriedigt hat, und oft wird sie erst nicht befriedigt, und wie oft ist die Befriedigung selber verbittert und versalzen, wie oft folgt auf die Befriedigung nichts als Jammer und Reue? Welche Mühe hat der Gottlose nur damit, sein Gewissen einzuschläfern oder zu übertäuben, wiewohl man es auch hierin zu einer großen Kunstfertigkeit bringen kann. Aber auf immer wird ihm das nicht gelingen; denn wer das Kleinod Gottes im Menschen antastet, den müssen einmal die Schrecken des Gewissens ereilen und schreckliche Rache üben. O glaubet es mir, doch nicht mir, sondern dem wahrhaftigen und treuen Zeugen: Wahren Frieden und wahre Freude findet man nur bei Christo; und dieser Frieden und diese Freude tragen den Keim der Zerstörung nicht in sich selbst; sie sind kein Rauch, der in ein Nichts zerrinnt, sondern sind beständig und begleiten auch durch des Todes finstere Täler zu den Stufen des Richterthrones Gottes.

Vor Jesu Augen schweben ist wahre Seligkeit; ein unverrücktes Leben mit ihm schon in der Zeit, nichts können und nichts wissen, nichts wollen und nichts tun, als Jesu folgen müssen – das heißt im Frieden ruhn.

11. September: Sprüche 28,26

Wer sich auf seinen Verstand verläßt, ist ein Tor.

Wir Menschen sind als solche einem beständigen Wechsel unterworfen; denn wir leben in dieser armen, den Elementen unterworfenen Welt. Heute ist es nicht wie morgen, und morgen nicht wie heute. Es ist ein Wechsel in unserem Inwendigen wie in der äußeren Natur, wo heiteres und trübes Wetter, Sturm, Regen, Wolken, Schnee und Sonnenschein miteinander abwechseln. Wenn nun jemand an einem warmen, schönen Sommertage sein Haus abbrechen und seine Wohnung unter einem Baume aufschlagen würde und würde sagen: Ich will hier bleiben; hier will ich ewig wohnen; der Himmel ist ja ganz heiter; es ist kein kühles Lüftchen da; was würden wir von einem solchen Menschen denken? Wir würden denken: Dem Menschen fehlt es im Kopfe; wir würden zu ihm sagen: Armer Mensch, was beginnest du? Denkst du nicht daran, daß auf den Tag die Nacht, und auf das heitere Wetter Regenwetter, und auf den Sommer der Herbst und der Winter folgt? Aber die nämliche Torheit begehen diejenigen, welche den Grund ihrer Seligkeit in der Heiterkeit ihres Gemüts, in allerhand Begnadigungen, in allerhand Erquikkungen, oder gar in ihrer christlichen Liebe, in ihrem Eifer im Beten und Wachen usw. suchen und denken: Es ist ganz anders mit dir geworden; darum kannst und darfst du glauben, daß du wirst selig werden. O, auf welch seichtem, veränderlichem Grunde bauen solche Seelen! Unser Herz bleibt sich nicht gleich; es wird auch Winter im Herzen; es kommen auch Wetter; es kommt allerhand Ungestüm; es kommen Anfechtungen, Finsternisse; es ist nicht ein Tag wie der andere; da muß man etwas Festeres haben, auf das man sich verlassen kann, als nur den heiteren Himmel.

Einig und dreieinig ist mein Gott und Herr. Meine Schuld bewein ich täglich herzlicher; aber sein Erbarmen, dreimal stark und groß, o das macht mich Armen alles Jammers los!

Wer will mich verdammen? Vater, Sohn und Geist halten hier zusammen, die mein Glaube preist. Eins im Rat und Willen, der mich selig macht, einig im Erfüllen, bis es heißt: Vollbracht!

Amen! Singt der Glaube, seines Heils gewiß. Amen! Auch im Staube und in Finsternis. Meine Lampe brennet und es wird geschehn; was ich hier bekennet, werd ich ewig sehn.

12. September:

Psalm 118,8.9

Es ist gut, auf den Herrn vertrauen und nicht sich verlassen auf Menschen. Es ist gut, auf den Herrn vertrauen und nicht sich verlassen auf Fürsten.

Es ist etwas Köstliches, wenn man so ganz auf dem Herrn steht und nicht mehr auf Menschen. Solange wir uns an Menschen hängen und nach ihrem Urteil und ihrem Fürgutfinden uns richten, solange wir nicht ganz allein auf den Herrn bauen, solange ist auch unser Christentum noch ohne den wahren Halt, es ist noch Sandgrund da; aber wenn wir so durch die Umstände selber darauf geführt werden, wenn die Menschen selber durch ihre schiefen und unrichtigen Urteile in göttlichen Dingen uns auf den ewigen Felsengrund, Jesum Christum, zurückführen, da geht es, wie Joseph sagte: »Ihr gedachtet es böse mit mir zu machen, aber Gott gedachte es gut zu machen.« So muß dann der Teufel selber zur Gründung, Bewährung, Befestigung und Vollbereitung der Seelen helfen und beitragen. So ging es von jeher allen Kindern und Knechten Gottes; sie wurden nach und nach einzig und allein auf den Herrn selber zurückgeworfen und sind auf diesem Felsengrunde niedergesunken und haben sich darauf fest gebaut und mit Glaubensarmen daran festgeklammert. Auch den Jüngern ging es so. O wie standen sie anfangs auf menschlichem Grund und Boden, wie haben sie anfangs auf Fleisch und Blut ihre Hoffnung gesetzt: Aber als die Menschen ihr Angesicht von ihnen wendeten, als sie keinen andern Halt mehr hatten als ihren unsichtbaren Herrn und Meister, wie wurden sie so stark und kräftig in ihm, wie haben sie da frisch und freudig bekannt: »Man muß Gott mehr gehorchen als den Menschen«; da standen sie fest auf dem Felsengrunde ihres Glaubens. Auch dem Apostel Paulus ging es so, der zuerst ein willenloses Werkzeug in der Hand der Feinde Christi war. Da er aber nach vielen Kämpfen und Anfechtungen von außen und innen auf den Herrn sich geworfen sah und in ihm erstarkt war, da scheute er sich vor niemand mehr und war ein freier Mann und widersprach den falschen Brüdern ins Angesicht. So ging es auch unserm Luther, der anfangs noch viel auf Menschen baute und dem Papst und den Kardinälen mit viel Demut und ehrerbietiger Beugung gegenübertrat: Da aber ihr Ansehen vor ihm zusammenbrach und er ganz allein auf Christum, seinen Herrn, geworfen ward, da stand er felsenfest und unverrückt.

Also ist auch mein Verlangen, liebster Jesu, nur nach dir! Laß mich treulich an dir hangen, schenke dich zu eigen mir! Ob viele zum größesten Haufen auch fallen, so will ich dir dennoch in Liebe nachwallen, denn dein Wort, o Jesu, ist Leben und Geist! Was ist wohl, das man nicht in Jesu geneußt?

13. September: Lukas 19,41

Und als er nahe hinzukam, sah er die Stadt und weinte über sie.

Es ist eine große Ehre, daß der König Himmels und der Erden sich nach Jerusalem bemühen mag. Ließe sich nicht hieraus schließen, daß dieses Jerusalem eine rechte Stadt Gottes sein müsse, weil hier jener Spruch erfüllt werden soll: Siehe da, eine Hütte Gottes bei den Menschen; daß in dieser Stadt Wahrheit und Gerechtigkeit und Heiligkeit müsse wohnen? Das sollte man meinen, und dennoch wäre es auch so ein großes Wunder der Liebe des Herrn, daß er sich so heruntergelassen. Aber anstatt ein Wohnplatz der Gerechtigkeit und Heiligkeit zu sein, ist Jerusalem eine Mördergrube, statt Liebe zum Herrn herrscht hier Haß gegen ihn, statt des Lichtes der Wahrheit Finsternis und Lüge. Jerusalem ist die abtrünnige, untreue Tochter, aber er kommt doch zu ihr, sie haßt ihn, er kommt doch zu ihr. Der Heiland wußte wohl, daß das nämliche Volk, das ihm hier triumphierend entgegenjauchzte, wenige Tage darauf mit schrecklichem Geschrei seine Kreuzigung verlangen und sein unschuldiges Blut auf sich und seine Kinder herabwünschen würde, aber er kommt doch nach

Jerusalem und nicht um zu verderben, sondern wenn möglich zu erhalten, sein Zorn brannte nicht an, es kam keine Rachgier in seine Seele, er dachte nicht an sich, nicht an das, was ihm bevorstand, nicht daran, daß die Juden schon durch die Schriften der Propheten lange auf ihn aufmerksam gemacht worden waren, nicht daran, daß er selbst es ihnen so oft gesagt, daß er sei des Menschen Sohn vom Himmel, und daß wer an ihn glaube, werde das ewige Leben haben, und sie hatten ihn nicht aufgenommen. Da war nichts in ihm als Liebe und Erbarmen gegen die verlornen Schafe aus dem Hause Israel. Als er auf eine Anhöhe kam, von welcher aus man die Stadt übersehen konnte und er sah sie vor sich liegen, die große und schöne Stadt, die nicht achtete die Zeit ihrer Heimsuchung, da brach ihm das Herz über der verblendeten Stadt, und der Heiland weinte Tränen über Jerusalem. Das heißt Sanftmut, das heißt aufopfernde Liebe. Er hasset sie nicht, er weint über sie.

O könntest du sein Herze sehen, wie sich's nach armen Sündern sehnet, sowohl wenn sie noch irre gehen, als wenn ihr Auge nach ihm tränet. Er streckt die Hand nach Zöllnern aus, er eilet in Zachäi Haus. Wie stillet sanft der Magdalenen den milden Fluß der Reuetränen und denkt nicht, was sie sonst getan! Mein Heiland nimmt die Sünder an.

14. September: Offenbarung 2,9

Ich kenne deine Bedrängnis und deine Armut – du bist aber reich ...

O was hätten die Armen, wenn sie weise sein wollten zur Seligkeit, vor den Reichen voraus! Fürs erste schon das, daß es sie nicht so viel Kampf und Flehen und Gebet kostet, das Irdische zu verleugnen und ihren Geist von dem Eiteln zu entwöhnen, was bei den Reichen so schwer hält nach dem Worte des Herrn: »Denn es ist leichter, daß ein Kamel durch ein Nadelöhr gehe, als daß ein Reicher in das Reich Gottes komme«; fürs andere aber machen die Armen, wenn sie den Herrn zum Schirmvogt ihres Lebens erwählen, gar viele preiswürdige Erfahrungen der Treue, Barmherzigkeit und Durchhilfe ihres Gottes in Dingen, woran die Reichen meistens gar nicht denken. Anstatt aber ein Segen für die Menschen zu sein, ist die Armut meistens ein Fluch für sie; sie ist ja bei vielen der tägliche Zankapfel, ja, statt daß aus ihr Früchte hervorkeimen, welche den Menschen reich machen in Gott, geschieht es, daß der Hader mehr und mehr um sich greift, der unsterblichen Seele mehr und mehr Abbruch tut und lauter Todesfrüchte hervorbringt, die den Vorgeschmack der Hölle schon hier empfinden lassen. O wer doch weise würde zur Seligkeit!

O Jesu, verborgenes Leben der Seelen, du heimliche Zierde der inneren Welt, laß deinen verborgenen Weg uns erwählen, wenn gleich uns die Bürde des Kreuzes entstellt. Hier übel genennet und wenig erkennet, hier heimlich mit Christo im Vater gelebet, dort öffentlich mit ihm im Himmel geschwebet!

15. September: Offenbarung 2,10

Sei getreu bis an den Tod, so will ich dir die Krone des Lebens geben.

Es ist natürlich, daß dieses Wort niemand angeht als die, welche schon wahre Glieder am Leibe Christi geworden und mit dem Heiland in ein seliges Einverständnis, auf seine Versöhnung hin, getreten sind. Denn wenn ein Mensch treu bleiben soll, so muß er doch vorher mit dem, welchem er getreu bleiben soll, in ein Wechselverhältnis, in einen Bund getreten sein. So kann einem Soldaten erst dann zugemutet werden, seiner Fahne getreu zu sein bis in den Tod, wenn er sich vorher seinem Herrn und König zugesagt, und durch den Fahneneid vor Gott die Versicherung gegeben und die Verbindlichkeit über sich genommen hat, daß er bereit sei, Gut und Blut, Leib und Leben für seinen Fürsten zu wagen und hinzugeben. Erst wenn er dies getan, kann der Fürst ihm sagen: Sei mir getreu! So ist es auch im Verhältnis des Dienstboten zu seinem Herrn. Dieser kann vom Dienstboten nur dann Treue verlangen, wenn beide in eine gegenseitige Verbindung zueinander getreten sind. Ebenso setzt auch das Wörtlein: »Sei getreu!« etwas voraus, was zwischen dem Heiland und seinen Knechten vorangegangen sein muß, es setzt ein seliges Einverständnis, einen Bund, einen Liebesbund voraus, vermöge dessen sich der Mensch mit Leib, Seele und Geist, für Leben und Tod dem Heiland zum Eigentum verschrieben und zugesagt hat. So war es bei dem Bischof zu Smyrna. Dieser, wie die übrigen Bischöfe, an welche die sechs andern Sendschreiben gerichtet sind, hatten sich zu seiner Herde geschlagen, zu ihm sich bekannt, ihm den Fahneneid zu seinem Kreuze abgelegt; darum hatte der Herr sie zu Bischöfen eingesetzt in der Gemeinde, die er mit seinem Blute erkauft hat; darum behandelte er sie auch als seine Knechte, als sein Eigentum. Wer also dem Herrn Jesu sein Herz noch nicht geschenkt hat, der darf sich jene Worte nicht aneignen; ihn gehen andere Worte der Schrift an, zu ihm spricht der Herr nicht: Sei getreu bis an den Tod! sondern: Laß dich versöhnen mit Gott! (2. Kor 5,20) Oder: Du kannst nicht zwei Herren dienen! (Mt 6,24)

Oder: Komm zu mir, so will ich mich mit dir verloben in Ewigkeit, in Gerechtigkeit und Gericht! (Hos 2,21)

Nun bitten wir den Heiligen Geist um den rechten Glauben allermeist, daß er uns behüte an unserm Ende, wenn wir heimfahrn aus diesem Elende. Kyrieleis.

Du wertes Licht, gib uns deinen Schein, lehr uns Jesum Christ kennen allein, daß wir an ihm bleiben, dem treuen Heiland, der uns bracht hat zum rechten Vaterland. Kyrieleis.

16. September: Offenbarung 2,10

Sei getreu bis an den Tod, so will ich dir die Krone des Lebens geben.

Zwar ist unter dem Wörtlein: »Sei getreu!« nicht das zu verstehen, daß das Herz sich gar keine Abweichung vom Heiland mehr zuschulden kommen lassen dürfe, daß gar keine Sünde mehr vorkommen soll, auch keine Sünde in Gedanken, was ja unmöglich ist. Denn auch begnadigte Kinder Gottes bleiben immer noch Sünder; die Lust regt sich immer wieder in den sterblichen Gliedern, nur mit dem einzigen Unterschied, daß sie nicht mehr herrschen darf, sondern unter der Oberherrschaft des Geistes steht: Aber täglich gibt es noch Kampf und Streit, täglich bedarf man der Versöhnung für unsere Sünden, täglich der Reinigung und Abwaschung im Blute Christi, auch beim ernstlichsten Laufe nach dem himmlischen Kleinode. Nicht also *das* meint der Heiland, daß ein Mensch Gottes in sich ein Heiliger, flecken- und makellos sein sollte, daß, sobald er einen Fehler mache, auch die Treue gebrochen sei; sondern er will ihm sagen: Halte dich zu mir, weiche nicht von mir, bleibe bei mir, übergib dich fortan der Leitung meines

Geistes, laß dich von mir züchtigen zur Gerechtigkeit, arbeite für mich, lebe mit mir, leide mit mir, stirb mit mir, laß dich dein tägliches Elend immer mehr zu mir treiben; laß dich durch nichts mehr scheiden von meiner Liebe; und wenn auch hin und wieder Verstöße und Fehler vorkommen, so bleibe dennoch mein Knecht und bekenne meinen Namen bis in den Tod. So etwa redet der Heiland seinem Diener in diesen Worten zu: Aber schon manche haben dem Herrn diese Treue gelobt und sie dennoch nicht gehalten. O da hat schon mancher vieles um des Herrn willen geduldet, er ist wacker vorwärts geschritten, hat einen lebendigen Ernst bewiesen, ist nahe an das Ziel gekommen, und auf einmal ist ihm die Versuchung zu stark geworden, die Lust hat gereizt und gelockt, die Trübsalshitze hat schwer gedrückt, es hätte nur noch weniges bedurft zum Überwinden, einer neuen Übergabe des Herzens an Christum, einer neuen Kraft, die er hätte schöpfen dürfen aus dem Reichtum der Kraft Christi zum Aushalten bis ans Ende; aber er ist verlegen und müde, matt und schläfrig geworden, das Triebrad seines innern Lebens ist langsamer und immer langsamer gegangen und endlich gar still gestanden; er ist gestorben, zum zweiten Mal eines jämmerlichen geistlichen Todes gestorben.

Jesu hilf siegen, damit auch mein Wille dir, Herr, sei gänzlich zum Opfer geschenkt und ich mich stets in dein Wollen verhülle, wo sich die Seele zur Ruhe hin lenkt. Laß mich mir sterben und alle dem Meinen, daß ich mich zählen kann unter die Deinen.

17. September: Matthäus 18,2

Jesus rief ein Kind zu sich und stellte es mitten unter sie.

Wenn man etwas von der Zärtlichkeit der Liebe Jesu erkennen will, so sehe man nur an, was er über die Kinder sagt und mit den Kindern tut. Kann ein zärtlicher Vater seinem Kind einen bessern Empfehlungsbrief in die Welt hinaus mitgeben als den: Wer ein solches Kind aufnimmt in meinem Namen, der nimmt mich auf? Ja, so sind ihm die Kleinen ins Herz geschrieben, sie, die von uns Alten oft so unverantwortlich vernachlässigt werden, die wir so viel ärgern, indem wir unsre schlechten Händel vor ihnen erzählen, unsern Hochmut, irdischen Sinn, Geiz, unser neidisches, zanksüchtiges Herz vor ihnen entwickeln, sie, vor denen die ledigen Söhne und Töchter ihre unzüchtigen Lieder singen und ihre verfluchten höllischen Zoten reißen; sie hat der Heiland so lieb, daß er sie ganz als sein teures Eigentum behandelt, und alles das, was man ihnen tut, ansehen und vergelten will, als ihm getan. Aber nicht nur das, er will auch alles von ihnen entfernt wissen, was ihnen schaden könnte, und da verteidigt er sie, da stellt er sich zwischen das, was ihnen schaden könnte, und zwischen sie hinein wie ein Löwe, dessen Jungen ein Feind nahet, und spricht in großem Eifer: Wer aber ärgert dieser Geringsten einen, die an mich glauben, dem wäre besser, daß ein Mühlstein an seinen Hals gehängt und er ersäufet würde im Meer, da es am tiefsten ist. Ja er hat noch nicht genug, man soll sie auch nicht einmal verachten, man soll auch nicht einmal über sie hinwegsehen, weil sie so klein und kindisch seien, denn sie seien sein und er habe hohe erhabene Wächter für sie bestellt, die auf sie Achtung geben, sie seien ihm und dem Vater sehr ins Herz geschrieben, sie seien so hoch geachtet, daß ihre Engel zu den höchsten Geistern gehören (V. 10). Siehe da das zärtliche Herz Jesu. – Aber freilich auch die heilige Schärfe seiner Liebe kann uns aus dem, was er über die Kinder gesagt, klar werden. Denn er verlangt von uns, daß wir umkehren und werden wie sie; nur Kinder sollen ins Reich Gottes eingehen. Kinder aber sind keine Geizigen, keine Wollüstlinge, sie sind nicht hochmütig noch frech, Kinder sind einfältig gläubig, und wenn sie ein Versehen gemacht haben, so fliehen sie zum Vater und bekennen es ihm. Sind wir das? Und wie wollen wir uns mit unseren ungereinigten Herzen der Liebe Gottes getrösten?

Mutterliebe ist zu wenig, Vatersegen ist gering gegen das, was ich, o König, schon als Kind von dir empfing. Doch so war's dein Wohlgefallen, nimm mein Loben gnädig an, bis ich nach dem schwachen Lallen dort dir himmlisch singen kann.

18. September: Offenbarung 2,11

Wer überwindet, dem soll kein Leid geschehen von dem zweiten Tode.

O wie mag dieses Wort den Bischof zu Smyrna, als er zum Zeugentod verurteilt wurde, getröstet und erquickt haben. Er wußte ja wohl, daß, wenn er auch jetzt sein Leben dahingeben müsse, doch der andere Tod ihn nicht antasten dürfe. Es war keine Kleinigkeit, sein Leben also dahinmartern und schlachten zu lassen. Die natürliche Liebe zum Leben ist uns ja tief eingeprägt; wenn die Lebenskräfte sich in Krankheit nach und nach verzehren, so kann sie zwar abnehmen, aber den gesunden Leib unsäglichen Martern und Qualen mit geduldiger Lammesart preiszugeben, dazu war Kraft von oben und der Glaube nötig, der die Welt überwindet; da galt es auszuharren, um der Siegerkrone in der Herrlichkeit teilhaftig zu werden. Darum ließ es auch der Heiland nicht an Trostworten fehlen, an denen die ermatteten Seelen sich erquicken konnten in der

Stunde der Anfechtung und in der Glut der Trübsal. Dieser Verheißung nun, nämlich der Auferstehung im ewigen Leben, haben sich alle Zeugen Christi getröstet; im Blick auf jenen Auferstehungsmorgen haben schon jene sieben Jünglinge, die, wie die Geschichte erzählt (2. Makk 7), weil sie das Gesetz nicht brechen wollten, zu Tode gemartert wurden, ihren Peinigern geantwortet: »Du nimmst uns wohl das zeitliche Leben, aber der König der Welt wird uns, die wir um seiner Gesetze willen sterben, wiedererwecken in der Auferstehung zum ewigen Leben.« Und so haben auch alle Märtyrer im Blick auf die unvergängliche Krone, in der Hoffnung des ewigen Lebens ihre Häupter auf den Block gelegt, den Scheiterhaufen bestiegen und den Rachen der reißenden Tiere nicht gefürchtet. Alle haben überwunden durch des Lammes Blut und das Wort ihres Zeugnisses, und haben ihr Leben nicht lieb gehabt bis in den Tod, und des Wortes Christi gedacht: »Wer sein Leben verliert um meinetwillen, der wird's finden.«

Wenn Gott nach seinem Wort wird Babels Pracht entblößen und die Gefangenen von Zion wird erlösen, da werden wir einst sein gleich jenen Träumenden, die von dem Kerker weg zum neuen Salem gehn. Da wird dann unser Mund voll ungeglaubter Freud, die Zunge voller Ruhm nach überstandnem Leid.

19. September:

Epheser 2,3–5

... und waren Kinder des Zorns von Natur wie auch die andern. Aber Gott, der reich ist an Barmherzigkeit, hat in seiner großen Liebe, mit der er uns geliebt hat, auch uns, die wir tot waren in den Sünden, mit Christus lebendig gemacht...

Gott hätte das vollkommenste Recht dazu gehabt, uns untreue, abtrünnige Geschöpfe auf immer von seinem heiligen Angesichte zu entfernen: Denn wie häßlich müssen wir in Gottes Augen sein, wir sündige, verdorbene Geschöpfe in den Augen dessen, der lauter Licht ist und in dem keine Finsternis wohnet; der der allein Selige, allein Gewaltige, der Unvergängliche und allein Weise ist; vor dem die Seraphinen unaufhörlich lobpreisen und rufen: Heilig, heilig, heilig ist unser Gott, der Herr Zebaoth, alle Lande sind seiner Ehre voll! Ja, wenn er, der Allmächtige, uns nur einen einzigen Gnadenblick gönnen wollte, müßten wir nicht dadurch in unserem innersten Herzensgrunde beschämt werden, müßten wir nicht mit David ausrufen: Was ist der Mensch, daß du seiner gedenkst und des Menschen Kind, daß du dich sein annimmst? Ja, in der Tat groß wäre schon die Gnade, wenn er uns eines einzigen Blickes würdigen wollte! Nun aber hat er keinen Ekel an uns gefaßt, hat uns nicht verstoßen in die ewige Finsternis, da wir es doch verdient hätten, nein, nur Barmherzigkeit und Gnade hat er vorwalten lassen; durch die ganze Zeit des alten Bundes herauf hat er sich mit rührender Geduld und Treue der törichten und blinden Menschen angenommen, hat sich zu ihrer Schwachheit herabgelassen, hat sie im Elende getröstet, im Leiden erquickt, hat sie väterlich und mehr als väterlich gezüchtigt und gestraft und unaussprechliche Mühe mit ihnen gehabt. Alle Schriften des alten Bundes zeugen von dieser Herablassung des ewigen Gottes zu den sündigen Menschen. Das war ihm aber noch nicht genug. Als die Zeit erfüllet war, hat er seinen Sohn, seinen eingebornen Sohn, das Liebste, das er hatte, den Abglanz seiner Herrlichkeit, das Ebenbild seines Wesens herniedergesandt in der Gestalt des sündlichen Fleisches, hat ihn in unsere Menschheit eingepflanzt, hat ihn allen Leiden und Mühseligkeiten dieses Lebens ausgesetzt, hat ihn zuletzt erwürgen und am Kreuze verschmachten lassen, damit wir elende, an Leib und Seele zu Grund gerichtete, unter dem Fluch liegende Geschöpfe erlöset würden von der Knechtschaft der Sünde, des Todes, des Teufels und der Hölle.

Das hat er alles uns getan, sein große Lieb zu zeigen an; des freu sich alle Christenheit, und dank ihm des in Ewigkeit! Halleluja.

20. September: Lukas 9,28

Und es begab sich, etwa acht Tage nach diesen Reden, daß er mit sich nahm Petrus, Johannes und Jakobus und ging auf einen Berg, um zu beten.

Der Heiland zog sich also da zurück von allem Geräusche der Welt, um sich mit seinem himmlischen Vater allein oder in Gegenwart weniger Vertrauter zu unterhalten. Er hatte so viel zu tragen, so viele Versuchungen drangen auf ihn ein, da mußte er jedesmal wieder Kräfte von oben sammeln durch anhaltendes eifriges Gebet, damit er sich als das Lamm Gottes rein erhalten könnte von aller Sünde. Auch diese Gebete des Herrn gereichten zu unsrem Besten. Denn da legte er wohl seinem himmlischen Vater sich selber, seine Schicksale, seinen Gang durch dies Leben, seine letzten Leiden, seinen Tod, seine Auferstehung, die Seinigen, das Wohl seines ganzen Reichs, das er auf Erden gründete und aller derjenigen, die zu diesem Reiche jemals gehören werden, dieses alles legte er wohl seinem Vater recht kindlich an das Herz. O wenn wir daran denken, wie unser Heiland, der doch keine Sünde hatte, so eifrig und so emsig war in seinem Gebet und sich oft ganze Nächte hindurch keinen Schlaf in seine Augen kommen ließ, nur um zu beten und sich in der Kraft Gottes zu erhalten, wenn wir dagegen betrachten, wie kalt und faul wir manchmal zum Gebete sind, wir, die wir es doch tausendmal nötiger hätten als der Heilige und Wahrhaftige, wir, die wir in Sünden empfangen und geboren sind, alle Lust und allen Antrieb zur Sünde in diesem Leibe des Todes beständig mit uns herumtragen, müssen wir uns da nicht schämen, sollte es da nicht zum Entschluß in unserm Innern kommen, auch in der Pflicht des Gebets hinfort immer mehr Eifer und Treue zu beweisen mit Gottes Hilfe?

O wachsamer Jesu ohne Schlummer, in großer Arbeit, Müh und Kummer bist du gewesen Tag und Nacht. Du mußtest täglich viel ausstehen, des Nachts lagst du vor Gott mit Flehen, du hast gebetet und gewacht; gib mir auch Wachsamkeit, daß ich zu dir allzeit wach und bete. Jesu, hilf du, hilf mir dazu, daß ich stets wachsam sei wie du! Amen.

21. September: Lukas 9,29

Und als er betete, wurde das Aussehen seines Angesichts anders, und sein Gewand wurde weiß und glänzte.

Während der Heiland betete, da ward er also verkläret vor seinen Jüngern, und sein Angesicht leuchtete wie die Sonne, und seine Kleider wurden weiß als ein Licht, wie der Schnee, daß kein Färber sie kann so weiß machen. Welch ein außerordentlicher Anblick mag das gewesen sein! Das Sterbliche am Heiland ward noch vor seinem Tod da verschlungen von dem göttlichen Leben, das in ihm war, ja selbst durch seine Kleider hindurch drang der Strahl der göttlichen Herrlichkeit voll Gnade und Wahrheit, daß er in himmlischem Glanz sich den Augen seiner

Jünger darstellte. Und dabei war sein Anblick nicht entsetzlich, wie 60 Jahre später, als seinem Brustjünger Johannes jene hohe Offenbarung auf Patmos zuteil wurde, welchen Anblick Johannes nicht ertragen konnte, sondern fiel zu seinen Füßen als ein Toter, bis der Herr selbst seine Hand auf ihn legte und zu ihm sprach: »Fürchte dich nicht!« Hier war die Gestalt des Herrn nicht schrecklich. Er war noch der Menschensohn, der sich seiner armen Menschheit nicht schämte, sondern sich allen menschlichen Schwachheiten unterzog, der in Niedrigkeit und wahrer Herzensdemut umherging, zu heilen und selig zu machen, die Gefangenen zu erlösen und zu predigen ein angenehmes Jahr des Herrn, der noch unter Sündern lebte und die Sünder zu sich einlud und sich als den sanftmütigsten, als den barmherzigsten Menschenfreund bewies. Darum zeigte er sich in lieblicher, nicht in Furcht und Schrecken erregender himmlischer Gestalt. Himmlisches Licht glänzte aus ihm heraus. Da war nichts als Klarheit und Lieblichkeit, Ströme des lebendigen Wassers entquollen seinem Körper, und wer vermag seine Herrlichkeit genugsam zu beschreiben? Der Evangelist Markus gesteht selber, daß kein Färber, kein Maler also weiß färben kann, als die Kleider des Heilands glänzten, und dies ist wohl auch zu glauben, man hat solche Farben nicht auf Erden, sondern im Himmel. Ein himmlisches Lichtmeer umfloß den Menschensohn und versetzte ihn in das himmlische Wesen. Siehe Sünder, das ist dein Heiland, dessen darfst du dich rühmen, diesen so majestätischen und doch so liebreichen und lieblichen König darfst du deinen Erlöser nennen. Welch unbeschreibliche Ehre widerfähret uns armen Kreaturen! O heiliger Geist, Geist der Wahrheit, des Lichts und der Herrlichkeit, verkläre in uns unsern Jesus! Wir sind gänzlich tot für seine große, göttliche Majestät und Herrlichkeit, so du nicht dein Licht anzündest in uns und den Morgenstern in unsern Herzen aufgehen lässest. Laß ihn aufgehen, wir bitten dich, laß ihn aufgehen in den Herzen derer, die noch in der Finsternis ihrer eigenen Bosheit und ihrer eignen Lust sitzen! Laß ihn aber auch immer heller aufgehen in denjenigen, in welchen er schon scheint, damit Jesus unser getreuer Heiland verklärt werde in uns und durch uns, bis wir seine Klarheit schauen in ewigem Lichte! Amen.

22. September: Psalm 50,21

Das tust du, und ich schweige; da meinst du, ich sei so wie du. Aber ich will dich zurechtweisen und es dir vor Augen stellen.

Unsere, wie sie meint, aufgeklärte Christenheit leugnet diese Wahrheiten in unsern Tagen. Man spricht viel von einem guten Vater, der so gutmütig sei, daß er seinen ungezogenen und mißratenen Söhnen kein finsteres Gesicht machen könne, der aus sich machen lasse, was seine boshaftigen Buben nur wollen; man spricht auch viel von gutgearteten Kindern, die freilich ihre Schwachheiten an sich haben, mit welchen sie es indessen nicht so genau zu nehmen brauchen, weil der herzgute Vater es nicht so genau damit nimmt; man muß, wenn man die Neueren hört, darüber erstaunen, was die gebornen Sünder und Kinder des Zorns und des Teufels für eine Liebe zu Gott haben, in welch gutem Einverständnis sie mit ihm leben müssen. Alle diese Lügen sind nichts als Versuche, welche die Kinder der Verdammnis anstellen, um die inwendige Angst ihrer Seele und das laute Schreien nach Erlösung und nach Vergebung der Sünden, das in jedem Menschen ist, er mag's glauben oder nicht, zum Schweigen zu bringen, um die Stimme der Wahrheit im Herzen zu übertäuben. Und das nennen sie Weisheit. Aber überfirnisset nur euer Inwendiges; leget nur eure, wie ihr meinet, heilenden Pflaster auf euren bösen Schaden; stellet euch nur, wenn ihr diese Pflaster aufgelegt habt, wie wenn ihr rein und gesund wäret; fahret fort in eurem Wahne, so lange ihr könnet; siehe, es kommt ein Tag, ein Tag der Wahrheit, ein Tag der Offenbarung, da wird die Schminke herunterstäuben von eurem Totengesichte und ihr werdet offenbar werden als das, was ihr seid, als Leute des Verderbens, als Verfluchte, die dem andern Tode verfallen sind.

Der Untergang der ersten Welt, die aus der Art geschlagen, das Feuer, das auf Sodom fällt, Ägyptens lange Plagen und andre Wunder deiner Macht bezeugen, wenn dein Zorn erwacht, wie du nach Werken lohnest.

Und weil vor dir, gerechter Gott, kein Sünder kann bestehen, der nicht des Mittlers Blut und Tod zum Schild sich ausersehen: So gib mir die Gerechtigkeit, die mich von deinem Zorn befreit, durch sein Verdienst zu eigen.

23. September: Psalm 14,3/Römer 3,12

Aber sie sind alle abgewichen und allesamt verdorben; da ist keiner, der Gutes tut, auch nicht einer.

Wenn ich die Welt ansehe und achte auf ihr gewöhnliches Treiben und Tun und sehe ihre Eitelkeit, Pracht, Wollust und Hoffart und daß sie nicht nach Gott fragt, sondern nur ihren bösen Fleischeswillen zu vollbringen sucht; dann wird es mir klar und deutlich, wie schrecklich die Macht der Sünde ist, wie sehr wir entfremdet sind von dem lebendigen Gott. Tod und Finsternis wohnet in uns, solange wir natürliche Menschen bleiben; und was das

Schlimmste ist, wir wissen nicht einmal, wie sehr wir der Finsternis anheimgefallen und in die Ketten des Teufels verstrickt sind, bis ein Funke des göttlichen Lichtes in unsere toten Herzen fällt und uns die Schlangenbrut, die darin verborgen ist, recht beleuchtet und vor Augen stellt. Denn dieser geistliche Tod und diese geistliche Finsternis wird nur demjenigen, der sein eigenes Herz und Gewissen von dem Lichte Gottes durchsuchen läßt, recht klar und augenscheinlich. O welche Abgründe der Sünde, welche höllischen Gedanken und Begierden, welche durch und durch verdorbene Sinnesart muß eine Seele in sich finden, die sich vor dem Angesichte Gottes gewissenhaft erforscht! Wie wird ihr da ihr Elend, ihre Sündhaftigkeit, Verdorbenheit, Nichtswürdigkeit ins Licht gestellt! Da kann man nimmer an der menschlichen Verdorbenheit zweifeln, kann nimmer sein schreckliches Elend mit dem Troste eigener, wenn auch nur heimlicher Gerechtigkeiten zudecken; da muß man dastehen als ein elender, nichtswürdiger, gottloser, verfluchter Sünder, muß bekennen und sagen: »Schau her, hier steh' ich Armer, der Zorn verdienet hat!« Ist aber schon das Elend groß, in welches wir durch die Sünde versunken sind, so wird es noch größer durch die Sehnsucht nach etwas Besserem und Höherem, durch das Verlangen nach dem lebendigen Gott, das bei aller Sünde doch in unseren Herzen verborgen liegt. Es mag einer noch so verdorben und verwildert sein – im innersten Grund seiner Seele liegt doch ein göttlicher Funke, dem das Vergängliche nicht genügt, weil er sich nach dem Unvergänglichen sehnet und strebet, der ihn beständig anmahnet und erinnert, Ruhe und Frieden zu suchen beim lebendigen Gott. Da steht nun der Mensch zwischen zwei verschiedenen Welten und Kräften; – der Geist, der zur Unsterblichkeit geschaffen ist, ziehet ihn himmelwärts und heißt ihn nach der Vereinigung mit seinem Schöpfer ringen; das Fleisch aber, welches gelüstet wider den Geist, sucht ihn an diese Erde zu fesseln und lockt und reizt ihn zur Sünde. O wie unglücklich wäre der Mensch, wenn ihm nicht Heil und Rettung angeboten wäre in Christo Jesu!

Ja auch ich bin arm und bloß, o du großer Menschenhüter! Nimm mich auf in deinen Schoß, schenke mir des Himmels Güter! Schau ich lieg in meinem Blut, nimm mich auf, o höchstes Gut!

24. September: Galater 3,1

... denen doch Jesus Christus vor die Augen gemalt war ...

Wie soll man ihn beschreiben? Soll man in den Himmel hinauffahren und Christum herabholen? Soll man seine unaussprechliche Macht und Majestät, soll man den unermeßlichen Umfang seines Königreichs und seiner Herrschaft, soll man seine Schöpfersmacht und Herrlichkeit, und wie er sitzet über Cherubim zur Rechten Gottes, beschreiben? – Oder sollen wir hinab in die Tiefe fahren und ihn von den Toten holen und den Seelen zeigen, wie er nun alles in allem erfüllet; soll man sein Richteramt, und wie er alles an das Licht bringen wird, was im Finstern verborgen ist, wie er den Rat der Herzen offenbaren wird und wie vor ihm alle Welt wird erscheinen müssen und ihn sehen werden alle Augen und die ihn gestochen haben, soll man ihn mit großer Kraft und Herrlichkeit wiederkommend in den Wolken des Himmels beschreiben? Allerdings muß man das auch von ihm sagen; auch Johannes zeugete von seiner Gottesmajestät; auch die Apostel haben mit großer Freudigkeit davon gezeuget. Aber dieses sind doch nicht seine Haupteigenschaften, welche die

Apostel herauszuheben pflegen, wenn sie die Seelen zu seiner Gemeinschaft reizen und locken wollen. Johannes, der Täufer, sagt es uns deutlich, wie man ihn beschreiben müsse, nämlich als das *Lamm Gottes*, als das Versöhnungslamm, das große Passalamm, das unbefleckte Lamm Gottes, das für die Sünden der Welt geopfert ist. Der Heiland hat nach seiner Auferstehung seinen Jüngern selbst die Art und Weise in den Mund gelegt, wie sie von ihm zeugen und predigen sollten, nämlich: »..., daß Christus leiden wird« – sagte er – »und auferstehen von den Toten am dritten Tage; und daß gepredigt wird in seinem Namen Buße zur Vergebung der Sünden unter allen Völkern.« (Lk 24,46.47). Diese Art haben auch die Apostel überall beobachtet; sie predigten von Christo, dem Gekreuzigten und Auferstandenen; sie verkündigten, daß es eine Liebe gebe, die uns zuerst und bis zum Tod am Kreuze geliebt habe; und Paulus spricht: »Es sei aber fern von mir, mich zu rühmen als allein des Kreuzes unseres Herrn Jesus Christus, durch den mir die Welt gekreuzigt ist und ich der Welt.«

Drum Seele geh auf Golgatha, setz dich unter Jesu Kreuze, und bedenke, was dich da für ein Trieb zur Buße reize; willst du unempfindlich sein, so bist du hart wie Stein!

25. September: Lukas 2,51

Und er ging mit ihnen hinab und kam nach Nazareth und war ihnen untertan.

Das ganze Leben des Heilandes ist groß und anbetungswürdig, aber ich muß sagen: Das ist eine seiner größten Taten, die ich mir denken kann, daß er bis in sein dreißigstes Jahr keine besondere Taten getan hat, sondern stille und ruhig geblieben ist. Dazu gehörte ein Maß von Geduld und Ergebung in den Willen seines Vaters und von kindlichem Gehorsam, das wir uns gar nicht vorstellen können. Was soll es aber uns lehren? Das soll es uns lehren, daß es keinen Beruf auf Erden gibt, der sich nicht mit einem wahren Christenleben vertrüge, es sei denn man habe den Beruf eines Diebes oder Räubers oder Mörders oder einen andern erwählt, wozu der Teufel beruft und lockt. So gut der Heiland, der eingeborne Sohn Gottes bis in sein dreißigstes Jahr dem Beruf eines Zimmermanns nachgehen konnte, so gut können auch wir, mag uns nun Gott einen Beruf zugewiesen haben, welchen er will, in diesem Beruf Christen, Nachfolger des Heilandes sein und bleiben. Es will sich oft der eine oder andere damit entschuldigen, er habe eine so schwere Berufsarbeit, er könne sich nicht so sehr auf geistliche Dinge legen. Ei der möge doch in die Zimmermannshütte hineinsehen, in welcher der Sohn Gottes arbeitet, und sich fragen, ob er sich werde vor Gott entschuldigen können, der seinen Sohn 30 Jahre lang alle Lasten des gewöhnlichen Lebens hat tragen lassen. – Andere glauben, wenn sie zu einem wahrhaftigen geistlichen Leben durch den Geist Gottes aufgeweckt worden, jetzt können sie nimmer in ihrem bisherigen Beruf bleiben, er sei zu geräuschvoll, sie kämen dadurch zu sehr in den Verkehr mit andern Menschen usf. Mein lieber Mensch, in dem, wozu dich Gott verordnet hat, da bleibe, und ist das Leben dir zu geräuschvoll, so lasse es dich antreiben, desto mehr in dich selbst einzukehren und den verborgenen Menschen des Herzens unverrückt und im Stillen unter allem Geräusche der Welt zu nähren und zu pflegen. Auf den Beruf und die treue Verwaltung desselben hat Gott einen besondern Segen gelegt, denn wer im Geringen treu ist, den kann er über viel setzen, wer aber im Geringen untreu ist, der ist auch im Großen untreu.

Die Hände Jesu segnen mich, sein Priesterherz nahm mich auf sich! Sein Beten und sein Arbeitsschweiß begleit mich auf der Lebensreis.

So wirk ich im getreuen Sinn, und lieb und glaub mich zu ihm hin, und dien in meines Herren Haus, und geh im Segen ein und aus.

Da ist die Arbeit ohne Müh, die Wegfahrt ohne müde Knie, der Segen von der Jesuskraft, die selber alles in mir schafft.

26. September: Johannes 4,48.50

Und Jesus sprach zu ihm: Wenn ihr nicht Zeichen und Wunder seht, so glaubt ihr nicht. – Geh hin, dein Sohn lebt! Der Mensch glaubte dem Wort, das Jesus zu ihm sagte, und ging hin.

Es gibt mancherlei Vorurteile und falsche Begriffe, welche den Erweckten den Weg zur Gnade verschließen. Eine solche falsche Vorstellung, die häufig diesem Übelstande zugrunde liegt, ist die, daß man meint und sich beredet: *Die Erfahrung müsse dem Glauben vorangehen,* da doch der gewöhnliche Weg Gottes gerade umgekehrt ist. Gott sagt: Zuerst glaube, dann wirst du erfahren! Der eigensinnige Mensch aber sagt: Nein! Ich will nicht glauben, bis ich vorher erfahren habe. So hat es Thomas gemacht, und so weit kann es überhaupt die Vernunft bringen; was ich einmal erfahren und gesehen habe, das will ich glauben: So liegt es in unserer Vernunft. Dieser für das Reich Gottes untaugliche Schluß, der ohnehin fest genug in allen Menschen sitzt, wird oft noch von außen her befestigt. Da kommt einer daher und erzählt, wie es ihm ergangen sei bei seiner Begnadigung; wie er vorher in große Finsternis, in eine Art Hölle hineingeführt worden sei; wie er beinahe verzweifelt sei; wie dann das Licht auf einmal bei dieser oder jener Gelegenheit in seinem Herzen aufgegangen sei. Er setzt nicht hinzu, wie er nach und nach mitten in seiner Finsternis zum Glauben, und durch den Glauben zum Anbruch des Tages in seinem Herzen vorbereitet worden ist; er kann dies vielleicht auch nicht auseinander wickeln und entziffern, weil, was in des Herzens Grund von Gott gewirkt wird, oft nicht in die äußere Wahrnehmung fällt; er sagt nur, wie aus der Finsternis das Licht ihm aufgegangen sei und wie er dann habe glauben können, was ihm vorher unmöglich gewesen sei. Neben diesem Erzähler sitzt eine redliche Seele, hört zu, erschrickt und denkt: So etwas hast du noch nie erfahren, und faßt den festen Entschluß bei sich selbst: Ehe du eine solche Buße und fühlbare Begnadigung erfährst, kannst und willst du nicht glauben, daß du Frieden mit Gott habest durch Jesum Christ. Aber dieser Schluß ist falsch. Es ist ja gewiß, daß manche auf jenem beschriebenen Wege und durch solche fühlbare und plötzliche Begnadigungen geführt werden; allein mußt du deshalb ebenso geführt werden? Bläset nicht der Wind wie und wo er will? Hat die Weisheit Gottes nicht die verschiedensten Wege, auf welchen sie ihre Kinder zur Herrlichkeit führen kann?

Wenn ich bei meinem Fehlen mich fast zu glauben scheu, mach mir in meiner Seelen die Glaubensgründe neu; des Geistes Gnadentriebe, des Sohnes Blut und Liebe, des Vaters ewge Treu.

Wenn ich auch oft nichts fühle von froher Zuversicht, entzieh nur bis zum Ziele mir deine Gnade nicht! Gib mir nur ein Verlangen, an dem doch fest zu hangen, was mir dein Wort verspricht.

27. September: Psalm 148,1.2

Halleluja! Lobet im Himmel den Herrn, lobet ihn in der Höhe! Lobet ihn, alle seine Engel, lobet ihn, all sein Heer!

Ja, in den höchsten Höhen wird ihm allezeit Ehre gegeben; die tausendmal Tausend, die um seinen Thron sind, die heiligen Engel und Geister, sie hören nicht auf, den, der da ist und der da war und der da kommt, zu verherrlichen und zu preisen. »Heilig, heilig, heilig ist Gott, der Herr Zebaoth!« so tönts in den höchsten Höhen. Sie preisen ihn, wenn sie sein Angesicht sehen, und die ewige Gottesmajestät und Klarheit, die ihn umgibt, anbetend erblicken, wenn sie in die Abgründe seiner Gottesvollkommenheiten hineinschauen; sie preisen ihn aber auch über seinen Werken, über der Schöpfung und Erhaltung der Welt; darüber loben ihn die Morgensterne und alle Kinder Gottes. Auch hier unten auf Erden dient und muß alles dienen zur Verherrlichung und zur Ehre des Schöpfers. Die unvernünftige Kreatur preist ihn, ohne daß sie es weiß; der Vogel, der auf dem Zweige sitzt und sein Morgenlied anstimmt, preist den, der ihn gemacht und erhalten hat und ihm sein tägliches Futter gibt; eine jede Kreatur ist ein Lobpsalm auf den, der sie gemacht hat; der Grashalm, der auf dem Boden wächst ohne Menschenhilfe, die Blume auf der Wiese, über welche wir im Sommer und Frühling hinschreiten, ohne sie zu bemerken, der Regentropfen, der vom Himmel fällt, alles predigt die Ehre Gottes. Alle Kreatur, die vom Himmel ist, auf Erden und unter der Erden und im Meer, und alles, was darinnen ist (Offb 5,13), alle Lande, alle Welt, die sichtbare und die unsichtbare, vom höchsten Himmel herunter bis auf den Wurm, der im Staube kriecht, alles ist seiner Ehre voll; alles Geschaffene ist nur eine einzige große Harmonie, ein einziges großes Loblied auf den Schöpfer, und dieses Loblied heißt: »Ehre sei Gott in den höchsten Höhen!«

Halleluja singe, wer den Herrn erkennet und in Christo Vater nennet! Halleluja singe, welcher Christum liebet, ihm von Herzen sich ergibet! Welch ein Heil ist dein Teil! Einst wirst du dort oben ohne Sünd ihn loben.

28. September: Matthäus 13,28

Da sprachen die Knechte: Willst du denn, daß wir hingehen und es ausjäten?

So ist es schon manchen rechtschaffenen Knechten des Herrn ergangen. Sie wußten nicht zurecht zu kommen, warum doch in der Kirche so viel Böses sei, sie drangen auf Reinheit und wollten die Bösen ausrotten. Aber das stehet uns nicht zu. Wenn wir dies Geschäfte unternehmen wollten, so würden wir gewiß viel guten Samen mit ausjäten! Dazu gehören höhere Augen, die auf den Herzensgrund, auf das Innere hinsehen können. Und was ist denn ein jeder vorher gewesen, ehe er ein guter Same wurde? Unkraut sind wir alle von Natur, ein Same des Teufels sind alle, die sich noch nicht durch das Wort der Wahrheit zur göttlichen Würde umbilden ließen. Darum sollen die, welche sehen, daß sie zum guten Samen gehören, in großer Demut erkennen, daß was sie sind, sie nur durch Gottes Gnade sind und sollen die Welt nicht sowohl ausrotten wollen in übertriebenem Eifer, sondern sollen Mitleiden haben mit denen, welche noch die Welt lieb haben und sollen für sie beten. Wer es recht lebhaft anerkennt, was der Heiland für ihn und an ihm getan, daß er ihn zu Gnaden angenommen, der ein Höllenbrand gewesen war, der wird wohl auch Mitleiden haben können mit seinem Bruder, welcher noch in des Teufels Stricken gefangen ist und wird nicht sogleich zufahren mit Feuer und Schwert, die Bösen auszurotten. Die Liebe duldet alles, sie hoffet alles. Wer das, was ihm widerfahren ist von Gott, daß er nämlich eingeschrieben wurde in die Zahl der Kinder Gottes, für lauter Erbarmung ansehen gelernt hat, dem wird es nicht schwer werden, sich über seinen Mitmenschen, ob er wohl noch ein arges Unkraut sein sollte, auch zu erbarmen. Wir sind freilich schwache Menschen und können uns ohne höhere Kraft von oben nicht wahrhaftig über unsern Nächsten erbarmen, darum hat man immer zu beten:

Gib auch mir Mitleid und Erbarmen bei meiner armen Brüder Not! Lehr Jesu mich den Feind umarmen, du starbst für ihn der Liebe Tod. Dein Blut für alle Sünder schreit: Barmherzigkeit! Barmherzigkeit!

29. September: Matthäus 13,29.30

Er sprach: Nein! damit ihr nicht zugleich den Weizen mit ausrauft, wenn ihr das Unkraut ausjätet. Laßt beides miteinander wachsen bis zur Ernte; und um die Erntezeit will ich zu den Schnittern sagen: Sammelt zuerst das Unkraut und bindet es in Bündel, damit man es verbrenne; aber den Weizen sammelt mir in meine Scheune.

Das ist also ein weiterer Grund, warum das Unkraut nicht verderbet wird. Es könnte der gute Same zugleich ausgejätet werden. Sehet da die zärtliche Sorgfalt des himmlischen Vaters für die Seinigen. Die Menschen nehmen oft ihre Sachen so überhaupt und obenhin, aber Gott sorget für das kleinste Weizenkörnlein, für den kleinsten Samen, der in ein Herz gefallen ist. Da lässet er lieber viel tausend Unkrautstengel stehen, als daß er einem einzigen Sämlein möchte wehe tun und ihm zu nahe treten. So fromm ist mein Hort und ist kein Unrecht an ihm. Und da wird es also wahr, daß die Welt es den Christen zu danken hat, daß sie noch steht, weil Gott um ihretwillen doch schont: Sie bleiben unmächtig und schützen die Welt, wie der Herr ja um zehn Gerechter willen auch Sodom verschont hätte. – Zuletzt aber hat freilich die Geduld des Herrn ein Ende, wenn er alles versucht hat, Menschen zur Besinnung zu bringen und sie bald durch Lieben, bald durch Leiden zur Anerkennung seiner Barmherzigkeit zu führen, und sie wollen doch seiner Stimme nicht gehorchen und bleiben auf ihrem verstockten Sinn, dann bricht der Tag der Rache an, und es wird schnell alles Unnütze ausgeräumt und in den Feuerofen geworfen zum ewigen Feuer. Ein schreckliches Ende! Doch wird er die Seinigen in seine Scheune sammeln, daß sie leuchten wie die Sonne in ihres Vaters Reich.

Wenn Christus, ihr Leben, wird offenbar werden, wenn er sich einst, wie er ist, öffentlich stellt, so werden sie mit ihm als Götter der Erden auch herrlich erscheinen zum Wunder der Welt. Sie werden regieren und ewig florieren, den Himmel als prächtige Lichter auszieren, da wird man die Freude gar offenbar spüren.

O ewige Weisheit! Schenke uns nur Weisheit, schenke uns erleuchtete Augen unsers Verständnisses, damit wir dein Wort, das du uns zur Leuchte gegeben hast, bei unserer angeborenen Blindheit immer mehr verstehen und dich über deiner großen Liebe zu uns Sündern immer mehr preisen lernen! Amen!

30. September: 1. Petrus 5,8

Seid nüchtern und wacht; denn euer Widersacher, der Teufel, geht umher wie ein brüllender Löwe und sucht, wen er verschlinge.

Es ist dem Teufel nicht genug, selbst elend zu sein; er hat daran eine höllische Freude, wenn er andere Geschöpfe abwenden kann von dem lebendigen Gott und sie seines eignen Elends teilhaftig machen. Darauf arbeitet er hin, daß er alles verderbe und verführe, Finsternis so viel als möglich verbreite und dem allmächtigen Gott widerstrebe. Das war sein Plan bei seinem Abfalle, und in diesem törichten Plane beharrt er noch jetzt, ja er verstocket sich immer mehr in demselben, weil er weiß, daß die Jahre seiner Freiheit sich zu Ende neigen und daß das Gericht, das über ihn ergehen soll, nahe vor der Tür ist. Denn das Lamm Gottes wird sich, wenn die Zeit erfüllet ist, als der Überwinder des Teufels, als der wahrhaftige Schlangentreter zeigen. Darum gehet jetzt der Teufel umher wie ein brüllender Löwe und sucht, welchen er verschlinge. Darum ist sein Zorn besonders jetzt so groß, seine Versuchungen besonders jetzt so gefährlich, darum ist es besonders jetzt nötig, aufmerksam zu machen auf seine List und Bosheit in dieser ungläubigen Zeit, in welcher er herrscht, die Seelen zu warnen, daß sie nicht in seine Netze fallen, die er einmal gestellt hat. Wir haben nicht allein mit Fleisch und Blut zu kämpfen, das wäre noch leichter zu überwinden, sondern mit den Fürsten und Gewaltigen, nämlich mit den Herren der Welt, die in der Finsternis dieser Welt herrschen, mit den bösen Geistern unter dem Himmel und besonders mit dem bösesten aller Geister, dem Teufel. Ja,

Gott der Vater wohn uns bei und laß uns nicht verderben, mach uns aller Sünden frei und helf uns selig sterben.

Vor dem Teufel uns bewahr, halt uns bei festem Glauben, und auf dich laß uns bauen, aus Herzensgrund vertrauen, dir uns lassen ganz und gar, mit allen rechten Christen entfliehn des Teufels Listen, mit Waffen Gotts uns fristen. Amen, Amen, das sei wahr, so singen wir Halleluja.

1. Oktober:

Matthäus 7,21

> **Es werden nicht alle, die zu mir sagen: Herr, Herr!, in das Himmelreich kommen, sondern die den Willen tun meines Vaters im Himmel.**

Nicht wahr? Wenn es mit dem oberflächlichen Beifall, den man der Sache gibt, ausgerichtet wäre; oder wenn es genug wäre, das Wort zu hören und dann zu sagen: Das ist eine rechte Predigt gewesen; oder wenn es damit ausgerichtet wäre, daß man zusammensitzt und vom Christentum redet; oder auch, wenn das Christentum darin bestünde, daß man eine richtige Erkenntnis der Heilswahrheit erlangt – nicht wahr, dann wären die meisten unter uns auf dem Wege der Seligkeit? Aber, obgleich alle diese Dinge gut sind, so glaubet doch nur nicht, daß damit die Sache abgetan sei; da würdet ihr euch elend betrügen.

Grund muß erst gegraben werden, eh man Türme bauen mag, und das Korn muß in die Erden, eher kommt kein Erntetag.

Ich bitte daher um Jesu willen ein jegliches, dem Gott einigen Willen ins Herz gegeben hat, ein anderer Mensch zu werden, daß es doch diese große Sache nicht leichtsinnig ansehen, sondern sich möchte seinen verlorenen und unseligen Herzenszustand aufdecken lassen durch den heiligen Geist, daß es zu dem Ende möchte doch recht angelegentlich um den heiligen Geist beten. Der Heiland hat gesagt: »Wenn nun ihr, die ihr doch böse seid, dennoch euren Kindern gute Gaben geben könnt, wieviel mehr wird euer Vater im Himmel Gutes geben denen, die ihn bitten!« Wir wollen ihn an diesem Worte fassen: Auf dieses Wort hin wollen wir es tun. Glaubet sicherlich, das Schwatzen vom Christentum macht die Sache nicht aus; im Gegenteil, wenn sich ein Mensch hierauf legt, so wird er nach und nach reif zum höllischen Feuer, mehr denn andere. Ein Nachfolger des Heilandes sagte einmal, er wüßte sich keinen größeren Schmerz, keine größere Schmach, die Gott über ihn kommen lassen könnte, zu denken (er bitte daher inständig um Abwendung derselbigen), als wenn er ohne Gnade, ohne Kraft und Salbung vom Heiland schwatzen lernte. Er sagt in seiner derben, altertümlichen Sprache:

Ich meine, Jesum Christum nennen, und seinem Herzen ferne sein, sich selber nicht im Grunde kennen, und also nicht um Gnade schrein, und weil sichs Fleisch und Blut kommode und niemals gerne sauer macht, ein Christentum auf seine Mode zu führen, wie's die Welt erdacht.

2. Oktober: Matthäus 16,6

Jesus aber sprach zu ihnen: Seht zu und hütet euch vor dem Sauerteig der Pharisäer und Sadduzäer!

Die *Sadduzäer* waren gebildete Weltleute, Leute, die ihre eigene Religion hatten, die Volksreligion für Aberglauben hielten und sich weit über den Pöbel hinaufdachten mit ihren aufgeklärten Religionsansichten. Weil der fleischliche Mensch, dessen Trieb auf das Sichtbare geht, keine Freude am Unsichtbaren hat und der Gedanke an eine Geisterwelt und Ewigkeit mit einem unheimlichen Gefühl für ihn verbunden ist, so hatten es sich die Sadduzäer bequem gemacht. Sie entfernten aus ihrer selbstgemachten Religion alles, was nur von ferne an eine unsichtbare Welt erinnerte; sie glaubten keinen Engel, noch Geist, keine Auferstehung der Toten, vielleicht nicht einmal eine Unsterblichkeit der Seele. – Dies alles hatte viel zu sehr die Gestalt des Aberglaubens, oder konnte dazu Anlaß geben. Sie scheinen den Grundsatz gehabt zu haben, der auch in unsern Tagen den sogenannten aufgeklärten Religionsansichten auf eine offenbarere oder verstecktere Weise zugrunde liegt, daß nichts zu glauben sei, was nicht in die fünf Sinne falle. Diesen aus dem Fleische, aus tiefer Blindheit des Herzens und aus den gröbsten sinnlichsten Begriffen entsprungenen Wahn nannten sie Weisheit, Aufklärung, geistigere Religionsansicht. Dabei suchten sie natürlich ihr Teil in dieser Welt, trachteten nach Ehre, nach Geld, nach Wollüsten; die Welt und was die Welt gibt, das war ihnen groß; das Unsichtbare war nichts in ihren Augen, und so sehr sie sich feiner und geläuterter Religionsbegriffe rühmten, so grob dienten und frönten sie den Lüsten und Begierden des Fleisches.

Wie sehr aber eine solche Denkungsart gegen die züchtigende und ergreifende Kraft des Wortes Gottes das Herz verschließe, werde ich nicht erst beweisen dürfen. Was mag Johannes der Täufer für ein verächtliches Lichtlein in den Augen dieser aufgeblasenen Leute gewesen sein; was muß die einfältige Predigt des Evangeliums für ein törichtes Ding vor einem solchen Weltweisen sein! Wie wenig kann der Geist Gottes durch das verworfene und für einen Aberglauben gehaltene Wort einem solchen stolzen Herzen beikommen! Wahrlich! Es war schon viel, wenn ein solcher weiser Mann nur hinausging, um den armseligen Propheten in der Wüste zu hören! Es war viel, wenn er den Bußprediger nicht ins Angesicht hinein auslachte. Und wenn je ein oder das andere Wort des Täufers einen solchen Sadduzäer traf, so war der Eindruck von seinen Freunden bald wieder weggelacht und weggespottet.

Bewahr mich, Herr, in Gnaden vor solchem argen Sinn, daß ich nicht, mir zum Schaden des Worts Verächter bin. Dein Wort bleibt ewiglich! Verflucht sind alle Seelen, die deiner Rechte fehlen – du trittst sie unter dich.

3. Oktober: Jesaja 61,10

Ich freue mich im Herrn und meine Seele ist fröhlich in meinem Gott; denn er hat mir die Kleider des Heils angezogen und mich mit dem Mantel der Gerechtigkeit gekleidet.

Wenn man nach dem Kleid, nach dem Rock der Gerechtigkeit fragt, das wir haben, so fragt man eigentlich soviel: Ob wir etwas an uns haben, das des Wohlgefallens Gottes würdig sei, das uns einen Rechtsanspruch zu Gott zuwege bringe. Auf diese Frage muß man nach der Bibel und nach der Erfahrung mit nein antworten. Aber auf daß uns geholfen würde, hat Gott gesandt seinen Sohn, damit wir durch dessen Gerechtigkeit, also durch eine fremde Gerechtigkeit selig und Erben des Lebens würden. Die Gerechtigkeit Christi besteht aus zwei Stücken: Erstens darin, daß er das ganze Gesetz uns zu gut erfüllet, zweitens darin, daß er sich allen Folgen der Sünde unterworfen, wie wenn er ein Hauptsünder wäre, mit anderen Worten, sie besteht darin, *daß er kein Sünder gewesen und geworden ist und doch sich als einen Sünder hat behandeln lassen, für uns zur Sünde gemacht worden ist.* Betrachte jetzt nur einmal das erste Stück. Siehe die Empfängnis Christi an, siehe sein inneres und äußeres Leben an, siehe an seine Jahre in Nazareth und seine Jahre, die er als Lehrer und Prophet unter seinem Volk verlebt bis in seinen letzten Atemzug hinein, da ist nichts, das nicht mit der Liebe Gottes und des Nächsten harmoniert hätte, es ist ein zusammenhängendes Ganzes, das die lauterste, reinste, heiligste Gerechtigkeit ist, es ist wie der ungenähte Rock, den er trug und über den die Kriegsknechte das Los warfen, von welchem es heißt, er sei ungenäht gewesen und gewirket durch und durch. Unsere eigene Gerechtigkeit ist sehr genäht, sehr zusammengeflickt. Hier ist ein Anflug von Liebe, wenn sie uns Gott ins Herz gibt, dann kommt wieder ein Loch, das die Ungeduld oder der Geiz oder der Hochmut hineingerissen, dann kommt vielleicht wieder ein Flecken von unkeuschen Gedanken oder Augen, jetzt kommt wieder ein Plätzchen, auf dem etwas ist wie Sanftmut, dann kommen wieder große Sündenflecken. So sah das Kleid der Gerechtigkeit Christi nicht aus, es ist ungenäht voll purer lautrer Heiligkeit. Der Vater selbst hat ihm das Zeugnis gegeben, daß sein Gottesauge ein Wohlgefallen haben könne an ihm, so fleckenlos war seine Gerechtigkeit. Und diese Gerechtigkeit Christi ist verdienstlich für uns, denn für sich hätte er ja nicht bedurft, einen Menschenlauf in dieser Welt zu machen; das ist für uns geschehen.

O mein Herr Jesu, wenn ich dich nicht hätte! Und wenn dein Blut nicht für die Sünder redte, wo wollt ich Ärmster unter den Elenden mich noch hinwenden?

Ach großer König, groß zu allen Zeiten! Wie kann ich gnugsam deine Treu ausbreiten? Kein Menschenherz vermag es auszudenken, was dir zu schenken!

4. Oktober: Apostelgeschichte 4,12

Und in keinem andern ist das Heil, auch ist kein andrer Name unter dem Himmel den Menschen gegeben, durch den wir sollen selig werden.

Wenn die Natur, das Wesen Gottes soll bezeichnet werden, so gibt es keinen treffenderen Namen dafür als den Namen – Jehova. Es liegt in diesem Namen das Nämliche, was Moses im 90. Psalm sagt: »Ehe denn die Berge wurden und die Erde und die Welt geschaffen wurden, bist du, Gott, von Ewigkeit zu Ewigkeit.« Es liegt das Nämliche darin, was der Heiland (Offb 1,17.18) von sich selber sagt: »Ich bin der Erste und der Letzte und der Lebendige«; die ganze Schöpfers-Herrlichkeit Gottes, worüber ihm (Offb. 4,11) von allen Kreaturen die Ehre gegeben wird, liegt in dem großen Namen Jehova.

Aber dieser Name hat eben keinen Trost für arme Sünder, wie wir sind; im Gegenteil, es liegt etwas Schreckhaftes, etwas Entsetzliches für uns darin, etwas, das eine geheime Sehnsucht erweckt nach den Bergen, daß sie über uns fallen, und nach den Hügeln, daß sie uns bedecken möchten, daß wir nicht offenbar werden müssen vor dem schrecklichen Jehova. Denn ist Gott der Ewige, der Unveränderliche, der Beständige, so ist er auch unveränderlich in seiner Heiligkeit, in den Rechten und Forderungen seiner Gerechtigkeit; so ist er unveränderlich in seinem Zorne über die Sünde; so brennt sein Zorn unerträglich und ewig hinab bis in die unterste Hölle und läßt nicht nach. Und da mögen wir wohl erschrecken, da mag es wohl wahr sein, was einst ein gewisser Jünger des Herrn gesungen hat: »wer Gottes Wesen weiß, weiß seinen Tod«; wer das Wesen, die Eigenschaften Gottes, wer seine Eigenschaften als unendlicher Geist weiß, wer seine Ewigkeit, Allmacht und

Heiligkeit weiß, der weiß, daß er ein Mann des Todes, ein verlorner, ein ewig verlorner Mensch ist. »Wers Herze kennt«, heißt es weiter in jenem Liede, »der ist aus aller Not«, wer das Herz Gottes nicht bloß weiß, sondern aus lebendiger Erfahrung kennt, der ist aus aller Not; der fürchtet nichts mehr. Dieses Herz Gottes aber hat sich ausgesprochen im Namen – Jesus.

Du lässest uns in Jesu Blut Heil, Leben und Versöhnung finden; sein bittrer Tod kommt uns zu gut und reinigt uns von unsern Sünden; o tiefe Lieb! O Wundergütigkeit, die unsre Seele von der Angst befreit!

Mit dir hat Frieden er geschafft, da wir noch deine Feinde waren; den Frieden wird uns deine Kraft auch mitten in der Welt bewahren. O Herrlichkeit, daß wir im Frieden stehn! Nun können wir getrost zum Vater gehn.

5. Oktober: Matthäus 11,28

Kommt her zu mir, alle, die ihr mühselig und beladen seid; ich will euch erquicken.

Wenn jemand wirklich seiner Sünden los sein will, ganz und auf ewig los sein, möchte es kosten, was es wollte, wenn er auf die Frage: Weißt du denn auch, wo deine Sünden herkommen, wo sie ihren Sitz haben, antwortet: Ja, ich weiß es, in meinem bösen Herzen, und das ist so schlecht, daß ich mirs gerne herausreißen möchte, wenn ich nur könnte, um meiner selbst los zu sein – wenn mich ein blödes, schwaches Menschenkind fragte: Wie habe ichs zu machen, daß ich *bekehrt* werde, dem kann ichs recht kurz sagen. Der einzige Freund im Himmel und auf Erden, der dir helfen *kann* und *will*, ist, so sage ich ihm – der Herr Jesus, von dem du wohl schon oft gehört, gesungen und gelesen hast, den du aber noch nicht kennest. Du magst nur sein, wo du willst, so ist er da, wenn du ihn gleich mit leiblichen Augen nicht siehest. Er sieht und hört dich und kennet deine innersten Gedanken, das glaube du mir auf mein Wort. Ich selbst habe es so erfahren. Wenn deine Sünden dich nun so kränken oder dein schlechtes Herz dich so plaget, so gehe in dein Kämmerlein oder an einen andern Ort, wo du allein sein kannst – oder sammle, wenn du nicht allein sein kannst, dein Herz mit Ernst, und dann rede mit dem Herrn Jesu einfältig, als ob er leiblich vor dir stünde und du dich sogleich in seine Arme werfen könntest, und sprich zu ihm: »O Herr Jesu, mein treuer Heiland! Es geht mir sehr übel, ich kann meine Sünden, die mich so bitterlich peinigen und ängsten, nicht loswerden; sie verdammen mich, und ich möchte doch nicht gerne verloren gehen, sondern selig werden in dir! Du aber bist mein Helfer! Du hast auch für mich dein Blut vergossen und bist für mich gestorben. Darum erbarme dich über mich, Herr Jesu, vergib mir alle meine Sünden und heile mein krankes Herz. Ich werfe mich mit meiner ganzen Last in dein Erbarmen! Mache mit mir, was dir beliebt, nur verstoße mich nicht, sondern hilf mir.« O liebe Seele, wenn du mit solchen oder dergleichen Worten, wie sie dir eben einfallen, den Herrn Jesum anrufest, oder wenn du vor Angst und Blödigkeit nicht reden kannst, sondern nur weinst und seufzest, so wirst du bald inne werden, daß er bei dir ist und dich gut versteht. Und da wird etwas in dir vorgehen, das von ihm selbst herkommt, das ich dir aber mit Worten nicht so beschreiben kann. Aber das sage ich dir getrost und aufs Feierlichste: Du wirst Vergebung aller deiner Sünden, Ruhe für deine Seele, ein gutes Gewissen, ein geändertes Herz von ihm bekommen und ihn als deinen Erlöser, der sein Leben für dich gelassen hat, so lieb gewinnen, daß du nicht wissen wirst, was du vor Liebe zu ihm tun sollst.

Vor Jesu Augen schweben ist wahre Seligkeit – ein freudenvolles Leben in dieser Pilgerzeit! Nichts wollen und nichts wissen, nichts können und nichts tun, als Jesu folgen müssen, das heißt im Frieden ruhn.

6. Oktober: 2. Mose 34,6.7

Herr, Herr, Gott, barmherzig und gnädig und geduldig und von großer Gnade und Treue, der da Tausenden Gnade bewahrt und vergibt Missetat, Übertretung und Sünde, aber ungestraft läßt er niemand …

Lasset uns einen kurzen Rückblick auf die vergangene eilende Woche tun! Welche Summe von Wohltaten Gottes, von geistlichen und leiblichen, begegnet unserem Blicke! Er hat uns unser Leben gefristet und das tägliche Brot uns bescheret, manche Freude uns zuteil werden lassen; er hat uns sein Wort gegeben und dasselbe uns predigen lassen; er hat uns etwa auch mit Leiden heimgesucht. O wie manche Züge des Geistes Gottes sind wohl unter inneren und äußeren Schickungen in der Kirche oder zu Hause, auf dem Felde oder auf dem Zimmer an unser Herz gedrungen!

Bald mit Lieben, bald mit Leiden, kamst du, Herr mein Gott, zu mir, nur mein Herze zu bereiten, sich ganz zu ergeben dir.

Wie viele, welch unaussprechliche Langmut und Geduld hat er mit unsern Schwachheiten, Versäumnissen, Bosheiten und Tücken des Herzens getragen! Wie hat er unser geschont, uns wegzuwerfen als unfruchtbare Reben, und hat Gnade für Recht ergehen lassen bis auf diese Stunde! Denn was hatten wir verdient? Wie sind wir mit seiner Gnade umgegangen? Lasse ein jeder sein eigen Gewissen antworten! – Wer bei sich selber ist, wer nicht gerade schläft oder träumt, der wird gewiß mit Jakob sagen müssen: »Herr, ich bin zu gering aller Barmherzigkeit und aller Treue, die du an deinem Knechte getan hast …« Dies alles haben wir Dem zu verdanken, der unser Mittler und Hoherpriester, unser Jesus ist.

Herr, der du tragest unsre Last und starbst an unsrer Stelle, und nun verklärt, die Schlüssel hast des Himmels und der Hölle: Dein Volk vereint erkennet dich, wie du noch wandelst priesterlich inmitten der Gemeine.

Wir geben dir die Zeit zurück, durchlebet und durchlitten und folgen mit verhülltem Blick auch künftig deinen Tritten. Im Flug enteilt uns Jahr um Jahr, du aber bleibst unwandelbar der treue Hohepriester.

Wir harren dein; die Stimme spricht: Die Lampen in den Händen begegnet ihm mit hellem Licht und gürtet eure Lenden! Bald ist die letzte Stunde um und in sein ewges Heiligtum geleitet er die Seinen.

7. Oktober: 1. Timotheus 1,1/Römer 14,7.8

… Christi Jesu, der unsre Hoffnung ist. Denn unser keiner lebt sich selber, und keiner stirbt sich selber. Leben wir, so leben wir dem Herrn; sterben wir, so sterben wir dem Herrn. Darum: wir leben oder sterben, so sind wir des Herrn.

Woran wollen wir uns im Tode halten? Womit wollen wir uns trösten? Wollen wir uns trösten mit unserem irdischen Besitztum? Wird uns unser Geld, werden uns unsere Häuser, unsere Hausgeräte, unsere Äcker, unser Vieh, wird das alles uns trösten? Nein, wir müssen es verlassen! Oder wird uns das trösten, wenn wir in Ehre und Ansehen gestanden sind? Nein, wir müssen ja fort! Oder werden uns unsere Freunde, Gatten und Kinder einen Trost geben? Wir müssen sie ja verlassen! Oder wird es uns trösten, wenn wir lange gesund gewesen sind und gute Tage gehabt haben? Nein! Solches alles ist ja dann dahingefahren. Oder wenn wir arm und elend gewesen sind auf dieser Welt und wenig gute Tage erlebt haben, wird uns das einen Trost, einen wesentlichen Trost geben? Nein, denn solches hilft uns ohne Christus auch nichts für die Ewigkeit. Um Gottes willen! Womit wollen wir uns denn trösten, wenn wir alles, alles zurücklassen und an der Pforte der Ewigkeit stehen, an den Pforten des Gerichts? Wollen wir uns dann unseres rechtschaffenen Lebens getrösten? Wollen wir denken, wir seien doch nicht so böse gewesen, es werde uns in der Ewigkeit vor Gott nicht so übel gehen? Ja, so trösten sich viele Menschen, so schläfern sich viele Menschen ein und sterben dahin. Aber welch ein Erwachen wird dies in der Ewigkeit geben! Welch ein verzweifeltes Erwachen am Tage der Offenbarung, wenn ihre Schande und ihre Blöße und der Zorn, die Heiligkeit Gottes offenbar wird, wenn dann erst der Grund und Boden zusammensinkt, auf dem man bisher gestanden ist! O! Ohne Christus wäre der Tod etwas Entsetzliches, das Schrecklichste, was einem Menschen begegnen könnte. Denn ohne Christus ist der Tod eine Auslieferung des Körpers zur Zerstörung und eine Auslieferung der Seele zum Gericht und zur Verdammnis.

Wenn ich nun komm in Sterbensnot und ringen werde mit dem Tod, wenn mir vergeht all mein Gesicht und meine Ohren hören nicht; wenn meine Zunge nicht mehr spricht und mir vor Angst mein Herz zerbricht.

Wenn mein Verstand sich nicht besinnt und mir all menschlich Hilf zerrinnt, so komm Herr Christe mir behend zu Hilf an meinem letzten End und führ mich aus dem Jammertal, verkürz mir auch des Todes Qual.

Die bösen Geister von mir treib, mit deinem Geist stets bei mir bleib, bis sich die Seel vom Leib abwendt; so nimm sie, Herr, in deine Händ. Der Leib hab in der Erd sein Ruh, bis sich der jüngst Tag naht herzu!

8. Oktober: 1. Johannes 2,15

Habt nicht lieb die Welt noch was in der Welt ist.

Es gibt eine Welt in und außer uns; es gibt eine gelehrte, es gibt eine feine und gebildete, es gibt eine honette und ehrbare Welt, es gibt eine Handelswelt, und jede dieser Arten hat ihre besonderen Versuchungen, welche ein Jünger und Nachfolger des Heilands überwinden muß. In der gelehrten Welt herrscht der Verstandes- und Willenshochmut; sie nehmen Ehre voneinander und geben Gott die Ehre nicht; in der feinen und gebildeten Welt herrscht die Lüge, die feine Lüge, die Schmeichelei, die feinere oder gröbere Wollust, das Schöntun und Freundlichsein in das Gesicht hinein, während das Herz voll Falschheit und Heuchelei ist; in der ehrbaren Welt herrscht der Stolz auf gute Werke und Tugend, die Scheinheiligkeit, das Sich-Brüsten mit seiner Rechtschaffenheit; in der Handelswelt, welche überall anzutreffen ist, wo es sich um das Mein und Dein handelt, herrschen allerhand Vorteile und Künste, die man gebraucht, um sich sein Gut zu vergrößern, um sich reich zu machen und Schätze zu sammeln. Aber sei es nun eine Welt, welche es will, Welt ist Welt und bleibt Welt, und muß überwunden werden, wenn man nicht mit der Welt will verloren gehen. Aber gesetzt auch, du habest dies alles überwunden, du habest aus der Gnade Christi heraus durch Einfalt, durch Demut, durch Liebe und Sanftmut, durch Keuschheit und Geduld der Welt Art überwunden, habest die Schlange unter den Füßen und werdest nicht mehr von derselbigen vergiftet: So ist noch eine Welt übrig, lieber Mensch, eine Welt in dir, eine Welt in der Einbildungskraft und Phantasie, und das ist eigentlich die gefährlichste Welt, diese innere Welt, dieser Markt des Herzens, dieses Getreibe der Gedanken und Empfindungen, diese Bilder und Phantasien, welche der Seele vorschweben, welche aus der Eigenliebe, aus dem Geiz und der Wollust, aus dem verderbten Herzen emporsteigen. Dies ist eigentlich der gefährlichste Feind, ohne den der äußere Feind nichts wäre. O, in diese giftigen Grundlagen des eigenen Herzens schleicht sich dann die äußere Welt mit ihrer Annehmlichkeit und ihrem Reiz erst recht ein, macht die Lust erst recht rege, und wenn dann die Lust rege und lebendig geworden ist, so sucht sie dich, auch wenn du schon manchen Sieg davongetragen hast, wieder zu fällen.

Jesus werde uns recht groß in dem Bilde seiner Leiden und mach uns vollkommen los von den selbstgefundnen Weiden! Denn an jedem Selbstgesuch hänget immerdar ein Fluch.

O Herr Jesu rette mich, rette mich vom Widersacher! Denn wie oftmals liege ich vor dir als ein Kranker, Schwacher! Hilf, ach hilf mir in dem Streit gegen meine Eigenheit!

9. Oktober:

Matthäus 16,6

Jesus aber sprach zu ihnen: Seht zu und hütet euch vor dem Sauerteig der Pharisäer und Sadduzäer!

Es gibt auch Pharisäer, welche christliche Erkenntnis haben, die Heilslehre wohl kennen, schon vieles vom Heiland gehört, wohl auch selbst von ihm geredet haben, und sind doch tot im Herzen. Diese halten ihre Erkenntnis, ihre Sprüche, ihre Verse, die sie im Kopfe haben, ihr Anerlerntes, das auf der Oberfläche ihres Herzens schwimmt und niemals in ihr Blut und Leben eingedrungen ist, für das wahre, ihnen eigentümliche göttliche Leben. Diese sind wohl die unzugänglichsten für die Kraft des Wortes. Was sie davon lesen oder hören, das ist ihnen schon bekannt und eine alte ausgemachte Sache. Ist das Wort Gottes scharf, so denken sie: Das ist gut für die Unbußfertigen. Ist das Wort tröstend, so deuten sie es ganz auf sich; redet das Wort von Gläubigen, von Kindern Gottes, so sind sie darunter gemeint; ist von Ungläubigen die Rede, so sind andere darunter verstanden. So wird die Kraft des Wortes ganz an ihren Herzen gebrochen und abgestumpft; sie meinen, sie hätten den Himmel gepachtet. Ein jämmerlicher Herzenszustand! – Wer ist denn nun empfänglich für die Kraft des Wortes Gottes? Antwort: Den Armen wird das Evangelium gepredigt, und am Ende des elften Kapitels des Evangeliums Matthäi sagt der Heiland: »Kommt her zu mir alle, die ihr *mühselig* und *beladen* seid; ich will euch erquicken.« Wer in einem äußerlichen Leidensdrucke steht, in wem Zweifel an seiner eigenen Weisheit erwachen, wer in seinem Gewissen beunruhigt ist, solche Seelen sind dazu vorbereitet, durch die Kraft des Wortes Gottes getroffen zu werden. Wo aber dies alles nicht eintrifft, da findet die bittere und demütigende Wahrheit keinen Raum, und wenn ein solcher Mensch doch durch das Wort Gottes erschüttert wird, so ist es ein doppeltes Wunder.

Jesu, Arzt todkranker Seelen! Will es fehlen an Erkenntnis eigner Not; will man das Unheil der Sünden nicht empfinden, merkt man nicht den nahen Tod,

Ach, so gib Gefühl von Innen! Mach die Sinnen neubelebt und aufgeweckt, bis des Herzens böses Dichten und Verrichten durch dein Licht wird aufgedeckt.

Dein Gesetz, Herr, laß uns sagen, wenn wir fragen: Was in uns die Sünde sei? Daß wir vor uns selbst uns schämen, Zuflucht nehmen zu der Seelenarzenei.

10. Oktober: Lukas 19,10

Denn der Menschensohn ist gekommen, zu suchen und selig zu machen, was verloren ist.

Mit besonderem Erbarmen sieht der Herr Jesus Christus auf diejenigen Menschen herab, welche auch vor der Welt als Sünder offenbar geworden sind. Ach, wie muß ihm sein Herz von heißer Liebe brennen besonders gegen solche Seelen! Hat er sich doch in der Zeit, da er auf Erden wandelte, besonders gern mit solchen zu tun gemacht. Es kamen immer recht viele Sünder und Zöllner zu ihm, das heißt solche Leute, welche man in der Welt mied und hinaustat, weil sogenannte ehrliche Leute nichts mit ihnen zu schaffen haben mochten. Aber er mied sie nicht, er war freundlich, herablassend, mild gegen sie, er empfing sie nicht mit Vorwürfen, sondern mit zuvorkommendem Erbarmen, sonst wären sie wohl weggeblieben; er sagte selber, das seien Leute für ihn, er verglich sich mit einem Arzte und sprach: Die Gesunden bedürfen des Arztes nicht, sondern die Kranken; ich bin gekommen, die Sünder zur Buße zu rufen und nicht die Gerechten. Es gehe ihm, sagt er, wie einem Hirten, der seine Schafe lieb habe. Wenn ein solcher Hirte hundert Schafe hätte, und eines unter ihnen verirrte sich von der Herde hinweg in die Wüste, was wird wohl der Hirte tun? Wird er das Schäflein laufen lassen, unbekümmert, wie es ihm geht? Nein, sobald er es bemerkt, daß ihm eins seiner Schafe entlaufen, läßt er die neunundneunzig andern auf der Heide zurück; sie liegen ihm zwar auch am Herzen, aber die Sehnsucht nach dem verlorenen Schäflein bemächtigt sich seines Geistes so sehr, daß er sich geschwinde aufmacht und sucht, dahin und dorthin läuft und keine Ruhe hat, dem Schafe ruft und lockt, bis daß er es findet, und wenn er es gefunden hat, so legt er es auf seine Achseln mit Freuden und trägt es zur Herde, läuft zu seinen Nachbarn und sagt zu ihnen: Freut euch mit mir, ihr Freunde, ich habe mein Schaf, das ich verloren hatte, wiedergefunden. Doch das, und was weiter folgt, kann jeder selbst in Lukas 15 nachlesen. Aber lerne doch daraus das Herz deines Heilands auch besser kennen. Siehe, wie lieb er die Sünder hat, wenn sie zu ihm kommen und sich an ihn wenden mit ihrem Anliegen; Sünder, sie heißen nun wie sie wollen und sie seien, wer sie wollen, alt oder jung, reich oder arm, gering oder vornehm, gefangen oder frei, da ist kein Unterschied, Jesus Christus will sie alle selig machen.

Ach, ihm ist nichts zu schlecht, es sind ihm alle recht, was niemand sonst kann leiden, was alle Menschen meiden, das darf zum Heiland kommen und da wird's angenommen.

11. Oktober: Johannes 3,36

Wer an den Sohn glaubt, der hat das ewige Leben. Wer aber dem Sohn nicht gehorsam ist, der wird das Leben nicht sehen, sondern der Zorn Gottes bleibt über ihm.

Hier hat man alles beisammen, worauf alles ankommt für Zeit und Ewigkeit. Leben oder Tod wird uns hier vorgelegt, das eine oder andere muß man wählen, es gibt kein drittes. Wer Christum erwählt, sucht, findet, ins Herz bekommt und wirklich im Herzen hat, dem wird das ewige Leben von Gott ohne weitere Bedingung zugesprochen. Denn als ein lebendiges Glied am Leibe Christi ist er auch ein Miterbe Jesu Christi, das ewige Leben ist sein Erbteil – schon hier und dort vollständig. Wer Christum nicht sucht, nicht erwählt, nicht an ihn glaubt, dem wird eben darum, weil er den Sohn Gottes nicht hat, das ewige Leben rein abgesprochen, es ist, als ob der Stab über ihn gebrochen wäre, er ist durchaus arm. Was sage ich, er ist ärmer als arm, denn er ist weit mehr schuldig, als er bezahlen kann. Nun kann er mir zwar antworten: Es gibt doch sehr viel Böses, das ich nicht begangen habe. »Gut, das darfst du aber nicht in Rechnung bringen, sowenig der Dieb mit dem, was er nicht gestohlen hat, bezahlen kann für das, was er gestohlen hat.« Ich habe aber auch sehr viele *gute Vorsätze* gehabt! »Gut, wenn aber deinen guten Worten der Nachsatz, d.h. die Ausführung gefehlt hat, so gelten sie hier nichts.« Ich habe aber auch sehr viele *gute Gedanken* gehabt und in mir gehegt. »Gut, wenn sie dich aber nicht zu *guten Handlungen* geführt haben, so fällt auch dieser Artikel weg.« Nun, ich habe doch auch viele *gute Worte* geredet. »Gut, die wollen wir von der Unzahl deiner unnützen und bösen Worte abrechnen und sehen, was übrig bleibt.« Aber ich habe auch viele *gute* und *gutgemeinte Werke* getan. »Gut, die wollen wir ebenfalls von der Zahl deiner bösen Handlungen abziehen, wiewohl du mit jenen bloß deine *Schuldigkeit* tatest. Aber nun sage mir, sind dir deine guten Werke und Worte nicht schon alle reichlich bezahlt? Wie viele Wohltaten hast du dafür schon von Gott empfangen! Sind deren nicht viel mehrere, als alle deine guten Werke und Worte wert waren? Was dir schon vergolten ist, das wirst du doch nicht zum *zweiten Male* in der Rechnung aufführen wollen, als ob es dir zugut käme!« Hierauf muß der arme Schuldner verstummen. Er ist in der Tat ärmer als arm. Siehe also, wie dirs geht ohne den Sohn Gottes!

Das blutge Opfer Christi bringt den Frieden, den außer dem kein Mensch auf Erden find, und hab ich den, so hab ich das hienieden, was mich erfreut, bin Gottes liebes Kind und fürchte mich vor Tod nicht und Gericht, denn Jesus machet mich voll Trost und Zuversicht.

12. Oktober: Philipper 2,12.13

... Schaffet, daß ihr selig werdet, mit Furcht und Zittern. Denn Gott ist's, der in euch wirkt beides, das Wollen und das Vollbringen, nach seinem Wohlgefallen.

Viele werden bald, nachdem sie Vergebung der Sünden erlangt haben, lau, leichtsinnig, vergessen das Wachen und Beten. Dazu trägt viel bei die Meinung, daß sie, wenn sie diese ersten Gnadenbezeugungen des Heilandes erfahren haben, sich alsobald für ausgemachte Leute und Christen ansehen. Sie werden wieder sicher; sie verwickeln sich wieder in die Elemente des Weltgeistes; sie spielen mit der Sünde, sie haben ja Gnade; es hat ja im ganzen seine Richtigkeit bei ihnen; so haben also, wie sie meinen, kleinere Übertretungen nichts zu sagen. So werden sie nach und nach wieder gefangen unter die Sünde, verlieren auch den Genuß der Gnade, und endlich sind sie imstande, es zu einer Lehre zu machen, daß ein Christ ein Knecht der Sünde bleiben müsse. Das gibt, wenn es gut geht, ein sieches, kränkelndes, kraftloses Christentum, das zwar einigermaßen aussieht wie Christentum, aber nichts weniger ist als ein rechtschaffenes Wesen in Christo Jesu. – Andere verirren sich auf einen andern Abweg. Sie können sich nicht darein finden, daß, nachdem sich ihnen der Heiland so herrlich in seiner Gnade geoffenbart habe, die alte sündliche Natur sich immerwährend noch in ihnen regen soll. Das treibt sie wieder in das Gesetz zurück. Sie wollen durch eigenes Wollen und Wirken, durch selbst gefaßte Anläufe und allerhand Erfindungen dem Übelstande abhelfen. Dadurch entfernen sie sich aus der Gemeinschaft des Todes Jesu und geraten in eigene Wege. Auch haben sie etwa aus der Zeit, wo sie den Frieden Gottes zuerst suchten, allerhand gesetzliche Vorstellungen und Bilder in ihren Gnadenstand mit herübergenommen. Diese alten, aus dem Gesetze und der Vernunft kommenden Bilder erheben sich wieder in der Seele und drängen sie aus dem Gnadenstande hinaus. So wird man wieder elend, saft- und kraftlos, meint, man sei ernstlicher als unter dem sanften Regiment der Gnade, und steht doch nicht wahrhaftig in der Gemeinschaft des Sohnes Gottes. Von diesem Abwege zeugt der ganze Brief an die Galater. – Selig die Seele, die an sich erfährt, was der selige Luther von Gott gerühmt hat, indem er spricht: »Der mir täglich und reichlich meine Sünde vergibt!« Hierin liegt das ganze Geheimnis der Heiligung. Der Herr führe uns alle auf den schmalen Weg um seines Namens willen. Amen.

O Gott des Friedens heilge mir den Geist samt Leib und Seele, daß mir der Eingang einst zu dir und deiner Ruhe nicht fehle, daß Jesus Christus mich alsdann untadelig erfinden kann, wann er, der Herr wird kommen.

13. Oktober: Lukas 12,1

Unterdessen kamen einige tausend Menschen zusammen, so daß sie sich untereinander traten. Da

fing er an und sagte zuerst zu seinen Jüngern: Hütet euch vor dem Sauerteig der Pharisäer, das ist die Heuchelei.

Wir dürfen nicht meinen, als ob es unter uns keine Pharisäer mehr gebe und diese Denkungsart nur jener jüdischen Sekte angehört habe. O nein, auch in der Christenheit sind viele, erstaunlich viele Pharisäer. Nur die äußere Gestalt der Sache hat sich verändert; der darunter liegende Sinn ist der nämliche wie damals. Es gibt freilich keine Leute unter uns, die breite Denkzettel an ihren Kleidern tragen, die keinen Bissen Brot essen, ohne vorher die Hände zu waschen, und die aus diesen und dergleichen äußerlichen Beobachtungen und Übungen eine Gerechtigkeit zusammenflicken, die vor Gott gelten soll; solche Dinge haben in der christlichen Kirche ihren Wert und ihr Ansehen verloren und taugen nicht mehr zu unsern Sitten. Aber gibt es nicht auch Menschen unter uns, die in ihrer Herzensblindheit das, was äußerlich im Christentum ist, für das Wesentliche ansehen und die Beförderungsmittel der Gottseligkeit, die Gnadenmittel, für die Gottseligkeit und Gnade selbst halten? Wie viele mögen wohl unter uns sein, jawohl unter uns, die sich auf ihre Frömmigkeit, auf ihr rechtschaffenes Christentum etwas zugut tun, und weil sie fleißig zur Kirche und zum heiligen Abendmahl gehen, weil sie in der Bibel lesen und zu ihren Zeiten ihre Gebete verrichten, sich für gute Christen halten und meinen, die Aufforderung zur Bekehrung gehe sie nicht an, indem sie solches nicht nötig haben? Sehet, das sind die nämlichen Pharisäer wie zu der Zeit Christi; sie wickeln sich, wie jene, in ein äußeres Scheinbild der Gerechtigkeit und nennen dieses die wahre Gerechtigkeit. Und was soll ich sagen von den tugendhaften Leuten dieses Zeitlaufes, welche die Gerechtigkeit und das Verdienst Christi meinen entbehren zu können und eben darum das Wort vom Kreuze, wenn es ihnen ohne Schminke angeboten wird, schnöde von sich weisen? Ist es denn eine wahre Tugend, derer sie sich rühmen? Nein, nur ein elendes Flickwerk von allerhand eigenliebigem Selbstbetrug, von allerhand vermeintlichen Vorzügen, die das eigengefällige Herz sich selbst zugesprochen hat oder die es, auf die heuchlerischen Schmeichelworte anderer hin, an sich zu finden glaubt; eine Mischung von natürlicher Gutmütigkeit, Stolz, Torheit und Unbekanntschaft mit dem Willen Gottes, die erst das Feuer jenes Tages zersetzen muß.

Erforsche mich, o Gott! Sieh, ob ich's redlich mein, ob ich vor dir so sei, wie ich vor Menschen schein! Vor dir ist alles bloß, vor deinem Angesicht vergeht der falsche Schein; die Schminke bleibet nicht.

Ein Mensch kann nur so viel im Himmelreiche taugen, als seine Seele gilt vor deinen Flammenaugen. Drum mache du mich selbst von Herzen arm und klein, demütig, kindlich, still, von aller Tücke rein.

14. Oktober:

Johannes 15,2

Eine jede Rebe an mir, die keine Frucht bringt, wird er wegnehmen; und eine jede, die Frucht bringt, wird er reinigen, daß sie mehr Frucht bringe.

Es ist gegenwärtig Herbst, und man sammelt die Trauben. Wenn nun der Herr einst bei uns Herbst halten wird, wenn auch wir einst geschnitten und in seine Kelter gesammelt werden, wie wird es dem Herrn gehen mit seinen Trauben? Wird es ihm gehen, wie es Jesaja im 5. Kapitel spricht: »Mein Freund hatte einen Weinberg auf einer fetten Höhe. Und er grub ihn um und entsteinte ihn und pflanzte darin edle Reben. Er baute auch einen Turm darin und grub eine Kelter und wartete darauf, daß er gute Trauben brächte; aber er brachte schlechte. Was sollte man noch mehr tun an meinem Weinberg, das ich nicht getan habe an ihm? Warum hat er denn schlechte Trauben gebracht, während ich darauf wartete, daß er gute brächte?« Lieber Zuhörer, was bist aber du, bist du ein Herling, bist du eine unreife Traube, oder aber bist du eine zeitige Traube? Frage dich und besinne dich; wenn du ein Herling bist, siehe, so kannst du noch heute eine Traube werden am Weinstock Christi, wenn du dich ihm einverleiben und in ihn einsenken lässest. Bist du aber eine unreife Traube, so kannst du noch zeitig werden, wenn du die Hitze der Anfechtung, den Kampf mit Fleisch und Blut, mit Sünde und Welt nicht scheuest. Wenn du aber unreif bleibest, so wirst du auch als unreif behandelt werden an jenem Tage; bist du aber ein Herling, wird er dich zwar auch sammeln, aber er wird dich werfen, wie er selbst sagt, in die Kelter des Weins, des grimmigen Zorns des allmächtigen Gottes. Da werden sie zusammengekeltert, die Herlinge; aber die Trauben wird er in seine Vorratskammern sammeln und wird damit prangen vor Gott, seinem Vater. Welche Freude, wenn auch wir zu diesen reifen Trauben gehören, wenn wir dem Tag der Offenbarung mit Freudigkeit entgegengehen, wenn wir ihm einst in seine feuerflammenden Augen ruhig hineinsehen und sagen können: »Herr, du weißest alle Dinge, du weißest, daß ich dich lieb habe.«

Ja, treuer Jesu, miß dem Willen auch Vollbringungskräfte zu; hilf den Vorsatz bald erfüllen, meine Schwachheit stärke du, meine Trägheit muntre auf, bis ich schließe meinen Lauf; hilf mir siegen, hilf mir kämpfen, Satan, Fleisch und Blut zu dämpfen.

15. Oktober: Johannes 17,15.16

Ich bitte dich nicht, daß du sie aus der Welt nimmst, sondern daß du sie bewahrst vor dem Bösen. Sie sind nicht von der Welt, wie auch ich nicht von der Welt bin.

Natürlich muß sich eine solche Gemütsstellung im ganzen Wandel eines Menschen, in seinen Worten, Werken und Gedanken äußern. Wer auf solche Art im Lichte wandelt, wird seinen Wandel nicht mit so viel guten Meinungen von sich selber, nicht mit dem törichten Selbstvertrauen führen, wie natürliche, gutmeinende, oder auch erweckte, aber schläfrige Leute zu tun pflegen, sondern mit Furcht und Zittern. Ich will euch ein Beispiel geben. Ihr seid in der vergangenen Woche viel mit den Keltergeschäften und mit dem Weinhandel umgegangen. Wie ganz anders wird sich ein Mensch, der da wachet und hält seine Kleider, daß er nicht bloß wandele, unter diesen Umtrieben benommen haben als ein anderer, dem solches kein Anliegen ist! Während der letztere sich in allerlei Geschäften, in Geschwätzen, in Berechnungen des etwaigen Erlöses, in Freudengefühlen bei der Hoffnung eines guten Erlöses, in traurigen Gedanken, als die Weinpreise fielen, und in dergleichen mehr umtrieb, und den aus seiner Lust, aus seinem Eigennutz, aus seinem Unglauben entspringenden Empfindungen blindlings folgte, hat der andere unter diesem ganzen Geschäft seine Augen auf den Heiland gerichtet. Er ist wohl auch nicht frei geblieben von jenem Herzensgedanken und hat sich auch da und dort verfehlt, aber noch ehe er in dieses Geschäft hineinging, war es ihm ein großes Anliegen, daß ihn der Herr vor unnützer Rede, vor Sünden in Gedanken und Werken bewahren möchte. Unter der Sache selbst hat er seine ausschweifenden Gedanken immer wieder auf den Heiland zu sammeln und durch die Gnade seine emporstrebenden Begierden zu stillen gesucht, und wenn er gefunden hat, daß seine Kleider befleckt worden sind, so hat er keine Ruhe gehabt, bis diese Flecken wieder weggewaschen waren und er Vergebung darüber empfangen hatte. So ist's aber nicht bloß bei der Kelter, so ist's in allen Lebensverhältnissen; der Unterschied zwischen solchen, die dem Evangelium gehorsam sind, und zwischen solchen, die es sind nicht, ist allenthalben groß.

Gib nun, daß deine Lieb in mir stets treibe mein Gemüte, daß ich mich sehne stets nach dir und mich vor Sünden hüte. Du Liebe tust mir viel zugut, gib, daß ein jeder Tropfen Blut von deiner Liebe walle! Amen!

16. Oktober: Matthäus 22,5

Aber sie verachteten das und gingen weg, einer auf seinen Acker, der andere an sein Geschäft.

Da ist schon eine ausgesprochene Bitterkeit, ein bestimmter Widerwille gegen das Evangelium. »Sie verachteten das.« Man kann auf doppelte Art zu diesem Sinn kommen. Viele fassen diese Verachtung gegen das Evangelium schon das erste Mal, wo es auf ihr Herz einigen Eindruck macht. Wenn ein Mensch von einer Lieblingssünde recht gefangen, recht fest damit verstrickt ist, und das Evangelium meldet sich in seinem Herzen an, und das Wort von der Hochzeit dringt ihm zu Herzen und will mit seiner Lichtskraft die Verkettungen der Finsternis durchdringen und entkräften, so sträubt sich der in der Lust gefangene Sinn des Menschen dagegen. Gelingt es ihm nun, sich stark zu machen und die Kraft des Evangeliums zu über winden, so fängt er an, dasselbige zu verachten, als etwas zu betrachten, das Phantasterei und Schwärmerei erzeuge oder die Lebensfreuden störe oder den Menschen ungebührlich herabsetze und die Würde des Menschen nicht anerkenne, alles, ja nachdem der Mensch von einer vorherrschenden Sünde gefangen war. Man kann aber auch noch auf eine andere Art in den im Evangelium ausgesprochenen Sinn hineinwachsen, und dies ist das Gewöhnlichere. Da bekommt man anfangs wohl einen Eindruck von der Einladung; man wird gerührt; der Sinn wird auf die Ewigkeit erweckt, aber die Sorgen dieser Welt, das Sichtbare, das mit aller Macht auf das Gemüt hereindringt, die Zerstreuung in den Beruf, in die irdischen Geschäfte hinein, der Zauber des vergänglichen Reichtums und überhaupt der Sünde – dies alles läßt dem Fünklein des göttlichen Lebens nicht Raum. So werden die Gnadenzüge, die Rührungen geschwächt, erstickt; so bekommt das alte, angewohnte Wesen und Treiben des Geistes wieder das Übergewicht; man sucht sein Glück und seine Seligkeit wieder da, wo man sie vorher gesucht hatte; man bekommt niedrige, kleine Gedanken vom Leben aus Gott und von der Seligkeit des Reiches Gottes, und so verachtet man das Evangelium und geht hin auf den Acker, zur Hantierung, im alten ungebrochenen Sinn.

Rede, liebster Jesus, rede! Sieh dein Knecht gibt acht darauf. Stärke mich, denn ich bin blöde, daß ich meinen Lebenslauf dir zu Ehren setze fort. Ach, so laß dein heilig Wort, in mein Herze fein verschlossen, dir zu folgen unverdrossen. Amen!

17. Oktober: Matthäus 25,35.40

Denn ich bin hungrig gewesen, und ihr habt mir zu essen gegeben. Ich bin durstig gewesen, und ihr

habt mir zu trinken gegeben. Ich bin ein Fremder gewesen, und ihr habt mich aufgenommen. Wahrlich, ich sage euch: Was ihr getan habt einem von diesen meinen geringsten Brüdern, das habt ihr mir getan.

Es hat in unsern Tagen Leute gegeben und gibt noch solche, die das ganze Christentum in diese guten Werke, welche der Heiland hier anführt, in ein menschenfreundliches, artiges, gefälliges, mit Werken der Liebe gegen den Nächsten verbundenes Betragen gesetzt haben und noch setzen. Sie sagen: »Auf das Glauben kommt es eben nicht an, sondern auf das Tun; glaube, was du willst, tue, was du kannst.« Sie berufen sich, um ihrem Irrtum einen rechten Anstrich zu geben, eben auf solche Stellen in der heiligen Schrift, wie die ist, die wir heute betrachten, und wollen behaupten, man sehe es ja hier gar zu deutlich, daß der Heiland auch alles auf Liebeswerke setze. Es ist hier der Ort nicht, diesen groben Irrtum zu widerlegen; es ist auch nicht der Mühe wert. Das wissen wir doch alle, daß einem hungrigen Menschen ein Stück Brot reichen, oder einem Durstigen einen Trunk Wassers, oder hin und wieder einen Kranken besuchen, oder überhaupt seinen Nächsten Gefälligkeiten erweisen – das wissen wir, sage ich, daß dies alles noch keinen Christen macht. Dies alles wird und muß ein wahrer Christ tun, ja noch mehr als dieses, geizig und hart gegen den Nächsten sein und ein Christ sein, das taugt nimmermehr zusammen. Aber wenn auch ein Mensch nicht geizig ist; so ist er doch darum noch kein wahrer Christ. Wie viele Leute gibt es in der Welt, die gutherzig und wohltätig sind gegen Arme und Elende, und Barmherzigkeit üben, ja, die für Menschenfreunde gelten, und sind doch Kinder der Hölle, zwiefältig mehr denn andere. Merket also wohl: So dürfet ihr diese Worte nicht verstehen, als ob der Heiland am jüngsten Tage nach etlichen äußerlichen Werken richten werde. Das sei ferne von ihm, der doch der gerechte Richter alles Fleisches ist. Würde er danach richten, so wüßte ich nicht, warum überhaupt Menschen zu seiner Linken stehen sollten. Denn es ist wohl kein Mensch in der Welt, der nicht hin und wieder einen Hungrigen gespeist oder einen Durstigen getränkt oder einen Kranken besucht hätte. Nein, der Heiland wird an seinem Tage ein viel tieferes, ein viel einschneidenderes Gericht richten. Er wird sagen: »Ich bin hungrig gewesen, und ihr habt mich gespeiset; ich bin durstig gewesen, und ihr habt mich getränket usw. Was ihr getan habt oder nicht getan habt einem unter meinen geringsten Brüdern, das habt ihr mir getan oder nicht getan.« Auf die Worte *»ich, mich, mir, mein«* müssen wir merken. Der Heiland wird also richten nach dem Sinne, den wir für ihn und die Seinigen in dieser Welt gehabt haben. Und das ist ein Gericht, wodurch nicht die Oberfläche, sondern der Grund des Herzens gerichtet wird.

Heilger Jesu, Quell der Wonne, leucht in mir, du Lebenssonne, bis du alles bist in mir! Jesu mich verlangt nach dir!

18. Oktober: Markus 9,37

Wer ein solches Kind in meinem Namen aufnimmt, der nimmt mich auf ...

Nicht die Größe oder äußere Gestalt unserer Handlungen gibt ihnen ihren Wert oder Unwert, sondern der Sinn, der darunter liegt, der Trieb, aus dem sie hervorgegangen sind, bestimmt ihr Gewicht. »Wenn ich alle meine Habe den Armen gäbe« – sagt der Apostel – »und ließe meinen Leib brennen, und hätte die Liebe nicht, so wäre mir's nichts nütze.« Man kann vieles tun aus Rücksicht auf das Urteil anderer, oder auch um den Forderungen, die man an sich selber stellt, Genüge zu leisten; man kann sich im Dienste Gottes und des Nächsten verzehren aus Eigenliebe und Eigengerechtigkeit, während man aus lauterer Liebe zum Heiland, aus einfältigem Gehorsam gegen ihn keinen Strohhalm vom Boden aufzuheben imstande ist. Wie ganz anders wird darum das Gericht Gottes ausfallen, als es sich der Weltsinn einbildet! Da wird mancher pharisäische Mensch, der Unzähligen geholfen und als Menschenfreund in ganzen Ländern bekannt war, zur Linken stehen müssen und dem Feuer zugewiesen werden, während der Heiland auf der andern Seite einen Becher kalten Wassers, den man um seinetwillen gereicht hat, ein Bekenntnis zu ihm und seinen geringsten Brüdern, das vielleicht nur in einem Blicke oder Worte bestand, nicht unbelohnt lassen wird. Wen die Vernunft oft fromm und selig preiset, den hat er längst aus seinem Buch getan; was aber nicht in die Augen fiel, was übersehen wurde, was wohl gar verächtlich angesehen wurde vom hochmütigen Weltgeiste, was aus der Demut und dem lautern Liebestriebe gegen den Heiland floß: Das ist aufgezeichnet in die Bücher Gottes, das wird jener Tag offenbaren und der König aus Gnaden belohnen.

Was ich zu wissen ängstlich bin, was oft erschüttert meinen Sinn, ist dies: Lieb ich den Herrn allein? Bin ich ihm fremd noch oder sein?

Lieb ich ihn, warum bin ich *so!* So träge, leblos, wenig froh? Die, denen nie bekannt er ward, sind schwerlich wohl wie ich so hart.

Blieb ach mein Herz wie Eisen fast? Würd ihm das Beten je zur Last, brächt jedes kleine Ding mir Weh, wenn ich den Heiland liebt und säh?

19. Oktober: Sacharja 9,9

Siehe, dein König kommt zu dir...

Was treibt die Menschen um in dieser Welt, was macht ihnen so viele vergebliche Unruhe? Was jagt sie mitten in den Strudel der Sünde und der Welt hinein? Was scheucht ihnen oft den Schlaf aus den Augen? Was suchen sie? Sie suchen etwas, das ihr Herz zufriedenstellen soll, aber sie finden es nicht. Es ist ein leerer Raum in uns, den wir allezeit ausfüllen wollen; aber mit Zeitlichem; mit Eigenem kann man ihn nicht ausfüllen. Man denkt: Wenn ich nur mein tägliches Brot ohne Nahrungssorgen hätte, dann wäre ich glücklich, und wenn man es hat, so ist man erst nicht zufrieden; man denkt: Wenn ich so und so viel Vermögen hätte, dann wollte ich mich zufriedengeben, und wenn man es hat, so ist man erst nicht zufrieden; man denkt: Wenn ich diese oder jene sündliche oder unsündliche Freude genießen könnte, dann würde mir nichts zu wünschen übrig bleiben, und wenn man sie genießt, so findet man erst nicht darin, was man gesucht hatte, nämlich Befriedigung und Sättigung des armen Herzens. So tappt der arme Mensch nach Schatten, wird oft alt und grau über diesem Tappen und muß wieder bei jedem neuen Versuche erkennen, daß er sich getäuscht hat. O dieses unbekannte Etwas, das wir bis jetzt gesucht, aber nicht gefunden haben; dieses Etwas, das unsern innersten Geist stillen, unsere Leere ausfüllen kann, dieses Etwas verkündige ich euch heute, es ist Jesus; und dieser Jesus steht vor eurer Tür und will eingelassen werden. Wollten wir ihm die Türe nicht öffnen, wir, die wir ohne ihn die Elendesten sind? Er hat ein Recht an uns, liebe Leute, ein ewig-gültiges Recht; er ist der rechtmäßige König unserer Herzen. Nicht der Mammon ist dein König und Herr; nicht deine Äcker und Güter sind's; nicht der Teufel ist's oder die Welt; Jesus ist's, sonst niemand als Jesus!

Nun denn, so will ich auf ewig, was nichtig ist hassen, dich nur, o Jesu, du herrliches Kleinod, umfassen, du sollst allein Reichtum und alles mir sein; Herr, Herr, wer wollte dich lassen?

20. Oktober: Matthäus 25,32

Und er wird sie voneinander scheiden, wie ein Hirt die Schafe von den Böcken scheidet.

Gegenwärtig ist es noch nicht so in der Welt, wie es sein wird, wenn dieses Wort einmal in Erfüllung geht. Gegenwärtig ist noch alles untereinander, Gute und Böse, Gläubige und Ungläubige, Kinder Gottes und Kinder der Welt, Schafe und Böcke. Alles läuft in bunter Mischung durcheinander. Des Menschen Sohn, der nach unserem Evangelium in der Herrlichkeit kommen wird, ist gegenwärtig noch von einigen geachtet, von andern verachtet; einige glauben an ihn, andere glauben nicht an ihn; vielen ist er der gleichgültigste Mann. Die Gesegneten des Vaters, welche das Reich ererben sollen, das ihnen bereitet ist von Anbeginn der Welt, sind noch verborgen, man kennet sie nicht; man mißkennt sie häufig; man schätzt sie gering; sie sind verachtete Lichtlein, sie sind Brüder und Schwestern dessen, der auch einst durch die Welt ging, und die Welt kannte ihn nicht, ob er wohl der Eingeborne des Vaters war. Die Verfluchten, die dann in das ewige Feuer gehen müssen als Teilnehmer der Strafe des Teufels, sehen jetzt noch gar nicht solchen Verfluchten gleich; sie sind oft in äußerem Ansehen; sie sind oft in äußerem Wohlstande; sie lassen es sich oft wohl sein in dieser Welt; sie sind oft als die rechtschaffensten, ehrlichsten, klügsten, sogar menschenfreundlichsten Leute geachtet; ja, sie stehen oft im Geruche der Frömmigkeit; sie können oft über die Maßen gut vom Christentum und vom Heiland reden; sie können oft recht schön beten; man hält sie oft für Schafe, ob sie gleich nichts sind denn Böcke. So geht alles dahin in dieser Weltzeit; der Böse ist immerhin böse, und der Unreine ist immerhin unrein; der Fromme aber ist immerhin fromm, und der Heilige ist immerhin heilig; es geht alles in einem Zuge fort; man sieht es dem Betragen der Menschen nicht an, daß es auf eine so ernstliche Entscheidung hinausziele; man sieht es dieser Weltzeit nicht an, daß sie eine Saatzeit ist, auf welche eine so ernsthafte, eine so feierliche Ernte folgen werde. Der Tag der Offenbarung, des Gerichts, der Scheidung und der Entscheidung ist noch nicht gekommen. Aber dieser Tag wird kommen. So gewiß wir ein Gewissen in uns haben und Gedanken, die sich untereinander verklagen und entschuldigen; so gewiß Jesus das erste Mal in seiner Niedrigkeit erschienen; so gewiß er von den Toten auferstanden und zum Vater gegangen ist, so gewiß von seinen Worten bis jetzt keines gefehlt hat, so gewiß wird auch dieses Wort nicht fehlen.

So wache denn mein Herz und Sinn und schlummre ja nicht mehr! Blick täglich auf sein Kommen hin, als ob es heute wär.

Der Herr bricht ein um Mitternacht; jetzt ist noch alles still. Wohl dem, der nun sich fertig macht und ihm begegnen will.

21. Oktober: Hebräer 2,14.15

Weil nun die Kinder von Fleisch und Blut sind, hat auch er's gleichermaßen angenommen, damit er ...

die erlöste, die durch Furcht vor dem Tod im ganzen Leben Knechte sein mußten.

Seit Adam von Gott abfiel und sein Geschlecht den Namen der Sünder führt, seitdem lebt der Mensch, der die Versöhnung durch Christum nicht empfangen hat, in lauter Furcht und Angst; er ängstet sich und fürchtet sich vor Gott, wie sich ein Missetäter vor dem Richter und Scharfrichter fürchtet; er fürchtet sich vor dem Tode, was die tägliche Erfahrung zeigt und auch die Schrift bestätigt; er fürchtet sich vor dem Gerichte und der Offenbarung seines Inwendigen; es ist in jedem Menschen, auch in dem rohesten, ein heimliches Warten, ein heimliches Abängsten und Unwohlsein auf den Tag des Gerichts und des Feuereifers, der die Widerwärtigen verzehren wird. Dazu kommt noch viel Angst und Furcht, die aus dem Äußerlichen entsteht, durch die Feindseligkeit und den Schrecken der Elemente, durch andere Menschen, durch Glücksumstände und dergleichen, so daß es ein erprobtes Wort ist, was die Bibel sagt, daß des Menschen Leben lauter Furcht, Sorge, Hoffnung ist. Dieser Zustand des Menschen hat seinen wahren Grund im bösen Gewissen. Vor dem Falle fürchtete sich der Mensch vor nichts; denn er stand in der innersten Gemeinschaft mit seinem Schöpfer, und »ist Gott für uns, wer kann wider uns sein?« Nach dem Falle fürchtet er sich vor allem, denn er hat ein böses Gewissen; weil er ein Sünder ist, so traut er seinem Gott keine Friedensgedanken, sondern lauter Gedanken des Zorns und der Rache über ihn zu. Sehet unsre ersten Eltern im Paradiese! Als sie in die Sünde gewilligt hatten, da hörte das vertrauliche Verhältnis zwischen ihnen und dem Herrn auf; sie verkrochen sich vor ihm, als sie seine Nähe merkten; und Adam gab als Grund davon an: »Ich hörte dich im Garten und fürchtete mich.« Sehet, das ist unser Zustand;

so ist's geschrieben in unserem Inwendigen; solange eine Seele die Versöhnung unter dem Kreuze Christi nicht geschmeckt hat, solange stehet sie in einer knechtischen, unerträglichen Furcht vor dem Herrn; es ist kein Zutrauen zu ihm vorhanden, auch nicht das mindeste.

O holder Ruf: »Kommt her zu mir, so will ich euch erquicken.« Auch ich fand Ruh, ich kam zu dir, du nahmst die Last vom Rücken. Auch mir ist wohl, auch ich war krank; auf Seelen, auf zum Lob und Dank! Denn Dank gebührt für Ruhe. Ach Heiland tu noch dies hinzu: Laß mich erfahren, wie die Ruh so sanft im Himmel tue!

22. Oktober: Johannes 1,36/Hebräer 2,3

Siehe, das ist Gottes Lamm!

Wie wollen wir entrinnen, wenn wir ein so großes Heil nicht achten ...

Ei, wie sollte uns das Herz hüpfen und springen; wie sollten wir ganz Liebe und Dank und Anbetung werden bei dieser frohen, seligen Botschaft vom Lamme Gottes. Aber man hört diese Botschaft jahraus jahrein; man ist daran gewöhnt; man glaubt, es müsse so sein; man ist nicht verlegen über seine Sünden; sie drücken einen nicht; darum ist es den meisten gleichgültig, ob sie vorhanden oder weggenommen sind. O liebe Brüder und Schwestern! Lasset uns doch aus diesem Kaltsinn, aus dieser Gleichgültigkeit aufwachen; denn dies ist die größte Schmach, die wir dem Heiland antun können; lasset uns doch auch einmal anheben zu rühmen von dem Lamme, das geschlachtet ist: Lasset uns doch auch einmal ihm die Ehre geben.

Wer aber dieses verwirft, wer die Erlösung durch Christum verachtet, wie soll dem geholfen werden? Wem es entweder zu unbequem oder zu abgeschmackt ist, ein Nachfolger Christi zu werden, wie soll dem geholfen werden? Wer um der Augenlust, Fleischeslust, um des hoffärtigen Wesens willen, wer aus Anhänglichkeit an das Irdische Jesum verwirft, wie soll dem geholfen werden? Wer nur für sich selbst vor Gott erscheinen will, da doch Christus allein uns Sündern den Weg bereitet hat, wie soll dem geholfen werden? Ach, seine Sünde bleibet über ihm; der Zorn Gottes, der hinunterbrennt bis in die unterste Hölle, der Zorn des Heiligen, der der Sünde ernstlich feind ist, bleibet über ihm. Oder sollte einer unter uns sein, der da in dem bewußten oder unbewußten Wahne stände, der Heiland sei für die Langeweile gemartert worden und habe für die Langeweile die Sünden der Welt gebüßt, der mag die Folgen seines Irrtums auf sich selber haben. Nein, liebe Brüder und Schwestern, der Herr fordert von uns seinen Schmerzenslohn, welcher wir selber sind. Er fordert für diese seine Aufopferung nichts als uns selber, unser Herz ganz und ungeteilt. Seele, zögere nimmer länger, gib's ihm, er hat's verdient!

Kommt, Sünder, und blicket dem ewigen Sohne ins Herz, in die Nägelmal, unter die Krone und sucht euch noch mehrere zuzugesellen, die sich mit euch vor den Gekreuzigten stellen.

23. Oktober: 1. Johannes 5,12

Wer den Sohn Gottes hat, der hat das Leben; wer den Sohn Gottes nicht hat, der hat das Leben nicht.

Christum haben – was ist das? Ist es nicht etwa nur ein bildlicher Ausdruck? Bewahre Gott. Das wäre eine teuflische Künstelei, wodurch uns unser Heiligstes geraubt würde. Es muß genommen werden, wie es dasteht. Wie ich von einem Kleinod, das mir von Rechts wegen zugehört und von keinem Menschen abgestritten wird, sagen kann: Es ist *mein*, mein Eigentum, ebenso muß man von dem Sohne Gottes sagen können: Er ist *mein*, ich *habe*, ich *besitze* ihn; nicht etwa nur eine feine Erkenntnis von ihm, sondern *ihn selbst* und von ihm muß man keinen Widerspruch befürchten dürfen, wenn man zu ihm sagt: »Du bist mein Herr Jesu! Ich habe dich, *mein* Herr und mein Gott.« Da muß aber doch wohl viel vorhergehen, ehe man dieses aussprechen kann? Allerdings. – Ihn haben *wollen* und ihm etwas geben, das geht vorher. Erst wird man gewahr, daß man Jesum nicht hat, und ebendarum durch und durch unglücklich, unselig ist, daraus entsteht der *Gedanke:* Bleibe ich ohne Jesum, so bleibe ich ewig unselig – und hieraus das *Verlangen:* Ach daß ich ihn hätte! Und hieraus das *Streben* nach ihm: Ich muß ihn haben; ich will ihn suchen und nicht ruhen, bis ich ihn finde. Nun sucht man ihn, das heißt, man sehnt sich nach ihm, wie der Hungrige nach Brot, der Kranke nach dem Arzt, der Gefangene nach der Freiheit. Und wer ihn so sucht und es redlich meint, der findet ihn. Ohne sich leiblich sehen zu lassen, meldet sich der Erlöser selbst bei dem nach ihm seufzenden Sünder an: Siehe hier bin ich. »Ich bin Jesus, was willst du, daß ich dir tue?« »O Herr hilf mir! Du fehlst mir! Gib dich mir!« – »Das will ich tun, aber du mußt mir vorher etwas geben.« – »Herr, was?« – »Dein Herz, aber ganz und ungeteilt.« – »O Herr, da ist es, nimm mich hin, wie ich bin.« – »Ich nehme es an und nun gebe ich dir mich selbst so wie ich bin mit meiner ganzen Fülle, nimm mich nun auch hin und schöpfe aus mir Lebenswasser, Gnade um Gnade.« Die Seele greift zu, nimmt Jesum, dessen Gegenwart sie unwidersprechlich fühlt, mit Begierde im Glauben auf, und nun hat sie den Sohn Gottes und hat das Leben. Der Sünder hat Christum gewollt, gesucht, gefunden, ihn, den ganzen Christum mit seiner heilbringenden Menschwerdung, mit seinem verdienstlichen Leben, mit seiner Lehre, mit seinem Vorbild, mit seinem genugtuenden Leiden, Blutvergießen und Sterben und Auferstehen; es fehlt nichts. Man hat den einigen Menschen, welcher Gott der Herr ist, und will hinfort nichts mehr, als wie Paulus sagt: »Denn was ich jetzt lebe im Fleisch, das lebe ich im Glauben an den Sohn Gottes, der mich geliebt hat und sich selbst für mich dahingegeben« (Gal 2,20). Da heißt es dann:

Herr mein Hirt, Brunn aller Freuden! Ich bin dein, du bist mein, niemand soll uns scheiden. Ich will dich ins Herze schließen, o mein Ruhm, edle Blum laß dich recht genießen.

24. Oktober: Jesaja 35,4

Saget den verzagten Herzen: Seid getrost, fürchtet euch nicht!

Ich habe einmal in den Brüdergemeinde-Sammlungen gelesen, daß Zinzendorf gefragt wurde, was zur wahren Buße gehöre oder wann eine Menschenseele so sei, daß sie der Heiland ergreifen könne? Seine Antwort war: Wenn sie angefangen hat, an sich selbst zu verzagen. – Glaubet ihr das nicht auch für andre, ihr Verzagten? Aber nicht wahr, in Absicht auf euch selbst steigt euch sogleich folgendes »Aber« auf: »Aber ich verzage ja nicht an mir selbst, ich bin ja noch nicht wahrhaftig arm und ausgezogen; ich sehe wohl, daß alle meine Sache nichts ist, aber mein Herz will es nicht recht glauben, und wenn es auch öfters mit Gewalt darauf hingezogen wird, so fällt es bald wieder in seinen vorigen Hochmut zurück.« – Wie lange können wir mit solchen Gedanken uns plagen, bis wir uns aufdecken lassen, daß wir ja eben in dem Arm- und Ausgezogensein unsere eigene Gerechtigkeit suchen. O was ist das für eine Tücke vom Satan, womit er die Seelen von ihrem Erbarmer zurückhält, ein um so feinerer Schlich, weil er sich hier in das Gewand der Demut hüllt. Laß aber dein Herz noch so selbstgerecht und hochmütig sein: Du machst dasselbe wahrlich nicht anders, und wenn du dasselbe auch Jahrtausende hindurch zum Armsein zwingen wolltest. Laß das alles stehen, der Heiland hat schon seine Mittel dazu. Denn es ist doch wahrlich *ein Unterschied zwischen dem, wenn man die guten Hoffnungen von sich aufgibt und zwischen dem, wenn man ein ganz ausgezogener Sünder ist.* Hat nur ein Mensch die Erkenntnis von seinem Elend und von der Unentbehrlichkeit seines Heilands, dann mag das Herz sagen, was es will: Siehe, ein solcher Mensch ist fähig zum Reiche Gottes. Christus ist uns zuerst gemacht zur Weisheit und zur Gerechtigkeit, danach zur Heiligung; Beugung des Herzens aber gehört ja zur Heiligung. Und wie seltsam wäre doch das, wenn jemand sagen wollte: *Ich kann mir die Last* (die drückende Last des Hochmuts und der Selbstgerechtigkeit des eignen Herzens) *nicht abnehmen lassen, sie drückt mich noch nicht genug?!*

O Gottes Lamm! Mein Element ist einzig dein Erbarmen, dein Herz, das zu mir wallt und brennt, mit offnen Liebesarmen; dein Blut, wie es am Kreuze floß und alle Welt mit Heil begoß.

25. Oktober: Johannes 1,29

Siehe, das ist Gottes Lamm, das der Welt Sünde trägt.

Zu den Zeiten des Alten Bundes gab es auch Gelegenheiten, wo Lämmer geopfert wurden. Jenes Lamm, das Passa, mit dessen Blute die Türpfosten der Israeliten in Ägypten bestrichen wurden, verhinderte ja den Einbruch des Würgeengels, als er die Erstgeburt der Ägypter schlug. Aber alle jene Opfer und auch das Blut des Passalammes hatte nur seine Bedeutung und seinen Wert in dem Opfer des neutestamentlichen Lammes, in dem Opfer Jesu Christi. Dieser ist das wahrhaftige Opferlamm, von Gott dazu ausersehen vor den Weltzeiten, erschienen in der Fülle der Zeit, auf daß er eine ewige Erlösung erfände; Opfer und Gaben hatte der Vater nicht gewollt, aber den Leib hatte er ihm bereitet, um ein Opfer zu werden für das Leben der Welt. Mit dieser seiner Aufopferung, mit seiner Geduld, mit seinem Harren auf Gott, mit seiner Liebe bis zum Tode, mit seinem Todeskampf und blutigen Schweiß hat er die Welt versöhnet, die von Gott abgefallene Welt, die Welt, auf welcher der Zorn Gottes ruhte, denn er, der Mittler zwischen Gott und den Menschen, trug unsere Sünden und hat den ganzen Zorn Gottes gegen die Sünde auf sich genommen. O schreckliche Last, die Sünden aller Sünder! Aber, Gott Lob, das Lamm hat gesiegt, es hat ausgehalten, es hat sie getragen; das Opfer ist vollendet; es bedarf keines Opfers mehr; dem Übertreten ist gewehret, die Sünde zugesiegelt; die Missetat versöhnet und die ewige Gerechtigkeit gebracht (Dan 9,24). Er hat eine ewige Erlösung erfunden; Jesus Christus hat die Sünden getragen und aufgehoben; also, daß ihrer ewiglich nicht mehr gedacht werden soll vor dem Angesichte des Vaters. O es ist ein gar schöner, bezeichnender Ausdruck, den Johannes davon gebraucht: » ... das der Welt Sünde trägt«, oder vielmehr durch sein Tragen wegnimmt. Sie sind also nicht mehr vorhanden; sie sind also ins Meer der Vergessenheit versenkt; sie dürfen also nicht mehr zwischen mich und meinen Gott scheidend hineintreten; sie sind begraben, bedeckt, verhüllet, versöhnet in den Wunden des Lammes.

O Abgrund, welcher alle Sünden durch Christi Tod verschlungen hat! Das heißt die Wunde recht verbinden, da findet kein Verdammen statt, weil Christi Blut beständig schreit: Barmherzigkeit, Barmherzigkeit!

26. Oktober: Hebräer 10,35

Darum werft euer Vertrauen nicht weg, welches eine große Belohnung hat.

Ja ihr gedrückten und niedergeschlagenen Seelen, auf denen eine zentnerschwere Last liegt, laßt euch doch euren Trost nicht rauben, daß der Herr das Seufzen der Elenden hört, daß seine Ohren nicht dick geworden sind, daß er vielmehr einer Seele gewöhnlich am nächsten ist, wenn wir ihn am fernsten wähnen. Es scheint freilich schwer, ja eine Unmöglichkeit zu sein, zu glauben, wo man gar nichts siehet als Elend und Finsternis, aber *ein wenig Glaube ist doch auch ein Glaube* (vgl. Mt. 17,20), und gewiß ein wohlgefälliger vor dem Herrn, als wenn einer in beständigem Genuß, wobei der Körper oft seine Rolle mitspielt, sich breit und groß machen kann. – »Das zerknickte Rohr wird er nicht zerbrechen.« Das ist der Grundcharakter des Heilandes, und o mit welcher Treue übt der gute Erzhirte dieses sein Amt aus. Was darf man bei ihm erfahren! Was hast du selber bei ihm erfahren, wenn du der vorigen Tage gedenkst. Siehe, wenn einer nicht mehr beten kann, wenn seine Seele gleich einer Wüste geworden ist voll Dornen, Disteln und Unglaubens, oder noch nicht einmal dies, aber eine Wüste voll Unseligkeit, eine Hölle sogar, und es steigt einem Menschen dieser Art mitten in seiner Unseligkeit der Seufzer vielleicht täglich nur einmal auf: »Herr, erbarme dich!« oder »Herr, wie so lange?« Was meinst du, Lieber, denkest du, dieser Seufzer sei nicht so viel wert als ein stundenlanges Gebet? Warum wohl ist dieser Seufzer dem Herrn so wohlgefällig? Antwort: Weil es Römer 8,26.27 also geschrieben steht: »Desgleichen hilft auch der Geist unsrer Schwachheit auf. Denn wir wissen nicht, was wir beten sollen, wie sich's gebührt; sondern der Geist selbst vertritt uns mit unaussprechlichem Seufzen. Der aber die Herzen erforscht, der weiß, worauf der Sinn des Geistes gerichtet ist; denn er vertritt die Heiligen, wie es Gott gefällt.« Und V. 25 heißt es: »Wenn wir aber auf das hoffen, was wir nicht sehen, so warten wir darauf in Geduld.«

Damit stärke dich. Ich will dir auch noch einen alten Vers beifügen, der hierher gehört:

Jesu, hilf siegen, wenn alles verschwindet, wenn ich mein *Nichts* und Verderben nun seh, wenn kein Vermögen zum Beten sich findet, wenn ich muß sein ein verschüchtertes Reh! Ach Herr, dann wollst du im Grunde der Seelen dich mit dem innersten Seufzen vermählen!

27. Oktober: Lukas 13,5

... sondern wenn ihr nicht Buße tut, werdet ihr alle auch so umkommen.

Sich bekehren – ach, dies Wort hat für gewisse Leute eine gar zu gehässige Bedeutung, und deswegen lassen sie ihren Widerwillen dagegen entweder grob oder fein hervortreten. Bei manchen erzeugen dergleichen Zumutungen, sie sollen sich bekehren, nur einen geheimen Ärger, dem sie bisweilen einen recht schönen Namen zu geben wissen; sie sagen, es sei wider den guten Ton, solche Worte und Redensarten zu gebrauchen, es sei mystisch, schwärmerisch, und was dergleichen mehr ist; man fühlt ihnen aber an, daß sie mit dergleichen Ausflüchten sich nur die Sache vom Halse schaffen wollen, damit die Wahrheit derselben nicht zu viel Eindruck auf ihr Herz mache. Woher kommt doch diese Erscheinung? Wenn sich einer ja nicht bekehren, oder nicht einmal in diese Begriffe eingehen will, so könnte man denken, er lasse die Menschen reden, was sie wollen, und gehe ruhig seines Weges fort; statt dessen aber wird er durch solche Worte gereizt, geärgert; es regt sich ein Grimm, ein Widerspruchsgeist in ihm, man fühlt es ihm an, er sträubt sich mit aller Macht dagegen und will dergleichen Worte nicht in sich eindringen lassen. Woher kommt das? Es kommt wohl nirgends anders her als von der Macht der Wahrheit. Ein einziges Wörtlein, aus der Wahrheit genommen, ist imstande, ein ganzes Gebäude von Entschuldigungen und Lügengebilden, die man sich selber vorhält, womit man sein inneres oder äußeres Leben beschönigt, niederzureißen und umzustürzen; wer deswegen nicht aus der Wahrheit ist, das heißt, wer keine Wahrheit sucht oder will, sondern sich in seiner selbstgeschaffenen Lüge gefällt, der wird solche Stimmen nicht hören mögen, weil sein innerster Geist, der in der Tiefe um Erlösung ruft, dem Worte Zeugnis gibt und dasselbige versiegelt, der Mensch also dadurch in Widerspruch und Zwiespalt mit sich selbst gerät, da er doch ruhig in seinem alten Wesen fortfahren und sich sorglos dem verderbten Willen seines Fleisches überlassen möchte.

Du Jesusname werd in mir durch deine Kraft verkläret, weil, was verborgen liegt in dir, kein Herz von selbst erfähret! Denn die Vernunft begreift es nicht und ohne Gottes Gnadenlicht bleibt es unaufgeschlossen.

28. Oktober: Markus 4,27.28

... und der Same geht auf und wächst – er weiß nicht, wie. Denn von selbst bringt die Erde Frucht, zuerst den Halm, danach die Ähre, danach den vollen Weizen in der Ähre.

Ich habe noch nie gehört, daß man in ein paar Jahren zum Mann geworden ist. Das erfordert Zeit. Das große Ziel der Führung Gottes ist *Armut im Geiste,* damit man an der *Gnade,* die uns umsonst zufließt, herzlich froh und immer froher werde. Ein recht blutarmer Sünder kann Vergebung und alles, was der Herr gegeben hat, glauben. Wir wollen daher vom Heiland keine außerordentlichen Offenbarungen begehren, sondern zufrieden sein, wenn wir wissen, daß wir in der Zucht seines heiligen Geistes sind. Und auch diejenigen, welche besonderer Gaben gewürdigt werden und die Vergebung ihrer Sünden von einer gewissen Stunde her datieren können, müssen doch den nämlichen Weg gehen, wenn sie nicht unfruchtbar bleiben sollen. Es geht eben aus Glauben in Glauben, von Erkenntnis seines Elends in weitere Erkenntnis, von schlechter Treue in bessere Treue: Es geht durchs Wachstum, wo es recht geht. So ist die Ordnung Gottes in der sichtbaren Natur, so ists auch im Gnadenreich. *Das Wort, die Sakramente, das Gebet, die Gemeinschaft der Brüder* helfen einer treuen oder wenigstens nach Wahrheit suchenden Seele trefflich vorwärts. Das hat uns unser Herr gegeben. In Kraft dieser gering scheinenden Dinge sollen wir emporwachsen. Wir sind nirgends auf besondere Lichteinflüsse gewiesen, die auf einmal in das Herz hineinfahren und mit Zauberschlägen Buße und Glauben wirken. Gott führet wohl *einzelne* Seelen durch solche unmittelbare Wege, aber die *wenigsten;* sondern *nach und nach* lernt man glauben, und das gehet vorher durch vielen Unglauben hindurch. Das Herz wird nach und nach erweitert, daß es etwas von der großen ewigen Liebe Gottes fassen kann, von jener Erbarmung, die alles Denken übersteigt und gottlob über uns waltet, auch wenn wir voller Mißtrauen sind. Denn Gott ist viel *größer* als unser Herz. Je *kindlicher* wir werden, desto bälder und gewisser kommen wir zu etwas Ganzem.

Gottes liebste Kinder gehn als arme Sünder in den Himmel ein. Und die blinde Menge kann im Weltgedränge doch so sorglos sein. Ach die Welt, welch Totenfeld! Wieviel trägt Herr dein Erbarmen! Trag auch mich, den Armen!

29. Oktober: Epheser 2,8.9

Denn aus Gnade seid ihr selig geworden durch den Glauben, und das nicht aus euch: Gottes Gabe ist es, nicht aus Werken, damit sich nicht jemand rühme.

Wir müssen glauben, daß uns Christus ohne all unser Verdienst durch sein Leiden und Sterben erkauft hat, ohne Rücksicht darauf, *wie weit wir arm seien oder es in der Heiligung gebracht haben.* Das halte dir vor und reiße es an dich, denn sein Wort ist ja gewiß, du wirst dabei manche selige Stunde haben, wenn du auch noch nicht versiegelt bist durch den Geist Gottes. Aber das gehört dazu, daß du dich gänzlich von eigener Gebetsgerechtigkeit, eigenem Armseinwollen und guten Rührungen (insofern sie *verdienstlich* sein sollen) ausziehest und völlig und bloß auf das lautere Erbarmen Gottes, das sich in Christo auf Golgatha geoffenbart, vertraust. Das gibt Ruhe, und was das Beste dabei ist, man sieht einem stets größern Frieden dabei entgegen, denn so wills der Heiland haben, daß wir ihm die

Ehre geben, unser mißtrauisch feindseliges Herz gegen ihn fahren lassen und allein auf seine Erbarmung sehen. O was kann einem da der Heiland werden. Und wenn du auch noch nicht sagen kannst: »O Seelenfreund, wie wohl ist dem Gemüte« – wenn nur das Morgenrot anbricht, erwartet man doch den Tag, nicht wahr? Ach lasset uns doch von uns selber absehen. Satan zieht uns dabei nur an seinem Strick herum. Darum rein ab von uns, denn wir sind *sein*, weil er uns als seine armen Kreaturen erkauft hat, und wir haben ein Recht an ihm, weil wir Sünder sind. Solange man durchs Gebet noch etwas aus sich herausschlagen will (und ists nicht oft so?), so stehts nicht richtig. Sondern still zu des Heilandes Füßen gelegen, sich in seine Hände hinein empfohlen, seine ewige Erbarmung angesehen und ihn gefragt: Bin ich denn nicht dein? Bist du für mich allein nicht gestorben? Und wenn man Frieden darauf bekommt, sich diesen nicht mehr rauben lassen, das ist dem Heiland angenehm. Das aber ist des Satans größte Freude, wenn er uns vom Glauben, vom puren, nackten, bloßen Glauben an Jesu Verdienst abziehen kann, weil dieser sein Tod ist.

Und ob es währt bis in die Nacht und wieder an den Morgen, soll doch mein Herz an Gottes Macht verzweifeln nicht noch sorgen, so tut Israel rechter Art, der aus dem Geist gezeuget ward und seines Gottes harret.

30. Oktober: Römer 9,12

Nicht aus Verdienst der Werke, sondern durch die Gnade des Berufenden …

Wir machen uns unsern Weg selber schwer. Wie viele werden da sein, die schon jahrelang ohne eine ganze Gewißheit der Gnade dahingehen? Lieber Mensch, besinne dich doch! Wie lange ist es schon, daß du in einem heimlichen Gerichte dich befindest, daß du nicht hindurchdringen und nicht Vergebung deiner Sünden erlangen kannst, daß du zu keiner Gewißheit kommst? Woher kommt diese Ungewißheit? Es möchte vielleicht *die* Ursache haben, daß du deine Lieblingssünde nicht aufgeben willst; es kann aber auch noch einen andern Grund haben, es kann auch von deinem Unglauben herkommen, daß du diese Gnade nicht umsonst annehmen, daß du sie immer verdienen willst. Besinne dich, du traust es vielleicht Gott nicht zu, daß er dir umsonst nach seiner Gnade deine Sünde ausstreichen und sie dir vergeben könne, du traust ihm nicht zu, daß er barmherzig sei; du sprichst etwa: Wenn ich nur dieses oder jenes hätte, wenn ich Liebe oder Demut oder Sanftmut hätte, dann wollte ich es glauben. Nein, nicht erst dann sollst du glauben, schon vorher sollst du glauben; du kannst die Gnade nicht verdienen durch eigene Gerechtigkeit! Tue einmal den großen Sprung aus deiner eigenen Gerechtigkeit heraus und in die Gerechtigkeit Christi hinein! Es ist ein großer Sprung! Man meint, man falle hinunter in einen Abgrund; aber man fällt nicht hinunter, man fällt einem liebenden Vater ans Herz. Kommet, wir wollen es wagen und diesen großen Sprung machen! Kommet, wir wollen ausgehen von unserer Eigengerechtigkeit und hinüberspringen in die Gerechtigkeit Christi!

Alle unsre Schuldigkeiten, die Gott an uns fordern kann, sind hinaus auf alle Zeiten, schon auf einmal abgetan. *Einer* hat sie übernommen, alles steht in Richtigkeit, und seitdem der Bürg gekommen, ist es nimmer Zahlungszeit.

31. Oktober: Römer 5,1

Da wir nun gerecht geworden sind durch den Glauben, haben wir Frieden mit Gott durch unsern Herrn Jesus Christus.

Der Friede Gottes, den ein von der Sünde abtretender und dem Heiland sich übergebender Mensch genießen darf, ist etwas überaus Liebliches, Wohltuendes, innig Erquickendes und dabei nicht von der Art, daß die menschliche Schwachheit des noch unvollendeten Gläubigen den Genuß desselben nicht lange aushalten könnte, sondern still und sanft; nicht wie die brennende Sonne im Mittage, sondern gleich dem schönen, wonnevollen Sonnenschein am kühlen Frühlingsmorgen, recht wie gemacht für die noch im Glauben – ohne Sehen – in dem gebrechlichen Leibe wallende Seele, um darin als in ihrem beständigen Elemente zu leben; es kann aber unmöglich mit menschlichen Worten beschrieben, sondern muß erfahren, empfunden und genossen werden. Ich kann wohl etwas davon sagen, wie mir bei dem Gefühle des Friedens Gottes zumute ist und wie gut ich mich dabei befinde, wenn dasselbe in mir regiert, aber ich vermag nicht auszusprechen, was er ist, und das ist ganz natürlich, dieser Friede ist ja, wie Paulus, Philipper 4,7, aus Erfahrung bezeugt, höher als alle Vernunft, übersteigt also alle menschlichen Begriffe und Vorstellungen. Wer ihn aber genießt, der wird immer inniger überzeugt, daß er unmittelbar von Gott kommt. Es ist der Friede Gottes, ein kleiner Abfluß von dem Frieden, in welchem der selige und heilige Gott unverrücklich lebet. Mir fällt dabei das stille, sanfte Sausen ein, vor welchem Elias, da er auf dem Berg Horeb mit Gott redete, sein Angesicht verhüllte. Der Herr war nicht in dem starken Winde, der die Berge zerriß und die Felsen zerbrach; nicht in dem Erdbeben, nicht in dem Feuer, aber in dem sanften stillen Sausen, da war er. Alle, die den Frieden Gottes genießen, werden bezeugen, daß das Herz davon still und sänftiglich umgeben und durchströmt wird. Es heißt da im Herzen:

Sein Wille ist mein Wille; ich sitz in süßer Stille in Sicherheit und Ruh. Was mich zuvor gequälet, das liegt nun wie entseelet, der Geist des Friedens spricht mir zu. Wie wird mein Herz erhoben, im Geist den Herrn zu loben für seine reiche Gnad, die er an mir, dem Armen, durch gnädiges Erbarmen von Zeit zu Zeit erwiesen hat.

Wie ist die Ruh so süße, die ich nunmehr genieße! O welche Gnadenzeit! Da ich den Heiland habe und mich ohn Ende labe an seiner Lieb und Freundlichkeit!

1. November: Matthäus 5,4

Selig sind, die da Leid tragen; denn sie sollen getröstet werden.

Diese Welt ist so eingerichtet, daß kein Mensch ohne sein Teil Leiden hinauskommt. Wenn einer freilich arm ist, so denkt er: Ei wie habens doch die reichen Leute so gut, diese haben keine Leiden um und um, sie haben, was sie brauchen, ja mehr als sie brauchen, sie dürfen nicht sorgen und sagen: Was werden wir essen? Was werden wir trinken? Womit werden wir uns kleiden? Einer vom niedrigen Stand kann denken: Wie gut habens die vornehmen Leute, sie dürfen ihr Brot nicht im Schweiß ihres Angesichts suchen. Der Kranke denkt oft mit einigem Neid an die Gesunden. Aber das sind auf's gelindeste gesagt sehr menschliche Gedanken. Es hat ein jeder Mensch das ihm zugeschiedene Teil Plage in dieser Welt. Auch der reiche Mann im Evangelio hatte wohl seine Plage, und wenn er hätte wollen, so hätte er sich wohl auch durch sein Leiden zur Buße leiten lassen; selbst im Äußerlichen wird es bei ihm nicht so ohne den einen oder anderen Anstoß abgelaufen sein, denn wo ist ein Menschenleben, das ganz leidenslos vorüberginge. Darin verherrlicht sich ja gerade die Treue Gottes, daß er keinen Menschen seinen eigenen Wegen überläßt, sondern einem jeden, er sei wer er wolle, früher oder später Steine in den Weg legt. Aber das ist der große Unterschied, daß sich einige ihre Plage in Demut gefallen lassen, andere aber sich im Übermut darüber hinwegsetzen. So versteht also der Heiland unter denen, welche er mit dem Ausdruck Leidtragende bezeichnet, solche, welche ihre Plage, die ihnen Gott zusendet, geduldig annehmen und sich darunter zur Buße leiten lassen. Von diesen sagt der Heiland: Selig sind sie, sie werden getröstet werden, denn sie sind die, von welchen es einst heißen wird: Sie sind gekommen aus großer Trübsal und haben ihre Kleider gewaschen und helle gemacht im Blut des Lamms, darum sind sie vor dem Stuhl Gottes; sie sind die, welche hier mit Tränen säen, dort aber mit Freuden ernten, denn sie gehen hin und weinen und tragen edlen Samen.

Stell ich die Hoffnung nur zu dir, so fühl ich Trost und Fried in mir; wenn ich in Nöten bet und sing, so wird mein Herze guter Ding; dein Geist bezeugt, daß solches frei des ewgen Lebens Vorschmack sei.

Drum will ich, ob auch arm und schwach, das Kreuz dir willig tragen nach; mein Gott, mach mich dazu bereit! Es dient zum Besten allezeit. Hilf mir's nur mutig greifen an, daß ich den Lauf vollenden kann!

Hilf mir auch zwingen mein Gemüt, vor Sünd und Schanden mich behüt, erhalt mein Herz im Glauben rein, so leb und sterb ich dir allein. Jesu, mein Trost, hör mein Begier: O Heiland, wär ich doch bei dir!

2. November: Apostelgeschichte 2,13

Andere aber hatten ihren Spott und sprachen: Sie sind voll von süßem Wein.

Es ging, wie es heute noch geht, wenn das Wort Gottes mit Kraft und Beweisung des Geistes gepredigt wird; einige stehen still, fassen es auf, ahnen das Göttliche, das darunter verborgen liegt; andere aber haben ihren Spott, und weil ein jeder den andern nach sich selbst beurteilt, so schieben sie allerhand unwahre, ungegründete Absichten unter. So sagten nun auch einige: »Sie sind voll von süßem Wein«, denn sie hatten eine Erfahrung davon, wie man es macht, wenn man voll süßen Weins ist; sie beurteilten die Apostel nach sich und nach ihrem eigenen Leben. Da erfüllte sich das Wort: »Es kann niemand zu mir kommen, es sei denn, ihn ziehe der Vater …« und »Es sei denn, daß jemand von neuem geboren werde, so kann er das Reich Gottes nicht sehen.« Der hat gar kein geistliches Auge dafür. Dies ist aber das Schicksal Christi und seiner Sache schon unzählige Mal gewesen. Von ihm selber sagten sie: »Er hat einen bösen Geist«; seine Apostel hielten sie für betrunken, und so geht es seit achtzehnhundert Jahren fort, daß man das, was Wahrheit und eine Wirkung des Geistes war, Schwärmerei, Torheit, Krankheit des Leibes, Trunkenheit der Sinne, Schwelgen in übersinnlichen Gefühlen und weiß nicht was geheißen hat. Es hat freilich viele Schwärmerei gegeben in dieser langen Zeit; aber der Weltgeist hat gerade das Beste mit diesem Namen belegt. O die Weisheit, die ewige Weisheit muß sich meistern lassen von den Toren, wie zu der Zeit der Apostel, so noch heute. Was diese Toren nicht sogleich nach seinen Gründen erkennen, das werfen sie weg, es ist Schwärmerei, es ist Aberglaube. Weil die Juden nicht sogleich die ganze Geschichte des Tages begriffen und nicht sogleich wußten, wo es hinaus wollte, fingen sie an zu spotten, statt daß sie hätten weinen sollen über ihre Sünden. Spotte nur, armer Mensch, spotte nur, gehe hin, sprich geschwind ab über Dinge, die du nicht verstehst, gehe nur in deiner Aufgeblasenheit dahin; aber wisse, daß du deinem Richter Rechenschaft geben mußt von jeglichem Worte, das über deine Lippen geht. O es ist oft hinter diesem Spotten eine wahre Verzweiflung des Geistes verborgen; einem solchen Menschen ist oftmals die lauterste Überzeugung von der Wahrheit ins Inwendige geschrieben; er ist schon überwiesen von der Göttlichkeit des Evangeliums; das Schwert des Wortes ist ihm schon manchmal durch das Herz gedrungen, aber er will es nicht aufkommen lassen; er will nicht an das Licht kommen; denn er liebt die Werke der Finsternis mehr denn das Licht. Darum sucht er seine bessere Überzeugung hinweg zu lachen und hinweg zu spotten, wirft geschwind mit hoher Miene ein vornehmes Wort hin: »Sie sind voll von süßem Wein«, es ist Schwärmerei, Mystizismus, und damit ist dann alles abgetan.

Du heiliges Licht, edler Hort! Laß uns leuchten des Lebens Wort und lehr uns Gott recht erkennen, von Herzen Vater ihn nennen. O Herr behüt vor fremder Lehr, daß wir nicht Meister suchen mehr, denn Jesum Christ mit rechtem Glauben und ihm aus ganzer Macht vertraun. Halleluja! Halleluja!

3. November: 1. Petrus 5,6–8

So demütigt euch nun unter die gewaltige Hand Gottes, damit er euch erhöhe zu seiner Zeit. Alle eure Sorge werft auf ihn denn er sorgt für euch. Seid nüchtern und wacht; denn euer Widersacher, der

Teufel, geht umher wie ein brüllender Löwe und sucht, wen er verschlinge.

»Seid nüchtern und wacht«, so fährt der Apostel fort – »denn euer Widersacher, der Teufel, geht umher wie ein brüllender Löwe und sucht, wen er verschlinge. Dem widersteht fest im Glauben.« Solange ein Mensch noch in der eigenen Gerechtigkeit steht, solange kann er gar nicht auf die rechte Art nüchtern sein und wachen, denn er ist ja noch im Traume und noch gar nicht recht zu sich selber gekommen, und wenn er sich anstrengt, so ist's ein elendes, jämmerliches, mühevolles Leben. Was aber den Teufel anbetrifft, so ist es gewiß, daß der Satan seine Hauptbollwerke in einer solchen Seele hat; denn sie ist gefangen; sie ist gefällt; Satan ist seines Sieges gewiß, noch ehe er seine Reizungen und Lockungen angefangen hat. Ein selbstgerechter Sünder hat ja keinen völligen Glauben, wie kann er widerstehen? Er steht ja nicht auf dem Grund der Versöhnung, kann nicht überwinden durch des Lammes Blut, kann sich, wenn ihm der Teufel zusetzt, nicht verkriechen in seinen Erbarmer; er ist ja noch in halbem Einverständnis mit ihm, noch halb oder ganz in seinem Reiche. Ein armer, gebeugter Sünder aber kann wohl überwinden; denn er sucht ja seine Kraft nicht in sich selber, sondern er verläßt sich lauterlich auf die Kraft Gottes; und die, welche auf Gott harren, werden nicht zuschanden; zuschanden aber müssen werden die losen Verächter. Ein armer Sünder macht nicht viele Umstände mit dem Teufel, wenn er von ihm angefochten wird, er schlägt sich nicht lange mit ihm herum, was nichts als Übermut und Vermessenheit ist, sondern er hat sich schon so an seinen Erbarmer gewöhnt, daß er nichts mehr ohne denselben tun kann. Er nimmt den Satan mit an sein gewöhnliches Plätzchen; er nimmt ihn mit zum Kreuz auf Golgatha; er hält allen seinen Anläufen und Anfechtungen das vor, was dort für alle armen Sünder geschehen ist, und da flieht der Satan. Denn das Kreuz Christi ist ihm ein Dorn im Auge; das kann er nicht aushalten. Und sollte er auch fragen: Was hast du für ein Recht an dieses Opfer, das geschehen ist? Du darfst dich desselben nicht getrösten; – und wollte ihm den letzten Anker seiner Hoffnung wegdisputieren, so weiß ein armer Sünder keine Ursache, warum er sollte an Christum ein Recht haben, als die, daß er ein armer Sünder und Christus ein Heiland für die Sünder ist.

Weil die Worte Wahrheit sind, daß man nichts bei Gott gewinnt, nichts durch des Gesetzes Werke, nichts durch eigne Kraft und Stärke, nichts durch Einsicht und Verstand, nichts durch eine milde Hand, nichts durch eignes Heiligsein, – wenns gleich nicht nur Augenschein, sondern treu gemeinet wäre – auch nicht durch die reine Lehre, daß kein Tugendbild die Gnad näher, als der Sünder hat; so ist dies der leichtste Rat, es bestärkt ihn auch die Tat: Man fällt Jesu zu den Füßen und sagt nichts von Tun noch Büßen, sondern spricht zum Menschensohn: Bin ich etwa nicht dein Lohn? Hast du etwa mich allein nicht erkauft um dein zu sein? Da dir deine Müh und Fronen ein ganz unzählbar Heer soll lohnen: Würdst du doch auch meiner so und ich wieder dein recht froh!

4. November: Prediger 11,9

So freue dich, Jüngling, in deiner Jugend und laß dein Herz guter Dinge sein in deinen jungen Tagen. Tu, was dein Herz gelüstet und deinen Augen gefällt; aber wisse, daß dich Gott um das alles vor Gericht ziehen wird.

Wenn man die Welt fragt, so heißt es freilich: Die Jugend muß ausgetobt haben, man muß die Jugend genießen und was dergleichen sündliche und unchristliche Ausdrücke mehr sind; aber die, welche solche Reden führen und danach handeln, mögen wohl zusehen, wie sie auskommen vor dem Richterstuhle des Herrn, der seinen Sohn nicht umsonst ins Fleisch gesandt, sondern dadurch gezeigt und ihnen die Kraft erworben hat, daß Menschen, die im Fleische leben, heilig und unsträflich sein können. O welch ein Greuel muß in den Augen des Heilands ein Jüngling und eine Jungfrau sein, die ihre edle Jugendzeit nicht ihm, sondern ihrem eigenen bösen Willen und dem Teufel weihen. Welche Freude macht ihm aber auch eine fromme, gute, an seiner Hand durchlebte Jugend. Das sollten wir doch alle, jung und alt recht ernstlich bedenken. Der Heiland hat so viel für uns getan, hat sich so unbegreiflich tief erniedrigt, ist in solch tiefes Elend um unsertwillen eingegangen, und wir gehen meistens so dahin, denken nicht daran, danken ihm nicht dafür, loben ihn nicht dafür, sondern sind kalt und tot gegen solche Liebe. Uns allen sind durch seine Liebe, womit er uns geliebet hat, unzählige Gnadenschätze geöffnet; nur wollen diese Schätze so wenige haben. Ach, hebet diesen Schatz noch in der Jugendzeit, der Zeit der Aussaat, und solltet ihr auch schon die Welt liebgewonnen haben, so kehret um zu eurem guten Hirten.

Schöpfer meines Lebens, laß mich nicht vergebens auf der Erde sein! Gieße deine Liebe, deines Geistes Triebe in mein Herz hinein, daß dein Bild so rein und mild schöner stets bei deiner Pflege an mir leuchten möge.

Dir allein zu leben und mit dir zu streben nach der Heiligung; Torheit zu verlassen, Sündenlust zu hassen, bin ich nie zu jung. Mache dies mir recht gewiß, eh' ich um verlorne Tage einst vergeblich klage! Amen!

5. November: Offenbarung 14,13

Selig sind die Toten, die in dem Herrn sterben von nun an.

O wie mag es einer Seele sein, die sich durch viele Leiden für den Himmel zubereiten und demütigen ließ, wenn ihr nun die Erlösungsstunde schlägt! Es mag ihr sein wie einem Vogel, der aus seinem Gefängnisse ausfliegt und auf den ersten Baum sich setzt, um ein Loblied anzustimmen. So wird es der Seele des armen Lazarus ergangen sein; sie wird dem Herrn Lob und Anbetung dargebracht haben, daß sie nun von allem Übel und Leiden befreit war. Ein Gläubiger stirbt nicht, sein Elend stirbt nur. Da kommt auf das Kreuz Freude, auf die Unruhe Ruhe, auf die Tränensaat Freudenernte, auf die Trübsal dieser Tage eine ewige Wonne, auf die kurze Nacht ein ewiger Morgen, auf die kurze Gefangenschaft eine ewige Freiheit; das ist eine große, herrliche Veränderung. Lazarus durfte ausruhen in Abrahams Schoß; so war es im Alten Testament. Im Neuen Testament ist es eine Friedensfahrt zu Christo, unserm Herrn; da lebt man bei ihm und in seiner Gemeinschaft. Er hat sich dies ja erbeten von seinem himmlischen Vater. »Vater, ich will« – sagte er – »daß, wo ich bin, auch die bei mir seien, die du mir gegeben hast, damit sie meine Herrlichkeit sehen, die du mir gegeben hast.« O ihr Lieben! Wenn der Himmel noch so schön, noch so herrlich wäre, und es wäre nicht Jesus darinnen, was hätte eine Seele davon, die ihn liebt? Ich will nicht sagen, daß es eine Hölle wäre; aber es wäre doch auch kein Himmel. Aber das ist das Größeste, daß eine Seele, die ihn in diesem Leben nicht gesehen und doch geliebt hat, ihn nun fortlieben und sehen darf, so wie er ist. Das geht über alles, zu Jesu zu kommen, von ihm gnädig angesehen zu werden und ihn zu schauen, den ewigen Liebesmagnet einer gläubigen Seele, die Sonne der Gerechtigkeit, den guten, treuen Hirten, und ihm zu dienen in seinem Reiche in ewiger Gerechtigkeit, Unschuld und Seligkeit. Wann wir werden in den Himmel eingehen, so werden wir freilich auch nach den alten Vätern fragen, nach einem Abraham, Moses, Elias und den andern Propheten, und auch nach den Aposteln; aber die Hauptfrage wird sein nach dem, den die ganze Seele liebt, nach Jesu Christo.

Nicht nach Welt, nach Himmel nicht, meine Seele wünscht und sehnet; Jesum wünscht sie und sein Licht, der mich hat mit Gott versöhnet, der mich frei macht vom Gericht, meinen Jesum laß ich nicht.

6. November: Römer 12,16

Trachtet nicht nach hohen Dingen, sondern haltet euch herunter zu den geringen.

Was ist denn aber nun unter einem niedrigen, gebeugten Sinn zu verstehen? Es ist dies nicht eine geistliche Niederträchtigkeit, wie viele meinen, die keinen geistlichen Verstand haben, da man sich schlechter machen will, als man selbst zu sein glaubt, da man vor Gott und Menschen ein gewisses niederträchtiges, gleisnerisches Wesen annimmt, in welchem keine Wahrheit ist. Ach nein, im Gegenteil, ein Christ hat bei aller Beugung und Armut des Geistes im Glauben einen königlichen, gegen Satan, Welt und Sünde trotzigen Geist, nicht einen Trotz und Hochmut, wie ihn die Kinder dieser Welt in ihrer Torheit ausüben, sondern einen getrosten Mut im Glauben an den allmächtigen Herrn, nicht im Vertrauen auf sich selber, sondern auf den Arm und die Kraft und den Geist und das

Blut dessen, vor welchem alle Widersacher sind wie Spreu, die der Wind zerstreut, und wie Stoppeln, die das Feuer verzehrt, und der gesagt hat: »In der Welt habt ihr Angst; aber seid getrost, ich habe die Welt überwunden.« Dieser niedrige, gebeugte Sinn ist also kein heuchlerisches, unwahres, gemodeltes, formiertes Wesen; er ist auch nicht das, was die Welt Höflichkeit und Bescheidenheit nennt, worunter oft der größte Hochmut verborgen liegt, obgleich diese äußern Tugenden bisweilen Demut genannt werden von denen, welche keine geistlichen Augen haben: Dieser Sinn besteht vielmehr darin, daß Gott dem Menschen in die Tiefe des Herzens durch seinen Geist kleine Gedanken von sich selber, wahrhaft bußfertige Gedanken schenkt, so daß man die Menge und Größe seiner Verschuldungen kennt und empfindet, auch sich seines verdorbenen Herzenszustandes, seiner von der Sünde gänzlich vergifteten und verunreinigten adamischen Natur bewußt ist, ohne darum zu verzagen, sondern als ein ganz armer, von allem Guten entblößter Mensch nur auf die Gnade, auf das ewige Erbarmen Gottes, auf das Opfer, das einmal dargebracht ist, baut, und auf diesem als auf dem einzigen Grunde unserer Seligkeit gläubig und vertrauensvoll niedersinkt. Dies ist im allgemeinen der Zustand eines Menschen, von dem man mit Wahrheit sagen kann: Er hat einen niedrigen, gebeugten Sinn.

Reiß mein Herz von allen Dingen, die die Welt für scheinbar hält; hilf mir mich in Demut schwingen über diese stolze Welt! In der tiefsten Niedrigkeit mach mich dir zum Dienst bereit, daß ich dir im Geist anhange und sonst weiter nichts verlange.

Nimm die Decke von den Augen; mach mich vom Gefängnis los; hier kann kein Gesetz was taugen, Gnade nur macht frei und groß. Laß Herr deine stille Pracht, deiner Gottheit selge Macht mir noch hier, obschon im Dunkeln, dennoch hell im Herzen funkeln!

7. November: 1. Petrus 4,7

So seid nun besonnen und nüchtern zum Gebet.

Die jetzige Gestalt der Kinder Gottes ist gleich den Menschen, die auf ihren Herrn warten, auf daß, wenn er kommen wird, er sie bereit finde und ihre Lichter brennen und ihre Lenden umgürtet seien. Darum wiederholt sich in der heiligen Schrift so oft die Ermahnung: »Wachet und betet«; denn durch's Gebet bleibt man in Verbindung mit ihm, auch wenn er ferne ist; durch das Gebet wird das geistige Leben erhalten und vor dem Einschlafen gesichert. Das Gebet ist der Odem des geistigen Lebens; wer nicht betet, der lebt auch nicht. Freilich heißt bei gewissen Menschen alles beten. Sie lesen in einem Buche, und das heißt beten; sie sagen Formeln her, die sie nicht verstehen, deren Sinn sie nicht überdacht haben, und sind, während sie sie hersagen, mit ihren Gedanken bei ihren Geschäften, bei ihren Gesellschaften, in der Werkstätte, auf dem Felde, im Stalle, in der Schreibstube, und wo es sonst noch sein mag. Das heißt aber nicht gebetet, wenigstens ist es nicht im Geist und in der Wahrheit gebetet. Das Gebet aber ist stets von zweierlei Art gewesen: Einmal, wenn man sich eigentlich – Zeit dazu nimmt, mit dem Herrn zu reden, wenn man in das Kämmerlein geht, wenn man sich vor ihm beugt und demütigt und sein Herz ausschüttet vor ihm, der auch ins Verborgene schaut; fürs andere ist auch dies Gebet zu nennen, wenn man in beständigem Umgang mit dem Herrn bleibt, auch unter den Geschäften und Arbeiten immer wieder mit verborgenen Seufzern sein Angesicht sucht und so von seinen Augen und seiner Nähe sich leiten und regieren läßt. Beides ist notwendig, wenn das innere Leben soll erhalten werden, wenn man das Ende vor Augen haben und behalten soll.

Ja, Gott will gebeten sein, wenn er was soll geben. Er verlanget unser Schrein, wenn wir wollen leben. Nur Gebet, früh und spät hilft Fleisch, Welt und Sünden kräftig überwinden.

Drum so folgt uns immerdar Wachen, Flehen, Beten, weil die Angst, Not und Gefahr immer näher treten; denn die Zeit ist nicht weit, da der Herr wird richten und die Welt vernichten.

8. November: 1. Korinther 7,31

Denn das Wesen dieser Welt vergeht.

Wer kann sagen, daß die heilige Schrift lüge? Sie hat noch nie gelogen; »Himmel und Erde werden vergehen; aber meine Worte werden nicht vergehen.« Und ist es denn nicht natürlich, daß diese Dinge, die in der Zeit ihren Anfang genommen haben, mit der Zeit vergehen? Nicht rede ich hier von der unsichtbaren Geisterwelt, denn was unsichtbar ist, das ist ewig, das ist bleibend; auch der Apostel Petrus meint, wenn er von dem Ende aller Dinge redet, nicht die unsichtbaren, sondern die sichtbaren Dinge. Diese sind dem Untergange unterworfen und müssen aufhören. Siehe, lieber Mensch! Alles, was dich umgibt, bleibt nicht und besteht nicht; dieses Gebäude, diese Stadt, dein Haus, deine Geräte, dein Geld und Gut, deine Felder, deine Bücher, deine Titel, deine Würden und Ämter, deine Vorräte, die du vielleicht auf viele Jahre gesammelt hast, kurz alles, was deine Seele ergötzt, dein Leib, der dir am nächsten ist, diese Erde, die Sonne, die Wolken, die Luft, das Wasser, alles, alles, was um dich her ist, wird vergehen und zerstäuben. Hast du das auch schon bedacht, daß das alles, woran sich dein Auge weidet oder was deinen Sinnen schmeichelt, vergehen und durch die Glut des Feuers in Rauch aufgehen wird? Ach, wie wenige werden hier sein, die das schon ernstlich erwogen und bedacht haben. Man läuft so in der Torheit dahin und beachtets nicht und nimmt es nicht zu Herzen. So groß ist unsre Blindheit und Verkehrtheit. Was würden wir von einem Missetäter denken, dem sein Todesurteil bekannt gemacht wird und der sich nicht darum bekümmern, der es stumpf und gleichgültig anhören würde? Wir aber sind die Missetäter; stumpf und gleichgültig hören wir es an, wenn das Todesurteil über die ganze sichtbare Welt und der Feuertod über alles ausgesprochen wird, woran unsere Seele so gerne klebt und hängt. Und doch sind uns ewige Güter angeboten, die aus der Fülle Christi fließen, und wir laufen dahin im Traume und betrügen uns selbst, als ob das Sichtbare ewig währte und Bestand hätte, und wissen nicht, ob der Herr heute oder morgen dem Wesen dieser Welt ein Ende macht.

Die Welt muß untergehen; so spricht der Wahrheit Mund; doch wann es wird geschehen, das ist noch keinem kund. Ganz leise wird die Zeit der Sichtung uns betreten; drum sollen wir mit Beten und Wachen sein bereit.

Wohl dem nun, der die Stimme der Wächter nimmt in Acht, daß seine Lampe glimme in stiller Mitternacht! Dem wird nach dieser Zeit das Beten und das Wachen viel Wonn und Freude machen im Licht der Ewigkeit.

9. November: 2. Mose 20,2.3

Ich bin der Herr, dein Gott… Du sollst keine anderen Götter haben neben mir.

Das Gesetz ist ein Spiegel unsres alten Menschen. Betrachte dich in diesem Spiegel; scheue dich nicht hineinzusehen. Je häßlicher du dir vorkommst, desto besser ist es und desto fähiger bist du, in den Schmuck der Gerechtigkeit Christi eingekleidet zu werden. Selig sind die Armen im Geist – sagt der Heiland, die Sünder, nämlich solche, die ihre Sünden fühlen und mit Schmerzen bekennen und bereuen; die sind ihm eben recht, solchen leidtragenden, zerschlagenen und gedemütigten Herzen kann er den ganzen Reichtum dessen, was er uns am Kreuz erworben hat, schenken und darreichen, aber die reichen und stolzen Sünder werden ausgeschlossen (Offb 3,15–18). Frage dich also sogleich bei dem ersten Gebot, ob du auch von ganzem Herzen geglaubt habest, daß ein Gott sei? Ob du nie mit den Toren in deinem Herzen gesprochen oder wenigstens gewünscht habest, es möge kein Gott sein, der dich siehet und das Böse bestrafet? Ob du dich von Jugend auf bestrebt und keine Gelegenheit versäumet, den Herrn, deinen Gott, aus seinen Werken und namentlich aus seinem Wort recht zu erkennen und ob es dir dabei um eine lebendige Erkenntnis durch die Erleuchtung des heiligen Geistes zu tun gewesen sei, oder ob du es bei einer bloß buchstäblichen Erkenntnis habest bewenden lassen? Ob du ferner diesen erkannten Gott allein verehrt, angerufen und ihm gedient, eine heilige Furcht vor ihm getragen und dich gescheut habest, mit Bösem ihn zu beleidigen? Ob du ihn über alles und mehr denn die ganze Welt geliebt und aus solcher Liebe sein Wort gehalten, im Vertrauen auf ihn dich seiner Regierung unterworfen und mit seinen Führungen durch Kreuz, Trübsal, Armut, Krankheit zufrieden gewesen seiest, dir nicht selbst oder durch unerlaubte Mittel habest helfen wollen oder ihm stille gehalten? Überhaupt ob du dich gegen Gott als ein treuer Knecht gegen seinen Herrn und als ein folgsames Kind gegen seinen Vater bezeugt habest! Nach solchen und dergleichen Fragen prüfe dich. Und wenn du findest, daß du keine wahre

Furcht vor Gott, keine Liebe zu Gott, keine Erkenntnis Gottes und kein Vertrauen zu ihm hattest, dann demütige dich vor ihm, lege dich in den Staub vor seinem Angesicht und flehe um Gnade!

Aus tiefer Not schrei ich zu dir, Herr Gott, erhör mein Rufen; dein gnädig Ohren kehr zu mir und meiner Bitt sie öffne! Denn so du willst das sehen an, was Sünd und Unrecht ist getan, wer kann, Herr, vor dir bleiben?

10. November: 2. Mose 20,7

Du sollst den Namen des Herrn, deines Gottes, nicht mißbrauchen; denn der Herr wird den nicht ungestraft lassen, der seinen Namen mißbraucht.

Das ist das zweite Gebot. Was wird dir dein Gewissen dabei sagen? Klagt es dich nicht an? Schilt es dich nicht in das Angesicht, daß du ein grober Übertreter dieses Gebotes seiest und den allerheiligsten Namen Gottes auf mancherlei Weise schändlich mißbrauchet und entheiligt habest? Ja prüfe dich einmal, ob du den Namen Gottes, das ist Gott selber, wie er sich in seinem Wort geoffenbart hat, auch jederzeit in deinem Herzen hochgehalten und denselben tief verehrt habest? Ob du denselben durch andächtiges Gebet, herzliches Danken, fleißiges Betrachten des göttlichen Wortes geheiligt oder nicht vielmehr auch mehr als einmal den Namen Gottes, Jesus, sein Blut, seine Sakramente usw. aus liederlicher Gewohnheit vergeblich, das heißt freventlich und lästerlich und die Sprüche der heiligen Schrift und geistliche Lieder spöttisch und zum Scherz im Munde geführt habest? Ob du nie Gott, sein Wort und die heiligen Sakramente gelästert mit Schwören, Fluchen und dgl.? Ob du nicht wenigstens den Namen Gottes heuchlerisch geführt durch kaltsinniges Beten, Beichten, Kirch- und Abendmahlgehen, wobei du doch in deinen Sünden fortgefahen? – Es sind dies nur einige Fragen an dein Gewissen über das zweite Gebot. Nach diesem Vorgang wirst du dir zu deiner Selbsterkenntnis noch viel mehrere machen und doch alle deine Abweichungen von demselben nicht genugsam ergründen können. Was aber willst du antworten, wenn der Herr selbst über seinen hohen Namen eifert, da ein Mensch nicht gern seinen Namen verunehren läßt? O wie hohe Ursache hast du, mit David zu seufzen: Meine Sünden gehen über mein Haupt, wie eine schwere Last sind sie mir zu schwer geworden! Laß dich auch dieses vor Gott beugen und demütigen. Seufze und schreie: Gott sei mir gnädig um deines lieben Sohnes willen, handle nicht mit mir nach meinen Sünden und vergilt mir nicht nach meiner Missetat.

Vergib mir meine Sünden und wirf sie hinter dich. Laß allen Zorn verschwinden und hilf mir gnädiglich. Laß deine Friedensgaben mein armes Herze laben! Ach Herr erhöre mich!

Vertreib aus meiner Seelen den alten eitlen Sinn und laß mich dich erwählen, daß ich mich künftighin zu deinem Dienst ergebe und dir zu Ehren lebe, weil ich erlöset bin!

11. November: 2. Mose 20,8–10

Gedenke des Sabbattages, daß du ihn heiligest. Sechs Tage sollst du arbeiten und alle deine Werke tun. Aber am siebenten Tage ist der Sabbat des Herrn, deines Gottes. Da sollst du keine Arbeit tun, auch nicht dein Sohn, deine Tochter, dein Knecht, deine Magd, dein Vieh, auch nicht dein Fremdling, der in deiner Stadt lebt.

Gott hat dich den Sonntag schon so oft erleben lassen. Wie ist es dir nun zumute und wie muß es dir zumute werden, wenn du in der Stille der Sache nachdenkst und dich vor Gottes heiligem Angesicht fragst: Ob du auch den Tag des Herrn lauterlich zu seiner Ehre und zu deinem Seelenheil angewendet habest? Ob du in der Kirche, wenn du darein gekommen, mit gehöriger Andacht gebetet und gesungen, mit heiliger Begierde dem Wort Gottes zugehört, das Liebesmahl Jesu Christi öfters und wie sichs gebührt mit ernstlicher Zubereitung durch Buße und Glauben empfangen oder ob du dies alles sträflich unterlassen, mit eitlen Absichten zur Kirche gegangen, mit fremden Gedanken das Gebet und den Gesang entheiligt, die Kraft des gepredigten Worts an deinem Herzen durch Unachtsamkeit und Zerstreuung, durch Schwätzen und Schlafen gehindert, das heilige Abendmahl entweder gar versäumt oder dasselbe nur um des Brauchs willen ohne Buße und Andacht und ohne erfolgende Besserung genossen habest? Ob du dem gehörten Wort auch zu Haus nachgedacht, es mit den Deinigen wiederholt, die Bibel oder ein anderes gutes Buch zur Hand genommen und dich darinnen erbaut oder vornehmlich für deinen Leib gesorgt, allerhand Mutwillen getrieben und andern gestattet und deine geistliche Ruhe und Besorgung darüber unverantwortlich versäumt habest? – Soviel über das dritte Gebot und über die erste Tafel überhaupt. Wie groß ist aber unser Sündenregister angewachsen, wenn wir uns nur nach den ersten drei Geboten prüfen! Wie viel verdammliche Abweichungen sind uns schon vor Augen gekommen, derer nicht zu gedenken, die wir nicht einmal erkennen, die aber Gottes helle Augen an uns wahrnehmen! Ja Ursache genug, unter dieser unseligen Last zu seufzen und zu klagen:

Wo soll ich fliehen hin, weil ich beschweret bin mit viel und großen Sünden? Wo kann ich Rettung finden? Wenn alle Welt herkäme, mein Angst sie nicht wegnähme.

12. November: 2. Mose 20,12

Du sollst deinen Vater und deine Mutter ehren, auf daß du lange lebest in dem Lande, das dir der Herr, dein Gott, geben wird.

In diesem Gebot werden die Pflichten der Eltern und Kinder gegeneinander eingeschärft; durch den Vater- und Mutternamen aber werden nach der Sprache der Schrift nicht bloß die leiblichen Eltern, sondern Lehrer und Prediger, alle obrigkeitlichen Personen, Pfleg- und Schwiegereltern, Herr und Frau und wer sonst an Eltern Statt ist verstanden. Haben wir uns anzusehen als Väter und Mütter oder als solche, die andern vorgesetzt waren oder sind, so fordert dieses Gebot also von uns gegen unsere Kinder und Untergebene Liebe, Versorgung, christliche Erziehung, fleißiges Gebet und ein gutes Exempel, wie es hingegen alles verbietet, was diesem entgegensteht. Ob aber das erste bei uns zuträfe oder nicht, habe ich mich noch ferner in diesem Spiegel zu beschauen: Ob ich meine Eltern aus kindlichem Herzen geehrt, geliebt und ihnen in allen Dingen, die nicht wider das Gewissen laufen, schuldigen Gehorsam geleistet, oder ob ich dieselben im Herzen, mit Gebärden, Worten oder Werken verachtet, erzürnt, beleidigt, ihnen Kummer und Verdruß gemacht oder wider all ihr Warnen zu böser Gesellschaft mich begeben? Und was die weltliche Obrigkeit betrifft, so prüfe dich, ob du sie als eine göttliche Ordnung angesehen und sie verehrt habest als eine Dienerin Gottes, die das Schwert nicht umsonst trage, sondern zum Schutz der Frommen und Rechtschaffenen und zur Strafe über den, der Böses tut? Ob du ihr nicht bloß aus Furcht oder Zwang, sondern um des Gewissens willen untertänig gewesen und das etwa dir von derselben anvertraute Amt treu oder treulos verwaltet? Du mußt dich hier prüfen, ob du in deiner Jugend deinen Lehrmeister und hernach die Prediger mit deinem Ungehorsam, Widerspenstigkeit, Verleumdung, Verachtung ihrer gegebenen Erinnerungen und Warnungen und dergleichen nicht betrübt, ihnen ihr schweres Amt sauer gemacht und ihnen vorsätzlich Ursache, über dich zu seufzen, gegeben habest? Endlich wenn du ein Dienstbote gewesen oder noch bist, ob du deiner Herrschaft getreu und gewogen warest in Einfältigkeit deines Herzens, daß du ihnen dientest als Christo selbst und solchen Willen Gottes tatest von Herzen mit gutem Willen? Oder ob du sie haßtest, verleumdetest, ihnen ungehorsam warest, ihren Schaden nicht verhütetest, ja wohl gar veruntreuetest und dein Brot und deinen Lohn mit Sünden verdientest? Möge dir doch auch dies dazu helfen, dich selbst zu erkennen, denn der Hauptgrund zur Buße muß gelegt werden durch eine wahre und herzliche Erkenntnis unserer Sünden, Erkenntnis der Sünden aber kommt durchs Gesetz.

Satanas hat das erlogen, daß man gar nicht zweifeln soll. O wie viel sind so betrogen. Darum wird die Hölle voll. Zweifel fühlen und nicht spielen, sondern sich vor Jesu fragen, das heißt nicht an Gott verzagen.

An sich selbst soll man verzweifeln, das ist aus der Schrift bekannt, das errettet von den Teufeln und versetzt in Jesu Land. Wo sich Sünden herrschend finden, muß man es zuerst erkennen, man sei noch verdammt zu nennen.

Wer sich selber also richtet, sein Verderben recht erkennt, alles eigen Tun vernichtet und sich selbst verloren nennt, dessen Schade wird durch Gnade leicht und herrlich weggenommen, er wird zur Gewißheit kommen.

13. November: 2. Mose 20,13

Du sollst nicht töten.

Mit diesem Gebot hat der gütige Gesetzgeber für unser und unserer Nächsten Leben gesorgt. Es ist aber darinnen nicht nur der grobe Totschlag verboten, da man mörderische Hände an den Nächsten legt und ihm das Leben raubt oder durch andere widerrechtlich rauben lässet, sondern es werden dadurch überhaupt alle feindseligen Gedanken, Gebärden, Worte und Werke, ja alles dasjenige untersagt, wodurch dem Nächsten an seinem Leib und Leben kann Schaden zugefügt werden. Hingegen weiset mich dies Gebot an, meinen Nächsten zu lieben, es herzlich mit ihm zu meinen, ihm alles Gute zu gönnen, das Unrecht ihm zu verzeihen, mit Rat und Tat ihm beizustehen und in allen Leibs- und Seelennöten förderlich zu sein. Hast du also auch an Zänkereien, Zorn, Raufen und Schlagen, Schmähen und Schimpfen noch nicht Freude gehabt, so fragt es sich doch immer noch, ob du nicht sonsten in Unversöhnlichkeit und Bitterkeit gegen deinen Nächsten stehest und über die schreiest, die du für deine Feinde hältst, die dich nach deiner Meinung ins Unglück gebracht, ob du ihnen nicht Übels anwünschest oder sie gar vor Gottes Richterstuhl ladest, ob du hingegen jedermann von Herzensgrund verzeihest, für deine Feinde betest und gegen diejenigen, die um dich sind, liebreich, zufrieden, sanftmütig und geduldig dich erweisest? Was sagt dir da dein Gewissen? Kannst du dich in allen Punkten freisprechen, oder wo nicht aller, doch eines oder des andern schuldig geben? Glaube, der allwissende Gott dürfte an dir Greuel finden da, wo du dich am reinsten zu sein dünkest. Besonders laß dich überzeugen, daß eine jegliche Selbstrache sündlich ist. Denn es stehet geschrieben: »Rächt euch selber nicht, meine Lieben, sondern gebt Raum dem Zorn Gottes. Die Rache ist mein; ich will vergelten, spricht der Herr.« Ja glaube dem Worte Gottes, welches auch den Haß, Grimm und Bitterkeit gegen den Nächsten schon für einen Totschlag erklärt (1. Joh 3,15).

Heiland du! Du hast die Pflicht reinster Liebe ganz geübet, bei dem schrecklichsten Gericht deinen Vater noch geliebet, noch den Freund, der dich verließ, noch den Feind, der dich verstieß.

Ach wie viel stehn wir zurück, Menschenfreund, von deinem Herzen! Ach wie streng bleibt unser Blick bei des Nächsten Not und Schmerzen. Ach wie fern sind wir von dir! Ach nichts Kältres ist, als wir!

Keinem Menschen fall es ein, das Gesetz ganz zu erfüllen und dadurch gerecht zu sein; bloß durch dich um deinetwillen spricht der Vater vom Gericht ledig und verdammt uns nicht.

14. November: 2. Mose 20,14

Du sollst nicht ehebrechen.

In diesem Gebot will der treue Gott deine und des Nächsten Keuschheit verwahrt wissen. Es wird aber die Keuschheit verletzt nicht bloß durch groben Ehebruch und grobe Verunreinigung, sondern auch durch alle unzüchtigen Gedanken, unkeuschen Gebärden, faulen Worte und Scherze, auch durch alles, was zu solch sündlicher Unreinigkeit Gelegenheit gibt, als Fressen und Saufen, unzüchtige Kleidung, üppiges Tanzen, böse Gesellschaften und dgl. Ja hier gilt es abermals, o Christenmensch, daß du dich ernstlich als vor Gott prüfest. Zwar was die groben Vergehungen wider dies Gebot betrifft, die auch ihre weltliche

Strafe und Schande haben, solche werden dir sogleich in die Augen fallen. Du mußt aber auch die geheimen und feinen Befleckungen und Verunreinigungen erkennen, die, ob sie schon von Menschen nicht geahndet werden, gleichwohl dem Gerichte Gottes nicht entgehen, denn nicht nur die Hurer und Ehebrecher wird Gott richten (Hebr 13,4), sondern es wird auch sonst kein Unreiner in das neue Jerusalem, in den Himmel eingehen. Offb 21,27: Nur die reines Herzens sind, werden Gott schauen. Hast du also von Jugend auf keusch und züchtig in Gedanken gelebt, oder bist du, wenn du auch keine unreine Tat vollbracht, gleichwohl mit Wollust und schändlicher Begierde umgegangen, und hast so jene Sünden im Herzen begangen, Mt 5,28–30? Und hast du neben der innern Keuschheit auch die äußerliche in allen deinen Handlungen geliebet und alles geflohen, was das giftige Feuer der Unreinigkeit in dir anzünden konnte, als leichtfertige Gesellschaften, unzüchtige Unterhaltungen, unflätige Gemälde und Bücher, üppiges Tanzen und anderes mehr? Hast du allezeit bedacht, daß dein und des Nächsten Leib ein Tempel des heiligen Geistes sein soll, der in euch ist, welchen ihr habt von Gott und ist nicht euer selbst (1. Kor 6,19)? O der Unreinheit! Wie will ein Unreiner vor Gott bestehen, dessen Augen reiner sind denn das Licht der Sonne? Wasche mich wohl von meiner Missetat und reinige mich von meiner Sünde! Schaffe in mir Gott ein reines Herz und gib mir einen neuen gewissen Geist! Verwirf mich nicht von deinem Angesicht und nimm deinen heiligen Geist nicht von mir! Und du, Herr Jesu,

Komm mich Armen zu vertreten, der ich oft die Zucht geflohn! Herr dein Weinen und dein Beten tilge den verdienten Lohn! Soll es nach dem Rechte gehen, o so ists um mich geschehen. Dein für mich vergossnes Blut sei für diese Wunden gut.

Lasse mich mit deiner Liebe und verbinde mich mit dir! Laß mein Herz von keuschem Triebe sein erfüllet für und für. Meine Sinnen und Gedanken halte stets in Zucht und Schranken! Deiner Liebe heilge Glut ist für fremde Reizung gut.

15. November: 2. Mose 20,15

Du sollst nicht stehlen.

Hier ist es dem heiligen Gott um die Sicherheit unseres Eigentums und des zeitlichen Vermögens unseres Nächsten zu tun. Er befiehlt, daß wir unserm Nächsten sein Geld oder Gut nicht nehmen noch mit falscher Ware oder Handel an uns bringen, sondern ihm sein Gut und Nahrung helfen bessern und behüten. Es ist demnach in diesem Gebot nicht nur der grobe Diebstahl, Straßenraub, gewaltsames Einbrechen in die Häuser, falsches Geldmünzen und dgl. ernstlich verboten, sondern es wird auch der geheimere Diebstahl mit falscher oder schlechter Ware, falschem Gewicht, Wucher und Übersatz, mit Spielen, mit Unterschlagung anvertrauten Guts, überhaupt mit Untreue und Übervorteilung, ja auch mit Unterlassung der Werke der Liebe und Barmherzigkeit durchaus zur Sünde gemacht. Dies Gebot hat aber noch das Besondere an sich, daß es die Wiedererstattung des gestohlenen oder in unrechtmäßigerweise an sich gebrachten Guts unnachlässig fordert, wie die vielen Zeugnisse der heiligen Schrift, z.B. 2. Mose 22,1–4; Hes 33,14–16; Ri 6,10, und das Exempel des bußfertigen Zachäus genugsam beweisen. Wie nun? Hast du deinem Nächsten nie etwas, es sei Geld oder Geldeswert, viel oder wenig entwendet? Bist du rein von der Schuld, durch List und Betrug, unbilligen Handel, Verfälschung der Ware dich bereichert, die Obrigkeit und das gemeine Wesen durch lügenhafte Angabe deines Vermögens verletzt zu haben? Bist du in deinem Amt mit anvertrauten Gütern durchweg redlich umgegangen? Hast du nie unerlaubte Geschenke genommen? Überhaupt nie des Nächsten Gut an dich zu ziehen getrachtet? Hast du das gefundene Gut dem Eigentümer alsbald redlich wiedererstattet? Hast du endlich die Wurzel all der angeführten Sünden, nämlich den Geiz, Eigennutz, Geldliebe, die Begierde, reich zu werden, Bauchsorge, Mißtrauen gegen Gott bei Abgang deiner Nahrung und Verringerung deines Vermögens für schwere Sünden erkannt, dadurch der Mensch in Versuchung und Stricke und viel törichte und schädliche Lüste, ja ins Verderben und Verdammnis versenkt wird? Ach wenn du dich in einem oder in mehreren dieser Punkte schuldig findest, schuldig vor dem Gott, der verboten hat, daß niemand zu weit greife noch übervorteile seinen Bruder im Handel, denn er sei Rächer über das alles, dann demütige dich doch vor ihm, erkenne dein Unrecht, bitte ihn um Jesu Christi willen um Gnade und schäme dich nicht, wen du unter Menschen beleidigt oder beschädigt haben solltest, um Verzeihung zu bitten. Und lasset uns alle von Herzen flehen und beten:

Glauben und ein gut Gewissen müß o Herr mein Reichtum sein! Ich begehre keinen Bissen, wenn er nicht von Sünden rein! Mache mich mit dem vergnüget, was dein weiser Ratschluß füget, und laß mich bei deinen Gaben ein zufrieden Herz stets haben.

16. November: 2. Mose 20,16

Du sollst nicht falsch Zeugnis reden wider deinen Nächsten.

Hier ist die Rede von deinem und deines Nächsten gutem Namen; den sollst du soviel möglich dir selbst und auch ihm suchen und bewahren, kraft des achten Gebots. Was dich selbst betrifft, so sagt Sirach: Siehe zu, daß du einen guten Namen behaltest, der bleibet gewisser denn tausend große Schätze Goldes. Ein Leben sei wie gut es wolle, aber ein guter Name bleibet ewiglich. Was den Nächsten anbetrifft, sollst du ihn nicht nur nicht fälschlich belügen, verraten, verleumden oder bösen Leumund machen, sondern sollst ihn entschuldigen, Gutes von ihm reden und alles zum Besten kehren. Hier mußt du aber die Worte des Katechismus recht verstehen. Ein anderes ist, die Heimlichkeiten des Nächsten oder seine verborgenen Umstände, Ratschläge, Fehler, *an deren Offenbarung niemand gelegen und die gleichwohl dem Nächsten schädlich sein würde*, verraten und ihm dadurch bösen Leumund machen, dieses wäre sündlich und wider die Liebe des Nächsten gehandelt. Ein anderes aber ist die *notwendige Offenbarung der Wahrheit*, da, wenn ich sonderlich vor der Obrigkeit darüber gefragt werde, wenn meine Verschwiegenheit dem gemeinen Wesen schädlich oder einem andern meiner Nebenmenschen nachteilig oder dem, von welchem die Frage ist, zu seinem noch größern Seelenverderben gereichen würde, ich nicht nur ohne Anstand und ohne zu sündigen solches entdekken darf, sondern auch kraft meines Gewissens ohne Ansehen der Person es zu tun schuldig bin. So war Mordechai kein Verräter, als er dem König Ahasveros den Anschlag der beiden Kämmerer offenbarte, Est 2,21, und Jonatan sündigte nicht, da er dem David die mörderischen Gedanken seines eigenen Vaters Saul entdeckte, damit er beizeiten entrinnen könnte. – Überall also und in allem nur die Wahrheit. Denn Gott ist ein Gott der Wahrheit und bringt die Lügner um. Der Herr hat Greuel an den Blutgierigen und Falschen. Der Teufel aber ist ein Vater der Lügen. Schlägt dich nun dein Gewissen über einer Falschheit deines Gemüts, deiner Worte oder Werke, so nimm es ja nicht gering auf. Die sechs Stücke hasset der Herr, und am siebenten hat er ein Greuel: hochmütige Augen, falsche Zungen, Hände, die unschuldig Blut vergießen; Füße, die behend sind, Schaden zu tun; falscher Zeuge, der freche Lügen redet und der Hader zwischen Brüder anrichtet (Sprüche 6,16–19). Dagegen

Aufrichtigkeit, Herr, liebet deine Seele; o gib, daß ich die Wahrheit mir erwähle! Aufrichtig hast den Menschen du gemacht nach deinem Bild, damit du ihn bedacht.

Aufrichtigkeit hat Jesus uns erworben, als er für Lügner an dem Kreuz gestorben. O würden wir zu seiner Ähnlichkeit vor seinem heilgen Kreuzesbild erneut!

Aufrichtigkeit wird in der Buß erzeiget, wenn Reu und Leid uns erst in Staub gebeuget. Dann kommt die Gnade, die uns wieder hebt und unsre Schuld in Christi Tod begräbt.

17. November: 2. Mose 20,17

Du sollst nicht begehren deines Nächsten Haus. Du sollst nicht begehren deines Nächsten Weib, Knecht, Magd, Rind, Esel noch alles, was dein Nächster hat.

In diesen beiden letzten Geboten ist die Lust des Bösen verboten. Der heilige Gesetzgeber dringt hier recht auf das menschliche Herz, woraus alles Böse quillt, und verdammt nicht nur die äußerlichen Sünden, sondern auch die verborgenen Begierden. Alle Menschen haben von ihrer Empfängnis an die Erbsünde in sich, denn was vom Fleisch geboren wird, das ist Fleisch (Joh 3). Sie müssen all die traurige Klage Davids führen: Siehe, ich bin aus sündlichem Samen gezeuget, und meine Mutter hat mich in Sünden empfangen (Ps 51). Kraft dieser Erblust sind sie zu allem geistlich Guten träg und verdrossen, ja untüchtig, tot und erstorben, hingegen desto geneigter, williger und fertiger, Böses zu tun. Aus dieser Erblust entstehen nun die wirklichen Lüste, die entweder in der Seele versteckt bleiben, wenn der Mensch seinen bösen Begierden nachhängt und allerhand sündliche Gedanken bei sich hegt, oder es brechen die Lüste hervor, daß der Mensch auch äußerlich tut, was ihn gelüstet. So beschreibt es der Apostel Jakobus Kap. 1,14.15: Ein jeglicher wird versucht (zum Bösen), wenn er von seiner eignen Lust (das ist von der Erblust) und den daher entstehenden ersten bösen Bewegungen gereizt und gelockt wird, danach wenn die Lust empfangen (und der Mensch daran ein Gefallen) hat (oder darein willigt), so gebieret sie die Sünde (nämlich die wirkliche Sünde), die Sünde aber, wenn sie vollendet ist, gebieret sie den Tod. Alle diese Lüste sind fleischlich und streiten wider die Seele, 1. Petr 2,11; sie sind alle dem heiligen Gesetz Gottes entgegen und daher Sünde. Und jetzt prüfe dich denn, ob du die ersten bösen Bewegungen deines Herzens auch einmal wahrhaftig für Sünde erkannt und über solchem tiefen Verderben desselben, worin die Erblust, die reizende Lust zum Bösen liegt, heilsam erschrocken seist? Prüfe dich nach diesen zwei letzten Geboten, ob du dich dadurch habest bewegen lassen, den lieben Gott um ein neues wiedergeborenes Herz inbrünstig anzurufen und dich der Zucht und Leitung seines heiligen Geistes gänzlich zu überlassen? Prüfe dich, ob du den bösen Gedanken, Lüsten und Begierden deines Herzens mit rechtem Ernst dich widersetzt, ein Mißfallen daran gehabt, dieselbe beseufzt, dawider gebetet und gekämpft und diese Geschäfte des Fleisches durch den Geist zu töten dich eifrig bestrebt habest? Oder ob du etwa solche Lüste mit Fleiß in dir erweckt, ihnen nachgehängt, daran Lust und Gefallen getragen, sie ins Werk zu setzen gewünscht, ja Mittel und Wege dazu gesucht habest und wenn du an deren Erfüllung gehindert worden, unwillig und böse darüber gewesen bist? Ja, daß uns diese Betrachtung einen tiefen Stachel in das Herz drückte, daß wir so lange nicht ruhen können, bis wir unsere große Sündigkeit wehmütig vor Gott bekannt und um Jesu Christi willen wie um Vergebung der Sünden, also auch um ein neues Herz ernstlich, brünstig und unablässig gefleht haben!

O liebster Herr, ich armes Kind, das nirgends Trost noch Ruhe findt, will mich so elend als ich bin vor deine Augen legen hin.

Du weißt es, wie ich bin verirrt, beschwert, verfinstert und verwirrt. Dir ist mein ganzer Jammerstand viel besser als mir selbst bekannt.

18. November: 1. Petrus 5,5

Alle aber miteinander haltet fest an der Demut; denn Gott widersteht den Hochmütigen, aber den Demütigen gibt er Gnade.

Es haben die Menschen schon manches Gute ersonnen. Wenn man die Schriften der alten Heiden liest, so findet man viele vortreffliche Anweisungen zum rechtschaffenen Leben. Auch die Weltweisen in unsern Tagen haben manches Brauchbare zutage gefördert und manche Sätze aufgestellt, die auch wahre Christen sich wohl merken dürfen: Aber ein solches Wörtlein hat doch noch keiner aus seinem Geiste herausgeboren wie das Wort des Heilands am Anfang der Bergpredigt und das Wort Petri: »Den Demütigen gibt Gott Gnade.« Dies war, bis es Gott den Menschen offenbarte, eine verdeckte, vor ihrem Geistesauge verhüllte Sache. Daß die Wahrheit, daß die Gerechtigkeit und das göttliche Leben mit der Armut im Geist, mit einem niedrigen, gebeugten Sinn anfange: Dies haben die Weisen dieser Welt nicht gefunden. Und das ist auch sehr natürlich; denn die menschliche Natur strebt immer in die Höhe, statt in die Niedrigkeit. Aber durch das Wort und den Geist ist es nun offenbar, daß ein niedriger, gebeugter Armersündersinn das erste Erfordernis zur Erlangung der Gnade Gottes ist; daß das göttliche Leben mit solchem Sinn anfängt, mit solchem Sinn fortgeht und wächst und mit solchem Sinn endigt. Mit diesem Sinn beginnt ein neugeborenes geistliches Kind seinen Lauf, seinen Glaubenslauf; und mit diesem Sinn legt ein alter Streiter Jesu Christi, der sich müde gearbeitet hat im Dienst seines Gottes, seine Füße zusammen und schickt sich an, einzugehen in das ewige Königreich seines Herrn – mit keinem andern Gedanken, als daß er ein unwürdiger armer Sünder sei und aus purer Gnade teilhabe am Erbteil der Heiligen im Licht. Und wenn er nicht in diesem Sinn seine Arbeit verläßt und etwas zum voraus zu haben glaubt um seiner Arbeit oder um seiner Treue willen, so ist er verwerflich vor den Augen Gottes. Aber gerade das ist ein Hauptgrund, warum das Evangelium so vielen zur Torheit, zum Ärgernis, ja zum Geruch des Todes zum Tode wird, weil sie es wohl fühlen: Hier geht es auf lauter Demütigungen hinaus, auf das Nichtswerden, auf das Verzagen an sich selbst. Das ist der stolzen Natur unerträglich; darüber stutzt sie; davor ergreift sie die Flucht; das ist ihr ärgerlich und widerlich.

Herr Jesu! Du pflanzest so gern in die Herzen der Deinigen solche Gedanken, die dir wohlgefallen. Ach wir bitten dich, zerbrich unsere hoffärtigen Herzen und alle die hohen Gedanken, die etwa noch in unserm Innern sind; zerstöre alle Hoffart und gib uns ein kleines, gebeugtes, ein von deinem Tod und Schmerz gänzlich hingenommenes Herz.

Herrscher herrsche! Sieger siege! König brauch dein Regiment! Führe deines Reiches Kriege, mach der Sklaverei ein End! Laß doch aus der Grub die Seelen durch des neuen Bundes Blut; laß uns länger nicht so quälen, denn du meinsts mit uns ja gut.

19. November: Hebräer 9,27

Und wie den Menschen bestimmt ist, einmal zu sterben, danach aber das Gericht.

Eine jegliche Seele fällt nach dem Tod ihrer Bestimmung in der Ewigkeit anheim; sie kommt dahin, wohin sie gehört nach dem Gesetze der Gerechtigkeit Gottes; ein finsterer Geist fährt in die Finsternis, denn er hätte Qual im Lichte; ein Lichtsgeist fährt in das Reich des Lichts, denn er hätte Qual in der Finsternis. So ist Judas nach seinem Tode hingegangen an seinen eigenen Ort, wie die Schrift sagt, d.h. an den Ort, wo er nach seiner Natur und nach dem Gesetz der Gerechtigkeit Gottes hingehörte. Aber was mag das für ein Ort gewesen sein? Der Heiland sagt: »Es wäre für diesen Menschen besser, wenn er nie geboren wäre!« Das ist ein hoher Grad der Verdammnis und Verzweiflung, wenn es besser ist, gar nicht geboren zu sein. Wie aber

Judas an den Ort kam, wohin er gehörte, so eine jegliche Seele. Armer, ungläubiger Mensch! Dein Schicksal trägst du in dir selber; das liegt in der Tiefe deiner Seele; dein eigenes Herz verdammt dich; in deinem eigenen Herzen ist das Gericht, das auf dich wartet, so tief eingegraben, daß du dich desselben mit keinen Ausflüchten und Lügen, womit du dich selbst betrügst, entledigen kannst. Aber gesetzt, eine Seele würde sich weigern, wenn sie hinüberkommt, den ihr angewiesenen Ort einzunehmen, weil er ihr zu widerlich oder zu demütigend oder ihrer Eigenliebe nicht angemessen ist, weil sie denkt, sie sollte da oder dort sein und nicht da, wohin sie von der Gerechtigkeit Gottes gewiesen wird, was meint ihr? Wird man da auch Komplimente und viele Umstände machen? Wird man da auch gute Worte geben, wird man sie da auch bitten: Ach, gehe da oder dorthin? Denket euch einen Menschen, dem man viel Schönes gesagt hat in dieser Welt; man ist mit ihm umgegangen wie mit einem schallosen Ei, hat sich gescheut, ihm etwas Unangenehmes in das Gesicht hinein zu sagen; er hat es selber geglaubt; er war von seiner eigenen Vortrefflichkeit überzeugt; wenn er nun hinüberkommt, wird man auch noch so mit ihm umgehen? Wird man auch noch nach seinen Titeln und Ehren ihn anreden, ehe man ihm etwas zu sagen wagt? Wird man sich auch scheuen, ihm sein Schicksal anzukündigen? Nein! Wer nicht an seinen Ort gehen will, der wird hingehen *müssen* ohne alle Umstände; da fallen alle irdischen Dinge oder Undinge, alle Schmeicheleien, alle Ziereien dieser Welt weg. Diejenigen, die nicht selig werden, werden mit großem Geheule unwiderstehlich hineingezogen werden in die Finsternis und in ihre Qual, gerade wie wenn man einen Menschen, der viel auf seinen ehrlichen Namen hält, trotz allem Schreien und Sträuben ohne weiteres in das Zuchthaus werfe zu den Dieben und Räubern. Dies wäre eine Ungerechtigkeit; aber in der Ewigkeit und bei der Entscheidung des Schicksals nach dem Tode wird der Mensch nach der Wahrheit der Gerechtigkeit Gottes selbst die Ehre geben müssen, und das wird den Hauptschmerz seiner Qual ausmachen.

Schließ meine Seel aus Gnaden in dich, o Jesu, ein, und laß sie los vom Schaden bei dir auch ewig sein! Der ist wohl hier gewesen, wer kommt ins Himmelschloß! Ewig ist der genesen, wer bleibt in deinem Schoß.

Herr meinen Namen schreibe ins Buch des Lebens ein; laß mich an deinem Leibe ein Glied mit jenen sein, die hoch im Himmel grünen und vor dir leben frei, so will ich ewig rühmen, daß treu dein Herze sei!

20. November: 2. Petrus 3,12

Die ihr das Kommen des Tages Gottes erwartet und erstrebt, an dem die Himmel vom Feuer zergehen und die Elemente vor Hitze verschmelzen werden.

Fragst du, warum ist denn diese sichtbare Welt zum Feuer aufgespart, warum muß denn alles, was uns umgibt, vergehen? Das kommt daher: Gott hat keine Freude daran; nur der arme sündige Mensch spiegelt sich eine Zeitlang an diesen Dingen und freut sich ihrer und übt seine Augenlust aus; aber Gott hat keine Freude daran. Es hat sich so viele Sünde mit den Dingen dieser Welt vermengt, es klebt so viel Ungerechtigkeit daran; das Blut so mancher Brüder ist auf diese Erde geflossen seit Abels Blut; die Menschen haben so viel Wollust getrieben mit den irdischen Dingen; so manche Seufzer aus diesem Jammertal sind aufgestiegen zu dem Vater der Lichter; die Sünde ist hereingedrungen, und die Erde ist eine Behausung der Teufel, der unreinen Geister geworden; so viele schandbare Worte, so viele Flüche und Lästerungen Gottes, so viele Ärgernisse und so viele Verführungen zum Bösen haben sich in dieser Welt eingenistet. O denke ich nur an die vielen Bücher, durch welche die Menschen zur Sünde verführt, zur Unreinigkeit gereizt worden sind, durch welche Gott und sein Gesalbter gelästert wurde, so muß ich sagen: Wenn sonst nichts wäre, so müßte bloß um dieser willen ein Tag kommen, wo diese unreinen und gottlosen Werke der Menschen durchs Feuer verzehrt werden. Aber es ist nicht nur das; es ist noch so viel Böses, noch so viel Ärgernis, noch so vieles Greuliche, das den Tag scheut und sich in Finsternis verkriecht und sich in den Schleier der Nacht wickelt, weil es wähnt, dort sicherer bedeckt zu sein, weil es meint, dort ungesehen hausen zu können, da doch die Augen des allwissenden Gottes darauf gerichtet sind. Um dieser Ärgernisse willen, um des Fluches willen, der schon bei der Sünde des ersten Sünders über diese Erde ausgesprochen wurde, wird ein Tag kommen, wo alle diese Dinge ein Ende nehmen werden; denn es soll anders werden, es soll eine neue Erde werden, die von der Sünde gereinigt ist, von der man sagen kann: »Siehe da, die Hütte Gottes bei den Menschen!« Nach diesem Ende des irdischen Jammers, nach dem Ende der Jahre der Dienstbarkeit, nach dem Anbruch des Tages der Freiheit seufzt die Kreatur; denn das ängstliche Harren der Kreatur wartet auf die Offenbarung der Kinder Gottes, nicht allein aber sie, sondern auch die, die des Geistes Erstlinge haben, seufzen danach. »Wir warten aber« – spricht Petrus – »auf einen neuen Himmel und eine neue Erde nach seiner Verheißung, in denen Gerechtigkeit wohnt.«

O Jesu, meine Wonne, komm bald und mach dich auf! Geh auf, verlangte Sonne und fördre deinen Lauf! O Jesu, mach ein Ende und führ uns aus dem Streit. Wir heben Haupt und Hände nach der Erlösungszeit.

21. November: Lukas 2,50

Und sie verstanden das Wort nicht, das er zu ihnen sagte.

Da haben wir also einen neuen Beweis, wie sauer es den Menschen ankommt, nicht nur überhaupt etwas in göttlichen Dingen zu verstehen und zu fassen, sondern auch besonders den Mensch gewordenen Jesus, das kleine Zimmermannsknäblein für den Sohn des lebendigen Gottes anzuerkennen. Es waren doch der Maria so besondere Offenbarungen bei der Empfängnis des Heilands geworden; als der Heiland geboren ward, preiseten alle Engel Gott den Herrn über dieser Gnade; aus dem fernsten Mohrenland waren Männer gekommen, um vor dem Jesukind anzubeten; ein Simeon hatte das Kind für seinen Herrn und Heiland anerkannt, und doch konnte Maria nicht glauben, daß das von ihr Geborene der Sohn des lebendigen Gottes sein sollte. So würde es auch noch vielen unter uns gehen, die jetzt wohl an den Heiland glauben als an den Sohn Gottes, wenn sie sollten das Knäblein Jesus selbst sehen und bemerken, daß es eben ein Knäblein sei, zwar unschuldiger und demütiger als viele Knäblein, aber doch eben nichts mehr und nichts weniger als ein Knäblein. Da würde ihr verdecktes Fleisch und Blut stutzig werden, sie würden denken: Wie? Sollte es denn wirklich wahr sein? So ein Kind kann nicht Gottes Sohn sein. Aber Fleisch und Blut können das freilich nicht begreifen; um das begreifen zu können, gehört ein völlig gedemütigtes, ein wiedergeborenes Herz dazu, welches weiß, was Sünde ist, und dem es herzlich leid ist um seine Sünden. Solche Leute können auch erst fassen, wie der Schöpfer aller Dinge um der Sünde der Menschen willen ein Knabe werden konnte. Das war auch der Grund, warum die Landsleute des Heilands in Nazareth, wo er achtzehn Jahre lang als ein Zimmermann gearbeitet hatte und seinen Eltern untertan gewesen war in aller Demut und Furcht Gottes, doch nicht begreifen konnten, was es mit diesem Zimmermann für eine Bewandtnis habe, und fragten: Woher kommt dem solches und was Weisheit ist es, die ihm gegeben ist, und solche Taten, die durch seine Hände geschehen? Ist er nicht der Zimmermann, Mariä Sohn und der Vetter Jakobi und Judä und Simonis? Und sie ärgerten sich an ihm. Das ist das Ärgernis, das unser Fleisch und Blut an der Menschheit Christi nimmt.

O du Licht der Ewigkeiten und der Zeiten, blicke mich durchdringend an! Laß mich deine Lieb erfüllen, dich enthüllen, daß ich dich erkennen kann.

Scheine durch die Finsternisse! Weichen müsse meiner Seele alle Nacht! Laß dein Licht den Tag verkünden in den Gründen meines Herzens, daß es lacht! Amen!

22. November: Johannes 13,31.32

Als Judas nun hinausgegangen war, spricht Jesus: Jetzt ist der Menschensohn verherrlicht, und Gott ist verherrlicht in ihm. Ist Gott verherrlicht in ihm, so wird Gott ihn auch verherrlichen in sich und wird ihn bald verherrlichen.

Aus Jesu Missetätersgestalt bricht der Glanz seiner unendlichen Majestät am herrlichsten hervor; das bespeite Angesicht leuchtet heller als die Sonne. Sollten wir eine Vergleichung anstellen, so ist er am anbetungswürdigsten an dem Kreuz, in seinen Wunden, wenn seine Züge sich im Tod entstellen, wenn er ausruft: »Es ist vollbracht!« Wenn er sein Haupt neigt und stirbt, da ist er anbetungswürdiger, als wenn der Vater zu ihm sagt: »Setze dich zu meiner Rechten, bis ich deine Feinde zum Schemel deiner Füße mache!« Anbetungswürdiger ist er in seinem Todesleiden als in seiner Lebensherrlichkeit. Warum das? Darum weil hier sein *volles Herz*, seine *größte* Liebe geoffenbart ist, weil hier für die gefallene Kreatur Leben und Friede wehet, und weil wir nicht wüßten, wie wir mit ihm daran wären, wenn er sich nicht zu solchem Leiden erniedrigt hätte. Stolzer Mensch, der du in deinem Herzen dich so hoch erhebst, diesen Mann der Schmerzen *sollst* du anbeten, vor ihm sollst du dich beugen, der für dich so tief erniedrigt wurde! Und du armes, über deine Sünden bekümmertes Herz, du *darfst* ihn anbeten. Für dich hat er sich in die Tiefe herabgelassen, damit du mit all deinem Elend ihm nahe kommen könntest. Wäre er aber im Himmel geblieben, so wäre er nur für die ungefallenen reinen Geister; nur diese dürften ihn ihren Gott und Herrn nennen; er wäre nicht für euch, selbst nicht für den frömmsten Menschen in der Welt, denn wir sind alle tief gefallene Sünder.

Ruhe hier, mein Geist, ein wenig und beschau dies Wunder groß, wie dein Herr und Ehrenkönig hängt am Kreuze bleich und bloß, den sein Lieben hat getrieben zu dir aus des Vaters Schoß!

Ob dich Jesus liebt von Herzen, kannst du hier am Kreuze sehn: schau, wie alle Höllenschmerzen ihm bis in die Seele gehn, Fluch und Schrecken ihn bedecken, Todeslüfte um ihn wehn.

Ach ich Sündenkind der Erden! Jesu, stirbst du mir zugut? Soll dein Feind erlöset werden durch dein eigen Herzensblut? Ich muß schweigen und mich beugen für dies unverdiente Gut.

23. November: Offenbarung 22,20

Es spricht, der dies bezeugt: Ja, ich komme bald.

Wie viele werden wohl hier sein, die das von Herzen glauben, was ich bisher gesagt habe? Und wie viele unter denen, die es glauben, werden vielleicht in ihrem Inwendigen denken: Ach, das kann noch lange anstehen; ich will indessen in den Weinberg gehen; ich will indessen kochen und waschen und andere häusliche Arbeiten verrichten, schlafen, essen und trinken, da und dort hingehen, genießen, was zu genießen ist; es ist heute noch nicht gerade aller Tage Abend. Lieber Mensch! Höre doch, was der Apostel sagt: »Es ist nahe gekommen das Ende aller Dinge.« Dies sagte er vor achtzehnhundert Jahren, wie viel näher muß es uns jetzt sein! Der Apostel Petrus wußte so wenig als wir, welche Stunde der Vater seiner Macht vorbehalten habe. Aber das hat er gewußt, daß der Herr vor der Tür stehe und jeden Augenblick kommen könne; das hat er gewußt, was wir auch wissen, daß des Herrn Tag kommen wird wie ein Dieb in der Nacht, daß er gerade dann erscheinen wird, wenn jedermann spricht: »Es ist Friede und hat keine Gefahr«, wenn sie es machen wie zu der Zeit Noahs, wo sie in der tiefsten Sicherheit begraben lagen und aßen und tranken, und freieten und ließen sich freien, und scherzten und lachten und spielten, und dachten nicht an das Ende und an die Drohungen des Predigers der Gerechtigkeit, und machten es eben so, wie man es in unsern Tagen im Großen und Kleinen auch macht. Der Apostel Johannes ruft in seinem Briefe aus: »Kinder, es ist die letzte Stunde.« Es ist dies zwar eine lange Stunde; aber eine Stunde ist eine Zeit, und eine Zeit läuft zu Ende, und es ist gegenwärtig die letzte Zeit in der großen Weltuhr. Denn zwischen der Himmelfahrt Christi und zwischen der zweiten

Erscheinung des Heilands liegt nichts mitten inne, was man einen Zeitlauf nach göttlichem Maßstabe nennen könnte. Es ist das die Zeit des Neuen Bundes, die Zeit des Kreuzreichs, die Zeit der Bekehrung der Sünder, die Zeit, in der man noch Buße tun und seine Seligkeit schaffen kann mit Furcht und Zittern. Wann aber diese Stunde abgelaufen ist, so kommt der Herr, und mit ihm das Ende aller Dinge. Darum siehe zu, daß du von des Herrn Tag nicht übereilt werdest in der Sünde; siehe zu, daß das Ende aller Dinge nicht herbeikomme, während du dich in dieselben vertieft hast; siehe zu, daß wird deine Freude, dein Schatz, dein Gut nicht unter den Händen verbrenne und dich selbst mit ins Verderben reiße.

Herr laß mich von den Fünfen sein, die sich auf deine Zukunft freun und helle Lampen tragen! Gieß Glauben, Hoffnung, Liebe zu! Das allerschönste Licht bist du, davor die Nacht muß tagen. Eile, heile und erneue deine treue wache Seele, daß sie alle Stunden zähle!

Ihr Törichten, schlaft immerhin! Was ists, daß ihr vergesset ihn und euer Licht nicht scheinet? Drum klopft ihr bald vergebens an. Und euch wird nimmer aufgetan, obschon ihr klagt und weinet. Klaget, fraget doch beizeiten, eh sich scheiden Nacht und Morgen! Nur auf ihn lenkt eure Sorgen!

24. November: Psalm 39,5

Herr, lehre mich doch, daß es ein Ende mit mir haben muß und mein Leben ein Ziel hat und ich davon muß.

Es ist göttliche Anordnung, daß wir sterben müssen, wir alle, Alte wie Junge, der Reiche wie der Arme, der Vornehme wie der Geringe, der Hohe wie der Niedrige, er sei, wer er sei; – es ist nichts Gewisseres, als daß wir sterben müssen; ein jedes Kind weiß es; auf jeden Menschenleib ist es eingeschrieben: Du mußt sterben! Greife deinen Arm an, er ist Fleisch, und was Fleisch ist, das muß von hinnen, es ist dem Gesetz der Zeit und der Vernichtung unterworfen; es muß verwesen. Das wissen wir nun alle, daß wir davon müssen; aber wie selten ist es, daß man nun auch fruchtbar bedenkt, was sterben heißt! Ja, wenn es zum Sterben selbst kommt, dann pflegen es die Menschen zu bedenken, aber vorher nicht. Man lebt gewöhnlich ruhig dahin; man sieht andere sterben; man läuft zu Beerdigungen und auf die Begräbnisplätze; man erzählt einander, daß dieser oder jener gestorben sei; man redet viel vom Sterben; aber dabei bleibt es auch; ernstlich zu bedenken, was Sterben heißt, so weit reicht es nicht. Höre doch auf, armer Mensch, vom Sterben zu schwatzen, laß es auch einmal zu einem Nachdenken darüber kommen, besinne dich einmal, stehe still auf deinem Lebenswege und bedenke, daß dieser Weg, auf welchem du wandelst, einmal zu Ende geht. Aus dieser Welt hinaus, aus allem, was in dieser Welt ist, hinaus, aus dem Sichtbaren ins Unsichtbare, aus der Zeit in die Ewigkeit versetzt werden, und seinen Leib, in den so viele verliebt sind, der Verwesung übergeben – das ist eine große Veränderung, die ein Mensch mit sich vorgehen lassen muß. Wie da, wenn der Mensch aus dem Mutterleib zur Welt geboren wird, eine große Veränderung mit ihm vorgeht, eine ebenso große, ja eine noch größere geht mit ihm vor, wenn er aus dieser Welt in die Ewigkeit hineingeboren wird. Sehet das Beispiel des reichen Mannes und des Lazarus an. Wie ist hier bei diesen beiden auf einmal alles verändert! Jener lebte alle Tage herrlich und in Freuden; er starb, und auf einmal war er in der Hölle. Welche plötzliche, gewaltige Veränderung! Lazarus aber, allem Drangsal, allen Leiden, allen Schmerzen auf einmal entrückt, lebte in der seligen Ewigkeit in Abrahams Schoß. Wie ganz anders war es da auf einmal! Aber eine so schnelle, eine so durchgreifende Veränderung steht auch dir bevor, und du bedenkst es nicht?

Herr, der du uns erstritten, der du uns ewge Hütten im Himmel eingeräumt: Nimm mich in deine Hände, weil meines Lebens Ende vielleicht sich nahet ungesäumt.

Eil aus der finstern Höhle mit meiner armen Seele, und bringe sie zum Licht, wo du, o Lebenssonne, mit Strahlen deiner Wonne verklärst mein blödes Angesicht.

25. November: 1. Petrus 4,7

Es ist aber nahe gekommen das Ende aller Dinge.

Woher kommt es doch, daß dieses Wort von dem herannahenden Ende aller Dinge so wenig Aufmerksamkeit unter den Menschenkindern findet? Vielen ist es eben ein gar unbequemes Wort; die Dinge, deren Ende herbeikommen soll, gefallen ihnen noch zu sehr; sie sind in der Lust zu denselben gefangen; ihr Herz hängt daran; darum mögen sie die heilige Schrift nicht vom Untergange dieser Dinge reden hören, und weil sie dieselbe nicht hören *mögen*, so hören sie sie auch nicht. Was meint ihr wohl, wenn man einem Menschen, der sich glücklich fühlt in dem Besitz dieses oder jenes Guts, das Ende seines Glücks verkündigen würde, oder wenn man einem Geizigen, dessen Blick sich an seinem Geld und Gut weidet – doch dürft ihr nicht glauben, daß nur solche Geizige sind, die Geld und Gut die Fülle haben; es gibt noch viel mehr Geizige, bei welchen es bei der Begierde oder bei dem Wunsche zu besitzen bleibt – aber gesetzt, man sagte einem Geizigen: Nimm dich in acht, dein Geld wird dir unter den Händen zerrinnen, ehe du es dich versiehst; die Diebe werden nachgraben und es dir stehlen; das Feuer wird dein Besitztum verzehren – was meint ihr wohl, mit welcher Miene er das aufnehmen würde? Würde er nicht unwillig die Ohren wegwenden und nur um so tiefer den Geiz in seine Seele hineinfressen lassen, und nur um so fester und mit desto ungeteilterem Herzen und mit brennender Begierde das Gut umfassen, an dem seine Seele hängt, je mehr er befürchten müßte, daß es ihm entrissen werde? O, eben dieser Umstand hemmt die Kraft des Wortes der Wahrheit an den Herzen der Menschen viel mehr, als man glaubt; darum verschließen sie die Ohren der Wahrheit und öffnen sie den Fabeln; darum, weil die Fabeln den Menschen lassen, wie er ist, das Wort der Wahrheit aber alle falsche Liebe und Anhänglichkeit in seinem Herzen zerstören will. Deswegen hört er lieber solche Worte, die ihn nicht beunruhigen, die ihn in seinem Sumpfe, in den er sich hineingearbeitet hat, liegen lassen, als solche Worte, die ihn erschrecken und mit gewaltiger Hand rütteln und schütteln. Solchen Leuten also ist es zu unbequem, sich durch das Wort vom Ende aller Dinge in ihrer behaglichen Ruhe stören zu lassen.

Erbarmender Herr Jesu Christ, getreuer Lebensfürst, der du des Glaubens Anfang bist und einst sein Ende wirst!

Dein Wort durchdringet mir das Mark; mach, wie dein Wort verheißt, Herr, meinen schwachen Glauben stark durch deinen Glaubensgeist!

Die Liebe zünde du in mir als heilges Feuer an, und hilf, daß meine Hoffnung dir die Fackel tragen kann!

Ach laß uns immer mäßig sein und nüchtern zum Gebet! Halt uns von Nahrungssorge rein, die nur auf Weltlust geht.

26. November: 2. Thessalonicher 2,3

Laßt euch von niemandem verführen, in keinerlei Weise; denn zuvor muß der Abfall kommen und der Mensch der Bosheit offenbart werden, der Sohn des Verderbens.

Vor siebenzig oder achtzig Jahren hat das Unwesen in unserer Kirche angefangen. Wo vorher Aberglaube war, da ist jetzt der Unglaube. Die stolzen Weisen dieser Welt, die vor lauter Klugheit immer tiefer in die Narrheit fallen, haben in eigener Weisheit, in Hochmut und unerträglicher Selbstüberhebung dem Vernunftgott, den sie aufgerichtet haben, dem Baal unserer Tage, Altäre genug gebaut, um ihm – ich darf es ja wohl sagen, weil es ein alttestamentlicher Ausdruck ist – nachgehuret. An einem Pfeiler der Wahrheit um den andern haben sie gerüttelt und gedacht: Gelingt es uns, die Pfeiler und Säulen umzustürzen, so wird schon das ganze Gebäude nachfallen; und das haben sie auch frei ausgesprochen und in manches Buch geschrieben; es wird, hieß es, bald die Zeit kommen, wo das alte Gebäude, der alte Wahn zusammenstürzt (sie meinten aber den alten Glauben, daß Christus, Gottes Sohn, uns mit seinem Blut erkauft habe); das Licht der Vernunft ist nun aufgegangen, der Aberglaube muß fort, denn bei den neueren Forschritten kann das alte Gemäuer nicht mehr bestehen. – Die Toren! Sie wußten nicht, daß dieses scheinbar alte Gebäude aus Felsen gehauen und auf einen ewigen Felsen gegründet ist. Darum war es ihr Losungswort: »Lasset uns zerreißen seine Bande und von uns werfen seine Seile! Wir wollen nicht, daß dieser über uns herrsche!« – Und diese neuen Baalspriester haben es auch weit gebracht; sie haben nicht nur unter den höheren Ständen, die sich von jeher zum Unglauben mehr neigten, sondern auch unter dem Volk manchen Grundstein der Wahrheit umgeworfen, so daß viele unschlüssig wurden und nicht mehr wußten, ob Baal oder Jehova Gott sei; denn sie wußten ihrer schlechten, faulen Sache ein feines Gewand anzuziehen, daß jedermann meinen sollte, das sei recht und wahr, das seien die Leute, welche unserer Zeit die Fackel wieder aufs neue aufgesteckt haben. Ja, es kam so weit, und ist noch vielfach der Fall, daß man sich schämt, den hohen Namen Jesus auszusprechen, daß eher alles als dieser Name in den sogenannten gebildeten Gesellschaften gehört wird und daß die Kinder Gottes seufzen mußten und sich zerstreuen unter dem Druck des Zeitgeistes. Auch wissen wir, wie unter solchen Grundsätzen die sittliche Finsternis, das weltliche, wollüstige, freche und eigennützige Wesen dieser Zeit gewachsen ist.

Das Gold, durchs Feuer siebenmal bewährt, wird lauter funden, an Gottes Wort man warten soll desgleichen alle Stunden. Es will durchs Kreuz bewähret sein, da wird erkannt sein Kraft und Schein und leucht stark in die Lande.

Das wollst du, Gott, bewahren rein vor diesem argn Geschlechte, und laß uns dir befohlen sein, daß sichs in uns nicht flechte. Der gottlos Hauf umher sich find, wo diese losen Leute sind in deinem Volk erhaben.

27. November: Matthäus 21,9

Gelobt sei, der da kommt in dem Namen des Herrn!

Gelobt sei Jesus Christus, der Aufgang aus der Höhe, der uns besucht hat in unserm Elende und in unsern Sünden. Wir lagen alle dahingegeben in Ketten der Finsternis; es war niemand da, der sich unser erbarmte, wir waren arm, blind und bloß, da kam er, der barmherzige Samariter, und hatte Mitleiden mit unserem Elende und machte als der gewaltige Held aus dem Stamme Juda uns los und versetzte uns in sein Reich und gab uns Recht und Anspruch auf alle Seligkeiten seines Reichs. Nun soll unser Elend in Herrlichkeit, unsre Finsternis in Licht verwandelt werden, in dem Sohn sehen wir mit aufgedecktem Angesicht des Vaters Klarheit, und er will uns geben ein gutes Zeugnis und mit dem Zeugnis einen neuen Namen, den niemand kennet, denn der ihn empfangen hat. So jauchze ihm nun entgegen, Volk des Herrn, bereite und schmücke dein Herz, ihn aufzunehmen, mache die Tore weit und die Türen in der Welt hoch, daß der König der Ehren einziehe. Wer ist dieser König der Ehren? Es ist Jesus Christus, der treue Zeuge, ein Erstgeborner von den Toten und ein Fürst der Könige auf Erden, der uns geliebet hat und gewaschen von unsern Sünden mit seinem Blut. Ihm sei Ehre und Gewalt in Ewigkeit Amen!

Wie soll ich dich empfangen und wie begegne ich dir, o aller Welt Verlangen, o meiner Seelen Zier? O Jesu, Jesu, setze mir selbst die Fackel bei, damit, was dich ergötze, mir kund und wissend sei.

Dein Zion streut dir Palmen und grüne Zweige hin, und ich will dir in Psalmen ermuntern meinen Sinn. Mein Herze soll dir grünen in stetem Lob und Preis, und deinem Namen dienen so gut es kann und weiß.

28. November: Matthäus 21,5

Sagt der Tochter Zion: Siehe, dein König kommt zu dir sanftmütig …

Sanftmütig ist dein König, du Tochter Zion; er ist nicht ein schrecklicher Tyrann, dem du mit Furcht und Zittern dienen müßtest, er ist sanftmütig, sein Herz ist voll Friedensgedanken, voll Treue und Gnade, voll Herablassung, er ist nicht ein Löwe, sondern ein Lamm, nicht ein König, der den Gehorsam erzwingt, sondern der gerne dein Herz hätte, freundlich und langmütig, nicht zurückstoßend, sondern anziehend, der sich namentlich der Armen, der Verachteten, der Unwerten gerne und huldvoll annimmt. Es ist dies ein besonderer Zug im Charakter unseres himmlischen Königs, daß er sanftmütig ist, der freundliche Menschensohn, und daß wir ja das festiglich glauben, so hat er sich eingestellt, und wir können ihn betrachten in seinem Leben, in seinem Handeln und Wirken, in seinem Leiden und Sterben. Aus all dem leuchtet ja seine göttliche Sanftmut heraus. Ja wenn wir gar nichts von ihm wüßten, nichts von seiner Hirtentreue bis in den Tod, nichts von seiner unaussprechlichen Geduld mit seinen Jüngern, nichts als das einzige Wörtlein: Kommet her zu mir alle, die ihr mühselig und belanden seid, ich will euch erquikken, wahrlich, das würde schon laut genug von seiner Sanftmut zeugen, das müßte uns schon ein ganzes Herz zu ihm machen. So gibt es eben kein Herz, wie das Herz unseres Jesus, so demütig und so erhaben, so menschlich und so göttlich, so gnädig, so gelinde, so liebreich. Wo ist ein Gott wie der Gott Israels. Das ist ein Mann für uns, das ist ein Mann für erschrockene, blöde Herzen, das ist ein Mann für die Elenden. Holdselig sind seine Lippen. Er ist der Schönste unter den Menschenkindern. Halleluja.

Gewißlich, du bist eine herrliche Liebe! Wir sehnen uns, dir gleich zu sein. So viele in jedem verbundene Triebe erstrecken sich zu dir hinein. Vergönne der Seelen, die nach dir fragt, dein Lob zu erzählen, so oft es tagt. Vergönn ihr, o Herr, durch das künftige Leben viel Proben von deiner Errettung zu geben!

29. November: Apostelgeschichte 24,25

Als aber Paulus von Gerechtigkeit und Enthaltsamkeit und von dem zukünftigen Gericht redete, erschrak Felix und antwortete: Für diesmal geh! Zu gelegener Zeit will ich dich wieder rufen lassen.

Paulus redete diesmal vorzüglich von der Gerechtigkeit, denn er redete zu dem ungerechten Richter Felix; er redete von der Keuschheit, denn er sprach zu dem Felix und der Drusilla, die in ehebrecherischer Verbindung miteinander lebten (Felix hatte die Drusilla ihrem rechtmäßigen Mann entrissen); er redete endlich von dem zukünftigen Gericht, wo der Richter Felix gerichtet und wo alle Ungerechtigkeit, alle Sünden und Laster, seien sie auch noch so geheim verübt, ans helle Licht gezogen und vor dem Thron des Sohnes Gottes ohne Ansehen der Person gerichtet werden. Da er von der Gerechtigkeit sprach, wird es geheißen haben: Die Ungerechten werden das Reich Gottes nicht ererben. Es trete ab von der Ungerechtigkeit, wer den Namen Christi nennet. Da er von der Keuschheit sprach, wird es geheißen haben: Die Hurer und Ehebrecher wird Gott richten. Weder die Hurer noch die Abgöttischen, noch die Geizigen, noch die Diebe, noch die Säufer, noch die Lästerer (Flucher) werden das Reich Gottes ererben. Da er von dem zukünftigen Gericht sprach, wird es geheißen haben: Wir müssen alle offenbar werden vor dem Richterstuhl Christi, auf daß ein jeglicher empfange, je nachdem er gehandelt hat bei Leibesleben, es sei gut oder böse. Solange nun Paulus vom Glauben an Christum sprach und den Felix nicht an seinen schwächsten Seiten angriff, hörte dieser vielleicht aufmerksam und ruhig zu. Als aber Paulus die obigen Dinge mit ihrem rechten Namen nannte, als ein Gesandter Gottes in göttlicher Lauterkeit und Wahrheit keine

Sünden verkleinerte und entschuldigte, da – sagt die Schrift – erschrak Felix. Das war noch ein gutes Zeichen, ein Beweis, daß er noch nicht ganz verdorben war, daß der Geist Gottes an seinem Herzen arbeitete. Wie glücklich wäre er nun geworden, wenn er unter die Wahrheit, die ihn erschreckt, sich gedemütigt und sich zu dem Erlöser als ein hilfsbedürftiger Sünder gewandt hätte. Aber da Gott rief, hörte er nicht; er hielt die Wahrheit in Ungerechtigkeit auf, er wollte nicht aus seiner Ruhe gestört sein. Gehe hin – sagte er zu Paulus –, wenn ich gelegene Zeit habe, will ich dich wieder herrufen lassen. Ach und diese gelegene Zeit kam hinfort nicht mehr. Armer Felix! Vielleicht weinest du heute noch über deine Torheit, die du vor 1800 Jahren begangen hast und würdest um ein Wort des Evangeliums jetzt gern alle Welten hergeben und das Härteste erdulden.

Ach sprich doch nicht: Es ist noch Zeit, ich muß erst diese Lust genießen, Gott wird ja eben nicht schon heut die offne Gnadenpforte schließen. Nein, weil er ruft, so höre du und greif mit beiden Händen zu! Wer seiner Seele heut verträumet, hat oft die Gnadenzeit versäumet, dem wird hernach nicht aufgetan, heut komm, heut nimmt dich Jesus an.

30. November: Lukas 13,6

Es hatte einer einen Feigenbaum, der war gepflanzt in seinem Weinberg.

Wir sind von Natur wilde Bäume, welche keine oder ungenießbare und unbrauchbare Frucht tragen, Bäume, welche zu nichts taugen, als daß sie umgehauen und ins Feuer geworfen werden, Bäume, welche auch nach dem Gesetz der

Gerechtigkeit Gottes ihrer Natur nach zu nichts anderem aufgehoben wären, als daß sie in das Feuer geworfen werden. Es gibt ja verschiedene Bäume in dieser Welt – fruchtbare und unfruchtbare –, Bäume, welche ihrer Natur nach Frucht tragen und deren Frucht von den Menschen benützt wird, und Bäume, welche ihrer Natur nach keine Frucht tragen und deswegen eben als Holz benützt, umgehauen und entweder verarbeitet oder ins Feuer geworfen werden. Ein solcher wilder Feigenbaum, der in dem großen Wald der Sünderwelt aus dem Samen Adams entsprossen ist und der seiner Natur nach keine oder nur schlechte und saure Früchte tragen kann, das bin ich und du von Natur. Und nun schaue die große Gnade über uns; uns wilde, unfruchtbare, nur zum Brennen aufgehobene und taugende Bäume hat der himmlische Weingärtner genommen und in seinen Weinberg, wohin eigentlich kein Feigenbaum gehört, versetzt, er hat auf den wilden Stamm edle fruchttragende Reiser gepflanzt durch sein Evangelium, durch die Sakramente, durch seinen Geist, durch so viele Unterweisung über den Weg zur Seligkeit, er hat bis jetzt keine Mühe und Arbeit an uns gespart, er hat durch manches Leiden, das er uns zusandte, den Boden um uns her locker gemacht und um uns gegraben, er hat uns beschnitten früh und spat, es ist ihm ein rechter Ernst gewesen damit, daß er uns so darstelle, auf daß wenn der Eigentümer komme, er demselben uns zeigen und sagen könne: Siehe wie die Bäume Frucht tragen; es ist ein Lust, sie nur anzusehen. Welche unaussprechliche Gnade und Wohltat. Wahrlich wir haben hohe Ursache, uns einmal auch in den Staub zu beugen vor dem Gott, der so viel an uns tut.

Liebe, wie vergelt ich dir, was du Guts getan an mir!

1. Dezember: Johannes 21,16.17

Spricht er zum zweiten Mal ... zum dritten Mal zu ihm: Simon, Sohn des Johannes, hast du micht lieb?

Es ist leicht, auf diese Frage mit einem Ja herauszufahren; – aber wenn man sich gründlich besinnt, so kann einem gar viel dabei einfallen, was einem dieses Ja gewaltig erschwert, sogar vorerst verbietet. Denn den Heiland wahrhaftig lieb haben, das will *viel* heißen. Dazu gehört nicht nur ein natürliches Gefühl von Zuneigung, das wir in unseren Herzen spüren; sondern der Herr will das ganze Herz, das ganze Gemüt, die ganze Seele, alle Kräfte des Leibes und der Seele zu seinem Eigentume; und nur wer dieses alles dem Herrn geschenkt und geopfert hat, nur ein solcher kann mit Petrus wahrhaftig sagen: Du weißest, daß ich dich lieb habe! – O wie viel läuft täglich zwischen die Liebe zum Herrn hinein! Ich rede hier nicht von solchen, die gar nicht wissen, was es heißt, den Heiland lieben, die also noch ferne stehen von ihm, noch tot sind in ihren Sünden, sondern ich rede von Jüngern des Herrn. Auch bei ihnen wird bald dieses, bald jenes dazwischenkommen, was der Liebe widerstreitet. Wenn man z.B. gerade daran ist, dem Herrn etwas aufzuopfern, ihm einen kleinen Gefallen zu erweisen, so hat uns der Teufel bald wieder an einer andern Seite gefaßt, so daß man nicht so bald fertig wird. Und doch kann niemand zum Herrn kommen, der nicht wahrhaftige Liebe zu ihm hat. Da tut es also not, recht aufmerksam zu sein, recht zu achten auf sich selbst, zu beten und zu wachen, damit man zu festen, gewissen Tritten komme und nicht mehr aus der Festung vertrieben werde.

Mein Heil, willst du mich fragen: »Erlöster, liebst du mich?« Was soll ich zu dir sagen? Du weißts, ich liebe dich!

Doch weißt du auch vorher, in wie geringem Grade; ach gib, ach gib mir Gnade, so lieb ich dich noch mehr.

Gib, daß ich unabwendig dich, Jesu, lieben lern; es brenn in mir beständig die Flamme vor dem Herrn! Wirst du einst offenbar, daß alle Knie sich beugen, so wollst du mir bezeugen, daß Liebe in mir war.

2. Dezember: Johannes 14,23

Jesus antwortete und sprach zu ihm: Wer mich liebt, der wird mein Wort halten; und mein Vater wird ihn lieben, und wir werden zu ihm kommen und Wohnung bei ihm nehmen.

Der Apostel Judas (nicht der Iskariot) fragte den Heiland: Herr, was ist es, was ist denn geschehen, was ist denn vorgefallen – daß du dich uns willst offenbaren und nicht der Welt? Der Heiland antwortete ihm: Wer mich liebet, dem werde ich mich offenbaren, dem wird sich auch mein Vater offenbaren, in dem werden wir beide Wohnung machen. Deswegen, will er sagen, geschiehet es, deswegen offenbare ich mich euch, weil ihr mich liebet; die Welt aber liebet mich nicht, sie hasset mich vielmehr und verachtet mein Wort – darum offenbare ich mich ihr auch nicht; die Welt liebet nur das Ihre, von mir will sie wenig oder nichts.

Der Herr will kein geteiltes Herz von uns, er will ein ganzes Herz; er will ein Herz, das alles andere für Kot und Schaden achtet, um ihn zu erlangen; er will ein Herz, dessen ganzes Sehnen und Streben dahin geht, in ihm erfunden zu werden, das der Welt und ihrer vergänglichen Lust den Abschied gegeben hat; er will Leute, welchen es Ernst ist mit ihm; solchen allein kann, solchen allein will, solchen allein wird er sich offenbaren. Saget selbst, liebe Mitchristen, kann denn der Herr Jesus bei einer Seele einkehren, die angefüllt ist und ihre Lust hat an Dingen, die ihm ein Greuel sind? Wo die Augenlust, die Fleischeslust, das hoffärtige Wesen herrscht, kann da Derjenige, welcher diese unsere sündlichen Lüste durch Schmerzen ohne Zahl und mit der Vergießung seines Blutes gebüßet hat, sein Werk haben? O das kann er nicht; Er, der uns verboten hat, unsere Perlen vor die Schweine zu werfen, wird die seinigen ihnen nicht selber preisgeben; das wird nimmermehr geschehen. Wer die Werke der Finsternis liebt und ausübt, wie kann bei dem der, welcher das Licht selber ist, Wohnung machen? Wer seinen Bruder hasset, wie kann bei dem der, welcher die Liebe ist, einkehren? Wessen Aug voll Ehebruchs ist, sollte sich diesem der Heilige offenbaren können? Wo Heuchelei und Falschheit und Schalkheit im Herzen wohnt, da kann der Geist der Wahrheit nicht zugleich wohnen. Und das braucht nicht so grob zuzugehen: Denn es gibt auch eine feine Weltliebe. O, es kommt zuletzt auf eines hinaus, ob wir mit einem Faden oder mit einer eisernen Kette an die Welt angebunden sind: Denn wer seine Kette zerreißen lassen will, dem wird sie zerrissen, und wer das Band des Fadens beibehalten will, der bleibt eben gebunden, ja, der Faden kann zuletzt zu einer unzerreißlichen Kette werden. Lasset uns doch den Herrn bitten, daß er uns von allem, allem ganz losmache, nicht also, daß wir aus der Welt hinausgingen, sondern daß unser Herz durch keines, auch nicht das geringste Band mit der Welt und ihrer Lust mehr zusammenhänge und dem Heilande, der sich ganz für uns aufgeopfert hat, auch ganz zum Opfer und Eigentum werde!

Entbinde mich, mein Gott, von allen meinen Banden, und was mich noch subtil im Fleisch gefangen hält! Ist das nicht schon genug, wenn eines nur vorhanden, das mich noch binden kann in dieser Sündenwelt? Soll ich gebunden sein, so binde deine Treu mein armes Herz, auf daß ich dein Gebundner sei!

3. Dezember: Johannes 10,16

... und es wird eine Herde und ein Hirte werden.

Jetzt sehen wir freilich noch wenig von dem Anbruch dieses großen Tages. Zwar sind schon in den Zeiten der Apostel Juden und Heiden in eine Gemeinde zusammengeschmolzen, zwar heißt es auch in unsern Tagen noch immer, wie Römer 15,10: Freuet euch, ihr Heiden, mit seinem Volk; wir sehen mit Augen, wie der Herr sich eine Gemeinde sammelt aus allen Enden und Orten. Aber was ist noch in der Christenheit? Sie ist zerstreut und geteilt und gespalten in Kirchen und Sekten und Meinungen, ja selbst die Kinder Gottes sind noch in Nebendingen uneins und sehen oft wegen Nebendingen scheel aufeinander. Da spricht man: Ich bin jüdisch, ich bin apollisch, ich bin kephisch, ich bin christisch. Es ist noch nicht *ein Hirte* und *eine Herde*. Viele in der Christenheit dienen gar ungescheut dem Satan und haben ihren guten Hirten ganz verlassen, leben dahin und haben kein Gefühl für den Heiland. – Aber freilich vollkommen wirds hienieden auch niemals werden. Das Vollkommene ist aufgespart auf die Offenbarung des Unsichtbaren, auf die Zeit, wo der Herr sagen wird: Siehe ich mache alles neu. Wenn das Alte vergangen sein wird, wenn diese elementarische, mit so manchem Fluch beladene Erde mit Feuer verbrannt sein, wenn das neue Jerusalem, wenn der neue Himmel sein wird, dann wird es erst in seiner ganzen Wahrheit erfüllt sein: Es wird *eine Herde* und *ein Hirte* sein. Denn alle, die von Anfang an Gott gedient haben, bis auf den letzten, der geboren wird, alle seine Knechte und Mägde, die das Siegel des lebendigen Gottes an ihren Stirnen tragen, alle die überwunden haben und haben ihre Kleider gewaschen und haben den Sieg behalten, alle diese werden im Licht des Lammes wandeln und werden ihre Herrlichkeit in die neue Stadt bringen. Und wir dürfen in dieser Zeit wohl unsre Augen und Herzen dahin richten. Da wird sein ein Abraham, ein Isaak, ein Jakob, Mose, David, Elia, Jesaja usf., da werden sein die Apostel des Lammes und die Blutzeugen, die ihr Leben nicht lieb hatten und alle Überwinder und alle Geretteten aus allen Nationen, Geschlechtern, Sprachen und Zungen, alle in Anbetung des Lammes versunken, alle seine Schafe, *eine Herde* und *ein Hirte*.

Dahin reck auch ich die Hände, o Herr Jesu, zu dir aus! Mein Gebet ich zu dir wende, der ich noch in deinem Haus hier auf Erden steh im Streit; treibe, Herr, die Feinde weit!

Hilf mir in dem Kampfe siegen wider Sünde, Höll und Welt; laß mich nicht daniederliegen, wenn ein Sturm mich überfällt. Führe mich aus aller Not du, mein Fels, mein Herr und Gott.

Gib, daß ich sei neugeboren, an dir, als ein grünes Reis wachse und sei auserkoren zu des ewgen Vaters Preis; daß ich mich bewahre rein, meide jeden falschen Schein.

Daß mein Teil sei bei den Frommen, welche, Herr, dir ähnlich sind, und auch ich, der Not entronnen, als ein treues Gotteskind dann genahet zu dem Thron nehme den verheißnen Lohn!

4. Dezember: 1. Petrus 2,11

Liebe Brüder, ich ermahne euch als Fremdlinge und Pilger.

»Ich ermahne euch als *Fremdlinge* und *Pilger.*« Er nennt die Christen, an die er schreibt, Pilger und Fremdlinge. Christen, wahre Christen sehen sich als Pilger und als Fremdlinge an auf dieser Welt; so denken sie, so reden sie, so handeln sie, so bauen und pflanzen sie, so machen sie Anschläge und Pläne, so arbeiten sie, nicht als Leute, die hier wohnhaft sind, sondern als solche, die hinwegeilen, keine bleibende Stätte haben und dagegen die zukünftige suchen. Nicht als ob nur zu gewissen Stunden besonderer Andacht und Anfassung es ihnen klar würde, daß sie hienieden kein Bürgerrecht haben und sie sich für die zukünftige Stadt und für den Eingang in dieselbe bereiten sollen; es ist diese Gesinnung: Ich bin ein Pilger und Fremdling hienieden – nicht bloß so ein vorübergehendes Gefühl des Herzens, das, wenn es lange genug von der Eitelkeit gefesselt war, sich einmal in einem gewissen Anflug aufrafft, wie oft Weltmenschen in Stunden des gesteigerten Gefühls sich über das Irdische und Vergängliche hinwegschwingen, sondern es ist bei einem Christen ein bleibender Grundgedanke seiner Seele: Ich bin ein Pilgrim und Fremdling, und habe keine bleibende Stätte; ein Grundgedanke, der ihm nicht immer in die Vorstellung fällt, aber aus welchem heraus er unbewußt handelt und wandelt; es ist etwas Festes, etwas mit dem innersten Seelenleben selbst Verwobenes, das er sich nicht erst recht klar machen darf durch allerhand Vorstellungen, sondern das ihm ganz zu eigen worden, und in seinem innersten Seelengrund Ja und Amen ist.

Es halten eitele Gemüter die Erde für ihr Vaterland! Wer aber Jesum hat erkannt und die wahrhaften Himmelsgüter, der sieht den ganzen Kreis der Erden für eine fremde Hütte an und sehnet sich, erlöst zu werden von seiner rauhen Pilgerbahn.

5. Dezember: Römer 4,15;7,7

Denn das Gesetz richtet nur Zorn an; wo aber das Gesetz nicht ist, da ist auch keine Übertretung. Was sollen wir denn nun sagen? Ist das Gesetz Sünde? Das sei ferne! Aber die Sünde erkannte ich nicht außer durchs Gesetz.

Manche erkennen die Strenge des göttlichen Gesetzes, sie bleiben aber doch in ihren Sünden; weil sie nun aber doch von ihrem Gewissen nicht loskommen können, so erhebt sich in ihrem innersten Herzensgrunde ein geheimes Murren gegen Gott: Warum hat er auch solche Gesetze gegeben, die niemand halten kann? Er hat ja durchs Gesetz, das er gegeben, mir alle Weltfreude vergällt, er hat doch gesehen, wie der Mensch eine Freude an weltlichen Dingen und Vergnügungen hat, warum hat er sie ihm denn abgeschnitten? Ist er durch die Strenge seines Gesetzes nicht selbst Schuld daran, wenn kein Mensch sie hält? Ist er nicht Schuld an der Sünde? Denn wo kein Gesetz ist, da ist auch keine Sünde; wo aber ein strenges Gesetz ist, da ist auch große Sünde. Das ist die Sprache der über das Gebot Gottes ergrimmten Natur, und prüfet euch nur, ob euch nicht auch schon solche Gedanken gekommen sind; ich will nicht sagen, daß ihrs ausgesprochen habt, ich will nur sagen, daß es in dem inwendigen Herzensgrunde sich geregt hat. Ists nicht so? Man erkennt die Schärfe des Gesetzes, *man will aber eben einmal* in der Sünde bleiben; man hat sie zu lieb; was tut man? Statt sich über seine Sündenliebe zu demütigen, statt mit Ernst und Eifer das neue Leben, das Christus mitteilt, zu suchen, geht man hin und verstockt sein Herz gegen Gott, und sucht die Schuld in dem Gesetze und in Gott nicht in sich selber. Ein anderer kann dagegen sagen: »Wir sind allzumal Sünder«, und so sucht er in der allgemeinen Sünde eine Beruhigung für sein verwundetes Gewissen. Wenn man aber auf den Grund geht, was will er damit? Auf Gott wälzt er die Schuld zurück, der ihn so erschaffen habe, oder wenigstens den ersten Sündenfall nicht verhindert und ihn in diese Welt gesetzt habe, da sein Los sein müsse, ein Sünder zu sein. Sehet, so gibt man mit seinen Entschuldigungen Gott die Schuld; welche furchtbare Sünde und Gotteslästerung begeht man da! Meinet ihr, ein solcher werde am jüngsten Tage seine Schuld auch noch auf Gott schieben können?

All die Gebot uns geben sind, daß du dein Sünd, o Menschenkind, erkennen sollst und lernen wohl, wie man vor Gott recht leben soll. Herr, erbarm dich unser!

Das helf uns der Herr Jesus Christ, der unser Mittler worden ist. Und weils mit unserem Tun verlorn, helf er uns alln aus Gottes Zorn. Herr, erbarm dich unser!

6. Dezember: Markus 13,26

Und dann werden sie sehen den Menschensohn kommen in den Wolken mit großer Kraft und Herrlichkeit.

Ich weiß wohl, daß es von jeher, namentlich aber in unsrer Zeit, Menschen gibt, die es nicht ohne ein mitleidiges Lächeln anhören können, wenn von der Zukunft des Herrn geredet, wenn behauptet wird, der Jesus von Nazareth werde wiederkommen in den Wolken des Himmels und dieser Erde ein Ende machen, wenn gesagt wird, daß man sich darauf vorbereiten und die Zeichen der Zeit beachten solle. Es gibt Leute, denen, weil sie entweder in Unglauben oder in Weltlust versunken sind, der furchtbare Zuruf des Evangeliums: »Siehe, der Richter steht vor der

Tür«, so zuwider und so unbequem ist, daß sie sich nicht entblöden, mit dem Wort der Schrift zu fragen: Wo bleibt die Verheißung seiner Zukunft? Es ist ihnen gar zu ungeschickt, daß eine Änderung der Dinge in dieser Welt vorgehen soll; es wäre ihnen recht, wenn es so bliebe, wie es ist, es gefällt ihnen so wohl, und darum sagen sie unverhohlen: man dürfe an eine solche Änderung gar nicht denken, so könne es noch Jahrhunderte und Jahrtausende bleiben, am wenigsten aber wollen sie davon etwas wissen, daß Jesus Christus diese Veränderung treffen werde. Aber ob es gleich manchem nicht gefällt und sie sich darüber hinwegphilosophieren und hinweglachen, so werden sie es doch mit allen Gründen, die aus dem Unglauben und aus der Eitelkeit genommen sind, nicht ändern, und wir bleiben bei den Worten des Heilandes, denen er selbst noch ein recht starkes Gewicht geben wollte, indem er (V. 31) sagt: Himmel und Erde werden vergehen, meine Worte aber werden nicht vergehen. Ja, Jesus Christus wird kommen, und vor seinem Herannahen wird sich dann nicht bloß die Menschheit, sondern auch die ganze leblose Natur beugen. Und da werden dann freilich alle, die ans Irdische gefesselt waren und ihre Hoffnung darauf gesetzt hatten, da werden namentlich die Naturanbeter gar sehr erschrecken, wenn die Natur ihre Gesetzmäßigkeit verliert, wenn die Gesetze des Himmels verrückt werden und die Berechnungen nicht mehr eintreffen. Sie werden verschmachten vor Furcht und vor Warten der Dinge, die da kommen sollen.

Wir warten dein, o Gottessohn, und lieben dein Erscheinen. Wir wissen dich auf deinem Thron und nennen uns die Deinen. Wer an dich glaubt, erhebt sein Haupt und siehet dir entgegen; du kommst uns ja zum Segen.

Wir warten dein; du hast uns ja das Herz schon hingenommen. Du bist uns zwar im Geiste nah, doch sollst du sichtbar kommen; da willst uns du bei dir auch Ruh, bei dir auch Freude geben, bei dir ein herrlich Leben.

7. Dezember: 2. Korinther 5,10

Denn wir müssen alle offenbar werden vor dem Richterstuhl Christi, damit jeder seinen Lohn empfange für das, was er getan hat bei Lebzeiten, es sei gut oder böse.

Wird man da auch noch zweifeln können? Wird man da auch noch spotten können? Wird man da auch noch leugnen können? Wird man da auch noch die Nase rümpfen können über den Glauben an sein Wort, wie man es hier getan, und die Kraft seines Wortes mit einem hochmütigen, selbstweisen Lächeln von sich abgewiesen hat? Oder wird man fliehen können, wie man etwa jetzt flieht vor der scharfen Zucht seines Geistes, und mag nicht in die wüsten Abgründe seines Herzens und Lebens, und dem treuen Heiland nicht in die Augen sehen? Wird man da auch noch heucheln oder sich schminken können? Wird man da auch noch seine Blöße decken können mit ein paar eiteln Trostgründen, womit man sich selbst getröstet hat, mit seiner selbstgemachten und selbst zusammengetragenen und zusammengeflickten Religion? Nein! – Sehen werden wir ihn müssen; in sein feuerflammendes, in sein königliches, in sein richterliches, sonnenhelles Auge werden wir hineinsehen müssen. Siehe, wenn du dich dann krümmest wie ein Wurm an der Sonnenhitze, wenn sie am Mittag brennt: – Hier mußt du stehen; hier mußt du aushalten, hier kannst du nicht von der Stelle weichen; hier mußt du ins Licht und mußt dich vom Lichte richten und durchscheinen lassen; wie Jesus sich dann offenbaren wird, so mußt auch du offenbar werden.

Jetzt kann noch mancher die Schande seiner Blöße verbergen und sich und andere mit Heuchelschein betrügen. Aber wann Jesus kommen wird in seiner Herrlichkeit, dann wird es nicht mehr so sein. Die unsichtbare Gottesgewalt, die ihn umgibt, wird jedem seine Stelle anweisen: Mit unwiderstehlicher Macht wird jeder hingetrieben werden zur Rechten oder zur Linken. Da sind wir alle, wie wir sind, und werden um kein Haar besser aussehen, als wir sind. Deine Gedanken, deine Anschläge, deine verborgenen Herzensgedanken und Begierden, alles, was die Finsternis bedeckt, oder dein Mund als dein tiefstes Geheimnis verschwiegen hatte, dein ganzer inwendiger Mensch samt allen seinen Werken und Früchten wird äußerlich – wird offenbar.

Jesu, daß wir einst nicht müssen für die Sünd im Abgrund büßen, tratst du selber vor den Riß; gib uns Buße, Zucht und Glauben, daß kein Feind uns möge rauben dein vielteures Paradies.

8. Dezember: Psalm 49,12

Gräber sind ihr Haus immerdar, ihre Wohnung für und für, und doch hatten sie große Ehre auf Erden.

Es ist fast unbegreiflich, und doch ist es so bei allen Menschen, die Jesum nicht kennen: Sie sind mit unauflöslichen Banden an diese Welt hingebunden, und auch wenn sie im tiefsten Leiden gefangen sind, so gefällt es ihnen doch auf dieser Welt. Es entsteht freilich manchmal in der Tiefe der Leiden auch bei solchen Geistern, die noch ferne von Christo sind, der ernstliche Wunsch: Ach, wenn ich nur stürbe! Aber damit sehnen sie sich nicht von der Welt loszukommen, sondern nur von ihren Leiden. Fraget einmal einen solchen Menschen, was ihm lieber sei: Auf dieser Welt zu bleiben, ohne von seinen Leiden geplagt zu sein, oder in den Himmel zu kommen? Er wird gewiß die Erde dem Himmel vorziehen, wenn nämlich kein Geistesleben von oben in ihm angezündet ist. Wahrhaftig ein trauriger Zustand, in dem wir von Natur gefangen liegen: Denn aus diesem Grundgedanken entsteht bei dem Menschen der Geiz und das Habenwollen vieler Güter in dieser Welt; man will sich einrichten; man will sich versorgen; man ist zuhause in dieser Welt; man meint, man dürfe mit dem, was einem anvertraut ist, schalten und walten wie man wolle; man hält es für sein eigen, nicht für geliehen, nicht für anvertraut, um darin sich als ein guter Haushalter zu beweisen. Daher kommt es, daß man sich an die Dinge dieser Welt gewöhnt, als wenn man sie ewiglich genießen dürfte; man fühlt sich so in seinem Eigentum; man geht aus und ein, wie wenn man für immer hier zuhause wäre, man glaubt nicht, daß man seine Seele in den Händen tragen und rein behalten müsse von den Dingen dieser Welt: Man ist so damit verwoben und verwachsen, daß man die Gefahr gar nicht ahnt, die darunter verborgen liegt. Ach wie mancher arme Mensch, der von der Gnade angefaßt war, hat alles wieder verloren, weil er aus diesem Grundgedanken heraus diese und jene Dinge, dieses und jenes Mitmachen in der Welt für nicht so gefährlich hielt, als es wirklich war! Liebe Mitbrüder und Mitschwestern, die Welt ist nicht unser Vaterland; was suchen wir denn hienieden, so wir doch davon müssen, so doch alles, was von der Welt ist, vergeht mit aller Lust, so doch alles, was diese arme Erde beut, den Geist nicht wahrhaft sättigen und stillen kann?

O Jesu, meines Lebens Licht! Gib, daß ich meinen Wandel führ im Geist, in deinem Lichte, und als ein Fremdling lebe hier vor deinem Angesichte.

Nimm hin, o reine Liebesglut, mein alles dir alleine; sei du nur, o vergnügend Gut, mein Höchstes, das ich meine.

Ach halt mich fest mit deiner Hand, daß ich nicht fall noch weiche; zeuch stets mich durch der Liebe Band, bis ich mein Ziel erreiche.

9. Dezember: Johannes 3,31

Wer von der Erde ist, der ist von der Erde und redet von der Erde.

Wer den Sohn Gottes noch nicht an seinem Herzen erfahren hat, der kann nicht anders, er muß die Erde für sein Vaterland halten; er kennt ja nichts edleres, er kennt ja die höchste Liebe, er kennt Jesum nicht; ach, er ist so arm in seinem tiefsten Herzensgrund, und eine Heimat will er doch haben – jeder Mensch hat eine tiefe Sehnsucht danach: Wo sollte er also seine Heimat suchen und finden als hienieden? Sehet, wir werden in diese Welt hereingeboren; unser Leib ist von der Welt und bringt uns mit der Welt in tausendfältige Berührung; die ersten Begriffe, die wir einsaugen, sind von der Welt; darum ist im Herzen von Natur eine entschiedene Anhänglichkeit an die Welt. Denn was vom Fleisch geboren ist, das ist Fleisch und bleibt Fleisch. So wächst der Mensch meistenteils auf, die Erde umgibt ihn, und er hat größtenteils kein Gefühl für das, was über diese Welt hinausliegt. Darum nimmt er diese Welt, ohne daß er sich besinnt, als seine Heimat an; es ist dies ein Grundgedanke in ihm, ein Grundgedanke, den er mit auf die Welt bringt und der nach und nach immer mehr in ihm Wurzel schlägt durch die verschiedenen ihn anziehenden Einwirkungen der irdischen Dinge. Freilich gibt es manche Geister, die, ohne daß sie gerade den

Herrn Jesum kennen, doch eine entschiedene Abneigung gegen das niederträchtige Hangen und Kleben an der Erde haben; sie steigern ihre natürlichen Kräfte, durch die Umstände begünstigt, etwas höher; sie halten es unter ihrer Würde, so gemeine Erdenwürmer zu sein, die am Boden kriechen und deren Blick und Sehnsucht auf das geht, was unter ihren Füßen liegt. Aber nach etwas muß der Mensch trachten, und – fragt sie einmal, diese Geister, die sich höher dünken; forschet nach, was denn eigentlich ihr Streben ausmache; ihr werdet finden, wie sie doch auch nach dem, das auf Erden ist, trachten, wie sie doch auch, nur auf feinere Weise, irdisch denken und reden, wie in ihnen doch auch der Grundgedanke liegt, daß die Erde ihr Vaterland sei.

Was hilft die Welt in letzter Not, Luft, Ehr und Reichtum in dem Tod? Bedenk's, o Mensch, was läufest du dem Schatten zu? So kömmst du nicht zur wahren Ruh.
Weg Eitelkeit, weg Torenlust! Mir ist das höchste Gut bewußt; das such ich nur, das bleibet mir so dort wie hier; Herr Jesu, zieh mein Herz nach dir!

Was wird's da sein, wenn ich dich seh und dort vor deinem Throne steh! Du unterdessen lehre mich, daß stetig ich mit klugem Herzen suche dich.

10. Dezember: 1. Petrus 2,16

Als die Freien, und nicht als hättet ihr die Freiheit zum Deckmantel der Bosheit, sondern als die Knechte Gottes.

O wenn solche Geister unter uns wären, die sich sehnen nach der herrlichen Freiheit der Kinder Gottes: Euch sage ich, eure Sehnsucht wird ganz gewiß noch erfüllt werden. Es ist schon eine Seligkeit um die Sehnsucht nach der Freiheit, aber eine weit größere Seligkeit wird es sein, den neutestamentlichen Freiheitsmorgen selbst zu sehen, der uns durch das Blut Jesu Christi, das vom Kreuze herunterströmte, versichert ist. Aber was soll ein Christ machen in dieser Zeit, wo an allen alten Formen gerüttelt wird, wo der große Wahn der blinden Welt, daß man sein Glück und seine Seligkeit in äußerer Freiheit suchen müsse, da man sie doch in der innern suchen sollte, immer weiter um sich greift? Was soll da ein Christ machen? Soll er auch mit einstimmen? Soll er sich von dem Strom des Zeitgeistes auch mit fortreißen lassen? Das sei ferne! Hier ist wieder ein großer Wendepunkt, wo die Kinder des Lichts und die Kinder der Finsternis unterschieden werden. Ein Christ wird sich hierin ganz halten nach dem Worte des Apostels: »Seid untertan aller menschlichen Ordnung um des Herrn willen; ehrt jedermann; habt die Brüder lieb, fürchtet Gott, ehrt den König.« Er läßt die Menschen um sich herum machen, was sie wollen, und betet um den Anbruch des Reiches Gottes; er ringt in seinem Geiste unablässig nach größerer innerer Freiheit. Das ist seine Sorge, das sein Bestreben, das sein höchster Wunsch, daß er auch in dieser letzten, betrübten Zeit doch auf keine Art und Weise von dem Welt- und Zeitgeiste berückt und gefangen, sondern unbefleckt erhalten werde, und je mehr und mehr in die innere Freiheit hineinwachse, damit sein Herr und Meister ihn bewahren möge vor der Stunde der Versuchung, die da kommen wird über den ganzen Weltkreis und ihn, wann er kommt, bereit finden möge.

Wie froh ist doch ein stilles Herz! Wie frei von Not und Seelenschmerz! Wie klar sieht's Jesu Herrlichkeit und steht zum Streit, zum Leiden und zum Sieg bereit.

O salbe mich mit Geisteskraft! Du weißt es, sonst wird nichts geschafft; laß mich mit Freuden wachsam sein, so seh ich's ein, daß wilde Lust ist lauter Pein.

Dir ähnlich sein ist Herrlichkeit! Dir folgen ist Vollkommenheit! Wie selig ist dein Jesussinn! O nimm mich hin! Dein bin ich, Herr, so wie ich bin.

11. Dezember: Hesekiel 33,11

So wahr ich lebe, spricht Gott der Herr: ich habe kein Gefallen am Tode des Gottlosen, sondern daß der Gottlose umkehre von seinem Wege und lebe. So kehrt nun um von euren bösen Wegen. Warum wollt ihr sterben, ihr vom Hause Israel?

Sollte eine Seele bei allen Beweisen der Gnade Gottes, die aus seinen Führungen und insbesondere aus der Sendung seines Sohnes herausleuchtet, doch kein Zutrauen zu ihm fassen können, sollte sie durch ihr böses Gewissen so von Gott getrennt sein, daß sie dessen Barmherzigkeit nicht zu fassen vermöchte, daß sie aus diesem allem keinen Trost ergreifen könnte, siehe, auch für sie hat Gott gesorgt, auch für sie gibt es noch ein Wort des Herrn, das sie aus ihrem Unglauben aufrichten kann. Damit ja kein Mensch an seinem ernstlichen Willen zu unserer Errettung und Erlösung, an seiner unbegreiflichen, großen und unerschöpflichen Gnade zweifeln könne, hat Gott, der große Gott, sich zu unserer Schwachheit so weit herabgelassen, daß er seine Barmherzigkeit mit einem Eide, mit einem hohen teuren Eid, den der Lebendige bei seinem eigenen Leben schwört, bekräftigt. So wahr ich lebe, spricht der Herr, das heißt: So wahr als ich der lebendige Gott, so wahr als ich Gott bin, ich habe keinen Gefallen am Tode des Gottlosen, sondern daß er sich bekehre und lebe. Mit was, mit was haben wir diese erbarmende Herablassung Gottes gegen uns verdient? Wenn ein ehrlicher rechtschaffener

Mann mir etwas versprechen würde, wenn er mir seinen Beistand, seine Hilfe antragen würde, dürfte ich wohl, möchte ich so frech sein, ihm einen Eid für sein Versprechen abzufordern? Aber der wahrhaftige Gott, der unser ungläubiges Herz kennt, schwört uns Würmlein, uns, die wir Staub und Asche sind, einen teuren hohen Eid. Die Menschen schwören wohl bei einem Größeren denn sie sind, aber Gott, da er überschwenglich beweisen wollte, daß sein Rat nicht wankte, hat er einen Eid dazu getan, und da er bei keinem Größeren zu schwören hatte, schwur er bei sich selbst. Ach mein lieber Mitbruder und Mitchrist, wie kannst du noch zweifeln an der Barmherzigkeit Gottes, die er an dir beweisen wird. Glaub' es, glaub' es nur: Gott meint es gut, sehr gut mit dir. Fasse nur ein Herz zu Ihm, lege ab das ungläubige arge Herz, wirf dich in seine liebenden Vaterarme und laß dir ein neues Herz und einen neuen Geist von ihm schenken.

Ich bete an die Macht der Liebe, die sich in Jesu offenbart; ich geb mich hin dem freien Triebe, wodurch ich Wurm geliebet ward; ich will, anstatt an mich zu denken, ins Meer der Liebe mich versenken.

Wie bist du mir so zart gewogen, und wie verlangt dein Herz nach mir! Durch Liebe sanft und tief gezogen neigt sich mein alles auch zu dir. Du traute Liebe, gutes Wesen, du hast mich, ich dich erlesen.

12. Dezember: 1. Johannes 2,28

Und nun, Kinder, bleibt in ihm, damit wir, wenn er offenbart wird, Zuversicht haben und nicht zuschanden werden vor ihm, wenn er kommt.

O bleibet bei ihm; es ist dies ja keine harte Zumutung; sie dient zu eurem Heile; denn bei ihm strömt die rechte Lebensquelle, die tränkt euch und erfreut euch an Geist und Seele; hier ist das Lebensbrot, das Hungersnot vertreibt, ja auch im Tode selbst erhält. Bleibet bei ihm, der gekreuzigten Liebe.

Es kommt eine Zeit, wo alles vergeht und in Staub zerfällt, wo die Erde und die Himmel verwandelt werden wie ein altes Gewand, und wenn wir auch diese Zeit nicht mehr erleben sollten, so kommt doch die Zeit für einen jeden unter uns, wo wir aus dieser Zeit hinaustreten müssen, wo uns die Welt und alle ihre Lust nichtig erscheint, wo wir das Leben ganz anders ansehen, als so lange wir in voller Kraft und ohne den Glauben an Christum dahinleben; es kommt eine Zeit, wo alle die Scheingüter und all der Zauber, der über die Dinge dieser Welt hingegossen ist, und all der Kot, woran so manches Menschenherz klebt, als ob es ein großer Schatz wäre, in seiner wahren Gestalt als Nichts und als Kot erscheint: Ich meine die Zeit, wo man an den Pforten der Ewigkeit steht und zurückblickt auf sein verflossenes Leben. O wenn mich dann alles verläßt und meine irdischen Stützen morsch zusammenbrechen und ich allein stehe, ohne Jesus, ohne Führer und Heiland, ohne Trost und Hilfe, vor einer finstern, grauenhaften, richtenden Ewigkeit, und meine Götzen haben mich verlassen, und ich stehe allein, nackt, bloß, und verwerflich und verdammlich – o meine Lieben, wie elend, wie schrecklich elend wäre ich dann! Darum, Kindlein, bleibet bei ihm!

Denn Jesus bleibt euch stehn, wenn aller Trost der Kreatur zerrinnt! Wenn Himmel, Erd wie Rauch und Dampf zergehn, und alle Welt mit ihrer Lust verschwind't; wenn Gott die leichte Spreu, das Götzenvolk, zerstäubt, so steht euch Jesus bei; drum, Kindlein, bleibt!

13. Dezember: Hebräer 9,27

Und wie den Menschen bestimmt ist, einmal zu sterben, danach aber das Gericht.

Was wäre es, wenn dieser Leib zuschanden ginge; was wäre es, wenn der Geist sich auch unter schweren Kämpfen von seiner Hütte losmachte; was wäre das Sterben, wenn kein Gericht nach dem Tode auf uns wartete? Man könnte sich endlich noch darüber trösten und fassen, man könnte denken: Es geht ja keinem besser; ich will mich auch in diesen Weg schicken. Aber nun ist es gar anders: »Und wie den Menschen bestimmt ist, einmal zu sterben«, damit aber ist es nicht aus – »danach aber das Gericht.« Was für ein Gericht? Das Gericht Gottes, nicht das Gericht eines Menschen, den man betrügen, vor dem man heucheln, den man anlügen kann, sondern das Gericht des allwissenden, des heiligen, des gerechten, des wahrhaftigen Gottes, des Gottes, der sein nicht spotten läßt, des Gottes, der Herzen und Nieren erforscht und der einem jeden geben wird nach seinen Werken ohne Ansehen der Person.

Unsere gegenwärtige Zeit ist eine Saatzeit für die Ewigkeit. Was wir hier säen, das werden wir ernten. Wann nun vor dem Gerichte Gottes die Jahre, die Monate, die Wochen, die Tage, die Stunden, die Augenblicke unserer ganzen Saatzeit vorkommen werden; wann er sie nach der Strenge seiner Heiligkeit beurteilen und richten wird, wer wird dann bestehen? Wer unter uns kann dann bestehen? Was können wir dann sagen von unsern vielen im Fleische durchlebten Stunden, von unsern in der Sünde durchgebrachten Tagen, von unsern vergeudeten Jahren, die wir nicht Gott, nicht dem Heiland, sondern den Lüsten unseres Fleisches und dem Teufel gelebt haben? Auf tausend können wir ihm nicht eins antworten; zur Hölle müssen wir alle fahren. Das würde auf uns alle warten, wenn Christus nicht gekommen wäre. Denn das wartet nach dem Tode auf die Menschen, wenn sie ohne Christus sterben. Der Tod ist für sie der finstere Übergang zum Gericht, zur Ernte dessen, was sie gesäet haben, zur Vergeltung dessen, was sie gedacht, geredet, getan haben. Das macht den Tod erst zum Tode, das macht ihn erst bitter, denn der Stachel des Todes ist die Sünde.

Herr, schreibe dies in meinen Sinn, so lang ich noch im Leben bin! Denn auch das Grab verbirgt uns nicht und stellt uns endlich vor's Gericht.

Jetzt haben wir noch Gnadenzeit, jetzt währt noch die Barmherzigkeit; doch wenn dein Tag der Rache flammt, wird jeder, der nicht glaubt, verdammt.

Jetzt such ich dich, o Gottes Sohn, jetzt bet ich an vor deinem Thron; jetzt lieb ich dich und deine Ehr; dort gilt kein Knien und Jammern mehr.

Jetzt sei dein Wort mir süß und wert, das Buße mich und Glauben lehrt; dort wird es wie ein Donner gehn, vor dem kein Sünder kann bestehn.

14. Dezember: Matthäus 13,37

Der Menschensohn ist's, der den guten Samen sät.

Auch jetzt noch hat der Herr seinen Samen unter den Menschenkindern. Die Welt mag noch so toll und töricht sein, der Herr hat doch mitten unter dem unschlachtigen Geschlecht seinen Samen, seine Kinder; noch jetzt heißt es, wie zu der Zeit Eliä: Ich habe mir lassen überbleiben siebentausend Mann, die ihre Knie nicht gebeuget haben vor Baal. Jetzt noch sammelt sich der Herr seine Gemeinde, ja er sammelt sie jetzt mit allem Ernste, er gehet aus auf alle

Straßen, in alle Länder, in alle Herzen, einzuladen zu seiner Tafel; an jedes Herz tritt jetzt der Ruf: Mache dich auf und kehre um zu deinem Vater, werde aus einem wilden Unkraut ein gutes Samenkorn. Und läßt ein Mensch diesen Ruf an sein Herz treten, nimmt eine Seele die freudige Botschaft von ihrem Heil und Frieden in Christo Jesu auf und an, so wird sie hinzugetan von der Stunde zu der Schar der lebendigen, zu den Bürgern des neuen Jerusalems, zu dem guten Samen, welcher für die Ewigkeit reift. Der Sämann Jesus Christus sät noch immer guten Samen auf die Welt hin. Gehörest du auch zu diesem Samen? Bist du auch wert, unter die Lichter gezählt zu werden, welche der Herr in dieser Abendstunde auf dem Leuchter zugerichtet hat? Prüfe dich, ob ein Same des ewigen Lebens in dein Herz gefallen ist, ob du mit Grund überzeugt sein kannst, daß du einst werdest in die Scheune des Sohnes Gottes gesammelt werden? Das ist eine wichtige Frage. Denn was hilft alle Betrachtung des Wortes Gottes, wenn wir nicht dadurch auf unser Herz geführt werden? Und man kann in einem so falschen Wahn über sich selbst stehen. Es gibt oft Unkraut, das aussieht wie rechter Weizen, und ist es doch nicht, ja es gibt Körner, welche rechter Weizen sind, und bringen doch keine Frucht. Und das wisse, wenn wir noch heimliches Mißfallen am Reiche Gottes haben, wenn es z.B. heißt, daß da oder dort ein großes Licht aufgehe, daß dieser oder jener Mensch sich bekehrt habe, und wir empfinden da einen heimlichen, wenn auch ganz stillen Unwillen, solange sich noch ein geheimer Widerwille in uns regt gegen die, welche Christo angehören, und wir können über ihre Fehler, die sie noch als Menschen machen, nicht recht hinweggehen, so gehören wir noch zum Unkraut, sind nicht von dem Herrn gesät.

König, dem wir alle dienen (Ob im Geist? Das weißest du),
rette uns durch dein Versühnen aus der ungewissen Ruh.

Mache den Gedanken bange, ob das Herz es redlich mein? Ob die Seele an dir hange, ob wir *scheinen* oder *sein?*

15. Dezember: Johannes 21,18

Wahrlich, wahrlich, ich sage dir: Als du jünger warst, gürtetest du dich selbst und gingst, wo du hin wolltest; wenn du aber alt wirst, wirst du deine Hände ausstrecken, und ein anderer wird dich gürten und führen, wo du nicht hin willst.

Ungefähr zur nämlichen Zeit, da Paulus in Rom enthauptet wurde, etwa ums Jahr 66 nach Christi Geburt, mußte auch Petrus in Rom sterben. Damals erfüllte sich das Wort des Herrn: »Wenn du aber alt wirst, wirst du deine Hände ausstrecken, und ein anderer wird dich gürten und führen, wo du nicht hin willst!«

Wenn der Heiland um seiner Liebe willen uns solches zumutete, wenn er die unerhörtesten Qualen, den peinlichsten Tod zur Ehre seines Namens und ihm zu lieb von uns forderte: Wie würden wir dann bestehen? Wären wir wirklich gerüstet und bereit, ihm zu folgen durch Not und Tod, und ihn nicht zu verlassen, auch wenn es unser Leben kostete? Wir wissen nicht, was unsere Zeit mit sich bringt, ob nicht die wahren Christen in unserer Zeit noch ähnliche Trübsale durchgehen müssen. Wären wir nun gerüstet, um seines Namens willen alles was wir haben, Äkker, Wiesen, Haus, Hof, Weib und Kinder zu verlassen, und einem elenden Tode entgegenzugehen? Können wir mit Luther sagen:

Nehmen sie uns den Leib, Gut, Ehr, Kind und Weib:
Laß fahren dahin! Sie habens kein'n Gewinn,
Das Reich muß uns doch bleiben! – ?

O was gehört dazu, so im Glauben zu stehen wie Stephanus! Freilich, wenn ein Kind Gottes in solche Fälle kommt, so ist der Herr gewiß nahe bei denen, die ihn anrufen. Aber soll er aushelfen, so muß es uns ernst sein; wir müssen wirklich und fest in seiner Gnade gegründet stehen, müssen uns recht gerüstet haben zum Streit; wir müssen angetan sein mit jener Waffenrüstung Gottes, die Eph 6 beschrieben wird, wenn wir auslöschen wollen die feurigen Pfeile des Bösewichts. Wir müssen, solange die Vorbereitungszeit dauert, uns vom Herrn führen lassen auch dahin, wo wir nicht hin wollen, müssen unseren Willen ihm ganz und gar hinopfern lernen.

Fort mit jenem Sinn der Griechen, denen Kreuz nur Torheit ist! O laßt uns zurück nicht kriechen, wenn ans Kreuz soll Jesus Christ! Fügt euch dicht zusammen, wenn der Schlangensamen sich dem Glauben widersetzt und das Schlachtschwert auf uns wetzt.

Komm, befrucht, o goldner Regen, uns, dein Erb, die dürre Erd, daß wir dir getreu sein mögen und nicht achten Feur und Schwert, als in Liebe trunken und in dir versunken. Mach die Kirch an Glauben reich und das End dem Anfang gleich.

16. Dezember: 5. Mose 10,12; 28,47

Nun, Israel, was fordert der Herr, dein Gott, noch von dir, als daß du den Herrn, deinen Gott, fürchtest, daß du in allen seinen Wegen wandelst und ihn liebst und dem Herrn, deinem Gott dienst, von ganzem Herzen und von ganzer Seele ... mit Freude und Lust deines Herzens, obwohl du Überfluß hattest an allem.

Zu einer Gerechtigkeit, die vor Gottes Augen taugt, gehört mehr als ein bürgerlich gutes Leben. Siehe, lieber Mensch, wenn du mit deinem Verdienst vor Gottes heiligen Augen ausreichen wolltest, so müßtest du das Gesetz erfüllen und erfüllt haben; du müßtest, weil das ganze Gesetz in der Liebe Gottes und des Nächsten stehet, eine Liebe zu Gott und dem Nächsten haben, wie sie vom Gesetze gefordert wird. Das Gesetz sagt: »Du sollst den Herrn, deinen Gott, lieben von ganzem Herzen, von ganzer Seele, von ganzem Gemüt!« Du kannst dir leicht einbilden, daß zu einer solchen Liebe Gottes nicht genug ist, hin und wieder an Gott denken, hin und wieder zu Gott beten, hin und wieder etwas fühlen in seinem Herzen, das aussieht wie Liebe oder Dankbarkeit gegen Gott, sondern zu einer solchen Liebe zu Gott wird erfordert, wie du in deinem Konfirmationsbüchlein liesest, daß du Gott für das höchste Gut achtest, ihm mit dem Herzen anhangest, immer in Gedanken mit ihm umgehest, das größte Verlangen nach ihm tragest, das größte Wohlgefallen an ihm habest, ihm dich ganz und gar ergebest und um seine Ehre eiferst. Zentnerschwere Worte! Wer ist, der sich im Lichte dieser Wahrheiten für rein halten kann? Das Gesetz sagt ferner: »Du sollst deinen Nächsten lieben wie dich selbst.« Du kannst dir wieder einbilden, daß zu einer Nächstenliebe, wo man den Nächsten lieben soll als sich selbst, nicht genug ist, seinen Nächsten nicht zu beißen oder zu fressen (Gal 5,15), sondern zu einer Nächstenliebe gehört das, was wieder unser Konfirmationsbüchlein sehr schön auslegt, wenn es sagt: »Den Nächsten lieben heißt, es nicht nur mit demselben getreulich meinen, ihm alles Gute von Herzen gönnen und wünschen, mit Worten und Gebärden sich freundlich gegen ihn bezeugen und mit Trost, Rat und Tat ihm beispringen, sondern auch seine Schwachheit mit Geduld ertragen und durch sanftmütige Bestrafung seine Besserung suchen.« Es prüfe sich doch ein jegliches nach diesen Worten und sehe zu, wieviel eigene Gerechtigkeit und Tugendruhm ihm noch übrig bleibt.

Hier steh ich, wie der Zöllner tat, beschämet und von ferne; ich suche deine Hilf und Gnad, o Herr, von Herzen gerne! Doch, weil ich voller Fehler bin, und Sünde meinen ganzen Sinn zum Guten macht untätig: So schlag ich nieder mein Gesicht vor dir, du reines Himmelslicht: Gott sei mir Sünder gnädig.

17. Dezember: Johannes 8,51

Wahrlich, wahrlich, ich sage euch: Wer mein Wort hält, der wird den Tod nicht sehen in Ewigkeit.

Es ist keine Kleinigkeit, aus dieser Welt hinweggerissen zu werden, unsere bisherige, obgleich gebrechliche Hütte verlassen zu müssen. Zwar so lange die Menschen bei Kräften sind, denken sie wenig daran; aber wenn die Schrecken des Todes über eine Seele fallen und sie kennet nicht den Todesüberwinder und kann sich nicht an ihn halten und kann sich nicht verbergen in seine Wunden und kann ihren Geist nicht seinen getreuen Heilandshänden empfehlen und sie soll hinausgehen in die Finsternis, in ein Land, das ihr völlig unbekannt ist, soll hingehen, um zu stehen vor dem Richterstuhle Gottes, um den Lohn ihrer Taten zu empfangen, offenbar zu werden mit all ihren Werken vor seinem Angesichte: O, meine lieben Mitchristen, könnet ihr euch ein fürchterlicheres Elend denken? Hier ist nun auch wieder Jesus dem, der an ihn glaubt, die einzige Hilfe, aber eine gewisse, feste Hilfe, ein wahrhaftiger Weg, der sicher hinüberleitet in das andere Leben. Darum, mein lieber Mitbruder, weil du auch einmal, sei es früher oder später – die Stunde wissen wir ja nicht – jenen Weg antreten und dahinfahren sollst auf deiner letzten Straße; so siehe dich vorher als ein kluger Mensch nach einem gewissen Wegweiser um, der dich sicher hinüberführt, welcher ist niemand anders, denn Jesus Christus, auf daß er dich, wenn dein Stündlein kommt, bei der Hand nehme und leite dich durchs finstere Tal des Todes zu den ewigen Friedenshütten! O große und unaussprechlich gewisse Wahrheit: Wer sein Wort hält, der wird den Tod nicht sehen ewiglich; sondern er fähret und sinket dahin; ehe er sich des Todes versiehet, weil er weiß, daß sein Erlöser lebt, der ihn hernach wird auferwecken von der Erde, daß er in seinem Leibe Gott sehen möge von Angesicht. Durch seinen männlichen Streit, den er in Gethsemane bestanden, durch seinen heißen Kampf auf Golgatha, durch die Angst seiner Seele, wo er Gebet und Flehen mit starkem Geschrei und Tränen geopfert hat, durch seinen Angstruf: Es ist vollbracht! Durch seinen Tod hat er den Tod getötet und die, so sich an ihn halten, von aller Furcht des Todes erlöset. Darum heißet er Jesus. Darum,

Wenn mein Stündlein vorhanden ist und ich soll hinfahrn mein Straße, so gleit du mich, Herr Jesu Christ, mit Hilf mich nicht verlasse. Mein Seel an meinem letzten End befehl ich dir in deine Händ; du wollst sie mir bewahren.

18. Dezember: Matthäus 11,6

Und selig ist, der sich nicht an mir ärgert.

So sagt der Heiland, und allerdings ist er, der König des Reiches, hauptsächlich der Stein des Anstoßes und der Fels des Ärgernisses. So gings den Juden, so den Jüngern Johannis. Sie erwarteten einen Messias nach ihrer Art, aber dieser Eigenschaft entsprach Christus nicht. Er war ein Zimmermann, ein gemeiner Mensch und Lehrer; Johannes hatte von ihm gezeuget, er sei nicht wert, ihm die

Schuhriemen aufzulösen, und er ließ sich selbst zu den niedrigsten Diensten herunter. Die Juden hätten es gern gehabt, wenn er auch ein wenig Majestät hätte blicken lassen, aber er ließ gar keine solche Majestät blicken. Er trug sich wie andere Leute, er wandelte still und ruhig, er hatte nichts unterscheidendes in seiner Kleidung, wie Johannes, der Täufer; er jagte keinen Römer, gar niemanden zum Lande hinaus, er ging dem Getümmel des Volks aus dem Weg, das ihn zum König machen wollte, außer wo es etwas zu helfen gab und wo es die Ehre des Vaters galt, kurz er war nicht der Mann des Volks, wie ihn die Juden erwartet hatten. Zu diesem allem kam ein entsetzliches Widersprechen von den Sündern, welches er wider sich erduldete, die Schriftgelehrten hießen ihn einen Zauberer, einen Teufel, einen Besessenen; ja es kam so weit, daß seine besten Freunde ihn verleugneten und frei bekannten: Ich kenne den Menschen nicht; zuletzt henkten sie ihn wie den gemeinsten Mörder an den Kreuzesgalgen, an welchem er sich verblutete und starb. Aber selig sind, die sich nicht an ihm ärgern. Und wer des Geistes Sinn gefaßt hat, wer sein eigenes Verderben im Licht der Wahrheit hat erkannt und den Heiland an seinem Herzen erfahren, der ärgert sich ja auch gewiß nicht, dem ist im Gegenteil nichts größer, nichts wichtiger, nichts interessanter, nichts lieblicher, nichts herzerquickender als seine tiefe Erniedrigung. Nicht das ist einem solchen sein Höchstes, daß Christus regieret, denn dies ist seine Natur so, das gebühret ihm, sondern daß er um unsertwillen so gering, so niedrig, so schwach wurde, das ist ein besonderer Stoff des Lobens und Dankens in die ewigen Ewigkeiten.

Wer ist wohl wie du, Jesu, süße Ruh? Unter vielen auserkoren, Leben derer, die verloren, und ihr Licht dazu, Jesu, süße Ruh!

Leben, das den Tod, mich aus aller Not zu erlösen, hat geschmecket, meine Schulden zugedecket und mich aus der Not hat geführt zu Gott!

Glanz der Herrlichkeit! Du bist vor der Zeit zum Erlöser uns geschenket, und in unser Fleisch versenket, nach erfüllter Zeit, Glanz der Herrlichkeit!

19. Dezember: Johannes 5,35

Er war ein brennendes und scheinendes Licht; ihr aber wollet eine kleine Weile fröhlich sein in seinem Licht.

Sehet die Juden an, wie sie es mit Johannes dem Täufer trieben! Scharenweise strömten sie hinaus zu ihm in die Wüste; es wurde, ich darf mich ja wohl dieses Ausdrucks bedienen, Mode unter dem Volke, zu Johannes zu gehen und ihn zu hören: Das ganze jüdische Land war voll von dem Ruhme des Täufers; Unzählige wurden durch sein ernstes Bußwort getroffen. Aber dabei blieb es auch bei den meisten. Wenn sie hätten in ihrem fleischlichen Sinne verharren können, wenn es nicht die Ruhe, die Sorglosigkeit und Sicherheit des Fleisches gegolten hätte, so wäre ihnen Johannes und seine Bußpredigt schon recht gewesen; solange es auch mit einem oberflächlichen Beifall ausgerichtet zu sein schien, war der Täufer sehr gerühmt bei ihnen. Als aber die Sache tiefer gehen sollte, als man sah, daß man nicht mit einer geschwinden Buße abgefertigt und so des unangenehmen Dings, das man Bekehrung heißt, auf einmal überhoben sei und auf einmal mit allen Unarten des alten Menschen ein Bürger des Messiasreiches werde, sondern daß es mit der ganzen Sache, und auch mit dem Auftreten des von Johannes bezeichneten

Messias auf eine gründliche Herzensänderung angelegt und abgesehen sei, auf eine Herzensänderung, wobei man, unter geduldigem Ausharren, durch die Erkenntnis der Wahrheit und Verleugnung seines irdischen Sinnes frei werde: Da wurden sie irre, von dem an war Johannes nicht mehr ihr Mann. Da hatten sie allerhand an ihm auszusetzen; die einen hätten gewünscht, wenn er nur auch höflicher wäre; die andern meinten, er sei doch gar zu streng und unbeugsam; – ein Rohr, das vom Winde hin und her gewehet wird, hätten sie lieber gehabt; andere gingen so weit, daß sie sagten, er ist besessen, er ist ein verrückter Kopf (Mt 11,18). Da sehen wir, wo es mit den Rührungen hinausläuft, wenn man dabei stehen bleibt und es nicht zu einem wirklichen Ernste bei sich kommen läßt.

Jesu gib, daß wir uns mühen, dir ein gutes Land zu sein, wo die Keime nicht nur blühen, als ein heitrer Christenschein, sondern wo auch jedermann nach der Blüte sehen kann, daß die Saat lebendig bleibet und gesunde Früchte treibet.

20. Dezember: Lukas 21,28

Wenn aber dieses anfängt zu geschehen, dann seht auf und erhebt eure Häupter, weil sich eure Erlösung naht.

Der Heiland spricht hier zu seinen Jüngern und Nachfolgern, die ihn liebhatten. Denn nur wer zu den Seinen gezählt werden kann, der wird in jenen Tagen der Trübsal errettet werden. Wenn einmal das Geschrei wird ausgehen: Der Bräutigam kommt, gehe heraus ihm entgegen, wer wird ihm dann mit Freuden entgegengehen, als wer ihn von Herzen liebt und seine Lampe mit dem wahrhaftigen Glaubensöl, mit dem Blut Jesu Christi gefüllt hat? Sollen wir eine rechte Freudigkeit haben am Tag des Gerichts, so muß auch die Liebe völlig bei uns sein, denn wer sich fürchtet, der ist nicht völlig in der Liebe. Schon vorher muß der Bräutigam unser Herz besitzen, schon vorher müssen wir einzig an seinen Blicken hangen, unser Herz muß schon vorher ihm geschmückt und bereitet sein, dann erst werden wir ihn auch am Tag des Gerichts mit Freuden empfangen, ihm mit Freuden blicken in sein holdes Angesicht und nicht erschrecken vor der Macht und Majestät, in welcher er erscheinen wird. Die Liebe höret nimmer auf und wird auch am großen Gerichtstag nicht aufhören, sondern triumphieren. – Begeben wir uns so in seine wahre Nachfolge und Jüngerschaft, so werden wir ja auch am besten bewahrt bleiben vor den zwei Haupthindernissen, die unsrer würdigen Vorbereitung auf seine Zukunft vornehmlich im Wege stehen und vor denen der Heiland hauptsächlich warnt (vgl. V. 34), vor den Sorgen und Wollüsten dieses Lebens. Denn wie mag sich eine Seele würdig bereiten auf die Wiederkunft des Sohnes Gottes, so sie ihr Herz und ihre Schätze in dieser Welt hat, so der Bauch ihr Gott ist? Wie mag sich eine Seele bereiten auf den Tag des Herrn, wenn Kummer und Sorgen das Herz umtreiben von einer Morgenwache bis zur andern, wenn kein Glaube, keine Ergebung in den Willen des Höchsten da ist? Freilich sind der Sorgen des menschlichen Lebens viele, und wir können und dürfen ja nicht ohne Sorgen sein, aber davor haben wir uns zu hüten, daß die Sorgen nicht unser ganzes Herz einnehmen, daß kein *Sorgengeist* daraus entstehe, sondern wenn wir das unsrige getan, dann ist es Zeit, Gott sorgen zu lassen, der alles wohl machen wird. Wie unaussprechlich selig ist, der mit jenem Lied singen kann:

Warum sollt ich mich denn grämen? Hab ich doch Christum noch; wer will mir den nehmen? Wer will mir den Himmel rauben, den mir schon Gottes Sohn beigelegt im Glauben?

Gut und Blut, Leib, Seel und Leben ist nicht mein; Gott allein ist es, der's gegeben. Will ers wieder zu sich kehren, nehm ers hin; ich will ihn dennoch fröhlich ehren.

21. Dezember: Römer 6,23

Denn der Sünde Sold ist der Tod ...

Es gibt in unsern Tagen gar viele, die sich den Tod als etwas gar Leichtes und Unbedeutendes, als einen leichten Übergang in ein anderes Leben vorstellen. Andere geben vor, daß sie den Tod verachten, daß sie zu viel innere Kraft besitzen, um durch die Trennung der Seele und des Leibes beunruhigt zu werden. Lauter eitle, törichte Menschengedanken und Menschenmeinungen, die nicht standhalten, und wenn es daran kommt, daß die Seele ihre Wohnung verlassen soll, zergehen und nichts zurücklassen als den peinlichen Vorwurf: Was bin ich doch für ein Tor gewesen, daß ich mich auf diese Stunde nicht bereitet habe! O es ist ein sehr ernsthafter Schritt aus diesem Leben in jenes. Wenn der Geist sich von seinem gewohnten Gefährten, dem Körper, das Unsterbliche vom Sterblichen, das Unverwesliche vom Verweslichen sich losreißen soll, das kostet einen harten Kampf, ist nichts so Leichtes, als man es sich im Leichtsinn und in der Gottesvergessenheit gern vorstellen möchte. Warum würde sonst auch wer sich noch so schwach, noch so krank fühlt, noch so sehr sich nach der wahren Heimat sehnt, so zurückschaudern vor der Verwesung seines Fleisches? Warum ein Apostel Paulus, der solche Lust hatte, außer dem Leibe zu wallen und daheim zu sein bei dem Herrn, sich nach seinen eigenen Ausdrücken wünschen, daß er nicht entkleidet, sondern überkleidet würde mit der unverweslichen Hülle und das Sterbliche würde verschlungen von dem Leben. Ja unser Herr Christus selbst, der allein Heilige unsers Geschlechts, der ohne Sünde und allezeit beflissen war, den Willen seines Vaters zu tun, geriet doch in ein Zittern und Zagen, und der Angstschweiß brach über ihm aus, als er seinen letzten Leiden und seinem Tod entgegenging. Gethsemane ist Zeuge, wie wenig sich der Menschensohn des natürlichen Erbebens vor dem Tod geschämt hat. Denn das Erbeben des Fleisches vor seiner Vernichtung ist ganz natürlich. Erst durch die Sünde des ersten Menschen ist ja der Tod hereingekommen in die Welt; er ist eine Strafe für die Sünde, und von dieser Strafe kommt es hauptsächlich her, daß der Mensch so zurückschaudert vor der Auflösung seines Leibes. Der Mensch, wie er aus Gottes, des Lebendigen, Hand hervorging, hatte das Leben in ihm; auch sein Körper sollte nicht sterben. Der Tod ist der Sünden Sold.

Mitten wir im Leben sind mit dem Tod umfangen. Wen suchen wir, der Hilfe tu, daß wir Gnad erlangen? Das bist du, Herr, alleine; uns reuet unsre Missetat, die dich, Herr, erzürnet hat. Heiliger Herre Gott, heiliger, starker Gott, heiliger barmherziger Heiland, du ewiger Gott, laß uns nicht versinken in des bittern Todes Not, Kyrieleison.

22. Dezember: Philipper 2,6–8

Er, der in göttlicher Gestalt war, hielt es nicht für einen Raub, Gott gleich zu sein, sondern entäußerte sich selbst und nahm Knechtsgestalt an, ward den Menschen gleich und der Erscheinung nach als

Mensch erkannt. Er erniedrigte sich selbst und ward gehorsam bis zum Tode, ja zum Tode am Kreuz.

Wer das recht bedenkt und glaubt, der kann nicht anders, er muß in rechtes Staunen über diese tiefe Erniedrigung des eingebornen Sohnes vom Vater hineinversinken. Das beugt nieder; das beugt auf die Knie vor ihm; das zerschmelzt und zerbricht alle Härtigkeit unseres hochmütigen Herzens. Sieh, liebe Seele, das Kind, das in Windeln gewickelt in der Krippe liegt in Bethlehem; das Kind, das nicht denken, keine Begriffe zusammenfassen kann, endlich lallen, endlich Worte hervorstammeln, endlich reden lernt; der Knabe, den du in Jerusalem siehest, dieser wahrhaftige Knabe, der Jüngling, der Mann Jesus, der wahrhaftige Mensch, siehe, das ist dein Gott, der Gott aller Götter. Das ist Der, so die Sterne herausführet nach ihrer Zahl, das ist Der, vor den David hinsteht und spricht: »Was ist der Mensch, daß du seiner gedenkst, und des Menschen Kind, daß du dich seiner annimmst?« Das ist Der, zu dem Abraham sagt: » … ich habe mich unterwunden, zu reden mit dem Herrn, wiewohl ich Erde und Asche bin.« Das ist Der, vor dem alle Engel anbeten und zu dessen Füßen die Ältesten, die um seinen Thron sind, ihre Kronen hinwerfen, weil er allein der Krone und der Ehre würdig ist. Und woher diese Verwandlung? Woher dieses tiefe Herabsteigen in unsere Menschheit? Dies hat die Liebe getan, die Liebe zu uns.

Dies hat er alles uns getan, sein große Lieb zu zeigen an: Des freu sich alle Christenheit, und dank es ihm in Ewigkeit!

Herr, tief erniedrigter Jesus, laß von deiner Erniedrigung, daß du ein Mensch, ja ein Knecht warst, heute einen Segen auf uns hochmütige Sünder herabfließen!

Laß beizeiten alle andre Eitelkeiten mir aus den Gedanken gehn! Will sich fremde Luft erregen und zur Sünde mich bewegen, laß mich auf dein Kripplein sehn –

wo du, König, dem die Erde untertänig und der Himmel eigen ist, so gar elend und auf Wegen, die kein Mensch betreten mögen, bei uns eingekehret bist. Amen!

23. Dezember: Galater 4,4

Als aber die Zeit erfüllt war, sandte Gott seinen Sohn, geboren von einer Frau und unter das Gesetz getan.

Übermorgen feiern wir das Geburtsfest unseres hochgelobten Erlösers. Es ist dieses Fest der Grund aller übrigen christlichen Feste; wenn wir diesen Tag nicht feiern dürften, so würden alle andern christlichen Feste ungefeiert bleiben; ja, was sage ich, wäre Christus nicht geboren, ich achte, die Welt würde nicht mehr sein; der rächende Eifer des Allmächtigen hätte sie schon lange in ihren Sünden verzehrt. Aber, Gott Lob! Der Herr ist geboren. Ehre sei Gott in der Höhe! Der Heiland ist geboren.

In unsern Gegenden paßt die Bedeutung dieses Festes und die Zeit, in der es gefeiert wird, recht gut zusammen. Wir haben gegenwärtig die kürzesten Tage, viel Nacht, wenig Tag. So sah es aus, als Christus auf Erden erschien; so sieht es noch jetzt allenthalben und in jedem Herzen aus, wo noch nichts von der Menschwerdung Gottes gehört und erfahren worden ist. Finsternis decket eben das Erdreich und Dunkel die Völker und die Herzen; es ist Winter im Herzen, bevor die Sonne der Gerechtigkeit darin aufgeht. Aber die Sonne des Lebens hat sich dem armen Menschengeschlechte zugewendet. Wie gegenwärtig die

Sonne anfängt, sich der Erde wieder zu nähern, wenn man so sagen darf, denn der kürzeste Tag ist schon vorüber: So hat sich in Christo die Sonne der Geister der Welt zugewendet und genähert, die alles belebende, erleuchtende, erwärmende Sonne, ohne welche alles tot und erstarrt in Sünden ist und bleibt.

O was für eine Wohltat ist uns widerfahren in dem, daß der Sohn Gottes Mensch wurde!

Wär uns dies Kindlein nicht geboren,
wir wären allzumal verloren.

Welche Zeit wird lang genug sein, um die Größe dieser Wohltat, dieser ewig unaussprechlichen, dieser herablassendsten Barmherzigkeit Gottes hinlänglich zu erfassen und zu erwägen! Wo werden die Geister der vollendeten Gerechten Worte hernehmen, um Gott für sein in Christo offenbar gewordenes ewiges Erbarmen zu preisen? Auch wir sind zu diesem seligen Geschäfte berufen. Wir haben Ursache dazu, so gut als die, welche schon sein Angesicht schauen.

Fröhlich soll mein Herze springen dieser Zeit, da vor Freud alle Engel singen. Hört, hört, wie mit vollen Chören alle Luft laute ruft: Christus ist geboren!

Er nimmt auf sich, was auf Erden wir getan, gibt sich dran, unser Lamm zu werden, unser Lamm, das für uns stirbet und bei Gott für den Tod Gnad und Fried erwirbet!

24. Dezember: Habakuk 3,18/Jesaja 9,5

Aber ich will mich freuen des Herrn und fröhlich sein in Gott, meinem Heil.

Denn uns ist ein Kind geboren, ein Sohn ist uns gegeben, und die Herrschaft ruht auf seiner Schulter.

Euch geht es an, ihr bekümmerten und verlegenen Seelen, die ihr zwar wohl bis jetzt etwas von eurem Elende, aber noch nichts, oder noch wenig von einem Heilande im Herzen erfahren habt. Heute sollt ihr diese Worte tief zu Herzen fassen und es einmal wagen, euch auch darüber zu freuen, daß ihr einen Heiland habt, da ja des Klagens wohl schon lange genug ist. Euch geht es an, ihr begnadigten Geister! Heute sollt ihr euch eures Erbarmers aufs neue freuen; der Geburtstag eures Königs und Erlösers soll ein besonderer Fest- und Gnadentag eures Herzens werden. Euch geht es an, ihr jungen Leute, du armes, du unter die Sünde verkauftes Volk, du arme Jugend, die du einen unsinnigen Tanz, eine viehische Befriedigung deiner Lüste für dein höchstes Lebensglück hältst, höre es doch! Ein Heiland ist dir geboren, ein Mann, der dich aus den Strikken des Teufels in einem Augenblick losmachen kann, ja der dich aus der Hölle, der du so blind entgegenläufst, erretten kann, und zwar heute noch. O Sünder, o Mitsünder! Lasset uns im Staube anbeten; denn uns ist heute ein Heiland geboren – ein Heiland! Wenn einer im tiefen Kerker schmachtete und hätte keine Hoffnung auf Erlösung, und es würde ihm von einem Manne gepredigt, der ihn erlösen könne und wolle, würde er sich denn nicht freuen und mit beiden Händen zugreifen? Wenn einer in einem großen Wasser schwämme und wäre am Versinken, und es zeigte sich eine helfende Hand, würde er sie denn von sich stoßen? Gewiß nicht. – Aber wir, wir sind die Leute im Kerker, wir sind die Männer des Todes, welchen das Wasser an die Seele geht, sie zu ersäufen und dem ewigen Tode zu übergeben; Jesus ist der Heiland, ist der Erretter, wollen wir ihn von uns stoßen? Soll an uns allein das seine Kraft nicht beweisen, was nach dem Vorsatze Gottes als heilende Arznei für die ganze todkranke Menschheit bestimmt ist? Mein Gott, welche Verantwortung! Nein, liebe Brüder! Es ist erschienen die heilsame Gnade Gottes allen Menschen, also auch uns; Jesus ist gekommen, die Sünder selig zu machen, also auch uns.

Ach Jesu, Jesu, du bist mein, laß mich auch ganz der Deine sein! Komm, zieh hier in mein Herz hinein, auf daß ich nie vergesse dein!

Gib, daß ich allzeit fröhlich sei, frohlock und singe immer frei zu Ehren dir, o Gottes Sohn, mit Herzenslust und süßem Ton.

Lob, Ehr sei Gott auf seinem Thron, der uns schenkt seinen eingen Sohn! Des freute sich der Engel Schar und sang uns solch ein neues Jahr.

25. Dezember (Christfest): Lukas 2,10.11

Fürchtet euch nicht! Siehe, ich verkündige euch große Freude, die allem Volk widerfahren wird, denn euch ist heute der Heiland geboren, welcher ist Christus, der Herr, in der Stadt Davids.

Wo sind nun die Schlechten? Wo sind die Sünder? Wo sind die Mühseligen und Beladenen? Wo sind, die sich gottlos fühlen? Herbei, meine Brüder und Schwestern, herbei zu dem Kind, das euch heute geboren ist! Sehet da, es liegt in einer Krippe, gleich zu Anfang ist's erfüllt: »Der Menschensohn hat nichts, da er sein Haupt hinlege.« Ist's nicht für euch so arm worden, auf daß ihr durch seine Gnade reich würdet? Sehet da, es ist in elende Windeln gewickelt und ist doch der Herr des Weltkreises, voll Majestät, sehet, es weiß niemand etwas von diesem Kind als einige Hirten, ach so ist es noch jetzt verachtet und verkannt, nur wenige kennen es, wir aber wollen uns mit der tiefsten Ehrfurcht nahen und ihn, den neugebornen König, anbeten und ihm unsere Huldigungen darbringen. Auf Sünder ist's abgesehen, Sünder will Jesus zu seinem Dienste haben, Sünder will er durch seine Geburt zur göttlichen Würde führen, an Sündern den Reichtum seiner Erbarmungen beweisen, Sünder hatte er sich vorgenommen bis in den Tod zu lieben, darum ist er geboren. Wer ist nun weise und benützt dies Licht? Wer ist klug und ergreift diesen Jesus? – Aber du sprichst: Ich bin zu unwürdig, ich bin zu sündig, ich darf nicht. Wisse, lieber Mensch, das sind lauter Stricke Satans. Sage, wer ist zuerst auf den Gedanken gekommen, daß du selig werden sollest, du oder dein Erbarmer? Hast du ihn gesucht, oder hat er dich gesucht? Siehe, schon vor 1800 Jahren ist dein Jesus dir geboren! Schon im Rat der Ewigkeit ist deine Seligkeit beschlossen, und du willst zaudern, das anzunehmen, was dir Gott anbietet, einmal um das andere anträgt, was er dir so gerne schenken will? Was Er dir aus Gnaden und Erbarmen geben will, das willst du verdienen? Nein, es ist eine unverdiente Gnade, die heute verkündigt wird allen Menschen, und wie sie sich freiwillig ohne menschliches Zutun und Verdienst geoffenbart hat, so schenkt sie sich jetzt noch den armen Sündern. O ein werter Tausch! Seine Sünde gibt man hin und er gibt seine Gerechtigkeit; man gibt hin, seine Jämmerlichkeit, und Jesus gibt sein Verdienst. Gott Lob! Gott Lob! Große Freude!

Ein göttlich Kind, den Menschen gleich, ist uns geboren heute von einer Jungfrau gnadenreich und tröst uns arme Leute. Wär dieses Kind uns nicht geborn, so wärn wir allzumal verlorn; das Heil ist unser aller. O du liebster Jesus Christ, der du Mensch geboren bist, behüt uns vor der Hölle!

26. Dezember: Lukas 2,10

Fürchtet euch nicht! Siehe, ich verkündige euch große Freude ...

Ach was ist diese arme Erde ohne dieses Wort von der großen Freude! Gibt es ein Plätzchen auf der bewohnten Erde, gibt es ein Dörfchen, gibt es eine Familie, wo nicht diese oder jene Art von Elend und Zerrüttung wäre, wo nichts zu beseufzen, nichts zu wünschen übrig bliebe? Auf dem Staube der vorangegangenen Geschlechter stehen wir und wollen unser Glück darauf hinbauen; unsere Nachkommen werden auf unserem Staube stehen und vielleicht das Nämliche begehren, wenn sie sich von Gott nicht weiser machen lassen als ihre Väter; ein Geschlecht um das andere muß hindurch durch die Angst dieses Lebens, durch die Angst des Todes. Wo sind denn die Glücklichen, von welchen man so vieles redet? Ich habe deren noch keinen gesehen; aber eine große Menge habe ich gesehen von solchen, die ihren Nächsten um ein Glück beneidet haben, das er nicht hatte; die sich einen Zustand vorgestellt und gewünscht haben, der nirgends anzutreffen ist. Das sind Träume! Es gibt kein Glück in dieser Welt als den Frieden Gottes durch Jesum Christum. Sehet die Leute an, die Christum nicht haben, und doch aussehen, wie wenn sie vergnügt und glücklich wären. Was macht's, daß sie so fröhlich und aufgeräumt sind? Sie haben etwa eine gute Mahlzeit zu sich genommen; oder sie haben sich hinaufgesteigert durch Wein und andere Getränke; oder sie haben es zu einer Fertigkeit gebracht, daß sie allen Ernst und alle Wahrheit in sich dämpfen können; oder sie haben andere Mittel angewendet, um des Gedankens an ihr Elend, an ihre Sorgen, an ihren wahren Zustand sich zu erwehren; – alle Freude außer Christo ist nichts als ein augenblickliches

Vergessen des eigenen Zustandes; gelingt aber das nicht, so ist alle Freude verdorben. Wenn aber auch die Erde ein Paradies und kein Elend darin wäre: – *die Ewigkeit,* die ernste Ewigkeit und die Ahnung derselben in des Menschen Brust, und die Furcht des Sünders davor, – wahrhaftig, dies wäre hinlänglich, um das Lachen der Freude aus dem Angesicht ganz hinwegzutreiben. Ach was wäre dieses Leben ohne einen Heiland! Aber sehet, höret, liebe Brüder! – In diese arme Welt herein, diesen armen Geschöpfen, die Menschen genannt werden, uns ruft der Engel zu: »Fürchtet euch nicht! Siehe, ich verkündige euch große Freude.«

Nun, er liegt in seiner Krippen, ruft zu sich dich und mich, spricht mit süßen Lippen: Lasset fahren, liebe Brüder, was euch quält! – Was euch fehlt, bring ich alles wieder.

Ei, so kommt mit offnen Händen, stellt euch ein, groß und klein, kommt von allen Enden, liebt ihn, der von Liebe brennet; schaut den Stern, der euch gern Licht und Labsal gönnet.

27. Dezember: Lukas 2,10.11

Siehe, ich verkündige euch große Freude ... denn euch ist heute der Heiland geboren, welcher ist Christus, der Herr, in der Stadt Davids.

Inwiefern so große Freude? Ist irgend etwas Irdisches im Spiel, daß die Freude so groß sein soll? Soll unserer Armut abgeholfen werden? Oder soll eine gute Erbschaft uns zufallen? Oder sind wir zu einem fröhlichen Gastmahle geladen, wo wir nicht bezahlen dürfen? Oder soll irgendein irdischer Wunsch uns befriedigt werden? Nein! Von dem allem nichts, *»euch ist heute der Heiland geboren!«* Sollte es auch der Mühe wert sein, sich über diese Nachricht zu freuen, da sie keinen Bezug hat weder auf Geld und Gut, noch auf Ehre und Ansehen, noch auf die Wollüste des Lebens; da sie nur Bezug auf die Seligkeit des Geistes hat? Sollte es auch der Mühe wert sein, diese Nachricht ein Wort der großen Freude zu nennen? – Ja leider! Man muß so fragen. Wie manchen in der sogenannten Christenheit ist diese große Botschaft so gleichgültig, wie wenn ihnen berichtet würde, daß dem Kaiser von Japan ein Sohn geboren sei! Wie viele sind unter uns – ach, ich vermute, es möchten sehr viele sein – die, wenn ihnen heute ein Engel erscheinen und sagen würde: »Es ist dir ein Heiland geboren!« in ihrem Inwendigen dächten: So, ist's nur das, sonst nichts? Wenn's nur das ist, so hätte der Engel zu Hause bleiben können. Aber nicht wahr, wenn uns durch eine solche Erscheinung angekündigt würde: Da oder dort sei ein Schatz zu erheben, wodurch wir reich werden könnten – da könnten wir nicht mehr schlafen vor Freude und Erwartung der Dinge, die da kommen sollen. Ist's nicht so? Ich frage: Ist eine einzige Seele unter uns, die durch die Ankündigung eines zu erhebenden Schatzes nicht in die lebhafteste Freude versetzt würde, – und wie viele sind da, denen es wirklich eine Freudenbotschaft ist, daß ein Heiland geboren ist? O mein Heiland! Wir sind sehr irdisch gesinnt, und du bist sehr wenig gekannt unter dem Volke, das sich nach deinem Namen nennt.

Freuet euch, ihr Christen alle, freue sich, wer immer kann; Gott hat viel an uns getan. Freuet euch mit großem Schalle, daß er uns so hoch geacht, sich mit uns befreundt gemacht. Freude, Freude über Freude: Christus wehret allem Leide. Wonne, Wonne über Wonne: Christus ist die Gnadensonne.

28. Dezember: Lukas 2,13.14

Und alsbald war da bei dem Engel die Menge der himmlischen Heerscharen, die lobten Gott und sprachen: Ehre sei Gott in der Höhe ...

Gott hat freilich Ehre von der Schöpfung und von der Erhaltung der Welt, aber daß er den Schaden, den die Sünde angerichtet, wieder gut gemacht hat, daß er die Rebellen, wie wir sind, die Menschen nicht aufgerieben hat, sondern hat sie mit Jammer angesehen, so daß er seines Eingebornen nicht verschont hat, sondern hat ihn in diese arme, arge Welt hereingegeben und hat ihn dahingegeben in ein Menschenleben, in ein Knechtsleben, ja in den Missetäterstod hinein, um die arme Menschheit, die Rebellen zu begnadigen, um sich ihnen als ihr Vater wieder darstellen zu können. Dies Wunder ist noch viel größer als das der Schöpfung der Welt. Denn in der Schöpfung hat er hauptsächlich seine Allmacht, Weisheit und Liebe, hier aber hat er sein Erbarmen, sein ewiges Erbarmen kundgetan; in dieser Geschichte hat sich allen Himmelsbewohnern ein neuer unbekannter Abgrund seiner Vollkommenheiten geöffnet, damit daß sein Erbarmen, sein zärtliches, sein höchstes Erbarmen offenbar geworden und gegen ein fluchwürdiges Geschlecht herangebrochen ist. Das wußte man vorher nicht, daß ein solches Erbarmen in Gott gegen seine Kreatur sei, bis es durch die Sünde hervorgelockt und in Christo offenbar geworden war. O Wunder über alle Wunder!

Dies alles nun sahen die Engel. Sie hatten wohl vorher auch mit Jammer auf diese arme, von der Sünde und ihren Folgen verunstaltete Erde, auf diese Werkstätte des Teufels und des Verderbens herabgesehen; ihre Seelen waren wohl vorher auch bewegt worden durch das Elend der sterblichen Menschen: Nun auf einmal sehen sie den Rat der Ewigkeit, den Rat der ewigen Liebe und Barmherzigkeit in Christo verwirklicht, auf eine so besondere, auf eine so ausgezeichnete, auf eine so anbetungswürdige Art verwirklicht, daß sie zum Staunen und Anbeten hingerissen werden. Darum brechen sie in ihrem Gesang gleich zu Anfang in ein herrliches Lob Gottes aus und sagen: »Ehre sei Gott in der Höhe, ja in den höchsten Höhen!« Man fühlt es, man hört es, sie wollen Gott die Ehre geben, so gut sie es können; es ist ihnen gar zu eindrücklich, gar zu groß, daß Gott Mensch werden und im Fleische die Wiederherstellung der gefallenen Kreatur hinausführen will. Darum erheben sie sich mit ihren Gedanken, so hoch sie können, und rufen: Ehre sei Gott in den höchsten Höhen! Alles, was in uns und an uns ist, der ganze Himmel, die Seraphim und Cherubim sollen ihm darüber die Ehre geben.

Wollen wir nicht auch in diesen Lobgesang einstimmen?

Ja, solch große Barmherzigkeit laßt uns preisen allezeit, in Gottesfurcht und Glauben rein mit Geduld gehorsam sein. Gottes Sohn ist Mensch geboren, hat versöhnet, was verloren. Freu sich, wem die Sünd' ist leid!

29. Dezember: 1. Petrus 1,5

Die ihr aus Gottes Macht durch den Glauben bewahrt werdet zur Seligkeit ...

Es ist etwas unaussprechlich Großes, wenn ein Gläubiger, ein Nachfolger des Heilandes, durch diese Welt hindurchkommt, ohne an seinem Glauben Schiffbruch zu leiden. Solange man freilich meint, mit einem guten Willen sei alles ausgerichtet, kann man diese Sache für kein so großes Wunder achten. Man wundert sich darüber, wenn ein

Gläubiger abfällt, und sollte sich vielmehr darüber wundern, wenn ein Gläubiger stehen bleibt und seinen Lauf mit Ehren vollendet. Aber wenn man endlich merkt, wie schwach, veränderlich und lügenhaft das Herz ist; wie bald es aus dem Trotz in die Verzagtheit und aus der Verzagtheit in den Trotz umschlägt; wie ungeschickt es ist, den richtigen Weg Gottes zu treffen, und wie alle seine besten Vorsätze und Entschlüsse armselige Puppenhäuser sind, die der nächste beste Wind umwirft – wenn ein Mensch solcherlei Entdeckungen an sich macht und bedenkt dazu die Macht der Sünde, den großen Hang des Herzens zur Welt und zu dem, was von der Welt ist, seine Erregbarkeit und Reizbarkeit für die Einflüsse und Grundsätze des Zeitgeistes und daß es noch zu dem allen seinen Hauptkampf hat mit den Fürsten und Gewaltigen, nämlich mit den Herren der Welt, die in der Finsternis dieser Welt herrschen, mit den geistlichen Horden der Bosheit – wer dies recht bedenkt und im Lichte erkennt, der kann nicht leichtsinnig in seine Zukunft blicken, sondern es erscheint ihm als ein großes Wunder und Meisterstück Gottes, wenn ein Christ des Glaubens Ziel erreicht, nämlich der Seele Seligkeit. Darum sagt auch Petrus, daß wir durch Gottes *Allmacht* bewahret werden zur Seligkeit. Wenn einmal die Binde wird von unseren Augen gefallen sein, wenn wir im Lichte der Ewigkeit unsern Weg durch die Wüste dieses Lebens, durch diese Finsternis erblicken und beurteilen werden: Dann werden wir uns, wenn wir anders selig durchgebracht sind, erst recht wundern; dann werden wir erst recht die Treue und Macht Gottes anbeten, die uns sicher an Abgründen vorbeigeleitet hat, wo wir nichts von einem Abgrund ahnten, die so manchen Stein des Anstoßes vor unsern Füßen weggeräumt und über so manche gefährliche Stelle uns hinübergeholfen, die mit Muttertreue uns in unserer unmündigen Schwachheit gegängelt hat.

Vater, du hast mir erzeiget lauter Gnad und Gütigkeit; und du hast zu mir geneiget, Jesu, deine Freundlichkeit; und durch dich, o Geist der Gnaden, werd ich stets noch eingeladen. Tausend, tausendmal sei dir großer König, Dank dafür.

Tausendmal sei dir gesungen, Herr, mein Gott, solch Lobgesang, weil es mir bisher gelungen. Ach laß meines Lebens Gang ferner noch durch Jesu Leiten nur gehn in die Ewigkeiten. Da will ich, Herr, für und für, ewig, ewig danken dir.

30. Dezember: Hebräer 12,22.24

Sondern ihr seid gekommen zu dem Berg Zion und zu der Stadt des lebendigen Gottes, dem himmlischen Jerusalem ... und zu dem Mittler des neuen Bundes, Jesus ...

Wer Jesum erkannt hat, der hat ein neues – das wahre Vaterland gefunden, der ist nicht mehr Bürger hienieden, sondern Bürger der obern Stadt; dem ist ein Lichtstrahl vom neuen Jerusalem in die Seele gefallen; der kann sich nicht mehr hienieden als wie zu Hause betragen, sondern die Sehnsucht geht nach oben, geht dahin, wo Christus das Haupt ist, in die himmlischen Wohnungen. Und diese Gesinnung senkt sich in die Tiefe des Herzensgrundes; aus diesem neuen, durch den Geist Gottes gepflanzten Grundgedanken heraus redet, denkt, handelt, betet, seufzt und sehnt man sich. Dieser Grundgedanke gebiert das, was die Offenbarung Johannis als den Seufzer der Gemeinde Jesu Christi ankündigt, die da spricht: »O komm, Herr Jesu!« Man kann sich nicht mehr in die Dinge der Welt hinein vertiefen; man sucht anderswo seine Schätze, anderswo seine Freuden, anderswo seine Wünsche, anderswo seine Hoffnungen, anderswo seinen Heiland: Man führt seinen Wandel im Himmel mitten in einer argen Welt unter einem verkehrten ehebrecherischen Geschlecht; man ist in Absicht auf diese Welt ein Fremdling; die Welt und die Weltmenschen kennen einen nicht, man ist nicht ihrer Art, gehört zu einem andern Geschlecht; man ist ein Pilgrim, der da weiß, daß er fort muß, der darum alles, was er genießt, auf seinem Wege zwar mitnimmt und aus der Hand seines himmlischen Führers dankbar empfängt, aber doch sich nicht darein vertieft, sondern seinen Weg fortsetzt und sein Angesicht immer stracks nach Jerusalem wendet, bis er dort eingehen darf. Schon bei den Vätern des alten Bundes war diese Gesinnung vorherrschend, wenigstens sagt der Apostel (Hebr 11,13): »... und haben bekannt, daß sie Gäste und Fremdlinge auf Erden sind.« So war auch David ein Pilgrim, denn er sagt (Psalm 39): »Ich bin Gast bei dir, ein Fremdling wie alle meine Väter« – ein Fremdling in dieser Welt, ein Gast in der obern Stadt Gottes, so waren auch die Apostel Pilgrime; man lese nur Hebr 13,14; 2. Tim 4,18; 2. Kor 5,8; Phil 1,23; 3,20.

Ich hab von ferne, Herr, deinen Thron erblickt, und hätt so gerne mein Herz vorausgeschickt, und hätt so gerne mein müdes Leben, Schöpfer der Geister, dir hingegeben.

Das war so prächtig, was ich im Geist gesehn; du bist allmächtig, drum ist dein Licht so schön; könnt ich an diesen hellen Thronen doch schon von heut an ewig wohnen.

Noch bin ich sündig, der Erde noch geneigt, das hat mir bündig dein heilger Geist gezeigt. Ich bin noch nicht genug gereinigt, noch nicht ganz innig mit dir vereinigt.

Ich bin zufrieden, daß ich die Stadt gesehn, und ohn Ermüden will ich ihr näher gehn, und ihre hellen, goldnen Gassen lebenslang nicht aus den Augen lassen.

Doch bin ich fröhlich, daß mich kein Bann erschreckt; ich bin schon selig, seitdem ich das entdeckt. Ich will mich noch im Leiden üben, und dich zeitlebens inbrünstig lieben. –

31. Dezember: Psalm 143,5

Ich denke an die früheren Zeiten; ich sinne nach über all deine Taten …

Ja stehe jetzt noch einmal still, meine Seele, und prüfe dich redlich vor dem allwissenden Gott. Wichtig ist dieser letzte Tag für mein ganzes künftiges Leben, ja für die Ewigkeit. Was ist während dieses Jahrs aus mir geworden? Ein schlimmerer, verdorbenerer oder ein besserer, himmlisch gesinnter Mensch? Siehe, wer nicht vorankommt, der kommt zurück. Entweder bin ich schlechter oder besser geworden. – Habe ich meine Sündenschuld auf meinem Gewissen behalten, habe ich sie bei mir selbst entschuldigt oder noch Gefallen daran gehabt und vielleicht mit vergangenen Sünden geprahlt, habe ich den Leichtsinn und die faulen Geschwätze anderer mitgemacht oder nur in äußerlichem Wohlverhalten und Heuchelei und Eigengerechtigkeit ein Lob gesucht, habe ich die Predigt des Evangeliums wenn auch nicht verspottet, doch gleichgültig angehört und mein Herz weder ernstlich untersucht, noch bei Jesu Christo um Vergebung meiner Sünden gebetet und mich bemüht, sein Wort treulich zu halten, habe ich vielleicht gar in geheimen Sünden und Schandtaten fortgelebt – wehe mir, dann bin ich schlechter geworden, dem ewigen Verderben näher gekommen. Kann ich aber bei allem Gefühl meiner Schuld und Schwäche doch in Demut vor Gott bekennen, daß meine Übertretungen mir aufrichtig leid sind, daß ich mich vor meinem Herrn und Erlöser darüber gedemütigt, ihn um seines Bluts willen um Vergebung angefleht, ihm mein Elend gestanden, mich ihm zum Eigentum übergeben und gesucht habe, seinen Willen nach Kräften zu tun, ist mir die Predigt und das Wort Gottes wert und ein Antrieb gewesen zum Gebet, zur Stille, zur Wachsamkeit über mein Herz, zur Treue in meiner Arbeit, zur Enthaltung von offenbaren und heimlichen Sünden, habe ich meine Zeit angewendet, um dem Heiland mich zu weihen, meinen Mitmenschen zur Erbauung zu werden und aufs Zukünftige einen Schatz für mein Herz zu sammeln, dann bin ich besser geworden, dann bin ich in diesem Jahr dem Himmel näher gekommen. O daß es so bei mir wäre! – Der Herr führt mich nun wieder aus einem Lebensabschnitt hinaus. Leben und Wohltat hat er an mir getan und mich getragen mit großer Geduld bis hierher. Aber eins ist not! Ein neues Herz und ein neuer gewisser Geist! Darum will ich nun noch zu dem Herrn selbst flehen: Herr, du barmherziger, getreuer Gott. Ich wende mich zu dir und danke dir für alle deine Treue, für alle deine Gaben und Wohltaten, die du mir erzeigt, auch für die Züchtigungen, die du über mich verhängt. Habe Dank für alles, vergib mir nach deinem ewigen Erbarmen alle meine Sünden! Du siehest, wie ich aus diesem Jahr scheide, ob als ein verhärteter, noch tiefer gesunkener Mensch oder als dein dir wohlgefälliges Kind in deinem Namen und in deiner Furcht? Aber in dieser letzten Stunde flehe ich dich an; laß mich nicht ohne dich ziehen, überlasse mich nicht mir selbst und dem Betrug meines Herzens, damit die Welt und der Satan mich nicht aufs neue in ihre Stricke ziehen und meine Seele nicht verlorengehe! Unter deinem Segen laß mich scheiden, und geleite mich mit deinem heiligen Geiste, der mich behüte auf allen meinen Wegen. Ziehe mein Herz zu deinem Sohne und verkläre ihn in mir, daß ich meine kurze Lebenszeit ihm weihe und einst als sein treues Kind in Frieden vor dir erscheinen könne. Gib mir auch ferner meinen leiblichen Unterhalt nach deiner Verheißung, daß du uns nicht verlassen noch versäumen wollest, und schütze mich vor Mangel und Schmach bei Menschen, daß meine Seele nicht verzage noch auf böse Wege gerate. O führe du mich! In deinem Namen trete ich hinaus. Und du, Herr, behüte meinen Ausgang und Eingang von nun an bis in Ewigkeit. Amen!

Anhang von besonderen Gebeten
Morgengebet am Sonntag

Himmlischer Vater! Ich danke dir durch Jesum Christum, deinen lieben Sohn, daß du mich in dieser Nacht so gnädig bewahret und diesen Tag hast erleben lassen, an welchem du mir gönnest, von der Dienstarbeit zu ruhen, für das Heil meiner Seele zu sorgen und dich anzurufen, solange du noch zu finden bist, an welchem ich nach deinem Willen weiser, besser und seliger werden soll, als ich bisher gewesen bin. Herr, mein Gott! Ich weiß, daß ich nicht durch Hilfe meiner unerleuchteten Vernunft und durch eigene Kraft zu wahrer Reue und Herzensänderung kommen und an meinen Herrn Jesum glauben kann. Darum bitte ich dich, erleuchte und erweiche du mein Herz durch deinen heiligen Geist, daß ich kein Heuchler bleibe, wie bisher, und dir nimmer mit falschem Herzen und leeren Worten diene. Hilf mir, o Herr Jesu, daß ichs nicht aufschiebe von einem Sonntag zum andern, dich von ganzem Herzen zu suchen, zu finden, zu lieben und dir zu dienen, denn deine Gnade hast du mir zwar *heute* zugesagt, wie du sprichst: Heute ist die angenehme Stunde, heute ist der Tag des Heils, aber den folgenden Sonntag hast du mir nicht verheißen. Es sind ja ohnehin alle Tage und Stunden verloren, welche ich im Sündendienst außer deiner seligen Gemeinschaft zubringe. Darum laß mich doch den heutigen Tag nicht außer dir, nicht in Wollust, nicht in Haß und Unversöhnlichkeit, im Unglauben gegen dich, in faulem Geschwätz und andern Werken der Finsternis zubringen, sondern habe acht auf mich und lehre mich tun nach deinem Wohlgefallen. Laß das Wort, das ich heute in deinem Hause hören werde, gesegnet sein an meinem Herzen, daß ichs glaube und verstehe und bewahre. Segne mir jede Stunde dieses Tages zum ewigen Heil meiner Seele um deines Leidens und Todes willen. Amen!

Kurzes Sonntagsgebet

O Herr Jesu! Du guter Hirte und Bischof deiner Schafe, behalte alle, die dir zugehören, unsträflich bis auf den Tag deiner Zukunft! Reiße alle Sünder heraus aus ihrer Kälte gegen dich, aus ihrem Unglauben, aus ihrer Lieblosigkeit, und laß bald dein Feuer brennen auf Erden. Siehe gnädig auf uns alle hernieder, du treuer Gott, und laß deine Treue nicht veralten über uns! Ja gib, daß wir in der Treue gegen dich verbleiben bis zum Tod, damit du uns die Krone des ewigen Lebens geben könnest! Amen!

Abendgebet am Sonntag

Jesu, du Licht der Welt! Du bist an dem heutigen ersten Wochentage siegreich auferstanden von den Toten durch die Herrlichkeit des Vaters. Du hast durch diese deine Auferstehung dem Tode die Macht genommen und das Leben und ein unvergängliches Wesen ans Licht gebracht. Sei auch mein Licht in dieser Nacht, und vergib mir alle Sünden, womit ich dich heute betrübet, und meine Finsternis vermehret habe. Gehe in mir auf, als die Sonne der Gerechtigkeit! Du hast alle Herzen in deiner Gewalt; du tötest und machst lebendig. So öffne und erleuchte auch mein Herz, und mach es zu einem Tempel deines heiligen Geistes, nach deiner Verheißung: Ich will in euch wohnen und wandeln, und will euer Gott sein, und ihr sollt mein Volk sein.

Du bist die Auferstehung und das Leben. Sei auch mein Leben, solang ich noch lebe, und führe mich durch die Kraft deiner Auferstehung heraus von allem, was Tod heißet: Aus dem Tode des Unglaubens und der Sünde, aus dem Tode der Trägheit und der Weltlust, und gib mir ein Herz, das dir anhänge wie ein Kind der Mutter. Wer dir, o Jesu, nachfolget, der wird nicht wandeln in Finsternis, sondern er wird das Licht des Lebens haben. So hoffe ich denn auf dich, du werdest in dieser Woche meine Hilfe, mein Trost und meine Stärke sein; dein guter Geist regiere mich und verkläre dich in meiner Seele, damit ich dich lieben lerne, der du mich zuerst geliebet und dich für mich dargegeben hast. Deinem großen Namen sei Ehre und Anbetung jetzt und in Ewigkeit. Amen.

Morgengebet für jeden Wochentag

Ich preise dich, Vater und Herr Himmels und der Erde, daß ich auch heute wieder das Licht deines Tages erblicke. Jeder Tag meines Lebens soll mir billig darum kostbar sein, weil ich dich noch im Lande der Lebendigen loben und durch deinen Geist immer besser zur Ewigkeit vorbereitet werden kann. Die Himmel erzählen deine Ehre, und seine Feste verkündiget deiner Hände Werk; ein Tag sagts dem andern und eine Nacht tuts kund der andern, daß deine Güte reichet, so weit der Himmel ist, und deine Wahrheit, so weit die Wolken gehen. Dieser deiner ewigen Güte und Treue überlasse ich mich heute mit Leib und Seele, mit allen meinen Umständen von außen und innen: Deine Güte ist besser, als das Leben; meine Seele lobe deinen heiligen Namen.

Ich erinnere mich aber auch des Himmels, in welchem du, o Jesu, den Gesegneten deines Vaters das Reich von

Anbeginn der Welt bereitet hast. Dahin, o Herr, wende du meine Augen und meines Herzens ganzes Verlangen, und treibe mich durch deinen heiligen Geist, daß ich Fleiß tue, einzukommen in die Ruhe, welche dem Volke Gottes verheißen ist; denn jene Herrlichkeit ist aller irdischen Leiden nicht wert, und unsere Trübsal, die zeitlich und leicht ist, schaffet eine ewige, über alle Maßen wichtige Herrlichkeit denen, die nicht sehen auf das Sichtbare, sondern auf das Unsichtbare. Denn was sichtbar ist, das ist zeitlich, was aber unsichtbar ist, das ist ewig.

Herr Jesu, du Anfänger und Vollender des Glaubens!
Stärke und erleuchte mich,
daß ich in dir überwinde, und in deinem Sieg empfinde,
wie so ritterlich du gekämpft für mich. Amen.

Noch ein Morgengebet für jeden Wochentag

Gott, du erhörest Gebet, darum kommt alles Fleisch zu dir! Die jungen Raben rufen dich an um Speise, und aller Augen warten auf dich, daß du ihnen Speise gebest zu ihrer Zeit. Sollte ich träger Sünder nicht auch zu dir beten? Wie viel Gutes habe ich bisher ohne Gebet aus deiner Hand genommen? Wieviele Züchtigungen von deiner Hand sind über mich gekommen und ich habe mich nicht gebessert, sondern oft noch gemeint, es geschehe mir noch groß Unrecht – habe also mich nicht gedemütigt und dich nicht um Vergebung und Besserung angerufen. Du hast mir deinen teuren Vaternamen im Evangelio geoffenbaret, und ich habe nicht zu dir gerufen: »Abba, lieber Vater! Dein lieber Sohn hat mir so ernstlich geboten: Wahrlich, wahrlich, ich sage euch, so ihr den Vater bitten werdet in meinem

Namen, so wird ers euch geben; bittet, so werdet ihr nehmen! Und ich habe weder auf sein Gebot noch auf seine Verheißung geachtet. Dein werter heiliger Geist hat mich oft dazu in meinem Herzen und durch äußerliche Veranlassungen ermuntert, und ich habe ihm bisher leichtsinnig widerstrebt; himmlischer Vater, vergib mir diese Trägheit um Jesu Christi willen, der in den Tagen seiner Erniedrigung Gebet und Flehen mit starkem Geschrei und Tränen geopfert hat und nun immerdar lebet und für mich bittet. Erwecke du selbst mein Herz zum Gebet durch deinen Geist, daß ich allezeit mit dir in Gedanken umgehen – und nach dir dürsten möge, dem lebendigen Gott. Herr, lehre mich beten und danken nach deinem Wohlgefallen, denn dadurch preiset man dich, und das ist der Weg, daß du uns dein Heil zeigest. Amen.

Abendgebet für jeden Wochentag

Heiliger und barmherziger Gott! Ich armer Sünder bekenne dir mit reumütigem Herzen, daß ich nicht wert bin aller Güte und Treue, die du mir auch heute erwiesen hast; gelobet seiest du, Herr, lehre mich deine Gebote. Wenn ich bedenke, wie lange ich schon auf der Welt bin, wieviel Gutes ich von deiner Hand empfangen habe, wie du bald mit Lieben, bald mit Leiden zu mir gekommen bist, wie du von meiner Kindheit an durch deinen Geist an meinem Herzen gearbeitet und dich meiner Seele so herzlich angenommen hast, daß ich nicht verderbe, so kann ich nichts sagen als: Herr, deine Güte reichet, so weit der Himmel ist, und deine Wahrheit, so weit die Wolken gehen. Wie teuer ist deine Güte, Gott, daß Menschenkinder unter dem Schatten deiner Flügel Zuflucht haben!

Bedenke ich aber auch, wie ich mich gegen diesen Reichtum deiner Güte, Geduld und Langmut verhalten habe, so muß ich mit Tränen sagen:

Ach, ich muß mich herzlich schämen, du erhältst und schützest mich Tag und Nacht so gnädiglich, und ich will mich nicht bequemen, daß ich ohne Heuchelei dir dafür recht dankbar sei.

Darum falle ich dir jetzt zu Füßen, lieber Herr Jesu, und danke dir von Herzen, daß du, wenn schon die Axt den Bäumen an die Wurzel geleget ist, mich dennoch nicht abhauen, sondern bisher hast stehen lassen. Aber ich bitte dich auch um ein neues Herz und daß ich deinen Liebeswillen gegen mich recht verstehen und ehren lernen möge. Ändere insonderheit mein unversöhnliches Herz, daß ich meinen Beleidigern von Herzen vergebe, und gib, daß ich niemand weder mit Worten und Werken beleidigen, noch Übels von ihm denken möge. O Lamm Gottes, welches der Welt Sünde trug, erbarme dich meiner, und laß mich in dieser Nacht samt den lieben Meinigen in deinem Frieden wachen oder schlafen, leben oder sterben. Amen.

Noch ein Abendgebet für jeden Wochentag

Großer Hohepriester Jesus Christus! Wie hast du gearbeitet für meine Sünden und Mühe gehabt für meine Missetaten! Mein Eigenwille hat deine Seele bis an den Tod betrübt; meine Herzenshärtigkeit hat dir den Todeskampf und blutigen Schweiß verursacht. Und doch bin ich noch so eigensinnig und eigengerecht in meinem jetzigen Zustande – ich habe meinen Eigenwillen, diese Wurzel allen

Übels, leider noch nie mit wahrem Ernst angegriffen, nicht mit Ernst dagegen gekämpft, mithin dieselbe auch noch nicht überwunden und besiegt. Darum schrecket mich Tod und Hölle noch, und ich kann noch nicht mit Paulus sagen: Ich habe Lust abzuscheiden und bei Christo zu sein. Ich möchte aber gern frei sein von meinem harten ungebrochenen Herzen und es nicht zu meiner eigenen Verdammnis mit in die Ewigkeit nehmen. Darum bitte ich dich, o Herr:

Dein Blut, das dir vergossen ward, ist köstlich, gut und reine; mein Herz hingegen böser Art und hart gleich einem Steine. O laß doch deines Blutes Kraft mein hartes Herz bezwingen, wohl durchdringen, und diesen Lebenssaft mir deine Liebe bringen.

Herr, zerbrich meine bisherige Sicherheit, daß ich aus meinem Sündenschlaf erwache! Zerbrich die Trägheit meines Herzens zum Gebet, daß ich willig und geschickt werde, dich anzubeten und zu preisen. Zerbrich die schreckliche Kraft des Unglaubens, der mich von dir und deiner Liebe scheidet, der mich verblendet und verhärtet – damit ich deiner genießen und mit Geist und Seele dir anhangen könne. Zerbrich die Zärtlichkeit meines Fleisches, daß ich nicht mehr wider dich murre, sondern mich in deinen heiligen Willen ergebe. Nun Herr, erbarme dich mein und vergib mir in Gnaden, was ich heute wider dich und meinen Nächsten in Gedanken und Worten und Werken gesündiget habe; laß mich einschlafen unter deinem Erbarmen und sei bei mir, wenn ich erwache. Amen.

Ein kürzeres Abendgebet für jeden Wochentag

Herr Jesu! Ich bin leider lange genug mein eigen gewesen, und ohne dich wie ein verlorenes Schaf dahingegangen. Ich habe bisher der Welt und Sünde gedient, Tag und Nacht, in gesunden und kranken Tagen. Aber was habe ich für Frucht davon? Keine andere, als deren ich mich vor dir und vor Engel und Menschen schämen muß. Vergib mirs, Herr, um deines bittern Leidens und Sterbens willen, wodurch du mich zu deinem Eigentum um einen so hohen Preis erkaufet hast. Ach zeuch mich ganz zu dir! Laß mirs von nun an einen Ernst sein, dir allein zu leben! Gib, daß mein Herz an nichts mehr hange als an dir, und mache mich los vom Dienst der Eitelkeit und des Verderbens, denn wen du, der Sohn, freimachest, der ist recht frei.

Laß dich finden, laß dich finden,
der hat alles, wer dich hat. Amen.

Morgengebet in Krankheit oder anderer Not

O mein Gott, dessen Güte alle Morgen neu ist, wie gar nichts sind alle Menschen, die doch so sicher leben! Fürwahr der Mensch, vom Weibe geboren, lebt kurze Zeit und ist voll Unruhe. Er gehet auf wie eine Blume, und fliehet wie ein Schatten und bleibet nicht, denn du hast ihm ein Ziel gesetzt, das wird er nicht übergehen. Habe Dank und Lob durch Jesum Christum, unsern Herrn, daß du mich nicht längst in meiner Sicherheit hinweggerafft und einen bösen, schnellen Tod über mich verhängt, sondern mich in

Trübsal geführt und dadurch Zeit zur Buße und Bekehrung gelassen hast. Ach lehre mich von heute an recht bedenken, daß ich sterben muß, damit ich weise werde und Gutes wirke, solange es Tag ist, ehe die Nacht kommt, da man nichts mehr wirken kann. Unser wahres Vaterland und Ziel ist droben bei dir im Himmel; diesem Ziel lehre mich nachjagen von ganzer Seele und das Kleinod erreichen, welches uns vorhält deine himmlische Berufung in Christo Jesu.

Lehr, ach lehre mich vermeiden Selbstbetrug und leeren Schein, laß dein kräftig Wort durchschneiden Seel und Geist und Mark und Bein, lasse es mein Herz durchdringen, mich vom Tod zum Leben bringen, daß ich ohne Heuchelei deines Wortes Täter sei. Denn was hilft mir falscher Schimmer vor dir, o du ewges Licht? Dieser macht mich nur noch schlimmer und betrügt nur mich, dich nicht. Nur der Wahrheit Kraft und Wesen macht mein armes Herz genesen; treuer Gott, verwirf mich nicht, mach die Finsternis zum Licht! Amen!

Abendgebet in Krankheit oder anderer Not

Vater der Herrlichkeit! Ich, zwar ein Staub, aber doch dein Geschöpf, dein erlöstes Geschöpf, lobe dich am Ende dieses Tages in meiner Schwachheit. Ich preise deinen Namen, so gut ich kann, nicht nur für die Gnade, sondern auch für die Plage des heutigen Tages. Hätte ich dem Eigenwillen und dem Murren unter meinen Schmerzen nicht so sehr nachgegeben, so wäre der Trost und der Segen, den mir deine Hand heute bereitet hatte, nicht vor meinen Augen verborgen gewesen. Öffne mir doch meine

Augen und erleuchte mich an dem Abend dieses Tages, daß ich nicht auch den Segen, den du mir jetzt noch geben willst, verscherze. Ach wie selig wäre ich, wenn ich so ganz an dir hinge, an deinem ewigen Liebeserbarmen, wenn ich bei allem Druck des Irdischen in dir Frieden hätte. Freilich, die Welt kann deinen Frieden nicht empfangen, denn die Gottlosen haben keinen Frieden und solange ich noch an der Sünde Lust habe, solange ich mich nicht zu dir wende, ist nur Jammer und Fluch mein Erbteil. Und doch hast du, barmherziger Gott, uns nicht geschaffen zum Zorn, sondern die Seligkeit zu besitzen durch Jesum Christum, unsern Herrn; du bist die Liebe, und deine Freude ist es, uns wohlzutun. O Herr! So ziehe mich an dich und entwöhne mich von dem Joch der Sünde; sende deinen heiligen Geist, daß er mich leite auf den Weg des Friedens, auf welchem Freude ist und liebliches Wesen die Fülle. Herr Jesu! Ehe ich zur Ruhe gehe, beuge ich meine Knie vor dir und bitte dich:

Mach mich dir gleichgesinnt wie ein gehorsam Kind, sanft und stille; Jesu, Jesu hilf mir dazu, daß ich gesinnet sei wie du! Amen!

Gebet um rechte Bereitung zum heiligen Abendmahl

Allwissender Gott, du Gott und Vater unseres Herrn Jesu Christi! Da ich zur Beichte und zum heiligen Abendmahl gehen will, so bitte ich dich vor allen Dingen im Namen deines lieben Sohnes: Gib mir Gnade, daß meine Buße nicht Heuchelei sei und daß ich nicht mit leeren Worten vor dich komme, während doch mein Herz ferne von dir ist und der Sünde nachläuft. Was kann mir die äußerliche

Beichte vor dem Prediger, deinem Knecht, helfen, wenn ich dir meine Sünden nicht bekenne? Wie kann er mir in deinem Namen Vergebung meiner Sünden ankündigen, wenn ich nicht wahre und rechtschaffene Buße tue? Denn ohne Buße vergibst du keinem Sünder auf Erden seine Sünde, und ich habe so viele Sünden auf meiner Seele. Wenn man den köstlichen Balsam auf einen Stein schüttete, so wäre es umsonst. Was würde mir also das herrlichste und tröstlichste Wort der Absolution helfen, wenn ich ein steinernes, hartes Herz habe? Ja wenn ich den besten Weizen unter die Dornen säen wollte, wie könnte er Frucht bringen? Wenn ich also die Sünden nicht von Herzen hasse, so nützet es mir nichts, daß ich meine Sünden äußerlich beichte und äußerlich zum heiligen Abendmahl gehe; denn wer in seinen Sünden beharren will, dem ist Christus selbst nichts nütze; wer der Sünde nicht absterben will, dem ist Christi Tod nichts nütze, er isset und trinket sich nur das Gericht. Darum, Herr, zeige mir doch in deinem göttlichen Licht meine Armut, mein Elend und mein Verderben; decke mir alles, was mir noch verborgen ist, durch deinen Geist auf, so viel ichs ertragen kann; dadurch mache mein Herz bußfertig, beschämt, zerbrochen, von der Eigengerechtigkeit ausgeleert, aber nach deiner Gerechtigkeit hungrig und durstig, von Grund aus verändert und zu dir gekehrt in Rechtschaffenheit. Mache mir alle meine Sünden verhaßt und gib mir ein aufrichtiges Herz, daß ich mir keine einzige Sünde wissentlich vorbehalte; sondern allein dein Eigentum sei und von Herzen sage:

Dir sei ganz, du Sündenleben, Gute Nacht gegeben. Nun nimm mein Herz und alles, was ich bin, zu dir allein, o Jesu, hin! Ich will nur dein mit Leib und Seele sein, mein Reden, Tun und Dichten nach deinem Willen richten! Amen!

Gebet vor der Beichte

O allwissender, allgegenwärtiger Gott und Heiland! Nun bin ich im Begriff, mich vor dir und den Menschen als einen Sünder darzustellen, der sein böses Herz und Leben bekennet und Gnade und Frieden in deiner blutigen Versöhnung sucht. Aber nun bitte ich dich von ganzem Herzen: Laß keine Heuchelei, keine Tücke noch Falschheit über mich herrschen, sonst weiß ich ja zum voraus, daß ich mit aller Andacht ein Greuel vor deinen Augen bin. Ach wecke mein Gewissen auf, wenn es noch schlafen sollte; zermalme und zerschmelze mein Herz, daß es weich werde, wenn es noch hart und kalt ist. Demütige meinen Geist, der vielleicht noch heimlich mit eigener Gerechtigkeit, mit Vorsätzen, die ohne dich gefaßt sind, oder mit halbiertem lauem Christentum umgehen will; ach erbarme dich über mich, überzeuge mich durch deinen heiligen Geist von allem, was mir fehlt, was Sünde an mir ist, was ich versäumt habe und was an mir verändert oder befestigt werden muß. Sollte auch noch Feindschaft und Bitterkeit gegen meinen Nächsten in meinem Herzen stecken – o so laß mir keine Ruhe, bis ich mich noch heute mit ihm ausgesöhnt habe, er mag gegenwärtig oder entfernt sein. Hilf mir doch ja, daß ich nicht bloß mit Worten vergebe, sondern von Herzen, und daß ich ihm nicht bloß vergebe, sondern auch alles gern vergesse, was er an mir gesündiget hat und wozu ich ihn, vielleicht durch meine Schuld, gereizet habe. Heiliger Jesu, drücke mir dein Wort wie einen Stachel ins Herz: Wo ihr den Menschen ihre Verfehlung nicht vergebet, so wird euch euer Vater eure Verfehlung auch nicht vergeben. Mit welchem Maß ihr messet, mit demselben Maße wird euch gemessen werden. Nun vergib mir alle, alle meine Sünden, wie ich vergebe allen meinen Feinden und Schuldnern, sie mögen versöhnlich sein oder nicht. Laß mich von der Predigt deines Wortes recht nach deinem Sinne durchdrungen und bewegt werden, wie ich es nötig habe, damit es in mir Früchte bringe, die zum ewigen Leben bleiben. Bewahre selbst mein Herz, das zur Zerstreuung leider so geneigt ist. Mache mich recht stille und gesammelt, und sei mir immer nahe. Ehe ich mich aber auf Erden durch deinen Diener von meinen Sünden lossprechen lasse, so sprich du mich, o gnadenvoller Heiland, im Himmel los. Laß die Absolution des Predigers für mich eine kräftige Versicherung sein, daß du mir meine Sünden vergeben habest. Gedenke auch meiner Mitchristen, die mit mir beichten, und laß in keines Geist ein Falsch sein. Bekehre du sie, wie mich, und laß mir ihre Gemeinschaft in der Bußandacht zum Segen werden. Nun Herr, ich gehe hin, wie der Zöllner und seufze zu dir: Sei mir armen Sünder gnädig, sei mir um deines Blutes und Todes willen gnädig, o du Gott meines Heils. Amen.

Gebet vor dem heiligen Abendmahl

Herr Jesu! Wie köstlich ist doch das Mahl, das du mich heute willst genießen lassen! Ich soll dadurch alles erhalten, was ich so nötig brauche. Ich soll – o heiliges Geheimnis – mit dir,mein Herr und mein Gott, vereiniget, und zwar aufs allerinnigste vereinigt werden. So willst du also selbst zu mir in mein Herz kommen, und da das Abendmahl mit mir halten? Mich mit ewiger Gnade und Lebensfülle speisen und tränken? – Ach Herr –
Wie soll ich dich empfangen und wie begegn ich dir, o aller Welt Verlangen, o meiner Seelen Zier?

O Jesu, Jesu, setze mir selbst die Fackel bei, damit, was dich ergötze, mir kund und wissend sei.

Wenn ich in mein Herz blicke und mich frage, was ich dir Gutes geben kann, – ach, so finde ich nichts als Sünde, große Armut, Elend und Verderben – und Ohnmacht, mir selber zu helfen. Wohl mir, daß du, großer Heiland, nichts von mir verlangst, als daß ich nur kommen solle, gerade wie ich bin, mit aller meiner Not. – Weil ich nichts habe, so willst du mir etwas geben; weil ich arm bin, willst du mich reich machen, reicher als alle Welt mit allen ihren Schätzen. Ich bin auch eingeschlossen in dein heiliges Testament, darin du der Menschheit deine Heilsgüter vermacht hast; auch mir willst du alles geben – und was denn? Nicht Gold oder Silber; nicht Städte und Schlösser, nicht Ehrenstellen und weltlichen Ruhm – nein, dergleichen irdische, dürftige, unbeständige Dinge helfen mir armen Sünder nichts – im Tode verlassen sie mich – ich muß himmlische, ewige Gaben erlangen, und diese finde ich bei dir.

Ach das sind Güter, die der Heuchler und Frevler nicht empfangen kann; Güter, die nur der einfältige, von Gott gewirkte Glaube faßt und zu seiner wahren Seligkeit hinnimmt. Sie sind der allerheiligste Leib des hochgelobten Sohnes Gottes, der einst für mich und für die ganze Welt verwundet und getötet wurde, der aber nun verklärt auf dem Throne der Majestät seines Vaters im Himmel sitzet; – sie sind das teure, kostbare Blut, welches zur Versöhnung aller, aller meiner Sünden und zur Erwerbung meiner ewigen, unaussprechlichen Seligkeit vergossen worden ist und welches noch täglich für mich um Gnade schreiet. Der preiswürdigste Heiland, Jesus Christus, wird mein, ganz mein. Seinen Leib soll ich essen, sein Blut soll ich trinken, so gewiß ich das Brot esse und den Wein genieße, den mir der Prediger darreichet. Er will sich aufs allerinnigste, mehr als ichs begreifen kann, mit mir vereinigen und sich mir mit allen seinen Verdiensten und Seligkeiten, mit all seiner Liebe, mit seiner Freundlichkeit, mit seiner Gerechtigkeit, mit seinem heiligen Geiste und Leben ganz mitteilen und zu eigen geben.

O Jesus Christus, bereite du selbst meine Seele, daß sie diese ihr zugedachten herrlichen Gaben würdig empfangen möge, daß ich nicht möge umsonst oder gar zum Schaden geladen sein, sondern von dir und deiner heißen Liebe, von deinem Todesschmerz, von deiner Erbarmung über die Sünder den tiefsten Eindruck erhalte.

Laß mich die Kraft deines blutigen Opfers zur Tilgung aller meiner Sünden und zur seligen Freiheit von der Herrschaft der Sünde heute besonders, aber auch in allen meinen übrigen Lebenstagen selig erfahren. Nun denn so komme ich, Herr Jesu, auf deinen Befehl, so wie ich bin, arm, schwach, unrein, krank, hungrig und durstig nach dir; ach, erquicke meine Seele! Amen.

Gebet nach dem Abendmahl

Herr Jesu Christe, dir sei jetzt und in Ewigkeit Lob, Preis und Dank, daß du mich elenden und unwürdigen Sünder mit deinem wahren Leib und Blut so gnädig erquicket hast. Ich habe dir auch versprochen, mein Leben durch deine Gnade ernstlich zu bessern und frömmer zu werden; aber weil ich erkenne und weil du es noch besser weißest, daß mein Herz nur immer den Irrweg will und böse ist in seinem Trachten, so bitte ich dich inbrünstig, du selbst wollest bei und in mir sein und bleiben und mich mit deinem heiligen Geist also regieren, daß ich nichts ohne dich denke, rede und vornehme, sondern allezeit auf dich, auf dein Wort und deinen heiligen Willen sehe und merke. Laß mich auch das Kreuz, das du mir auflegest, geduldig und willig auf mich nehmen und erwecke in mir eine wahre Sehnsucht nach dem ewigen Leben, damit ich mein

Herz dorthin erhebe, wo ich ja doch ewig zu sein wünsche und auch hin berufen bin. Das bitte ich von dir und du, o Herr, der du es den Aufrichtigen gelingen lässest, wollest an mir tun über Bitten und Verstehen zu meinem Heil und deinem Preise. Amen.

Abendgebet am Abendmahlstag

Großer barmherziger Erlöser! Dir sei nun jetzt nochmals ewiglich Dank, Lob und Preis für alles, was du heute an mir getan, was du mir in deinem heiligen Abendmahl geschenkt hast und was du noch ferner an mir Armen tun wirst. Ehre sei dir, der du tot warest um meiner Sünden willen, der du mich erkauft und getränkt hast mit deinem Blut und mich gespeist mit deinem Leib, der für mich gebrochen ward. Walte nun über mir als mein Herr und Gott in Gnade und Wahrheit nach deiner ewigen Verheißung. Ich überlasse mich dir, daß du den Gnadenrat deines himmlischen Vaters an mir vollenden werdest zu deinem Preise. Nimm dich meiner an in meiner großen Schwachheit und Sündigkeit, die mich immer wieder beherrscht und unselig macht, wenn du nicht bei mir bist und mein Leben bleibst. Ohne dich vermag ich ja nichts, darum will ich mit dir alles tun, Herr Jesu, dein Segen und Geist leite mich auf dem guten Wege. Um deines Blutes und Todes willen heilige mich dir und mache mich dir zu einem ganzen Eigentum nach Leib und Seele. Ich überlasse mich dir in deine Hände, du kannst es nur gut machen, du hast lauter Gedanken des Friedens über uns und nicht des Leides. Ach so stärke mich denn im wahren Glauben an dich und dein teures Verdienst, in Geduld bei aller Trübsal, die du mir sendest, um mich zu dir zu ziehen, in Liebe zu dir und meinem Nächsten und in dem ernstlichen Sinne: Was ich noch lebe im Fleisch, das will ich nicht mehr der Sünde, sondern dir, dem Sohn Gottes, leben, der du mich geliebt und dich selbst für mich dargegeben hast. In deine Hände befehle ich Leib und Seele, du hast mich erlöset, Herr, du treuer Gott! Amen!

Ein Adventsgebet

Herr Jesu! Wenn wir uns selbst betrachten, so müssen wir zittern und uns schämen, daß wir die Gnadentage, darin wir leben, bisher so wenig beachtet haben. Ach mache uns doch aufmerksam auf die Herrlichkeit des Neuen Bundes, damit wir diesen Tag sehen, welchen du, der du die Sonne bist, uns bereitet hast, damit wir nicht in der Finsternis hinwandeln, sondern mit gewissen Schritten auf der Bahn gehen, welche durch dich uns bereitet ist. Erbarme dich unser. Amen.

Gebet für die Passionszeit

Hochgelobter Heiland und Herr! Laß das Wort von deinem Leiden und deinem Tode sich an unsern Herzen bewähren als ein Schwert, welches Mark und Bein, auch Seele und Geist scheidet und als einen Hammer, welcher felsenharte Herzen zerschlägt. Schenke uns nach deiner unbegreiflichen Gnade, Macht und Herrlichkeit offene Ohren und Herzen, damit wir alle, alle die Sünde, um welcher willen du so vieles erduldet, die dich ans Kreuz gebracht hat, ernstlich hassen und mit einer brünstigen Liebe gegen dich erfüllt werden. O du Lamm Gottes, ziehe uns selbst und bekehre uns selbst zu dir nach der überschwenglichen Größe deiner Kraft. Amen!

Gebet am Karfreitagmorgen

Jesu, du gekreuzigter Herr der Herrlichkeit! Du bist an dem heutigen Wochentag an dem Holz des Kreuzes ein Fluch für mich geworden; ich habe dir Mühe gemacht mit meinen Sünden und Arbeit mit meinen Übertretungen. Laß mich doch auch etwas von dem Segen, den du mir in deinen bittern Leiden erworben hast, in dieser Morgenstunde und heute den Tage über genießen. Schon oft habe ich von dir gehört, daß du, des lebendigen Gottes Sohn für mich, ja auch für mich gestorben seiest und mir ewige Vergebung und Seligkeit erworben habst, aber es ist mir bisher nie ins Herz gedrungen, sondern beim bloßen Hören geblieben. O welche eine Blindheit, welch ein Undank! Es ist schon eine unverdiente Gnade, daß ich in der vorangegangenen Zeit nicht in meinen Sünden gestorben bin, daß ich diesen Karfreitag noch erlebt habe. Aber du hast ihn mich doch auch darum erleben lassen, daß ich an demselben mit dir, meinem Heiland, inniger vereinigt werde. So nimm mich denn selbst in die selige Gemeinschaft deiner Liebe auf und wasche mich rein von meinen Sünden. Mache mich dir gleichgesinnt. Laß mich auch bei der Plage, die jeder Tag, auch der heutige eigen hat, Geduld beweisen. Herrsche in mir als der Fürst des Lebens und pflanze in mein Herz ein neues Leben der Wahrheit, der Liebe, des Glaubens und der Gerechtigkeit und behüte mich vor allem Leichtsinn und den Werken der Finsternis. Gib, daß ich dir mit stillem und sanftem Geist anhange und mich um einen bleibenden Segen aus deinen Leiden mit Ernst bemühe. O laß mir diesen Tag einen gesegneten Karfreitag werden, daran dein Geist meinem Geiste Zeugnis gibt, daß du auch für meine Sünden dich hingeopfert, mich von aller Schuld und Strafe befreit, und zur herrlichen Freiheit der Kinder Gottes geheiligt habest. Dazu hilf mir, Herr Jesu, um deiner Güte willen, und vergiß meiner nicht, daß ich deiner nicht vergesse. Amen!

Abendgebet am Karfreitag

Heiliger und gerechter Gott! Ich habe keine Ursache, viel zu lachen und fröhlich zu sein nach der Weise dieser Welt, wohl aber nach dem Wort deines lieben Sohnes Leid zu tragen. Wie tief soll das mich kränken, daß ich dich, die lebendige Quelle, verlassen und im Dienst der Sünde mein himmlisches Erbteil so lange verachtet und mir den Zorn gehäuft habe auf den Tag des Zorns. Noch habe ich ein Gefallen an der Sünde, bis auf diesen Tag ist mein Herz noch hart und ungläubig, meine Lippen unrein, mein Treiben und Wandeln ungöttlich, ungeistlich, weltförmig. Was soll ich sagen vor dir, der du für mich Elenden deinen eingebornen Sohn in den Tod gegeben hast und nun bei mir umsonst nach Früchten eines dankbaren Glaubens und eines kindlichen Gehorsams fragest! Herr, erbarme dich über mich und vergib mir! Wirke in mir wahre Reue, wahre Sündenerkenntnis, die mich ewig nicht gereut, damit ich nicht in meinem trägen Sinn bis in den Tod hinein schlafe und träume! Wecke mich auf, Herr, und erleuchte mich und rufe mir zu: Mache dich auf, werde Licht, denn dein Heil, die Sonne der Gerechtigkeit gehet auf über dir! Ich bin ja erlöset; ich bin berufen zu deiner seligen Gemeinschaft durch Jesum Christum – ach, so laß sein teures Verdienst, seinen Gnadenruf, seine Geduld nicht vergeblich an mir sein! Viel besser nicht geboren, als ewiglich verloren! Viel besser nicht geboren, als Jesum verloren! – Herr Jesu Christe! Wie der Aussätzige falle ich vor dir nieder und rufe dich an: Herr, so du willst, kannst du mich folgsam und gläubig machen! Ja, tue es! Blicke mich an und richte meine Augen auf dich und laß mich wissen, daß ich dein sei, daß du auch mich erkauft habest. Ich gehe nun zur Ruhe, o Herr! Segne mich und behüte mich, aber laß mich nicht mehr ruhen, bis ich dich gefunden habe, bis ich auf ewig dein bin! Also geschehe mir um deiner Erbarmung willen. Amen!

Gebet am Osterfest

Herr Jesu! Der du dem Tod die Macht genommen und Leben und unvergängliches Wesen ans Licht gebracht hast! Ach, laß auch auf unsre armen Herzen etwas von deinem Leben heute herabströmen! Gib uns an diesem hohen Feste etwas aus deiner ewigen Gnadenfülle und erwecke uns, daß wir streben nach dem einen, was Not tut. Zerstöre alle Bollwerke und Befestigungen des Satans in unseren Seelen und laß uns auf dich, den einzigen Grund, gegründet sein. Tue Barmherzigkeit an uns und öffne uns Augen und Ohren, damit wir einsehen, wer wir sind und was wir werden müssen, um zu der Herrlichkeit zu gelangen, die du deinen Kindern bereitet hast. O du Todesüberwinder, töte den Tod der Eitelkeit und Lauheit in uns! Laß uns alle zum Leben dringen, damit wir leben in Ewigkeit. Amen!

Gebet am Reformationsfest

O Herr, Gott! Wir hätten es wohl verdient, daß du um unserer Lauigkeit und Bosheit willen unsern Leuchter längst von seiner Stätte gestoßen und die Beilage deiner evangelischen Wahrheit von uns genommen hättest: Aber, treuer

Heiland, du hast uns dein Evangelium bis jetzt erhalten, so unwert wir desselben waren; wir können dir nicht so dafür danken, wie wir sollten; deswegen danken wir dir in Schwachheit und bitten dich demütiglich, du wollest uns fernerhin bewahren und erhalten. Mache doch uns alle, die wir uns heute in deinem Haus versammeln, alle unsere Mitbrüder und die ganze Christenheit recht aufmerksam auf die gegenwärtige große Zeit der Heimsuchung: Dein Odem weht ja unter Christen, Juden, Türken und Heiden. Gib, daß wir aufwachen und nicht dem ewigen Tode entgegengehen, damit wir nicht zu spät kommen, wenn der Bräutigam naht, und in dem Hochzeitshause die Türen zugeschlossen werden! Laß keinen unter uns heute aus unsrer Versammlung gehen, der nicht mächtig von der Wahrheit ergriffen wäre, daß, so wir nicht Buße tun und uns bekehren, du deinen Zorn entbrennen lässest, der hinunterbrennt bis in die unterste Hölle. Herr, erbarme dich über uns. Amen!

Gebet am Schluß des Jahres

Gelobet seist du Herr Jesu, daß du auch in diesem Jahr mich mit Geduld getragen, mein Leben erhalten und mich mit Wohltaten an Leib und Seele überhäuft hast. Du gabest mir Speise und Trank, obwohl ich als ein Sünder kein Recht habe auch nur an einen Bissen Brot. Du erhieltest mir meine Gesundheit, meine Glieder und Sinne und hast die Last dieses Tags mir erträglich gemacht, hast deine Hand über mir gehalten, ich mochte es merken oder nicht, und nun komme ich zu dir und lege meine Seele zu deinen Füßen. Ich danke dir, o Herr, denn du bist freundlich und deine Güte währet ewiglich. Aber ich elender Mensch gedenke auch diesen Abend mit Wehmut an meine Sünden, an meine Torheit, Eitelkeit, Eigenliebe und Lauheit in der Liebe zu dir und unserm Nächsten. Wieviel habe ich unterlassen, Gutes zu reden, zu denken und zu tun! Wieviel unnütze und faule Worte sind über meine Lippen gegangen, und doch muß ich für jedes derselben einst Rechenschaft geben vor dir! Wie oft habe ich deiner vergessen, vielleicht gar nie ernstlich an dich gedacht! Ich war oft zerstreut, war träge und hielt nicht an mit Gebet und Wachsamkeit über mein Herz, meine Zunge und Augen. Ich kann's nicht zählen, wie oft ich dich betrübt, meinen Nächsten beleidigt und Leib und Seele mit eigenen und fremden Sünden, daran ich vielleicht teilgenommen, befleckt habe. Auch ich bin ein unnützer, ungetreuer Knecht, noch nicht weise zur Seligkeit, noch kein Mensch nach deinem Herzen, noch nicht tüchtig zu deinem ewigen Reiche. – Nun, wie soll ich dir, meinem allerhöchsten Herrn, Rechenschaft für dieses Jahr geben? Wie? Wenn es mein letztes Jahr gewesen wäre? Wie? Wenn du diese Nacht zu mir sprächest: Tue Rechnung von deinem Haushalte? Wenn du dann mit mir handeln wolltest nach Verdienst? Ach, dann wäre ich ein Kind des Todes und der Hölle, wenn du nicht selbst, o Jesu, mein Mittler und Bürge sein wolltest. Wenn dein Blut nicht für mich Sünder redete, wo sollt' ich Ärmster unter den Elenden mich dann hinwenden? Vergib mir also alle meine Übertretungen und Mängel, und vergib mir auch meine verborgenen Fehler. Laß keine unvergebene Sünde und keine unbereute Lust in meinem Herzen liegen um des Fluchs willen, den du für mich getragen, und um der Wunden willen, die dir für meine Sünden sind geschlagen worden. O Herr, drücke mirs doch an diesem letzten Abend tief in meinen Sinn, wie viel es dich gekostet, daß ich erlöset bin, erlöst vom eitlen Wandel nach väterlicher Weise, erlöst von aller Herrschaft der Sünde, des Teufels, des Todes und der

Hölle, und gib, daß ich das große Recht, ein Kind Gottes in dir zu werden, nicht verachte und nicht um eine kurze Sündenlust verkaufe. O großer Herr! Reiß alles aus, was mich von dir scheidet, und hilf mir trachten nach dem, was droben ist, wo du sitzest, zur rechten Hand Gottes! Ich gehe nun zu Bette unter deinem Segen; laß mich ruhen im Frieden und wecke mich frühe mit deiner Gnade, damit mein Herz bei dir sei, wenn ich erwache. Gib, daß das neue Jahr ein Jahr des Segens und des Lichtes werde, daß ich es mit dir anfange, fortsetze und vollende. Ja Herr, erbarme dich meiner und meiner Mitbrüder und Mitschwestern, sie seien nah oder fern. Deine Gnade sei mit uns. Amen.

Gib mir in meiner Pilgrimschaft, sooft ich müde bin, beständig neue Glaubenskraft bis an die Heimat hin!

Geleite mich auf meinem Pfad durch dein Verheißungswort, so geht mein Glaube ganz gerad zum Vaterlande fort.

Zieh mir einst nach vollbrachtem Streit mein Kleid mit Ehren aus und sei mein Gott in Ewigkeit und bau mir dort ein Haus. Amen!

Gebet für Sünder, die sich bekehren wollen

Herr, mein Gott. Ich schäme mich, vor dir meine Augen aufzuheben, weil ich erkenne und fühle, daß ich voll Sünden und Schande und des Fluches wert bin. Ach Herr, an dir allein hab ich gesündigt und übel vor dir getan, daß ich wohl verdient hätte, ins Feuer geworfen zu werden. Ich bin ein solcher Sünder, den du, gerechter Heiland, zertreten solltest, und habe mir mutwillig den Zorn gehäuft auf den Tag des Zorns. Aber verstoße mich nun nicht, da ich jetzt als ein verlorenes Schaf wieder zu dir, dem treuen Hirten, komme, der seine verirrten Schafe suchet und annimmt. Ach, bekehre du mich selbst, Herr Jesu, damit ich recht bekehret werde; wecke mich noch heute recht auf und erweiche mich; laß mich ja nicht mit bloßen Rührungen und natürlichen Tränen zufrieden sein und erlöse mich von meiner Heuchelei und Eigengerechtigkeit, die mich verblendet hat. Ach Herr, mache mich zu einer ganz neuen Kreatur, errette meine Seele um deines Todes willen. Schenke mir um deines vergossenen Blutes willen den Trost der Vergebung aller meiner erkannten und unerkannten Sünden und gib mir den neuen gewissen Geist, daß ich sei dein Eigentum und dein begnadigtes Kind. Ach, laß mich nimmermehr untreu werden, sondern bewahre mich durch deines Geistes Zucht und Leitung im Glauben, in der Liebe, in der Gottseligkeit zum ewigen Leben. Christe, du Lamm Gottes, der du trägst die Sünden der Welt, gib mir deinen Frieden. Amen!

Danksagung eines Kindes Gottes für die freie Gnade

Ach Herr Jesus Christus! Du großer Hohepriester deiner Gemeinde! Der du dich in den Tod gegeben hast, um deine Schafe zu erretten, ich danke dir für deine freie Gnade. Öffne doch mir und allen Sündern das Herz, damit wir dich und deine Gnade ganz an- und aufnehmen und dir leben! Durch deine heiligen Wunden, durch deinen blutigen Schweiß, durch deinen Tod und deine Auferstehung, durch deine Himmelfahrt hast du eine ewige Erlösung gestiftet für alles Volk! Habe Dank dafür! Ich danke dir, daß du schon so viele, auch mich zur Erkenntnis deiner freien Gnade geführt hast. Ach Herr Jesu! Führe noch mehrere eben dahin und treibe allen den hochmütigen Pharisäer völlig aus, damit wir einst unter denen sein mögen, die dir, dem geschlachteten Lamme, ewiglich Lob und Ehre bringen, damit wir dir alles, ja uns selber, weihen! Ja Lamm, du bists gar! Du bists gar! Amen!

Gebet um Vertrauen auf die göttliche Gnade

O du ewige Liebe, Herr Jesu! So gar viele tappen in Finsternis und setzen ihr Vertrauen auf deine Gnade entweder gar nicht, oder auf eine falsche Weise. Nimm doch weg alle falschen Stützen, alle eigengerechten Gedanken, laß uns doch unser Glaubensschloß auf deine lautere und freie Gnade bauen! Bewahre uns aber auch vor allem falschen Irrwahn, damit wir uns selbst betören und betrügen könnten. Leite uns ein in deine vollkommene Wahrheit und laß uns erfahren, daß, wer dich hat, das Licht des Lebens hat. Amen!

Um Heiligung der Zunge

Lieber Heiland! Du weißt es, wir fehlen alle mannigfaltig, aber wie oft und viel wir schon mit unsern Zungen gefehlt und gesündigt haben, das weißt nur du! Ach, wir bitten dich, wecke uns recht auf, gib uns die vielen und großen Sünden, die wir schon begangen haben, recht zu erkennen, damit wir uns demütigen vor deinem Gnadenthron und noch Barmherzigkeit empfangen in dieser Gnadenzeit und nicht als unfruchtbare arge Bäume umgehauen und aus deinem Garten geworfen werden. O barmherziger Heiland, gib, daß wir reden, um vor dir bestehen zu können, um auch über diese Art der Sünde nicht verdammt zu werden. Erbarme dich unser. Amen!

Um Erhaltung unserer evangelischen Kirche

Ach großer, gewaltiger Herr und Gott! Wir müssen uns beugen vor dir, tief im Staube demütigen, daß wir deine großen Wohltaten, deine Liebe und Treue bisher so wenig geachtet und den Götzen so vielfach gedient haben! O allgütiger Gott, nimm alle Götzen von uns hinweg und töte sie mit dem Geist deines Mundes! Nimm nicht weg von uns dein teures Evangelium, sondern hilf es uns als eine Beilage bewahren bis auf jenen Tag! Sende Arbeiter in deine Ernte, denn die Ernte ist groß, aber der Arbeiter sind wenige. O tue Barmherzigkeit an uns und sei und bleibe unser Heiland, unser Immanuel! Hilf uns in dieser letzten betrübten Zeit, daß wir von ganzem Herzen dir anhangen und dienen und also leben mögen in deinem heiligen Königreich vor dir immer und ewiglich. Amen!

Gebet um Bereitung für die Zukunft des Herrn Jesu

Herr Jesu! Dein Tag kommt und eilt heran. Wir bitten dich, rüste uns aus, damit wir nicht an deinem Tage vor deinem Angesichte beschämt werden oder zittern müssen. Reiße uns aus allem, was uns hinderlich ist, heraus, aus aller Trägheit und Schläfrigkeit, damit wir uns aufmachen und Sorge dafür tragen, daß uns dein Tag nicht unvorbereitet überrasche wie ein Dieb in der Nacht, sondern unsre Lichter dann brennen und unsre Lenden umgürtet seien und wir dir mit hellen Lampen entgegenwandeln. Tue das an uns allen, Herr Jesu. Amen!

Gebet um ein seliges Ende

O du wahrer, lebendiger und getreuer Gott, Herr Jesus Christus! Du trägst uns alle in deinem hohepriesterlichen Herzen, auch mich, den ärmsten Sünder, so hilf mir und bewahre mich durch deine Gottesmacht, damit ich einst meine Seele in deine Hände übergebe und zum Anschauen der Herrlichkeit, die in dir ist, gelange. Wie viele Schäflein hast du schon geführt und recht geleitet und endlich erlöst aus großer Trübsal! Ja Herr, du hast noch nie etwas versehen in deinem Tun. Ach, stärke und befestige mir diesen Glauben, damit ich hingehe und, was mich noch drückt und plagt, geduldig auf mich nehme und es dir nachtrage, bis der frohe Tag erscheint, da du mich von allem Übel erlösen und ausführen kannst in dein himmlisches Kanaan.

Herz, das überwunden hat, gib mir Armen auch die Gnad, daß ich hier für und für durch dein Blut gestärket siege stets in dir.

Wann du wirst auf Zion stehn, müsse man mich um dich sehn; ohne Pein, weiß und rein, da du wirst, o Lamm, uns Licht und Tempel sein. Amen!

Daten aus dem Leben Ludwig Hofackers

15.4.1798	geboren in Wildbad/Schwarzwald als Sohn des Pfarrers Karl Friedrich Hofacker (1758–1824) und seiner Frau Friederike, geb. Klemm (1770 bis 1827)
1798	Übersiedlung nach Gärtringen/Herrenberg
1811	Übersiedlung nach Oeschingen/Tübingen
1812	Übersiedlung nach Stuttgart
März 1812	In Kost bei Rektor Reuß, Eßlingen
18.10.1813	Aufnahme ins Niedere Seminar Schöntal
Herbst 1814	Aufnahme ins Seminar Maulbronn
Sept. 1816	Im Tübinger Stift
Herbst 1818	Beginn der Bekehrung
18.8.1820	»Sonnenstich« und Gehirnerschütterung
6.9.1820	Nach Stuttgart
4.–20.11.1820	Erstes Vikariat in Stetten/Rems bei Stuttgart
21.11.1820	Versetzung nach Plieningen/Stuttgart
Febr. 1821	bis Spätherbst 1822: erste Krankheitsperiode
31.1.1823	Erste Stuttgarter Predigt
27.12.1824	Tod des Vaters
	Bittschrift an den König, Hofacker als Diakonus an der Leonhardskirche zu lassen, mit Unterschriften von über 1 600 Stuttgarter Bürgern
Frühj. 1825	bis Frühjahr 1826: Zweite Krankheitsperiode

März 1826	Ernennung zum Pfarrer von Rielingshausen
2.7.1826	Antrittspredigt in Rielingshausen über Jesaja 45,11
Febr. 1827	Amputation des linken Ringfingers. Dritte Krankheitsperiode bis Sommer 1827
24.5.1827	Tod der Mutter
Ostern 1828	Letzte Predigt Hofackers Ausbruch der »Wassersucht«, vierte Krankheitsperiode
18.11.1828	Tod